SCERTS® 모델 수정판

자폐 범주성 장애 아동을 위한 종합적 교육 접근

1권 진단

Barry M. Prizant
Amy M. Wetherby
Emily Rubin
Amy C. Laurent
Patrick J. Rydell 공저

이소현
윤선아
박현옥
이수정
이은정
박혜성
서민경
정민영 공역

학지사

THE SCERTS® MODEL: A Comprehensive Educational Approach for children
with Autism Spectrum Disorders
Volume Ⅰ: Assessment
by Barry M. Prizant, Ph.D., CCC-SLP, Amy M. Wetherby, Ph.D., CCC-SLP, Emily Rubin,
CCC-SLP, Amy C. Laurent, Ed.M., OTR/L,
and Patrick J. Rydell, Ed.D.

이 책은 2013년도 이화여자대학교 Ewha Global Top 5 Project 연구비 지원에 의해 번역되었습니다.

역자 서문

세상에는 참 많은 사람이 살고 있습니다. 이렇게 많은 사람은 여러 가지 방법으로 분류됩니다. 성별, 연령, 사용하는 언어, 피부색, 살고 있는 곳 등등 정말 다양한 기준으로 분류됩니다. 어쩌면 우리가 장애라고 말하는 자폐도 사람을 분류하기 위한 하나의 기준일지도 모르겠습니다. 요즈음 자폐인을 표현할 때 'on the spectrum'이란 말을 쓰곤 합니다. 자폐라는 장애의 범주에 속한다는 뜻이지요. 자폐는 범주성 장애이기 때문입니다. 장애가 '있다' '없다'의 개념이기보다는 자폐라고 진단할 수 있는 넓은 범주 안에 들어가는지 아닌지를 가려서 장애를 진단합니다. 물론 여기서 말하는 범주란 하나의 기준을 말하는 것이 아니라 범주를 구성하는 속성 자체가 매우 다양해서 한마디로 그 개념을 정리하기가 어렵습니다. 아마도 그 개념을 가장 잘 전달하기 위해 '자폐 범주성 장애(autism spectrum disorders)'라는 용어를 사용하게 된 것이 아닌가 생각합니다. 사람을 분류한다는 관점으로 다시 돌아가 잠시 생각해 봅니다. 만일 자폐인가 아닌가에 따라 사람을 분류한다면, 자폐가 범주성 장애라는 속성으로 인해서 그 범주의 한쪽 끝은 자폐가 아닌 사람들과 만나게 됩니다. 그런데 자폐를 진단하는 핵심 기준으로 알려진 사회 의사소통이나 기타 행동적인 특성이 다양하고, 그 다양한 행동의 유형이나 강도에 따라 범주를 구성하는 연속선이 매우 복잡하게 조합을 이루기 때문에 결국 'on the spectrum'이 아닌 사람들도 많은 연속선 중 한두 가지 선상에서는 범주 내에 발을 딛고 있을 수도 있다는 것입니다. 실제로 주변에 사회 의사소통의 독특함이나 동일성에 대한 고집, 감각적인 예민함 등을 이유로 "나도 자폐적인 성향이 있어……."라고 말하는 사람들이 많은 것을 보면 이러한 관점을 좀 더 쉽게 이해할 수 있습니다. 결론적으로 자폐 범주성 장애는 세상을 살아가고 있는 우리 모두가 조금씩은 가지고 있을 수 있는 특정 행동 특성을 지원이 필요할 정도로 많이 가지고 있는 경우를 뜻한다고 할 수 있습니다.

자폐를 진단하는 행동 증후가 많은 사람이 보편적으로 조금씩은 가지고 있을 수 있는 특성일 수도 있다면, 굳이 장애라고 분류하고 표현하기에는 부적절할 수도 있을 듯합니다. 그래서 지적 기능이 높은 고기능 자폐인들은 자폐는 장애가 아니고 소수의 특정 유형의 사람들일 뿐이라고 주장하기도 합니다. 그러나 우리가 자폐 범주성 장애의 진단기준을 만들고 진단을 통해서 장애를 명명하는 이유는 단 한 가지입니다. 필요에 따른 적절한 지원을 제공하기 위해서입니다. 자폐 범주에 속하는 사람들은 사회 의사소통 및 기타 행동적 특성에서뿐만 아니라 지적 기능에서도 매우 넓은 연속선상에 위치합니다. 그래서 그 조합은 무척이나 다양하게 표현되며, 같은 자폐 범주성 장애라는 진단명을 가진 사람들이 서로 다른 모습으로 살아가고 있습니다. 이로 인해서 그들은 개인마다 자신에게 가장 적합한 지원을 받아야 할 필요를 지니게 됩니다.

자폐 범주성 장애는 생물학적 근거에 원인이 있으며 생후 1~2년 내로 진단이 가능하고 조기발견을 통한 조기개입으로 긍정적인 예후를 기대할 수 있는 가능성이 점점 커지고 있는 장애입니다. 따라서 이들을 위한 최적의 시기에 최적의 지원을 제공하는 것은 매우 시급한 과제라고 할 수 있습니다. 전 세계적으로 자폐인의 출현율 급증 현상이 주목되면서 이들을 지원하기 위한 관심이 높아지고 있습니다. 이러한 관심의 일환으로 최근에 들면서 자폐 아동 또는 자폐인을 지원하기 위한 수많은 이론과 방법론이 등장했습니다. 현재는 특수교육의 모든 영역에서 다 그렇듯이 과학적 연구로 입증된 증거 기반의 실제를 사용하도록 권장되고 있으며, 이를 위해서 자폐 범주성 장애 학생에게 적합하다고 인정되는 교수전략이 소개되고 있습니다. 더 나아가 이러한 교수전략을 실행할 수 있는 큰 틀의 종합적인 교육 접근이 강조되고 있고, 실제로 많은 프로그램이 개발되어 적용되고 그 성과를 보고하고 있습니다. 이 책 『SCERTS® 모델: 자폐 범주성 장애 아동을 위한 종합적 교육 접근』도 그러한 맥락에서 개발된 프로그램 중 하나입니다.

다양한 프로그램이 존재하지만 SCERTS 모델을 선정해서 번역하게 된 데는 몇 가지 이유가 있습니다. 가장 먼저는 탄탄한 이론적 배경을 근거로 하고 있으면서도 20여 년간의 현장 적용을 통하여 이론과 실제를 조화롭게 연계하고 있는 모델이기 때문입니다. 둘째는 교육 프로그램 내에서 SCERTS 모델만을 독단적으로 운영하도록 권하지 않기 때문입니다. 즉, 자폐 범주성 장애 아동을 위한 다양한 교육 접근 방법이 여러 가지 모습으로 서로 병합될 수 있도록 융통성을 강조하고 있다는 점이 매력적이었습니다. 셋째는 진단과 중재의 방법론을 세밀하게 제시하고 있기 때문에 현장에서 교사나 기타 전문가가 적용하기에 수월할 것이라고 생각했습니다. 특히 개별화교육계획을 작성하고 적용해야 하는 특수교사에게는 교육진단과 목표 수립에 많은 도움이 될 것이라 판단했습니다. 넷째는 자폐 범주성 장애 아동의 주요 행동 특성을 다루면서 발달주의적 관점을 잘 활용하여 행동의 발달 단계나 특성을 매우 세밀하게 제시하고 있다는 점이 현장 교사들에게 큰 도움이 되리라 생각했습니다. 마지막으로, 어쩌면 가장 큰 이유일 수도 있겠습니다만, '1권: 진단'과 '2권: 프로그램 계획 및 중재' 두 권의 책을 읽으면서 자폐 범주성 장애의 핵심 특성과 다양성에 대한 풍부한 학술적 지식과 그 실질적인 지원 방법론에 놀라움을 금할 수 없었습니다. 아동의 기능에 따라 세 단계로 나누어 범주에 속한 아동들이 가능한 한 모두 지원 받을 수 있게 하였으며, 장애를 다루기 위해 필요한 모든 영역을 프로그램 안에 자연스럽게 녹이고 있다는 사실이 놀라웠습니다. 사회 의사소통 영역에서 자폐 범주성 장애의 핵심 결함인 사회적 상호작용과 의사소통 행동에 대해 다루고 있으며, 정서 조절 영역에서 정서 표출 또는 조절의 어려움으로 인한 부적절한 행동을 개인 내적 및 외적으로 어떻게 다루어야 하는지를 보여 주고 있고, 교류 지원 영역에서는 아동을 둘러싸고 있는 가족과 교사, 또래를 포함한 지원 가능자들이 어떻게 서로 교류하고 지원을 주고받을 수 있는지를 다루고 있습니다. 이 세 가지 영역은 자폐 범주성 장애 아동을 양육하거나 교육하는 사람들이 가지고 있는 관심과 필요를 모두 포함한다고 감히 말할 수 있을 듯합니다.

번역의 과정은 매우 오랜 시간에 걸쳐 힘들게 진행되었습니다. 여러 사람이 함께 작업하는 일이 다 그렇듯, 생각과 표현 방식을 통일하고 용어를 동일하는 일이 가장 어려웠습니다. 책의 특성상 여러 장에 걸쳐 동일한 문장과 내용이 반복되는 경우가 많아 일일이 대조하면서 통일하는 작업은 굉장한 인내심과 집중력을 필요로 했습니다. 오류 없이 작업하기 위해 2박 3일의 합숙까지 강행하면서 최선을 다했지만 아마도 아직까지 어딘가에는 실수가 남아 있지 않을까 두려운 마음입니다. 그래도 한 문장 한 문장 차근차근 읽고 번역하고 수정하는 전 과정을 통해 책의 내용에 반하고 감탄하면서 기쁨을 나눌 수 있었다는 사실에 우리 모두는 감사하는 마음입니다. 다만 한 가지 해결할 수 없는 안타까움은 영어에서의 언어발달이 우리말과는 다르다는 점입니다. 번역을 할 수 없어 영어 단어 그대로 남겨 둔 부분도 있고, 번역을 하기는 했지만 우리말과는 완전히 다른 구조를 가진 언어이기에 우리나라 교육현장에서 적용하기에는 다소 어려운 부분도 있습니다. 멀지 않은 장래에 우리말 발달이정표와 함께 제시된 한국판으로 개정할 수 있기를 기대해 보면서 사용 시 불편함에 대한 양해를 구합니다.

이제 역자 서문을 마지막으로 출간 준비를 마칩니다. 벌써 여러 번 저서도 출간하고 번역도 해왔지만 떨리고 설레는 마음은 여전합니다. 오히려 이번 출간은 학문의 현장에서뿐만 아니라 실제 자폐 범주성 장애 아동을 교육하는 현장에서 쓰게 될 것이라는 부담감으로 더욱 두려운 마음입니다. 그러나 한편으로는 또한 흥분에 가까운 설렘을 감출 길이 없습니다. 아마도 우리나라 특수교육 현장에 아직까지 자폐 범주성 장애의 특성에 맞춘 적합한 교육 프로그램이 제대로 정착되지 않고 있기 때문이 아닐까 생각합니다. 물론 문화가 다른 먼 나라에서 개발된 프로그램이기에 한국의 교육현장 여건을 생각하면 부적합한 측면도 있을 것 같아 우려하는 마음도 없지 않습니다. 그래도 앞으로 보다 나은 한국형 프로그램이 많이 등장하게 되기까지의 초석으로는 역할을 할 수 있지 않을까 기대하는 마음으로 출간에 임하려고 합니다.

사랑하는 제자들과 함께 작업을 진행하고 무사히 마칠 수 있음을 감사합니다.

좀 더 나은 지원을 필요로 하는 자폐 범주성 장애 아동과 그 가족들이 주변에 있어 늘 해야 할 일들을 상기시켜 주니 또한 감사합니다. 교육현장에서의 필요를 잊지 않도록 요구하고 조언해 준 많은 현장 교사에게도 감사합니다. 두 권으로 구성된 한 세트의 책일 뿐이지만, 이 책을 통해서 한국에 소개되는 SCERTS 모델이 자폐 범주성 장애인과 그 가족의 삶의 질을 높이는 데 조금이라도 기여할 수 있기를 간절히 바랍니다. 마지막으로, 번역의 긴 과정 중에 힘들 때마다 묵상하며 새 힘을 얻는 데 도움이 되었던 말씀 한 구절을 나눕니다.

다시는 네 해가 지지 아니하며 네 달이 물러가지 아니 할 것은
여호와가 네 영원한 빛이 되고 네 슬픔의 날이 끝날 것임이라
네 백성이 다 의롭게 되어 영원히 땅을 차지하리니
그들은 내가 심은 가지요 내가 손으로 만든 것으로서 나의 영광을 나타낼 것인즉
그 작은 자가 천 명을 이루겠고 그 약한 자가 강국을 이룰 것이라
때가 되면 나 여호와가 속히 이루리라 (이사야 60:20-22)

2019년
이소현

| 저자 서문 |

『SCERTS® 모델: 자폐 범주성 장애 아동을 위한 종합적 교육 접근(The SCERTS® Model: A comprehensive Educational Approach for Children with Autism Spectrum Disorders)』은 두 권의 책으로 구성된다. 1권 진단(Assessment)은 SCERTS 모델의 세 가지 영역인 사회 의사소통, 정서 조절, 교류 지원에 대해서 그 발달 순서 및 우선순위에 대한 상세한 정보를 제공한다. SCERTS 모델은 또한 자폐 범주성 장애 아동의 교육을 위한 다양한 선택의 맥락에 대해서 설명한다. 1권에서는 SCERTS 진단(SCERTS Assessment Process: SAP)에 대해서 상세하게 설명하고 의사소통 발달의 세 단계인 사회적 파트너, 언어 파트너, 대화 파트너의 구체적인 진단 기준을 제공한다. 부록 A에서는 진단 과정 중 아동에 대한 정보를 수집하고 진보를 점검하기 위해 복사 사용이 가능한 다양한 양식을 제공한다.

2권 프로그램 계획 및 중재(Program Planning and Intervention)는 가정, 학교, 지역사회 환경에서 SCERTS 모델을 실행하는 방법에 대해서 설명한다. 교수목표의 우선순위를 정하고 교류 지원 목표와 사회 의사소통 및 정서 조절 목표를 연계하는 방법을 포함해서 교류 지원에 해당되는 실제를 실행하는 방법에 대해서 설명한다. 2권에서는 또한 이 모델의 세 가지 발달 단계에 놓여 있는 몇몇 아동과 가족에 대한 자세한 사례를 제시한다. 사례에서는 진단 과정에서 사용하는 양식 작성의 예도 제시한다. 2권의 뒷부분에 있는 부록은 프로그램 차원에서의 진단 및 교수 계획을 설명하는 데 사용될 수 있는 질적 지표 평가표를 포함한다.

1권의 부록 B는 용어 사전이다. 이 용어 사전은 1권에 포함시켰는데, 이것은 대부분의 용어가 1권에서부터 등장하고 정의되기 때문이다.

감사의 글

SCERTS 모델과 그 매뉴얼인 이 책은 수년간 다양한 지원을 통하여 완성되었다. SCERTS 모델 관련인들은 이 매뉴얼이 가능하도록 '교류 지원'을 제공한 많은 사람에게 감사의 인사를 전한다.

무엇보다 먼저 매일매일 우리에게 자신들의 용기와 인간성에 대해서 가르쳐 준 자폐 범주성 장애 아동과 그 가족들에게 감사한다. 그들의 삶과 계속 진행되는 여정에 한 부분으로 참여할 수 있었음은 우리에게 큰 특권이었다. 자신들의 영혼과 지혜를 공유함으로써 우리로 하여금 일할 수 있게 해 주고 최선을 다하도록 도와주었다.

우리의 가족과 친구들에게 감사한다. 이들의 지원과 이해는 우리의 삶 속에서 기회와 공간을 만들어 낼 수 있도록 도와주었으며, 이를 통하여 SCERTS 모델과 매뉴얼을 개발하는 동안 힘들고 끝이 없어 보이던 일을 할 수 있었다. 이러한 희생이 SCERTS 모델이 자폐 범주성 장애인과 그 가족들의 삶에 미치게 될 긍정적인 영향을 통해서 상쇄될 수 있기를 바란다.

SCERTS 모델 전반에 걸쳐 스며들어 우리 작업의 지침이 되어 온 가치와 신념을 주입시켜 준 우리의 학문과 임상과 연구 멘토들에게 감사한다. 이와 같은 가치와 신념은 (1) 개별 아동과 가족은 일을 통해서 우리와 관계를 맺게 된 독특한 상황에서 존중과 진실성으로 대우받아야 한다는 사실에 대한 이해, (2) 자신의 삶에서 가지고 있는 문제와는 상관없이 사람들은 각자 이해되고 강화되어야 하는 관심과 강점을 가지고 있다는 사실, (3) 인간 발달의 복잡성은 아동 및 가족과 함께 효과적으로 일하기 위해서 가장 중요하게 여겨져야 하는 지침이라는 사실을 기반으로 한다.

마지막으로 SCERTS 모델을 개발하고 공유하기 위한 우리의 노력을 열정적으로 지지해 준 Paul H. Brookes 출판사 직원들에게도 감사한다. 프로젝트의 모든 단계에서 보여 준 명확성 및 질에 대한 고집과 이들의 전문성은 우리가 자랑스럽게 여기는 최종 결과물이 탄생하도록 기여했다.

우리에게 주어진 모든 지원이 있었던 것처럼 이제는 이 책이 자폐 범주성 장애 및 관련 장애를 지닌 개인의 긍정적인 삶을 촉진하고자 하는 교사, 치료사, 가족, 기타 양육자의 노력을 지원해 줄 수 있기를 진심으로 바란다.

차례

제1장
서론

1. SCERTS 모델이란?
2. 책 소개
3. SCERTS 모델의 핵심 영역
4. SCERTS 모델에 대한 몇 가지 질문과 대답

1. SCERTS 모델이란?

SCERTS 모델은 자폐 범주성 장애 및 관련 장애인의 의사소통과 사회-정서 능력을 강화시키기 위한 종합적이고 다학문적인 접근이다(Prizant, Wetherby, Rubin, & Laurent, 2003). SCERTS라는 머리글자는 사회 의사소통(Social Communication), 정서 조절(Emotional Regulation), 교류 지원(Transactional Support)을 의미하는데, 이는 자폐 범주성 장애인의 발달과 그 가족을 지원하기 위한 프로그램에서 목표로 삼아야 하는 주요 발달상의 영역이어야 하는 요소들이다.

이 개혁적인 교육 모델은 1970년대 중반부터 출간된 연구와 임상적 실천의 통합을 근거로 한다. 이와 같은 노력을 통하여 우리는 자폐 범주성 장애인과 그 가족의 삶의 질을 향상시키기 위하여 합리적인 연구와 이론과 실제적인 적용 간에 균형을 맞춤으로써 자폐 범주성 장애인이 직면한 문제와 함께 아동 발달의 복잡성을 존중하고자 노력하였다.

SCERTS 모델에서는 아동기 대부분의 학습이 매일의 일상적인 활동과 경험의 사회적 맥락 내에서 발생한다고 인식한다. 그러므로 이 모델에서 아동 발달을 지원하기 위한 노력은 고립된 환경에서가 아니라 다양한 상황의 매일의 일과 중에 양육자나 친숙한 파트너와 함께 있을 때 이루어진다. SCERTS의 구조는 수립된 목표 영역에서의 능력을 촉진하기 위하여 아동의 일상적인 활동 전반과 모든 파트너에 걸친 교류 지원(예: 대인관계 지원, 학습 지원)을 실행함으로써 사회 의사소통 및 정서 조절에 있어서의 주요 목표에 초점을 맞추도록 고안되었다. 교류 지원에 대한 전략적인 실행과 함께 아동의 사회 의사소통 및 정서 조절 발달이 지원될 때 교육환경 및 매일의 활동에서의 아동 발달에 대한 종합적이고도 장기적인 긍정적 영향을 미칠 가능성이 최대화된다.

자폐 범주성 장애 아동을 위한 효과적인 프로그램은 일련의 전문가가 팀을 이루어 부모 및 기타 가족 구성원과 함께 파트너가 되어 사려 깊게 공동으로 대응하면서 진행해야 한다. 그러므로 SCERTS 모델은 일반교육과 특수교육, 언어병리학, 작업치료, 심리학, 소아청소년정신의학, 사회복지학을 포함한 다양한 분야가 서로 존중하고 전문성을 끌어내고 융합하는 다학문적 팀 접근으로 이루어질 때 가장 잘 실행될 수 있다. 이 장에서는 SCERTS 모델의 각 영역에 대해 개괄적인 정보를 간략하게 알아보고, SCERTS 모델이 무엇이며, 그 철학적 기초와 핵심 가치 및 실행 원리가 무엇인지 알아보고자 한다.

2. 책 소개

이 책은 전문가와 준전문가, 또는 부모가 접근하기 쉽고 사용하기 쉽게 작성되었다. 하지만 이 책을 읽는 사람들은 효과적인 적용을 위해서 모델의 풍부한 이론 및 연구의 기반을 이해하고자 노력해야 한다. 책의 내용을 구성하면서 유용한 사례와 창의적인 활동을 포함시키고자 노력하였으나, 실제로 SCERTS 모델의 진정한 강점은 가족과 일상적인 활동의 맥락 내에서 아동을 이해하고 그와 더불어 사람의 교류적 영향력과 매일의 경험 속에서 아동 발달에 결정적인 영향을 미치는 학습 지원에 대하여 통합적으로 이해하는 데 있다.

SCERTS 모델은 설계상 종합적이다. 왜냐하면 아동의 생활 속에서 다양한 장소와 사람에게 적용될 수 있기 때문이다. 이 모델은 팀 접근으로 이루어지는 것이 좋은데, 그 이유는 다양한 분야의 전문가가 가족과 협력할 때 아동의 발달을 가장 잘 지원할 수 있기 때문이다. 이 책은 전문가가 교육현장에서 실천해야 하는 내용을 다루고 있는데, 예를 들어 아동과 가족의 강점과 요구를 진단하고 진도를 점검하고 프로그램에서의 다음 단계를 결정하기 위한 자료 기반 시스템을 포함한다. 우리는 SCERTS 모델이 자폐 범주성 장애 아동과 그 가족을 지원하기 위한 우리의 모든 노력에 기여할 수 있기를 기대한다. 또한 궁극적으로는 그 아동과 가족이 자신들의 삶의 질을 향상시키기 위한 가장 좋은 방법으로 SCERTS 모델을 어떻게 적용할 수 있는지에 대하여 우리에게 알려 주기를 기대한다.

SCERTS 모델은 일생에 걸친 모델이다. 즉, 모든 연령대의 자폐 범주성 장애 및 관련 장애인에게 적용될 수 있다. 이와 같은 믿음은 이 모델이 인간 발달에 대한 연구와 문헌을 근거로 구성되었다는 점과 사회 의사소통 및 정서 조절에 있어서의 어려움과 교류 지원의 필요성이 모든 연령대 및 발달 수준의 자폐 범주성 장애인 관련 연구에서 강조되고 있는 지속적인 이슈라는 점을 근거로 한다. 그러나 이 모델은 유아 및 초등학생에게 좀 더 초점을 맞추고 있으며, 이 책 전반에 걸쳐 제시된 사례는 이 연령대의 자폐 범주성 장애 아동이다. 이것은 아동이 청소년기 또는 그 이후로 성장해 감에 따라 교육과정 이슈가 급격하게 변하기 때문이며(예: 많은 학생의 경우 직업 및 지역사회 기술에 초점을 맞춤), 또한 학교로부터의 전환 이슈에서 더 이상 학교 프로그램에 소속되지 않는 성인기 이슈로 또다시 변하기 때문이다. 그러나 교육현장에서의 우리의 경험에 비추어 볼 때, SCERTS 모델은 고학년 학생이나 성인에게도 이들의 특별한 요구에 초점을 맞춘 적절한 수정이나 조정 과정을 거쳐서 사용될 수 있다. 앞으로 고학년 학생이나 성인 이슈를 좀 더 특별한 방법으로 다룰 수 있도록 SCERTS 모델을 근거로 구체적인 자료를 개발하기 위한 노력을 지속적으로 기울일 예정이다.

두 권으로 구성된 이 책은 모델에 대하여 충분히 이해하게 하고 이론 및 연구의 기초와 함께 현장에서의 역할을 정의하는 특정 진단 및 교육의 실제를 제공하기 위하여 집필되었다. 우선 이 책의 1장에서는 모델의 개관을 제시하고, 이 모델이 왜 사회 의사소통과 정서 조절 및 교류 지원에 초점을 맞추고 있는지를 설명한 후에 모델의 기초가 되는 방법론적 실제의 이론을 설명하였다. 2장, 3장, 4장에서는 구체적인 진단의 실제이자 교수목표이면서 이 모델의 세 영역인 사회 의사소통, 정서 조절, 교류 지원의 개발 및 연구 기반에 대하여 상세하게 설명하였다. 5장에서는 사회 의사소통, 정서 조절, 교류 지원에 대한 우선순위를 명시하고 자폐 범주성 장애 아동과 그 가족이 직면하는 문제들을 목록화하였다. 또한 책의 뒷부분에서 제시하고 있는 진단 및 중재를 위한 구체적인 틀의 기초가 되는 발달 이정표를 상세하게 제시하였다. 6장에서는 자폐 범주성 장애 아동을 위한 교육적 선택이라는 입장에서 SCERTS 모델을 설명하였다. SCERTS 모델이 절대적인 모델이 아니기 때문에 교육 프로그램의 다양한 측면에서 다른 모델과의 유사점 및 차이점을 설명하였다. 즉, SCERTS 모델을 실행할 때 다른 모델의 관련 교육적 전략과 중재 방법을 병합할 수 있다. 7장과 8장에서는 아동의 사회 의사소통 및 정서 조절과 아동의 파트너를 위한 교류 지원 영역에서의 정보 수집 및 진도 점검을 위한 진단(SCERTS Assessment Process: SAP)인 SCERTS 모델에서 사용하는 진단의 구체적인 내용을 소개하였다. 부록 A는 진단 과정에서 사용할 수 있는 복사 가능한 양식을 제시하였으며, 부록 B에서는 주요 용어를 설명하였다.

2권의 1장과 2장은 그 나머지 부분에 대한 입문으로 SCERTS 모델에 따른 교육의 실행에 초점을 맞추었다. 이 두 장에서는 교수목표의 우선순위를 정하는 방법과 교류 지원의 첫 번째 두 가지 요소인 대인관계 지원(교수방법, 대인관계 방식, 또래와의 통합 및 또래로부터의 학습) 및 학습 지원(기능적이고 의미 있는 활동 설계, 시각적 지원의 활용, 교육과정 수정)의 실행 방법에 대한 구체적인 정보를 제공하였다. 2권의 3장은 교류 지원의 마지막 두 가지 요소인 가족 지원 및 전문가 간 지원의 실행에 대한 설명과 구체적인 방법을 제공하였다. 4장에서는 사회 의사소통, 정서 조절, 교류 지원 영역이 프로그램 계획안에서 어떻게 연계되어야 하는지를 보여 줌으로써 모델의 종합적인 특성을 강조하였다. 마지막으로 2권의 5장, 6장, 7장에서는 모델의 실행 방법을 보여 주고 모델 내에서의 세 가지 주요 발달 단계인 사회적 파트너, 언어 파트너, 대화 파트너 단계에서 아동을 위한 구체적인 교수목표를 다루는 방법을 보여 주기 위해서 다양한 아동과 그 가족의 사례를 제시하였다. 2권의 부록에서는 프로그램 내에서의 진단 및 계획에 사용될 질적 지표 평가표를 제시하였다.

이 책을 읽는 독자가 자폐 범주성 장애 아동의 발달 지원에 관심을 가지고 있는 전문가, 부모, 또는 기타 그 누구이든 상관없이 이 책을 통하여 보상을 얻기를 진심으로 바란다. 물론 SCERTS 모델은 궁극적으로 자폐 범주성 장애인과 그 가족에게 혜택을 주고자 하는 기본적인 동기에서 출발하여 개발되었다.

3. SCERTS 모델의 핵심 영역

이 부분에서는 SCERTS 모델의 핵심 영역인 사회 의사소통, 정서 조절, 교류 지원에 대하여 간략하게 살펴보면서 시작하고자 한다. 각 영역에 있어서의 (1) 연구, 교육, 임상의 기초와 (2) 조기개입부터 초등 저학년까지의 다양한 수준의 아동을 위한 진단 및 교육에서의 실질적인 적용에 대해서는 이 책의 나머지 장에서 좀 더 상세하게 다루었다. SCERTS 모델은 그 특성상 교육 및 임상 현장과 가정 및 지역사회에서의 매일의 활동 중에 적용될 수 있다. 이 책에서는 좀 더 편리한 의사소통을 위해서 자폐 범주성 장애 아동의 발달을 지원하기 위한 모든 노력을 '교육'이라는 용어로 표현하였다. 그러나 여기서 말하는 노력은 교육 장소에만 제한되는 것은 아니며, 교육 전문가만이 긍정적인 변화를 만들어 내는 유일한 촉진자라고 말하는 것도 아니다.

1) 사회 의사소통

SCERTS의 사회 의사소통 영역은 아동으로 하여금 사회적 활동 중에 점점 더 유능하고 자신감 있고 적극적인 참여자가 될 수 있도록 도와주는 최우선적인 목표를 다룬다. 여기서 말하는 목표는 매일의 활동 중에 다른 사람과 의사소통이나 놀이를 하고 사회적인 관계 내에서 즐거움과 기쁨을 나누는 것을 포함한다. 이렇게 하기 위해서 아동은 공동관심(joint attention)과 상징 사용(symbol use)이라는 두 가지 주요 기능에서의 능력을 확보해야 한다. 이 두 가지 사회 의사소통의 기반은 다양한 측면에서 기능적인 능력의 기초가 된다. 첫째, 아동은 의사소통 파트너에게 자신의 의도를 표현해야 할 뿐만 아니라 자신의 관심과 감정을 나누는 방법을 학습해야 한다. 상징 사용의 한 가지 측면은 아동이 어떻게 의사소통을 하는가 하는 것으로 의사소통 수단(communicative means)이라는 용어로도 사용된다. 아동을 위한 궁극적인 목표는 하나의 주요 통로를 통한 효과적이고 효율적인 의사소통 수단을 개발하고 사용하는 것이지만, 교육적 노력에 있어서는 다양한 통로의 의사소통을 가능하게 하는 것도 가치가 있으며 목표로 삼아야 한다. 즉, 아동은 의사소통을 할 수 있는 다양한 방법을 지니는 것이 가장 바람직한데, 이것은 한 가지 전략(예: 말)이 소용이 없을 때 다른 방법(예: 그림, 몸짓)을 사용할 수 있어야 하기 때문이다. 실제로 높은 수준의 의사소통 능력이란 아동이 지니고 있는 의사소통을 가능하게 해 주는 수단의 융통성으로 정의된다.

공동관심 능력은 아동으로 하여금 다른 사람의 사회적 시작에 관심을 기울이고 반응하게 하며, 궁극적으로는 상호적인 사회 의사소통이라는 복잡한 춤에서 파트너가 되게 해 준다. 또한 아동은 매일의 활동 중에 욕구를 표현하거나, 자신의 관찰 및 경험을 나누거나, 감정을 표현하거나, 다른 사람과 사회적인 상호작용을 하는 등 다양한 목표나 기능을 가지고 의사소통을 할 수 있을 때 좀 더 유능한 의사소통자로 인식된다. 사회 의사소통 능력이 증진되면 아동은 정서적으로 만족스러운 상호작용에 공동의 관심을 가지고 더 잘 참여할 수 있게 되며, 이것은 아동과 양육자 간의 관계를 개발하는 데 기초가 된다. 임상적인 경험뿐만 아니라 연구를 통해서도 사회 의사소통 능력이 증가하면 행동 문제가 예방되거나 감소되는 것으로 입증되었다. 간단히 말해서, 만일 아동이 사회적으로 수용 가능한 구어나 비구어 수단으로 선택하기, 거절하기, 관심 끌기 등의 행동을 할 수 있다면 사회적인 통제를 위해서 사회적으로 수용될 수 없는 방법으로 강력한 감정이나 시도를 표현할 필요가 줄어들 것이다.

사회 의사소통 및 언어 능력은 또한 교육환경이나 매일의 활동에서의 학습을 위하여 필수적이며 매일의 경험을 사회적 및 인지적으로 이해하고 자신감과 자아 존중감을 증진시키는 데 광범위한 영향을 미칠 것이다. 아동기 학습을 위한 거의 대부분의 기회는 비구어 의사소통과 함께 언어 사용 및 가상놀이와 같은 상징적 활동에 의해서 조절되기 때문에 아동이 언어와 의사소통 능력 및 상징놀이에서 더 유능할수록 학습 경험으로부터 더 많은 유익한 기회를 갖게 된다. 이 모델의 사회 의사소통 영역의 궁극적인 목표는 아동으로 하여금 의사소통과 사회적 능력을 지원하는 공동관심 및 상징 사용의 기본적인 능력을 개발하도록 도와주는 것이다. 아동은 이와 같은 능력을 통해서 가족이나 또래 및 다른 사람과 함께 있고 관계를 맺고 이들로부터 배우면서 더욱 만족하고 즐거움을 느끼게 될 것이며, 그렇게 됨으로써 다른 사람과의 학습 기회를 갖고자 하는 사회적 동기가 더 커지게 된다.

2) 정서 조절

SCERTS 모델의 정서 조절 영역은 아동의 정서적 각성을 조절하는 능력을 지원하는 데 초점을 맞춘다. 정서 조절은 아동의 학습 가능성을 지원하는 필수적이고 핵심적인 기초 능력이다. 아동은 다음과 같은 것들을 더 잘할 때 가장 잘 학습할 수 있다.

1. 활동이나 상황에서 관련성이 가장 큰 정보에 집중하기
2. 다른 사람과 사회적으로 함께 참여하기
3. 구어 및 비구어 정보 처리하기
4. 언어와 같은 높은 수준의 능력을 사용해서 상호작용 시작하기
5. 상호적인 상호작용에서 다른 사람에게 반응하기
6. 매일의 활동에 적극적으로 참여하기

아동이 최적의 상태이기 위해서는 다음과 같은 것들을 위한 정서 조절 능력과

기술을 반드시 지녀야 한다.

1. 스트레스를 느끼거나 지나치게 자극적이거나 정서적으로 조절할 수 없는 상황에 직면했을 때 정서 조절을 위하여 도움을 구하거나 지원을 제공해 주는 다른 사람의 시도에 반응하기(상호조절)
2. 스트레스를 느낄 가능성이 있는 상황에 직면했을 때 정돈되고 잘 조절된 상태를 유지하기(자기조절)
3. 상호 또는 자기조절 전략을 통해서 극도의 정서적인 조절장애나 폐쇄의 상태로 들어가는 '벼랑 끝'이나 '카펫 밑'으로부터 회복하기(극심한 조절장애로부터 회복)

정서 조절 능력의 강화는 아동이 최적의 각성 상태 또는 최소한 잘 조절된 정서 상태를 좀 더 효과적으로 유지하도록 직접적으로 도와줌으로써 아동으로 하여금 사회적 및 물리적 환경의 요구와 관련해서 지나치게 높거나 낮은 뚜렷한 양상의 각성 상태를 경험하지 않게 하며, 그렇게 함으로써 아동이 그와 같은 극심한 각성 상태 사이에서 너무 자주 왔다 갔다 하지 않게 해 준다. 그와 같은 극심한 각성 상태, 특히 높은 각성 상태를 빈번하게 경험하는 아동은 불안, 두려움, 고통 등의 압도적인 반응에 좌우되며, 심지어는 기쁨과 같은 긍정적인 정서 상태조차도 조절하지 못하게 되곤 한다. 이러한 아동은 혼란스럽거나 지나치게 자극적인 경험을 다루고자 하는 시도를 철회하거나 중단할 수도 있는데, 특히 환경적 자극의 질(예: 소음의 크기, 시각적 투입의 강도, 활동이나 장소와 관련된 부정적인 정서 경험), 사회적 상호작용 요구, 기대 위반 등이 정서적 조절장애에 기여할 때 더욱 그러하다. 반대로 지속적으로 낮은 각성 상태에 놓인 아동은 자신의 환경 중 가장 중요한 요소에 관심을 기울이거나 사회적 상호작용 및 교육 활동에 지속적으로 집중하는 데 어려움을 경험하곤 한다. 이러한 아동은 수동적이고, 비참여적이고, 집중하지 않는 것 같아 보인다. 그러므로 SCERTS 모델의 정서 조절 영역 목표는 아동으로 하여금 피할 수 없는 개인 특유의 독특한 일상의 문제들을 다루고 적응하도록 지원함으로써 학습과 대인관계에 가장 도움이 되는 잘 조절된 각성 상태를 유지하게 해 주는 것이다.

3) 교류 지원

교류 지원은 SCERTS 모델의 세 번째이면서 마지막 핵심 영역이다. 학습은 매일의 활동 중 사회적 맥락 내에서 발생하기 때문에 교류 지원은 다양한 활동과 사람을 대상으로 이루어져야 한다. 교류 지원은 다음을 포함한다.

1. 대인관계 지원: 의사소통 파트너가 자폐 범주성 장애 아동으로 하여금 정서적으로 만족스럽게 언어를 처리하고 사회적 상호작용에 참여하고 사회적 활동을 경험하고 잘 조절된 상태를 유지하도록 도와주는 데 효과적일 수 있도록 언어 사용, 정서 표현, 상호작용 스타일을 수정하는 것을 의미한다. 개인 간 지원은 또래 지원도 포함하는데, 또래 지원은 아동으로 하여금 반응적인 파트너이면서 적절한 언어를 사용하고 사회적이고 놀이 모델이 되어 줌으로써 긍정적인 관계와 우정의 발달을 주도하는 또래와 긍정적인 경험을 하게 해준다.
2. 학습 지원: 학습 지원은 환경 구성을 의미하는데, 사회 의사소통 및 정서 조절을 촉진하기 위한 전형적인 상황이나 활동의 조성 및 수정, 교육환경에서뿐만 아니라 매일의 활동 중에도 실행될 수 있는 사회 의사소통 및 정서 조절을 위한 시각적 지원, 성공적인 학습을 위한 교육과정 수정 및 조정을 포함하기도 한다.
3. 가족 지원: 아동의 사회 의사소통, 정서 조절, 일상생활 기술을 촉진하고 아동을 위한 학습 지원에 필요한 유용한 정보와 자원 또는 직접교수를 공유하는 등의 교육 지원을 포함한다. 필요한 경우 자폐 범주성 장애 아동을 양육하는 데 따르는 어려움을 다루고 적응하기 위한 기술을 강화하도록 가족 구성원에게 정서적 지원을 제공하기도 한다.
4. 전문가 및 기타 서비스 제공자 지원: 교육 및 치료 기술을 강화하고 자폐 범주성 장애 아동과 일하는 데 따르는 어려움을 다루고 탈진을 예방하기 위하여 필요할 때마다 정서적 지원을 제공하기 위한 비공식적이거나 계획된 기회를 포함한다.

'교류적(transactional)'이라는 용어는 발달의 교류 모델(Transactional Model of

Development)이라고 불리는 아동 및 가족 관련 현대 이론에서 나온 용어로, Arnold Sameroff(1987)라는 심리학자가 처음으로 사용하였다. 이 용어는 교류 모델로부터 강한 영향을 받은 SCERTS 모델이 지니는 몇 가지 대표적인 특성을 설명하기 위하여 사용되었다.

- 첫째, 아동은 적극적인 학습자로 여겨지며 진정한 학습은 아동이 문제를 해결하거나, (경직된 방식의 단순한 기계적인 기술 학습보다는) 창의적이고 융통성 있게 사고하거나, 학습 기회로서 사회적 참여를 추구하고 반응하도록 도전받을 때 가장 잘 이루어진다. 학습 지원(예: 시각적 지원)을 사용할 때의 목표는 아동이 자신의 능력, 흥미, 필요에 가장 잘 맞게 의미 있는 방법으로 그러한 지원을 적극적으로 사용하게 하는 것이다.
- 둘째, 발달의 모든 측면은 서로 관련된 것으로 여겨진다. 예를 들어, 사회 의사소통 능력은 정서 조절을 지원하며, 소근육 및 대근육 운동 기술의 향상은 적극적인 문제해결과 학업 성취를 지원하고, 상상놀이에서의 향상된 능력은 언어 능력에 의해서 강력한 영향을 받음으로써 결과적으로 사회적 관계에 긍정적인 영향을 미치게 된다. 고립된 방식으로 자연스럽지 못한 활동 중에 부자연스럽게 반복되는 연습을 통해서 이루어지는 기술 '훈련'은 이와 같은 상호연관성을 다룰 수 없다.
- 셋째, 보다 자연적인 활동과 일과 중에 사회성과 언어 모델을 제공해 주는 장애가 없는 아동과의 상호작용은 자폐 범주성 장애 아동의 의사소통과 정서 조절을 지원하는 필수적인 요소로 여겨진다. 이것은 좀 더 자연스러운 활동과 경험 중에 내재하는 문제 해결하기 및 협상하기를 위한 융통성과 기회 때문이다. 이와 같은 기회는 자폐 범주성 장애가 없는 아동으로 하여금 발달상의 차이가 있는 아동에 대하여 더 잘 이해하게 해 주고 결과적으로 자폐 범주성 장애가 없는 아동뿐만 아니라 자폐 범주성 장애 아동에게도 상호의존적이고 교류적인 혜택을 가져다줌으로써 좀 더 민감하고 지원적인 파트너가 될 수 있게 도와준다.
- 마지막으로, SCERTS 모델에서는 전문가와 준전문가가 자폐 범주성 장애 아동과 일하기 시작할 때 아동과 그 부모 또는 양육자와의 역동적이면서도 교류적인 관계로 진입하는 것으로 여긴다. 이와 같은 관계에 있어서 증진되어

야 하는 중요한 질적 요소는 아동과 그 가족이 유능하고 독립적이 되도록 해 주는 신뢰, 존중, 역량강화 등이다. 더 나아가서 이러한 관계는 시간이 지나면서 아동이 성장하고 발달해 감에 따라, 또한 부모가 자폐 범주성 장애에 대하여 더 잘 알고 자녀의 발달을 더 자신 있게 지원하고 자녀와 가족을 위한 우선순위에 대하여 더 분명하게 알아 감에 따라 변화하고 발전하게 된다. 부모가 변하고 가족의 요구가 변할 때 전문가는 그러한 변화에 대하여 융통성 있고 반응적이어야 하며 가족의 결정을 존중해야 한다.

요약하자면, SCERTS 모델의 교류 지원 영역의 궁극적인 목표는 전문가가 (1) 아동에게 필요한 학습 지원을 개발 및 제공하고, (2) 사회 의사소통 및 정서 조절에 가장 좋은 대인관계 지원을 사용함에 있어서 아동의 모든 파트너들 간의 공동의 노력을 기울이게 하고, (3) 의미 있는 또래 관계 발달을 주도하는 적절한 언어 및 사회적 모델이 되어 주는 학습 경험을 제공하고, (4) 가족에게 교육적 자원, 직접적인 전략, 정서 지원을 제공하는 것이다.

4) 부분의 종합이기보다는 전체를 하나로

지금까지 사회 의사소통, 정서 조절, 교류 지원 각각에 대하여 설명하였지만 이들은 이론, 개발, 교육적 실행에 있어서 결코 서로 배타적이지 않다. 일반적으로 개별화 교육 프로그램(IEP)의 발달 영역이 분리되어 있는 것과는 달리 SCERTS 모델의 독특한 특성 중 하나는 아동 발달의 다양한 측면 간의 상호의존성을 인식하고 존중한다는 것이다. 다음은 반복해서 관찰되는 몇 가지 간략한 사례를 보여준다.

1. 사회 의사소통에 있어서의 향상된 능력은 행동상의 문제를 예방하거나 감소시킨다. 이것은 사회 의사소통 능력이 아동으로 하여금 다른 사람으로부터 도움을 구하고(예: 도움 청하기) 감정을 표현하고(예: 분노 또는 두려움 표현하기) 사회적으로 수용 가능한 방법으로 사회적 통제를 하도록 만들기 때문이다. 따라서 아동이 이와 같은 방법으로 의사소통을 하게 되면 아동의 정서 조절은 지원된다.

2. 의사소통 파트너가 언어와 사회적 자극을 민감하게 조절하거나(대인관계 교류 지원) 일상적인 활동에 시각적 지원을 사용하면(학습 교류 지원) 아동의 언어를 처리하고 반응하는 능력(사회 의사소통)과 초점에 주의를 기울이면서 사회적 활동에 참여하는 능력(정서 조절)이 강화된다.
3. 학생에게 잘 구성된 진정효과가 있는 움직임 활동에 참여할 기회를 주고(정서 조절) 아침에 통학버스에서 교실로의 이동을 나타내는 시각적 스케줄을 제공한다면(교류 지원, 학습 지원) 그 학생은 등교 직후 안정을 찾기 위해 많은 시간을 소비하는 대신 협동적인 학습 활동(사회 의사소통)에 성공적으로 참여하게 될 가능성이 더 높아질 것이다.

4. SCERTS 모델에 대한 몇 가지 질문과 대답

여기에서는 SCERTS 모델 개발 동기와 관련된 몇 가지 질문을 다루고자 한다. 또한 모델의 기본적인 입장과 핵심 가치 및 주요 기본 원리에 대하여 검토해 보고자 한다.

1) 왜 사회 의사소통, 정서 조절, 교류 지원에 초점을 맞추는가?

사람들은 아마도 "SCERTS 모델에서는 왜 세 가지 특정 영역에 초점을 맞추는가?"라고 그 당위성에 대한 질문을 할 것이다. 실제로 지난 수십 년간 자폐 범주성 장애 아동을 가르치고 우선순위를 정하기 위해서 가장 중요한 것은 무엇이며 이들을 위한 가장 효과적인 방법론은 무엇인지에 대한 논쟁이 계속되고 있다. 이러한 의견 차이는 현재 제시되고 있는 수많은 서로 다른 교육적 접근을 반영하며 문헌과 학술대회에서 열정적으로 논의되어 왔다(SCERTS 모델이 다른 교육적 접근과 어떻게 다른지에 대해서는 6장에서 좀 더 상세하게 설명할 것이다). 예를 들어, 어떤 접근에서는 교육적 노력이 기울여져야 하는 필수적인 준비 기술로 눈맞춤, 일대일 대응 기술, 모방, 지시 따르기 등을 고려한다. 이러한 기술은 주로 구조화되고 반복적인 훈련 형태의 교육방식으로, 특히 중재의 초기 단계에서 교수된다. 또 어떤 접근에서는 상호적인 사회적 참여를 주요 목표로 강조하며, 반면에 다른 접근에서는 아동으로 하여금 일련의 시각적이고 조직적인 지원을 독립적으로 따르도록 가르치면서 사회 의사소통에는 관심을 덜 두기도 한다. 이렇게 특정 요소에 우선순위를 두고 초점을 맞추는 것은 다루고자 하는 그 기술이 아동의 삶에 긍정적인 영향을 미칠 것이라는 믿음이 있기 때문이다. 그러나 국립과학원(National Academy of Sciences)에서 지정한 전문가 집단(National Research Council[NRC], 2001)이 지난 20년간 자폐 아동을 위한 교육적 중재와 관련된 연구를 검토한 결과, 어떤 접근도 다른 접근보다 더 효과적이라는 증거는 없으며 다양한 접근의 장기적 성과를 보고한 연구에서 절반의 아동만이 특정 접근과 관련된 성과를 보인 것으로 결론을 내렸다는 사실을 주목해야 한다. 또한 50%의 '회복'률을 주장하는 가장 긍정적인 성과를 보인 연구의 결과는 계속되는 시도에도 불구하고 2005년 현재 거의 10년 동안 동일한 결과가 나타나지 않고 있다는 사실을 주목할 필요가 있다. 마지막으로, NRC 전문가 집단은 자폐로부터의 '회복'이라는 매우 논쟁적인 개념을 다루었는데, 그 결과 자폐로부터의 '회복'과 특정 중재 접근 간에는 어떤 단순한 관계도 존재하지 않는 것으로 결론지었다.

가장 중요하게는 이 위원회에서 수많은 교육적 우선순위를 근거로 하는 개혁적인 교육 모델을 개발하도록 주장하였다(NRC, 2001). 여기서 우선순위란 기능적이고 자발적인 의사소통, 사회적 관계 및 또래와의 놀이 기술 발달, 의미 있는 활동 중에 기능적인 능력 습득 등을 포함하며, 이는 SCERTS 모델의 우선순위와 완전하게 일치한다.

SCERTS 모델은 사회 의사소통, 정서 조절, 교류 지원을 우선순위로 삼음으로써 교사, 부모, 임상가들이 아동의 발달과 삶의 질에 좀 더 긍정적인 영향을 미칠 수 있다는 우리의 신념을 반영한다. SCERTS 모델에서 이와 같은 영역에 초점을 맞추는 것은 부모와 관련 전문가들이 인식하는 우선순위 및 관심뿐만 아니라 자폐 범주성 장애의 핵심적인 어려움에 대한 연구에 의해서 지지된다. 더욱이, 자폐 범주성 장애 아동의 긍정적인 성과를 가장 잘 예측할 수 있는 요인에 대해서는 앞으로도 지속적인 연구가 필요한 것이 사실이지만, 지금까지의 연구와 오랜 기간 동안의 임상 경험은 사회 의사소통과 정서 조절에 있어서의 능력이 교류 지원의 실행과 함께 아동의 긍정적인 성과와 매우 밀접하게 관련된 주요 요소일 것이라는 가능성을 시사하고 있다.

(1) 핵심적인 어려움으로서의 사회 의사소통

연구자와 임상가들은 자폐 범주성 장애의 근본적인 결함의 특성에 대하여 오랫동안 논쟁해 왔다. 장애진단의 틀은 1943년 Leo Kanner가 처음으로 '유아기 자폐(infantile autism)'를 설명한 이래 오랜 시간에 걸쳐 생성되고 변화되어 왔지만 지금은 장애진단을 위한 2개의 기준이 일관성 있게 남았다. 즉, 자폐 범주성 장애는 사실상 (1) 사회 의사소통 능력의 발달과 (2) 사회적 관계의 발달에 있어서의 어려움에 의해서 정의된다(Koenig, Rubin, Klin, & Volkmar, 2000). 이러한 필수적인 진단기준은 자폐 범주성 장애의 모든 하위범주와 관련된다. 또한 자폐 범주에 속하는 사람들이 독립적이고 생산적인 삶을 살아가는 데 가장 필요한 능력이 무엇인지 조사하는 연구자들은 항상 최우선적인 목록에 사회 의사소통 능력을 포함시킨다. 마지막으로, 자폐 범주성 장애 아동의 부모는 사회 의사소통 능력의 결함이 자녀가 유아기 및 학령기에 경험하는 가장 심각한 스트레스 중 하나라고 인식한다.

(2) 핵심적인 어려움으로서의 정서 조절

자폐 범주성 장애 아동 및 성인이 정서 조절에 있어서 직면하는 어려움은 그 가족과 양육자의 경험을 통해서 쉽게 나타나며, 자신의 삶에 대해서 기록하고 학회에서 발표하는 성인들의 직접적인 기록을 통하여 생생하게 묘사되어 왔고, 임상연구를 통하여 입증되어 왔다. 실제로 정서 조절에 있어서의 어려움은 너무나 만연하고 두드러져서 과거에는 자폐 범주성 장애를 행동장애 또는 심각한 정서장애로 먼저 묘사하였다. 이러한 잘못된 믿음은 자폐 범주성 장애가 근본적으로 발달장애이며 정서 조절의 어려움은 다양한 요소에 의한 이차적인 결과로 나타난다는 사실을 이해하기 시작하면서 기각되었다. 여기서 말하는 요소란 효과적이고 사회적으로 관습적인 의사소통 수단을 발전시키지 못하는 어려움, 다양한 형태의 감각자극에 독특한 반응을 하게 만드는 감각처리 장애, 제한되거나 알아들을 수 없는 말을 하게 만드는 운동기능 장애, 협응적이고 실행적인 숙련된 행위를 하지 못하는 어려움, 사회적 이해력 문제로 인한 혼동과 불안감 등을 포함한다. 더욱이, 정서 조절은 파트너가 아동의 조절장애 신호를 읽지 못하거나 신호를 잘못 해석하거나 그러한 신호에 무감각하여 아동을 지원하는 방법으로 반응하지 못할 때 위태로워진다. 이것은 관습적인 신호 또는 다른 사람이 쉽게 이해할 수 있는 신호를 만들어 내는 아동의 능력이 제한되기 때문일 수도 있다. 그러므로 대부분의 경우에 어려움은 아동 또는 파트너 한쪽에만 있는 것이 아니다. 아동과 파트너 양쪽에 의해서 경험되는 어려움은 위태로운 사회적 경험을 만들어 내게 된다. 이와 같은 어려움으로 인하여, 사회적 관계 및 학습의 발달은 파트너가 아동의 조절장애 신호나 지원 요청에 반응해서 정서 조절을 지원하고(상호조절) 아동이 어느 정도의 독립적인 정서 조절 능력(자기조절)을 보이지 않는 한 심각하게 위협을 받게 된다.

(3) 교류 지원에 대한 지속적인 필요성

대다수의 자폐 범주성 장애 아동과 그 가족이 폭넓은 지원을 통하여 혜택을 받을 수 있다는 사실은 널리 알려져 있고 수용되고 있다. 앞에서도 언급하였듯이, 학습은 매일의 활동 내에서 발생한다. 그러므로 교류 지원은 다양한 장소와 활동과 파트너를 대상으로 실행되어야 한다. 복잡한 구어와 함께 파트너의 비구어 행동(예: 감정 표현)을 처리하는 데 있어서의 전반적인 어려움으로 인하여 중다감각 교수 접근, 특히 시각적 지원에 의존하는 방법이 대부분의 자폐 범주성 장애 아동에게 효과적이고 필요한 것으로 알려져 있다. 구어 처리에 내재된 요구와 어려움은 실제로 기대와 관련된 불안과 불확실성을 일으킴으로써 정서 조절장애에 기여할 수 있다.

자폐 범주성 장애 아동의 부모와 가족은 자신과 자신의 자녀가 직면하는 일상생활 중의 어려움과 관련해서 많은 도전과 정신적 부담을 경험할 뿐만 아니라 가족의 미래를 계획함에 있어서 장기적인 불확실성을 경험하게 된다. 자폐 범주성 장애를 지닌 가족 구성원과 함께 지내면서 오히려 긍정적인 방향으로 성장하는 가족은 많은 공식적 또는 비공식적 지원으로부터 이점을 끌어내거나 의존할 수 있는 사람들이다. 공식적 지원에는 아동의 필요뿐만 아니라 가족의 필요에 민감한 반응적인 전문가가 포함되며, 비공식적 지원에는 자폐 범주성 장애 아동의 양육에서 나타나는 정신적인 부담과 일상의 어려움을 완화시켜 주는 친척, 이웃, 종교단체 구성원 등이 포함된다.

SCERTS는 사회 의사소통, 정서 조절, 교류 지원에 교육의 초점을 맞추어야 한다는 필요성을 지지하는 자폐 범주성 장애 아동 관련 연구결과 외에도 현재 이러한 주장을 지지하는 자폐 범주성 장애 관련 문헌 밖의 추가적인 근거를 고려한다. 더욱이, 장애가 있거나 없는 아동과 함께 지내 온 수십 년간의 저자들의 교육 및 임상 경험 또한 이러한 우선순위에 대한 필요성을 강조한다.

(4) 사회 의사소통과 정서 조절은 모든 아동의 학습 및 사회적 참여에 내재된 핵심 능력이다

장애가 있거나 없는 아동의 발달과 관련된 30여 년에 걸친 연구는 사회 의사소통과 정서 조절에 있어서의 특정 능력의 초기 발달이 생후 첫 1년간 그리고 아동기 전반에 걸쳐 적절한 의사소통 및 사회-정서 발달을 위한 필수적인 능력임을 보여 준다. 앞에서도 언급하였듯이, 아동기 대부분의 학습은 양육자 또는 친숙한 파트너와 함께하는 일상적인 활동의 사회적 맥락 내에서 발생한다. 사회 의사소통 및 정서 조절의 제한은 아동이 함께 식사하기, 즐겁고 감정적인 사회적 게임에 참여하기, 매일 수없이 발생하는 의미 있고 공유된 경험 중에 상호작용하기와 같은 단순한 활동에 삽입된 적극적인 학습을 위한 풍부한 기회에 온전히 참여하고 그로부터 혜택을 받는 것을 방해한다. 자폐 범주성 장애 아동이 기능적인 기술을 학습하는 것은 매우 중요하지만 그러한 기술은 자기충족과 적극적인 학습을 가져다 줄 사회 의사소통 및 정서 조절의 기초 위에 세워지고 병합되어야 한다.

(5) 사회 의사소통, 정서 조절, 교류 지원은 일생에 걸쳐 필요한 능력이다

이 책에서 설명하는 바와 같이 SCERTS 모델은 주로 유아 및 초등학생에게 초점을 맞춘다. 그러나 자문 서비스를 제공받거나 SCERTS 모델 연수에 참여하는 전문가와 부모는 이 모델이 단순히 아동을 위한 모델이 아니라 아동기부터 성인기에 이르는 모든 사람과 관련된 전 생애에 걸친 모델이라는 반응을 보인다. 실제로 연수에 참여한 43세 자폐 범주성 장애 아들을 둔 한 어머니는 "이 방법은 비디오에 나오는 어린아이들에게 도움이 되는 것처럼 내 아들에게도 도움이 될 것이다."라고 말했다. 물론 이와 같은 주장은 나이가 많은 사람들에게 SCERTS 모델을 성공적으로 적용함으로써 타당화되어야 할 필요가 있다. 그러나 사회 의사소통 능력, 정서 조절, 교류 지원의 활용이 인간의 발달과 모든 연령대 사람들의 삶의 질을 강화하는 요소라는 사실을 고려한다면 이 모델이 생애 전반에 걸쳐 관련성이 있다는 주장은 논리적인 가정이라고 할 수 있다. 이와 같은 점을 분명히 하기 위해서, 우리 모두는 한 걸음 물러서서 우리 각자의 삶에 대해서와 사회 의사소통, 정서 조절, 교류 지원 능력이 우리의 일상생활 속에서 정서적 안녕과 삶의 질에 미치는 상당한 영향력과 가능성에 대하여 성찰해 볼 필요가 있다.

(6) 가족을 위한 우선순위

연구와 경험에 의하면 자녀에 대한 가족의 주요 관심은 주로 사회 의사소통 및 정서 조절과 관련된다. 예를 들어, 1980년대 주요 연구에서 Marie Bristol과 Eric Schopler(1984)는 자폐 범주성 장애 자녀를 양육하고 있는 가족의 경험을 알아보기 위하여 수백 명의 부모들을 면담하였다. 이 연구에서 부모들은 유아기 및 학령기에 자녀의 장애와 관련된 수많은 특정 문제들이 가족에게 엄청난 스트레스를 일으키는 것으로 보고하였다. 스트레스의 주요 원인에는 자녀의 효율적인 의사소통 능력 결여, 가족 구성원과의 관계 형성 문제와 반응 결여, 행동 관리 문제와 행동으로 인한 공공장소에서의 난처함 등이 포함되었다. 쉽게 알 수 있듯이, 이와 같은 모든 문제는 사회 의사소통 및 정서 조절에 있어서의 한계와 직접적으로 관련된다.

(7) 임상가 및 자문가로서의 경험

자폐 범주성 장애 아동과 직접적으로 함께 일하고 자문을 한 수년간의 경험으로 비추어 볼 때 사회 의사소통 및 정서 조절의 중요성과 교류 지원의 필요성은 정당화된다. 아동의 발달 지원과 함께 위기 상황에서 다양하게 발생하는 문제에 초점을 맞춘 학교와 가족을 대상으로 하는 정기적인 자문은 기본적인 욕구에 대한 의사소통, 사회적으로 수용 가능한 방법의 행동 조절, 지나치게 자극적이고 좌절스럽고 스트레스가 되는 상황에서 정돈되고 조절된 상태로 주의를 기울이는 능력 등에서의 어려움을 다룬다. 이와 같은 어려움은 전문가나 양육자의 아동과의 관계 및 긍정적인 행동을 지원하고 정서적으로 만족스러운 학습 경험을 제공하는 능력에 영향을 미친다. 이 책의 남은 장에서는 이와 같은 어려움에 대해서 다양한 사례를 통하여 아동과 양육자가 직면하는 문제뿐만 아니라 이러한 문제를 다루기 위한 실제적인 방법에 대해서도 설명하고자 한다.

요약하자면, 다양한 유형의 정보는 교류 지원의 전략적인 실행과 함께 사회 의사소통 및 정서 조절에 초점을 맞추는 교육 모델의 필요성을 지지한다. 또한 의사소통 및 긍정적인 관계 개발 능력은 사회 의사소통 및 정서 조절 능력을 강화해 주는 양육적이고 반응적인 파트너와의 일상적인 사회 활동을 통하여 가장 잘 지원될 수 있다. 사회 의사소통 능력을 강화하는 핵심 과정은 아동과 연계하는 필수적인 부분이며, 이것은 장기적인 신뢰 관계를 가능하게 해 준다. 이러한 관계가 형성되면 좌절로 인하여 발생하는 행동상의 어려움 또는 문제행동, 신뢰감 결여, 사회적 상호작용의 제한된 성취 등을 예방해 준다.

2) SCERTS 모델의 정오 개념

지금까지 자폐 범주성 장애 아동을 위한 기존의 교육 모델이나 접근방법을 정의함에 있어서 많은 혼동이 있어 왔다. 다시 말해서, 특정 모델이나 접근방법이 다른 것들과 비교할 때 특별히 다른 점은 무엇인가라는 의문이 존재한다는 것이다. 이를 이해하기 위해서는 각 방법이 서로 배타적이라고 보기보다는 그 반대로 연속선상에서 서로 연계되는 개념이라고 이해하는 것이 아마도 도움이 될 것이다(상세한 내용은 6장에서 소개). 그럼에도 불구하고 여기서는 현재 많은 혼동이 존재한다는 사실과 명확성에 대한 관심을 고려하여 SCERTS 모델은 무엇이며 또한 무엇이 아닌지에 대하여 설명하고자 한다.

SCERTS 모델은 미리 처방된 것이 아니다. 즉, 체계적이고 반구조화되어 있지만 또한 융통성이 있다. 자폐 범주성 장애 아동을 위한 교육적 접근방법 중에는 고도로 처방적인 것들이 있다. 이러한 방법은 교사나 아동 입장에서의 다양성이나 융통성 또는 자발성에 대한 여지가 거의 없이 정해진 순서의 교수 단계를 따르는 방법론으로 특징지어진다. 어떤 방법은 좀 더 복잡하거나 진보되었다고 여겨지는 다른 능력에 대해서 작업을 시작하기 전에 필수적으로 갖추어야 하는 준비도 또는 선수기술을 훈련하는 등 특정 기술 영역에서의 엄격한 순서의 목표에 집착하기도 한다. 많은 경우에 있어서 이러한 접근방법은 주로 성인 주도의 직접적인 교수전략에 의존하게 되는데, 기본적으로 요구에 순응하고 '정반응'을 산출하도록 가르치는 일에 초점을 맞추곤 한다. 이와 함께 진도점검도 미리 정해진 교수 프로그램 내에서의 정반응 백분율의 측면에서 이루어진다. 고도로 구조화된 직접적인 접근방법은 자폐 범주성 장애 아동이 아주 어리거나 능력이 낮은 경우 덜 구조화된 상황에서나 고도의 반복적인 연습에 초점을 맞춘 교수적 접근이 아니고는 학습할 수 없다는 주장에 의해서 정당화되곤 한다. 뿐만 아니라, 이들은 장애의 특성으로 인해서 사회적 상황에서 다른 아동들로부터 배울 수 없으며 따라서 기본적으로 일대일 교수 상황을 필요로 하는 것으로 여겨진다. 처방적 프로그램의 고도의 구조화가 기대수준을 분명하게 해 주고 고도의 예측 가능한 양식을 제공하는 것은 사실이다. 그러나 처방적인 교수방법에 대한 지나친 의존은 사회적 및 인지적 융통성이 없어지게 만드는데, 이러한 문제는 자폐 범주성 장애에서 관찰되는 학습 스타일과 장애의 속성으로 인해서 이미 상호작용, 학습, 행동에서 융통성 없는 성향을 지니고 있는 많은 자폐 범주성 장애 아동에게 도전이 된다.

성인 주도의 처방적인 접근방법과는 달리, 어떤 방법은 우선적으로 아동의 선호도 및 동기 따르기 또는 모방이나 긍정적인 정서 반응을 통하여 아동의 행동 수용하기에 그 목표와 교수 실제의 기반을 둔다. 이와 같은 방법은 **촉진적 교수 접근법**으로 불리는데, 그 목표는 특정 사회 의사소통, 인지, 또는 자조기술을 직접 교수하기보다는 사회적 관계 및 신뢰를 형성하는 데 더 큰 초점을 두는 경향이 있다. 아동의 동기와 관심의 초점을 인식하고 고도의 정서적 반응으로 상호작용을 함으로써 부모나 교사는 신뢰감 및 학습 파트너십 개발에 도움이 되는 관계 형성을 더 잘할 수 있게 된다. 그러나 대부분의 자폐 범주성 장애 아동은 의사소통 및 사회적 참여를 유도하고 정서 조절을 지원하기 위하여 파트너가 제공하는 어느 정도의 외적 구조화(예: 일관성 및 예측 가능성)로부터 혜택을 받는 것 또한 사실이다. 뿐만 아니라, 매일의 일과에서 기능적이면서 동기유발적이고 의미 있는 활동 중에 삽입된 학습 기회를 통해서 기술들이 직접적인 목표가 되고 좀 더 융통적인 방법으로 습득될 수 있다.

성인 주도의 처방적인 접근이나 아동의 주도를 따르는 촉진적인 접근과는 달리 SCERTS 모델은 중간 입장을 취한다. 즉, 연구를 통하여 도출된 사회 의사소통과 정서 조절에서의 위계적인 목표를 지니고 개별 아동의 필요와 부모의 우선순위에 따라 체계적이면서도 반구조화되어 있지만 한편으로는 융통성이 있다. 활동은 사회 의사소통, 사회적 및 정서적 상호성, 의미 있는 활동 맥락 내에서의 창의적 문제해결, 공동의 즐거운 경험, 공유된 조절 등을 우선시하면서 일관성 있고 예측 가능하게 설계된다. 여기서 공유된 조절은 차례 주고받기와 선택하기 기회를 서로 나누는 두 명 이상의 파트너를 포함하는데, 각 파트너의 궁극적인 목표는 협력 학습의 기저를 이루는 주요 능력인 상대방의 의도를 따르는 능력을 개발하는 데 있다. 이와 같이 이 모델은 융통성 있고 반응적이기 때문에 파트너로 하여금 아동의 동기, 자발적인 의사소통, 교수가 가능한 순간을 알게 해 준다.

또한 SCERTS 모델의 기본적인 주장은 아동과 효과적으로 일하기 위해서 성인은 항상 아동의 정서적 각성 및 조절의 수준과 그에 따른 사회적 교환 상황에서의 학습 및 참여 가능성을 고려할 필요가 있다는 것이다. 구조화, 일관성, 예측 가능성은 학습을 위한 틀과 지원을 제공하지만, 아동의 자기결정력과 적응 및 정서적 성장 능력은 구조 내에서의 융통성, 의사소통 및 선택을 통한 사회적 통제 기회, 다양한 사회적 및 비사회적 활동에서의 문제해결 기회에 의해서 강화된다. 모든 연령과 능력 수준의 자폐 범주성 장애 아동은 이와 같은 접근방법을 통하여 혜택을 받을 수 있다. 그러나 나이가 어린 아동과 정서적으로 자신을 조절하거나 목표를 성취하기 위해서 스스로를 조직화하는 능력이 낮은 아동은 처음에는 강조된 일관성과 예측 가능성을 통하여 그리고 상호교류적 지원을 통하여 더 큰 지원의 혜택을 받을 수 있다. 이와 같은 방식으로 이 모델은 구조화 및 지원의 양을 조절하고 다양한 활동 내에서의 아동의 능력과 필요를 고려하고 가족의 요구를 고려함으로써 아동과 가족의 개별적인 차이에 대해서 융통성 있고 반응적이도록 설계된다.

SCERTS 모델은 정해진 엄격한 방법으로 기술을 훈련하는 데에만 초점을 맞추는 교육과정이 아니다. 오히려 근본적인 능력과 함께 각 아동에게 개별화된 기능적인 기술의 발달을 지원하는 데 초점을 맞춘다. SCERTS 모델은 연구를 통해서 이미 확인된 바 있는 자폐 범주성 장애 아동의 핵심적인 발달상의 어려움인 사회 의사소통과 정서 조절을 직접적으로 다룬다. 이 모델은 성취해야 하는 일련의 기술이나 내용이 아니다. 이 책에서는 개별화 교육 프로그램(IEP)이나 개별화 가족 서비스 계획(IFSP)에 쉽게 병합될 수 있는 분명하게 서술되고 정의된 장단기 교수목표와 상호교류적 실행과 함께 사회 의사소통 및 정서 조절 영역의 능력을 강화하는 활동 개발 지침을 포함한 교육과정을 제시할 것이다. 학업전 기술, 학업기술, 자조기술과 같이 자폐 범주성 장애 아동을 도와줄 많은 다른 능력들은 SCERTS 교육과정 안에서 명백하게 확인되지는 않는다고 해도 이 모델의 주요 목표와 보완적이면서 일관된다. 학습 및 관계의 기초가 되는 사회 의사소통 및 정서 조절에 있어서의 지원에 우선순위를 두기 때문에 이 모델은 이러한 중요한 능력을 촉진하는 것과 기능적인 기술의 발달을 지원하는 것 모두에 초점을 맞춘다. 그러므로 이 모델은 교육적이고 자조적이고 독립적인 생활 기술의 발달을 주요 목표로 삼는 기타 다른 융통성 있고 반구조화된 접근방법들과 양립할 수 있다.

SCERTS 모델은 다른 방법론을 배제하지 않는다. 오히려 다양한 접근방법과 교수전략을 병합하기에 충분한 융통성을 지닌다. 다양한 접근방법으로부터 온 많은 긍정적인 방법론과 교수전략이 과거 30여 년 동안 꾸준히 개발되어 왔다. 그러나 어떤 방법은 수정이나 변경을 허용하지 않으며 만일 변경하는 경우 그 효과가 심각하게 달라질 수 있는 것으로 알려져 있다. 예를 들어, 학습 환경을 어떻게 구조화하는지, 교수를 위해서 사용되는 자극은 어떻게 제시되어야 하는지, 아동에게 반응을 위한 시간을 얼마나 주어야 하는지, 교사는 아동의 행동에 대하여 어떻게 반응을 하거나 하지 않아야 하는지 등을 위해서 매우 구체적인 교수방법을 필요로 할 수 있다. 심지어는 다른 접근방법의 요소를 전혀 병합하지 못하게 하기도 한다. 따라서 몇몇 방법들은 아동의 요구와 학습 스타일을 근거로 융통성 있게 병합될 수 있는 효과적인 방법론의 범주에서 벗어난 폐쇄된 시스템으로 보인다. SCERTS 모델은 다양한 접근방법과 교수전략(예: 보완대체 의사소통, 시각적 지원, 긍정적 행동지원, 감각 지원, 상황이야기[Gray, 1994], 이완 기법)으로부터 온 방법론을 병합하기에 충분히 융통적이라고 말할 수 있다. 그러나 사회 의사소통 및 정서 조절을 지원하고 SCERTS 모델의 핵심 가치 및 원리와 철학적으로 일치하는 접근방법이나 전략만이 SCERTS 모델의 실행과 양립할 수 있을 것으로 여겨진다.

3) 왜 자폐 범주성 장애 아동의 발달 지원을 위해서 또 다른 모델이 필요한가?

"왜 자폐 범주성 장애 아동의 발달 지원을 위해서 또 다른 모델이 필요한가? 가족과 전문가들은 이미 존재하는 많은 방법들로 인해서 충분히 혼동하고 있지는 않은가?"라는 질문은 또 하나의 합리적인 질문이라고 할 수 있다. SCERTS 모델은 폭넓은 범주의 다양한 접근방법에 대한 훈련, 다양한 접근방법의 강약점에 대한 실용적 지식, 이러한 접근방법을 사용하는 가족 및 프로그램을 대상으로 한 수년간의 자문 경험을 근거로 다양한 요구를 다루기 위해서 개발되었다. 이 모델은 현재 제공되고 있는 서비스 또는 경우에 따라서는 자폐 범주성 장애 아동과 가족에게 사용되는 방법론의 기저가 되는 철학 및 원리의 요소들에서 나타나는 주요 공백을 기반으로 그 공백을 직접적으로 채우기 위해서 개발되었다. 또한 앞에서 서술한 바와 같이, 자폐 범주성 장애 아동의 교육 관련 전문가 패널(NRC, 2001)에서는 패널에서 발견한 현존 모델에 대한 수많은 제한점을 근거로 자폐 범주성 장애 아동을 위한 새롭고도 혁신적인 교육 모델 개발 및 검증의 필요성을 지적하였다. 그러므로 SCERTS 모델은 현존하는 모델의 알려진 제한점을 다루기 위해서 자폐 범주성 장애 아동을 대상으로 하는 차세대 모델로 개발되었다.

4) SCERTS 모델에 내재된 권장되는 실제의 기본적인 입장

SCERTS 모델은 120편 이상의 학술지 논문과 책의 장, 두 권의 저서, 진단도구들, 네 편의 전문 학술지 특별호 등 거의 30년에 가까운 연구와 임상 결과를 근거로 한다. 이 모델은 권장되는 실제의 다양한 기본적인 입장을 기반으로 한다(Prizant & Rubin, 1999; Wetherby & Prizant, 1999). 권장되는 실제는 자폐 아동을 위한 교육 중재를 조사한 위원회의 권장사항과도 일치한다(NRC, 2001).

- 교육적 접근방법은 자폐 범주성 장애 아동의 발달상의 핵심 과제를 직접적으로 다루어야 한다. SCERTS 모델에서 다루어야 하는 첫 번째 주요 요소는 자폐 범주성 장애 아동을 위한 종합적인 교육 모델의 발달적 기초를 분명하게 설명하는 것이다. 이와 같은 발달적 기초(사회 의사소통, 정서 조절, 교류 지원)를 확인하는 것은 교수목표를 안내하는 교육적 우선순위를 분명하게 설명해 줌과 동시에 발달장애로서 자폐 범주성 장애에 대한 가장 최신의 이해를 기반으로 한 교수의 실제를 알게 해 준다. 자폐 범주성 장애 아동을 위한 기존의 접근방법 중에는 정도는 다르지만 사회 의사소통과 행동 관리를 다루는 것들이 분명히 있다. 그러나 SCERTS 모델은 여러 가지 측면에서 이러한 방법들과는 다르다. 첫째, SCERTS 모델에서 사회 의사소통은 가장 높은 우선순위를 지니는 목표 중 하나다. 반면에 많은 다른 모델에서는 가장 높은 우선순위를 지니지는 않으며 단지 여러 개의 목표들 중 하나일 뿐인 경우가 종종 있다. 둘째, 정서 조절에 대한 우선순위는 자폐 범주성 장애 아동을 위한 교육적 우선순위에 있어서 새롭게 기여할 수 있으며, 여러 가지 측면에서 행동 관리 접근방법과는 분명하게 구별된다. 가장 확실하게 다른 점은 외적인 관리보다는 정서 조절과 자기결정의 발달적 기초에 초점을 둔다는 것이다(이 내용에 대해서는 6장에서 다루고 있다).

- 자폐 범주성 장애를 지닌 어린 아동을 위한 교육적 접근방법은 아동 발달에 대한 지식을 기반으로 해야 하며, 따라서 자연적 환경의 맥락 내에서의 학습에 초점을 두고 아동과 가족 모두가 중심이 되어야 한다. SCERTS 모델의 핵심은 발달주의 모델이다. 교수 목표와 전략은 장애가 있거나 없는 아동의 발달과 관련된 연구 및 문헌으로부터 가져온다. 아동의 필요와 가족의 우선순위는 아동의 능력을 발달시키기에 가장 적합한 특정 교수목표와 학습 상황을 선택하게 해 준다. 아동의 발달을 지원하는 가족의 역할 또한 가족 구조 견해로부터 채택되며 전문가의 도움이 투입된 협력적인 과정의 한 부분으로 여겨진다. 가족 구성원들은 자신의 역할이 무엇인지와 교육 과정에서 무엇을 해야 하는지에 대하여 전문가로부터 직접적으로 시시를 받지는 않는다. 이 모델은 적극적인 참여를 위한 동기, 개념 이해, 습득된 능력과 기술의 일반화를 촉진하기 위해서 좀 더 자연적인 활동 및 일과 활동을 최우선순위로 채택한다.
- 교육적 접근방법은 아동의 현행 발달 수준 및 학습의 강점과 약점에 대한 프로파일에 따라 개별화되어야 한다. SCERTS 모델의 발달적 기초에 따라서 개별화된 교수목표 및 학습상의 차이점은 아동의 발달을 지원하기 위한 노력에 자연스럽게 병합된다. 자폐 범주성 장애 아동은 강점이나 요구에 있어서 매우 다양한 프로파일을 보인다. 실제로 강점 및 요구와 관련해서 어떤 아동은 다른 자폐 범주성 장애를 지닌 아동보다는 전형적인 발달을 보이거나 발달적 언어장애와 같은 다른 장애를 지닌 아동과 유사할 수도 있다. 그러므로 아동의 강점 및 요구에 대한 종합적인 진단 결과는 그 아동을 위한 교육목표나 접근방법에 직접적으로 연계되어야 한다. 이와 같은 진단과 교육 프로그램의 연계는 진단과 교육이 단절되어 있는 기타 접근방법과는 상반된다. 모든 아동에게 표준화되고 획일적인 교육과정을 사용하는 접근방법은 아동의 개별적인 차이를 무시하거나 거의 관심을 기울이지 않는다. 뿐만 아니라, SCERTS 모델은 학습 스타일의 차이를 설명해 주고 아동의 강점을 최대한으로 활용하는데, 이것은 아동의 약점이나 '결함'을 교정하는 데 우선적인 초점을 두는 다른 방법들과는 다르다. 자폐 범주성 장애 아동의 학습 능력에는 높낮이가 있음이 잘 알려져 있으며, 이러한 특성은 교육 프로그램에서 반드시 다루어져야 한다.
- 교육적 접근방법은 장기목표와 이러한 목표를 성취하기 위한 교수전략 간에 논리적인 일관성을 입증할 수 있어야 한다. SCERTS 모델의 사회 의사소통 및 정서 조절에

서의 일련의 목표는 초기 능력은 발달적으로 좀 더 복잡한 능력의 기초를 제공해 준다는 발달 연구에 의한 논리적인 순서를 따른다. 예를 들어, 사회 의사소통에서 최우선시되는 목표가 아동으로 하여금 유능하고 자신감 있는 상호적 의사소통자가 되게 하는 것이라면 이러한 목표의 핵심적인 기초는 아동이 현재 구어로 의사소통을 할 수 있거나 없거나 상관없이 다양한 파트너와 다양한 목적으로 의사소통을 시작하고 참여할 수 있도록 아동의 능력을 지원하는 것이다. 중재의 초기 단계에서 순응하기 훈련에 초점을 맞추는 접근방법은 자폐 범주성 장애 아동의 사회적 독립성과 자기결정이라는 장기적인 우선순위와는 일관성이 없다고 할 수 있다. 성인의 과도한 외적인 촉진과 지시를 제공함으로써 행동 관리 목표에 지나치게 의존하는 접근방법은 아동으로 하여금 정서 조절을 지원하는 자기조절 전략을 개발하도록 도와주는 장기적인 우선순위와는 일관성이 없다. 실제로 아동을 교육하거나 프로그램을 자문하면서 의사소통이나 정서 조절을 위한 외적인 촉진에 반응하도록 가르치는 교수전략으로 인해서 아동을 지나치게 수동적으로 만드는 접근방법의 영향력을 없애기 위한 전략을 추천해야 하는 경우가 흔히 있어 왔다.

- **교육적 접근방법은 다양한 종류의 근거를 기반으로 해야 한다.** SCERTS 모델에서는 아동을 위한 프로그램의 개발에 기여하고 안내해 주는 다양한 근거의 정보가 많이 있다는 사실을 인식한다. 이러한 다양성에는 (1) **이론**(발달 이론, 학습 이론, 가족 구조 이론), (2) **임상 및 교육 데이터**(일상적인 상황과 학습 환경에서의 실제를 통해 입증된 결과), (3) **권장되는 실제에 대한 지식**(임상 및 교육 경험에 기반한 축적된 지식), (4) **사회적 가치**(사회적 또는 개인적 가치에 기반한 실제와 목표), (5) **실증적 자료**(실험 통제에 요구되는 최소한의 조건을 갖춘 실험연구의 결과) 등이 포함된다(Shonkoff, 1996).

  SCERTS 모델은 발달 이론과 연구, 임상 및 교육 데이터, 진단에 기초한 교육과정, 가족 중심 연구, 문제행동에 대한 기능진단과 긍정적 행동지원을 강조하는 현대의 행동주의 문헌으로부터의 결과를 수렴하여 구성된다. 뿐만 아니라, 자폐 범주성 장애 아동의 진보와 교수전략의 효과를 입증하는 것은 프로그램이 특정 아동을 위해서 효과적인지를 결정하게 해 주는 필수적인 기준이다.

- **교육적 접근방법은 진보와 성과를 중요하게 측정하는 방법을 개발하고 적용해야 한다.**

자폐 범주성 장애 아동에 대한 교육연구는 다양한 주요 성과를 입증하는 일을 등한시해 왔다. 예를 들어, 자주 사용되고 있는 의미 있는 활동의 맥락 밖에서 교수되는 고립된 기술의 습득(일반적으로 습득은 교수 회기 중 80~90%의 정반응률로 정의된다)과 같은 단기적인 진보 측정에 대해서는 그 의미를 고려해 보아야 한다. 예를 들어, 수용언어 훈련 프로그램에서의 진보는 그 기술이 실제로 아동의 삶 속에서 매일의 활동 중에 변화를 가져다주는지에 대한 주의 깊은 고려 없이 그림 가리키기나 지시 따르기와 같은 행동의 정반응 빈도에 의해서 측정되곤 한다. 장기적 성과와 관련해서 가장 많이 사용되는 성과 측정은 IQ 점수와 학교 배치에 있어서의 변화인데, 이 두 가지는 모두 그 타당성에 문제가 있을 뿐만 아니라 주요 제한점도 가지고 있다(NRC, 2001). 이러한 측정은 생태학적으로 타당하지 않을 수 있는데, 왜냐하면 자연적인 환경에서의 적응 기능과 자기결정력에 대한 변화를 측정하지 않고 자폐 범주성 장애의 핵심 결함을 다루지 않기 때문이다.

아동의 진보와 교육적 접근방법의 효과를 결정함에 있어서 표준화검사나 학교 배치에 있어서의 향상과 같은 전형적인 고정된 측정을 넘어서는 것이 중요하다. 좀 더 폭넓고 역동적인 측정으로는 일상적인 의사소통 교환 시 참여와 성공의 정도, 정서 표현 및 조절의 정도, 사회 의사소통의 동기, 사회적 능력, 또래 관계, 자연적인 활동 및 환경에서의 유능하고 적극적인 참여 등이 포함되며, 궁극적으로는 자신의 삶에 대한 중요한 장단기 결정을 할 수 있는 능력이 포함된다. SCERTS 모델에서는 이와 같은 것들을 여덟 가지 사회-정서 성장 지표(Social-Emotional Growth Indicators)에서의 진보를 지속적으로 측정함으로써 다루게 되는데, 이 지표는 사회 의사소통, 정서 조절, 교류 지원의 진보 측정에 사용하는 특정 교수목표들로부터 구성되었다. 즉, (1) 행복(Happiness), (2) 자아의식(Sense of Self), (3) 타인의식(Sense of Others), (4) 적극적인 학습 및 조직화(Active Learning and Organization), (5) 융통성 및 회복력(Flexibility and Resilience), (6) 협동 및 행동의 적절성(Cooperation and Appropriateness of Behavior), (7) 독립성(Independence), (8) 사회 구성원 자격 및 우정(Social Membership and Friendships) 등이다. 이 지표들은 프로그램 및 교외 활동에서의 아동의 진보에 대한 매일의 토론을 통해서 부모와 전문가가 보이는 전형적인 우선순위와 관심을 반영하여 개발된다.

> 또한 진단은 아동 변인만을 측정하도록 제한해서는 안 되며, 교류 지원과 관련해서 앞에서 언급했던 파트너, 환경, 활동이 어떻게 아동의 발달상의 진보를 지원하고 방해하는지에 대한 변인으로 확장되어야 한다. 서비스 제공자는 교육적 의사결정을 안내해 주고 긍정적인 교육적 결과가 성취되고 있는지를 결정하기 위해서 아동의 능력을 의미 있게 측정할 수 있어야 한다. 그러한 측정은 우선적으로 (1) 기능적인 활동 중 자발적인 의사소통을 시작하는 능력, (2) 정서 조절에 대한 문제에 직면했을 때 잘 조절된 상태로 유지할 수 있는 능력, (3) 새롭게 습득한 기술의 활동, 파트너, 환경에 대한 일반화를 포함한다.

다시 말해서, 자폐 범주성 장애 아동을 위한 의사소통 및 사회-정서 능력의 강화는 특정 의사소통 기술의 향상뿐만 아니라 SCERTS 모델에서 최우선순위의 목표로 삼는 사회 의사소통, 사회적 관계, 정서 조절의 다양한 역동적 측면에서의 향상과 함께 파트너의 행동을 수정하고 촉진적 활동과 학습 환경을 설계하는 것 모두를 포함한다. 궁극적인 목표는 아동이 다양한 환경에서 성인 파트너나 또래와 함께 발달에 적합한 활동에 좀 더 성공적으로 참여할 수 있게 하는 것이다. 이 책에서는 능력 수준이 다양한 아동과 그 파트너를 위한 좀 더 다양한 최우선순위 목표를 구체적으로 제시하고 설명하였다. 또한 종합적인 SCERTS 진단의 한 부분으로 생태학적으로 타당한 방법을 이용해 진보와 의미 있는 변화를 측정할 수 있는 접근방법과 전략을 제공하였다.

5) SCERTS 모델은 가치 중심의 모델이다

자폐 범주성 장애 아동에게 사용되는 다른 교육 모델과는 달리 SCERTS 모델은 교육 및 치료의 노력을 안내하는 명백하게 서술된 핵심 가치와 원리를 기반으로 한다. 그러한 핵심 가치와 지침이 되는 원리가 없이는 (프로그램이나 접근법 개발자의 편견에 의해서) 중요하다고 생각되는 기술을 가르치는 위험을 범할 수 있는데, 실제로 그러한 기술은 아동이나 가족의 삶의 질 및 독립에 최소한의 영향을 미치고 가족 구성원들이 높은 가치를 두지 않을 수 있다. 뿐만 아니라, 교육적 접근방법은 아동과 가족을 존중하는 것이어야 한다.

SCERTS 모델의 핵심 가치 및 지침이 되는 원리는 부분적으로는 부모들이 제기하는 가장 보편적인 논점을 기초로 한다. 예를 들어, "가장 큰 걱정이 무엇입니까?" 또는 "이 서비스로부터 무엇을 얻고 싶습니까?"라는 질문을 받은 부모는 일반적으로 "나의 자녀가 좀 더 효과적으로 의사소통하고 말하는 것을 배우면 좋겠어요." "나의 자녀에게 친구가 있으면 좋겠어요." "나의 자녀가 행복하고 그렇게 쉽게 화를 내지 않으면 좋겠어요."라고 대답한다. SCERTS 모델이 적용될 때 사용되는 방법은 모델 실행의 기저가 되는 가치와 원리가 분명하게 설명될 때 아동을 위한 가장 기능적이고 의미 있는 목표에 초점을 두고 아동과 가족을 존중할 수 있게 될 것이다. 이 책에서는 이러한 가치와 원리 각각에 대해서 실례를 통하여 설명하고 상세하게 제시할 것이다.

6) SCERTS 모델의 핵심 가치 및 주요 원리

1. 발달과 독립성의 모든 측면을 지원하는 자발적이고 기능적인 의사소통 및 정서 조절 능력의 발달은 교육과 치료의 노력에 있어서 최우선순위를 지닌다.
2. 아동 발달에 대한 원리와 연구는 진단과 교육 및 치료 노력의 틀을 구성해 준다. 교수목표와 활동은 발달에 적합하고, 기능적이고, 아동의 적응능력 및 일상적인 경험에서의 즐거움과 성공과 독립성을 최대화하는 데 필요한 기술과 관련되어야 한다.
3. 아동 발달의 모든 영역(예: 의사소통, 사회-정서, 인지, 감각, 운동기능)은 상호관련성을 지니며 상호의존적이다. 진단과 교육의 노력은 이러한 관계를 반드시 고려해야 한다.
4. 모든 행동은 목적이 있는 것으로 인식되어야 한다. 행동의 기능은 의사소통, 정서 조절, 적응기술일 수 있다. 비관습적이거나 문제가 되는 행동을 보이는 아동을 위해서는 행동의 기능을 알아내고 정서 조절 능력을 강화하는 맥락 내에서 이러한 기능을 성취할 수 있는 좀 더 적절한 방법을 발전시키도록 지원하는 데 강조점을 두어야 한다.
5. 아동의 강약점에 대한 고유의 학습 프로파일은 사회 의사소통 및 정서 조절 영역의 능력을 촉진하기 위한 적절한 수정(교류 지원)을 결정하는 데 매우 중요한 역할을 한다.

6. 가정, 학교, 지역사회 환경에서의 자연적인 일과는 학습과 긍정적인 관계 개발을 위한 교육 및 치료 맥락을 제공해 준다. 이때 진보는 능력의 향상뿐만 아니라 일상적인 경험과 일과에서의 적극적인 참여를 증진시키는 측면에서도 측정된다.
7. 아동 및 가족 구성원과의 긍정적인 관계를 형성하는 것은 전문가의 가장 우선적인 책임이다. 모든 아동과 가족 구성원은 예의와 존경으로 대우받아야 한다.
8. 가족 구성원은 자녀에 대한 전문가로 인정되어야 한다. 진단과 교육의 노력은 가족과의 협력 과정으로 인식되어야 하며, 가족과의 합의를 이루고 협력 과정을 강화하기 위해서 가족 중심의 실제 원리가 존중되어야 한다.

SCERTS 모델을 사용하는 사람들은 이상의 핵심 가치와 원리를 깊이 생각해 보아야 한다. 이 책에서는 자폐 범주성 장애 아동이 좀 더 종합적이고 의미 있는 방법으로 전진할 수 있도록 도와주는 수단으로 SCERTS 모델을 소개하고자 하며, 독자들은 이 책 전체를 통해서 동기 유발되기를 바란다.

제 2 장
사회 의사소통

1. SCERTS 모델에서 사회 의사소통 발달의 세 단계
2. 사회 의사소통의 핵심 문제
3. 사회 의사소통의 특성과 세 단계 발달
4. 요약

자폐 범주성 장애 아동의 장기적인 긍정적 성과가 의사소통 능력의 성취와 높은 상관관계를 지닌다는 사실은 이미 잘 알려져 있다(Garfin & Lord, 1986; Koegel, Koegel, Shoshan, & McNerney, 1999; NRC, 2001; Venter, Lord, & Schopler, 1992). 다시 말해서, 사회 의사소통과 언어 영역에서의 고도의 능력은 아동의 좀 더 나은 성취를 이끄는 두 가지 주요 요소다.

이 장에서는 먼저 SCERTS 모델의 사회 의사소통 영역의 발달적 기반에 대하여 심도 있게 살펴보고, 사회 의사소통 발달 영역에서 자폐 범주성 장애 아동이 직면하는 어려움을 살펴보고자 한다. 이러한 이론적 기반에 대하여 생소하거나 단지 일반적인 지식만을 가지고 있는 독자는 이 장을 좀 더 면밀하게 읽을 것을 권한다. 왜냐하면 이 장은 SCERTS 모델을 가장 잘 이해하고 자신감 있게 실행할 수 있도록 필요한 정보를 제공하기 때문이다.

의사소통 능력 발달에 관한 연구 기반의 상세한 정보는 일반 아동의 발달에 대한 연구로부터 온다. 따라서 SCERTS 모델은 자폐 범주성 장애 아동의 의사소통 문제를 보다 잘 이해하고 다루기 위해서 전형적인 발달에 대한 광범위한 지식을 근거로 하였으며, 의사소통 능력을 강화시키는 효과적인 접근방법을 개발하는 데에 이러한 지식을 적용하였다. SCERTS 모델은 일반 아동의 의사소통 능력 발달에 대한 연구가 자폐 범주성 장애 아동의 의사소통 능력 발달을 촉진하고 가장 의미 있는 방법으로 그 진보를 측정하도록 풍성한 이론적 기반과 통찰력과 구체적인 지침을 제공해 준다는 신념에 입각한다.

아동 발달과 관련된 문헌은 의사소통 능력의 발달에 대해서 상세히 기록함으로써 자폐 범주성 장애 아동의 발달 지원과 관련된 직접적인 시사점을 지닌다는 사실을 고려하여, 이 장에서는 이러한 문헌에서 다루고 있는 주요 발달 능력에 대해 살펴보려고 한다. 자폐 범주성 장애 아동에게 필요한 주요 능력은 다음과 같다: (1) 상호적 상호작용과 대화에 효능감을 느끼고 성공적으로 참여하는 능력, (2) 다양한 의사소통 대상자와의 사회 의사소통적 상호작용이 정서적으로 만족스럽다는 사실을 발견하는 능력, (3) 좀 더 많은 사회적 기능(예: 다른 사람과 정보나 경험 나누기)의 의사소통을 위하여 공유된 의미를 의사소통하는 능력. 실제로 자폐 범주성 장애 아동 중 상호적 상호작용에 참여하고 공유된 의미를 의사소통할 수 있는 능력을 지닌 아동은 좀 더 정교한 의사소통 능력을 발달시키는 경향이 있는데,

이것은 이러한 능력이 의사소통 대상자의 관심을 형성하고 그 관심의 초점을 따르기 위해서 필요한 능력이기 때문이다. 이들 능력에는 다음이 포함된다: (1) 다양한 기능의 자발적인 의사소통을 시작하는 능력, (2) 대화 중 순서와 주제를 따르는 능력, (3) 좀 더 정교한 비구어 의사소통과 상징 언어를 사용하는 능력, (4) 의사소통의 실패를 인식하고 수정하는 능력, (5) 파트너의 관심, 지식, 선호도를 반영하는 맥락 또는 비구어 단서에 반응하는 능력(Carpenter & Tomasello, 2000; Wetherby, Prizant, & Hutchinson, 1998).

이러한 발달 능력이 생기면서 아동은 일상적인 사회적 활동에 보다 적극적으로 참여할 수 있게 되며, 따라서 사회적 상호작용 파트너로서의 효능감과 자신감이 증가하게 되고, 궁극적으로 파트너와 함께하는 사회적 상황에서 좀 더 많은 학습과 성장의 기회를 갖게 된다. 또한 이러한 초기 의사소통 능력은 이후의 보다 향상된 언어 단계에서 사건이나 대화 주제와 관련해서 정서적 상태와 의도를 해석하고 공유하는 능력 및 다른 사람의 이전 경험과 견해를 배려하는 능력과 밀접하게 관련된다. 다시 말해서, 효과적으로 의사소통을 하는 아동은 사회적 상호작용 중에 보다 큰 성취감과 만족감을 경험하게 되고 사회적 상호작용을 하려고 독립적으로 다른 사람을 찾고자 하는 동기를 갖게 된다. 마찬가지로, 자폐 범주성 장애 아동의 잠재적인 파트너는 아동이 사회적인 노력을 시작할 때 상호적이고 우호적으로 반응하고 사회적으로 적절한 방법으로 반응한다. 또래 집단에 수용될 때 사회적 상호작용의 규칙과 미세함을 연습하고 배울 수 있는 기회가 증가하며 긍정적인 관계 개발의 기초를 쌓을 수 있다.

사회 의사소통 장애는 아동과 모든 파트너가 서로 영향을 미친다는 점에서 그 속성상 교류적이라고 할 수 있다. SCERTS 모델은 사회적으로 분리된 교육 프로그램에서 개별 아동에게 초점을 맞춘 직접교수가 긍정적인 사회 의사소통적 교환이나 다양한 파트너와의 관계 형성을 보장해 주지 않는다는 사실을 인식한다. 사회적 성취를 보장하기 위해서는 아동의 삶 속의 모든 파트너와 장소에 걸쳐 지원이 제공되어야 하는데, 즉 가정 내 가족 구성원, 학교 내 또래와 교사, 지역사회 내 이웃사람 모두에게 지원이 제공되어야 한다. 또한 파트너는 자기 반성적이어야 하고 아동의 사회 의사소통 능력을 촉진하기 위해 자신의 상호작용 스타일을 수정하거나 조정하는 방법을 학습해야 한다. 사회 의사소통에서의 성공은 각 파트너가 어느 정도의 책임을 갖게 되는 파트너십에 의해서다. 따라서 SCERTS 모델은 아동의 발달 능력을 촉진해야 할 뿐만 아니라 다양한 맥락과 사람에 따른 아동의 사회적 경험 빈도와 효율성을 증가시킬 필요가 있다는 사실을 인식한다.

1. SCERTS 모델에서 사회 의사소통 발달의 세 단계

SCERTS 모델의 사회 의사소통 영역은 일반 아동이 어떻게 적극적인 학습자의 역할을 수행하고 사회 의사소통 능력을 성취하는지에 관한 지식에서 출발한다. 이러한 지식은 자폐 범주성 장애 아동을 위한 교수목표의 우선순위를 정하고 다양한 사람과 장소에 따라 적절한 학습 지원을 실행할 수 있는 기본 틀을 제공해 준다. 결과적으로, 자폐 범주성 장애 아동이 직면하고 있는 사회 의사소통의 핵심 문제는 아동으로 하여금 세 단계 발달 과정을 거치도록 지원하면서 직접적으로 다루어진다. 첫 번째 단계는 **사회적 파트너**(social partner) 단계로, 언어가 나타나기 전 시기의 아동은 몸짓과 발성을 통하여 의도적인 의사소통을 한다. 두 번째 단계인 **언어 파트너**(language partner) 단계에서는 아동이 공유된 의미를 의사소통하기 위해서 구어, 수어, 그림 상징 등의 상징적 수단을 습득하고 사용하기 시작한다. 세 번째 단계는 **대화 파트너**(conversational partner) 단계로, 아동은 보다 진보된 언어 능력과 다른 사람에 대한 사회적 인식을 습득하게 됨으로써 확장된 의사소통적 교환이 가능하게 되고, 다른 사람의 입장과 감정에 대해 보다 민감해진다.

2. 사회 의사소통의 핵심 문제

세 가지 발달 단계나 자폐 범주성 장애 아동 개인에 따라 차이는 있지만, 1980년대 이후 연구에서는 의사소통 능력을 성취하는 발달 과정을 저해하는 핵심적인 사회 의사소통의 어려움을 밝히고 있다. 이러한 어려움은 두 가지 주요 발달상의 능력에 영향을 미친다. 첫 번째는 **공동관심 능력**(capacity for joint attention)으로 다양한 파트너 및 사회적 맥락에 따른 상호적인 사회적 상호작용에 참여하는 아동 능력의 기저를 이루며, (1) 관심 공유하기, (2) 정서 공유하기, (3) 의도 공유하기를 통해서 표현된다. 두 번째는 **상징 사용 능력**(capacity for symbol use)으로 공유된 의미를 이해하는 능력의 기저를 이루며, (1) 몸짓, 얼굴 표정, 발성 등의 비구어 의사소통 형태의 관습적인 사용 및 해석, (2) 단어나 단어 조합, 또는 보다 진보된 형태의 언어 습득, (3) 상상놀이로 이어지는 사물을 적절히 사용하는 능력(Wetherby, Prizant, & Schuler, 2000), (4) 다양한 사회적 상황에 따른 대화에서 적절한 사회 의사소통 행동의 규칙에 대한 이해로 표현된다. 따라서 SCERTS 모델의 사회 의사소통 영역은 이러한 핵심적인 발달상의 능력을 강화하고 가정, 학교, 지역사회의 다양한 장소에서 다양한 사람과 참여할 때 아동의 의사소통 능력이 촉진될 수 있도록 공동관심과 상징 사용 능력을 우선적인 교수목표로 삼는다.

SCERTS 모델에서는 공동관심이라는 용어를 두 가지의 다른 의미로 사용한다. 첫 번째는 사회 의사소통 영역의 한 구성요소인 공동관심으로 폭넓게 사용한다. 이렇게 폭넓게 사용되는 공동관심은 다양한 파트너 및 사회적 맥락에 따른 상호적인 사회적 상호작용에 참여하는 아동 능력의 기본을 이루며, (1) 관심 공유하기, (2) 정서 공유하기, (3) 의도 공유하기를 통해서 표현되는 발달상의 능력을 의미한다. 두 번째는 사회 의사소통 영역의 교수목표 중 하나를 나타내기 위해서 공동관심을 좀 더 구체적인 의미로 사용한다(JA6 공동관심을 위해 의도 공유하기). 이때 공동관심은 의사소통의 특정 기능이나 의도를 의미하는데, 즉 아동의 목표가 언급하기, 정보 요구하기, 정보 제공하기 등을 통해서 다른 사람의 관심을 흥미로운 사물이나 사건으로 이끌어 오는 경우를 말한다. 이와 같은 협의적 관점에서의 공동관심을 위한 의사소통은 공동관심이라는 포괄적인 요소에 포함되는 하위 교수목표다.

3. 사회 의사소통의 특성과 세 단계 발달

SCERTS 모델에서는 일반 아동의 의사소통 발달에 대한 문헌이 자폐 범주성 장애 아동의 공동관심과 상징 행동에서의 어려움을 이해하고 한계를 언급하기 위한 토대가 된다. 앞에서 언급한 바와 같이 사회 의사소통 영역의 첫 번째 발달 단계는 사회적 파트너 단계다. 이 단계는 아동이 능동적인 의사소통 파트너가 되도록 돕는 두 가지 주요 발달상의 변화, 즉 (1) 목적과 의도가 있는 의사소통으로의 발달, (2) 관습적인 몸짓과 발성의 습득 및 사용으로의 발달을 포함한다. 이러한 발달상의 변화는 일반적으로 6개월에서 12개월 사이에 나타난다.

의사소통 발달과 언어 학습은 아동이 의미를 공유하는 몸짓과 단어를 사용하고 지식을 구성하는 적극적인 과정이라는 사실이 잘 알려져 있다. 다시 말해서, 발달 과정의 일부로 아동과 양육자는 몸짓과 단어를 동일한 의미로 사용하게 되는데, 그 이유는 이러한 의미 사용의 발달이 매일의 경험을 공유하는 상호작용에 기초하기 때문이다(Bates, 1979; Bloom, 1993; Lifter & Bloom, 1998). 그러므로 어린 아동의 의사소통은 의사소통을 위하여 다른 사람이 사용하는 것을 관찰하여 그와 같은 관습적인 방법을 습득하고 사용하기 때문에 다른 사람에 의해 쉽게 '읽혀지고' 이해될 수 있다. 대부분의 아동은 생후 1년이 될 때까지 진정한 단어를 말하지 않지만, 그럼에도 불구하고 적극적인 학습 전략을 사용하고 양육자와 의미를 공유하는 일상적인 몸짓과 발성을 사용하여 의도적이고 계획적으로 의사소통을 할 수 있게 된다(Bates, O'Connell, & Shore, 1987).

SCERTS 모델의 두 번째 발달 단계는 언어 파트너 단계로 이 단계에서는 1~2세 사이에 전형적으로 나타나는 상징적 의사소통으로의 두 가지 발달상의 변화를 포함한다. 첫 번째는 첫 단어로의 발달인데 이 능력은 12개월에서 18개월 사이에 서서히 점진적으로 나타나기 시작한다. 두 번째는 단어 조합 단계로의 발달인데 이것은 단어 습득 능력이 폭발적으로 증가하기 시작하는 19개월 즈음에 나타나며, 이 시기에 아동은 단어를 조합하기 시작한다.

1~2세의 아동이 특정 사회적 목적(예: 위로 구하기)과 비사회적 목적(예: 음료수 요구하기)을 위해 보다 지속적으로 의사소통하게 되면서 아동의 행동은 점점 더 의도성을 보이게 된다. 아동은 또한 상징을 사용하는 능력을 발달시키기 위해 보다 다양한 유형의 능동적인 학습 전략을 사용하는데, 이는 사물과 사건을 지칭하기 위하여 단어를 이해하고 사용하거나, 새로운 행동을 모방하고, 놀이에서 사물을 가장하여 사용하는 능력으로 알 수 있다. 생후 2년이 되면 대부분의 아동은 수백 개의 단어를 이해하고 짧은 문장을 구성할 수 있다. 어린 아동의 의사소통은 언어 기술이 발달하고 성공적인 의사소통 경험이 쌓이면서 훨씬 더 이해하기 쉽고 명료해진다. 1~2세 정도에 나타나기 시작하는 사회 의사소통 능력에서의 극적인 변화는 아동이 의미를 공유하는 단어를 이해하고 사용할 수 있는 상징적 의사소통 체계로서 언어를 습득한다는 것을 보여 준다.

SCERTS 모델의 세 번째 발달 단계는 대화 파트너 단계로, 전형적으로 유아기에 발달하기 시작해서 학령기 동안 계속 발달하는 두 가지 주요 변화, 즉 문장 문법으로의 변화와 대화적 담화를 포함한다.

문장 문법 단계로의 첫 번째 변화는 아동이 음소 결합을 위한 문법 규칙(예: '고양이들'에서 '들'은 복수를 의미하기 위해 사용되고, 걷는 중에서 '중'은 현재 진행형임)과 다양한 단문과 복문을 구성하기 위해 단어를 이해하고 사용하도록 학습할 때 나타난다. 이 시기에 아동의 어휘와 관계어 사용도 증가하는데, 이것은 아동이 보다 긴 문장의 언어를 효과적으로 표현하는 과정에서 다른 사람과 나눌 수 있는 정보를 보다 많이 갖고 있다는 것을 의미한다. 생후 3년 정도가 되면 아동은 과거나 미래 사건 및 감정과 같은 추상적 개념과 경험에 대해 의사소통하기 위해 보다 복잡한 언어를 사용할 수 있게 된다. 만 5세경이면 아동은 수천 단어를 사용할 수 있게 되고, 대화에 필요한 대부분의 문법 규칙을 습득하며, 대화에 참여할 수 있고, 말하기 전에 다른 사람의 관심을 확보해야 한다거나 예의를 갖추어야 하는 것과 같은 복잡한 사회적 규칙을 습득하기 시작한다. 2세부터 5세 사이에 처음으로 나타나는 언어 능력의 급격한 변화는 규칙이 있고 생성적인 언어적 의사소통 체계를 습득하고 있다는 것을 보여 준다.

두 번째 변화는 대화적 담화 단계로의 발달인데, 이때 아동은 대화하기 위해 문장을 결합해서 순서화하고 연결하는 것을 학습한다. 이것은 복잡하고 연계된 사건에 대한 많은 문장을 사용해서 한 가지 또는 복수의 주제에 대한 의사소통을 가능하게 해 준다. 파트너 간에 연결된 대화를 따를 수 있기 위해서는 문장이 서로 의미 있는 방법으로 연계되어야 하는데, 이것은 대화 주제에서 벗어나지 않고, 이야기를 하며, 경험을 나누고, 일대일 또는 집단 간 상호작용에서 효과적으로 대화적 파트너가 될 수 있는 기초를 제공한다. 이렇게 하기 위해서 아동은 상호적 대화에서 경험을 나눌 때에 다른 사람의 관심의 초점을 형성하고 따를 수 있는 능력을 키워야 한다. 또한 아동은 얼굴 표정이나 운율적 특성, 몸의 방향이나 근접성, 몸짓과 같은 비구어 의사소통 신호를 해석하고 사용할 줄 알아야 하는데, 그 이유는 비구어 의사소통 신호가 대화 파트너의 관심의 초점, 정서적 상태 및 생각, 즉 관점을 내포하기 때문이다. 또한 아동은 대화적 담화의 사회적 규칙을 따라야 하는데, 예를 들어 대화 시작하기, 대화의 순서를 지키며 주제에서 벗어나지 않고 대화하기, 주제를 바꿀 때 신호 보내기, 상호작용 마치기 등이 그것이다. 마찬가지로, 두 번째 변화의 시기 동안에 비문자적 의미를 지닌 언어를 이해하고 사용할 수 있는 능력도 발달하기 시작한다. 아동은 문자 자체보다는 다른 뜻으로 통용되는 단어와 관용구를 익히기 시작하는데, 예를 들어 "비가 억수같이 퍼붓는다."와 같은 숙어는 물론 풍자나 비꼬는 말 등을 포함하여 특정 단어가 단어 그 자체의 의미가 아닌 다른 의미로 사용될 수 있다는 것을 이해하게 된다.

전형적인 발달을 보이는 아동이 학령기에 접어들면, 이들은 사회적인 상황과 의사소통 파트너의 선행 지식을 고려하면서 대화할 수 있는 능력을 갖추게 된다. 이 연령의 아동은 의사소통 파트너가 말하는 것이 무엇인지 알고 어떻게 말해야 하는지, 얼마나 많이 이야기해야 하는지 또는 적게 이야기해야 하는지, 의사소통 파트너가 한 말을 어떻게 해석하는지, 다양한 의사소통 파트너와의 사회적 교류에 어떻게 참여해야 하는지 등을 습득하게 된다. SCERTS 모델에서는 언어 발달의 주요 단계 및 변화와 연계된 발달이정표가 이후의 성취를 목표로 삼고 촉진하기 위한 로드맵 역할을 한다. 이러한 발달이정표는 교육 프로그램 내에서 다음 단계에 무엇을 해야 하는지를 결정하도록 안내하고 의사소통 능력으로 이끄는 지표를 제공한다.

이 장에서는 자폐 범주성 장애 아동이 직면하는 두 가지 핵심적인 사회 의사소통에서의 어려움, 즉 공동관심 능력과 상징 사용 능력을 살펴보고자 한다. 또한 SCERTS 모델의 세 단계 발달에서 각각의 발달이정표와 어려움에 대해서도 알아보려 한다. 이러한 발달이정표는 SCERTS 모델의 교육과정 중심 진단을 위한 틀을 제공하며, 따라서 SCERTS 모델 내에서의 교육 프로그램에서 목표로 하는 장단기 교수목표가 된다.

1) 사회적 파트너 단계

앞에서 살펴본 바와 같이, 사회적 파트너 단계는 아동이 보다 적극적인 파트너가 될 수 있게 해 주는 두 가지 주요 변화를 포함하는데 이 두 가지는 (1) 목적과 의도를 가지고 의사소통하는 능력과 (2) 관습적인 몸짓과 발성을 습득하고 사용하는 능력이며 생후 첫해 후반기에 전형적으로 발달한다. 여기서는 일반적으로 이 단계 동안 달성하게 되는 공동관심과 상징 사용에서의 주요 발달이정표에 대해서 설명하고 이와 같은 발달이정표를 성취함에 있어서 자폐 범주성 장애 아동은 어떤 어려움을 경험하는지 설명하고자 한다.

(1) 사회적 파트너 단계에서 공동관심 능력은 어떻게 발달을 지원하는가?

사회적 파트너 단계에서 공동관심 능력은 아동이 전형적으로 12개월 정도에 도달하는 세 가지 발달적 성취와 함께 조화롭게 나타난다. 이러한 성취는 소아정신과 의사인 Daniel Stern(1985)에 의해 처음으로 소개되었는데, (1) 관심 공유, (2) 정서(감정) 공유, (3) 의도 공유가 이에 포함된다. 파트너와의 관심 공유 능력은 전형적으로 출생 시부터 나타나며 이후 첫해 전반에 걸쳐 계속 발달한다. 관심 공유 능력은 생후 수개월 내에 양육자와 아동이 서로 얼굴을 응시하면서 상대방에 대한 사회적 관심을 나누면서 또는 양육자가 아동이 환경 내에서 바라보는 것을 지속적으로 점검하고 집중하면서 나타난다. 양육자는 아동의 관심을 높이고 지속적인 먼내먼 상호작용을 유도하는 목소리로 말한다. 아동은 양육자의 목소리와 신체접촉으로 평온해질 수 있고, 그다음에는 양육자의 얼굴에 집중할 수 있으며, 초기 형태의 공동관심 및 참여와 분리의 상호교류적 순환 패턴을 유발할 수 있다(Brazelton & Cramer, 1991).

6개월이 되면 아동은 적극적으로 다른 사람을 관찰하고 양육자가 자신의 관심사에 주의를 기울이는지를 알아보기 위해 사람과 사물 간에 시선을 옮기는 방법을 학습하게 되고 양육자의 정서 상태에 관한 정보를 수용하도록 학습한다. 이것을 **사회적 참조**(social referencing)라고 한다. 사회적 참조를 위한 시선 옮기기는 파트너에 대한 관심과 집중의 신호를 나타낸다는 점에서 사회적 상호작용을 조율하는 데 중요한 역할을 한다.

생후 1년이 지나면 아동은 보다 다양한 방법으로 관심을 공유하는 능력을 나타낸다. 첫째, 아동은 공동의 관심에 집중하기 위해 양육자가 바라보고 있는 것을 주목하고 쳐다볼 수 있게 되는데, 이를 **다른 사람의 관심 시선 따르기**라고 한다. 다음으로 아동은 파트너가 흥미로운 무엇인가를 가리킬 때 그 사람의 관심의 초점을 따를 수 있게 된다. 이러한 후기 발달 성취를 총체적으로 **시선/가리키기 따르기**라 한다. 왜냐하면 아동은 다른 사람의 의도와 시각적 조망을 추론하기 위한 방법으로 파트너의 시선과 가리키기를 따르는 것이 중요하다는 것을 학습하기 때문이다.

> 관심 공유 능력은 체계적으로 진단되어야 하며, 특히 사회적 파트너 단계 및 이후의 좀 더 진보된 발달 단계에서의 교육 목표로 설정되어야 한다.

사회적 파트너 단계에서는 다른 사람에게 비구어로 정서 상태를 표현하는 능력이나 **정서 또는 감정을 공유하는 능력** 또한 발달한다. 이것은 아동이 긍정적인 정서적 경험을 공유하기 위해 양육자에게 시선을 보내고 기쁨이나 즐거움을 표현할 때 명확히 드러난다. 이와 마찬가지로 아동은 양육자에게 위안을 얻기 위해 불편함이나 고통의 신호를 보낸다. 양육자와 정서를 나누고 파트너가 자신의 정서적 표현에 반응하는 것을 관찰하면서 아동은 다른 사람의 정서 표현을 해석할 수 있게 된다. Stern(1985)은 이렇게 양육자가 자녀의 정서 표현을 비구어적으로 반영하거나 조율하고 아동은 다시 양육자가 한 것과 같이 행동하게 되는 정서적 과정을 **정서 조율**(affect attunement)이라고 하였다.

출생 시부터 그리고 생후 첫 몇 달 동안 아동의 얼굴 표정, 자세, 목소리, 심지어 피부색 등은 양육자에게 상당한 양의 정보를 제공한다. 이렇게 의사소통의 기능을 지닌 정보는 아동의 신체적 각성, 편안함, 불편함, 고통 상태, 상호작용에 참여할 준비를 갖춘 상태, 사물이나 사건에 대한 관심 등을 포함한다. 이러한 초기 몇 달 동안 양육자는 아동의 단서에 반응함으로써 신체적 각성과 정서적 각성 수준을 조절하도록 돕는다(Tronick, 1989). 따라서 아동의 행동은 의사소통 기능을 하게 되고 성인이 아동의 행동을 해석하고 반응할 때 파트너의 행동에 많은 영향을 미친다. 이러한 반응에는 아동을 편하게 해 주기 위해 흔들거나 안아 주고, 긍정적 정서를 나누고 반응하기 위해 웃거나 미소 짓고, 욕구를 충족시키기 위해 먹을 것을 주거나 기저귀를 갈아주기 등이 포함된다.

3개월에서 8개월 사이에 아동은 의사소통의 성장에 토대가 되는 사회성과 인지, 운동성에서 유의한 발달을 하지만, 이때까지는 아동의 의사소통이 **의도적**(예: 특별한 목적을 성취하기 위해 다른 사람에게 직접 신호를 전달하는 것)이라고 보기 어렵다. 사회 의사소통 발달은 양육자와의 상호작용 참여, 보다 다양하고 파악하기 쉬운 행동적 신호의 산출, 상호 교류적 발화와 행동 중심의 차례 주고받기에 참여하는 능력의 증진을 특징으로 하는데 이 모든 것은 이후의 의사소통적 상호성의 전조로 여겨진다(Bruner, 1981). 아동의 운동능력이 발달하고 환경에 대한 탐구와 관심이 증가함에 따라 양육자는 언어 모델링과 놀잇감을 가지고 하는 상호적 참여를 포함한 상호작용을 가르칠 수 있는 많은 기회를 갖게 된다. 이 기간 동안 양육자는 아동의 행동에 대해 의도적인 의사소통으로 계속 반응하게 되는데 이러한 즉각적인 반응은 궁극적으로 아동이 다른 사람의 행동에 영향을 미치는 신호를 의도적으로 사용하게 만든다(McLean & Snyder-McLean, 1978).

의도 공유 능력은 특별한 목표를 성취하도록 다른 사람에게 행동적 신호를 전달하는 능력이다. 이러한 방법으로 아동은 한 명의 파트너 또는 여러 명의 파트너와 의도를 공유한다. 간단히 정리하면, 의도를 공유하는 것은 특별한 목적을 갖고 다른 사람과 의사소통하는 것이다. 의도를 공유하는 능력은 생후 9개월 정도부터 발달한다. 이와 같은 초기 발달 시기에 의도를 공유하는 것은 다른 사람과 의사소통하거나 의도를 표현하기 위해 몸짓과 발성을 사용하여 공유된 관심이나 정서를 소설하는 것을 말한다. 사회적 참조(즉, 시선 옮기기)를 통해 사회적 환경을 살피거나 정서를 공유하는 아동의 능력은 전형적으로 의도적 의사소통에 앞서서 나타나며 그 발달이정표의 토대가 된다. 9개월에서 10개월 정도가 되면 아동은 의도적으로 의사소통하기 위해 몸짓과 발성을 사용한다. 즉, 미리 정한 구체적인 목표를 달성하기 위해서 다른 사람의 행동에 영향을 주는 과정에 특정 신호나 여러 신호의 조합을 의도적으로 사용한다(Bates, 1979).

따라서 의도적 의사소통에는 의사소통 신호 시작하기(예: 몸짓, 발성), 이러한 신호를 시선, 신체 방향, 신체 접촉 등으로 다른 사람에게 전달하기, 신호에 대한 파트너의 반응 살펴보기 등이 포함된다. 의사소통이 상호적 상호작용을 포함하기 때문에 의사소통 파트너를 만지고, 파트너를 향해 몸을 돌리거나 가까이 가고, 메시지를 전달받았다는 것을 확인하기 위해 시선을 옮기는 것은 사회적 교류의 성공을 위한 결정적 요소라 할 수 있다. 그러므로 의도적 의사소통은 메시지를 전달하는 것과 함께 그 메시지가 전달되었는지 또는 목적이 달성되었는지를 평가하는 것 또한 포함한다.

의도적 의사소통의 발달은 다양한 의사소통 파트너에게 또는 폭넓은 범주의 의사소통적 기능이나 목적을 위해 의도를 표현하는 능력을 지속적으로 확장시키는 것으로 이어진다. 마찬가지로, 사회적 파트너 단계에서 (첫 단어 습득 전에) 이미 대부분의 아동은 다양한 목적을 위해 의사소통하고 다양한 의도를 표현하는 방법을 습득한다. 다양한 의도를 표현하기 위한 이러한 능력하에 있는 공동관심 능력은 언어 습득 전 단계에서 처음 나타나고 이후 구어 단계에서도 나타난다. 이러한 의도에는 덜 사회적이고 요구 중심의 도구적인 목적(예: 밀어내면서 저항하기, 주는 몸짓을 사용해서 요구하기)뿐만 아니라 경험 공유하기(예: 언급하기, 관찰한 것에 대해 나누기, 보여 주기나 가리키기를 사용해서 기본적인 경험 연계하기)와 같이 보다 사회적인 목적도 포함된다.

의사소통 의도(communicative intention)와 **의사소통 기능**(communicative function)

이라는 용어는 경우에 따라서는 거의 같이 사용되기도 하지만 이 두 용어의 차이를 명확히 할 필요가 있다. 의사소통 의도는 아동이나 화자의 의사소통적 목적을 의미하고, 의사소통 기능은 청자에게 미치는 영향을 의미한다. 만일 아동의 의사소통 시도가 효과적이라면 기능이 의도와 같다. 즉, 아동의 의사소통 행동은 의사소통을 통해 목적을 달성했기 때문에 의도한 바와 같이 기능할 것이다. 이러한 차이를 설명하기 위해 다음의 사례를 살펴보도록 하자. 12개월 된 아동이 손이 닿지 않는 선반에 있는 놀잇감을 본다. 이 아동은 손으로 놀잇감을 가리키고 소리를 내며 뒤에 있는 아빠를 쳐다본다. 아동은 놀잇감을 갖고 놀기를 원하고 그 의도가 아버지에게 전달되기를 바랐으며 아동은 그 놀잇감을 요구하였다. 만일 아버지가 놀잇감을 집어서 아동에게 준다면 아동의 의사소통 행동은 의도한 바대로 기능한 것이다. 그러나 만일 아버지가 단순히 놀잇감을 보라는 것으로 알아차린다면 그 아버지는 놀잇감에 대해서 이야기할 것이다. 예를 들어, "그래, 트럭 보고 있어."라고 말하고 아동의 요구에 반응하지 않을 수 있다. 이 경우 아동의 의사소통 행동은 기능적이지 않은 것이다. 왜냐하면 그의 목적이 이루어지지 않았기 때문이다. 이러한 상황에 직면했을 때 아동은 같은 신호를 계속 보내거나 수정할 수도 있고, 점차 좌절하거나 정서적으로 조절이 잘 안 되거나 이러한 행동을 더 하지 않거나 다른 곳으로 관심을 옮길 수도 있다.

Bruner(1981)는 전형적인 발달을 보이는 아동의 경우 생후 1년이 될 즈음에 세 가지 주요 의도로 의사소통을 한다고 하였다. 이러한 의사소통 의도는 초기에는 몸짓이나 음성을 사용해서 표현되지만 점차 단어가 나타나면서 언어로 표현된다.

1. 행동 조절: 행동 조절은 환경 내에서 무엇인가를 얻거나 거절하기 위하여 다른 사람의 행동을 조절하려고 사용할 때 발생한다(예: 특정 물건이나 행동을 요구하거나 저항하기, 거부하거나 거절하기). 이 유형에서 아동의 목적은 즉각적이고 구체적인 요구를 충족시키기 위해서나 의사소통 파트너에게 무엇인가를 하도록 또는 하지 않도록 하기 위한 것이다.
2. 사회적 상호작용: 사회적 상호작용은 다른 사람의 관심을 자신에게 돌리고 유지시키기 위한 신호로 사용할 때 나타난다(예: 사회적 게임을 하자고 요구하거나 계속하자고 할 때, 위안을 구할 때, 반길 때, 누군가를 부를 때, 보여 줄 때). 이 유형에서 아동의 목적은 사회적 집중과 참여를 형성하는 것이며 결과적으로

양육자가 아동을 바라보거나 집중하게 만들고 아동과 직접적으로 상호작용하게 한다.

3. 공동관심: 공동관심은 관찰이나 경험을 공유하기 위한 목적으로 다른 사람의 관심을 사물이나 사건으로 이끌기 위해 신호를 사용할 때 나타난다(예: 사물이나 사건에 대해 언급하기, 정보 요구하기). 이 유형에서 아동의 목적은 자신이 주목하거나 관찰하고 있는 것을 파트너가 알아차리거나 쳐다보게 하고 또는 자신이 원하는 정보를 파트너가 공유하게 만드는 것이다.

관심을 나누고 정서를 나누고 의도를 나누는 능력이 함께 잘 조화를 이루면서 아동은 의사소통 파트너와 경험을 공유할 수 있는 보다 폭넓은 능력을 갖게 된다. 사회적 파트너 단계에서 아동은 자신이 특별히 좋아하거나 싫어하는 것 또는 의견, 그동안 해 왔던 누적된 경험, 다른 사람과의 관계, 정서 및 정서적 기억 등으로 표현되는 자아의식을 포함하는 명확하고 독특한 생각을 가지고 있다는 사실을 학습하게 된다. 아동은 또한 다른 사람도 그들만의 명확하고 독특한 생각이 있다는 것을 알게 되고, 어떤 사람의 생각과 느낌, 주관적 견해는 대화를 통해 다른 사람과 공유될 수 있다는 것을 알게 된다.

이와 같은 이해는 상호주관성(intersubjectivity) 또는 주관적 경험 공유하기로 언급되는데, 이것은 양육자가 자신과 경험을 공유할 것이라고 기대하면서 자신의 경험을 양육자와 공유하려고 시도하는 아동의 의도적이고 자발적인 능력에 기초가 된다(Stern, 1985; Trevarthen & Hubley, 1978). 상호주관성은 몸짓, 얼굴 표정, 억양, 궁극적으로는 단어 등을 포함한 의사소통의 의미와 수단이라는 공통된 틀을 필요로 한다(Stern, 1985; Trevarthen, Aitken, Papoudi, & Robarts, 1998). 이러한 새롭게 발달하기 시작하는 경험을 공유하는 능력은 아동의 행동이 의사소통 파트너의 행동이나 목적에 맞게 세밀하게 조율되어 가는 방식으로 상호적인 사회적 상호작용 또는 사회적 상호성의 기초가 된다. 양육자와 아동은 계속되는 상호교류적 방식으로 의사소통 시도를 시작하거나 파트너의 시도에 반응하는 주고받기를 통해서 사회적 대화를 함께 만들어 간다. 다시 말해서, 이들은 사회적 상호작용에서의 상호적인 차례 또는 교환이 반복되는 과정을 통해서 공유된 관심에 기초를 둔 공유된 의미를 함께 만들어 간다. 따라서 SCERTS 모델의 사회적 파트너 단계에서는 공동관심 능력이라는 용어를 관심, 정서, 의도, 경험을 나누는 데 포함되는 과정의 결합을 지칭하기 위해 사용한다.

(2) 사회적 파트너 단계에서 공동관심의 발달적 어려움

자폐 범주성 장애 아동은 사회적 파트너 단계에서 관심 공유, 감정 공유, 의도 공유와 같은 공동관심에 심각한 어려움을 나타낸다. 연구결과에 의하면 자폐 범주성 장애 아동은 양육자의 얼굴을 보거나 긍정적 정서를 나타내는 빈도에서는 일반 아동에 비해 큰 차이를 보이지는 않으나 양육자와 긍정적 정서를 나누거나 시선을 교환하는 부분에서는 유의한 차이가 있는 것으로 나타났다(Dawson, Hill, Spencer, Galpert, & Watson, 1990). 또한 자폐 범주성 장애 아동은 일반 아동에 비해 어머니의 미소에 덜 반응한다. Wetherby, Prizant 그리고 Hutchinson(1998)은 자폐 범주성 장애 아동은 발달적 언어장애(developmental language disorders) 아동에 비해 정서를 나누거나 시선을 옮기는 데에 어려움을 보인다고 하였다. 따라서 자폐 범주성 장애 아동은 사회적 파트너 단계에서 첫 번째로 나타나는 능력인 다른 사람과 정서를 나누고 다른 사람의 정서를 조절하는 부분에 어려움을 보인다. 다른 사람이 의사소통을 하려고 하는지 또는 다른 사람이 관심을 기울이는 것은 무엇인지를 고려하는 능력은 자폐 범주성 장애 아동에게는 너무 어려운 일이다.

자폐 범주성 장애 아동은 발달 수준이 비슷한 다른 발달이 지체된 아동에 비해 의사소통을 적게 하고 의도적인 의사소통 신호를 학습하는 데 어려움을 보이는데 이것은 관심과 정서, 의도 공유라는 발달 성취 조절에서의 어려움을 반영한다(Wetherby et al., 2000). 이러한 어려움으로 인해 자폐 범주성 장애 아동은 상징 언어와 의사소통에 필요한 사회적 규칙을 학습하는 데 어려움을 갖게 되는데, 이러한 요소는 의도적 의사소통 학습의 기초 요소다. 다시 말해서, 아동이 의도적인 의사소통 시작행동을 덜 할수록 양육자의 반응과 모델을 통해 학습할 수 있는 기회가 적어진다는 것이다.

초기 의사소통 및 언어 발달 단계에 있는 자폐 범주성 장애 아동은 다른 사람이 표현한 다양한 의사소통 의도를 파악하는 데 심각한 어려움을 보인다. 앞에서 살펴본 바와 같이 일반 아동이나 사회적인 부분에 심각한 어려움이 없는 장애 아동(발달적 언어장애 또는 지적장애 아동)의 경우 단어가 나타나기 전에 행동 조절, 사회적 상호작용, 공동관심이라는 세 가지 의사소통 의도를 나타낸다(Stone & Caro-Martinez, 1990; Wetherby, 1986; Wetherby & Prizant, 1993b). 그러나 연구 결과에 의하면 자폐 범주성 장애 아동에게는 행동 조절 ↔ 사회적 상호작용 ↔ 공동관심이 난이도 순서에 따른 위계적 특성을 갖는데, 이것은 아마도 이러한 능력의 사회적 기초가 서로 다르기 때문인 것으로 추측된다. 이러한 난이도 위계로 인하여 자폐 범주성 장애 아동의 의사소통 의도에서 가장 먼저, 그리고 가장 빨리 나타나는 것은 행동 조절이다. 행동 조절은 이 세 가지 목록 중 사회적 요소가 가장 적기 때문이다. 반면 공동관심이 가장 어려운데, 그 이유는 이러한 목적을 지닌 의사소통이 순전히 공동의 관찰과 경험이라는 사회적 목표에 의해 나타나기 때문이다.

이와 같은 독특한 학습 양식을 고려하여 SCERTS 모델에서는 이러한 순서에 따라 목표를 조절한다. 예를 들어, 먼저 행동 조절에서부터 점차 사회적 상호작용으로, 마지막에 공동관심을 기울이며 의사소통할 수 있도록 촉진의 목표를 조절한다. 가장 중요한 목표는 자폐 범주성 장애 아동이 보다 사회적인 의도를 가지고 의사소통할 수 있도록 도와서 이들이 보다 바람직한 의사소통 파트너가 될 수 있게 하는 것이다. 예를 들어, 물건 요구하기나 주장하기와 같은 행동 조절 기능의 의사소통을 하는 아동에게는 사회적 규칙과 인사하기, 다른 사람 부르기와 같은 사회적 상호작용을 위한 의사소통이 목표가 되고, 이는 공동관심의 목적으로 의사소통(예: 언급하기, 정보 요구하기)을 하게 되는 과정에서 가교 역할을 할 수 있다.

> 시선 옮기기와 정서 표현을 통한 사회적 참조는 구어전 및 구어 의사소통 수준의 자폐 범주성 장애 아동에게 매우 중요한 목표다.

(3) 사회적 파트너 단계에서 상징 사용 능력은 어떻게 발달을 지원하는가?

상징 사용 능력은 어떤 것을 상징하거나 표상하는 능력이며 그와 더불어 머릿속으로 그 상징을 계속 유지하고 조작하는 능력이다. 예를 들어, 단어는 특정 사람이나 사물을 표상할 뿐만 아니라 보다 보편적인 행동이나 대상(예: 공과 같은 사물군, 차기와 같은 일반적 행위)을 나타내는 상징이다. 놀이는 특정 행동이나 일련의 행동이 아동이 경험했던 실제 사건이나 실제 일어나지 않은 상상 속의 사건을 표상하거나 대신할 때 상징적이다. 예를 들어, 놀이에서 요리를 하고 인형에게 밥을 주는 것처럼 가장할 때 이 놀이는 양육자가 음식을 준비해 주었던 경험과 같은 실제 생활을 표상하는 것이다. 사회적 파트너 단계의 아동은 아직 상징 사용자가 아니고, 감각운동 수준이나 사람과 사물을 머릿속으로 표상하기 시작하는 초기 단계의 놀이를 한다. 생후 첫해가 지나면 정신적 표상은 아동의 의사소통, 모방, 놀이,

문제 해결, 이해하기 등에서 보다 확실해진다.

① 공유된 의미

사회적 파트너 단계에서의 가장 두드러진 변화는 아동이 의도를 표현하기 위해 관습적인 수단과 행동을 사용하기 시작할 때 나타난다. 관습적인 방법의 사용은 의사소통 파트너와 의미를 공유하는 몸짓과 음성을 사용해서 의도적으로 의사소통할 수 있다는 것을 의미한다. 단어를 사용하기 전에, 어린 아동은 의사소통 의도를 나타내고 공유된 의미를 잘 알고 있음을 알려 주는 일련의 관습적인 소리와 몸짓을 습득한다(Bates, 1979). 예를 들어, 9개월 된 아동이 손을 마구 움직이면서 쥐었다 폈다 여러 차례 반복하는 것은 자기 손이 닿지 않는 곳에 있는 물건을 달라고 요구하는 것이다. 이 아동은 12개월경이 되면 보다 간단하게 손을 쥐고 펴게 된다. 이와 같은 관습적인 몸짓은 이러한 몸짓이 양육자에게 의사소통적인 영향력을 미친다는 것을 알고 있음을 나타낸다. 관습적인 의사소통은 초기에는 손 흔들어 인사하기나 가리키기 등의 일반적인 의미나 양육자와의 의례적인 교환 내에서의 사적인 의미를 공유하는 손 뻗쳐 잡기 또는 새로운 행동의 모방과 같은 의례적인 기능적 행위를 포함한다(Bates, 1979). 비록 이러한 방법이 의도적이고 관습적이라 하더라도 이러한 것들은 의사소통에서 상징 전 단계의 형태이며 아동이 상징적 의사소통 단계로 발달하도록 첫 단어 출현을 위한 기초로 작용한다.

수용적 의사소통 발달의 뿌리는 출생 시부터 명확하게 드러나며, 이때부터 초기 형태의 상징 사용이 나타난다. 수용적 의사소통은 다른 사람이 사용한 구어·비구어 의사소통적 신호에 대한 이해다. 발달 초기에 아동은 환경 내에서 소리와 말소리를 향하고 친숙한 목소리를 인식하며 4개월 정도가 되면 청각적 자극의 위치를 잘 파악한다. 아동의 청각 체계는 친숙한 목소리 인식을 돕기 위해 구어의 음향학적 특성, 특히 억양을 매우 잘 인식할 수 있게 발달한다(Leonard, 1991). 9~12개월 정도가 되면 **몸짓 단서**(예: 성인이 공을 가리키면서 "공 잡아봐."라고 말할 때, 성인이 팔을 뻗으면서 "공 가져와."라고 말할 때), **상황적 단서**(성인이 싱크대 앞에 서서 "손 씻어."라고 말할 때, 치우기 위해 놀잇감 정리함에 물건을 몇 개 넣은 후 "이 안에 넣어."라고 말할 때), **억양 단서**(예: 엄한 목소리로 "그만해."라고 말할 때, 장난치는 목소리로 "너 잡으러 갈 거야."라고 말할 때)와 같은 다양한 비구어 단서에 반응함으로써 비구어 전략을 사용하여 이해한다는 표현을 한다. 이러한 다양한 단서에 대한 반응은 덜 사회적인 기능(예: 행동 조절)으로부터 더 사회적인 기능(예: 공동관심)으로의 확장은 자폐 범주성 장애 아동의 사회 의사소통에서 우선순위가 높은 목표다.

구어를 어느 정도 잘 이해할 수 있는 능력이 있음을 나타내는 것이다(Wetherby, Reichle, & Pierce, 1998). 이러한 점에서 어린 아기의 어머니는 대부분 "우리 아기는 내가 말하는 모든 것을 알아들어요."라고 말하는 것이다.

② 학습 선략과 놀이

관습적인 행동을 습득하는 능력은 어린 아동이 사물을 탐색하고 다른 사람을 관찰하며 다른 사람의 말을 듣고 다른 사람으로부터 배우는 것과 같은 적극적인 학습 전략으로부터 시작된다(McLean & Snyder-McLean, 1978). 생후 첫 해가 지나면 아동은 물건을 잡고, 입에 넣고, 돌리고, 던지기를 반복하고 상자에 넣었다 꺼냈다 등을 하면서 사물을 적극적으로 조작하고 특성을 탐색하게 된다. 이 연령의 아동은 양육자가 자신의 행동을 따라 하는 아동의 행동 직후에 다시 행동하면서 차례를 지키는 사회적 상호작용 속에서 차례 주고받기를 배운다. 대개 6개월 정도의 아동은 양육자의 친숙한 소리나 행동을 즉각적으로 모방할 수 있게 된다(즉, 즉각적 모방). 12개월 정도가 되면 아동은 점점 더 많은 친숙한 행동이나 소리를 관찰한 지 비교적 오랜 시간이 지난 후에 자발적으로 모방할 수 있게 된다(즉, 지연 모방). 또한 성인의 지시나 촉진, 유도 없이도 모방을 하는 자발적 모방은 성인이 특정 행동을 모방하도록 아동을 가르치고 촉진할 때 나타나는 유도된 모방과 구분된다는 점에서 매우 중요하다. 전형적인 발달에서 아동은 쉽게 자발적으로 모방하므로 양육자는 모방을 유도하려는 시도를 할 필요성이 매우 적다. 따라서 생후 1년 된 아동은 사회적 교환에서의 관습적인 신호를 이해하고 산출하면서 의미를 공유할 수 있게 도와주는 적극적인 학습 전략을 갖게 된다.

환경 내에서 사람과 사물을 탐색하고 모방할 수 있는 능력이 생기면서 아동은 점차 친숙한 사물을 기능적이고 일상적으로 사용할 수 있는 능력을 갖게 되는데 이것은 상징놀이 발달을 위해 매우 중요한 전제 조건이다. 6~9개월경의 아동은 물건을 부딪치거나 떨어뜨리기와 같은 행동을 하면서 다양한 사물을 적극적으로 탐색한다. 12개월 정도의 아동은 다양하고 친숙한 사물을 일상적으로 사용할 수 있게 되는데, 예를 들면 병으로 음료수 마시기, 수저로 먹기, 휴지로 닦기와 같은 행동을 하게 된다. 이와 같은 지연된 모방행동(예: 사물을 기능적으로 사용하는 능력)은 특정 사물을 사용하는 다른 사람의 의도를 인식하고 있다는 것을 나타낸다

(예: 식사 후에 휴지로 아기의 얼굴을 닦아 주는 행동). 이와 같은 관습적인 행동은 상징적이지는 않지만 스스로 경험한 사건에 대한 사회적 인식과 기본적인 인지적 지식을 반영하는 것으로, 아동이 상징 사용자가 되어 가는 과정의 일부라고 할 수 있다.

(4) 사회적 파트너 단계에서 상징 사용의 초기 전조에서의 발달적 어려움

연구 결과에 의하면 자폐 범주성 장애 아동은 관습적인 행동과 공유된 의미의 습득에 어려움을 겪는다. 자폐 범주성 장애 아동은 의사소통 발달 초기 단계에서 제한된 관습적인 몸짓과 발성을 보인다(Wetherby et al., 2000). 실제로 자폐 범주성 장애 아동은 오랜 시간 동안 보여 주기, 손 흔들기, 가리키기, 악수하기 등의 관습적인 몸짓 대신 상징 전 단계의 단순한 동작(예: 눈을 바라보지 않고 다른 사람의 손을 이끌거나 잡아당기거나 만지는 등의 접촉)을 사용하기도 한다(Prizant & Wetherby, 1987; Stone & Caro-Martinez, 1990; Wetherby, Prizant, & Hutchinson, 1998). 대화 파트너를 시각적으로 따르지 못하는 문제로 인해 자폐 범주성 장애 아동은 몸으로 하는 행동이나 사물을 가지고 하는 행동 모두에서 유도된 모방을 수행하는 데 어려움을 겪는다(Rogers & Bennetto, 2000). 이와 같이 아주 어리거나 언어를 사용하지 못하는 자폐 범주성 장애 아동은 비구어 이해 능력이 부족하고 사물을 기능적으로 사용하는 데 많은 어려움을 겪게 된다(Wetherby, Prizant, & Hutchinson, 1998).

연령이나 능력이 낮은 자폐 범주성 장애 아동의 의사소통 행위는 단순히 재연 전략에 제한될 수 있다. 이러한 전략에는 사건이나 특정 사건의 일부를 즉각적 모방이나 지연 모방으로 반복하는 행동이 포함된다. 재연 전략은 단편적인 사건을 연상하는 능력을 기초로 하는데, 아동은 사건의 특정 요소가 그 사건의 의미와 어떻게 관련되는지에 대해서는 개념적으로 깊이 이해하지는 못하지만 그러한 요소를 사건 자체와 연결시킬 수 있게 된다. 재연은 상징 전 표상으로 일컫는데, 그 이유는 사건의 일부나 사건을 나타낼 때 단순하게 반복하기 때문이다. 재연은 신체적 안내나 사건과 관련된 소리나 단어의 사용으로 나타날 수 있다. 예를 들어, 퍼즐을 테이블로 가져오거나 퍼즐 놀이를 하기 위해 양육자를 테이블 앞에 앉도록 신체적으로 안내하는 것이다. 다른 아동은 양육자에게 "거미가 줄을 타고 올라갑니다."와 같은 손 모양을 하게 하거나 사회적 활동을 요청하려고 '거미'와 비슷한 재연과 같은 비관습적인 의사소통 행동에서 관습적인 의사소통 행동으로의 발달은 상징 사용을 강화하고자 하는 노력을 통해 이루어진다.

발성을 하기도 한다. 아동이 재연 전략을 사용할 때 그 행동이 이전의 사건과 어떻게 연계되는지 잘 알지 못하거나 이전에 일어난 일에 대해 잘 알지 못한다면 의사소통 의도를 이해하기 어려울 수 있다. 또한 말을 할 수 있고 그래서 상징 사용자로 사회적 파트너 단계를 넘어서는 아동의 경우에도 마치 그 사건을 재연하는 것과 같이 이전 사건에서 가져온 언어를 반복하는 재연 전략을 계속 사용한다. 이러한 경우 **지연반향어**(delayed echolalia)라고도 하는 스크립트 발화가 재연의 일부가 된다(이 부분은 언어 파트너 단계에서 다시 살펴볼 것이다).

재연 행동이 자폐 범주성 장애 아동의 보편적 행동이라는 점을 고려해 볼 때, 이는 아마도 상징적 의사소통으로 발달하는 과정의 첫 번째 단계라고 할 수 있을 것이다(Wetherby, Warren, & Reichle, 1998). 실제로 자폐 범주성 장애 아동은 재연 단계에서 상징 사용자로 발달하기 전에 다양한 형태의 의사소통 행동을 습득할 필요가 있다. 이러한 행동이 관습적이거나 상징적이지 않다 하더라도, 이들은 명확하게 의사소통 의도를 반영하고 의사소통 목적을 달성하기 위한 방법으로 사용된다.

어떤 자폐 범주성 장애 아동은 원하지 않는 활동을 피하기 위해 소리 지르기, 공격성 보이기, 자해행동하기, 성질 부리기, 바닥에서 뒹굴기와 같은 일반적이지 않으면서 사회적으로 바람직하지 않은 행동을 할 수도 있다. 의사소통을 하기 위해 이러한 문제행동을 하는 것은 일반적으로 상징적 의사소통 방법을 습득하지 못한 결과다. 자폐인의 50% 정도는 기능적인 말과 언어 기술을 가지고 있음에도 불구하고(Lord & Paul, 1997) 관심을 끌기 위해서, 과제나 상황을 피하기 위해서, 일과나 일정의 변화를 거부하기 위해서, 예측 가능한 방법으로 사회적 상호작용을 조절하기 위해서 문제행동을 사용하곤 한다(Fox, Dunlap, & Buschbacher, 2000). 문제행동의 사용은 아동이 사용할 수 있는 기타 구어 및 비구어 의사소통 행동이나 정서 조절 능력과 연관시켜 생각해 볼 필요가 있는데, 왜냐하면 그러한 행동은 상징 능력이 제한되었다는 것을 반영하기 때문이다.

2) 언어 파트너 단계

SCERTS 모델에서 두 번째 단계는 언어 파트너 단계다. 이 단계는 대략 1세에서 2세 사이에 발달하며 두 가지 상징적 의사소통 능력인 첫 단어 사용과 단어 조합이 나타난다. 여기서는 언어 파트너 단계에서 습득되는 공동관심과 상징 사용 능력에서의 주요 발달이정표를 살펴보고, 자폐 범주성 장애 아동은 이러한 부분에서 어떤 어려움이 있는지 살펴보고자 한다.

(1) 언어 파트너 단계에서 공동관심 능력은 어떻게 발달을 지원하는가?

아동이 언어 파트너 단계로 발달해 감에 따라, 공동관심 능력은 보다 복잡하고 보다 명확한 의사소통 체계의 발달을 촉진한다. 공동관심은 관심, 정서, 의도 공유를 통하여 궁극적으로 경험을 공유하게 하는 상호교류적 의사소통 참여에 필요한 기본 요소의 습득에 영향을 미친다. 이 단계에서 아동은 의사소통 파트너에게 자신의 의도를 전달하는 효과를 점점 더 인식하게 되고 좀 더 명백하고 복잡한 의사소통 신호를 가장 효과적으로 사용할 필요에 대해서 인식하게 된다. 초기 몇 단어를 습득한 후, 어휘가 급속하게 확장되면서 아동은 의도와 정서와 개인적인 경험을 보다 다양하게 나눌 수 있게 된다(Wetherby et al., 2000). 이와 같이 언어 파트너 단계 동안 의사소통 파트너의 행동을 통해 상대방이 주의를 기울이고 있는 것이 무엇인지 추론할 수 있는 능력이 더욱 발달하고, 이에 따라 관심을 공유할 수 있는 능력이 향상된다. 보다 복잡한 공동관심 능력은 다른 사람의 관심을 끌 수 있는 방법(예: 양육자의 이름 부르기), 보다 다양한 의사소통 파트너를 반기는 방법, 허락을 구하는 방법, 재미있는 물건이나 사건을 지칭하는 방법 등을 습득하게 해준다(Carpenter & Tomasello, 2000).

> 사회적으로 덜 바람직한 의사소통 수단으로부터 좀 더 관습적인 의사소통 수단으로의 발달은 상징 사용을 강화하고자 하는 노력을 통해 이루어진다.

(2) 언어 파트너 단계에서 공동관심의 발달적 어려움

언어 파트너 단계에서 자폐 범주성 장애 아동은 의도적 의사소통에 필요한 발달적 과업을 성취할 수도 있지만, 공동관심 능력에서의 문제가 지속되고 사회적 의사소통 발달에 중요한 기초 능력 습득에 어려움을 겪는다. 연구 결과에 의하면 자폐 범주성 장애 아동은 다음과 같은 부분에서 어려움을 나타낸다고 한다: (1) 의사소통 파트너를 시각적으로 관찰하는 능력에서의 결함과 의사소통 파트너의 관심을 유지시키기 위한 복잡한 전략 사용에서의 결함, (2) 의사소통 파트너가 무엇에 관심을 기울이는지 바라보고 언급함으로써 의사소통 파트너의 관심을 모니터하는 능력에서의 결함, (3) 비구어 사회적 단서를 이용하여 다른 사람의 정서 상태를 설명하고 추론하는 부분에서의 어려움, (4) 다양한 사회적 목적으로 의사소통하기(예: 정서 표현, 언급하기, 허락 구하기)와 상호적인 사회적 교류(예: 요구하기, 사회적 게임하기, 주고받기, 경험 나누기) 유지의 문제. 이 단계에서 나타나는 이러한 문제들은 아동이 보다 다양한 의사소통 파트너와 다양한 상황에서 상호작용을 하려고 할 때 보다 더 명확하게 나타난다. 의사소통 파트너 단계에 있는 자폐 범주성 장애 아동은 공동관심 형성 능력 중 습득할 수 있는 것도 있으나, 이러한 능력이 주로 친밀한 의사소통 파트너나 익숙한 일과 내에서만 나타난다. 예를 들어, 의사소통 파트너 단계에 있는 자폐 범주성 장애 아동은 새로운 교사나 또래가 있는 교실 환경보다는 가정에서 부모나 형제와 함께 있을 때 공유된 관심을 형성하고 정서 표현을 공유하며 의도를 의사소통하는 능력을 보이곤 한다. 이러한 차이는 일반 아동에게서도 관찰되는데, 특히 처음으로 새로운 환경이나 새로운 사람을 접할 때 그렇다. 그러나 이와 같은 차이의 정도는 자폐 범주성 장애 아동에게서 매우 크고 지속적으로 나타나기 때문에 사람이나 상황에 따른 이러한 차이를 설명하기 위해서 상황에 제한된 학습(situation-specific learning)이라는 용어가 사용되기도 한다. 관심을 공유하기 위해 행동을 시작하고, 관심을 공유하고자 하는 다른 사람의 행동에 반응하고, 맥락에 따른 다른 사람의 정서와 의도를 의사소통하는 데 있어서의 계속되는 어려움은 언어 및 놀이 기술과 관련된 공유된 의미를 습득하거나 또래 관계를 형성하거나 파트너와 상황에 따른 정서를 조율하기 어렵게 만든다.

(3) 언어 파트너 단계에서 상징 사용 능력은 어떻게 발달을 지원하는가?

> 언어 파트너 단계에서는 공동관심 능력을 다루는 특정 교수목표와 다양한 학습 기회를 제공해야 한다.

언어 파트너 단계의 아동은 상징적 의사소통 습득에서 두 가지 주요 발달적 변화를 보인다. 첫째, 아동은 사물과 사건, 개념을 나타내는 상징으로 단어를 사용하게 되면서 첫 단어기로의 발달을 보인다. 둘째, 이 시기는 바로 두 번째 변화인 단어 조합으로 이어지는데, 이것은 주로 첫 20~50개의 단어를 습득한 후 보이는 폭발적인 어휘 성장을 경험하면서 나타난다(Wetherby, Reichle, & Pierce, 1998).

① 첫 단어기로의 변화

12~13개월 즈음에, 아동은 모든 것에 이름이 있다는 것을 알게 된다. 첫 단어 습득은 맥락이나 사건 중심의 특정 상황과 관련된 것으로 설명되는데, 이것은 처음에는 단어가 매우 특별한 맥락이나 상황에서 제한된 의미로만 사용될 수 있기 때문이다(예: '위로'는 침대에서 자신을 안아 올리라는 의미로만 사용되고, '강아지'는 자기 집에 있는 강아지만을 지칭하기 위해 사용됨). 이러한 발달 과정을 거쳐 점차 단어가 일반화된 개념이나 행동 또는 사물을 지칭하기 위해 사용된다는 것을 알게 된다(예: '위로'는 위로 올리는 여러 행동을 대표하는 일반적인 의미로 사용되고, '강아지'는 짖어 대는 네발 달린 작은 개를 모두 일컫는 말로 사용됨). 첫 단어는 또한 특정 사건 안에서 예측 가능한 점을 나타내기 위해서도 사용된다(예: 책을 덮을 때 손을 흔들며 '안녕'이라고 말하기, 쌓은 블록이 무너질 때 "어-오"라고 말하기). Bloom(1993)은 단어 습득이 처음에는 사건과 연계된다고 설명하였다. 아동은 사건의 일부로 단어를 듣고 기억하므로 초기 단어 사용에 단서가 되는 것은 사건 그 자체다. 양육자와의 의례적인 주고받기 활동은 아동이 단어를 사건과 연계할 수 있게 해 주는 중요한 기반으로 작용한다(Bruner, 1981; Tomasello, 1992). 초기 첫 단어 습득 기간 동안 양육자가 아동의 관심사에 즉각적인 언어 모델을 제시하는 정도는 이후 아동의 언어 발달 규모에 밀접한 영향을 미칠 수 있다(Carpenter & Tomasello, 2000). 즉, 양육자가 아동이 관심을 보이거나 행동하는 것에 대해 이야기를 많이 할수록 아동의 초기 언어 발달에 더욱 큰 영향을 미친다. 이러한 결과는 언어 발달을 지원하기 위해 아동의 관심을 따르는 것이 중요하다는 것을 시사한다.

가장 먼저 나타나는 첫 단어들은 아직 상징적이거나 참조적인 것으로 보기 어렵다. 왜냐하면 이들은 보다 추상적이고 일반화된 사물이나 사건 군을 일컫기보다는 특정 사건이나 맥락과 관련되어 나타나기 때문이다(Bates, 1979). 아동이 첫 단어를 사용하기 시작할 때 몸짓이나 발성과 같은 구어전 의사소통 신호는 여기저기에 나타나는 단어와 함께 주요 의사소통 방법으로 계속해서 사용된다. 초기 한 단어 단계에서는 새로운 단어 습득이 매우 천천히 나타난다. 개인차는 있지만 대개 일주일에 한 단어 정도 출현한다. 한 단어 단계 동안 아동의 의사소통 신호의 대부분이 몸짓이며, 이러한 몸짓의 절반 정도는 발성과 함께 사용되고, 이 발성의 극히 일부만 알아들을 수 있는 말이다(Carpenter, Mastergeorge, & Coggins, 1983; Wetherby, Reichle, & Pierce, 1998).

단어는 특정 사건의 발생과 관련되지 않고 탈맥락적으로 사용되기 때문에 상징이라 한다. 즉, 아동이 단어를 특정 사건이나 행동, 장소뿐 아니라 비슷한 물건이나 행동, 장소에도 사용할 수 있다는 것을 이해하고 사용할 때 그 단어는 상징으로 사용되는 것이다. 상징으로 단어를 사용하는 능력은 정신적 표상을 인지적으로 습득하는 것으로 볼 수 있다. Piaget(1971)는 정신적 표상 능력은 외부 세계에서 사물을 대상으로 하는 아동의 행위로부터 나온다고 주장하였다. 이러한 관점에서 볼 때 상징은 "사물이나 사건으로 실행되었던 활동의 표상이나 내적 재연"(Bates, 1976, p. 11)이다. 따라서 아동은 사물을 대상으로 행동하고 사물과 사건의 표상을 생각할 수 있는 능동적인 학습자로 간주된다. 첫 단어기의 후반부에는 사건 중심의 난어 사용이 탈맥락적으로 변화한다(Bates, 1979). 즉, 아동은 같은 단어를 보다 다양한 상황에서 사용하고 다른 단어를 같은 상황에서 사용하는 것을 자주 들으면서 이해의 폭을 넓히게 되고 특정 사건에만 단어를 사용하다가 점차 여러 상황에서 단어를 사용할 수 있게 된다(Bloom, 1993). 새로운 단어 습득은 좀 더 폭넓고 깊은 사물이나 사건에 대한 개념과 연결된다. 개념이 형성되면서 사물과 사건에 대한 유사한 또는 새로운 경험이 이미 습득한 단어를 사용하도록 단서로 작용한다. 따라서 아동의 점진적인 개념 발달은 단어를 좀 더 융통성 있게 사용하고 폭넓게 적용하게 해 준다. 분명한 사실은 언어 발달이 인지 발달과 긴밀하게 연계되어 있다는 것이다.

초기 언어 발달 단계에서, 일반적으로 아동은 자신이 산출하는 언어보다 더 많은 언어를 이해한다. 첫 단어기로 발달하는 과정에서 아동의 수용언어 발달은 자신을 향해서 말해진 언어에 대해서 상황 단서 지원을 덜 필요로 하면서도 더욱 일관되게 반응하게 되는 특성을 보인다. 언어 파트너 초기 단계에 있는 어린 아동은 금지(예: "안 돼")하는 말이나 단순하고 친숙한 행동과 사회적 게임에 일관된 반응을 나타낸다. 18개월 정도가 되면 아동은 친숙한 물건을 가리키고 신체 부위를 알고 간단한 지시를 따른다. 그러나 이해 수준은 즉각적인 맥락 내에서의 단서에 또는 활동이나 일과의 친숙성 정도에 의해서 크게 영향을 받는다.

② 어휘 폭발과 단어 조합

18~21개월 이전까지는 어휘가 천천히 점진적으로 증가하지만 이 시기가 되면 어휘가 급격한 속도로 빠르게 발달한다. 새로운 단어 습득 속도가 갑자기 빨라지

는 이 시기는 어휘 폭발(vocabulary burst)로 잘 알려져 있다(Bates et al., 1987; Bloom, 1993). 평균 어휘 폭발 연령은 17~19개월이고 어휘 폭발 시기에 아동은 대략 50~100개 정도의 단어를 말할 수 있다(Bloom, 1993; Fenson et al., 1994). 어휘 폭발 시기의 아동은 단어 사용의 효과성을 알게 되고 따라서 몸짓을 사용한 의사소통이 급격히 줄어든다(Bates et al., 1987). 어휘가 갑자기 증가하면서 말이 의사소통의 주요 수단이 되고 몸짓은 이차적 수단이 되는 것이다(Carpenter et al., 1983; Wetherby, Reichle, & Pierce, 1998). 어휘 폭발 시기가 지나면서 상징 능력이 보다 발달하게 되고 따라서 단어 이해력이 점차 향상된다. 이때 아동은 환경적 단서가 없어도 사람이나 사물을 지칭하는 단어와 어구를 잘 이해하고 그에 적절히 반응할 수 있게 된다.

어휘 폭발 직후, 아동은 2개 이상의 단어를 새롭게 조합하기 시작하면서 생성적이고 생산적인 언어 체계를 제대로 사용하기 시작한다. 한 단어에서 단어 조합으로의 발달은 대개 20개월 정도에 나타난다(Bates et al., 1987). 어휘 폭발의 시작 및 단어 조합으로의 변화와 더불어 나타나는 또 다른 새로운 성취는 서술 능력의 발달이다. 서술(predication) 능력은 사물의 상태와 질과 관계를 설명하는 능력이며 문장 구성에 필요한 핵심 능력이다. 다시 말해서, 문장은 주어(예: 명사)에 대한 정보를 제공하는 술어(예: 동사구)로 구성된다. 사물에 이름을 붙이는 능력과 더불어 아동은 양육자에게 어떤 것에 대해 말할 때 행동이나 특성, 장소 또는 기타 관계에 대해 설명한다. 서술어가 처음 나타날 때는 단어와 함께 사용하는 몸짓의 형태로 사용된다. 예를 들어, 아빠의 신발을 가리키면서 "다다"라고 하다가 점차 단어 조합으로 말한다(예: "아빠 구두").

아동은 점차 성인의 관심 초점을 알 수 있게 되고 성인이 지시문 속에서 아동에게 시범 보였던 단어의 의미를 학습할 수 있게 된다(Carpenter & Tomasello, 2000). 이와 같이 성인이 아동의 관심사를 따르기보다 아동이 성인의 관심을 따르면서 새로운 단어를 학습할 수 있게 되는 새로운 능력은 어휘 폭발 시기 이전에는 잘 나타나지 않는 동사나 전치사와 같은 단어를 학습하는 데 결정적이다. 어휘 폭발은 일화적인 것에서 개념적 연계로의 발달로도 설명될 수 있는데(Bloom, 1993), 이것은 단어의 개념적 습득이 어휘 성장의 가속을 자극한다는 이론에 근거한다. 어휘 폭발에 이어 나타나는 어휘의 증가 속도와 양에서의 극적인 변화는 단어가 다른 단어 사용의 단서로 작용할 수 있도록 언어 발달의 의미론적 기반을 형성하고 지속적으로 발전하게 한다(Bloom, 1993). 한 단어나 단어 조합에서 표현된 의미론적

〈표 2-1〉 언어 파트너 단계에서의 단어 의미

단어 유형		정의	초기 단어의 예
사물이나 사람의 명칭	사물	행위의 대상이 되는 개체 또는 물건	우유, 주스, 물, 과자, 컵, 병, 공, 차, 모자, 신발
	신체부위	신체의 부위	눈, 코, 손, 배
	행위자	행위의 주체인 사람이나 동물	엄마, 아빠, 아기, 멍멍이, 야옹이
물건이나 사람의 상태나 질 또는 물건이나 사람 간 관계를 설명하기 위한 상대어	존재	어떤 것의 존재를 인식하거나 그것에 관심을 기울이게 함	이것, 저것, 여기, 그게 뭐야?
	부재/사라짐	기대하는 무엇인가가 거기에 없거나 거기에 있었던 무엇인가가 사라진 것을 인식함	없다, 사라졌다, 하나도 없다, 바이바이
	재출현	사라진 대상 또는 대체할 대상을 요구하거나 대상이 사라진 후에 다시 나타나는 것을 인식함	더, 다시, 또
	거부	제공된 무엇인가를 거절함	아니, 그만
	개인적-사회적	누군가를 인지함	안녕, 바이바이, 제발, 고마워
	행위 (일반적인 또는 특정 행위를 설명하거나 대상을 포함하거나 포함하지 않은 행위를 설명함)	특정 행위를 의미하는 것이 아닌 일반적인 목적의 행위 단어	하다, 두다, 만들다, 얻다, 원하다, 주다, 가버리다
		청자의 관심을 끌기 위해 지시하는 행위 단어	이거 봐, 봐
		특정 행위를 언급하는 대상 관련 행위 단어	밀다, 열다, 먹다, 마시다, 던지다, 뽀뽀하다, 점프하다
		사물을 포함하지 않는 자동사적인 행위 단어	걷다, 뛰다, 자다, 웃다
	수식어 (어떤 것의 상태, 질, 관계를 설명함)	속성: 어떤 것의 특성이나 둘 간의 차이를 설명함	뜨겁다, 크다, 끈적거린다, 더럽다
		소유: 행위자가 무엇인가를 가지고 있다는 것을 인식함	내 거, 엄마 거
		장소: 방향을 나타내거나 둘 간의 공간적 관계를 나타냄(초기 장소 단어는 위에, 밖에, 멀리 등과 같이 행위 단어로 기능하며 장소를 나타내는 처소격으로 사용됨)	위로, 위에, 밖에, 밖으로, 밑에
		부인: 무엇인가의 존재를 부인함	아니, 않다
	의문사	어떤 것의 이름이나 장소에 대한 질문을 나타냄(초기 질문은 상승 억양을 함께 사용하기도 함)	무엇, 어디

출처: Owens (2000).

의미는 모든 언어에서 유사한 형태로 나타나며, 행위자, 행위, 소속, 장소, 소유, 소멸, 거부 등을 포함한다(Bates et al., 1987). 어휘 폭발과 연계된 질적 변화는 생성적이고 생산적인 언어 체계의 습득으로 진입했다는 것과 "그게 뭐예요?"와 같은 의문사를 보다 자주 사용하게 되었다는 것이다. 모든 것의 이름을 알고자하는 충동은 모든 사물에 이름이 있다는 사실을 실제로 알고 있음을 나타낸다. 이러한 성장 패턴은 눈덩이처럼 불어나고 확장되어 다양한 수용 및 표현 어휘의 개념적 근거가 된다. 언어 파트너 단계의 아동이 표현하는 단어 의미와 단어 조합은 〈표 2-1〉과 〈표 2-2〉에 각각 제시되었다.

〈표 2-2〉 언어 파트너 단계의 단어 조합: 문법으로의 변화

유형		예
수식어+대상	재발생 + 사물	과자 더, 또 뛰어
	속성 + 사물	큰 신발, 더러운 기저귀, 한 아기, 귀여운 고양이
	소유자 + 소유물	엄마 신발, 아빠 머리, 내 컵
	지시 + 사물	이 컵, 이 공
	장소 + 사물	책상 위에, 상자 안에
부정어+대상	부재	주스 없어, 물 없어
	사라짐	비눗방울 안녕, 우유 다 먹었어
	거절	안 잘래
	부인	아기 아니야, 신발 아니야
행위자+행위+대상	행위 + 사물	과자 먹어, 공 던져, 주스 마셔, 저거 봐, 안아 줘, 탁자에 놔, 옷 벗어
	행위자 + 행위	엄마 바이바이 가, 아기 자, 아빠 던져, 강아지 앉아
	행위자 + 사물	아빠 과자, 엄마 병, 강아지 공, 인형 의자
	행위자+행위+사물	아빠 공 던져, 아빠 차 밀어, 엄마 아기 뽀뽀, 엄마 병 들어

출처: Owens (2000).

③ 언어 발달에서의 개인차

연구에 의하면 언어 파트너 단계에서의 언어 습득 패턴에는 개인차가 있다. 관련 문헌에 따르면 언어 학습자는 분석적 처리자부터 게슈탈트 처리자까지 다양하다(Bates, Bretherton, & Snyder, 1988; Peters, 1983; Prizant, 1983b). 분석적 처리자는 기본적인 구조 요소와 의미를 이해한 후 보다 복잡한 언어 단계로 옮겨 간다(예: 한 단어에서 두 단어, 세 단어 발화로 발달함). 그에 반해 게슈탈트 처리자는 기계적인 암기 전략을 사용하는데, 처음에는 언어의 의미를 이해하지 못한 채로 복수의 단어를 한 단위로 암기하고 반복한다. 이러한 기억 단위는 궁극적으로는 구성 요소로 분석되며, 이는 좀 더 융통성 있고 규칙을 따르는 언어 발달 패턴으로 이어진다. 언어 습득에서의 분석적 양식과 게슈탈트 양식의 차이는 〈표 2-3〉에서, 분석적 언어 전략과 게슈탈트 언어 전략의 특성은 〈표 2-4〉에서 보여 주고 있다.

〈표 2-3〉 언어 습득에서의 분석적 양식과 게슈탈트 양식

분석적 양식	게슈탈트 양식
• 언어의 기본 단위는 한 단어다.	• 언어의 기본 단위는 단어, 다단어 발화, 어구, 절이며, 이러한 모든 단위는 한 기간 동안 동시에 나타날 수 있다.
• 초기 언어 습득은 초기의 의미론적 기능과 관련성을 부호화하면서 한 단어에서 두세 단어 단위로 발달한다.	• 초기 언어 습득은 한 단어로 기능하는 발화의 습득을 포함한다. • 문법적으로 복잡해 보이는 발화를 포함할 수도 있다.
• 언어의 지속적인 성장은 명사구와 동사구를 정교하게 하는 문법적 형태소와 기능어 습득을 통해 이루어진다.	• 언어의 지속적인 성장은 다음의 두 가지를 포함한다: (1) 구성 요소로 분석되지 않은 통언어(chunk)의 분석과 분절 또는 (2) 분석적인 방식으로의 발달.
• 언어는 초기 습득 단계에서부터 복잡성을 증가시키는 규칙을 유도하는 생산적이고도 생성적인 특성을 지닌다.	• 초기 단계에서의 언어는 상대적으로 융통성이 없고 제한된 생성성을 보인다. • 높은 수준의 복잡성은 게슈탈트 패턴의 재조합과 이후의 분석적 양식으로의 발달을 통해 성취된다.
• 언어는 짧은 기간 동안 특정 상황과 직결되어 사용된 후 관련 있는 사물과 사건으로 일반화된다.	• 언어 사용은 비교적 오랜 기간 동안 특정 상황과 관련된 상태로 남아 있다.
• 분석적 처리자는 내적 구조(의미론 및 문법적 관계)와 발화의 참조적 사용(예: '단어 아이(word kids)')에 보다 초점을 맞춘다.	• 게슈탈트 처리자(예: '억양 아이(intonation kids)')는 사회적 상호작용의 구조 안에서 언어의 억양과 사용에 보다 초점을 맞춘다.

〈표 2-4〉 분석적 언어 전략과 게슈탈트 언어 전략의 특성

분석적 전략	게슈탈트 전략
성찰적 인지 스타일과 순응적 기질을 지닌다.	충동적 인지 스타일과 요구적 기질을 지닌다.
행동하기 전에 생각한다.	생각하기 전에 행동하고 말한다.
언어 산출보다 언어 이해에 더 능숙하다.	언어 이해보다 언어 산출에 더 능숙하다.
잘 듣는다.	잘 듣지 않는다.
상징놀이가 표현언어보다 우세하게 나타난다.	상징놀이보다 표현언어가 우세하게 나타난다.
필요한 정보만 제공한다.	주어진 정보를 지속적으로 표현한다.
사물/사건에 관심을 유도하기 위해서 의사소통의 많은 부분을 사용한다.	다른 사람의 행동을 조절하기 위해서 의사소통의 많은 부분을 사용한다.
단어 중심이고, 분절의 강조를 사용한다.	억양 중심이고, 초분절의 강조를 사용한다.
한 단어에서 새로운 조합으로 발전한다.	정형화된 통언어와 발화를 자주 사용한다.
언어 학습 전략으로 아주 드물게 모방을 사용한다.	언어 학습 전략으로 빈번하게 모방을 사용한다.
의미론적 기억(단어군에 의해 저장된 사실과 개념에 대한 기억)에 강점을 보인다.	일화적 기억(사건의 공간과 시간으로 저장된 개인적인 사건에 대한 기억)에 강점을 보인다.
이름을 맥락-융통적으로 사용한다.	이름을 맥락-한정적으로 사용한다.
대명사에 비해 명사 사용 비율이 높다.	명사에 비해 대명사 사용 비율이 높다.
어휘의 범주가 상당히 다양하다.	어휘의 범주가 덜 다양하다.
초기 다단어 단계에서 전보식(telegraphic)이다.	초기 다단어 단계에 억양과 기능 단어를 사용한다.

출처: Bates, Bretherton, & Snyder (1988).

분석적 양식과 게슈탈트 양식은 양극을 이룬다. 전형적인 발달을 보이는 아동의 경우 언어 파트너 단계에서 분석적 및 게슈탈트 양식의 언어 습득 방식을 모두 보이는데, 그 후 급속하게 분석적 양식을 주로 사용하는 것으로 변화한다. 앞에서 간략히 살펴본 바와 같이, 언어장애를 지닌 몇몇 아동과 마찬가지로 자폐 범주성 장애 아동은 자신의 학습 양식과 언어 처리과정에서의 어려움으로 인해 보다 오랜 기간 동안 게슈탈트 양식에 의존하거나 제한될 수 있다. 따라서 자폐 범주성 장애 아동의 언어 습득 방식은 일반 아동이 보이는 게슈탈트 언어 습득으로 설명되는 방식과 매우 유사하다고 할 수 있다(Prizant, 1983b).

언어 학습의 문화적 및 활동 맥락은 발달에 주요한 영향을 미치는 것으로 강조

되어 왔다. Tomasello(1992)는 어린 아동의 기본 언어적 개념은 문화적 활동에서 유출된 행위와 개념적 역할로 구성된 사건의 구조에 의해 구성된다고 하였다. 아기의 옷을 벗기고, 욕조에 물을 채우고, 아기를 목욕시키는 것과 같은 일상적 활동에서의 행위자로서 성인의 의도적인 역할을 이해하는 능력이 발달하기 시작하면서, 아동은 단어를 사물, 행위, 사건 구조의 역할로 배치할 수 있게 된다. 반복되는 예측 가능한 사회 문화적 사건이 아동의 단어 학습과 의미론적 개념 형성에 미치는 지대한 영향을 고려한다면, 사건의 구조를 중심으로 일상의 의미 있는 활동 중에 양육자가 보여 주는 언어 모델링은 매우 중요하다고 할 수 있다.

④ 학습 전략과 놀이

언어 파트너 단계에서 아동은 모방 학습자에서 관찰 학습자로 발전한다. 사회적 파트너 단계가 끝나 가면서 아동은 자발적으로 친숙한 행동과 소리를 모방하는데, 모델을 즉각적으로 따라 하기도 하고 시간이 지난 후에 나타나기도 한다. 아동이 진정한 상징 사용자로 발달하면서 학습 전략은 이러한 변화를 반영한다. 놀이와 언어 모두 어떤 것이 다른 어떤 것을 대표하거나 표상한다는 사실에 대한 지식과 능력을 요하는 상징 체계다. 이 두 가지 상징 체계는 사물에 대한 관심을 공유하는 사회적 상황에서 습득된다(Bates, 1979). 관찰 학습은 구어 행동과 비구어 행동을 관찰하고 상대방을 모방할 수 있거나 나중에 다른 상황에서 그러한 행동을 모두 하는 것을 포함한다. 관찰 학습에는 다른 상황에서 사용하는 다른 행동과 조합하거나 수정하면서 모방하는 변화된 모방도 포함된다. 언어 파트너 단계에서 이와 같은 새로운 수준의 정신적 표상은 아동이 첫 단어와 단어 조합으로 발달하면서, 또한 놀이와 관련된 발달 그리고 앞에서 설명한 연관된 발달이정표로의 발달을 통해서 명확해진다.

전형적인 발달을 보이는 아동은 놀이와 탐색을 통해 자신의 세계에 대한 정신적 표상을 형성한다. Westby(1988)는 놀이는 효과적인 의사소통을 촉진할 뿐만 아니라 효과적인 의사소통 능력을 필요로 한다고 하였는데, 이것은 언어와 놀이 간 상호작용을 강조하는 것이다. 상징놀이 발달은 다음과 같은 세 가지 과정으로 이루어진다(Fewell & Kaminski, 1988; Westby, 1988).

1. 탈맥락화(decontextualization): 실재하지 않거나 일반적으로 발생하는 행동과

는 다른 맥락에서 물건을 사용하는 행위 도식을 만들어 내는 능력(예: 인형에게 밥을 줄 때 작은 막대를 숟가락이라고 가정함). 탈맥락화는 맥락에 대한 특징적 요소를 파악하고 다른 맥락과의 유사점과 차이점을 구분할 수 있는 능력을 필요로 한다.

2. **탈중심화**(decentration): 다른 대상을 행위자 또는 행동의 수용자로 사용할 수 있는 능력(예: 인형이 공을 차거나 다른 인형에게 밥을 먹이는 것)
3. **순차적 구성**(sequential organization): 행위 도식을 순서대로 구성할 수 있는 능력(예: 인형에게 먹이고, 기저귀를 갈아주고, 침대에 누이는 척하기)

전형적인 발달에서 언어의 성취는 놀이에서의 성취와 평행한다(Bates et al., 1987; McCune-Nicolich & Carroll, 1981). 예를 들어, 아동이 첫 단어를 사용하기 시작하는 시기에 접어들면서 놀이에서도 다양한 단일 행동 도식을 사용한다. 아동이 단어 조합을 사용하는 시기로 전환하게 되면 놀이에서도 보다 복잡한 행동 도식을 보인다.

(4) 언어 파트너 단계에서 상징 사용의 발달적 어려움

다양한 발달상의 문제와 학습 양식의 차이로 인해 자폐 범주성 장애 아동은 언어 파트너 단계에서 상징 사용에 많은 어려움을 겪는다. 이러한 어려움은 다음과 같다: (1) 사회적 관찰을 통한 학습의 어려움(이것은 동사와 상징놀이 발달에 영향을 미침), (2) 이미 배웠던 단어 회상의 어려움(즉, 단어 인출), (3) 게슈탈트 언어 처리(예: 반향어)에 의존함, (4) 말 산출의 어려움.

① 사회적 관찰을 통한 학습의 어려움

자폐 범주성 장애 아동은 성인이 관심을 기울이는 것에 공동의 관심을 형성하거나 유지하거나 따르기 어렵고, 따라서 상징 사용에 영향을 미치는 사회적 관찰에 심각한 어려움을 보인다. 그 결과, 언어 파트너 단계에서 어휘 발달은 성인이 아동의 관심을 따를 때 배웠던 단어 형태(예: 좋아하는 놀잇감이나 과자를 지칭하는 명사나 사물 명칭)에 머무르는 경향이 있다. 따라서 명사 외의 참조를 위한 상징어 형태(예: 동사, 수식어)는 아동이 성인의 관심의 초점이 무엇인지 결정하고 언어 모델을 처리하면서 성인의 행동과 의도를 관찰하는 능력을 필요로 하기 때문에 자폐 범주성 장애 아동에게서는 늦게 발달된다(Carpenter & Tomasello, 2000). 마찬가지로, 사회적 활동의 관찰을 통해서 학습되는 자발적인 가장놀이와 기능놀이 역시 이 단계에서 제한된다(Wetherby et al., 2000).

② 단어 인출과 융통성 있는 언어 사용의 어려움

단어가 습득된 특정 맥락 밖에서의 단어 인출이나 단어 회상의 어려움 또한 자폐 범주성 장애 아동의 상징 사용의 어려움으로 인한 것이다. 앞서 매우 어린 아동에게서 나타나는 일반적인 학습 전략 발달에서 살펴본 바와 같이, 상징 사용 능력은 오랫동안 융통성 없이 일화 중심의 연상에 의존하는 경우 종종 제약을 받는다. 일화 중심의 연상에 의존하는 아동은 고정된 환경적 또는 시각적 단어에 대한 강한 선호도와 기계적 암기에 대한 상대적인 강점으로 인해서 단어나 언어 전체를 통째로 특정 경험과 분리된 의미를 지닌 것으로 이해하기보다는 그러한 경험이나 일화에 내재된 한 부분으로 듣고 기억하고 이해할 수 있다. 따라서 이것은 진정한 개념적 지식이나 단어와 사건 간의 좀 더 추상적인 의미론적 관계보다는 단어 회상을 도와주는 그 일화의 특정 상황에 따른 여건을 학습하는 것이다. 예를 들어, 자폐 범주성 장애 아동은 학교에서 빨간 사과를 말할 때만 '사과'라는 단어를 사용하고, 다른 장소에서 다른 사과를 지칭하기 위해서는 '사과'를 사용하지 않을 수 있다. 또한 지연반향어를 사용하면서 아빠에게 "간지럼 놀이 할래요?"라고 말하며 간지럼 태우기 놀이를 요구할 수 있으나 다른 장소나 다른 사람에게는 요구하지 않을 수 있다.

이와 같이 융통성 없는 일화 중심의 기억으로 인해 자폐 범주성 장애 아동은 언어 파트너 단계 초기에 단어 사용의 어려움을 겪게 되며, 후기 언어 파트너 단계에서는 단어 조합을 시작하는 데 어려움을 겪게 된다. 이러한 어려움은 사물을 명명할 때보다 동사를 사용하는 데에서 더 많이 나타난다. 동사는 사물과는 달리 지속적으로 변화하는 일화와 조건을 포함한다. 예를 들어, '열다'라는 단어는 문을 여는 행위가 비눗방울 병뚜껑을 여는 행위와는 달라 보이는 것처럼 분명하게 구분되는 독특한 여러 가지 행동을 의미한다. 대조적으로, 명사는 지각적인 속성(예: 공의 둥그런 속성)에서의 유사성에 의해서 정의되는 사라지지 않는 참조를 지닌다. 따라서 단어 인출에서의 어려움은 동사와 추상적인 단어를 배우기 시작하면서 더 많이 드러날 수 있다.

③ 자폐 범주성 장애 아동의 반향어와 게슈탈트 언어

반향어와 게슈탈트 언어는 언어 파트너 단계의 자폐 범주성 장애 아동이 일반적으로 보이는 발달 패턴이다. 따라서 자폐 범주성 장애 아동의 언어 발달을 이해하기 위해, 특별히 어휘 발달과 의사소통 양식(예: 말로하는 단어, 그림, 신호)을 결정할 때 이러한 점을 고려해야 한다. 그러나 또한 자폐 범주성 장애 아동의 독특한 학습 스타일도 고려해야 하다. 반향어를 사용하는 기간을 통해서 말하기를 배우는 자폐 범주성 장애 아동의 대부분은 다른 사람이 말한 것을 즉각적으로 반복하거나(즉, 즉각반향어) 일정 시간이 지난 후에 반복한다(즉, 지연반향어)(Prizant, Schuler, Wetherby & Rydell, 1997; Rydell & Prizant, 1995). 초기 발달 단계에서 반향적 발화는 단어 하나이거나 상황에 대한 명명하기와 비슷한 수준을 나타낸다. 반향적 발화는 여러 단어로 구성되어 나타날 수도 있으나 실제로는 게슈탈트 언어 양식으로 하나의 단위나 기억 단위로 학습된다. 이러한 모습은 게슈탈트 언어 학습자인 일반 아동에게서 나타나는 것과 유사하다.

반향어에 대한 최근의 견해는 자폐 범주성 장애 아동이 보이는 반향어는 일반 아동의 모방 행동과 달리 다양한 인지적이고 의사소통적인 기능을 지니고 있으며(Prizant & Rydell, 1984) 효과적인 언어 학습 전략으로 작용한다는 것이다. 반향어를 사용하는 아동은 다양한 사회적 상황에서 의사소통 파트너가 반응하는 방법에 대한 관찰을 통해 구절의 의미를 학습하고 상황이나 정서적 상태와 연관된 구절을(즉각적 방법이나 지연 방법을 사용하여) 모방하고 말하는 것을 배운다. 시간이 흐르면서 아동은 의사소통적 상호작용에서 의사소통 의도를 보다 상황과 관련된 의미 있는 형태로 표현하기 위해 게슈탈트 양식을 사용하는 것을 배운다. 언어가 발달하고 의사소통 파트너의 모델링(즉, 상호교류적 지원)에 따라 자폐 범주성 장애 아동은 점차 반향적 기억 단위를 의미 있는 단위의 단어나 구성 요소로 작게 나누어 사용하게 된다. 이와 같이 반향적 발화를 나누는 과정은 규칙이 통제하는 일반적인 언어 체계로의 전환에 중요한 역할을 한다.

실제로 반향어를 사용하는 아동의 언어 발달은 예측 가능한 발달적 순서로 나타나는 경향이 있다. Prizant(1983b)는 자폐 범주성 장애 아동의 언어 발달 단계를 다음과 같이 설명하였다.

1. 이해나 의사소통 의도의 증거는 거의 보이지 않으며 반향어 형태나 게슈탈트

양식의 언어를 두드러지게 사용함

2. 점점 더 다양한 기능을 위해서 좀 더 의미 있는 방법으로 반향어를 사용함과 동시에 초기의 창의적이고 분석적인 언어를 산출함
3. 수정반향어(즉, 변경해서 산출되는 반향어) 사용의 빈도가 증가하고 경직되었거나 융통성 없는 반향어 생성의 비율이 감소하며 그와 동시에 창의적이고 자빌직인 빌화가 급격하게 증가함
4. 대부분 생성적이고 창의적인 언어를 산출하며 반향어는 혼란스럽거나 피곤하거나 정서 조절장애의 경우에만 사용함

> 진단 시에는 사회 의사소통의 한 측면으로서 반향어의 기능적 사용에 대해 반드시 살펴보아야 한다.

2단세와 3난계에서 창의석인 언어 산출은 기계적 암기나 게슈탈트식의 언어 사용에 의한 것이라기보다는 융통성 있고 규칙적인 언어 체계와 반향적 패턴의 분할을 포함하는 분석적인 접근의 습득을 통해서 이루어진다. 구어를 사용하는 자폐 범주성 장애 아동이 보이는 대명사 반전, 상동적 발화, 특정 구어 습관 고집하기 등의 모든 언어 특성은 습득과 사용에 있어서 게슈탈트 전략을 반영할 수도 있다. 따라서 게슈탈트 형태의 출현은 인지 스타일에서의 차이를 분명하게 보이는 연속체의 한쪽 끝에서 나타나는 다양성으로 개념화될 수 있다(교류 지원을 설명하는 이 책의 제4장에서 학습 스타일의 중요한 측면으로 설명하였다).

Prizant(1983b)가 설명한 반향어의 네 단계는 SCERTS 모델의 언어 및 사회 의사소통 단계에서의 주요 사항과 일치한다. 비록 1단계에 있는 아동이 단어 조합처럼 보이는 발화를 한다 해도, 이들이 말하는 어구나 통언어는 의사소통 의도나 상징적 의미가 거의 없기 때문에 사회적 파트너 단계에 있다고 할 수 있다. 특정 맥락에 의해서 촉발된 어구의 정확한 반복은 앞서 설명한 운동적 재연(motoric reenactments)과 유사하거나 함께 나타날 수 있으며, 상징 전 단계일 수 있다. 2단계에 있는 아동은 언어 파트너 단계에서 첫 단어기로 발달하는 과정에 있다. 이 단계의 아동은 반향어를 사용하고 의미를 공유하거나 다양한 의사소통 의도를 표현하기 위해 약간의 창의적 단어를 사용할 수 있게 된다. 3단계에 있는 아동은 언어 파트너 단계에서 단어 조합기로 발달하는 과정에 있다. 이 단계의 아동은 언어를 통째로 사용하는 수준에서 반향 단위를 작은 구와 개별적인 단어로 나누거나 다른 단어나 통언어로 새로운 조합을 만듦으로써 점점 더 수정반향어를 사용하게

된다. 4단계 아동은 대화 파트너 단계에 있거나 대화 파트너 단계로 이동하려고 하는 상태로 반향어가 최소화되고 대화적 담화에서 규칙이 있는 언어 체계를 사용하게 된다.

따라서 자폐 범주성 장애 아동에게 나타나는 반향어의 출현은 긍정적인 예후 지표가 된다. 자폐 범주성 장애 아동이 사용하는 게슈탈트 형태의 규모와 융통성을 알아내고, SCERTS 모델의 단계에서 설명하고 있는 언어 및 사회 의사소통의 발달적 진보를 가져다주는 창의적인 언어 습득을 지원하기 위해서는 노력을 기울여야 한다.

④ 말 산출의 어려움

공동관심 능력과 상징 사용 능력에서의 핵심적인 어려움이 언어 파트너 단계에서 아동의 사회 의사소통 능력을 다룰 때 고려해야 할 가장 중요한 요소임에도 불구하고 자폐 범주성 장애 아동 중에는 말 산출의 어려움까지 지닌 경우도 있다. 실제로 자폐 범주성 장애 아동과 성인의 1/3에서 1/2 정도가 기능적이고 효과적인 의사소통 수단으로 말을 사용하는 데에 심각한 어려움을 겪는다. 이러한 어려움은 다양한 자음을 산출하거나 복합음으로 이루어진 단어와 같은 복잡한 음절 구조를 사용하는 것이 어려워서 명료도가 떨어지는 아동에게서 주로 나타난다. 이러한 문제의 원인은 주로 구강 운동 계획의 어려움이나 음성학적 발달의 지체 때문이다(Bryson, 1996; Lord & Paul, 1997; NRC, 2001). 말을 산출하는 데에서 오는 어려움은 자폐 범주성 장애 아동의 장단기 교수목표의 우선순위를 결정할 때는 물론, 적절한 대인관계와 학습 지원 계획을 개발할 때에 반드시 고려해야 한다.

> 자폐 범주성 장애 아동을 위해서 장단기 교수목표의 우선순위를 정할 때 말 산출의 어려움도 반드시 고려되어야 할 필요가 있다.

⑤ 놀이 발달 패턴과 어려움

자폐 범주성 장애 아동의 발달에 대한 연구 결과에 의하면, 다양하고 자발적인 가장놀이와 기능놀이가 심각하게 제한된 것으로 나타났으며(American Psychiatric Association[APA], 2000), 이것은 자폐 범주성 장애 아동의 상징 능력에서 발달적 어려움이 있다는 증거를 제시한다(Wetherby et al., 2000). 자폐 범주성 장애 아동에게 상징놀이 능력이 어느 정도 있다고 해도, 놀이의 질은 반복적이고 융통성이 없으며 놀이 파트너가 소개하는 주제나 수정 방법을 적절히 적용하는 데 상당한 어려움을 겪는다. 그러므로 놀이가 사회적 파트너십에 기초해서 공동으로 구성되거나 진정한 협동을 보이는 경우는 거의 관찰되지 않는다.

자폐 범주성 장애 아동은 기능적인 사물 사용과 상징놀이에서의 이와 같은 한계와는 대조적으로, 구성놀이에서는 일반 아동이나 언어가 지체된 아동과 비교했을 때 이들과 유사하거나 더 높은 수준의 능력을 보인다(예: 컵 쌓기, 블록 쌓기, 퍼즐 맞추기와 같이 무엇인가를 만들기 위해 물건을 조합하기)(Wetherby & Prutting, 1984; Wetherby, Prizant, & Hutchinson, 1998). 이러한 차이는 상징놀이는 사회적 활동에서의 관찰을 통해 습득되며 구성놀이는 다른 사람을 관찰하거나 시행착오적 문제해결을 통해 습득된다는 점에서 설명될 수 있다. 또한 구성놀이에서의 성공은 시공간적 문제해결에 달려 있는데, 이는 자폐 범주성 장애 아동의 강점 영역에 해당한다(이 책의 4장 참조). 관습적인 몸짓이나 단어의 일반적인 의미를 알고 사물을 관습적으로 사용하는 것은 관찰 학습을 통해 학습될 수 있다. 관찰 학습은 사회적 상황에서 다른 사람을 관찰하고 모방하는 것이며 점차 기능적이고 상징적인 체계를 발달시키기 위해 새로운 상황에서 이러한 관습적 행동을 사용할 수 있도록 탈맥락화할 수 있어야 한다. 공유된 의미를 학습하고, 놀이와 의사소통을 위해 관습적인 수단을 학습하거나 사용하고, 맥락으로부터 의미를 탈맥락화할 수 있는 것은 자폐 범주성 장애 아동의 상징적 결함이 나타나는 영역이다.

3) 대화 파트너 단계

SCERTS 모델의 세 번째 발달 단계는 대화 파트너 단계다. 이 단계에서는 두 가지 주요 변화가 이루어지는데 첫 번째는 문장 문법(sentence grammar)으로의 전환이고 두 번째는 대화적 담화(conversational discourse)로의 전환이다. 이러한 변화는 일반적으로 유아기에 시작해서 학령기 동안 지속된다. 여기서는 이 단계에서 나타나는 공동관심과 상징 사용에서의 일반적인 발달이정표를 살펴보고 자폐 범주성 장애 아동은 이러한 핵심 능력을 습득하는 데 어떤 어려움을 겪는지 살펴보고자 한다.

(1) 대화 파트너 단계에서 공동관심 능력은 어떻게 발달을 지원하는가?

아동이 대화 파트너 단계로 전환하면서 언어 능력이 꽃을 피움에 따라 공동관심 능력은 지속적으로 확장되며, 결과적으로 공동관심 능력과 사회적 경험 간에 깊은 발달적인 영향을 양방향으로 미치게 된다. 언어 및 인지 능력 향상으로 인해 실제 생활 사건에서의 구체적인 지원 없이도 과거, 미래, 상상적 사건, 추상적 상징 수준에서 일어나는 경험에 대한 의사소통 능력이 발달하게 된다. 이 단계의 아동은 다양한 상황에서 다양한 의사소통 파트너와 다양한 사회적 학습 경험에 참여한 방대한 역사를 갖고 있다. 이러한 축적된 사회적 학습 경험은 다른 사람의 관점을 고려하기 위해 상황 단서를 참조할 수 있게 해주며, 이에 근거하여 언어 사용을 수정하고 해석할 수 있게 해준다. 따라서 의사소통 파트너 단계에서의 사회적 의사소통 능력은 아동이 다양한 파트너와 상황에 따른 일상적인 사회적 상호작용에 참여하면서 성공감을 느낄 수 있도록 좀 더 정교한 공동관심 능력뿐만 아니라 증가된 기회를 필요로 한다.

이러한 요소들의 조합(예: 공동관심과 언어에서의 발달적 진보와 아동 고유의 사회적 경험)은 다른 사람의 관점을 취할 수 있는 능력을 발달시키고 고유한 관점, 지각된 능력, 대화 파트너의 사회적 역할에 기초하여 언어 사용을 조절하고 언어를 해석하는 능력을 촉진한다. 이러한 기술은 누구를 향해 이야기하는지와 무엇에 대해 이야기하는지를 근거로 파트너가 대화 주제에 대하여 얼마나 많이 아는지 또는 주제에 대한 관심은 있는지에 대해 예측하는 능력에 기여한다. 예상할 수 있는 지식에 대한 정확한 판단은 대화의 상호성을 위한 필수적인 요소다. 예를 들어, 아동은 보다 어린 아동을 위해 단순한 언어를 사용하려 하고 양육자와 같은 친숙한 사람과 친숙하지 않은 사람에게는 서로 다른 의사소통 방식을 사용하기도 한다(예: 친숙한 사람에게는 덜 공손하고 친숙하지 않은 사람에게는 공손하게 말함).

아동은 적절한 주제를 선택하고 주제에서 벗어나지 않으며 대화가 끊어질 때 이를 보완하려는 등 대화에서 공동관심을 형성하고 유지하는 능력을 발달시킨다. 점차 정교한 공동관심 능력이 발달함에 따라, 아동의 사회적 인식은 새로운 파트너의 관점을 추론하고 계속 변화하는 의도를 고려할 수 있을 정도로 발달한다. 이러한 변화는 아동기에서 끝나지 않으며, 청소년기나 초기 성인기로 성장할 때까지 지속된다. 분명한 것은 전형적인 발달을 보이는 아동이나 심지어는 성인조차 주어진 모든 상황에서의 사회적 능력 수준에서는 다양한 차이를 보인다는 것이다.

> 자폐 범주성 장애 아동을 진단할 때에는 상징 사용의 한 측면으로 상징놀이와 구성놀이 능력을 모두 살펴보아야 한다.

(2) 대화 파트너 단계에서 공동관심의 발달적 어려움

비교적 진보된 상징 언어 기술을 습득한 자폐 범주성 장애 아동에게조차도 공동관심 능력의 제한은 발달의 전 과정에 걸쳐 심각한 어려움으로 남는다. 공동관심 능력에서의 어려움은 다른 의사소통 파트너의 관점을 이해하는 능력인 생각의 원리(theory of mind)에 영향을 미친다(Baron-Cohen, Leslie, & Frith, 1997; Mundy & Stella, 2000; Volkmar, Klin, Schultz, Rubin, & Bronen, 2000). 대화 파트너 단계에서 이러한 어려움은 다음과 같은 보다 높은 수준의 발달을 저해한다: (1) 다른 사람의 의사소통 의도(예: 의사소통 파트너가 집중하는 것, 관심, 견해)를 이해하는 능력, (2) 다른 사람의 관심, 정서 상태, 의도 등과 관련된 비구어 의사소통 신호(예: 시선, 얼굴 표정, 신체 방향, 근접성, 운율 패턴)를 이해하고 사용하는 능력, (3) 청자의 관점(예: 주제, 관심, 정서 상태와 관련된 이전의 경험)에서 주제를 변경하고 의사소통 실패를 복구하는 능력, (4) 파트너가 사용하는 보다 추상적이고 비문자적인 언어 형태(예: 빈정거리는 말, 유머, 비유적 표현)를 해석하는 능력.

(3) 대화 파트너 단계에서 상징 사용 능력은 어떻게 발달을 지원하는가?

아동이 대화 단계로 발달해 가면서 상징 사용 능력의 향상은 언어 및 사회 의사소통에 지속적으로 중요한 영향을 미친다.

① 문장 문법

문법 학습 과정은 대화 파트너 단계에서 시작되는데, 20~30개월 사이에 기본적인 형태론과 구문론의 기초를 습득하면서 시작된다(Bates et al., 1987). 24개월에서 36개월 사이의 아동은 형태론이나 단어 구조, 구문론이나 문장 구조를 포함한 문장 문법의 기초를 학습한다. 아동은 의미론적 의미에 기초한 발화 산출(예: 대부분의 정보를 전달할 수 있도록 단어로 구성된 초보적 형태의 다단어 발화)에서부터 문법 규칙에 기초한 문장 구성(예: 문법적 오류를 포함한 보다 복잡한 문법적 발화)으로 발달한다. 이 시기에는 복수, 소유격, 시제와 같이 의미를 보다 정교화하고 조절할 수 있는 문법적 지식과 형태를 지속적으로 사용하게 된다. 지속적인 어휘 확장으로 보다 정확하고 명확하며 서술적인 언어를 사용하게 된다. 아동의 상징 목록 내에 다양한 문법 구성이 나타나고 질문을 하고 타협을 하기 위해 보다 문법적인 수단을 사용한다. 이 기간 동안 미래나 과거 사건, 정서적 사건에 대한 의사소통이 상당히 향상되고, 다양한 사건의 논리적 순서를 연결시킬 수 있게 됨에 따라 순서가 있는 이야기를 하게 된다. 예를 들어, 자신의 경험을 회고하면서 이야기를 하거나 다른 사람과 타협할 수 있게 된다. 일반적으로 이해 능력이 산출 능력보다 앞선다. 아동은 과거와 미래 사건에 관련된 언어를 이해할 수 있게 되고 훨씬 더 다양한 어휘에 반응할 수 있게 된다. 아동은 서술 담화(예: 스토리)의 의미를 보다 잘 이해하고 따를 수 있게 됨으로써 대화 파트너로서 주요 역할을 할 수 있게 된다. 대화 파트너 단계의 아동이 이해하고 표현할 수 있는 언어 요소와 문장 구조는 〈표 2-5〉와 〈표 2-6〉에서 보는 바와 같다.

② 대화적 담화

문장 문법을 습득한 후 아동은 일반적으로 4~5세 정도가 되면 대화적 담화로 발달한다. 이러한 발달적 변화의 시기에 아동은 전형적인 몸짓과 언어, 놀이에서 초기 상징 능력을 습득한다. 또한 다양한 사회적 학습 기회를 경험하고 다양한 의사소통 파트너와 상호작용한다. 주요 상징 사용의 핵심 능력 발달과 아동 고유의 사회적 경험 및 문화적 배경의 조합은 공동관심 능력이 발달하는 것과 유사한 형태로 다양한 사회적 상황에서의 적절한 사회적 행동을 위한 사회적 관습을 촉진할 뿐만 아니라 사회적-대화적 교환을 위한 구어적 관습을 인식할 수 있도록 지원한다. 또한 교수된 또는 협동적인 학습 전략(곧이어 상세히 설명될 것임)을 알게 되면서 아동은 성공적인 대화적 교환이 자신의 파트너 또는 다수의 파트너들과의 협력적인 노력이 있어야만 가능하다는 것을 알게 된다(Damico, 1985).

대화 파트너 단계에서 아동은 화용론적 담화의 관습을 지키기 시작한다. Grice (1975)의 '협력 원리(cooperative principle)'에 의하면 전형적인 발달을 보이는 아동은 다음의 네 가지 유형에 해당하는 대화 규칙을 명확히 지키려고 한다.

1. 양적 유형: 제공된 정보의 양을 의미함(예: 너무 많이 제시하는 것이 아니라 적절한 양을 제공하는 것)
2. 질적 유형: 언급한 말의 질과 관련됨(예: 명확한 사실에 근거하고 적절한 정보를 제공하는 것)
3. 관계 유형: 제공된 정보와 현재 자신의 의사소통 파트너의 관심사, 사전 지식, 선호도, 정서 상태에서 사용된 질문 형태의 관련성을 의미함

〈표 2-5〉 대화 파트너 단계의 언어 요소

분류			예
상위 수준의 관계 의미	의문사		무엇, 어디, 누구, 누구의, 어느 것, 언제, 어떻게, 왜
	시간 관계		지금, 나중에, 전에, 후에, 그때부터, 그때, 그때까지, 금방, 하루 사이, 1주일 뒤, 한동안
	물리적 관계		색깔, 형태, 딱딱한/부드러운, 큰/작은, 무거운/가벼운, 긴/짧은, 두꺼운/얇은,
	수 관계		숫자, 적은, 약간, 많은, 더/덜
	장소 어휘		안에, 위에, 아래에, 다음에, 뒤에, 앞에, ~보다 위에, ~보다 아래에, 왼쪽/오른쪽
	친족 어휘		엄마, 아빠, 자매, 형제, 아들, 딸, 할머니, 할아버지, 이(고)모, 삼촌, 사촌, 조카
	원인 어휘		그러나, 그래서, 왜냐하면, 만일, 그렇지 않으면
참조하기 (의도된 참조를 찾도록 도와주기)	대명사	주어	나/너, 그/그녀, 그것, 우리/그들
		목적어	나를/너를, 그를/그녀를, 그것을, 우리를, 그들을
		소유격	너의/나의, 너의 것/나의 것, 그의/그녀의, 우리의, 그들의
		부정사	누군가, 어떤, 아무도, 모든, 모두, 많은, 매우, 어떤 것, 아무것도, 어느 것, 모든 것
		지시대명사	이것, 저것, 이것들, 저것들
	관사		정관사(the), 부정관사(a)
	복수		고양이들, 과자들, 소들, 양들
동사구 (사건의 시간과 태도를 명확히 하도록 도와주기)	주요동사	상태 변경	열다, 부수다, 멈추다, 찾다, 떨어뜨리다, 죽다
		활동	달리다, 미소 짓다, 점프하다, 핥다, 그리다, 보다, 잡다
		지속적 상태	되다, 갖다, 사랑하다
		정신적 상태	생각하다, 알다, 추측하다, 기억하다, 바라다, 내기하다, 희망하다, 느끼다
	시제	현재 진행형	걷고 있다, 가고 있다, 달리고 있다
		3인칭	짖다, 치다, 달리다, 가다, 하다, 갖다
		과거 시제	떨어뜨리다, 쏟다, 부서뜨렸다, 왔다, 가져왔다, ~였다, 가졌다, 했다
		미래 시제	~할 것이다, ~할 수 있다, ~일 수도 있다, ~하고 싶다, ~일 것이다, ~해야 할 것이다
	조동사		has, have, had, does, did, am, is, are, was, were, been
	법조동사	초기	wanna, gonna, hafta, needta
		고급	may, might, can, could, shall, should, will, would, must
	부정어		no, not, won't, don't, doesn't, wasn't, wouldn't

출처: Owens (2000); Tomasello (2003).

〈표 2-6〉 대화 파트너 단계의 문장 구성

유형		예
능동형 평서문		나는 휴식이 필요해. 소년이 자전거를 타고 있다. 그는 새 차를 갖고 있다.
명령문		지금 밖으로 나가. 인형 들어. 이거 집에 가져가서 엄마께 드려.
부정문		몰라요. 나는 완두콩을 원하지 않아요. 나 그거 못해요.
의문문	예/아니요 질문	도와줄래? 이 병을 열어 줄래? 준수가 공을 찼니?
	wh-질문	그 집에 누가 있니? 너는 무엇을 생각하니? 어떤 게 맞아? 우리가 언제 다 했지? 왜 집에 가니?
삽입문	전치사구	새가 새장 안에 있다. 개가 침대 위에 있다.
	부정사구	나는 밖에 가고 싶어 나는 화장실에 가야 해.
	목적격 명사구	내가 먼저 가야 한다고 생각해. 너도 조금 갖고 있다고 생각해. 여기 빙글빙글 도는 놀잇감이 있어.
	주격 명사구	옆집에 사는 아이가 저녁 먹으러 온다. 풍선을 팔고 있는 남자가 나에게 한 개를 주었다.
복합문		어린 소년이 있고, 그 소년은 집으로 뛰어가고 있다. 소년이 넘어져서 울고 있다. 저녁을 다 먹으면 디저트를 먹을 거야. 하지만 네가 괜찮다고 했으니까 내가 좀 가져야겠어. 내 일을 다 하고 나면 밖에 나가서 놀 거야.

4. 방법 유형: 대화적 담화가 전달되고 교환되는 방법을 의미함(파트너의 요구에 근거하여 조직화되고 정확한 수단으로 정보를 제공함)

따라서 대화 파트너 단계에 있는 아동은 다음과 같은 보다 복잡한 사회적 대화 능력을 발달시킨다: (1) 청자에게 보다 효과적으로 의미를 전달하고 의미의 차이를 명확히 하기 위해 높은 수준의 문법과 구문 사용(예: 종속절과 접속사), (2) 사회적 관습이나 의미의 명확성과 관련하여 비구어 정보(예: 시선, 얼굴 표정, 신체 방향, 근접성, 운율 패턴)와 비문자적인 의미(예: 숙어, 농담)를 사용하고 해석하는 능력, (3) 상호작용을 시작하고, 상호작용 안에서 차례를 주고받으며, 주제 변경을 명확히 하고, 상호작용을 종료하는 것과 같은 의사소통에서의 관습 따르기, (4) 다양한 사회적 상황(예: 가정, 교실, 지역사회)에 따른 사회적 요구 지키기.

③ 학습 전략과 놀이

대화 파트너 단계에서 아동은 교수에 의한 학습과 협력 학습이라는 두 가지 새로운 수준의 학습 전략을 습득한다(Tomasello, 1999; Tomasello, Kruger, & Ratner, 1993). 교수에 의한 학습은 아동이 양육자의 교수를 자기 것으로 받아들일 때 나타나며 이 능력은 대개 3세부터 5세 사이에 발달한다. 자신의 관점과 가르치는 사람의 관점을 조정하여 대화를 내면화하는 아동은 유사한 상황에서 대화를 회상하고 반영할 수 있게 된다. 아동의 특정 문제해결 규칙을 학습하는 능력, 사회적이고 도덕적인 규칙에 근거하여 행동을 내면화하는 능력, 그리고 다른 사람이 만들어 낸 사회적 인상을 주시할 수 있는 능력은 교수에 의한 학습을 통해 이루어진다. 아동은 정신적 상태와 관련된 언어(예: "그 아이는 내가 X라고 생각한다고 생각해.")를 사용하기 시작하고 문해 기술을 습득한다. 이러한 능력은 언어 형태와 의미 모두를 이해해야 한다. 협력 학습은 파트너 간에 상호적이며 비권위적인 사람이나 다른 아동으로부터 학습할 때 발생한다. 협력 학습은 "과제에 대한 새로운 지식을 함께 구성하는 것"을 수반한다(Tomasello et al., 1993, p. 501). 유아기 아동도 협력적으로 문제를 해결할 수 있지만 협력 학습은 학령기가 될 때까지 분명하게 나타나지는 않는다. 교수에 의한 학습과 협력 학습은 성인에서 아동으로 전달되거나 아동과 아동이 서로 공유하는 가운데 문화적 학습의 수단이 된다.

학습 전략의 진보는 언어와 놀이 발달에서 보다 잘 나타난다. 아동이 좀 더 진보된 언어적 의사소통과 문장 문법을 사용할 수 있게 됨에 따라 이 부분에서의 성취가 놀이에서도 나타난다. 문법이 발달하면서 아동의 놀이는 보다 상징적으로 변화한다. 놀이를 하면서 음식을 만들고 식사를 하거나 좀 더 논리적인 순서를 계획할 수 있게 된다. 아동은 놀이를 통해 역할을 취하고 또래와 협력하는 극놀이에 참여하는 방법을 학습한다. 극놀이는 대화적 담화로의 발달을 촉진하는 중요한 발달적 요소다. 아동이 실생활의 경험을 상징화하는 것은 놀이 맥락에서 이루어지며, 따라서 "또래 집단의 활동에 성공적으로 초대받고 들어갈 수 있도록 시작하고 해석하고 다른 사람의 사회적 단서에 반응하는 방법을 연습하고 학습할 수 있는 기회를 제공해 준다(Dodge, Schlundt, Schocken, & Delugach, 1983)"(Schuler & Wolfberg, 2000, p. 254). 또래와 상호작용적 놀이 교환에 참여하는 상황 속에서, 아동은 단어와 보다 복잡한 언어 구조와 대화적 규칙을 습득한다(Schuler & Wolfberg, 2000). 교수에 의한 학습에서 협력 학습으로 발달하는 능력은 구조화된 스포츠와 같이 규칙이 있는 집단 레크리에이션 기술을 습득하는 데 매우 중요하다.

극놀이와 레크리에이션은 모든 아동이 또래 집단에 참여하기 위해서 또래의 관심사를 모니터하고 다른 또래가 시작한 놀이를 따르고 주제의 변화에 주의를 기울여야 하는 것처럼 그 특성상 또한 공동관심 능력의 발달을 필요로 할 뿐만 아니라 자극하기도 한다. 놀이 상황에서 아동은 의도를 전달하기 위해 점점 더 복잡한 문장 문법을 사용하여 이야기나 담화를 구성할 수 있는 능력을 발달시키고, 사회적 사건의 순서를 연결하면서 시간적 변화(예: 첫 번째, 다음, 마지막)에 대한 표현을 배우고, 역할놀이를 하는 동안 의도와 정서 상태를 표현하고 등장인물을 계획하는 것과 같은 비문자적 언어 사용을 학습한다(Schuler & Wolfberg, 2000).

> 다양한 상황과 파트너에 따른 사회 의사소통에 있어서 융통성을 유지하고 적절하게 수정하는 능력을 강화하는 것은 대화 파트너 단계의 프로그램에서 매우 중요한 부분이다.

(4) 대화 파트너 단계에서 상징 사용의 발달적 어려움

자폐 범주성 장애 아동은 대화적 담화의 질, 양, 관계, 방법의 측면에서 화용론적 결함을 보이며, 이러한 결함은 Grice의 협력 원리를 지키지 못하게 함으로써 잦은 의사소통 실패를 경험하게 만든다. 이러한 문제로 인해 아동은 다음과 같은 능력에서 어려움을 경험하게 된다: (1) 의사소통 파트너인 청자의 적절한 이해를 위해 정보를 근거로 상위 수준의 문법과 구문론을 병합할 필요성 인식하기, (2) 너무 많거나 반복적인 정보를 제공하지 않도록 적절한 정보의 양을 측정하기, (3) 대화적 담화 내에서 구어 규칙을 발달시키고 사용하기, (4) 공유된 의미나 상징적 의미를 갖는 비구어 의사소통 형태를 해석하고 사용하기, (5) 다양한 사회적 상황 속에서의 요구 이해하기. 이러한 어려움에 영향을 미치는 요소로는 사회적 기회와 또래와의 상호작용이 제한됨으로 인한 사회적 문제해결 기회 부족과 비구어 사회적 단서 및 상황적 단서에서 의미를 끌어내는 능력을 제한하는 개인적인 학습 양식에서의 차이가 있으며, 이 외에 다른 요소들도 있다. 이러한 요소로 인해 아동은 높은 수준의 언어기술 습득에 어려움을 겪고 주어진 맥락에서의 적절한 참여와 사회적 행동에 대한 기대를 이해하고 인식하는 데 어려움을 겪는다.

자폐 범주성 장애 아동은 대화 파트너 단계에서 상징 사용이 어렵기 때문에 화용론적 담화의 사회적 규칙을 이해하고 지키는 데 어려움을 경험한다. 사회적 경험이 제한되고 상징 이해 능력의 문제로 인해 자폐 범주성 장애 아동은 사회적 상황(예: 쉬는 시간에 스포츠에 대해 편안하게 이야기하는지 아니면 수업 시간에 메소포타미아의 역사에 대해 발표하는지)이나 의사소통 파트너(예: 친구에게 이야기하는지 아니면 선생님에게 이야기하는지)에 의존하여 대화를 시작하고 유지하고 종료하는 전략을 사용하는 데 어려움을 겪는다. 마찬가지로, 이러한 문제로 인해 다른 새로운 가족과 함께해야 하는 새로운 상황에서 의사소통 파트너의 문화 및 종교적 배경에 따라 대화적 담화를 선택하는 데 많은 어려움을 겪는다. 자폐 범주성 장애 아동은 이러한 상징적 관습의 변화에 대한 인식이 부족하기 때문에 의사소통 파트너나 상황과 상관없이 특별하고 변화하지 않는 사회적 대화 규칙을 고수하는 경우가 많다. 이와 같이 상상력이나 사회적 융통성이 부족하기 때문에 융통성과 변화에 대한 민감성을 필요로 하는 대화 파트너 단계에서 어려움을 겪는다.

자폐 범주성 장애 아동은 공동관심과 상징 표상 능력의 결함으로 인해 사회극 놀이 경험과 성취에 어려움을 경험하게 된다. 자폐 범주성 장애 아동은 또래의 계속 변화하는 주제에 대처하기 위해 상대적으로 융통성 없고 변하지 않는 놀이 도식을 발달시키고 고수하는 경향이 있는 것으로 흔히 관찰된다. 이러한 패턴은 서술적 담화를 전달하기 위해 좀 더 복잡한 문장 문법을 사용하는 능력, 대화적 담화의 사회적 관습을 습득하는 능력, 아동의 삶 속에서 사회적 활동의 주요 맥락인 놀이라는 방식을 통하여 사회적 관계를 조성하는 능력을 제한시킨다.

4. 요약

요약하면, 지난 30여 년 동안의 수많은 연구, 부모의 일상적인 경험, 전문가의 견해는 사회 의사소통이 모든 연령과 모든 수준의 자폐 범주성 장애 아동에게 어려운 문제라는 점을 강조해 왔다. SCERTS 모델에서는 진단과 교육 프로그램의 노력을 안내하기 위해서 사회 의사소통의 두 가지 핵심적인 기반인 공동관심과 상징 사용에 관련된 발달 연구 문헌을 참고하여 이러한 어려움을 이해하고 목표로 삼는다. 이와 같은 사회 의사소통의 두 가지 발달적 기반에 동시에 초점을 맞춤으로써 자폐 범주성 장애 아동의 발달 지원을 위한 노력은 특정 기술로서, 또한 좀 더 진보되고 새롭게 발현되는 능력의 기반으로서 잘 정립되고 보다 의미 있게 될 것이다.

제 3 장

정서 조절

1. 정서 조절의 정의
2. 발달과 상호조절 및 자기조절 능력
3. 자폐 범주성 장애와 관련된 정서 조절의 어려움

이 장에서는 SCERTS 모델 중 정서 조절 영역의 발달적 기반을 검토하고, 특히 이 영역에서 자폐 범주성 장애 아동이 직면하고 있는 문제를 살펴보고자 한다. 이러한 지식에 대해 생소하거나 단지 기초적인 지식만을 접한 독자들은 이 장을 주의 깊게 검토하기를 강력하게 추천한다. 왜냐하면 이러한 지식은 최고 수준의 이해와 자신감을 가지고 SCERTS 모델을 실행하는 데 필요한 정보를 제공하기 때문이다.

1. 정서 조절의 정의

정서 조절은 주의집중과 사회 참여의 기본적인 핵심 과정이며, 장애 유무를 떠나 최적의 사회-정서 및 의사소통 발달과 관계의 발달을 위해 필수적이다(Prizant & Meyer, 1993). 정서 조절의 의미를 완전하게 이해하기 위해서 정서의 개념에 대한 논의가 반드시 선행되어야 한다. 인간의 정서적 경험은 최근까지 다양하게 논의되어 왔으며 인간 발달을 이해하려는 시도에 있어 주요 관심 주제로 인식되고 있다. 정서는 인간이 실재하거나 기억하거나 상상하는 상황, 사건, 또는 상호작용에 대한 반응으로 인간이 경험하는 내적이고 복합적인 다차원적 상태를 말한다. 정서 상태는 그 특성, 질, 양극성에 따라 분류될 수 있는데, 여기서 양극성이란 흥분, 기쁨과 같은 긍정적인 감정 또는 분노, 불안과 같은 부정적인 감정을 포함한다. 또한 정서는 연속적인 개념으로 그 강도를 구체화하기 위한 용어로 사용되기도 한다(예: 행복-황홀, 속상함-격분). 정서의 강도는 정서가 일상적인 능력에 미치는 영향과 밀접한 관련이 있으며, 동시에 개인이 주관적으로 경험하는 정서적 각성 수준과도 관련된다. 비록 낮은 강도의 정서는 일상적인 기능에 거의 영향을 미치지 않는 것이 사실이지만, 좀 더 극단적이고 집중적인 정서적 경험은 양극성(긍정적 또는 부정적)에 상관없이 인간의 능력에 심각한 영향을 미칠 수 있다. 예를 들어, 극도의 부정적인 정서(예: 극도의 불안 또는 분노) 또는 극도의 긍정적인 정서(예: 희열과 흥분, 들뜸)는 주의집중, 의사소통 기술, 문제해결에 부정적인 영향을 미칠 수 있다. 이러한 상황에서 개인은 적응 행동을 지원하기 위해서 정서적 각성을 조절할 수 있어야 한다.

Cicchetti, Ganiban과 Barnett은 **정서 조절**(emotional regulation)을 "인간이 적응적으로 기능할 수 있도록 정서적 각성을 재조절하고, 통제하고, 변형하고, 수정하는 내적, 외적 유기체 요인"(1991, p. 15)으로 정의하였다. 정서 조절은 다섯 가지 차원으로 설명된다: (1) 인지적 평가, (2) 정서의 생리적 측면(각성), (3) 정서 표현(즉, 표출과 행동에 영향을 미치는), (4) 사회화, (5) 정서와 기분 상태의 조절(DeGangi, 2000; Sherrer, 1984). 이러한 측면은 유아기 정서 조절이 어떻게 발달하는지 이해하고 자폐 범주성 장애 아동의 정서적 어려움과 결함을 식별하는 데 결정적인 도움을 준다.

인지적 평가(cognitive appraisal) 차원은 자신의 정서 경험을 반추하는 능력과 얼굴 표정, 신체 자세, 억양과 같은 다른 사람의 사회-정서적 단서를 읽고 이해하는 능력을 포함한다. 이러한 기술의 조합을 통해 아동은 자기 자신은 물론 다른 사람의 정서와 행동 반응에 대해 판단을 내리고 예측한다.

정서의 생리적 측면(physiological aspects of emotion)은 구체적으로 정서적 경험을 하는 동안 발생하는 각성 상태의 변화를 의미하는데, 사람은 이것을 통해 신체로 정서를 느낀다. 이러한 신경생리학적이고 신경화학적인 반응은 정서의 강도 인지에 영향을 미치고, 정서에 의미를 연관 짓고, 행동을 준비하는 데 도움이 된다. 이 책에서 **생리적 각성**(physiological arousal)이라는 용어는 이러한 차원을 의미한다.

정서 표현(emotional expression)은 정서 조절의 의사소통적 요소로 여겨진다. 정서 표현은 내적 감정 상태의 관찰 가능한 표현을 의미하는데, **감정 표현**(affect displays)이라고도 불리며 파트너의 특정 감정과 그러한 감정의 강도에 대한 정보를 제공해 준다. 정서적 의사소통은 의지적이고 의도적인 수단뿐만 아니라 무의식적인 수단을 통해서 나타난다. 무의식적인 정서 표현은 신체 자세의 변화, 신체 경직, 근긴장, 얼굴색 변화는 물론, 울음, 웃음, 발성, 얼굴 표정, 몸짓을 포함할 수 있다. 얼굴 표정, 신체 자세, 몸짓, 발성, 말은 이러한 행동이 특정 목표나 목적을 이루기 위해 다른 사람에게 의도적으로 행해질 때 감정 표현을 위해 의도적으로 사용될 수도 있다. 경험을 공유하려는 의도로 양육자에게 짓는 즐거운 미소가 사회적 파트너 단계의 예다. 언어 파트너 단계에서 아동은 불만을 표현하기 위해 간단한 단어로 화난 표현을 하기도 한다(예: "안 돼, 안 돼!"). 대화 파트너 단계에서 아동은 감사와 같은 좀 더 복잡한 감정을 표현하기 위해 언어를 사용한다(예: "내 숙제를 도와 줘서 고마워."). 정서 표현은 어떤 특정 시점의 상황, 상호작용, 또는 사건과 관련된 파트너의 정서적 경험으로 들어가는 창을 제공해 준다.

사회화(socialization)는 개인의 정서 표현에 다른 사람들이 어떻게 반응하며 그러한 표현이 문화적으로 정해져 있는 행동의 기준과 관련해서 사회적으로 수용 가능한 것으로 여겨질 수 있는지의 과정을 말한다. 파트너는 문화적 가치와 규준에 기초한 정서 표현의 형태를 선택적으로 고무시키거나 가로막는데, 이것은 정서적 의사소통을 위해 사용되는 다양한 사회적 맥락과 행동에 따라 달라진다. 예를 들어, 아동이 친구나 부모에게 사적인 공간에서 심하게 화를 내는 것은 공공장소에서 모르는 사람이 있을 때 화를 내는 것보다 더 수용적이다. 공공장소에서는 터무니없이 행동하거나 소리치는 것보다 완곡한 단어(예: "저것 때문에 정말 화가 나요!")를 사용해 화를 표현하는 것이 더 용인된다. 사회화 과정의 일부로 부모나 친숙한 파트너는 아동에게 정서 표현의 수용 가능성에 대한 구어 또는 비구어 피드백을 제공한다. 사회화는 지속적인 발달 과정이긴 하지만 양육자의 정확한 피드백은 아동이 직접교수로부터 이익을 얻을 가능성이 큰 더 발전된 언어 파트너 및 대화 파트너 단계에서 주로 나타난다.

정서 조절의 마지막 요소는 **정서 및 기분 상태의 조절**(regulation of emotional and mood states)로, 구체적으로는 정서적 반응을 조절하는 능력과 구조적인(내적인) 변수와 신체적 및 사회적 환경의 요구에 따라 정서 반응을 조정하고 수정하는 능력을 말한다. 또한 극도의 정서 반응과 조절장애의 경험으로부터 회복하는 능력과 목표 지향적 활동에 지속적으로 활발하게 참여하는 능력을 포함한다(Tronick, 1989). SCERTS 모델에서는 이 마지막 요소가 **조절장애로부터의 회복**을 의미한다. 이것은 사회성 및 정서 발달의 결정적인 요인으로 인식되고 있으며 다양한 사회적 맥락에 따라 적응적으로 기능하기 위해서 반드시 필요하다.

분명한 것은 정서 조절 과정이 아동의 경험 인식, 학습 능력, 다른 사람과 함께 하는 일상적 활동에서의 적응 및 기능적 기술 수행에 상당한 영향을 미친다는 것이다. 정서는 사고를 이끌어 내며 주의집중, 조직화, 문제해결 능력, 행동에 영향을 미치고 또한 동기를 유발한다. 연구에 따르면 자신의 정서를 조절할 수 있는 아동은 다른 사람과 관계를 맺고, 또래와 관계를 형성하고, 긍정적인 사회적 상호작용에 참여하는 것을 더 쉽게 여긴다(Shonkoff & Phillips, 2000). 자폐 범주성 장애 아동의 경우 여러 가지 요인에 의해서 정서 조절 능력의 발달이 저해되는데, 이러한 요인에는 사회 의사소통이나 감각 처리 장애(감각 자극에 대한 특이한 반응)는 물론, 융통성 없는 학습 스타일이 포함된다.

1) 정서 조절 능력의 발달 단계

정서 조절 능력은 또한 그 발달적 정교함과 관련해서 살펴볼 수 있다. SCERTS 모델에서는 세 가지 단계의 정서 조절 전략을 고려한다. 먼저, 행동 전략(behavioral strategies)은 발달의 사회적 파트너 단계에서 주로 나타나기 시작하며, 아동이 자신의 각성 수준을 조절하거나 경계 태세를 유지하거나 또는 스스로 진정시키기 위해서 시작하는 단순한 운동 동작이나 감각 운동 전략을 말한다. 아동의 행동 중 쉽게 관찰되는 행동으로는 발성하기, 스스로 진정시키거나 주위가 산만할 때 자신에게 집중하기(예: 자신의 손 쳐다보기, 구강 감각 자극 투입), 흔들거나 회전하거나 손가락 두드리기와 같은 반복적으로 움직이기를 포함한다. 그러한 활동의 목적은 조절할 수 없는 사건으로부터 중립적이거나 더 잘 조직화된 사건으로 주의를 이동하기 위한 것이거나 또는 그 자체만으로 조절 영향력을 지닌 감각이나 운동 자극을 제공하기 위한 것일 수도 있다. 조절의 목적으로 행동 전략을 사용하는 것은 아동 발달의 전 과정을 통해 계속되기 때문에 사회적 파트너 단계는 물론, 언어 파트너 및 대화 파트너 단계에서도 나타난다.

SCERTS 모델의 두 번째 조절 전략 단계인 언어 전략(language strategies)은 좀 더 정교한 전략으로 아동이 언어 파트너 단계로 이동하면서 상징적 의사소통자가 될 때 발달한다. 언어 전략은 아동이 자신의 각성 수준을 조절할 때 사용하는 단어나 기타 상징(예: 수어, 그림)으로, 아동의 주의집중, 경계 태세, 활동 수준, 정서, 참여에서의 변화가 이를 증명한다. 이러한 전략에는 들리거나 관찰 가능한 혼잣말뿐만 아니라 내적 언어(예: 상징이나 이미지를 생각함)를 시작하기 위한 창의적 또는 모방적 상징(예: 단어, 수어, 그림) 사용도 포함된다. 언어 파트너 또는 대화 파트너 단계의 아동은 행동을 구성하거나 정서 상태를 표현하거나 또는 지나치게 높은 각성 상태일 때 스스로 침착해지려는 노력으로 이러한 전략을 이용할 수 있다. 언어 전략의 예는 아동이 넘어졌을 때 반복적으로 "괜찮아."라고 구어나 수어로 말하기, 놀이할 때 의사소통 책에서 "화났어."에 해당하는 그림 아이콘 선택하기, 긴장했을 때 "걱정하지 마."라고 말하기 등이다.

SCERTS 모델에서 마지막 단계의 조절 전략인 초인지 전략(metacognitive

strategies)은 행동을 안내하기 위해 조직화를 지원하고 불안을 감소시키며 주의집중과 각성을 조율하는 인지적 과정에 대하여 반추하고 말할 수 있는 능력을 포함한다. 이러한 전략은 일반적으로 아동이 대화 파트너 단계로 이동하면서 나타나기 시작해서 대화 파트너 단계 전반에 걸쳐 그 복잡성이 발달해 간다. 대화 파트너 단계에서 발달하는 정교한 상징 전략을 사용하는 능력과 증가된 사회적 인식은 아동으로 하여금 다른 사람의 견해를 인식하고, 다양한 사회적 상황에서 적절하게 행동하기 위한 사회적 관습을 반영하고, 타인 및 수용할 만한 사회적 기준과 관련해서 자신의 행위를 고려하도록 지원해 준다.

그러므로 초인지 전략은 향상된 사회적 문제해결을 가능하게 해 주는 다양한 관점을 조정하도록 요구하는 대화 내면화 과정, 사회적 및 도덕적 규칙에 기반을 둔 행동 억제 과정, 반성적 문제해결(예: "만일 _____이 일어나면, 나는 항상 _____을 할 수 있어.")의 사용 과정을 포함한다. 아동이 활동의 요구와 관련된 자신의 능력 및 조절 전략에 대해서 생각해 본 후 활동에 성공적으로 참여하기 위해서 그러한 정보를 사용하는 것은 초인지 전략의 예라고 할 수 있다(Zeidner, Boekaerts, & Pintrich, 2000). 예를 들어, 어려운 활동에 직면한 아동은 그 활동에서 성공하고 잘 조정된 상태로 남아 있기 위한 자신의 능력을 고려할 것이며 이어서 그 활동을 완수하기 위한 계획을 세울 것이다. 그 계획은 필요한 경우 교사로부터 도움을 요청할 수 있다는 사실을 아는 것과 같은 구체적인 자기조절 전략을 포함한다. 인지-언어 성장과 양육자로부터의 교류 지원 및 안내는 이러한 초인지 정서 조절 전략의 발달에서 주요 요소라 할 수 있다.

2) 정서 조절과 각성의 관계

인간은 누구나 안정적인 내적 상태를 유지하고자 하는 내면의 동기를 지니는데, 이는 적응 기능, 학습, 적극적인 사회 참여를 촉진한다. 이러한 정서적, 생리적 안정성의 개념을 나타내기 위해서 항상성(homeostasis)이라는 용어가 사용된다. 자율신경계(autonomic nervous system: ANS)는 이러한 무의식 과정에서 중요한 역할을 하며 정서 변화, 신체 움직임과 자세 변화, 환경 조건, 내부 생리적 변인, 인지 과정에 대한 반응에 있어서 각성 상태를 증가시키기거나 감소시킨다. 생리적 항상성의 획득은 유아의 첫 번째 발달 성과 중 하나로 일반적으로 출생 후 6개월 이

내에 나타난다. 이것은 아동이 수면, 식사, 소화와 같은 기본적인 능력뿐만 아니라 사람이나 비사회적 자극에 대한 주의집중과 같이 상위 수준의 능력에서 점점 더 일관성을 보일 때 알 수 있다. 그러므로 항상성의 획득은 다양한 학습 상호작용에 활발히 참여하기 위해 이용할 수 있는 능력이 증가되는 것과 직접적으로 관련된다.

아동이 항상성을 달성하고 최적의 각성 상태를 유지하기 위해서 적극적으로 노력하는 것은 의지적인 조절 전략과 자율신경계 기능을 포함하는 정서 조절 과정을 통해서 이루어지는데, 이는 이러한 과정이 아동으로 하여금 일상적인 활동에 포함된 사회적, 신체적 요구에 적절하게 반응하도록 해 주기 때문이다(DeGangi, 2000). 각성(arousal)은 깊은 수면으로부터 깨어 있는 상태와 경계 태세로부터 고도의 동요 상태에 이르는 생리적인 상태 또는 생물행동적인(biobehavioral) 상태의 연속체로 정의되어 왔다(Brazelton & Cramer, 1991; Lester, Freier, & LaGasse, 1995). 의지적인 정서 조절 기술(즉, 행동 전략, 언어 전략, 초인지 전략)은 조절(modulation) 과정과 연합해서 아동이 적응 기술을 촉진하기 위해 이 연속체를 따라 이동해 가도록 만들어 준다. 조절은 내부 감각이나 외부 자극의 인식을 바탕으로 각성 상태를 증가시키거나 감소시키는 자율신경계에 의해 조절되는 무의식적인 과정을 의미한다.

의지적인 전략과 조절의 무의식적인 과정 간 상호작용이 어떻게 정서 조절을 지원하는지 이해하기 위해서 언어 파트너 단계의 한 아동이 유치원 교실에서 조용히 놀다가 갑자기 화재경보를 듣게 되는 경우를 생각해 보자. 강렬하고 예상하지 못한 자극으로 인해서 아동의 조절 능력은 각성 상태를 현저하게 증가시킬 것이다. 이에 따라 아동은 각성 상태의 증가에 대응하고 적응적인 반응을 지원하는 잘 조절된 상태를 유지하기 위해서 행동 및 언어 전략을 사용하게 될 것이다. 예를 들어, 아동은 행동 전략으로 귀를 막고 언어 전략으로 양육자가 시범을 보였던 익숙한 문구(예: "괜찮아. 이건 그냥 화재경보일 뿐이야.")를 반복할 수 있다. 또한 상징 또는 언어 전략으로 이전의 소방훈련과 불안감을 감소시키기 위해서 실행했던 단계들을 기억해 낼 수도 있다. 이 사례에서 볼 수 있듯이, 무의식적인 자율신경계 반응과 의식적 조절 반응은 아동이 활발한 각성 상태로 이동하도록 촉진하고 소방 훈련에 참여하도록 준비시킨다. 앞에서 설명하였듯이, 각성 상태의 연속체를 따라 전환하는 능력에 영향을 미치는 요소는 환경 특성(예: 환경 자극의 유형 및 강도), 사회적 맥락(예: 익숙한 일과와 의사소통 파트너의 활용 가능성), 내적 또는 기질적 변수(예: 질병, 피로감의 정도, 통증), 정서 조절 능력을 포함한다. 그러나 이들에만 국한되는 것은 아니다.

저명한 신경과학자인 Pert(1997)는 생리 상태와 정서 상태가 상호의존적이라고 주장하였다. "생리 상태에 있어서의 모든 변화는 정신적 정서 상태에서의 적절한 변화를 동반하며, (의식적이든 무의식적이든) 정신적 정서 상태의 모든 변화는 생리 상태의 변화를 동반한다." 따라서 생리적 각성, 정서적 각성, 정서 조절 능력은 아동의 주의집중, 학습 가능성, 사회 활동에 참여하는 능력에 누적된 영향을 미치게 된다.

2. 발달과 상호조절 및 자기조절 능력

Tronick(1989)은 발달적 관점에서 정서적 상호조절(mutual regulatory) 능력과 자기조절(self-regulatory) 능력을 구분하였는데, 이 두 가지 모두 정서적 각성을 조절하는 데 기여한다. 상호조절 전략은 사회적 상호작용의 맥락에서 발생하며 아동이 최적의 각성 상태를 유지하기 위해서 다른 사람의 도움을 요청하거나 그러한 도움에 반응하는 능력을 말하는 반면에 자기조절 전략은 스스로 시작하는 자기주도적인 능력이다.

앞에서 언급하였듯이, 유아기의 항상성 성취는 결국 최적의 각성 상태를 유지하려는 아동의 능력을 지지하는데, 이렇게 잘 조절된 상태에서 아동은 일상 활동 중에 포함된 감각, 운동, 사회적 과제를 충족시키고 상호작용, 탐색, 참여를 촉진시킨다. 상호조절 및 자기조절 전략 모두에 의존하는 이와 같은 목표 달성은 매우 중요한데, 왜냐하면 최적의 각성 상태가 향후 조절 기술의 발달(예: 관습적인 행동 전략, 언어 전략, 초인지 전략), 정서적 반응성, 주의집중의 조절을 촉진하기 때문이다.

앞에서 또한 논의하였듯이, 상호의존적인 정서/생리 상태는 상호조절 및 자기조절 전략의 발달과 사용에도 영향을 미친다. 따라서 아동이 사용하는 상호조절 및 자기조절 전략을 반영할 때 각성 상태와 함께 정서/생리 상태도 고려해야 한다. 각성 상태와 마찬가지로, 아동의 정서/생리 상태는 경험에 대한 아동의 인식, 더 나아가서는 이러한 경험에 포함되어 있는 과제에 대한 반응에 편향성을 부여하거나 영향을 미친다. 예를 들어, 높은 각성 상태에 있고 촉각적 자극에 과민하게 반응하는 아동은 예고 없이 건드리면 위협을 느끼게 된다. 이러한 위협감은 고조된 각성 상태와 합쳐지면서 다른 아동의 일상적인 행동을 공격적이고 자신의 안전을 위협한다고 인식하게 만들어 부정적인 영향을 미친다. 촉각적으로 방어적인 아동은 인지된 위협으로부터 자신을 보호하기 위한 자기조절 행동 전략으로 우연히 부딪치게 된 다른 아동으로부터 달아나거나 피하게 된다. 그러나 동일한 아동이 부딪치기 전에 낮은 각성 상태에 있었다면 그 충돌이 고통스럽다고 인식하면서도 방어적으로 반응하지 않을 수도 있다.

그러므로 아동의 정서 조절 능력은 사회성 및 정서 발달을 지원하는 중요한 요소로 인식될 수 있다. 왜냐하면 이러한 능력의 효과적인 사용은 아동이 최적의 각성 상태에 있고, 정서적으로 조절이 잘 되어 있고, 활발하게 참여하는 시간의 양을 최대화시키기 때문이다. 이러한 상태는 양육자의 지원(상호조절)과 아동의 독립적인 노력(자기조절)이 합쳐질 때 가장 잘 성취된다.

1) 상호조절

아동 발달은 모든 파트너와의 사회적 교류에 적극적으로 참여하는 것을 포함하는 상호교류적 과정이다(McLean, 1990; Sameroff & Fiese, 1990). 양육자와 어린 아동 간의 사회적 참여 맥락에서 발생하는 상호조절 또는 정서 조절은 아동, 양육자, 환경 간의 지속적인 영향의 분명한 예시로 발달이정표상의 성취와 긍정적인 발달적 성과를 가져다준다. 상호조절 과정은 양육자가 생후 첫 수개월 내에 아동의 신호에 민감하게 반응할 때 시작된다.

(1) 사회적 파트너 단계에서 상호조절 능력은 어떻게 발달을 지원하는가?

생후 6개월 동안 아동은 신경계 미성숙으로 인해 각성 상태의 변동이 매우 심하다. 그러므로 부모와 양육자는 아동의 조절된 상태를 유지하는 능력을 지원하는 데 중요한 역할을 하게 된다. 이와 같은 상호조절의 초기 단계에서 양육자는 아동의 각성 상태와 안정 수준을 알게 해 주는 행동 신호를 기반으로 활동 수준을 조절하고 아동에게 반응한다(Prizant & Meyer, 1993; Tronick, 1989). 이를 위해서 양육자는 아동의 전의도적이고 때로는 미세한 행동을 주의 깊게 관찰하고 반응해야 하는데, 왜냐하면 이러한 행동은 양육자를 향해서 의도적이고 목적적으로 행해지지는 않지만 아동의 정서 상태 및 각성 수준을 알게 해 주는 신호기 때문이다. 예를 들어, 아동은 피로나 배고픔과 같은 내적 감각으로 인해서 또는 불쾌한 환경 자극(예: 소음, 온도 변화)에 대한 반응으로 항상성이 도전을 받을 때 운다. 이러한 내적, 외적 감각 경험 때문에 우는 것은 의사소통 의도를 수반하지 않는 반사 반응임에도 불구하고 의사소통적이라고 할 수 있는데, 왜냐하면 양육자에 의해 인식되는 방식이기 때문이다. 아동의 얼굴 표정이나 신체 긴장이 불편함이나 두려움을 표현할 때 양육자가 구어 또는 비구어 진정시키기 행동(예: 안아 주기, 부드럽게 말하기, 흔들어 주기)으로 반응하는 것과 같이 전의도적인 비구어 행동도 마찬가지로 의사소통적 기능을 하게 된다. 그러므로 이 책에서는 이러한 유형의 상호조절을 **반응성 상호조절**(respondent mutual regulation)로 칭한다. 왜냐하면 파트너는 아동의 신호가 다른 사람을 향한 목적이나 의도를 가지고 있지 않아도 아동의 조절장애 신호에 반응하기 때문이다.

정서 조절을 위해 다른 사람의 도움에 의존하는 것 외에도 아동은 자기조절력을 지니기도 하는데, 이것은 생물학적으로 이미 가지고 있는 방어 기제로 각 상태 간의 전환을 돕고 과도한 각성을 방지하는 역할을 한다. 이러한 기제는 집중적인 놀이 상호작용 후에 잠이 들거나 소음과 강도 높은 시각적 자극과 같은 유해한 자극에 직면할 때 깜짝 놀라는 것을 포함한다. 생후 4~5개월이 되면 아동은 사회적 상호작용 동안 이러한 기제와 다른 방어 기제를 통합하기 시작하고 결과적으로 점점 더 넓은 범위의 대처기술을 보이게 된다. 예를 들어, 어린 연령임에도 불구하고 자극의 원천으로부터 벗어나거나(예: 시선 회피), 엄지손가락을 빨거나 물건을 입에 넣으며 스스로 안정을 찾는 행동과 같은 자기조절 능력을 보인다. 또한 아동은 양육자가 적절하게 반응할 수 있도록 다양한 정서 상태를 나타내는 차별적인 울음을 보이기 시작한다. 이렇게 초기에 발달하는 정서 조절 전략과 조절장애의 증후는 아동으로 하여금 혼란스럽고 혐오적일 수 있는 자극에 대처할 수 있게 해 준다. 그러나 이러한 전략이 좀 더 잘 조절된 상태를 촉진할 수 있다고 해서 최적의 각성 상태와 참여를 반드시 촉진하는 것은 아니다. 예를 들어, 정서 조절을 지원하기 위해 사물을 입에 넣는 행동에 과도하게 몰두할 수 있는데, 이러한 강도 높은 비사회적 집중으로 인해 다른 사람과는 관계하지 못하게 될 수도 있다.

아동이 6~9개월이 되면 양육자는 일반적으로 반응성 상호조절 전략을 사용하는데, 이들은 아동의 정서 조절을 지원하기 위한 노력으로 아동이 보이는 미세한 또는 그다지 미세하지 않은 구어 및 비구어 신호에 대해서 폭넓게 반응하게 된다. 조절장애를 경험하는 동안이나 후에 스스로 안정을 찾는 아동의 능력이 촉진되고 확장되는 것은 바로 이러한 양육자와의 상호작용을 통해서다. 스스로 안정 찾기는 처음에는 구강 감각 탐구와 반복적인 움직임 등의 행동적 수단에 의해 나타난다. 예를 들어, 부모나 양육자와의 나감각적인(즉, 촉각, 운동감각, 시각 및 청각) 상호작용 속성은 사물을 입에 넣고, 발을 잡고, 매력적인 장소를 쳐다보고, 즐거운 소리를 듣는 초기 능력을 촉진시킨다. 생후 1년이 되면 사회적 상호작용을 통해 습득된 대처 기제가 좀 더 유연하고 정교하고 섬세해지는데, 이것은 시선 회피, 시각적 재참여, 사물 탐구에서 사회적 참여로의 관심 이동이라는 순환적인 장면에서 관찰된다. 이러한 대처 전략은 방해자극이 있을 때에도 지속적으로 참여할 수 있게 해 준다.

생후 1년이 되면 아동은 자신의 행동이 다른 사람에게 미치는 영향에 대해서 점점 더 사회적으로 인식하게 되며 더욱 정교해진 의사소통 능력을 발달시킨다. 따라서 아동은 **상호조절 시작하기**(initiated mutual regulation) 전략을 사용하기 시작한다. 이러한 전략은 정서 상태의 조절을 도와줄 양육자에게 도움을 청하기 위해 사용될 수 있다. 즉, 아동은 자신의 필요를 더 잘 알아 갈 뿐만 아니라 다른 사람을 향한 목적 있는 음성 또는 몸짓 신호를 통해서 양육자에게 자신의 필요(예: 도움을 위해서, 안정감을 위해서)를 의도적으로 더 잘 의사소통할 수 있게 된다. 예를 들어, 아동은 안정을 찾기 위한 목적으로 안아 달라고 손을 뻗으며 소리를 낸다. 이렇게 몸짓과 음성 신호가 연합된 레퍼토리가 증가하면 아동은 위협감을 느낄 때나 잘 정리되고 참여할 수 있는 상태를 유지하기 위해 지원이 필요할 때 도움을 요구할 수 있게 된다.

사회적이고 물리적인 세상에서 겪는 아동의 정서적 경험의 질은 각성 상태와 매우 밀접하게 관련된다(Shonkoff & Phillips, 2000; Tronick, 1989). 생후 1년 동안 유아는 정서적 인식과 함께 다른 사람의 정서를 식별하는 능력을 발달시킨다. 생후 3~7개월에 이미 아동은 감정과 관련된 양육자의 얼굴 표정 변화를 구별하고 이에 반응하는 능력을 발달시킨다. 예를 들어, 6개월이 되면 아동은 어머니의 정서 표현에 맞추는 것처럼 보인다. 만일 어머니가 슬프고 우울한 감정을 보이면 아동은 슬픔, 분노, 시선 회피의 정서적 반응을 보이게 될 것이다(Tronick, 1989). 따라서 생후 1년간의 정서 발달은 정서 조절 능력과 밀접하게 관련되며, 이러한 관계는 생후 2년째와 그 후의 언어 파트너 단계까지 지속된다.

(2) 언어 파트너 단계에서 상호조절 능력은 어떻게 발달을 지원하는가?

생후 1년 말에서 2년에 걸쳐 아동은 사회적 인식과 의사소통 능력에서 지속적인 발달을 보이며, 이후 상태 조절을 도와줄 양육자로부터 도움을 요구하기 위해 훨씬 더 큰 범위에서 초기 상호조절 전략을 사용한다. 이 발달 단계 동안 자신의 필요가 증가한다는 인식이 커지면서 양육자에게 이러한 필요에 대해서 의도적으로 의사소통하는 능력도 증가한다. 아동은 도움이나 안정을 구하거나 활동을 조직하는 등의 목적으로 비구어 수단 또는 새롭게 발현하기 시작하는 구어 수단을 사용한다. 예를 들어, 언어 파트너 단계에 있는 아동은 하기 싫은 활동을 거부하기 위해 밀쳐 내거나 머리를 흔드는 행동과 함께 "그만할래요."라는 상징적 의사소통(즉, 말, 수어, 또는 그림)을 반복적으로 사용한다. 때로 이 발달 단계의 아동은 이러한 의사소통 전략을 자신의 목표가 성취될 때까지 지속적으로 사용하기도 한다. 단어와 같은 상징적 의사소통 수단과 몸짓을 연합하는 능력은 아동이 위협을 느낄 때 안정을 요구하고, 곤란한 상황일 때 활동을 거부하고, 흥분될 때 상호작용을 추구하고, 좌절할 때 도움을 요청할 수 있게 해 준다. 그러므로 정서 및 각성 상태를 전달하기 위해서 전의도적인 신호(예: 신체 자세, 근긴장도)를 사용하는 것 외에도 의도적인 의사소통 전략을 사용하는 것은 양육자와 상호작용할 때 아동의 행동적 조직화를 촉진하고 증진시키는 데 도움이 된다. 양육자가 행동적 안정이나 자극 또는 인지적 정보를 요구하는 아동의 의사소통적 시도에 지속적으로 반응하는 것은 아동이 자신의 사회적 세계를 스스로 조정할 수 있다는 인식을 하게 만들고, 결국 이것이 정서 조절 기술의 발달에 도움이 된다. 그러므로 아동은 자신이 스스로의 정서를 조절할 수 있고 그것 때문에 당황할 필요가 없다는 것을 인식하기 시작한다(Shonkoff & Phillips, 2000). 이와 유사하게 아동은 긍정적인 정서 상태를 공유하기 위해 비구어 의사소통과 구어 의사소통 신호를 사용한다. 유아가 좋아하는 파트너와 정서 상태를 공유하는 것은 선호하는 주양육자에 대한 애착을 보여 주는 분명한 지표 중 하나다.

언어 파트너 단계에서 아동의 정서적 능력은 아동이 생후 2년이 끝나갈 무렵에 더욱 발달한다. 아동은 자기 자신을 다른 사람과 분리해서 바라보기 시작하고 따라서 명확하고 분명한 '자아의식'을 발달시키기 시작한다(Stern, 1985). 더 나아가 타인과 자신을 구별하는 것은 숙달 동기나 목표 성취와 관련된 좌절 등의 중요한 사회-정서 능력의 기저가 된다. 앞에서 설명하였듯이, 아동은 높은 수준의 상징적 표상을 할 수 있는데, 이것은 언어 폭발과 상상놀이 능력을 보면 명확하게 알 수 있다. 종합하자면 이러한 발달은 정서적으로 어려운 상황에서 독립적으로 대처하는 아동의 능력과 그 필요를 극적으로 증가시키는 결과를 가져다준다.

언어 파트너 단계의 아동이 목표 지향적이 되어 갈수록 이들은 또한 목표 성취를 방해하는 장애물을 더 잘 인식하게 되며, 따라서 때로는 극한 저항 행동을 초래하기도 한다. 이러한 좌절감의 표현 및 관련 행동 패턴은 증가하는 자기결정력, 즉 '미운 세 살(the terrible twos)'이라고 불리는 발달 단계의 특성과 관련이 있다. 영아기에는 사회적 참조 능력이 지속적으로 확장됨으로써 다른 사람의 정서를 관찰하고, 읽고, 해석하는 것이 가능해진다. 이것은 사회화로 알려진 과정의 한 측면으로, 이 사회화 과정은 아동이 사건 및 다른 사람의 반응과 정서 표현을 근거로 자신의 행위를 수정하기 시작할 때 아동의 정서 반응과 행동을 형성하고 안내하기 시작한다. 양육자는 아동의 정서 개념 이해를 지원하려는 노력의 일환으로 상호작용 중에 아동의 행동 표현에 정서적 의미를 부여하고 정서와 관련된 단어를 모델링함으로써 이러한 초기 정서의 사회화 측면을 확장시키곤 한다. 그 결과, 언어 파트너 단계 아동은 대략 생후 2년 6개월에서 3년이 되면 대화 속에 '행복' 또는 '슬픔'과 같은 정서적인 언어를 적절하게 사용하기 시작한다. 언어를 통해 정서를 표현하는 능력이 '자기 마음대로'가 아닌 자유롭게 정서를 조절하는 능력을 발달시키는 데에 중요한 성취인 것처럼(Stern, 1985), 정서를 표현하는 능력은 상호조절의 주요 특징이다(Prizant & Wetherby, 1990).

(3) 대화 파트너 단계에서 상호조절 능력은 어떻게 발달을 지원하는가?

유치원과 초등학교 저학년 시기에 양육자는 대화 파트너 단계에 있는 아동에게 일상생활 경험에서 더 큰 책임감을 부여함으로써 정서적 자기조절 능력의 발달을 계속해서 촉진한다. 예를 들어, 만일 아동이 어떤 활동을 하는 중 어려움을 겪을 때 양육자는 그 아동의 기술 수준이 부족하다고 인식하거나 또는 아동이 좌절을 표현하거나 도움을 요청하면서 지원 요구를 시도할 때(즉, 상호조절 시작하기)만 개입한다. 일반적으로 대화 파트너 단계의 아동은 잘 조절된 상태를 유지하는 데 도움을 주는 양육자의 신체적 접촉을 덜 필요로 한다. 이들은 이제 특정 상황에서의 문제해결을 위한 인지적 지원과 같은 도구적 의존(instrumental dependence)에 주로 의지하게 된다. 이 단계 동안 발달하는 언어 및 인지 기술은 아동으로 하여금 더 높은 상징 수준에서 사고할 수 있게 해 주고 목표 성취를 위한 대안적 해결책을 계획할 수 있게 해 준다. 이것은 숙달과 자신감이 커진 것에서 기인한다. 문제해결과 만족감을 지연시키는 능력에 대한 자신감이 증가하기 때문에 결국 좌절에 대한 인내심이 커지고 더 나아가 정서 조절을 지원한다.

이렇게 발달된 기술은 초인지 전략과 밀접하게 관련되어 있다. 초인지 전략은 활동의 요구, 어떤 조절 전략을 사용할지에 대한 지식, 활동에 성공적으로 참여하기 위해 이러한 정보를 사용하는 능력과 관련된 스스로의 능력에 대한 아동 자신의 인식을 반영한다(Zeidner et al., 2000). 또한 초인지 전략은 다양한 견해를 통합하고 일상의 사건을 이전의 경험과 관련해서 해석하는 아동의 능력을 반영한다. 초인지 전략의 사용을 통해 아동은 자신의 행동을 더 잘 조직하고 사회-문화적 규준과 환경적 요인을 근거로 정서적 표현을 조정한다. 그 결과, 충동 조절과 정서 조절을 잘할 수 있게 되고, 결과적으로 조절장애의 극한 상태와 관련된 문제행동이 감소하고 상황적 요구에 더욱 유연하고 적응적인 반응을 하게 된다(예: 문제해결을 하는 동안 또래와 협력하고 협상하는 능력).

대화 파트너 단계 동안 정서의 사회화 과정은 확장된다. 양육자는 계속해서 이들의 정서 반응의 적절성에 대해서 인지하고 피드백을 제공한다. 양육자는 또한 상위 수준의 정서 단어와 정서의 강도를 반영하는 단어 등 정서적 어휘의 복잡성을 확장시키는 모델을 제공한다. 그 결과, 대화 파트너 단계에 있는 아동은 내적 상태와 타인과의 상호작용을 통한 경험에 대한 정서 어휘 및 개념을 사용하도록 학습하게 되며, 따라서 사회-문화적 이해(예: 죄책감, 당혹스러움, 자부심)나 정서의 정도(예: 즐거움 대 황홀함)를 표현하는 어휘가 보다 정교해지곤 한다. 앞에서도 언급하였듯이, 이와 같은 정서 표현 능력은 상호조절의 주요 특징으로 인식되고 있다(Prizant & Wetherby, 1990).

2) 자기조절

자기조절은 정서 상태와 생리적 각성을 조절하고, 기분을 조절하고, 상호작용을 준비하고, 스스로를 진정시키고, 만족을 지연시키고, 활동과 환경 간 전환 등의 어려움에 대처하기 위해 다양한 자기-시작 전략을 독립적으로 사용하는 것을 포함한다. 이것은 생리적 성숙, 양육자 반응(예: 반응성 상호조절), 환경 자극과 사건에 대한 적응력 증가가 서로 상호작용하면서 그 결과로 나타나는 복잡한 과정이다. 자기조절 기술은 아동이 도전이 되는 사회적 및 정서적 경험, 상호작용에 대한 시도, 혼란스러운 환경 자극, 어긋난 기대에 대해 적절하게 반응하는 데 필수적이다. 아동이 자기조절 능력을 가지고 있다면, 그 아동은 계속해서 참여할 수 있고 심리적, 사회적, 정서적 발달을 도와주는 활동에 활발하게 참여할 수 있다. 자기조절 능력이 제한된 아동은 자폐 범주성 장애 아동에게서 종종 나타나듯이 발달이 손상되는 더 큰 위험에 처하기도 한다. 발달적 관점에 의하면 자기조절 능력은 분명한 순서를 지니는데, 여기서는 사회적 파트너 단계에서부터 대화 파트너 단계까지 살펴보고자 한다.

(1) 사회적 파트너 단계에서 자기조절 능력은 어떻게 발달을 지원하는가?

자기조절 능력은 사회적 파트너 단계에서 처음 나타나고 점차 정교해진다. 예를 들어, 초기 영아기 아동은 엄지손가락 빨기, 시선 회피하기, 반복적인 운동 활동에 참여하기와 같은 간단한 움직임 동작과 감각 운동 활동을 포함한 자기조절 행동 전략을 처음으로 사용한다. 이와 같은 각성과 정서 상태에 대한 자기조절 전략은 아동과 양육자 간의 상호작용과 생물학적으로 결정된 방어 기제 간의 상호영향의 결과로 처음 발달한다. 양육자의 필수적인 역할을 고려할 때 상호조절 및 자기조절 능력은 발달에 있어서 분명히 상호의존적이다. 상호조절에 대해 앞에서 설명한 바에 의하면 상호조절 능력과 자기조절 능력 사이의 상호의존성은 발달 내내 지속된다. 초기 상호조절 상호작용 외에도 애착물이나 조직화된 자극(예: 음악, 진동)과 같은 환경적 지원의 이용 가능성은 스트레스를 조절하고, 적응적 대처 전략을 사용하고, 사회적 참여를 위한 전략을 발달시키는 아동의 능력에 영향을 미친다.

사회적 파트너 단계 동안 정서 상태의 자기조절과 생리적 각성의 조절을 위한 행동 전략은 환경에 성공적으로 적응하기 위해 필수적이며 동시에 더욱 정교한 자기조절 기술의 기초로 여겨진다(Prizant & Meyer, 1993). 이러한 전략의 사용은 어린 아동으로 하여금 자신의 환경에서 사람과 사물을 모두 관찰하게 해 주고, 다양한 감각과 사회적 경험에 흥미를 갖게 하며, 적극적으로 참여하도록 시도하게 해 준다. 아동이 익숙한 사회적 또는 단독 활동을 하면서 좀 더 성공적으로 행동 전략을 사용하게 되면 보다 잘 조절된 상태를 유지하고 확장된 상호작용과 활동에 참여할 수 있게 된다. 결과적으로 아동은 학습과 상호작용에서 더 유능해진다. 사회적 파트너 단계에서의 행동 전략의 효과적인 사용은 친숙한 환경에서의 상호작용 지원 외에도 아동이 새롭고 변화하는 환경에 참여할 수 있게 해 준다. 새로운 상황이란 아동에게 익숙하지 않은 활동이나 활동의 요소를 말한다(예: 아동이 참여한 경험이 없는 활동, 익숙한 환경에 참여하는 새로운 사람). 변화하는 상황이란 감각 자극, 활동 수준, 활동 순서, 과제 난이도 등 주요 특성이 다양하게 변하거나, 사건의 장소나 일상적인 일과 순서에서의 변경 등 예상하지 않은 특성을 보이거나, 너무 급하게 종료되는 상황을 의미한다. 아동은 새로운 상황과 변화하는 상황 모두에 참여함으로써 학습과 참여에 대한 더 확장된 기회를 갖게 된다.

사회적 파트너 단계에서 아동이 사용하는 행동 전략의 마지막 기능은 극심한 조절장애의 발생으로부터 회복되는 것이다. 극심한 조절장애는 아동이 극심한 정서적 상태를 경험하고 있을 수도 있으며 참여나 학습이 불가능한 상태를 말한다. 극심한 조절장애에서 나타나는 행동적 증거의 예는 강도 높고 외적으로 크게 낙심한 고통의 표현, 산만한 움직임 활동, 그리고 장시간의 물리적인 분리를 포함한다. 극심한 조절장애는 사회적 참여를 불가능하게 하는 매우 높거나(즉, 극심한 고통이나 흥분) 낮은(즉, 극심한 수동성, 분리) 각성 수준과 관련되어 있을 수 있다.

(2) 언어 파트너 단계에서 자기조절 능력은 어떻게 발달을 지원하는가?

아동이 언어 파트너 단계로 전이할 때, 자기조절 능력은 행동 전략뿐만 아니라 새롭게 발현하는 언어 전략까지도 병합하게 된다. 언어 전략은 아동이 자기조절을 위해 사용하는 상징(예: 단어, 수어, 그림, 이미지) 사용을 포함한다. 언어 전략은 상징 능력 또는 정신적 표상 능력의 발달에 의존하는데, 이러한 능력은 심상(mental images)을 형성하고, 좀 더 효율적으로 기억을 회상하고, 언어를 이해하거나 사용하며, 가상놀이에 참여하게 해준다. 이러한 능력은 사고와 행위에 대한 구어 중재를 가능하게 하고, 결과적으로 의도적이고 목적을 가진 통제를 통해 자기조절 행동을 촉진시킨다. 이렇게 되면 아동은 불안을 촉발하는 상황에서 각성을 조절하는 내적 언어와 혼잣말을 사용할 수 있게 된다. 예를 들어, 놀이하는 중에 머리를 부딪쳤을 때 반복적으로 "난 괜찮아."라고 말할 수 있다. 이렇게 혼잣말을 하는 것은 반복적이고 안심시켜 주는 정보를 제공하기 때문에 아동의 각성 수준을 조절하는 데 효과가 있다.

그러므로 사회적 파트너 단계인 상징전기 아동의 정서 조절 능력과 언어 파트너 단계인 상징기 아동의 정서 조절 능력 사이에는 분명한 차이가 존재한다. 사회적 파트너 단계의 아동은 행동 전략이 제한되는데, 왜냐하면 상징전기 아동은 언어 기반의 또는 기타 상징적 전략을 사용하지 않기 때문이다. 그러나 언어 발달 단계에 있는 아동의 능력은 상징전 행동 전략과 상징적 언어 전략 두 가지 모두로 구성된다. 왜냐하면 이 발달 단계에 있는 아동은 잘 조절된 상태를 유지하기 위해서 감각 및 운동 자극뿐만 아니라 상징도 사용할 수 있기 때문이다. 아동의 각성 상태와 환경 및 활동상의 요구는 특정 유형의 전략 또는 이러한 전략의 조합 중 어떤 것을 사용할지를 결정하게 해 준다.

아동의 자기인식, 자율성, 상징 능력이 언어 파트너 단계 전반에 걸쳐 발달하면 기본적인 정서를 상징적으로 파악하고 표현하는 아동의 능력 또한 발달하게 되며, 더불어 자기조절 능력의 향상을 촉진한다. 향상된 인지 능력과 함께 신경학적 성숙으로 인해 자율적 기능을 더 잘 조절할 수 있게 되는 것도 아동으로 하여금 새롭고 잠재적으로 스트레스 요인을 가지고 있는 변화하는 상황을 예측하고 그 상황에 적응하도록 도와준다. 그러므로 자기조절 능력을 향상시키기 위해서는 언어 파트너가 행동 전략과 언어 전략을 종합적으로 사용해야 한다. 언어 파트너 단계에서의 이러한 확장된 조절 능력은 전환을 견디고, 일과의 변화에 대처하고, 합리적으로 요구하는 과제를 계속 수행하고, 만족을 지연시키고, 행동적 충동을 통제하는 능력을 향상시킨다.

(3) 대화 파트너 단계에서 자기조절 능력은 어떻게 발달을 지원하는가?

자기조절 능력의 수많은 주요 발달이정표는 대화 파트너 단계에서의 아동 성장에 기여한다. 이러한 이정표는 효과적이고 효율적이고 사회적으로 적합한 조절 전략을 확장하도록 지원하고, 결과적으로 다양한 맥락에서 다양한 파트너, 즉 성인과 또래 모두와의 성공적인 의사소통적 교환을 성취하기 위한 더 큰 능력에 도달하게 해 준다. 대화 파트너 단계 초기에 아동은 다양한 행동 전략과 언어 전략을 자기조절의 수단으로 사용하는 경향이 있다. 이 단계의 아동이 사용하는 행동 전략은 구강 감각 투입(예: 손가락이나 사물 빨기)과 같이 생물학적인 본능에 의한 것일 수도 있고 또는 반응적인 파트너를 따라 하는 것(예: 화났을 때 발 구르기)일 수도 있다. 이 단계에 일반적으로 나타나는 언어 전략은 단어(즉, 혼잣말) 또는 기타 상징(예: 신호, 그림, 인쇄된 단어)의 사용으로, 이러한 것들은 아동이 모방, 교수에 의한 학습, 협력 학습 등의 다양한 학습 전략을 통해 자기조절의 목적으로 사용하기 위해 학습한 것이다. 예를 들어, 전이에 불안을 느끼는 아동은 "먼저 청소하고 그런 다음 간식 먹어야지."라는 혼잣말로 곧 일어날 활동에서의 변화를 준비한다.

대화 파트너 단계 후기에 아동은 자기조절을 위해 초인지 전략을 발달시키기 시작한다. 초인지 전략은 이전의 경험, 사람, 장소와 관련된 정서적 기억을 반영하는 아동의 능력과 밀접하게 연관되어 있다. 정서적 기억은 사람(예: 즐겁게 해주거나 스트레스를 주는), 장소(예: 익숙하고 안전한, 낯설고 위협적인), 또는 활동이나 경험(예: 재미있고 흥미로운, 따분하고 지루한)을 통해서 얻어지는 느낌과 같은 측면을 포함하는 기억의 정서적인 요소를 말한다. 이러한 기억은 태어나면서부터 발달한다. 그러나 대화 파트너 단계의 아동이 이전의 경험을 생각해 내는 능력을 크게 발달시킬 때 정서적 기억은 정서 조절에서 매우 큰 역할을 하게 된다. 즉각적으로 지각하는 경험과 함께 이러한 경험은 아동의 잘 조절된 상태를 유지하는 능력에 영향을 미치는 중요한 요인이 된다. 예를 들어, 최근에 방문한 소아과에서 고통스러운 일을 겪었다면, 그곳을 다시 방문할 때 두려워하게 된다. 결과적으로 정서 조절을 지원하기 위한 더 많은 부모의 노력을 요구할 것이다. 이러한 두려움은 병원 건물이 가까워지거나 대기실에 앉아 있을 때 또는 소아과 의사를 만나기 직전에 표현되기도 한다. 정서적 기억은 또한 시간이 지남에 따라 사회적 관계에 영향을 미친다. 이전의 경험을 바탕으로 아동은 점점 더 자신이 찾거나 피할 성인을 선택하게 된다. 일반적으로 긍정적인 정서 경험을 제공하는 가장 효율적인 사람이나 아동의 정서 조절을 지원하는 데 더 성공적인 사람이 선호하는 파트너가 된다.

대화 파트너 단계에서 아동은 상황과 경험에 대한 분명한 정서적 반응행동을 보인다. 양육자는 계속해서 활동과 상호작용에 정서적 의미와 사회적 기대를 부여함으로써 아동의 정서 언어뿐만 아니라 폭넓은 정서를 이해하는 능력을 증가시킨다. 그러므로 아동의 증가된 정서적 레퍼토리는 사회적으로 구축된다(Shonkoff & Phillips, 2000). 아동은 사회적 상호작용의 맥락에서 정서적 각성을 통합하고 자기조절을 하는 데 도움이 되도록 자신의 기억에 의존하거나 때로는 이전에 정서적으로 어려운 상황에서 성공적이었던 전략을 기억해 내곤 한다. 아동의 정서적 표현은 어려운 상황에 직면했을 때 이용 가능한 자기조절 전략의 효과에 대한 통찰력을 제공한다. 상태 변화가 아동의 정서적 경험에 계속해서 영향을 미치는 것은 사실이지만 사회적 인식과 상호작용 및 사건에 대한 아동의 해석이 아동의 정서 경험에 결정적인 요인이 되기 시작한다.

행동 전략, 언어 전략, 초인지 전략의 종합적인 사용은 좀 더 오랫동안 또한 좀 더 어려운 상황에서 잘 조절된 상태를 유지하는 능력에 기여한다. 그러므로 맥락과 대화 파트너를 초월하여 사회적 상호작용에 참여하고 탐구하는 아동의 능력은 크게 향상된다. 아동의 현재 각성 상태와 사회적 상황의 요구, 아동의 이전 경험은 아동이 어떤 특정 전략을 선택할지 또는 어떤 전략들을 연합해서 사용할지를 결정하게 해 준다. 대화 파트너 단계에서 이와 같은 확장된 자기조절 능력의 특징은 다음과 같은 능력의 향상을 포함한다: (1) 정서 조절을 도와주는 정서적 기억을 사용하는 능력, (2) 정서적 경험과 활동을 안내하는 사회적 경험을 반영하는 능력, (3) 경험과 상호작용을 계획하고 준비하는 능력, (4) 조절을 지원하는 전략이 무엇인지 알고 반영하는 능력, (5) 어려운 상황을 해결하기 위해 언어를 사용하는 능력.

3. 자폐 범주성 장애와 관련된 정서 조절의 어려움

자폐 범주성 장애 아동은 정서 조절에 어려움을 보이는 것으로 많이 알려져 있다. 이러한 어려움은 감각 자극에 대한 과다 또는 과소 편향성(Anzalone & Williamson, 2000; Dawson & Lewy, 1989; DeGangi, 2000; Kientz & Dunn, 1997), 상징 능력에서의 사회-의사소통적 어려움과 제한(Prizant et al., 1997), 수면장애와 섭식장애와 같은 조절장애, 지체된 운동 기술과 운동 계획의 어려움과 같은 생태 생리학적 요인에 의해 발생한다(Anzalone & Williamson, 2000). 마찬가지로, 초인지 기술과 언어 능력 발달의 어려움도 정서 조절 기술 발달에 영향을 미친다. 자폐 범주성 장애 아동에게 이러한 어려움이 누적되어 미치는 영향은 변동적인 각성 수준, 예측 불가능한 반응, 전이의 어려움, 주의집중을 유지하거나 이동하는 것의 어려움, 감각 정보에 대한 변동적인 반응, 문제행동의 출현을 통해서 알 수 있다.

자폐 범주성 장애 아동에 대한 특별한 관심 중 하나는 각성 조절과 정서 조절 능력에 대한 신경생리학적 요인의 영향이다. 왜냐하면 각성 상태는 환경, 상호작용, 사건에 대한 편견을 갖게 하기 때문이다. 이러한 영향에는 생리적, 정서적 반응에 대한 낮은 역치가 포함되는데, 이러한 낮은 역치는 결과적으로 고조된 상태의 각성과 정서(즉, 과잉반응행동)를 경험할 위험을 초래함으로써 불안, 흥분, 학습과 상호작용 능력의 제한을 가져온다. 이렇듯 높은 각성 상태에서 아동은 발달단계와 상관없이 '행동 문제'로 잘못 해석되곤 하는 투쟁 도주 반응(fight-or-flight reactions)을 보일 수 있다. 아동이 이러한 반응을 보일 때 공격적이고, 불복종적이고, 의도적으로 마음대로 하는 것처럼 보일 수 있다. 예를 들어, 시각 및 청각 자극에 과잉반응적인 아동은 과도하게 자극적인 환경이나 활동으로부터 피하려고 시도하게 된다. 만약 도피 반응이 허용되지 않거나 감각 과부하가 해소되지 않으면 2차적인 대처 전략으로 차단 상태에 돌입할 수 있으며 이 상태에서 아동은 비각성 상태로 보일 것이다.

아동에 따라서는 생리적, 정서적 반응에 대한 높은 역치로 인하여 나타나는 과소반응행동이 지속되는 상태로 인해서 수동성, 무기력, 사회적 환경적 경험을 처리하지 못하는 유사한 무능력을 보이기도 한다. 이러한 아동은 동기화되지 않고, 자기도취적이고, 집중력이 낮거나 또는 '멍한' 상태인 것으로 설명되곤 한다. 어떤 아동은 주기적으로(예: 하루의 특정 시간에) 또는 예기치 못하게 과다 또는 과소 각성 상태를 오가는 경험을 하기도 하는데 이는 가족과 전문가 모두에게 도전이 되는 복잡하고 일관성 없는 패턴을 초래한다(상세한 내용을 위해서 Anzalone & Williamson, 2000 참조).

1) 상호조절과 자폐 범주성 장애의 핵심적인 어려움

발달의 교류적 특성으로 인하여 반응성 상호조절 기술은 아동의 사회 의사소통적 어려움 때문에 각성과 정서 상태를 나타내는 아동의 신호를 읽기 어려운 경우 조기에 손상될 수 있다. 자폐 범주성 장애 아동이 이러한 경우에 해당되며, 부모나 다른 파트너들은 아동의 신호를 이해하기 어려워서 결과적으로 아동이 경험하는 것 또는 의사소통하려고 시도하는 것을 시행착오를 통해 추측해야만 한다고 보고 한다. 각성 상태의 다양성, 자극에 대한 예측할 수 없는 반응, 특이하고 비관습적인 정서 상태의 표현은 자폐 범주성 장애를 가진 아동의 공통적인 패턴으로 보고되고 있다. 종합해 보면 이러한 어려움은 잘 조절된 상태를 유지하도록 아동을 돕는 양육자의 능력을 손상시켜 결국 사회적 상호작용이 아동과 양육자 모두에게 스트레스가 되게 만든다. 예를 들어, 사회적 파트너 단계의 움직임에 과민한 아동이 울 때 양육자가 그 아동을 다독이기 위해 안아 올리면, 아동은 예상하지 못한 운동 자극으로 인해 더 많은 스트레스 상황에 놓이게 되고, 진정시키려는 의도와는 반대로 더 심하게 울게 될 것이다. 이러한 반응은 양육자를 혼란스럽게 만들고, 아동을 지원하는 양육자 자신의 능력에 대한 의문을 갖게 함으로써 더 큰 시행착오를 겪게 하거나 이를 회피하게 만든다. 이러한 반응 패턴은 아동의 무질서 상태를 더욱 악화시키고 결국 자기조절 행동 전략을 발달시키는 능력에 영향을 미치게 된다.

유사한 어려움이 언어 파트너 단계까지 지속된다. 예를 들어, 이 단계에서 다양한 감정 상태를 표현하는 관습적인 비구어 단서를 이해하고 사용하는 데 있어서의 어려움은 아동이 감정을 표현하는 방식에 영향을 미칠 것이다. 따라서 아동이 긍정적이거나 부정적인 정서 상태를 경험하는 것과 상관없이 고조된 내적 각성 상태에 대해 얼굴을 찡그리며 반응할 것이다. 그러므로 아동의 상태가 양육자나 다른 파트너에게 잘못 해석될 수 있으며 부적절한 반응성 상호조절 전략을 사용하는 결과를 낳게 될 것이다. 그리고 이것은 아동이 상호조절 반응 절차를 통해 자기조절에 대한 효과적인 행동적, 언어적 전략의 발달 기회를 제한시킨다. 가령 아동이 실제로 어떤 활동을 좋아할 때 긴장한 얼굴 표정으로 반응하는데 그 표현이 파트너에게 불안이나 무서움의 표현으로 인식된다면 파트너는 그 활동을 다시는 하지 않을 것이며, 이것은 조절장애를 가중시키는 결과를 가져오게 된다.

반응성 상호조절의 어려움은 대화 파트너 단계까지 지속될 수 있다. 이 단계의 어려움은 종종 극심한 조절장애의 기간과 맞물려 특이한 정서 표출과 관련된 경우가 있다. 예를 들어, 극심한 조절장애를 경험하는 아동은 파트너로부터의 도움을 효율적으로 요구할 수 없고, 그래서 옷을 씹는다거나 떼쓰는 행동을 한다거나 사회적 상황으로부터 벗어나는 것과 같은 덜 정교하고 미성숙한 행동 전략의 사용으로 퇴보할 수 있다. 이러한 표현은 특히 파트너에게 당황스러울 수 있다. 왜냐하면 이러한 행동은 잘 조절된 상태에 있을 때 언어를 통해 정서를 표현하거나 도움을 요청하는 등의 더 바람직하고 정교한 방식으로 상호조절을 하기 위해 의사소통하는 아동의 능력과는 상반되기 때문이다. 자폐 범주성 장애를 가진 아동이 보이는 이와 같은 행동의 비일관성과 가변성은 공통적으로 관찰되는 패턴이며, 특히 대화 파트너 단계의 아동에게서 잘 관찰된다.

자폐 범주성 장애 아동의 경우 초기 상호조절 전략을 사용하는 능력이 세 가지 발달 단계 모두에서 또한 제한되어 있을 수 있다. 다시 말해서, 정서의 생리적 측면과 정서 조절은 초기 상호조절 기술의 습득과 사용에 영향을 미친다. 특정 정서는 각성 상태의 변화를 가져올 수 있는데, 투쟁 도주 반응에서처럼 두려움이 각성 상태를 갑작스럽게 증가시키는 것을 예로 들 수 있다. 마찬가지로 각성 상태는 정서의 강도를 인지하는 데 편견을 갖게 한다. 그러므로 아동이 강도 높은 정서와 그에 따른 극심한 정서 상태의 변화를 경험하게 되면 그러한 상황에 적응적으로 반응하는 아동의 능력은 제한될 것이다. 예를 들어, 불안 때문에 높은 각성 상태에 놓이게 된 아동은 압도감과 무질서로 인하여 다른 사람의 도움을 요구하는 말, 행동, 또는 신호 같은 관습적인 의사소통 수단을 생각해 내고 사용하는 데 어려움을 경험할 수 있다. 반대로 낮은 각성 상태에 놓일 때 아동은 다른 사람의 존재를 인식하고, 문제를 평가하고, 다른 사람들과 의사소통함으로써 자신의 목표를 달성하려는 계획을 세우는 데 어려움을 경험하기 때문에 도움을 요청하기 어려울 수 있다. 이 두 가지 경우 모두에서 아동이 최적의 각성 상태에 있다면 사회적으로 문제해결을 더 잘하고 그 발달 수준에 상응하는 관습적인 의사소통 수단을 사용할 수 있을 것이다. 극단적인 경우 각성 상태가 다르면 아동은 마치 다른 아동처럼 보일 수 있으며, 결과적으로 환경과 상황에 따라 비일관적인 모습을 보이게 되고 파트너에게 큰 혼란을 일으킬 수 있다.

자폐 범주성 장애 아동의 경우 관습적인 방식으로 정서를 표현하는 데 있어서의 어려움은 이들의 발달 수준과 상관없이 상호조절 시작하기 전략을 효과적으로 사용하는 능력에 영향을 미친다. 자폐 범주성 장애와 관련된 비구어 몸짓, 얼굴 표정, 몸짓 언어 사용의 한계로 인한 제한적인 정서 표현은 다른 사람에게 신호를 보내고 다른 사람으로부터의 도움을 확보하는 아동의 능력에 영향을 미친다. 결국 의사소통 파트너는 아동의 정서적 각성 상태를 해석하는 데 매우 큰 어려움에 부딪치게 된다. 심지어 아동이 이러한 상태를 의사소통하기 위해서 파트너에게 신호를 보내려고 시도할 때도 역시 마찬가지다. 경우에 따라서는 각성

> 반응성 상호조절 또는 아동의 조절장애 신호를 읽고 적절하게 반응하는 파트너의 능력은 정서 조절을 지원하는 좀 더 일반적인 계획의 한 부분으로 구축되어야 한다.

편향성 또는 수준별 방식으로 정서를 이해하고 표현하지 못하는 어려움으로 인한 극심한 정서 반응이 지원적인 양식으로 반응하고자 하는 파트너의 능력을 제한하면서 파트너의 허점을 찌를 수도 있다.

또한 다른 사람과 충돌하기, 때리기, 물기, 차단, 반복행동, 바닥에 드러눕기와 같은 미성숙하고 비관습적인 형태의 정서 표현은 실제로 이러한 행동이 아동의 의도인 경우에도 타인에게 정서 조절 상태의 도움 요청으로 인식되지 않을 수 있다. 이러한 행동을 보이는 아동을 공격적이거나 반항적이라고 생각할 수 있지만, 사실 아동은 정서 조절을 위한 신체적 접촉이나 다른 형태의 지원을 추구하기 위해 이와 같은 행동을 하는 것일 수도 있다. 예를 들어, 언어 파트너 단계에 있는 아동은 각성 조절을 위해서 감각운동 활동 참여와 같은 도움을 요청하는 명백한 시도로서 반복적으로 양육자에게 충돌하는 행동 전략을 사용할 수도 있다. 마찬가지로, 대화 파트너 단계에 있는 아동은 활동의 중단을 요구하려는 시도로 스트레스를 전달하기 위해 다른 사람을 신체적으로 세게 가격하는 등 사회적으로 바람직하지 않은 전략을 사용할 수 있다. 이러한 안타까운 상황에서 다른 사람으로부터 도움을 요청하려는 아동의 시도는 더 심한 고립이나 정서적 고통을 가져온다. 왜냐하면 파트너의 반응(예: 그 행동에 대해 벌을 주거나 무시하기)이 지원을 필요로 하는 아동의 요구를 해소해 주지 않기 때문이다.

자폐 범주성 장애 아동에게 있어서 인지적 평가와 정서 경험의 사회화 차원에서 공존하는 문제들은 더 나아가 상호조절 시작하기 전략을 사용하고 양육자로부터 제공되는 도움에 반응할 수 있는 아동의 능력을 제한한다. 자폐 범주성 장애 아동은 양육자를 상호조절(예: 편안함, 도움)을 위한 잠재적인 자원으로 인식하지 않을 수 있으며, 이것은 확고한 관계 발달의 기초인 더 일반적인 사회 의사소통 능력뿐만 아니라 공동관심 능력에서의 어려움의 일부분에 의한 것이다(Stern, 1985). 이것은 더 나아가 아동이 잘 조절된 정서 상태를 유지하기 위해 발달시키고 사용하는 전략을 제한시킨다. 예를 들어, 아동은 다른 사람이 신체적 또는 언어적 수단을 통해서 안락함을 제공해 줄 수 있다는 것을 알지 못하기 때문에 다른 사람을 찾지 않을 수 있다. 이러한 지식과 사회적 인식이 있는 아동인 경우에도 매우 높거나 낮은 각성 상태와 연관된 극심한 조절장애 중에는 상호조절 전략이 심각하게 손상될 수 있다.

> 아동이 다른 사람의 도움에 대한 필요를 구하고 표현하기 위해 사용하는 상호조절 시작하기 전략의 발달은 정서 조절을 지원하는 목표에서 반드시 강조되어야 한다.

표현 의사소통의 어려움과 함께 수용언어 및 의사소통의 어려움 역시 잘 조절된 상태를 유지하는 능력에 불리한 영향을 미칠 수 있다. 예를 들어, 몸짓이나 언어가 지니는 순간적으로 사라지는 특성으로 인하여 이를 이해하기 어려워하는 아동의 정서적인 반응은 혼란이나 좌절일 수 있으며, 결국 조절장애를 일으키게 된다. 대화 파트너 단계에서 사회 의사소통 문제의 영향력은 적절하고 바람직한 행동의 사회적 규범이나 관습에 전적으로 의지하게 되는 좀 더 복잡한 정서(예: 죄책감, 당혹감, 자부심, 질투)를 더 잘 이해하게 될 때 더욱 두드러진다. 아동은 다른 사람과의 상호작용을 통해 내적 상태와 경험에 대한 정서적 어휘와 개념을 지도화(map)하도록 학습하기 때문에 사회적 상호작용을 이해하고 해석하는 데 있어서의 어려움은 복잡한 대인관계의 경험을 반영하는 정서적 개념을 이해하고 사용하는 데 있어서의 어려움을 초래하게 된다.

2) 자기조절과 자폐 범주성 장애의 핵심적인 어려움

자폐 범주성 장애 아동은 효과적이고 사회적으로 적절한 자기조절 능력의 사용을 학습하는 데 어려움을 보이며, 이러한 어려움은 사회적 파트너 단계와 언어 파트너 단계의 아동에게서 흔히 관찰되곤 한다. 예를 들어, 이 발달 단계에 있는 아동은 사회적 상호작용을 하는 동안 관심을 유지하는 데 어려움을 보이고, 강력하고 갑작스러운 정서 반응을 보이는가 하면, 전이를 견디는 것에 대한 어려움을 보인다. 대화 파트너 단계의 아동도 유사한 어려움을 나타내는데, 이와 같은 어려움은 강력하고 예측 불가능한 정서 반응을 보이거나 일상의 활동 중에 학습하거나 사회적으로 참여하지 못하는 성향을 통해서 관찰된다. 이것은 사회적 상황에서 관련 정보에 주의를 기울이고, 만족을 지연시키고, 충동을 조절하는 데 있어서의 어려움을 통해서 더욱 명백하게 나타난다. 모든 단계의 아동에게 있어서 절차나 일과에 융통성 없이 집착하는 등의 강박적인 행동 패턴은 지나치게 번잡하고, 지나치게 시끄럽고, 지나치게 빨리 돌아가고, 때로는 너무나도 예측 불가능하거나 압도적인 세상에서의 자기조절을 위한 시도일 수 있다.

이 장의 앞부분에서 설명한 정서 조절의 다섯 가지 차원 중 네 가지(즉, 인지적 평가, 정서의 생리적 측면, 정서 표현, 사회화)를 다시 언급함으로써 자폐 범주성 장애 아동의 행동 프로파일에서 자주 관찰되는 특정 자기조절 기술의 어려움을 더 깊이 이해하고 분석할 수 있다. 다섯 번째 차원인 조절장애로부터의 회복은 좀 더 집중적이고 지속적인 정서 반응과 관련되어 있기 때문에 이후에 설명하고자 한다. 정서의 생리적 측면과 정서 상태의 조절은 종종 아동의 각성 편향성과 자극에 대한 특이한 반응(예: 높은 각성 상태에 대한 편향성으로부터 오는 소리나 접촉과 같은 감각과 자극에 대한 과민반응)에 영향을 받는다. 그러므로 각성 편향성은 상황, 사건, 상호작용에 대한 아동의 지각에 영향을 미친다. 예를 들어, 만일 아동이 이미 높은 각성 상태에 있다면 상대적으로 낮은 수준의 자극 투입이나 과제 요구의 경우에도 아동이 더 낮은 각성 상태에 있을 때보다 훨씬 더 강도 높고 덜 참을 만한 것으로 인식될 가능성이 있다. 이러한 상황에서는 온화한 수준의 자극이나 과제로 보이는 것도 낙타의 등을 무너뜨리는 지푸라기가 되어 아동을 조절장애 상태로 밀어 넣게 될 것이다. 앞에서 제시했던 예시에서 높은 각성 상태에 있는 아동을 학급 친구가 무의식적으로 건드렸을 때 그 친구로부터 도망치는 극히 방어적인 반응을 일으켰다. 만일 아동이 조용하지만 정신이 맑은 각성 상태에 있었다면 이러한 방어 반응이 실행되지는 않았을 것이다. 오히려 접촉을 참고 자세를 조정함으로써 친구를 향해 공간을 허용해 줄 가능성이 크다. 반대로 낮은 각성 상태에 있는 아동은 경각시키기에 충분히 강렬하지 않은 자극은 감지하지 못할 수 있으며, 결과적으로 환경 자극이나 과제 요구에 제한된 반응을 보이거나 반응하지 않게 된다. 이러한 현상은 낮은 각성 편향성으로 인해 고통에 대한 높은 역치를 보이는 아동에게서 흔히 관찰되는데, 심지어 심각한 부상과 같은 강렬한 자극조차도 입력되지 않아서 예상되는 신체적인 고통 반응이나 정서적인 괴로움을 초래하지 않을 수도 있다.

더욱이 발달 단계와 상관없이 자폐 범주성 장애 아동은 각성 상태의 생리적 변화를 감지하는 데 어려움을 보일 수 있으며, 때로는 극심한 변동이 발생하고 나서야 상태 변화를 감지하게 된다(Attwood, 1998). 예를 들어, 아동은 낮은 수준의 배경 소음에 의해서 점차 방해받고 있다는 사실을 알아차리지 못할 수도 있으며, 결국은 잘 조절된 상태를 유지하기 위해서 불편함을 표현하거나 조절 전략을 사용하려는 시도를 보이지 않는다. 그러나 일단 그 아동이 그러한 자극의 누적된 영향에 의해 압도당하게 되고 높은 각성 상태의 조절장애 상태에 놓이게 되면 갑자기 극단적인 반응을 보일 수 있으며, 결과적으로 그러한 반응은 관찰자에게는 예측 불가능하고 상황에 부적절한 반응으로 여겨질 것

> 아동의 각성 상태는 모든 활동과 상호작용에서 고려되어야 하며, 그렇게 함으로써 아동의 반응에 영향을 미칠 수 있다. 최적의 각성 상태를 유지하기 위해서는 적절한 지원이 제공되어야 한다.

이다. 따라서 자폐 범주성 장애를 가진 아동의 정서 표현은 극단적인 또는 종종 예측 불가능한 양단 간의 반응으로 여겨지며, 이는 이후 조절장애로부터의 회복을 위해 더 큰 자기조절 노력을 필요로 하게 된다. 이러한 경우에는 파트너 또한 그러한 예측 불가능성에 영향을 받을 수 있다. 왜냐하면 이들은 아동이 조절장애 상태로 들어가고 있다는 신호를 잘 읽을 수 없고, 따라서 극단적인 조절장애를 막기 위해서 아동의 정서 조절을 지원하려고 사전에 예방적으로 반응하지 못하기 때문이다. 자폐 범주성 장애 아동의 부모는 자녀의 반응에서 유일한 일관성은 아동이 보이는 일관성 없음이라고 언급하곤 한다. 일관성 없는 행동 반응 패턴은 대부분 각성 조절장애와 관련된 각성의 변동 상태에 기인한다. 앞에서 설명하였듯이 각성 상태의 이러한 변동은 정서 조절 능력의 한계에 의해 악화된다.

자폐 범주성 장애 아동의 정서 표현(emotional expression) 어려움 역시 언어 파트너 및 대화 파트너 단계뿐만 아니라 사회적 파트너 단계에서도 보고되고 있다(Attwood, 1998; NRC, 2001; Wetherby, Prizant, & Hutchinson, 1998). 이러한 어려움의 특징은 얼굴 표정, 몸짓, 단어와 같이 정서를 표현하는 관습적인 방법의 사용 능력이 제한되었다는 것이다. 이러한 어려움의 원천은 복잡하고 다차원적이다. 부분적으로 사회 의사소통의 제한으로 인해 자폐 범주성 장애 아동은 다른 사람의 비구어적 정서 신호를 해석하는 데 어려움을 가지고 있고 결과적으로 그들 자신의 사용을 위해 비구어적 신호를 내면화하는 데 어려움을 가진다. 특히 그러한 신호가 실제로 미세하거나 강도가 약한 정서 상태를 나타낼 때는 더욱 그러하다. 이와 같은 동일한 문제는 정서적 어휘를 해석하고 습득하는 아동의 능력에도 반영된다.

사회 의사소통상의 어려움은 더 나아가 자기조절 기술의 발달과 사용에 영향을 미친다. 이러한 어려움은 일반적으로 언어 파트너 및 대화 파트너 단계 중에 경험하는 사회화(타인의 피드백을 바탕으로 행동과 정서 표현을 수정하는 과정)에 상당한 영향을 미친다. 부분적으로는 각성 수준의 잦은 변동과 주의집중의 유지 및 이동의 어려움으로 인하여 자폐 범주성 장애 아동은 순식간에 지나가는 속성을 지닌 사회적 피드백을 어려워하며 결국 적절하고 관습적인 방식으로 반응하기 어려워하곤 한다. 특히 사회화 문제는 이해할 수 있고 사회적으로 수용 가능하고 아동에게 모델로 제시된 정서 조절 전략을 적용하는 점진적인 방법으로 정

> 교육 프로그램의 목표는 정서 표현 및 이해와 함께 정서 조절을 지원하기 위해서 아동의 각성 상태에 대해 판단을 내리는 아동과 친숙한 파트너의 능력을 다루어야 한다.

서 변화를 표현하는 아동의 능력에 영향을 미친다. 결과적으로 사회적 파트너 단계의 자폐 범주성 장애 아동은 종종 특이하고, 비관습적이고, 경우에 따라서는 사회적으로 낙인이 될 수 있는 자기조절 전략(예: 손 펄럭이기, 발끝으로 걷기, 물기, 흔들기, 바닥에 드러눕기, 차단)을 사용하기도 한다.

대화 파트너 단계에서 경험하는 인지적 평가(cognitive appraisal) 차원에서의 어려움 역시 자폐 범주성 장애 아동에게 자기조절의 어려움을 일으킨다. 인지적 평가의 과정은 초인지 기술에 크게 의존하며 파트너의 행동 패턴에 대해 판단하고 예측하거나 그것을 반영하는 아동의 능력에 직접적으로 영향을 미친다. 이러한 능력은 기억 속에 상징적으로 사건을 표상하고 되돌아볼 수 있는 능력을 요구한다. 이미 설명하였듯이 자폐 범주성 장애 아동은 상징 능력의 문제를 지닌다. 이러한 어려움은 내적 언어 발달에 부정적인 영향을 미칠 수 있다. 내적 언어(Vygotsky, 1978), 또는 기억 속에 사건을 표상하고 내적 상징 수단을 통해 문제를 해결하는 능력은 경험과 행동을 조직하고, 과거 사건에 대해 사고하고 그로부터 학습하며, 미래 사건에 대한 계획을 수립하는 중요한 인지 기능을 한다. 인지 기능을 위해서나 스트레스 유발 상황에서 내적 언어를 사용하는 능력이 제한되기 때문에 아동은 정서 조절을 지원하는 방식으로 조절장애와 잠재적으로 위협이 되는 사건에 대한 계획을 세우기 위해 과거 사건을 반영할 가능성이 적다. 이러한 어려움은 또한 많은 자폐 범주성 장애 아동으로 하여금 일상적인 사건에 대해서 예측 불가능한 반응을 하게 만드는데, 왜냐하면 이들은 도전적인 사건에서 매우 흥분한 상태로 휘둘리기 때문이다.

또한 자폐 범주성 장애 아동은 기계적인 연상 기억력에 있어 상대적인 강점을 지니기 때문에 특정 사람, 장소, 사건과 관련된 스트레스가 되는 정서적 경험의 강력한 기억을 가지고 있을 때 정서 기억 처리는 정서 조절에 심각한 영향을 미칠 수 있다. 그러한 상황에서 정서 조절을 지원하기 위하여 내적 언어를 통한 반영을 하지 않는다면, 아동은 그러한 사람, 장소, 사건에 부딪칠 때 거의 반사적으로 극심한 공황 반응을 보일 수 있다. 예를 들어, 많은 아동이 특정 사람, 공간, 심지어 그 공간에서의 위치와 연관된 스트레스가 되는 '학습' 경험에 노출되고 있는 것을 볼 수 있다. 이러한 아동이 같은 사람, 같은 공간, 같은 작업위치를 다시 만나게 되면 극심한 회피 반응을 보일 수 있는데, 이러한 행동에는 바닥에 드러눕기, 회피하려고 저항하기, 자해행동 등이 포함되며 때로는 "하기 싫어, 하기 싫어!"와 같은 말이 동반되기도 한다. 하나의 특정 사례를 살펴보면, 학교에 있는 특수학급 출입문 손잡이를 건드리는 순간 정전기로 인한 충격을 받은 아동의 경우 이후에 자발적으로 교실 문에 다가가는 데에만 몇 달이 걸렸다. 심지어 문에서 2~3미터 떨어진 거리에서 걷는 것도 극심한 불안을 야기했다. 소리에 과도하게 반응하는 일부 아동의 경우에는 어린아이를 단지 보는 것만으로도 심각한 불안을 초래할 수 있는데, 이는 고통을 주는 감각 과부하를 일으키는 아이 울음소리에 대한 선행 경험 때문이다. 이러한 반응은 심지어 유아가 울지 않을 때에도 나타날 수 있는데, 이는 그 반응이 이전의 경험과 아이를 보는 정서적 기억이 연합되었기 때문이다. 마지막으로, 앞에서 설명하였듯이 자폐 범주성 장애 아동이 이전의 긍정적인 또는 부정적인 정서 기억을 근거로 다른 사람을 찾거나 또는 반대로 피하는 것은 모두 흔하게 나타나는 현상이다.

요약하자면, 자폐 범주성 장애 아동이 종합적으로 경험하는 정서의 생리적 반응과 정서 상태 조절, 정서 표현, 사회화, 인지적 평가에서의 모든 어려움은 자기조절 행동 전략, 언어 전략, 초인지 전략을 발달시키고 사용하는 능력에 상당한 영향을 미친다. 그러므로 영아기를 잘 넘어선 자폐 범주성 장애 아동을 위해서 파트너는 우선적으로 반응성 상호조절 전략을 통해 아동을 계속해서 지원해야 한다. 왜냐하면 아동의 정서 조절 상태를 모니터하고 이들이 일상 활동에 활발하게 참여할 수 있도록 잘 조절된 상태를 유지하게 돕는 파트너에게 그 책임이 있기 때문이다. 이 중요한 이슈는 SCERTS 모델의 교류 지원 영역의 대인관계 지원 요소(이 책의 4장에서 논의됨)에서 상세하게 다루어진다.

> 잘 조절된 상태를 지원하는 하나의 방법으로 정서 조절의 어려움에 반영할 초인지 전략을 발달시키는 아동의 능력을 지원하는 것은 중요한 정서 조절 목표다.

3) 조절장애로부터의 회복과 자폐 범주성 장애의 핵심적인 어려움

지금까지 상호조절 및 자기조절 기술의 발달과 사용에 대해 자폐 범주성 장애 아동이 자주 경험하는 다양한 특정 어려움에 대해서 강조하였다. 이러한 어려움은 사회적 및 물리적 환경 내의 사람이나 사건에 대한 어려움에 강도 높고 장기적인 정서 반응을 보이게 만드는데, 이러한 반응은 조절 전략이 일상 활동에 효과적으로 사용될 가능성이 적으므로 최적의 각성 상태를 유지하는 아동의 능력에 부정적인 영향을 미치게 된다. SCERTS 모델에서는 이처럼 장기적이고 강도 높은 정서 반응을 극심한 조절장애 기간(periods of extreme dysregulation)으로 본다. 자폐 범주성 장애 아동이 상호조절 및 자기조절 능력의 발달 및 사용과 관련해서 경험하는 핵심적인 어려움 외에도 추가적인 요인이 극심한 조절장애 기간에 기여할 수 있는 잘 조절된 상태를 유지하는 능력에 영향을 미친다. 아동의 생리적 상태, 환경 특성, 과제와 관련된 운동기능 요구와 같은 요소들이 정서 조절장애에 중요한 역할을 한다. 〈표 3-1〉은 자폐 범주성 장애 아동의 정서 조절 및 조절장애와 관련된 요인을 보여 준다.

조절장애 기간과 관련된 극심한 정서 및 각성 상태의 변화는 아동의 기능적 기술에 심각한 영향을 미친다. 예를 들어, 아동이 과도하게 고통을 겪고 있을 때 의사소통 기술, 문제해결 능력, 그리고 주의집중 능력은 저하될 가능성이 있다. 결국 극심한 조절장애로부터 회복되는 것을 도와주는 상호조절 및 자기조절 전략을 떠올려 사용하는 능력은 감소되거나 그러한 능력에 도달하지 못하게 된다. 예를 들어, 대화 파트너 단계에 있고 평소에 언어 전략과 초인지 전략을 사용할 수 있는 아동이 예상하지 못한 일정의 변화로 극심한 혼란과 조절장애를 일으키게 된다면 분노를 조절하고 그 상황을 반영하기 위해서 혼잣말이나 내적 언어를 사용하는 데 어려운 시간을 가질 수 있다. 마찬가지로, 가벼운 불안을 경험할 때 상황이야기(Gray, 1994)나 구두로 중재된 스크립트 같은 교류 지원으로부터 혜택을 얻을 수 있는 이 단계의 아동은 양육자가 극심한 고통과 불안의 기간 중에 상호조절을 위한 지원을 소개하려고 시도하면 부정적으로 반응하거나 차단할 수 있다. 예상치 못한 일정 변경에 의해 발생하는 괴로움에 덧붙여서 추가적인 사회적 투입이 이루어진다면 단순히 참기 힘들 수 있다. 마찬가지로 사회적 파트너 단계에 있으면서 각성 수준을 조절하기 위해 친숙한 양육자를 껴안거나 펄쩍펄쩍 뛰는 행동 전략을 사용하는 아동도 지나치게 흥분되어 있는 조절장애 기간을 경험하는 동안 이러한 행위를 조직하고 실행하는 데 어려움을 가질 수 있다.

따라서 자폐 범주성 장애 아동은 조절장애를 예방하기 위한 정서 조절 전략을 발달시키는 것에 있어서의 어려움 외에도 심각한 조절장애로부터 회복하고자 하는 노력에 있어서의 추가적인 어려움에 부딪치게 된다. 더욱이, 아동이 지니고 있는 일반적으로 효과적인 조절 전략은 고조된 각성과 정서 상태를 동반한 극심한 조절장애 기간 중에는 효과가 없을 수 있다. 그러므로 자폐 범주성 장애 아동을 위한 교육 프로그램을 설계할 때 다양한 범위의 각성 수준과 정서 상태에 적용될 수

〈표 3-1〉 정서 조절 및 조절장애 관련 요인

정서 조절 및 조절 장애 관련 요인	정서 조절장애를 일으키는 요인 (위험 요소)	정서 조절을 지원하는 요인 (방어 요소)
생리적(일반)	• 질병, 피로, 음식, 수면장애, 음식/환경 알레르기	• 건강, 수면, 영양섭취, 알레르기가 거의 없거나 없음
감각(구조적)	• 취약한 감각 프로파일	• 감각의 어려움이 거의 없음
감각(환경적)	• 혼란스러운 환경적 감각 투입	• 수용을 처리하면서 투입
인지적	• 일과 변화와 같은 예상 밖의 일 • 부정적인 정서 기억	• 일관성 및 예측 가능성 • 긍정적인 정서 기억
의사소통과 언어	• 수용적: 처리 능력을 넘어서는 투입 • 표현적: 제한된 의도 표현 능력	• 수용적: 처리 능력과 일치하는 투입 • 표현적: 의도 표현 능력
대인적	• 직접적인 통제 스타일 • 과도한 자극 투입(시각적, 청각적) • 지원 부족, 또는 필요로 할 때 부적절한 지원 시도(제한적이거나 비성공적인 상호조절) • 관계에서의 신뢰 부족	• 공유된 조절 • 조정된 투입 • 조절을 위한 필요에 따라 적절하게 조정된 지원(성공적인 상호조절) • 신뢰적인 관계
사회적	• 과도한 사회적 복잡성과 기대	• 처리 능력과 사회적 경험 간의 적절한 조화
운동적	• 운동 능력을 넘어서는 활동상의 움직임 요구(소근육, 대근육, 운동 계획)	• 운동 능력과 활동 요구 간의 적절한 조화
발달상의 이동과 변화	• 인지적 재구조화 또는 발달 영역 간 불일치로 인한 발달적 퇴보(예: 자아의식과 자기결정력의 향상과 제한된 의사소통 기술이 문제가 되는 저항행동을 증가시킴)	• 새로운 발달상의 어려움을 다룰 수 있도록 다양한 발달영역 간의 일치하는 능력(예: 언어발달이 자기결정력과 좀 더 수용적인 저항행동을 지원함)
정서 조절 전략	• 결여되거나 융통성이 없거나 제한된 범위의 상호조절 및 자기조절 전략	• 융통성 있고 폭넓은 범위의 상호조절 및 자기조절 전략

있고 또한 다양한 정도의 조절장애 기간 중에도 효과적으로 사용될 수 있는 광범위한 상호조절 및 자기조절 전략의 개발을 목표로 삼는 것이 중요하다. 예를 들어, 아동의 행동 신호가 안절부절못하거나 과제 이탈과 같은 가벼운 스트레스를 나타낼 때 시각적 지원으로 주의집중을 환기시키거나 그 과제의 마지막 부분을 알려준다면(예: 과제 완수를 위해 몇 단계가 남아 있고 또는 몇 분이 남아 있는지를 시각적으

극심한 조절장애로부터의 회복을 지원하기 위한 특정 전략과 계획은 정서 조절을 지원하기 위한 종합적인 계획의 일부로 반드시 포함되어야 한다.

로 언어적으로 알려 주기) 효과가 있을 것이다. 그러나 만일 아동이 활동에 참여하고는 있지만 셔츠 소매 씹기나 이야기할 때 불안 정서를 표현하는 큰 목소리 내기 등 조절장애가 증가하는 신호를 보일 때에는 명확하게 인쇄된 지시사항을 제공하거나, 과제를 단순하게 해 주거나 줄여 주기와 같이 과제 요구를 수정하는 더 강도 높은 지원이 필요할 수 있다. 마찬가지로, 아동의 정서적 고통 수준이 극심한 조절장애 상태로 점점 더 고조된다면 좀 더 개입적인 접근, 즉 조절장애를 일으키는 활동으로부터 휴식을 제공하거나 감각 및 운동 요소를 포함하는 조직화된 활동에 참여하게 하는 접근이 바람직할 것이다. 분명한 것은 정서 조절이 역동적인 과정이라는 것이다. 그러므로 극심한 조절장애로부터의 회복을 지원하는 접근은 융통성 있고 역동적이야 하며, 동시에 아동의 조절장애 신호를 알아차리고 아동을 가장 잘 지원할 수 있는 방법에 대한 지식을 지녀야 한다. 정서 조절을 지원하기 위한 이러한 융통성은 SCERTS 모델의 정서 조절 부분에서 중요한 목표로 다루어지며, 이에 대해서는 2권에서 상세하게 살펴볼 것이다.

4) 정서 조절 지원의 궁극적 목표: '유동성' 강화하기

지금까지 살펴본 바와 같이, SCERTS 모델에서 정서 조절은 자폐 범주성 장애 아동에게 있어서 가장 높은 우선순위를 지니는 핵심적인 문제임이 분명하다. 따라서 정서 조절 목표는 모든 사회적 맥락에서 종합적인 방식으로 다루어져야 한다. 정서 조절 지원을 위한 궁극적인 목표와 이론적 근거는 '유동성(flow)' 또는 '최적의 경험'이라는 심리적 구성 개념을 참조해서 고려되어야 한다(Csikszentmihalyi, 1990). 유동성은 모든 인간이 성취하기 위해 노력하는 목표이자 삶의 질에 영향을 미치는 가장 중요한 요인으로 논의되어 왔다. 유동성은 인간이 특정 경험이나 활동(사회적이든 비사회적이든) 그리고 그러한 경험에서의 통제감, 동기, 만족감을 가지고 초점을 맞추고, 강도 높게 집중하고, 생산적인 참여를 경험하는 상태로 설명된다. 유동성은 (1) 인간의 능력과 (2) 일상적인 활동이나 경험 중에 나타나는 요구 및 어려움 간의 조화로움을 필요로 한다. 인간이 자신의 삶 속에서 유동성의 상태를 증진시키는 방식으로 활동과 경험에 더 많이 참여하게 될 때 학습과 자존감에 미치는 장기적인 영향이 더욱 커지며, 궁극적으로는 삶의 질에 영향을 미치게 된다. 자폐 범주성 장애 아동은 정서 조절의 어려움으로 인해 대부분의 다른 아동에 비해 최적의 경험을 성취하지 못할 수도 있다. 특히 사회적 참여와 의사소통을 요구하는 상황에서 더욱 그러하다. 그러므로 SCERTS 모델에서는 광범위하고 융통성 있는 범위의 정서 조절 능력 발달을 지원하는 데 중점을 두고 있으며, 이것은 자폐 범주성 장애 아동의 삶 속에서 유동성을 경험하게 해 주고 이를 위한 기반을 제공하는 데 부인할 수 없는 영향을 미칠 것이다.

제 4 장

교류 지원

1. SCERTS 모델의 교류적 특성
2. 교류 지원 전략이 요구되는 핵심적인 어려움
3. 요약

이 장에서는 적절한 지원이 제대로 이루어지고 있는지를 확인함으로써 자폐 범주성 장애 아동과 그 가족이 직면하는 많은 문제를 다루도록 고안된 SCERTS 모델의 교류 지원 영역에 대해서 살펴보려고 한다. 이 모델의 다른 영역인 사회 의사소통과 정서 조절에서와 마찬가지로, 이러한 기초 지식에 생소하거나 단지 일반적인 지식만을 가지고 있는 독자는 이 장을 주의 깊게 검토하기 바란다. 왜냐하면 이러한 지식은 SCERTS 모델 실행에 필수적인 배경 지식을 제공해 주기 때문이다.

1. SCERTS 모델의 교류적 특성

대부분의 자폐 범주성 장애 아동은 상호작용과 대인관계에 적절하게 참여하거나 일상적인 활동을 이해하고 즐거움을 경험하기 위해서 다양한 지원을 필요로 한다. 이것은 대체로 이들이 학습 스타일에서뿐만 아니라 사회 의사소통, 사회적 이해, 정서 조절에서 전반적인 어려움을 경험하기 때문이다. 지원은 또한 교육 장면에서 학습을 극대화하고 아동의 발달을 돕는 가족의 노력을 강화하기 위해서도 필요하다. 뿐만 아니라 가족은 자폐 범주성 장애 아동을 양육하는 어려움에 대처하고 적응하도록 또는 가장 적절한 서비스를 찾도록 도와주는 지원으로부터 이득을 얻는다. 마지막으로 서비스 제공자 역시 아동이나 가족과 가장 효과적으로 일할 수 있기 위해서 지원을 필요로 한다.

앞에서 설명한 바와 같이, 발달의 교류 모델은 가족과 기타 사회적 영향력의 맥락 내에서 아동 발달을 다루기 때문에 나이가 어린 자폐 범주성 장애 아동 및 가족을 대상으로 하는 효과적인 교육 전략을 고안하기 위한 가장 적절한 모델이라고 할 수 있다(Prizant & Wetherby, 1989). 이 모델에서는 발달적 성과가 "아동과 맥락 간의 시간이 지남에 따른 상호작용의 결과이며, 계속되는 역동적인 과정에서 한 사람이 다른 사람의 다음 상태에 영향을 미치는 방식으로 이루어진다."고 설명한다. 그래서 SCERTS 모델의 교류적 특성은 다음의 원리를 강조한다.

1. 학습에 있어서 아동의 적극적인 역할은 매우 중요하며, 파트너는 사회 의사소통, 정서 조절, 학습에서의 아동의 노력에 융통성 있게 그리고 지원적인 방

식으로 반응해야 한다.

2. 매일의 일과 내에서 자폐 범주성 장애 아동과 참여하고 상호작용하는 모든 사람은 발달의 중요한 촉진자로 고려되어야 하며, 부모, 기타 양육자, 형제자매, 또래를 포함한다.
3. 교사와 임상가는 주로 아동의 능력을 강화하는 데 초점을 맞추던 것으로부터 가족과 동료 등 다른 사람들이 아동의 발달 잠재력을 지원하기 위해서 성장을 유도하는 상호작용과 활동을 할 수 있도록 지원하는 것으로 그 역할을 확장시켜야 한다.
4. 환경 적합화 및 교수적 수정(예: 시각적 지원의 사용, 교육과정 수정)과 같은 아동을 위한 학습 지원은 사회 의사소통 및 정서 조절의 어려움을 다루기 위해서 아동의 학습 강점을 병합하도록 고안되어야 한다.
5. 교류 지원은 다양한 사회적 맥락과 학습 환경에서 아동과 가족의 변화하는 요구에 융통성 있고 반응적이어야 한다. 그러나 가장 중요한 것은 아동과 가족 구성원 모두가 지원이 자신들의 일상생활 경험과 관련된 것이라고 생각하고 지원을 활용하고 반응하는 데 있어서 자신감과 효능감을 가져야 한다.

교류 지원은 SCERTS 모델의 네 가지 주요 영역에서 다루어진다.

1. 대인관계 지원(성인 및 또래의)
2. 학습 지원
3. 가족 지원
4. 전문가 간 지원

지원은 광범위하고 종합적인 방식으로 이루어져야 하는데, 이는 자폐 범주성 장애 아동이 교육 장면과 기타 학습 맥락에서뿐만 아니라 일상생활 중 일어나는 대인 간 상호작용에서 수많은 어려움에 직면하기 때문이다. 또한 가족들도 교류 지원의 종합적인 계획을 통해서 다루어질 수 있는 수많은 다양한 어려움에 부딪치게 된다. 전문가와 준전문가 역시 자폐 범주성 장애 아동과 함께 일하기 위한 자신들의 노력이 지원되어야 한다. 여기서는 SCERTS 모델의 교류 지원을 통해 다루어지는 어려움, 즉 아동과 가족 및 기타 양육자가 직면하게 되는 가장 보편적이고 핵심적인 어려움에 대하여 설명하고자 한다.

2. 교류 지원 전략이 요구되는 핵심적인 어려움

자폐 범주성 장애 아동은 전략적으로 실행되는 광범위한 지원으로부터 혜택을 받을 수 있다. 지원이 가장 효과적이고 의미가 있기 위해서는 아동과 그 가족이 경험하는 어려움에 대한 철저한 이해를 기반으로 해야 한다.

1) 대인관계 지원이 요구되는 핵심적인 어려움

(1) 아동이 직면하게 되는 어려움

자폐 범주성 장애 아동이 대인 간 상호작용에 참여하고 정서적으로 만족스러운 관계를 형성하는 데 있어서 경험하는 어려움은 전문가와 가족의 일상적인 경험(Domingue, Cutler, & McTarnaghan, 2000; Quinn, 2003), 자폐 범주성 장애 개인의 직접적인 설명(Grandin, 1995; Shore, 2001; Williams, 1992), 임상연구(Bristol & Schopler, 1984) 등을 통해 명백하게 밝혀지고 있다. 이러한 어려움은 현재 자폐 범주성 장애의 핵심적이고 결정적인 특성에 원인이 있는 것으로 이해된다. 즉, 아동은 근본적으로 관심 또는 욕구가 부족하기 때문에 사회적 상호작용과 관계에 참여하려고 하지 않는다는 것이다. 자폐 범주성 장애 아동은 사회 의사소통, 사회 인지, 정서 조절의 한계로 인해 좀 더 성공적이고 적극적인 참여자가 되기 위해서 필요한 능력과 기술이 제한될 수 있으며, 또는 대인 간 상호작용에 내재된 요구를 언어와 사회적인 정보처리로 다루지 못할 수도 있다. 여기서 요구는 몸짓 언어와 정서 표현에 삽입되는 미묘하거나 또는 그렇게 미묘하지는 않은 비구어 사회적 단서를 구어와 동시에 처리하는 것을 포함할 수 있다. 이와 같은 사회적 정보의 복잡한 제시는 많은 양의 불필요한 감각 자극(소음, 움직임)이 존재하는 환경에서 나타나기도 하는데, 이러한 경우 아동에게는 주의를 이동해야 하거나 가장 관련 있는 정보에 선택적으로 주의를 기울여야 한다는 추가적인 어려움이 발생한다.

> 자폐 범주성 장애 아동과 파트너는 교육 계획의 한 부분으로 성공적이면서 정서적으로 만족스러운 대인관계 상호작용에 참여하는 기술을 발달시키도록 지원을 받아야 한다.

마지막으로 사회 의사소통적 상호작용의 규칙은 장소와 파트너에 따라 계속 변화하며, 따라서 시험해 보고, 문제해결하고, 타인의 피드백을 반영하는 사회적 판단을 필요로 한다. 다시 말해서, SCERTS 모델에서는 대부분의 아동이 파트너와 의사소통하고 사회적으로 참여하기를 원하지만 단순히 어떻게 참여하는지와 다양한 사회적 맥락에 따라 자신의 노력을 어떻게 수정해야 하는지를 모를 수도 있으며 또한 자신의 통제를 벗어나는 환경적인 복잡성으로 인해서 그렇게 하지 못할 수도 있다고 가정한다. 이와 같이 혼란스럽고 불안을 야기하는 모든 사회적 장면을 고려한다면 실제로 많은 자폐 범주성 장애 아동이 자신이 할 수 있는 정도로 사회 의사소통적 상호작용에 참여하기를 원한다는 사실은 정말 놀라운 일이다. 자폐 범주성 장애 아동이 적극적으로 비사회적이기를 선택한다는 개념과는 반대로, 사회적 상황에 대처하고자 하는 노력은 반복되는 사회 의사소통의 결함과 비성공적이고 스트레스적인 경험을 하면서까지 사회적인 세상과 연결되고 싶어 하는 상당한 정도의 사회적 동기를 가지고 있다는 것을 알게 해 준다. 불행하게도 누적된 스트레스성 사회적 경험을 겪은 아동의 경우 이러한 경험에 대해 부정적인 정서 기억을 가질 수도 있으며, 더 나아가 사회적으로 참여하고자 하는 동기가 감소될 수 있다.

더욱이, 경우에 따라서는 아동과 정기적으로 상호작용하는 파트너가 아동의 노력을 지원하기 위한 필수적인 지식과 기술(직관적이거나 의식적으로 학습한)이 부족해서 무의식적으로 아동에게 사회적 상호작용은 너무 어렵다는 인식을 심어 줄 수도 있다. 예를 들어, 파트너가 너무 빨리 또는 너무 크게 말을 하거나, 지나치게 접촉하거나, 또는 반대로 사회적 상호작용을 하고 싶어 하는 아동의 구체적인 요구에 민감하지 않을 수도 있다. 이러한 경우 자폐 범주성 장애 아동은 반복적으로 비성공적인 경험을 하게 되면서 대인 간 상호작용은 압도적이고 혼란스럽고 스트레스를 주는 것이라고 인식하게 될 위험에 처하기도 하고, 반면에 언어 및 감각 처리 문제 또는 대인관계 사건에 대한 과소반응(낮은 각성) 편향성으로 인해 참여가 제한되거나 사회적 상호작용에 참여하고자 하는 동기가 낮아질 위험에 처하기도 한다. 또한 양육자 역시 자폐 범주성 장애 아동과의 상호작용은 어렵다고 인식하게 될 위험에 놓이게 되며, 특히 사회 의사소통 및 정서 조절에서의 상호적인 참여를 지원하는 것과 관련해서 더욱 그러하다. 양육자가 부딪치게 되는 어려움은 가족 지원을 설명하는 부분에서 자세히 논의될 것이다.

(2) 언어 처리의 어려움이 파트너에게 미치는 영향

우리는 말을 함으로써 일상적인 사건을 조정하는 세상에서 살고 있다. 대부분의 사람은 언어를 처리하는 능력이 가져다주는 강점을 배제하고 일상적인 활동을 하기 어려우며, 언어 능력은 매일매일의 경험에 대해 의미를 만들어 준다. 그러나 많은 자폐 범주성 장애인은 구어 처리의 한계로 인하여 다른 사람과의 활동에 온전히 참여하는 데 어려움을 지니며, 이러한 한계는 파트너에게도 영향을 미친다.

능력 수준이 가장 낮은 경우에서조차 사회 의사소통 교환에서 완전한 파트너가 되기 위해서는 어느 정도의 언어 처리 능력이 반드시 필요하다. 사회 의사소통이라는 춤에 내재되어 있는 상호성은 다른 사람에게 구어 또는 비구어 신호를 보내는 것뿐만 아니라 두 가지를 처리하는 능력 위에 형성되는 것이다. 그러므로 아동에게 있어서 언어를 처리하는 과정에서의 어려움은 확장된 일련의 상호작용에 대한 사회적 동기 및 사회적 참여에 영향을 줄 수도 있다.

이것은 우리 대부분이 경험해 왔던 가장 평범한 상황을 반영해 봄으로써 쉽게 이해할 수 있다. 모든 사람이 언어를 사용하는 장소에서 혼자 이해하지 못하거나 최소한의 언어 능력을 가지고 있는 상황을 생각해 보자(예: 그리스어). 동기가 아무리 높다 하더라도 그리스어로 대화 수준의 말을 하고 있는 다른 사람에게 잠시 동안밖에는 집중할 수 없을 것이다. 왜냐하면 주의력을 유지하기에는 그 처리 부담이 너무 크기 때문이다. 이와 같은 현상은 모든 어린 아동의 발달에서도 관찰되는데, 이들은 매일 성인과의 대화에 아주 잠깐 동안만 참여하거나 무시할지도 모른다. 마치 어린 아동은 대화가 자신을 위해서 의도된 것이 아니라고 이해하는 것 같아 보인다.

그러나 반응적인 파트너는 구어로 언어를 처리하는 어려움 앞에서조차 성공적인 상호작용을 지지하는 방식으로 반응할 수 있다. 예를 들어, 적절한 의사소통 양식을 적용함으로써(천천히 말하기, 몸짓 혹은 시각적 지원의 사용 빈도 높이기, 구어 산출에서 반복 및 중복 사용 빈도 높이기) 그리스어를 처리하는 능력이 제한된 개인 또는 어린 아동은 제공되는 지원을 통해 사회적 맥락에서 좀 더 성공적으로 참여하게 된다. 이미 언급된 바와 같이 우리는 자폐 범주성 장애 아동이 구어를 이끌어 내려는 활동에서 적극적으로 회피하거나 상황으로부터 도망가려 하는 것을 자주 관찰하게 된다. 이러한 행동은 과중한 언어 처리 부담에 직면했을 때 경험할 수밖에 없는 자신감 부족 및 혼란감과 함께 말이 많을 때 주어지는 청각 자극의 강렬함으로 인해 야기되는 이해할 수 있는 자연스러운 결과다. 이러한 행동은 반응하기에 있어서의 비일관성이나 심지어는 관심 부족으로 보일 수도 있는데 실제로는 언어 처리 어려움에 기인한 것이 분명하다.

아스퍼거 장애 아동이나 소위 고기능 자폐 아동처럼 대화 파트너 단계에서 높은 수준의 언어 표현 및 수용 능력을 가진 가장 능력 있는 아동의 경우에도 집중해야 하는 내상이 쉽게 바뀌고 구어에 선택적으로 몰입해야 하는 번잡하고 복잡한 환경에서 언어를 처리하는 것은 곤혹스러울 수 있다. 게다가 문자적 이해와 사회적 상황에 근거한 사회적 이해를 통합하는 능력이 요구되는 비문자적 언어 형태(예: 숙어, 상징, 비꼬는 말, 풍자)를 이해하는 보다 상위 수준의 언어 능력은 비교적 언어 능력이 높은 아동에게조차 부가적인 도전이 된다. 다시 말해서, 파트너는 다른 면에서는 명석해 보이는 아동이 보이는 제한된 반응성이나 구체적이면서 '부정확한' 반응으로 인해 당황할 수도 있다.

(3) 정서 단서, 몸짓, 얼굴 표정 이해의 어려움이 파트너에게 미치는 영향

자폐 범주성 장애 아동은 다른 사람의 의도에 대한 정보뿐만 아니라 정서 상태에 대한 정보를 제공해 주는 얼굴 표정이나 몸짓을 이해하는 데 어려움을 경험한다. 정서 상태를 표현하거나 공유하는 어려움에서와 마찬가지로 정서 표현을 이해하는 데 있어서의 어려움은 자폐 범주성 장애 아동이 다른 사람과 공감하고 신뢰 있는 관계를 개발하는 데 있어서 경험하는 어려움과 밀접하게 관련될 수 있다. 이러한 어려움을 완전히 이해하기 위해서는 정서적이고 사회적인 단서를 읽는 데에 내포되어 있는 복잡성을 고려해야 한다. 어떤 사람의 찡그림이 또 다른 사람의 웃는 모습일 수 있고, 어떤 사람의 미소는 또 다른 사람의 고통스러운 표현이 될 수 있다. 얼굴 표정을 이해하기 위해서는 파트너가 얼굴 표정을 어떤 맥락에서 어떻게 사용하는가와 그 표정이 그 개인에게 어떤 의미를 지니는지를 익숙하게 이해할 수 있어야 한다. 미소가 정말 미소가 아닐 수도 있으며, 때로는 긴장을 나타내는 신호일 수 있다. 개인 내적으로 또는 개인 간의 얼굴 표정에 대한 사회적 판단은 사회적 상호작용의 흐름에 참여하기 어려워하는 아동에게는 벅찬 과제라고 할 수 있다.

> 자폐 범주성 장애 아동을 위한 교육 계획은 아동의 구어 및 비구어 단서 처리에 있어서의 어려움에 대한 이해에 기초해야 한다.

인간의 의사소통 중 30%는 구어적이고 70%는 비구어적이라고 한다. 자폐 범주성 장애 아동에게 있어서 의사소통에서의 전반적인 어려움은 구어 신호만큼이나 비구어 신호의 이해에서도 제한점을 지닌다고 보고하는 문헌에 의해서 강조된다(Prizant et al., 1997). 자폐 범주성 장애 아동에 대한 일반적인 관찰에 의하면 이들은 다른 사람의 정서 표현에 대해 잘못 이해하고 부적절하게 반응함으로써 대화 파트너에게 분명한 영향을 미치게 된다. 예를 들어, 부모와 교사는 아동이 왜 자신의 화내는 말 또는 얼굴 표정에 대해 웃음으로 반응하는지를 몰라서 당혹스러울 수도 있다. 아동의 반응은 파트너 입장에서 잘못 해석될 수 있고, 결과적으로 그 아동은 다른 사람을 비웃거나 파트너의 화를 돋운다고 믿게 된다. 자폐 범주성 장애에 대한 이해를 근거로 좀 다르게 설명을 하자면 만일 아동이 단어, 목소리 톤, 얼굴 표정 뒤에 숨겨진 정서적 의미를 이해하지 못한다면 그 아동은 다른 사람이 말 그대로 우습게 보이고 들린다고 느낄 수 있다는 것이다. 이것은 좀 더 능력 있는 파트너가 그들의 덜 능력 있는 의사소통 파트너를 위해서 표현을 단순화하고 얼굴 표정, 몸짓, 목소리 톤 뒤에 숨겨진 의미를 명백하게 할 책임이 있다는 것을 의미한다. 또한 파트너의 구어 및 비구어 의사소통과 정서 표현에 대한 부족하거나 일관성이 없거나 부적절한 반응은 자폐 범주성 장애의 고유한 특성이며 적절한 프로그램을 통해서 다루어질 수 있다는 사실을 이해할 필요가 있다. 이미 언급하였듯이 이것은 SCERTS 모델 중 사회 의사소통 영역의 주요 내용이다.

(4) 차단 또는 무시가 파트너에게 미치는 영향

앞에서 설명한 바와 같이 언어, 정서 표현, 그 외의 비구어 신호를 처리하는 데에 있어서의 어려움이 미치는 교류적 영향은 일상적인 사건의 의미를 부여하지 못하는 어려움으로 인하여 악화되면서 자폐 범주성 장애 아동의 사회적 동기에 2차적인 영향을 미칠 수도 있다. 아동은 활동에 참여하고자 하는 동기가 덜해질 수 있는데, 이것은 성공적인 참여를 위해서는 언어 및 비구어 의사소통 정보 처리가 요구되기 때문이다. 예를 들어, 아동은 이야기 나누기 활동, 교실 수업, 또는 언어 및 비구어 신호 처리에 주로 의존하는 기타 활동과 같은 특정 활동을 피할 수도 있는데, 그렇게 하지 않으면 아동은 불안감이 증가되는 경험을 하게 되고 결국은 그러한 활동을 차단하게 된다.

이것은 자폐 범주성 장애 아동은 일반적으로 자극의 복잡성과 수준이 처리상의 어려움을 악화시키는 그룹 상황을 찾거나 머무르려고 하지 않는다는 사실을 고려할 때 가장 명백해진다. 또 다른 요인은 파트너가 아동에게 어떻게 반응하는가다. 적절하게 반응하거나 행동하지 않는다고 여러 가지 방법으로 지적받는 상황에서 어려운 대인 간 교환을 차단하거나 회피하는 것은 당연한 일이다. 사회와 개별 파트너는 대인관계의 규칙과 경계를 결정하며, 그것은 매우 단순하고 '손상되지 않은' 사회적 능력을 가진 사람들에게는 직관적인 것으로 보인다. 그러나 자폐 범주성 장애 아동에게 사회적 규칙과 규준은 일관성이 없으며 논리적이지 않은 것처럼 보이며, 이들에게는 사회적 맥락이나 파트너와 관련해서 매우 자주 변화하는 것처럼 보일 수도 있다. 예측이 가능하고 질서가 있는 상호작용이 아닌 무작위 벌집과 같은 사회적 활동에 참여하도록 기대될 때 대인 간 기대의 지속적인 변화와 재편성은 아동으로 하여금 균형을 잃게 만들 수도 있다. 다시 말해서, 파트너는 차단 혹은 무시가 이해하기 어렵고 스트레스를 일으키는 상황에서 아동이 보이는 대처 전략(즉, 자기조절 전략)일 수도 있다는 사실을 이해해야 한다. 따라서 아동에게 반응이나 참여의 의지가 없다고 우선적으로 간주하기보다는 오히려 참여하지 않으려고 하는 이러한 경향을 줄이기 위해서 적절한 지원을 결정하고 제공할 필요가 있다.

(5) 감각 처리 어려움이 파트너에게 미치는 영향

> 교육 계획은 아동이 보이는 감각 처리상의 어려움에 대한 이해를 기반으로 해야 한다. 대인관계 지원은 이러한 어려움을 직접적으로 다루어야 한다.

문헌에서 감각 경험에 대한 비정상적인 반응으로 언급되기도 한 이미 잘 알려져 있는 감각 처리 어려움은(Anzalone & Williamson, 2000) 많은 아동에게 있어서 대인관계 지원의 필요성을 강조한다. 어떤 아동은 다양한 감각 통로(예: 청각, 시각, 촉각)를 통한 감각 사건에 대해 과잉반응을 보이는 편향성으로 인해 사회적 및 비사회적 활동 모두에서 어려움을 경험한다. 예를 들어, 자폐 범주성 장애 아동은 너무 크게 말하고 너무 빨리 움직이고 너무 꽉 끌어안아 주는 열정적이고 친숙한 파트너를 피하려고 시도할 수 있다.

유사한 어려움이 나타나는 특정 활동이나 환경은 아동이 실제로 그러한 활동을 경험하거나 환경에 처하기 전인데도 예상되는 회피 또는 방어가 관찰될 정도로 아동에게 혐오적일 수 있다. 이것은 아동이 바닥에 누워서 시끄러운 체육관이나 카페테리아와 같은 특별한 장소로 들어가는 것을 거부하거나 그런 상황에 처하기 전에 한쪽 또는 양쪽 귀를 막을 때 흔히 관찰된다. 분명한 것은 아동에게 있어서 그러한 환경에서 다른 사람과 의사소통하거나 참여하려고 머무르기가 매우 어렵다는 것이다. 다시 말해서, 자폐 범주성 장애 아동이 보이는 감각 경험에 대한 일관성 없는 각성 상태와 비전형적인 반응은 파트너로 하여금 상당히 혼란스러운 장면을 경험하게 한다. 파트너는 이러한 감각상의 어려움에 직면했을 때 잘 조절된 상태를 지원할 수 있는 전략을 개발해야 하며 그렇게 하는 것이 SCERTS 모델 중 정서 조절 영역의 주요 요지다.

(6) 이 이야기의 교훈: '문제'는 아동 '내부'에만 있는 것은 아니다

> SCERTS 모델에서 학습은 파트너십으로 인식된다. 그러므로 아동과 성인 파트너 모두는 상호작용을 진행하고 시간이 흐름에 따라 성장하고 적응해야 하는 책임이 있다. 실제로 아동과 파트너 모두의 행동은 각 파트너를 위해 설정된 목표로 평가된다.

초기 상호작용 및 가족 관계는 아동으로 하여금 초기 의사소통 및 사회-정서 경험에서 성공 또는 어려움을 경험하게 하는 것으로 잘 알려져 있다. 게다가 어떤 아동은 초기에는 가족의 맥락 내에서 그리고 나중에는 더 광범위한 사회적 경험을 하는 내내 의사소통의 성공 또는 실패의 반복적인 사례를 통해서 파트너로서 그리고 경쟁적인 의사소통자로서 자신의 감각을 키워 나간다. 상호작용은 지속적인 사회 의사소통의 어려움을 지니기 때문에 아동과 파트너에게 스트레스를 주고 불안을 일으키는 것으로 인식될 수 있다. 반대로 사회적 활동에서의 성공은 능력과 자신감 그리고 동기를 부여한다. 그러므로 아동이 자기 자신을 효과적이고 유능한 사회적 파트너로 인식하도록 지원하는 것은 파트너와의 계속되는 의사소통과 상호작용을 유도하는 데 매우 중요하다.

SCERTS 모델에서는 어려움이 아동 '내부'에만 있다고 보는 것은 지나치게 단순하고 부정확하기까지 하다고 여긴다. 오히려 자폐 범주성 장애 아동과 가족 구성원 및 기타 모든 파트너는 사회 의사소통과 정서 조절에서의 어려움에 의해서 역동적이면서 교류적인 방식으로 영향을 받을 수 있다고 인식한다. 예를 들어, 아동은 파트너의 의사소통 신호를 처리하는 데 어려움을 보이며, 마찬가지로 파트너는 아동의 정서적 각성 상태를 감독하는 어려움과 함께 아동의 미세하고 비관습적인 의사소통 신호를 처리하는 데 어려움을 보일 수도 있다. 파트너는 자폐 범주성 장애 아동의 반응이 부족하다는 사실을 인식하면서 좌절할지도 모른다. 특정 교수적 접근의 경우 이것은 아동이 어떻게 반응해야 하고 정반응은 무엇이어야 한다고 미리 정해 둔 결과일 수도 있다. 만일 아동이 반응하지 않는다면 또는 반응이

미미하거나 비관습적이라면 파트너는 가치 있는 대인관계 경험을 만들어 내거나 유지하지 못하는 자신 또는 아동의 무능력에 대해 좌절할 수 있다. 이러한 상황에서 가족과 교사가 대인관계 단절 및 아동과 파트너 모두의 무능감 또는 좌절감을 최소화하거나 피하기 위해서는 교류 지원이 매우 중요하다.

따라서 가족 구성원 및 기타 파트너들 역시 자폐 범주성 장애 아동과 관련된 효율적 또는 비효율적인 의사소통 및 사회직 파트너로서 자기 사신에 내해 인식하여야 한다. 좀 더 성공적인 의사소통 파트너인 가족 구성원과 또래들은 대상 아동과의 좀 더 매끄럽고 보상적이고 정서적으로 만족스러운 상호작용을 기대하고 시작하고 적극적으로 기여한다. 이러한 성공은 정서 조절 또는 조절장애의 신호와 함께 아동의 의도적이거나 전의도적인 의사소통 신호를 읽는 것에 상당히 의존한다. 아동을 위한 효과적인 지원은 파트너가 그러한 신호를 성공적으로 읽고 지속적으로 감독한 것을 근거로 의사소통 양식을 수정하는 데에 달려 있다. 의사소통 및 사회적 파트너로서 덜 숙련된 가족 구성원과 아동은 참여의 기회를 인식하기 어려울 수 있으며 따라서 아동에게 성공적으로 의사소통을 시작하지 않거나 그 아동의 의사소통 시도에 반응하지 않을 수도 있다. 이와 같은 인식 부족은 진행되는 상호적인 사회 의사소통적 상호작용에서 실패를 증가시키는 결과를 초래함으로써 긍정적 관계의 발달을 방해한다. 그러므로 SCERTS 모델은 대상 아동과 그 파트너 모두를 위한 성취감, 사회적 동기, 정서적 보상을 촉진하는 사회 의사소통 교환에서 양육자가 성공하도록 지원하는 것뿐 아니라 아동의 능력을 강화할 필요가 있다는 사실을 분명하게 설명하고 있다.

자폐 범주성 장애 아동 역시 다른 아동과 매우 유사하기 때문에 최대한 통찰력 있고, 이해심이 있고, 다른 사람의 관점에서 생각할 수 있는 사람에게 끌릴 뿐만 아니라 심지어 그러한 사람을 찾으려는 경향이 있다는 것을 인식해야 한다. 가족 구성원 또는 전문가와의 가장 성공적인 대인관계 상호작용은 “내가 만일 이 아동이라면 나는 어떻게 느낄까?” 또는 “지금 당장 나는 무엇을 생각할 것인가?”라는 질문을 할 수 있는 파트너와 함께할 때 가능하다. 한쪽 파트너가 다른 파트너를 주도하는 대인관계 상호작용은 파워가 적은 파트너의 견해와는 상관없이 결국에는 실패하게 될 것이다. 관계를 유지하기 위한 진정한 장기적 유인책은 없다. 따라서 SCERTS 모델에서는 아동의 행동만큼 파트너의 행동도 주시할 필요가 있다는 것과 사회 의사소통, 정서 조절, 그리고 긍정적 관계를 지원하는 파트너에게서 긍정적 변화를 촉진할 필요가 있다는 것을 인식한다.

2) 학습 지원이 요구되는 핵심적인 어려움

대인관계 상호작용이 지니는 질적인 면과 특성 외에도 자폐 범주성 장애 아동은 학습의 강점 및 약점 패턴과 관련된 어려움을 경험한다. 자폐 범주성 장애 아동을 위한 서비스에 강한 영향을 주어 왔던 많은 교육 개혁이 대부분의 자폐 범주성 장애 아동에게서 관찰되는 학습 또는 인지 스타일을 더 잘 이해하는 것에 기초를 두고 있다. 학습과 인지 스타일에 대한 이해는 실증적 연구, 자폐 범주성 장애인의 직접적인 설명, 교육 및 임상 경험을 포함하는 다양한 자료를 근거로 한다. 여기서는 교류 지원의 이러한 측면을 이해하기 위해서 자폐 범주성 장애 아동의 학습상의 강약점 패턴을 먼저 살펴보고, 이러한 패턴이 이들에게 왜 어려움을 가져오는지에 대해 설명하고자 한다.

(1) 학습상의 강점과 약점

자폐 범주성 장애 아동은 공통적으로 학습상의 강점과 약점에서 독특한 양식을 보이는데, 이러한 양식은 아동과 파트너에게 그것으로 인해서 또는 그것 자체로 (기회뿐만 아니라) 특별한 어려움을 만들어 낸다. 자폐 범주성 장애와 관련해서 보편적으로 언급되는 능력에는 시각적 및 청각적 정보에 대한 상대적으로 강한 기계적 연상 기억(즉, 일화 기억 또는 게슈탈트 기억)과 시공간적 처리 및 패턴 인식이 요구되는 과제 수행 능력이 포함된다(Grandin, 1995; Prior, 1979; Prizant, 1983b). 이러한 강점과 관련된 특정 기술은 놀이에서의 시공간적 패턴의 정확한 구성(예: 블록 배열), 퍼즐, 폼 보드(form boards)(역주: 그림을 맞추어 붙여서 사각형을 만드는 판), 블록 디자인 과제를 잘하는 능력, 학령기 학생의 지도나 시각적 디자인을 만들고 이해하는 능력 등을 포함한다. 아동에 따라서는 상대적으로 정확한 방식으로 일과를 개발하고 따르는 뛰어난 능력, 노래 또는 멜로디와 리듬 패턴을 파악하고 재연하는 능력, 사건 자체를 완전히 이해하지는 못하면서도 이전의 경험과 사건에 대해 상세히 기억하는 능력을 보이기도 한다.

정보 처리와 관련된 연구는 자폐 범주성 장애 아동이 공간 인지 및 게슈탈트 정보 처리에 의존하는 과제를 잘 수행하는 것으로 보고한다. 그러나 이들은 계열적인 정보로 규칙을 세우고 범주화하는 데 어려움을 지니며, 특히 물리적인 특성보다 개념 이해를 기반으로 추상적인 규칙을 이끌어 낼 필요가 있을 때 힘들어한다(Frith, 1971; Hermelin & O'Connor, 1970; Schuler, 1995). 기계적 기억력에서의 강점은 자폐 범주성 장애 아동이 시각적 또는 청각적 정보가 제시될 때 의미 있는 정보와는 달리 의미 없는 정보의 회상에서도 동일하게 잘 수행한다는 연구를 통해서 입증되어 왔다(Hermelin, 1976). 이것은 의미 있는 정보를 더 잘 기억하는 일반 아동과 지적장애 아동으로 이루어진 통제집단의 결과와는 반대되는 것이다.

더욱이, 자폐 범주성 장애 아동은 전형적으로 의미 있는 참조에 의존하기보다는 기계적인 기억 전략에 의존한다. 게다가 자폐 범주성 장애 아동은 일시적인 정보(예: 말처럼 시간이 지나면 순식간에 지나가는 정보)보다는 비일시적인 정보(예: 그림처럼 시간이 지나도 안정되게 남아 있는 시각적 정보)를 상대적으로 더 잘 처리하고 회상한다(Prizant, 1983b; Wetherby, Prizant, & Schuler, 1997). 그래서 대부분의 자폐 범주성 장애 아동은 다른 사람의 행동, 사고, 정서 그리고 믿음에 대한 개념적 이해와 판단이 포함된 활동보다는 오히려 시각적 자극의 물리적인 위치나 공간적 방향 판단이 포함된 활동을 할 때 더 잘 성공하고 동기가 형성된다.

자폐 범주성 장애 아동의 상대적인 약점은 언어 처리(앞에서 설명함), 좀 더 융통성 있는 언어 중심의 기억(즉, 의미론적 기억)을 사용하는 관련 능력, 사회적이고 정서적인 단서를 사회적으로 이해하고 파악하는 능력 등을 포함한다. 상대적인 강점과 약점 패턴에 관한 기록은 1943년에 Kanner에 의해 '유아기 자폐'라고 처음 기술될 때부터 강조되어 왔다. Kanner에 의하면 자폐 범주성 장애 아동의 강점은 구체물 조작, 대상 지식, 기계적 암기 등으로 제한되는 경향이 있고, 결과적으로 융통성 없는 뛰어난 인지적 재능으로 나타날 수도 있다고 하였다. Kanner에 의하면 자폐 범주성 장애의 정의적 특성이기도 한 두드러진 약점은 사회적 관계 및 의사소통 능력의 발달 및 "동일성을 반복하는 고집"이라는 결과를 만들어 내는 인지적 기능에서의 융통성 부재와 관련된다(Kanner, 1943). 상호작용이 진행될 때 사회적 상호작용을 조절하는 신호는 대체로 일시적이기 때문에 적어도 사회 의사소통 영역 부분에서 주목되는 것은 특정 약점으로 분석된다. 〈표 4-1〉은 자폐 범주성 장애 아동에게서 빈번하게 관찰되는 학습상의 강점과 약점을 요약하여 제시하고 있다.

자폐 범주성 장애에서 빈번하게 인용되는 언어 및 의사소통 행동 특성 역시 전

〈표 4-1〉 자폐 범주성 장애의 학습상의 강점과 약점

강점	약점
시공간적 처리	언어 처리
기계적 암기력	개념적인 의미 기억하기
게슈탈트(형태) 처리	분석적 처리
정적인 정보 처리	순간적인 정보 처리
비사회적인 대상 지식	사회적 이해

형적인 발달을 보이는 아동의 언어 습득 및 인지 스타일에서의 유사한 차이점을 고려할 때 이해될 수 있다. 이 책의 2장에서 논의된 바와 같이 게슈탈트와 분석적 언어 형태 간의 차이는 언어 습득 스타일(예: 게슈탈트 양식과 분석적 양식)에서의 차이를 만든다(Peters, 1983). 게슈탈트 언어 형태는 내적인 언어 구조를 거의 분석하지 않고 발화 그 자체에 대한 이해도 거의 또는 전혀 없이 단일 단위 또는 통언어로 기억되고 산출되는 다단어 발화를 의미한다. 한편 분석적 형태는 발화에 의해 부호화되는 구체적인 의미와 언어 구조를 좀 더 잘 이해하는 언어 규칙의 적용을 토대로 생성된다. 언어의 게슈탈트 형태 또는 분석적 형태 둘 다 전형적인 발달을 보이는 아동이 사용하는 것으로 알려져 있으며 자폐 범주성 장애 아동의 언어 습득 전략을 이해하는 데에도 관련된다(Prizant, 1983b; Rydell & Prizant, 1995; Schuler & Prizant, 1985).

Prizant(1983b)는 자폐 범주성 장애 아동은 초기 언어 습득에서 즉각적으로 구어를 반복하는 즉각반향어 또는 시간이 지난 후에 구어의 다양한 낱말을 통째로 분석 없이 기억하여 반복하는 지연반향어에 의한 게슈탈트 전략을 사용한다고 설명하였다. 말을 습득한 대부분의 자폐 범주성 장애 아동은 초기 발화에서 전형적으로 반향어를 사용하며, 초기 의사소통적 기능은 즉각반향어와 지연반향어를 통해 표현된다는 점에서 게슈탈트 스타일의 언어 습득을 보인다(Prizant, 1983a; Prizant & Duchan, 1981; Rydell & Prizant, 1995; Schuler & Prizant, 1985). Prizant(1983b)는 구어를 사용하는 대부분의 자폐 아동의 경우 이해나 의사소통 의도가 없는 반향어를 주로 사용하다가 점차 다양한 의사소통 기능을 위해 반향어를 사용하게 되면서 이후에 반향어는 감소하고 창의적이고 자발적인 발화는 증가하게 된다고 제안한다. 즉각반향어 및 지연반향어 외에도 자폐 범주성 장애 아동에게서 보편적으로

관찰되는 비관습적인 형태의 언어 행동인 반복적인 말과 끊임없이 질문하기 역시 습득과 사용에 있어서 게슈탈트 전략을 반영한다(Rydell & Prizant, 1995). 〈표 4-2〉는 비관습적인 구어 행동의 형태와 정의를 보여 주고 있다. 따라서 게슈탈트 형태

〈표 4-2〉 비관습적인 구어 행동의 형태와 정의

비관습적인 구어 행동의 형태	정의	예
즉각반향어	다음에 해당되는 말의 반복 1. 원래의 발화가 즉각적으로 뒤따라서 또는 두 차례 내에 발생한다. 2. 정확한 반복(순수한 반향어) 또는 최소한의 구조적 변화(수정된 즉각반향어)를 포함한다. 3. 다양한 의사소통 및 인지 기능을 제공한다.	"주스 줄까?"라는 성인의 질문에 즉각적으로 반복한다. 아동의 비구어 행동(예: 주스병을 향해 손 뻗기)은 주스를 얻기 위해서 긍정의 기능(Kanner, 1943) 또는 '네-대답하기'의 기능(Prizant & Duchan, 1981)을 가지고 발화를 반복하는 것임을 보여 준다.
지연반향어	다음에 해당되는 말의 반복 1. 상당히 나중에 반복된다(예: 적어도 원래의 발화 후 세 차례 후에 발생, 그러나 전형적으로는 몇 시간, 며칠, 몇 주 뒤에 좀 더 많이 발생). 2. 정확한 반복(순수한 반향어) 또는 최소한의 구조적 변화(수정된 지연반향어)를 포함한다. 3. 다양한 의사소통 및 인지 기능을 제공한다.	아동이 마실 물을 요구할 때 "산책할 시간이야."라고 말한다. 이것은 2주 전에 아동이 물을 먹으려고 방을 떠나기 전에 교사가 그에게 했던 말을 반복한 것이다.
반복적인 말	다음에 해당되는 말 패턴의 집요한 반복 1. 모방하거나(반향어) 자발적인 낱말, 구, 또는 발화의 조합으로 구성된다. 2. 순환적으로 재발생하는 형태로 나타난다. 3. 의사소통 의도의 증거나 파트너로부터의 대답에 대한 기대가 있든 없든 발생한다.	다른 아동과 교사로부터 떨어져서 교실의 구석에서 보조를 맞추면서 "우리는 어질러 놓은 것을 정리해야 해."라고 반복적으로 말한다. 이 말은 한 달 전에 동일한 장소에서 아동이 주스를 쏟았을 때 교사가 그 아동에게 한 말이다. 이 예에서 집요하게 반복되는 발화는 지연반향어이기도 하다.
끊임없이 질문하기	다음에 해당되는 반복적인 구어 질문 1. 의사소통 파트너를 향한다. 2. 의사소통 의도를 가지고 반응을 기대한다. 3. 대답을 했는데도 대답 즉시 또는 잠시 후에 계속한다.	2시간 동안 이미 세 번이나 오후에 해변에 수영하러 간다고 말했음에도 불구하고 엄마에게 "점심 먹고 수영 가요?"라고 반복적으로 질문한다. 이 질문하기는 엄마로부터 긍정의 답을 들었어도 계속된다.

출처: Prizant & Rydell (1993); Rydell & Prizant (1995).

와 비관습적인 구어 행동의 출현은 전형적인 연속선상에서의 한쪽 끝이라는 다양성으로 개념화될 수 있으며, 이것은 인지적 스타일에서의 다양성과도 분명하게 일치한다.

몇몇 자폐 범주성 장애 아동에게서 관찰되는 **초독서증**(hyperlexia)이나 조기에 스스로 깨우친 문자 해독 기술(읽기 기술) 또한 학습의 강점과 약점을 고려할 때 관련성이 있다. 글로 쓰인 언어와 말로 하는 언어의 주된 차이는 사용되는 양식에서 찾아볼 수 있는데, 즉 문자 언어는 사라지지 않는 시각적 투입을 사용하는 반면에 구어는 순간적으로 사라지는 청각적 신호를 사용한다. 문자 언어가 구어를 처리하는 과정처럼 순간적인 자극을 계열화해서 분석하는 데 의존하는 것이 아니기 때문에 자폐 범주성 장애 아동에게서 주로 관찰되며 초독서증에서 가장 극단적인 형태로 나타나는 수와 글자에 대한 집중적인 흥미와 관심 또한 인지 및 처리 스타일의 강점과 연관해서 쉽게 이해된다.

> SCERTS 모델에서 교육의 실제는 개별 아동의 학습 강점 및 약점 프로파일에 대해서뿐만 아니라 자폐 범주성 장애 아동의 학습 스타일의 차이에 대한 깊은 이해에 기반을 두는 전략으로 채워진다.

결과적으로, 순간적으로 사라지지 않는 신호를 선호하는 등의 학습상의 강점과 약점은 규칙 기반의 언어 및 사회적 지식 체계의 습득을 어렵게 만든다. 반면에 만일 초기 사회-정서적 경험을 좀 더 융통성 있는 사회적, 언어적, 그리고 인지적 지식 습득의 주요 결정인자로 본다면 자폐 범주성 장애에서 나타나는 보편적인 인지 스타일은 사회적 상호작용 및 관계에서의 손상에 의해서 발생한다고 생각해 볼 수 있다.

어떤 경우에서든지, 사회 의사소통과 정서 조절에 대한 SCERTS 모델 접근은 자폐 범주성 장애 아동의 명백하게 다른 학습 스타일을 고려하여 가장 적합한 교육적 접근을 제공하기 위해서 게슈탈트 스타일의 학습 및 언어 습득과 관련된 강점과 약점 모두를 설명해 주는 인지적 차이를 다룬다(Grandin, 1995; Prizant & Wetherby, 1989; Schuler, 1995). 흔히 언급되는 학습 스타일상의 차이와 관련된 어려움에는 의사소통 및 언어 패턴의 비융통성, 반향어를 포함한 비관습적인 구어 행동의 발달, 동일성을 유지하려는 고집, 그리고 일과와 의식을 만들고 따르려는 집착과 명백한 요구 등이 있다. 이러한 행동 패턴은 인지적 차이를 직접적으로 반영하고 대처 전략으로 또는 수정 및 학습을 위한 대안적인 경로로 기능하는 것으로 이해되고 접근될 필요가 있으며, 단순히 '일탈적인' 또는 '병리적인' 행동으로 무시되어서는 안 된다.

이와 같은 일반적인 학습 스타일의 패턴이 자주 관찰됨에도 불구하고 개인마다의 상대적인 강점과 약점 패턴을 고려하는 것은 매우 중요하다. 이러한 강점과 약점 프로파일은 실증적 연구에서도 제시되어 왔으며 아동과의 직접적인 경험에서도 매일 관찰된다. 그러나 소수 자폐 범주성 장애 아동의 학습 프로파일은 일반적인 경향을 반영하지 않는다. 예를 들어, 어떤 아동은 매우 의미 있는 시각적 처리와 기억에 어려움을 보인다. 어떤 아동은 한 번만 보여줘도 기술의 순서를 기억하는 반면에, 다른 아동은 동일한 순서를 배우는 데 반복적으로 수차례에 걸친 시도를 필요로 한다. 어떤 아동은 사회 의사소통 장면에서 끊임없이 말을 하는 반면에, 다른 아동은 과묵할지도 모른다. 어떤 아동은 시각적 지원으로 상당한 혜택을 받는 반면에, 다른 아동은 동일한 정도의 이득을 얻지 못한다. 따라서 개별적인 차이는 분명히 고려되어야 한다.

(2) 발달상의 불일치와 관련된 어려움

발달상의 불일치(developmental discontinuity)라는 용어는 자폐 범주성 장애의 학습 스타일 이슈와 관련하여 '발달 능력 및 장애의 최소와 최대 패턴'을 말한다. 발달상의 불일치는 1943년 Kanner의 첫 번째 사례연구가 출간되면서 분리된 특정 능력이 관찰된 것을 근거로 대상자들이 인지적으로 "좋은 자질을 가지고 있다."고 말한 이래로 전문가뿐만 아니라 양육자의 흥미를 일으키고 혼란스럽게 하였다. 자주 관찰되는 상대적으로 유능한 몇몇 영역은 '고립된 기술(splinter skills)'로 무시되어 왔음에도 불구하고, 인지적 차이와 인지적 손상의 본질은 교사, 부모, 연구자들에게 지속적으로 어려움이 되어 왔다. 특정 비사회적 기술에서 관찰되는 명백한 인지적 '강점의 섬(islets of strength)'과 사회 인지적, 의사소통적 그리고 적응기술에서의 제한점 간의 확실한 대비는 자폐 범주성 장애 아동과 함께 일하는 사람들을 좌절시킴과 동시에 큰 관심의 대상이기도 하다.

발달상의 불일치와 관련된 어려움은 어떤 가족에게는 매우 어릴 때 시작된다. 부모가 자녀의 사회적 및 의사소통적인 면에서의 어려움에 대해 심각하게 염려하면서도, 자녀가 보이는 퍼즐 맞추기, 노래나 비디오 반복하기, 글자 또는 숫자 배열의 기계적인 순서 암기하기와 같은 상대적인 강점으로 인해 안심할 수도 있다. 많은 부모들은 자녀가 천재적이라는 첫인상을 가졌다고 보고한다. 불행히도 자폐 범주성 장애 아동의 학습 패턴에 대해 잘 알지 못하는 몇몇 전문가들은 이들의 상위 수준의 비사회 인지적 기술(논의된 바와 같이 학습 스타일 차이에 기반을 둔)을 보고 사회 의사소통적 문제의 중요성을 간과함으로써 좀 더 일찍 서비스를 시도해 가족을 지원할 수 있게 해주는 더 상세하고 발달적인 평가 의뢰를 지체하게 된다.

발달상의 불일치와 관련된 어려움은 시간이 지나도 지속될 수 있다. 예를 들어, 진단 이후 몇 해에 걸쳐서 기계적인 기술(수 세기, 알파벳 암기, 그림 분류하기) 훈련을 과도하게 강조하기도 하는데, 이것은 이러한 행동이 향상된 인지 능력을 반영한다고 생각하기 때문이다. 기계적인 학습은 시각적 기억 능력에서의 상대적인 강점으로 인해 어떤 아동에게는 쉬울 수도 있다. 그러나 SCERTS 모델에서는 다음과 같이 질문한다. "이 아동은 왜 이 기술을 학습하고 있는가?" "이 기술은 아동이 부딪치고 있는 실제 삶의 사건 및 어려움과 어떻게 연관되는가? 다시 말해서, 이 기계적인 기술은 어떤 기능적인 목적을 제공하는가?" 다는 아닐지라도 많은 아동에게 있어서 기계적으로 학습된 기술은 진정한 발달적 진보에 기여하지 않을 수도 있는데, 특히 개념 기반의 융통성 있는 인지 발달과 함께 사회 의사소통 및 정서 조절의 핵심 영역에서는 더욱 그러하다. 마지막으로, 발달상 불일치는 행동적인 어려움에 기여할 수 있는데, 특히 좀 더 적절한 수단의 사회적 통제 및 참여와 정서 조절을 지원하는 사회 의사소통 능력을 이끌어 내는 특정 의사소통 기술을 발달시키는 대신에 수동적으로 반응하고 순응하도록 가르치는 것에 너무 많은 강조점을 두는 경우 더욱 그러하다.

(3) 표준 학업 교육과정

이미 부분적으로 앞에서 언급한 학습 스타일 차이로 인해, 자폐 범주성 장애 아동은 학교에서 일반적으로 사용하는 학업 교육과정에서 심각한 어려움을 경험하곤 한다. 이러한 어려움은 아동이 유치원에서 초등학교로 진학할 때 좀 더 분명하게 나타난다. 대부분의 학업 교육과정은 상당히 높은 비중으로 언어 중심적이며, 이것은 자폐 범주성 장애 아동에게는 확실한 약점에 해당된다. 수학 교육과정조차 말과 문자를 통해 주로 배우며 평가 목적을 위해 언어 기반의 문제를 활용한다. 국어, 사회 등과 같은 사회적 지식과 비문자적 언어에 삽입된 이해를 요구하는 좀 더 추상적인 과목은 자폐 범주성 장애 아동에게는 특히 어려울 수 있는데, 이는 이들이 구체적이고 사실적인 정보를 더 잘 다루기 때문이다. 이러한

> 교육 프로그램은 의미 있고, 동기유발적이어야 하며, 아동의 학습 강점과 약점을 기반으로 해야 한다. 기계적인 기술 역량을 강화하는 것은 의미 있는 진보를 가져다주지 않는다.

과목들은 구체적이고 사실적인 것을 넘어서는 정보의 이해와 기억을 요구한다.

이와 같은 학습상의 어려움은 아동의 팀 내 전문가로 하여금 아동의 학업상의 강점 및 약점과 관련해서 아동에게 무엇이 교수되고 있고 어떻게 교수되고 있는지를 주의 깊게 살펴보게 만든다. 내용과 교수방법의 측면에서 표준 교육과정의 수정이 필요할 수도 있다. 예를 들어, 좀 더 추상적인 개념은 많은 시각적 지원을 제공하고 아동 자신의 삶의 경험과 연결시켜서 교수될 수 있다. 많은 경우에 있어서, 다른 학생들에게 사용되는 것보다 더 많은 다양한 교육과정이 사용될 수도 있다. 예를 들어, 많은 학생들이 언어 중심 수학 교육과정보다 시각 중심 수학 교육과정을 선호할 수 있다.

3) 가족 지원이 요구되는 핵심적인 어려움

가족 구성원은 다른 무엇보다도 자녀가 경험하는 사회 의사소통과 정서 조절의 어려움으로 인해서 가장 힘들어하며, 이러한 이슈는 부모가 걱정하는 우선적인 영역 중 하나다(Bristol & Schopler, 1984; Domingue et al., 2000). 물론 이러한 어려움은 부모나 기타 파트너가 아동이 유아기에 도달하면서 사회적으로 참여하고 효과적으로 의사소통할 수 있을 것으로 더 큰 기대를 하게 됨에 따라 더욱 두드러지는 것이 당연하다. 그러나 가족 구성원이 부가적인 어려움에 직면하게 된다는 사실을 강조할 필요는 있다. 이러한 어려움은 가족 내의 요인, 직계 가족 밖의 요인, 또는 서비스 전달체계나 전문가 및 다른 서비스 제공자와의 상호작용과 관련될 수도 있다.

(1) 가족 내에서의 어려움

① 가족 생활에서 균형 찾기

가족의 삶에서 균형을 찾는 것은 대부분의 가족을 위해 중요한 과제며, 특히 자폐 범주성 장애 아동 외에 다른 자녀가 있거나 조부모를 모시는 등 부모가 다른 돌봄의 책임을 가지고 있을 때는 더욱 그렇다(Domingue et al., 2000). 자폐 범주성 장애 아동의 요구를 충족시키는 것 외에도 부모는 자폐에 대해 교육받고 서비스를 탐색하고 계획하는 등 채워야 할 많은 다른 의무를 가지고 있기 때문에 가족의 활동이나 가족 내 다른 자녀를 위해 활용할 시간과 에너지가 부족할 수 있다. 부모가 아동의 프로그램에 보다 적극적으로 참여할수록, 필수적인 서비스를 조절하기 위해 요구되는 시간으로 인해서 다른 가족 구성원을 위한 시간은 거의 남지 않을 수도 있다. 학교가 제공하지 않는 치료와 서비스에 대한 추가 비용은 대부분의 부모에게 부가적인 경제적 부담이 된다. 많은 부모는 "가족 내에서 시간, 에너지, 재정의 균형을 맞추는 것이 계속되는 갈등"이라고 느낄지도 모른다(Domingue et al., 2000).

② 가족의 의사결정

부모가 내려야 하는 많은 어려운 결정으로 인해서 어떤 가족은 자폐 범주성 장애 자녀를 양육하면서 나타나는 부부 간 의견 차이와 관련된 부가적인 스트레스를 경험하게 되는 위험에 처한다. 어려운 결정으로는 교육적 접근 유형 선택, 아동의 발달을 지원하기 위해 사용해야 하는 기법(자폐 범주성 장애를 위한 훈련이라는 가장 어려운 논쟁을 포함한), 보험 또는 교육 체계로 채워지지 않는 부가적인 서비스를 위한 재정적 자원을 우선순위화하는 방법, 자신의 권리가 보장되지 않거나 서비스가 효과적인 방법으로 제공되지 않는다고 생각될 때 서비스를 제공할 법적인 책임이 있는 체계에 이의를 제기할 것인지 또는 언제 그렇게 해야 할지의 결정 등이 포함된다. 게다가 한 부모는 전업으로 일을 하고 나머지 한 부모는 일하지 않는 등 실제로 아동과 함께 지내는 시간이 불균형적이라면 각 양육자가 아동과 맺게 되는 서로 다른 관계로 인해서 이러한 중요한 결정은 자녀에 대한 서로 다른 견해에 기초해서 이루어지게 된다. 이는 모든 아동의 부모 또는 양육자에게 중요한 쟁점이다. 그러나 이들이 자폐 범주성 장애를 지닌 아동의 부모일 때에는 많은 경우 상당히 어렵고 긴박한 상황에서 내려져야 하는 더욱 중대하고 스트레스가 되는 결정이 되어 버린다.

③ 자폐 범주성 장애에 대한 가족 구성원의 반응의 차이

전문가는 가족 구성원이 자폐 범주성 장애 아동을 양육하면서 경험하게 되는 모든 가능한 유형의 반응을 알 필요가 있으며, 대부분의 경우 이러한 반응은 자연스러운 것이고 부적응적이거나 비정상적인 또는 병리적인 반응이 아니라는 것을 이해해야 한다. 반응은 한 가족 내에서 그리고 가족 간에 서로 다를 수 있으므로 의견의 불일치로 인한 심층적인 어려움을 야기하기도 한다. 반면에 자폐 범주성 장애에 대한 가족 구성원의 반응에 있어서의 차이는 광범위한 선택이 논의되고 고려되는 경우 긍정적 요인이 될 수도 있다. 의견의 차이가 긍정적 요인인지 혹은 부정적 요인인지는 가족 구성원이 이러한 차이에 어떻게 반응하고 해결하는지와 상당히 관련된다.

어떤 가족 구성원은 죄의식, 분노, 거부와 같은 강한 개인적 반응을 보이기도 하고, 다른 가족은 그렇지 않을 수 있다. 어떤 가족 구성원은 만일 신체적 상태를 치료하는 시도로 '올바른' 치료(교육적이거나 생물학적인)만 발견할 수 있다면 자폐 범주성 장애를 특정 기간 내에 극복할 수 있는 문제로 이해하기도 한다. 이러한 경우 자녀를 자폐로부터 '회복시키는 일'은 그 가족의 또는 개별 가족 구성원의 임무가 될 것이다. 반대로 자폐 범주성 장애를 일생의 장애로 여기는 가족이나 가족 구성원은 자녀의 장애를 자녀에게서 분리할 수 없는 '가족이 다루어야 하는 일'의 일부로 여기게 된다. 또한 어떤 가족 구성원 또는 가족은 자녀의 발달을 지원하는 일을 모든 가족 구성원을 위한 성장의 기회 또는 자폐 범주성 장애에 의해 영향을 받는 다른 가족에게 접근하고 지원할 수 있는 기회로 여기기도 한다. 예를 들어, 실제로 가족 내에 자폐 범주성 장애 아동이 존재하는 것만으로도 긍정적이고 의미 있는 영향을 받는 많은 부모 또는 형제자매가 있다.

④ 가족 구조의 변화: 역할, 생활방식, 일과

가족 구조는 가족 내에 특별한 요구를 가진 아동이 있을 때 독특한 방식으로 어려움을 겪고 변화하는 것으로 잘 알려져 있으며, 결과적으로 양육의 역할, 생활방식, 매일의 일과에 영향을 미친다(Prizant & Meyer, 1993). 예를 들어, 많은 가족은 행동 문제를 초래하는 정서 조절장애와 관련될 가능성이 있는 새롭고 친숙하지 않은 장면에서 자녀가 경험하게 될 어려움으로 인하여 여가 활동을 줄이게 된다. 어떤 아동의 경우는 예측성과 일관성을 전적으로 필요로 하기 때문에 가족으로 하여금 상대적으로 고정된 스케줄을 따르고 다른 사람의 사회적 방문을 최소화하게 만든다. 이러한 변화(대부분은 아동의 발달과 정서 조절을 지원하려는 요구에 의해 발생하는)는 가족을 고립시키거나 친구나 친척과의 일상적인 활동에 참여하지 못하게 하는 부차적인 부정적 영향을 초래한다. 그래서 부모가 자폐 범주성 장애 아동을 양육하는 경험을 이해하고 비공식적인 지원을 제공할 수 있는 다른 부모를 찾아낼 때 우정과 사회적 지원망은 이동하게 된다.

⑤ 형제자매

형제자매의 어려움은 성별, 아동의 상대적 연령, 출생 순서, 자폐 범주성 장애가 없는 아동에 대한 역할 기대에 따라 다양하다. 또한 의사소통과 정서 조절 능력과 같은 자폐 범주성 장애 아동의 특성은 형제가 직면하는 어려움의 특성을 결정해 준다. 형제자매의 어려움은 자폐 범주성 장애를 지닌 형제자매와 놀이하고 긍정적 관계를 발달시키는 데 있어서의 어려움, 공공장소에서 느끼는 당혹스러움, 문제행동에 대해(존재할 때) 어떻게 반응해야 하는지 그 방법 알기, 추가적으로 짊어져야 하는 책임감, 가족의 일과와 활동에서의 변화에 대처하기, 불공평한 관심에 대처하기 등을 포함한다. 형제자매는 질투나 적개심 또는 보호자, 교사, 대리 부모의 역할을 하고 싶어 하는 것과 같은 독특한 반응을 경험할 수도 있다.

이러한 어려움은 일정하지 않으며 아동이 성장하면서 변화한다. 예를 들어, 교사와 사회적인 중재자로서 형제의 발달을 지원하는 데 있어서 적극적인 역할을 수행하고 싶어 하는 많은 형제자매가 있다. 그러나 이들이 자신의 또래들 사이의 사회적 위치를 바탕으로 형제자매의 장애로 인한 영향을 좀 더 많이 인식하는 연령이 되면(전형적으로는 9세에서 12세 사이에 발생), 친구의 반응이나 사람들 앞에서의 당혹스러움 등의 이유로 인해 더 이상 장애 형제자매와 연루되지 않기를 바라게 되기도 한다. 그러나 많은 경우, 개인이 성숙해지고 청소년기로 성장해 감에 따라 자폐 범주성 장애를 지닌 형제나 자매에게 적극적인 지원자와 친구가 되어 주기를 다시 갈망하게 된다. 관계에 있어서 이러한 변화는 단순히 자폐 범주성 장애의 특징만이 아니라 그 형제자매의 발달 단계가 형제자매와의 관계에 어떻게 영향을 미치는지를 이해할 필요가 있음을 강조한다.

⑥ 미래의 불확실성

부모나 가족 구성원의 가장 공통적이고 이해할 수 있는 걱정은 자폐 범주성 장애가 자녀의 미래에 그리고 궁극적으로 가족에게 어떻게 영향을 미치는지와 관련된다. 부모는 진단을 받는 시점에서 이러한 걱정을 시작하게 되며, 많은 가족에게 있어서 매해 또는 매월 아동과 가족이 나아가야 할 방향이나 추구해야 할 서비스와 관련된 결정을 내려야 할 때 미래에 대한 불확실성은 스트레스의 주요 근원이 된다. 만약 현재 살고 있는 곳에서 받을 수 없는 서비스 때문에 자녀에게 긍정적인 영향을 미치지 못한다고 느낀다면 많은 가족은 다른 동네, 도시 또는 지역으로 이

사할 가능성도 고려하게 된다. 어떤 부모 또는 양육자는 아동과 가족의 필요 때문에 직업을 바꾸거나 직업 현장을 떠나거나 새로운 취업 기회를 거절하기도 한다. 자폐 범주성 장애 아동의 가족은 그 자녀가 없었다면 필요하지 않았을 요인을 고려하고 의사결정해야만 한다. 즉, 자폐 범주성 장애 아동으로 인한 계획이 필요없는 가족보다 선택의 범위가 좁고 선택 조항들로부터 자유롭지 못하다는 것이다.

(2) 직계 가족 이외의 요인과 관련된 어려움

① 고립감

많은 가족이 대처하기 가장 어려운 과제 중 하나로 극심한 고립감을 든다. 가족이 자폐 범주성 장애 아동을 둔 다른 가족과 시간을 보내거나 대화할 기회가 많지 않을 때, 아무도 우리 가족이 경험하는 것을 이해할 수 없다는 느낌은 자녀를 지원하기 위해서 매일 겪고 있는 어려움에 더해서 스트레스의 요인이 될 수 있다. 가족 중에 자폐 범주성 장애 아동이 있다는 말이 밖으로 나가면, 사람들은 친구들이 더 이상 자주 전화하지 않거나 '너무 바빠서' 잠시 들러 볼 새도 없게 될 것이라고 생각한다. 가족의 축소된 사회적 관계망은 자폐 범주성 장애 아동이 잘 행동하지 못하거나 다른 사람의 방문에 힘들어할지도 모른다는 부모의 걱정 또는 친구나 친척이 느끼는 불편함이 직접적으로 반영되어 나타난 것일 수도 있다. 많은 부모는 계속 연락하는 친구와 친척을 통해서 진정한 친구가 존재한다는 것을 이해하게 되었다고 말한다. 일반적으로 가족이 활용할 만한 비공식적 지원이 적을수록(예: 우정, 친척과의 접촉, 사회적 관계망 소속) 강한 고립감이 가족 구성원에게 추가적인 스트레스를 일으킬 위험이 커진다. (전문가도 고립감을 느낄 수 있다. 그러나 부모는 전문가처럼 일과를 끝마쳤다고 아동을 떠날 수가 없다.)

② 사회적 공동체와의 연계

아동의 사회 의사소통 및 정서 조절 능력에 따라서 가족은 일상적인 활동과 사회적 사건에 잘 노출되지 않을 수도 있다. 이것은 특히 아동이 어리거나 가족이 이제 막 정서 조절장애로 인한 공공장소에서의 어려운 상황을 다루는 전략을 개발하기 시작했을 때 더욱 그렇다. 그러나 이것은 자녀가 어려워할 수도 있다는 가능성 때문에 또는 자녀의 행동에 대한 다른 사람들의 반응 때문에 가족 구성원이 느낄 수도 있는 위험 요소에 따라 수년 동안 지속될 수도 있다. 자주 언급되는 위험 요소 중 하나는 공공장소에서의 당혹스러움이다. Domingue 등(2000)은 다음과 같이 말하고 있다. "대중이 쳐다보고, 수군거리고, 비판—말로든 말이 아니든—하는 것은 지속적으로 그 가족을 따라다닌다. 한때는 기쁨의 이유였던 외식이나 기타 가족 외출이 스트레스 또는 당혹스러움을 초래하는 경험이 된다."

③ 자폐 범주성 장애를 이해하고 다른 사람에게 설명하기

자폐 범주성 장애는 장애를 정의하는 핵심 특성과 결함조차도 아직까지 논의되고 있을 정도로 장애에 대해서 충분히 이해되지 않고 있다. 대부분의 가족은 친척을 포함한 다른 사람들에게 자폐 범주성 장애를 설명하기가 어렵다고 생각한다. 게다가 다른 사람들이 진정으로 이해하려고 하기보다는 부당한 판단적 태도를 보일 때 자녀의 행동적 특성이나 매일의 어려움을 설명하는 것은 부담스러워지며, 많은 부모들은 당연히 분노를 느끼게 된다.

자폐 범주성 장애에 대해 설명할 필요가 있을 때 또는 아동이 왜 그러한 방식으로 행동하는지를 설명할 필요가 있을 때 가족 외의 사람보다 친척과의 사이에서 더 큰 복잡한 문제가 발생하기도 한다. 친척 중에는 이해하고 지원적인 사람도 있지만 반면에 도우려는 의도가 있음에도 가족들에게 스트레스를 가중시키는 사람도 있다. 예를 들어, 어떤 친척은 아동을 엄격하게 훈육할 필요가 있다고 제안하는 것에서부터 텔레비전 뉴스 프로그램에서 들은 새로운 '획기적인' 중재방법을 시도하도록 주장하는 것에 이르기까지 아낌없는 조언을 제공해야 한다는 압박감을 느낀다. 어떤 경우에는 부모가 그들 자녀의 장애를 이해하고 수용하는 일정 수준에 도달한 후에도 친척들은 그 자녀에게 문제가 없다고 주장하기도 한다. 이러한 상황에서 부모는 진정으로 돕기를 원하는 가족 구성원에게 감사를 표현하고 싶으면서도 동시에 잘못된 끝없는 장황한 조언을 북돋고 싶지 않다는 이중적인 마음을 갖게 될 수도 있다. 친척들은 자신의 조언을 따르지 않는다고 소외감을 느낄지도 모른다. 앞에서 설명하였듯이, 어떤 친척은 자폐 범주성 장애 진단을 받은 친척이 있다는 자신의 문제에 대처하기 위한 시도로 더 이상 그 가족과 접촉하지 않으려고 할 수도 있다. 불행히도 장애를 지닌 가족 구성원이 있다는 사실은 아직 우리 사회에서 낙인으로 인식되기도 한다.

(3) 서비스 제공 및 전문가-부모 상호작용의 어려움

① 서비스 전달 체계 다루기

양육자에게 또 다른 주요 어려움은 복잡하고 계속 변화하는 폭풍우 같은 서비스와 서비스 체계를 뚫고 나가야 한다는 것이다. 양육자는 서비스와 서비스 전달 체계의 복잡하고 늘 변화하는 격렬한 바다를 헤쳐 나가며 조종해야 할 필요가 있다는 것이다. 이러한 체계는 공공인지 사립인지에 따라 다양하고, 교육인지 치료인지에 따라서도 다르며, 조기개입에서 유아기와 학령기로 이동하면서도 변화한다. 사람들은 가족이 다양한 체계의 요구 간에 쉽게 이동할 수 있다고 기대하며, 그러한 체계를 다루고 가족의 권리를 보호하는 법을 이해할 것이라고 기대한다. 그러나 부모는 이러한 것들에 쉽게 압도당할 수 있다. 많은 부모들은 다음과 같은 감정을 표현해 왔다. "우리는 지금 우리 자녀의 자폐로 인한 어려움을 관리해야 하는 지점에 도달했다는 것을 느껴요. 그러나 자폐는 더 이상 가장 큰 스트레스를 주는 요인이 아니고, 오히려 자녀를 돕기 위해서 다루어야 할 체계가 가장 큰 스트레스의 원인이에요."

② 전문가 및 기타 서비스 제공자 대하기

부모의 권리에 대해서 알고 복잡한 서비스에 친숙해지는 것만으로도 가족에게는 주요 문제를 일으킬 수 있다. 최악의 경우 부모는 중요한 의사결정의 권한을 가졌지만 가족을 지원하고 효과적으로 의사소통하는 방법에 대해서 훈련받지 않은 교사를 상대하게 된다. 아버지 또는 어머니가 자녀를 위해 서비스를 마련하거나 아동을 가르치는 직접적인 책임을 지는 교사보다 자폐 범주성 장애에 대해 더 많이 알 수도 있다. 이러한 상황에서 부모는 자신이 의지해야 할 사람에 대해 확신하기 어려울 것이다. 더욱이, 유능한 교사가 자신이 일하는 체계 내 지원이 부족하다는 사실로 인해 고도의 스트레스를 경험하고 있을 때, 부모의 적절한 주장은 지나친 요구 또는 비합리적인 것으로 여겨질 수 있다. 자녀가 유능한 전문가와 조직적이고 반응적인 서비스 체계를 만나는 행운의 상황에서조차 부모는 자신들만큼 그렇게 운이 좋지 못한 많은 다른 가족들에 대해서 걱정하곤 한다. 더욱이, 인력이나 예산의 변화로 이상적인 프로그램의 기반이 무너질지도 모른다는 걱정은 항상 존재한다.

③ 활용 가능한 중재 및 모델에 대한 혼란

부모와 양육자는 자폐 범주성 장애 아동을 위해 활용 가능한 수많은 접근으로 인해, 또한 이들 접근의 효과에 대한 상반되는 주장으로 인해 혼란스러울 수 있다. 어떤 전문가는 많은 사람들이 잘못된 것이라고 믿는 연구문헌을 근거로 자신이 사용하는 접근이 다른 접근에 비해서 우월하다고 주장한다. 다른 많은 전문가들(NRC, 2001)은 이러한 주장에 대해 의문을 가져왔으며 자폐 범주성 장애는 배타적이지 않고 개별화된 접근을 통해 다루는 것이 가장 현실적이라고 생각한다(Prizant & Wetherby, 1998). 자폐 범주성 장애 아동은 엄청난 성장과 긍정적인 변화를 보일 수 있으며, 많은 아동이 성장해서 독립적이고 행복하고 충만한 삶을 살 수도 있지만, 대부분의 아동은 오랫동안 심각한 어려움을 경험하는 것으로 알려져 있다. 이미 설명한 바와 같이, 지금까지 소집된 가장 권위 있고 공정한 전문가 집단인 국립연구위원회(NRC)의 자폐아교육중재위원회(NRC, 2001)는 교육적 중재 연구를 종합적으로 검토한 결과, 자폐 범주성 장애가 오직 특정 접근과 관련되어서만 회복된다는 주장과 하나의 접근이 다른 접근보다 우월하다는 주장은 입증되지 않았다고 결론지었다. 중재 효과에 대해 남아 있는 심각한 의문과 관련된 국립연구위원회의 결론에 대해서는 이미 많은 문헌에서 다루고 있으며, 전문가들의 동의가 이루어지고 있다(Prizant & Rubin, 1999; Prizant & Wetherby, 1998; Prizant, Wetherby, & Rydell, 2000). 이 중요한 이슈는 6장에서 상세히 다룰 것이다.

(가족이 표현하는 다양한 어려움은) 전문가 지원이 자신의 삶에 도움이 되고 관련된다고 여겨지도록 교육 프로그램 안에서 다루어져야 한다.

사람들은 "특정 접근의 효과에 대한 극단적으로 낙관적인(의문스러울지라도) 정보를 제공하는 것이 무슨 해가 될 수 있는가?"라고 질문할 수 있다. 특정 접근을 정확하게 따라야 한다는 잘못된 정보가 제공되는 경우 부모는 스트레스를 경험하게 되는데, 특히 그 접근이 가족의 믿음 또는 권장되는 중재에 참여하기 위한 가족의 역량과 일치하지 않을 때는 더욱 그렇다. 아동을 위한 주요 목적으로 또한 프로그램 성공을 가늠하는 목표점으로 자폐 범주성 장애의 '회복'이라는 바구니에 우리가 가진 달걀을 모두 넣지 않아야 한다(역주: 서양 속담)는 사실을 고려하여, SCERTS 모델은 가족의 가치와 요구를 기반으로 오랜 시간에 걸친 진단과 중재의 구성 요소로서 종합적인 방식으로 가족을 지원하도록 강조한다. 개별 가족은 자신의 행복과 성공을 위해서 필요하고 중요하다고 느끼는 따라야 할 길과 요구를 지니기 때문에 SCERTS 모델은 가족에게 이렇게 질문한다. "당신과 당신 자녀의 삶에서 가장 큰 변화를 만드는 것은 무엇인가?"

4) 전문가 간 지원이 요구되는 핵심적인 어려움

(1) 아동과의 관계 개발

앞에서 설명한 바와 같이 부모는 자신의 자녀에 대한 소망, 꿈, 기대를 가지고 있으며, 이러한 꿈에 대한 도전에 적응하고 대처해야 한다. 성공적인 대처와 적응은 아동의 발달을 지원함과 동시에 기대를 조정하고 자녀의 존재만으로 기쁨을 느낄 수 있는 능력을 포함한다. 마찬가지로, 교사와 직계가족이 아닌 양육자도 특별한 요구를 지닌 아동과 일하면서 꿈과 기대를 갖게 되며, 꿈이 도전을 받을 때 대처하고 적응할 수 있어야 한다. 특히 젊고 경험이 적은 전문가는 어려운 상황에 부딪치더라도 아동을 지원하겠다는 강력한 동기에 의해서 이렇게 남을 돕는 직업을 선택하는 경우가 많기 때문에 더욱 그렇다.

다 그런 건 아니지만 많은 경우에 있어서 자폐 범주성 장애 아동은 장애의 속성으로 인하여 교사와 양육자에게 특별한 어려움(그리고 특별한 보상의 가능성)을 제공한다. 먼저 자폐 범주성 장애 아동이 경험하는 사회 의사소통 및 사회적 관계 발달에서의 어려움은 긍정적인 관계 발달을 방해한다. 적어도 이러한 관계 발달은 대부분의 다른 아동을 대상으로 하는 것보다는 천천히 전개된다. 둘째로, 자폐 범주성 장애 아동은 정서 조절에서의 어려움으로 인해 다른 사람을 향한 행동이 예측할 수 없고 일관적이지 않을 수 있다. 셋째로, 사회 의사소통과 정서 조절 둘 다에서 보이는 어려움으로 인해 자폐 범주성 장애 아동은 공격성 및 기타 파괴적 행동과 같은 밖으로 표출되는 문제행동을 일으키거나 사회적으로 차단되거나 자해행동 등의 자기지향적인 행동을 보일 수도 있으며, 이는 서비스 제공자에게 정서적으로뿐만 아니라 실질적으로 매우 심각한 어려움을 초래하게 된다.

> 자폐 범주성 장애 아동과 그 가족에게 제공되는 서비스가 가능한 한 가장 효과적이기 위해서는 교사와 기타 서비스 제공자의 어려움이 종합적인 프로그램 내에서 다루어져야 한다.

(2) 팀 접근 개발 및 실행

이미 설명한 바와 같이, SCERTS 모델은 팀 접근을 통해서 최상의 역할을 한다. 그러나 팀 접근의 개발과 실행을 위해서는 교사와 부모가 상호 신뢰하고 존중하며 계획하고 만나는 데 시간을 보내고, 다른 분야의 전문가가 기여하는 전문성을 이해하고, 서비스를 제공할 때 융통성이 있어야 한다(예: 풀아웃 모델을 적용한 서비스 제공이 아닌 팀 교수와 협력적 자문). 불행히도 팀 접근에서의 장벽은 계획 시간의 부족, 행정적 지원의 부족, 전문가 간 불신, 그리고 전문성의 '경계'로 인한 서비스 제공의 비융통성에만 제한되는 것은 아니다.

경우에 따라서는 팀 접근의 일부인 부모-전문가 간의 협력에 있어서 심각한 장벽이 있을 수도 있다. 예를 들어, 전문가는 부모가 자신들에게 강하게 분노를 표출할 때 도전을 느낄 수 있다. 이러한 현상은 부모가 자신의 자녀가 가능한 한 빨리 '좀 더 나아지도록' 도움을 받기 위해 필요한 모든 것이 실행되고 있지 않다고 느낄 때 생길 수 있다. 다른 사람을 향한 적절하지 못한 분노는 우리 모두 경험할 수 있는 자연스러운 인간의 행위다. 그러나 전문가가 스스로 최선을 다하고 있다고 믿을 때 그와 반대되는 피드백을 받게 된다면 부인할 수 없는 정서적 충돌이 생기게 된다. 이러한 어려움으로 인한 누적된 교류의 영향은 전문가로 하여금 자신의 능력에 의문을 갖게 하고 시간이 지남에 따라 아동이 다른 사람을 공감하거나 협력을 원하지 않는다는 부정적인 인식을 갖게 만든다. 또한 부모가 주어진 상황에서 최선을 다하고 있음에도 가족이나 부모는 함께 일하기 쉽지 않은 사람이라고 생각하게 만들 수도 있다. 극단적인 경우, 전문가는 그들이 인정받지 못한다고 느낄 때 탈진을 경험하고 직장에서 부딪치는 수많은 어려움으로 인해 더 이상 자폐 범주성 장애 아동과 함께 일할 에너지나 동기를 갖지 못할 수도 있다.

대인관계에서 발생하는 이러한 어려움은 특히 문제가 되며 고립감을 느끼고 자신의 작업환경에서 활용할 만한 지원 시스템을 가지지 못하는 전문가에게는 증폭되기도 한다. 이와 같은 유형의 어려움은 자주 관찰되며 불행히도 이것은 우리가 생각하는 것보다 훨씬 보편적이다. 이러한 요소는 가능한 한 효과적으로 아동과 가족을 지원하려고 하는 서비스 제공자의 능력에 영향을 미치기 때문에 SCERTS 모델에서는 현실적이고 강력한 요소로 다룬다. 이것은 가족 구성원을 위해서뿐만 아니라 전문가를 위해서 교류 지원을 위한 종합적인 체계와 계획을 통해서만 실현될 수 있다.

(3) 상황에 따른 교육 프로그램의 일관성 및 지속성 확실시하기

계속되는 연구 결과에 의하면 자폐 범주성 장애 학생은 학습 환경에 따른 일관성이 부족할 때 어려움에 부딪치게 되는 것으로 보고된다. 그러므로 서비스는 일관성 있고 주의 깊게 조정될 필요가 있다. 그러한 조정은 학급 내 교수와 교실 밖, 심지어는 학교 환경 밖에서 주어지는 부가적인 지원 서비스 및 치료들 간에도 필요하다.

그러나 이러한 목적을 달성하기 위해서는 상당한 어려움이 따른다. 너무 많은 경우에 있어서 아동은 학교 안팎에서 광범위한 서비스를 받고 있는데, 기껏해야 빈약한 조정이 이루어지고 있으며 최악의 경우에는 일관성이 없고 서로 단절되기도 한다. 이것은 아동의 부모뿐만 아니라 아동에게도 혼란을 일으킨다. 게다가 학년이 바뀌고 한 그룹의 서비스 제공자로부터 다른 그룹으로 전환되는 것은 지속성과 일관성을 훨씬 더 어렵게 만든다. 실제로 부모는 전환이 그 자체에 내포된 불확실성이나 신뢰하는 전문가를 떠나서 상대적으로 낯선 전문가와 다시 시작해야 한다는 어려움으로 인해 가장 스트레스가 심한 시간 중 하나라고 보고한다.

3. 요약

SCERTS 모델의 교류 지원 영역은 우리 모두가 자폐 범주성 장애 아동과 그 가족을 지원하는 복잡한 과업에서 함께 존재하며 파트너십을 만들어 가야 한다는 사실을 일깨워 준다. 따라서 서비스 제공자는 아동과 그 가족이 직면하는 특정 어려움과 서로를 지원하는 것뿐만 아니라 아동과 가족을 지원하는 책임감에 대해서 깊이 이해한 후에 이들을 위한 개별화된 프로그램을 개발하는 역동성을 이해할 수 있어야 한다. SCERTS 모델은 교류 지원을 모델의 기초로 세웠는데, 이것은 아동의 발달에 미치는 이와 같은 역동적 영향력은 거부할 수 없고 전반적이기 때문이다. 교류 지원이 종합적인 방식으로 다루어질 때 모든 사람은 혜택을 받는다.

제 5 장

SCERTS 모델의 프로그램 우선순위와 단계

1. 사회 의사소통: SCERTS 모델에서의 우선순위
2. 정서 조절: SCERTS 모델에서의 우선순위
3. 교류 지원: SCERTS 모델에서의 우선순위
4. 요약

이 장에서는 SCERTS 모델의 영역인 사회 의사소통, 정서 조절, 교류 지원의 우선순위를 발달 연구 및 단계에 따라 살펴보고자 한다. 자폐 범주성 장애 아동과 가족의 어려움에 대해서도 교육 프로그램에서 의미 있는 목표를 개발하는 것과 관련해서 논의할 것이다.

1. 사회 의사소통: SCERTS 모델에서의 우선순위

사회 의사소통 능력은 아동 발달의 여러 측면에 대한 중요한 기초를 제공하기 때문에 SCERTS 모델에서 가치를 부여하고 목표로 삼는다. 예를 들어, 모든 아동에게 있어서 사회 의사소통 능력은 다음과 같은 것들의 기초를 제공한다: (1) 양육자와의 긍정적이고 정서적으로 안정된 관계의 발달, (2) 또래와의 놀이 및 우정관계를 발달시키는 능력, (3) 학교 내에서의 사회적이고 학업적인 성취에 필요한 언어 및 의사소통 기술, (4) 잘 조절된 정서 상태를 유지해서 문제행동을 예방하고 감소시키는 능력. 자폐 범주성 장애와 관련된 발달상의 어려움이 아동으로 하여금 이러한 모든 영역에서 어려움을 갖게 할 수 있으므로 사회 의사소통 능력을 우선적으로 다루는 것은 특히 중요하다.

아동의 사회 의사소통 능력은 오랜 시간에 걸쳐 매일의 일과에서 다양한 파트너와 함께 또는 다양한 상황에서 갖게 되는 수없이 많은 사회적 경험을 통해서 형성된다(Sameroff & Fiese, 1990). 아동은 일과 내 가족과의 식사시간, 형제자매와의 놀이시간, 취침시간처럼 매우 다양한 활동 중에 파트너와 의도 및 정서를 공유하도록 학습하면서 새로운 기술을 연습하게 된다. SCERTS 모델의 중요한 목적은 교육 프로그램 계획을 안내하기 위해 매일의 일과 활동 중 공동관심 및 상징 사용 능력의 강점과 어려움을 알아내는 것이다. 이들 영역에서의 전형적인 발달 패턴과 순서(즉, 무엇을 학습하는가)에 대한 연구는 학습에 필수적인 발달 과정(즉, 학습이 어떻게 이루어지는가)에 대한 연구와 함께 공동관심 및 상징 사용 능력을 파악하기 위한 기초를 형성한다.

공동관심과 관련된 능력은 공동관심에서의 좀 더 상위 능력이 초기 발달 성취로부터 만들어지고 싹트기 때문에 발달적 연속선에 따라 진단된다. 예를 들어, 정서와 관심을 공유하기 위한 의사소통적 응시행동의 사용이나 비구어적 의도 표현과 같은 사회적 파트너 단계에서의 능력은 의도와 정서를 표현하고 다른 사람의 정서 표현에 대해 적절하게 반응하기 위해 언어를 사용하는 언어 파트너 단계에서의 능력의 기초를 형성한다. 또한 언어 파트너 단계에서의 능력은 적절한 화제를 선택하고, 대화에 필요한 배경 정보를 제공하고, 사회적 맥락 내에서 언어를 해석하고, 공감하면서 반응하기 위해 의사소통 파트너의 지식과 견해와 정서 상태를 고려하는 능력을 포함하는 대화 파트너 단계에서의 능력을 위한 기초를 형성해 줄 것이다.

마찬가지로, 상징 사용과 관련된 능력도 발달의 연속선상에서 진단된다. 사회적 파트너 및 언어 파트너 단계에서 상징 능력의 진단은 아동이 의사소통하기 위해 사용하는 상징전(예: 몸짓, 발성) 또는 상징 수단(예: 구어, 수어, 그림 체계)을 기록함으로써 이루어진다. 아동이 좀 더 복잡한 발달 단계로 진보함에 따라 진단은 문법적 구조와 구문을 이해하고 사용하는지, 비구어 정보(예: 시선, 얼굴 표정, 억양)의 전형적인 의미를 인식하는지, 상호작용을 시작하고 차례를 교환하고 주제 전환을 나타내기 위해서 대화 중에 전형적으로 사용하는 사회적 관습을 따르는지 등의 능력을 분석한다. 놀이의 유형과 복잡성뿐만 아니라 놀이에서의 상징 능력도 상징 사용의 또 다른 중요한 측면으로 진단의 대상이 된다.

다양한 파트너와 맥락에 따른 공동관심과 상징 능력을 지원하기 위한 구체적인 목표와 계획은 진단 결과, 기능적 요구, 가족의 우선순위에 기초하여 구성된다. 그래서 SCERTS 모델에서는 사회적 파트너나 언어 파트너 단계와 같은 발달의 초기 단계부터 대화 파트너와 같은 후기 단계까지 발달의 연속선상에 따라 움직이는 아동의 능력을 촉진하기 위해 다양한 활동 내에서 그리고 자연스러운 환경을 넘어서서 사회 화용론적 능력의 발달적 위계를 목표로 한다.

1) SCERTS 모델에서 발달적 틀이 강조되는 이유

아동의 사회적, 의사소통적, 인지적, 정서적 그리고 감각운동 발달과 관련된 급증하는 문헌은 사회 의사소통 문제를 이해하고 효과적이면서 발달적으로 적합한 중재를 실행하기 위한 이론적이면서도 실증적인 기초를 제공한다. 여기서는 자폐범주성 장애 아동의 사회 의사소통 능력을 이해하고 향상시키는 데 중요하다고 생각되는 사회 의사소통 발달 관련 문헌에서 끌어낸 세 가지 중요한 원리를 제시하고자 한다(Prizant et al., 2000; Wetherby et al., 1997).

1. 첫째, 의사소통 발달은 구어전 의사소통에서 구어 의사소통으로의 연속성을 포함한다. 즉, 구어전 의도적 의사소통 발달은 의사소통을 하기 위한 의도적인 언어 사용 발달에 필수적인 전조다. 단어는 아동의 의도에 연결되며, 이것은 구어전 의사소통 행동에서 첫 번째 표현이 된다. 말을 하지 않는 자폐 범주성 장애 아동을 위해서는 아동의 독특한 사회 의사소통 프로파일과 보완대체 의사소통의 선택 가능성을 고려해서 구어전 사회 의사소통 기술 발달을 강조해야 한다.
2. 둘째, 의사소통 증진을 위한 의사결정은 인지적, 언어적, 사회적 및 정서 조절 능력에 대한 아동의 발달 프로파일을 근거로 해야 하는데, 이는 의사소통 능력의 발달이 이 영역들 간의 발달적 상호작용의 결과이기 때문이다.
3. 셋째, 모든 행동은 발달 영역의 상대적인 기능 수준을 참조하여 인식되어야 한다. 이 책의 4장에서 논의된 바와 같이 자폐 범주성 장애 아동은 보통 발달상의 불일치 또는 불연속성을 보이기 때문에 서로 다른 영역에서 서로 다른 수준의 목표가 설정될 수도 있다(예: 아동은 공동관심 기술보다 상징적 언어기술에서 좀 더 뛰어날 수도 있음). 많은 경우에 있어서 자폐 범주성 장애 아동이 보이는 문제행동은 만일 그러한 행동이 발달상의 불일치와 관련해서 해석된다면 의사소통 시도로서 그리고 심각한 의사소통 한계에 부딪쳤을 때의 대처 전략으로서 이해될 수 있다.

전형적인 발달에 관한 정보는 적절하고 발달적으로 적합한 목표를 판별하기 위해 진단과 중재의 구조적인 틀을 제공한다. 그러나 SCERTS 모델에서 옹호하는 접근인 발달 모델 내에서 작업하는 것과 발달이정표를 가르치는 것은 분명하게 구분되어야 한다. 발달에 대한 정보는 단순히 장단기 교수목표의 위계를 위한 지침을 제공하기보다는 아동의 행동 능력을 이해하고 발달적으로 적합한 목표를 정하기 위한 틀을 제공한다. 발달적 이슈에 대한 주의 깊은 관심 없이 의사소통을 강화하고자 하는 노력은 아동의 능력보다 훨씬 높거나 낮은 능력에 목표를 두게 할 수도 있다. 예를 들어, 한 단어 또는 두 단어 발화 수준에 있는 아동에게 자발적인 언어 수준을 넘어선 긴 문법적인 문장을 기억하고 사용하도록 가르칠 수도 있다. 반면에 또 다른 아동은 상호적인 사회적 대화 강조와 같은 좀 더 상위 수준의 목표를 위해 분명하게 준비되어 있는데도 광범위한 명명 어휘를 발달시키도록 훈련받기도 한다. 그러나 자폐 범주성 장애의 정의적 특성이기도 한 인지 및 사회 의사소통 기능의 불균형한 프로파일은 발달 목록에 따른 엄격한 교수와 같이 발달적 강조를 너무 협소하게 적용하지 못하도록 경고하는데, 왜냐하면 아동 간 차이가 개별화된 목표 설정을 위한 중요한 고려점을 제공하기 때문이다.

2) 사회 의사소통을 위한 목표 설정의 틀

SCERTS 모델에서는 사회 의사소통을 위한 목표를 공동관심과 상징 사용 두 가지 영역으로 나누어 구성하며, 사회적 파트너(구어전 의도적 의사소통), 언어 파트너(발현적 언어와 초기 언어), 대화 파트너(좀 더 상위 언어) 단계의 사회 의사소통 단계를 근거로 계열화한다. 이 책의 2장에서 설명한 발달 패턴은 진단 및 조기 판별을 위한 참조가 될 뿐만 아니라 목표 설정과 전반적인 교육 계획을 위한 지침의 역할을 한다. 〈표 5-1〉은 사회적 파트너, 언어 파트너, 대화 파트너 단계를 거치는 아동의 진보에 따른 사회 의사소통의 발달이정표를 요약한 것이다.

〈표 5-1〉 SCERTS 모델의 사회 의사소통 발달이정표

공동관심 발달이정표	상징 사용 발달이정표
사회적 파트너 단계	
관심 공유 • 사람을 인식하고 쳐다봄으로써 관심 공유하기 • 사람과 사물 간 시선 옮기기로 관심 공유하기 • 다른 사람이 쳐다보거나 가리키는 것을 봄으로써 관심 공유하기 정서 공유 • 기쁨, 슬픔, 분노, 공포를 포함한 다양한 정서 나타내기 • 위로를 구함으로써 부정적 정서 공유하기 • 미소 짓기와 바라보기로 긍정적 정서 공유하기 • 다른 사람이 표현한 정서 변화에 반응하기	학습 전략 사용 • 다른 사람의 차례 후에 익숙한 행동이나 소리를 반복함으로써 차례 주고받기 • 시범이 주어진 후 즉시 여러 가지 익숙한 행동이나 소리를 자발적으로 모방하기 • 시간이 흐른 뒤에 여러 가지 익숙한 행동이나 소리를 자발적으로 모방하기 놀이 • 사물을 가지고 다양한 탐구 행위 하기(예: 두드리기, 빨기, 떨어뜨리기)

의도 공유

- 요구하기나 저항하기 등의 초기 의도적 행동 사용하기(예: 신체적 접촉 또는 시선과 함께 몸짓과 발성 조정하기)
- 타인의 관심을 자신에게로 이끌기 위해 의사소통하기(예: 간지럽혀 달라고 손을 잡아당기기, 위로를 구하기 위해 손 뻗기, 관심을 끌기 위해 바지 잡아당기기, 인사하려고 손 흔들기)
- 흥미로운 사물이나 사건으로 관심을 이끌기 위해 의사소통하기(예: 설명하기 위해 보여 주기, 블록으로 탑 만들고 나서 박수치기, 이름을 말하면서 가리키기)
- 익숙한 활동과 환경에서 친숙한 사람과 즉각적인 경험을 공유하려고 의사소통하기

상호성

- 의사소통 시도 시작하기와 반응하기가 빈번하게 나타나고 상호적 주고받기가 수차례 지속되는 확장된 상호작용에 참여하기
- 메시지를 반복하거나 수정함으로써 의사소통을 지속하거나 의사소통 실패를 복구하기

- 실제 상황에서 여러 가지 익숙한 사물을 관습적으로 사용하기(예: 수건으로 닦기, 숟가락으로 먹기, 컵으로 마시기)

비구어 단서와 친숙한 단어 이해

- 다양한 비구어 단서(즉, 상황, 얼굴 표정, 억양, 몸짓, 시각적 단서)로 교수하는 것을 이해하기
- 익숙한 맥락에서 몇몇 익숙한 단어 이해하기

몸짓 사용

- 다양한 접촉 몸짓 사용하기(예: 다른 사람의 손을 사물로 끌어가기, 사물 주기, 사물 밀어내기, 사물 보여 주기)
- 다양한 관습적 몸짓 사용하기(예: 주기, 보여 주기, 밀어내기, 손 뻗기, 팔 올리기, 손 흔들기, 가리키기, 손뼉치기, 머리 흔들기)
- 손을 사용하는 다양한 몸짓 사용하기(예: 손 뻗기, 팔 올리기, 손 흔들기, 가리키기, 손뼉치기, 머리 흔들기)

발성 사용

- 고통과 행복을 표현하기 위해 구별되는 발성 사용하기
- 모음(예: "아" "우" "이")과 자음-모음 조합(예: "마" "나" "바" "다" "가" "와(wa)" "야(ya)")을 사용하기

수단의 조정

- 수정 전략으로 다양한 의사소통 수단 사용하기
- 몸짓과 발성 조정하기
- 수용할 수 없는 형태(예: 공격행동, 탠트럼, 자해행동) 대신 사회적으로 수용되는 의사소통 수단 사용하기

언어 파트너 단계

관심 및 정서 공유

- 파트너의 주요 관심 모니터하기
- 의도를 표현하기에 앞서 자신에게 관심을 기울이게 만들기(예: 비구어 또는 구어로 이름 부르기)
- 비구어 사회적 단서를 근거로 다른 사람의 정서 상태 알아내기

의도 공유

- 보다 많은 사회적 목적(예: 인사하기, 자랑하기, 설명하기)을 포함하는 다양한 의사소통 기능 사용하기
- 경험을 공유하기 위해 관심, 감정, 의도 공유하기를 조정하기

학습 전략 사용

- 비구어 및 구어 행동을 자발적으로 모방하고 그것을 수정하거나 다른 행동과 결합시킴으로써 그 행동을 변화시키기
- 여러 가지 비구어 및 구어 행동을 시간이 흐른 뒤에 다양한 맥락에서 자발적으로 모방하여 나타내기

놀이

- 간단한 구성물을 만들기 위해 다양한 사물 사용하기(예: 블록 탑 쌓기, 퍼즐 맞추기)
- 놀이 상황에서 여러 가지 익숙한 사물을 자신을 향해서 관습적으로 사용하기(예: 음식 없이 숟가락으로 먹는 척하기)

- 좀 더 다양한 사람, 활동, 환경에서 자신의 의도를 의사소통하기
- 흥미로운 것에 대한 새로운 정보를 얻기 위해 질문하기(예: 그건 뭐야?)

상호성

- 상호적인 주고받기가 수차례 지속되는 확장된 상호작용에 참여하기
- 맥락에 맞는 적절한 의사소통 비율로 의사소통을 쉽게 시작하기
- 경험을 나누기 위해 화자와 청자의 역할(예: 주고받기와 주제 따르기)에서 상호성 보이기

- 놀이 상황에서 익숙한 사물을 다른 사람을 향해서 관습적으로 사용하기(예: 숟가락으로 동물인형에게 먹이기)
- 놀이 상황에서 사물을 이용해서 행동하기(예: 물 따르기, 젓기, 동물인형에게 먹이기)

몸짓 사용

- 다양한 관습적이고 상징적인 몸짓 사용하기(예: 보여주기, 손가락 끝으로 가리키기, 손뼉치기, 고개 흔들기와 끄덕이기)
- 응시하면서 몸짓을 순서대로 사용하기

단어 사용 및 이해

- 의사소통을 위해 5~10개의 초기 상징 어휘 사용하기(발로 하는 단어, 수어, 그림)
- 탈맥락적인 10~50개의 핵심 어휘를 사용해서 초기 의미론적 관계(예: 존재, 부재, 재출현, 거부)를 표현하기
- 서술하기 위해(예: 대상과 사건의 상태, 질, 관계 기술하기) 다양한 의미론적 관계(예: 행위, 속성, 소유, 장소, 행위자, 정서)를 표현하는 어휘 이해하고 사용하기
- 좀 더 관습적이고 창의적인 발화 산출을 위해 반향적인 통언어 분할하기
- 광범위한 의미론적 관계(예: 수식+대상, 부정+대상, 행위자+행위+대상)를 표현하기 위해 새로운 단어 조합(또는 수어/그림) 사용하기

대화 파트너 단계

관심 및 정서 공유

- 의도를 표현하기에 앞서 자신에게 관심을 기울이게 만들기(예: 구어 또는 비구어로 이름 부르기)
- 관심의 대상이 바뀌었음을 나타내는 비구어 단서 이해하기
- 파트너가 보고 들은 것에 근거하여 언어 수정하기
- 파트너와 내적인 사고 또는 정신적인 계획 공유하기
- 자신과 타인의 정서 상태를 묘사하기 위해 진보된 감정을 표현하는 단어 이해하고 사용하기
- 비구어 사회적 단서를 근거로 다른 사람의 정서 상태 알아내기
- 정서 뒤에 숨겨진 잠재적인 이유 이해하기

학습 전략 사용

- 다른 사람을 관찰하고 다른 사람이 시범 보이는 행동을 융통성 있게 모방하기
- 동시에 2개 이상의 관점을 비교함으로써 성인의 교수를 내면화하기
- 문제해결을 위해 자기점검 및 초인지 사용하기
- 문제해결이나 대화를 위해 또래 또는 또래 집단과 협력하고 협상하기

놀이

- 표상적 결과물을 만들기 위해 많은 조각이나 부품을 조합하기(예: 블록으로 다리나 요새 만들기, 찰흙으로 강아지 만들기)

의도/경험 공유

- 다양한 원인(즉, 행동을 조절하기 위한, 사회적 상호작용을 위한, 공동관심을 위한)에 대한 의도 공유하기
- 청자에게 충분한 정보를 제공하면서 과거와 미래에 관한 주제를 소개함으로써 경험 공유하기
- 사람들은 자신만의 생각과 믿음을 지닌다는(즉, 이들은 정신적 행위자라는) 사실을 이해하기
- 너무 많은 또는 불필요한 담화 없이 제공된 어휘 선택과 정보의 명료함을 평가함으로써 다른 사람의 의도, 선호도, 이전 경험을 인식하고 있음을 보여 주기

상호성/관계

- 청자의 관심 초점, 사전 지식, 선호도, 정서 상태에 근거하여 주제 선정을 수정하고 반응하기
- 파트너로부터 정보와 명료화를 요구하기 위해 관련된 질문을 함으로써 주제 유지하기
- 주제에 관한 파트너의 지식과 흥미를 근거로 필요한 정보 제공하기
- 특정 파트너의 관점에 적합한 주제 변경을 위해서 언어를 수정하고 단서를 제공함으로써 상호 만족스러운 대화상의 교환 유지하기
- 의사소통 실패를 복구하고 상호작용하는 동안 성취감 표현하기

- 놀이 상황에서 사물을 이용해 계획된 논리적 순서에 따라 행동하기(예: 음식을 준비하고 동물인형에게 먹이기)
- 실물 또는 모형 놀잇감으로 ~인 척하는 역할을 포함한 표상적 놀이 주제 사용하기
- 극놀이에서 역할을 맡고 또래와 협력하기
- 규칙을 기반으로 하는 여가 활동에 또래와 함께 참여하기

생성 언어 사용 및 이해

- 문법적 형태소(예: 전치사, 관사, 복수형, 시제 표시)와 단문 구성(예: 평서문, 명령문, 부정문, 의문문)을 사용하고 이해하기
- 화자/청자(나/너) 역할에 맞는 대명사 사용하기
- 의미상의 차이를 표현하기 위해 상위 수준의 문법 형태(예: 종속절, 접속사)를 사용하고 이해하기
- 정서와 비문자적 의미를 해석하기 위해 대화 맥락 내의 비구어 단서 이해하기
- 다양한 파트너와 상황에 걸쳐 의도를 효과적으로 전달하는 방식으로 대화적 담화를 구성하기 위해 단문 및 복문 사용하기

대화 규칙 사용 및 이해

- 시작하기, 차례 주고받기, 상호작용 끝내기를 위한 구어적 관습을 알고 따르기
- 사회적 맥락과 의사소통 파트너의 비구어 단서(예: 추론, 다양한 의미의 낱말, 비유적 언어, 풍자)에 준하여 융통성 있게 언어를 해석하고 사용하기

SCERTS 틀 안에서 공동관심과 상징 사용을 위한 능력은 발달적 계열화에 따라 다루어진다. 〈표 5-1〉에서 제시하는 개요처럼 공동관심과 상징 사용을 위한 능력 성취와 관련된 전형적인 발달 과정은 초기에 발달하는 구어전 사회 의사소통 능력의 성취와 이후의 사회 의사소통 능력 간의 관계를 강조하는 연속선상에서 각 발달 단계에 따라 다루어진다. 예를 들어, 사회적 파트너 단계에서의 목표는 파트너와 관심을 나누고, 감정을 보여 주고, 다양한 의사소통 의도를 표현함으로써 파트너에게 다가가는 아동의 능력에 중점을 둔다. 좀 더 높은 상위 수준의 언어 파트너 또는 대화 파트너 단계에서는 의사소통 파트너의 관점과 지식을 고려하는 능력이 다루어지는데, 왜냐하면 이러한 능력은 적절한 주제 선택하기, 과거나 미래

의 사건을 이야기할 때 필수적인 배경 정보 말하기, 사회적 맥락에서 비문자 언어(예: 비유, 유머, 비꼬기) 해석하기와 같은 의사소통 기술을 지원하기 때문이다. 마찬가지로, 상징 사용 능력도 발달적 연속성 내에서 다루어지는데, 사회적 파트너 단계에서 아동이 보이는 초기의 좀 더 전형적인 의사소통적 상징 사용(예: 전형적인 몸짓과 응시)을 시작으로, 언어 파트너 단계에서 생성적인 규칙에 근거한 언어 체계를 형성하고, 대화 파트너 단계에서 대화적 담화의 사회적 관습을 이해하고 따를 수 있게 되면서 절정을 이루게 된다.

SCERTS 모델에서는 자폐 범주성 장애 아동과 규칙적으로 상호작용하는 모든 사람(예: 부모, 기타 양육자, 형제자매, 또래, 교사, 치료사)이 잠재적인 발달적 촉진자로 고려되며, 이들은 공동관심과 상징 사용의 특정 능력을 확장시키는 지침과 지원으로부터 혜택을 얻게 된다. 그러나 사회적 참여와 의사소통에 있어서의 아동의 능력 및 가능성과 일반적인 학습은 잘 조절된 정서 및 각성 상태를 유지하는 능력에 의해 가장 많이 결정된다. 그러므로 여기서는 SCERTS 모델의 두 번째 중요한 영역인 정서 조절 영역에 대해 논의하고자 한다.

2. 정서 조절: SCERTS 모델에서의 우선순위

자폐 범주성 장애에서 흔히 관찰되는 바와 같이 사회 의사소통과 정서 조절 두 영역 모두에서 어려움이 있는 경우 SCERTS 모델은 이 두 영역 간 상호의존성으로 인해서 통합적 접근을 적용한다. SCERTS 모델은 상호조절 및 자기조절 능력의 발달과 극심한 조절장애로부터의 회복을 위한 목표를 세움으로써 직접적으로 정서 조절을 다룬다. 이러한 목표는 대인 간 상호작용의 수정, 학습 지원의 통합, 정서 조절을 지원하기 위한 활동 및 환경 계획 등 사회 의사소통 능력을 확장하고 특정 교류 지원을 사용함으로써 다루어진다.

특정 아동을 위한 개별화 목표를 결정함에 있어서 정서 조절 능력은 발달적 견해를 통해 이해되어야 한다. 즉, 자폐 범주성 장애 아동에게 있어서 정서 조절은 행동 전략(즉, 상징 이전의 감각운동 수단) 또는 언어 전략과 초인지 전략과 같은 보다 상위 수준의 인지-언어적 수단을 통해서 촉진될 수 있다(DeGangi, 2000; Prizant & Meyer, 1993). 사회적 파트너 단계에서 자폐 범주성 장애를 지닌 상징전 아동은 손가락이나 물건을 빨고 반복적인 동작을 하는 등 행동적 자기조절 능력을 처음으로 발달시킨다. 아동이 성숙해지고 언어 파트너와 대화 파트너 단계로 진입하면서 좀 더 많은 언어 및 인지 능력이 발달하며, 정서 조절 기능을 위한 잠재적인 수단으로 언어와 인지적 문제해결 기술을 사용하게 된다(예: 잠재적으로 어려운 상황에 대처하기 위해 혼잣말 형태로 지연반향어를 사용하거나 시각적 지원 계획하기). 이 책의 3장에서 설명한 바와 같이, 사회적 파트너 단계에서 아동의 정서 조절 능력은 그 아동의 발달 능력에 제한된다(예: 상징전 아동은 언어 기반의 전략이나 다른 상징 전략을 사용할 수 없음). 반대로 언어 파트너 단계 또는 대화 파트너 단계의 자폐범주성 장애 아동의 정서 조절 전략은 초기에 발달하는 행동 전략과 상위 수준의 언어 및 초인지 전략 둘 다로 구성될 수 있다. 예를 들어, 좀 더 발달된 아동은 매일의 일과에 대한 불확실성과 관련된 불안을 줄이기 위해 다가올 활동의 그림 스케줄을 점검하거나 흔들의자에 앉아 흔드는 등 진정시키는 반복행위를 하게 될 것이다. 각성 상태 및 환경적 요구는 주어진 상황에서 개별 아동에게 성공적인 특정 형태의 전략이 무엇인지를 알게 해 준다.

SCERTS 모델의 필수적인 측면 중 하나는 정서 조절을 지원하거나 개입하는 주요 요소가 무엇이며 지원이 필요할 때 아동이 보이는 특정 신호가 무엇인지를 기록함으로써 맥락에 따라 잘 조절된 각성 상태를 유지하는 능력을 초기에 진단하는 것이다. 다양한 정서 조절 전략은 잘 조직화되고 조절된 상태에서부터 조절장애에 이르기까지 광범위한 각성 수준의 다양한 활동 중에 관찰되고 기록된다. 다음으로 아동이 상호조절 또는 자기조절 전략을 습득하고 적용하도록 지원하기 위해서 특정 목표와 계획이 개발된다. 정서 조절 전략을 지원하기 위한 계획을 실행하면서 계획의 효율성에 대한 기록을 남기고 필요한 경우 수정을 하게 된다.

〈표 5-2〉는 사회적 파트너, 언어 파트너, 대화 파트너 단계에서의 정서 조절 발달이정표의 예시로, 이것은 SCERTS 진단의 일부로 이 책의 8장에서 설명하는 목표의 기초를 구성한다.

아동이 높은 또는 낮은 각성 상태를 경험하고 있을 때, 파트너는 이러한 신호를 읽고 나서 아동이 집중하고, 참여하며, 정보에 관여하고 학습하고 처리하는 데 좀 더 실행적인 상태가 되는 능력을 촉진하는 방식으로 반응하면서 상호조절을 지원할 필요가 있다. 이것은 이 책의 3장에서 논의된 상호조절의 반응 양식으로 구성된다. SCERTS 모델에서 상호조절 시작하기 전략을 위한 능력은 아동의 발달 프

〈표 5-2〉 SCERTS 모델의 정서 조절 발달이정표

자기조절 발달이정표	상호조절 발달이정표
사회적 파트너 단계	
• 사회적 파트너 단계 초기에 정서는 주로 상태 의존적이다. 출생에서 6개월 사이에 성취되는 기본적인 발달이정표는 다음과 같다. 1. 환경 자극, 사회적 상호작용과 개인 내적 변수에 반응하는 자기진정과 자기자극을 위해 생물학적으로 결정된 메커니즘 사용(예: 촉각 자극, 빨기, 시선 피하기) 2. 다양한 감각 및 사회적 경험을 처리하기 위한 능력과 인내심의 향상 3. 수면-각성 사이클, 배고픔/포만, 사회적 관심 및 활동 수준과 관련된 항상성 발달 • 좀 더 진보된 파트너(발달적으로 6개월 이상)에 의해 성취되는 부가적인 발달이정표는 다음을 포함한다. 1. 단순한 동작을 조정하고 감각운동 수단을 통한 자기조절을 위해 이러한 동작 사용 2. 양육자와 반응적인 사회적 상호작용에 참여 3. 양육자와의 상호작용에 근거한 자기진정과 자기자극(예: 촉각/운동감각, 시각과 청각 수단)을 위한 좀 더 융통성 있고 보다 광범위한 범위의 전략 개발 4. 양육자의 얼굴 표정 변화를 구분하는 능력 발달 5. 익숙한 일과와 순서를 기대하는 능력 발달	• 사회적 파트너 단계 초기에 아동은 환경, 경험, 정서와 관련된 정서 상태를 조절하도록 보조하는 양육자에게 주로 의존한다. • 양육자는 아동의 상대, 정서, 요구의 음성 및 비구어 단서를 해석하고 반응한다. • 양육자는 행동 전략(예: 촉각, 운동감각, 전정감각, 시각, 청각 자극)을 사용하는 아동을 자극하거나 진정시키는 지원적인 맥락을 제공함으로써 아동의 구별된 정서 반응과 개선된 정서 조절 능력의 발달을 촉진한다. • 아동의 신호에 대한 양육자의 일관된 반응이 아동으로 하여금 환경 내에서 다른 사람들로부터 지원을 이끌어 내는 자신의 능력을 인식하도록 촉진한다. • 양육자의 아동과의 반응적 상호작용은 사회적 상호작용과 의사소통 패턴(예: 순서 바꾸기)에 대한 초기 이해를 가능하게 한다. • 아동이 보이는 조절장애에 대한 양육자의 반응은 지원을 받아 회복하고 상호작용 또는 활동에 다시 참여하는 아동의 능력을 촉진한다.
언어 파트너 단계	
• 언어 파트너 단계에서는 의도적이고 상징적인 의사소통과 상징적 표상으로 이동하며, 이것은 아동 스스로 자신의 정서와 각성 상태 변화를 알고 반영하는 능력을 촉진하여 일과와 전이에서 변화에 대한 인내심, 새로운 환경에의 적응, 만족감 지연하기를 향상시킨다. • 사회적 환경에 대한 인식과 사회적 세상에서 통제를 발휘하는 능력이 증가된다. • 자기통제 능력이 생겨나기 시작한다(예: 행동을 시작하는 능력, 행동을 억제하는 능력, 간단한 지시를 따르는 능력). • 숙달을 위한 욕구가 생기면서 지속적인 집중력과 인내심이 발달하게 된다.	• 아동은 관습적인 구어 및 비구어 의사소통 수단을 사용해서 상호조절에 대한 요구 시작하기를 더 많이 보인다. 양육자는 이러한 파악할 수 있고 의도적인 요구에 대해 반응한다. • 양육자는 아동의 조절 능력(예: 자기조절을 돕기 위해 상징적 수단을 사용하는 능력)을 확장시키기 위해서 상황에 대한 인지적 정보뿐만 아니라 감각운동적 위안과 자극을 제공한다. • 양육자는 피드백과 모델링을 통해 정서 표현의 사회화를 위한 빈번한 기회를 제공한다. • 양육자는 상태, 정서, 개인차에 대해 민감한 스타일을 사용하여 아동의 의사소통 시도에 대해 반응함으로써 내적인 통제와 자기조절의 발달을 촉진한다.

<table>
<tr><td>• 자기진정과 자기자극의 행동적 수단이 계속해서 사용된다.
• 조절장애 상태의 회복이 좀 더 신속하고 효과적으로 이루어져서 재참여를 할 수 있게 된다.</td><td>• 양육자는 정서 표현과 관련된 행동의 긍정적인 모델을 제공한다.</td></tr>
<tr><td colspan="2">대화 파트너 단계</td></tr>
<tr><td>• 좀 더 복잡한 언어와 인지 발달은 상징적 표상과 정서의 구어 통제 능력을 확장시키도록 지원하여 다음을 이끌어 낸다.
1. 정서 상태를 구어로 표현하고 행동 수단만이 아니라 의사소통 수단을 통해 갈등을 해결하는 능력 증가
2. 정서와 과거 및 미래 사건의 정서 기억에 대해 생각하고 말하는 능력
• 인지적 언어 전략의 사용 증가는 정서 조절을 돕는다(예: 경험을 구어로 조정해서 내적 언어 또는 혼잣말을 사용하는 능력).
• 정서적 어휘가 확장되면서 정서적 경험을 구별하는 능력을 좀 더 깊게 촉진한다.
• 자기조절을 돕기 위해 이전의 경험과 관련된 현재의 상황을 반영하고 정서 기억을 사용하는 능력이 발달되고 확장된다.
• 실제 경험하는 동안 정서 표현을 수정하는 능력이 향상된다.
• 도구적 보조(예: 정보, 문제해결)를 요구하는 능력이 발달되고 양육자로부터 신체적인 편안함을 요구하는 것보다 빈번하게 사용된다.
• 행동을 안내하는 내면화된 규칙이나 전략과 계획을 사용하는 능력이 발달되고 확장된다.
• 행동 전략을 지속적으로 사용하고 맥락, 사회적 규준, 현재의 의사소통 파트너에 따라 융통성 있게 적용한다.
• 인지 및 사회적 발달과 연합에서 점점 더 향상되는 사회적 기술은 실행기능(예: 기억, 주의집중, 목표 설정, 문제해결, 순서 구성)을 지원한다.
• 다른 사람의 정서를 인식하고 해석하는 능력이 향상된다.
• 자신에 대한 의식적인 인식과 자기조절 능력(예: 정서 조절을 지원하기 위해 무엇을 해야 하는지를 말할 수 있는)이 향상된다.</td><td>• 대화 파트너 단계에서 아동은 정서 표현의 사회적 수용과 조절 전략에 관하여 양육자로부터 피드백을 받는다.
• 양육자는 정서 상태에 대해 말해 주고 더 큰 정서 이해와 증가된 정서 어휘를 촉진시킴으로써 아동의 정서 지식을 확장시킨다.
• 양육자는 아동이 필요로 할 때 도구적 보조(예: 정보, 문제해결)를 제공하며, 이를 통해 활동에서의 좌절을 막아 준다.
• 양육자는 긍정적 행동 모델과 향상된 정서 조절 전략을 제공한다.
• 양육자는 또래 협상을 도와주고 이를 통해 문제해결과 협력을 촉진한다.
• 또래는 관찰이 가능하게 해 줌으로써 정서 조절에 큰 영향을 미친다(예: 또래의 노력에 반응하기, 또래로부터 전략 배우기).
• 양육자는 자기조절을 위한 문제해결하기, 계획하기, 기타 인지 전략을 가르친다.</td></tr>
</table>

주: 이 표에서 양육자는 또래, 형제자매, 지역사회 구성원 등 교류 대상의 모든 파트너를 의미한다.

로파일 및 요구에 가장 적합한 방법으로 촉진된다. 아동은 사회적 파트너 단계에서는 비언어 수단(예: 요구, 저항, 거부의 의미를 지닌 초기에 발달되는 몸짓을 습득하고 사용하기)을 통해, 언어 파트너와 대화 파트너 단계에서는 언어 수단을 통해(예: 정서를 표현하고 거절을 표시하기 위해 특정 어휘를 습득하고 사용하기) 사회적으로 허용되는 방법으로 도움을 청하거나 저항하기를 학습한다. 이러한 능력은 때로는 정시 조질장애에 의해 촉발되는 문제행동을 효과적으로 막아 준다.

상호조절 능력 외에도 SCERTS 모델은 자폐 범주성 장애 아동을 위한 자기조절 전략의 발달에 목표를 둔다. 사회적 파트너 단계에서 자기조절 전략은 아동이 적극적인 학습이 가능한 조직적인 상태를 독립적으로 유지하기 위한 행동 수단을 발견하고 사용하도록 도와준다. 예를 들어, 아동이 상위 수준의 각성 상태에 있을 때 스스로 진정시키기 위한 자기조절 행동 전략으로 특별한 진정활동(예: 음악 듣기, 좋아하는 놀잇감 가지고 있기)에 또는 좀 더 상위 수준의 아동은 활동으로부터 휴식하는 것에 중점을 두게 될 것이다. 자기조절 전략은 또한 아동이 낮은 각성 상태로 인해서 활동과 상호작용에 적절하게 참여하지 않을 때 증가된 신체 활동과 같은 기민한 감각운동 활동을 시작하고 참여하게 하기도 한다. 언어 파트너 단계에서 언어 중심 전략은 아동이 활동 스케줄, 활동 내의 단계 또는 활동 지속시간, 활동 간 전이, 기대하지 않은 일과의 변화를 인식하도록 도움으로써 혼란스러움이나 예측 가능성이 부족해서 생기는 부정적인 반응을 막아 줄 것이다. 그러므로 언어 중심 전략은 좀 더 큰 자기조절 능력을 촉진한다. 과거나 미래 사건에 대한 언어를 이해하는 능력뿐만 아니라 시간 개념을 인식하도록 돕는 것 또한 언어 중심 자기조절 전략에 기여한다. 대화 파트너 단계에서 아동의 초인지 전략은 아동이 조절장애의 가능성이 있는 환경에 직면할 때 보조 또는 휴식 요구하기 등 유용하게 사용할 수 있는 다양한 전략을 인식하고 반영하도록 돕는다.

대부분의 아동은 정서 조절을 지원하기 위한 파트너의 모든 예방 전략 시도에도 불구하고 조절장애의 극단적인 상태를 경험할 수 있다. 조절장애 경험은 지나친 감각 투입, 일과의 갑작스러운 변화, 활동 난이도나 지속시간과 관련된 부적절한 과제 요구, 혼란스러운 사회적 또는 언어 자극 등을 포함한다. 그래서 조절장애로부터의 회복을 위한 계획은 아동의 신체 및 정서적 웰빙과 다른 사람의 웰빙을 지원하기 위한 좀 더 개입적인 접근이 요구되는 전략을 실행함으로써 이루어지는데, 특히 아동이 자기 자신 또는 다른 사람을 가해하거나 파괴적인 행동을 할 때는 더욱 그렇다. 극심한 조절장애로부터 회복하도록 지원하는 그와 같은 반응 전략은 아동이 조용한 활동에 참여하게 하거나 감각운동실 가기 또는 산책하기 등 환경의 변화를 주면서 그 아동이 활동으로부터 벗어나 혼자 조용한 장소에 있게 하는 것을 포함한다.

정서 조절을 지원하기 위한 계획은 간단히 말해서 정서 조절을 지원하기 위한 예방 대책(예: 앉아만 지내는 활동을 움직임 활동으로 대체하기, 감각 투입 수준 감소시키기, 언어 단순화하기)으로서의 대인관계 지원뿐만 아니라 환경과 활동의 적응 및 조정을 포함한다. 대인관계 스타일, 비구어 의사소통 체계, 시각적 지원의 조정과 같은 교류 지원의 적용은 이러한 노력에서 중요한 역할을 한다. 그러므로 여기서는 SCERTS 모델의 교류 지원 영역에 초점을 맞춰 보고자 한다.

3. 교류 지원: SCERTS 모델에서의 우선순위

2장에서 이미 논의된 바와 같이 교류 지원은 일상생활과 학습 상황에 걸쳐서 아동의 발달, 가족, 기타 양육자를 지원하기 위한 실질적인 기초를 제공한다. SCERTS 모델에서 교류 지원은 네 가지 영역, 즉 대인관계 지원, 학습 지원, 가족 지원 그리고 전문가 및 기타 서비스 제공자 간 지원 등에서 제공된다. 이러한 내용은 〈표 5-3〉에 요약되어 있다.

〈표 5-3〉 SCERTS 모델의 교류 지원 목표

지원 영역	지원 목표
대인관계 지원	• 성공적인 상호작용을 지원하거나 방해하는 의사소통 파트너의 상호작용 스타일과 언어 사용의 구체적인 특징 알아내기(예: 정서 표현, 언어 복잡성과 스타일, 음성 크기, 빈도, 신체적 근접성, 신체적 접촉, 시각적 지원의 사용). 최적의 방식은 다음을 가능하게 함 1. 아동의 관심 초점, 상황 이해, 정서 조절, 긍정적 정서 경험을 지원하는 충분한 구조화 제공 2. 시작하기, 자발성, 융통성, 자기결정 촉진 • 보다 성공적인 상호작용을 지원하는 구체적인 특성을 좀 더 많이 사용하는 전략을 개발함에 있어서 여러 파트너가 협력하여 노력하기 • 자폐 범주성 장애 아동이 좋은 언어의 사회적인 놀이 시범으로 최적의 혜택을 받도록 또래와의 학습 경험을 고안하고 실행하기. 동기 부여되는 활동을 고안하고, 지원적 환경을 구성하고, 시각적 지원을 포함시키기. 전형적 발달 아동과 자폐 범주성 장애 아동 모두에게 일상적인 상호작용에서 성공하는 전략 가르치기

학습 지원	• 다음을 위하여 시각적 및 조직적 지원을 고안하고 실행하기 1. 아동의 중다양식 의사소통 체계 중 하나인 주된 양식으로서 또는 보완 체계로서 아동의 표현 의사소통 체계의 발달을 확장하고 강화하기 2. 아동이 비구어 행동뿐만 아니라 언어를 이해하도록 지원하기 3. 조직화, 활동 구조화, 시간 이해에 대한 감각 지원하기 4. 행동적, 언어적, 초인지적 정서 조절 전략을 개발하고 사용하도록 지원하기 5. 아동이 가능한 정도까지 성공할 수 있도록 우선적으로 언어 중심의 교육과정 목표를 조정하거나 수정하기 • 사회 의사소통과 정서 조절을 지원하기 위한 생활 및 학습 환경 고안하기(예: 물리적 구조화, 청각 및 시각 자극의 수준)
가족 지원 (예: 부모, 형제자매, 친척 지원)	• 가족이 자폐 범주성 장애의 특성을 이해하고 자녀의 발달을 지원하도록 정보, 지식, 기술을 포함한 교육 지원 제공하기. 지원은 가족의 우선순위에 근거해야 하며 교육 활동(예: 강의, 토론 그룹), 기술의 직접적인 훈련, 교육 프로그램 관찰, 자연스러운 활동에서 상호교환적인 지도와 모델링 등 선택이 가능한 다양한 방법을 통해 제공하기 • 다음을 위하여 일대일 및 그룹 상황에서 정서 지원 제공하기 1. 자폐 범주성 장애 아동을 양육하면서 갖게 되는 스트레스와 어려움에 대처하는 가족 구성원의 능력 강화하기 2. 부모가 자녀의 발달과 가족의 삶을 위해 그들 자신의 우선순위를 파악하고, 적절한 기대치를 설정하고, 현실적이고 성취 가능한 목표를 세울 수 있도록 돕기
전문가 및 기타 서비스 제공자 간 지원	• 멘토링 제공, 충분한 계획 시간, 정기적인 연수 및 훈련과 학회 참석을 통해서 교육 및 치료 기술을 확장시키도록 비공식적이고 계획된 기회 제공하기 • 자폐 범주성 장애 아동과 일하는 어려움에 대처하고 탈진을 막을 수 있도록 필요할 때마다 정서 지원을 위한 비공식적이고 계획된 기회 제공하기(예: 휴식, 지원 미팅, 매일 제공되는 공감 기회)

1) 대인관계 지원 제공에서의 목표와 우선순위

자폐 범주성 장애 아동의 양육자 대다수가 아동 발달에 대한 공식적인 훈련을 거의 받지 못한다. 그러나 대부분의 아동을 위한 가장 결정적인 사회 의사소통 그리고 사회-정서적 경험은 가족 구성원과의 상호작용 안에서 일어나고, 이때 아동은 관계의 기초를 발달시키고, 사회 의사소통 파트너십의 기본적인 요소를 학습하며, 마침내 좀 더 정교한 사회-정서적 또는 의사소통 능력을 습득하게 된다. 매일의 일과와 가족 내 사건은 아동이 이러한 능력을 배우고 연습하며, 신뢰할 수 있고 믿음직스러운 관계를 발달시키는 경험적인 기회를 제공한다(Prizant & Meyer, 1993). 그러나 이미 설명한 바와 같이 자폐 범주성 장애 아동은 사랑과 선의를 지닌 가족 구성원의 최상의 노력에도 불구하고 사회-정서 및 의사소통 발달에서 어려움을 겪게 된다. 그래서 가족 구성원은 그들이 자녀를 참여시키고 발달을 지원하기 위한 직관적인 최선의 노력을 기울이면서 좌절과 혼동을 경험하기 쉽다. SCERTS 모델에서는 지원적 교육과 가족과의 자원 공유를 통해 직접적으로 사회 의사소통 및 정서 조절 문제와 관련된 원인 요소를 다룸으로써 가족 구성원의 이와 같은 어려움을 완화시키려고 노력한다.

SCERTS 모델에서는 아동이 가능한 한 성공적으로 자신의 의도를 의사소통하고 다양한 파트너와 정서적으로 만족할 만한 사회적 참여에서 효능감을 경험하도록 지원하는 데에 우선순위를 둔다. 이러한 성공을 이끄는 중요한 열쇠는 대인관계 지원이다. 아동의 사회 의사소통과 정서 조절 능력은 성공적이고 즐거운 상호작용을 자주 경험하는 능력과 직접적으로 관련된다. 따라서 성공적인 상호작용의 역사는 정서적으로 만족스러운 관계를 발달시키기 위한 기초를 제공한다. 대인 간 교환과 경험 공유 전반에 걸쳐서 구어 및 비구어 신호라는 매체를 통해 정서 상태를 의사소통하는 능력이 형성된다. 민감한 파트너는 다음과 같은 실행을 통해서 정서를 조율하고 자신의 정서 톤을 파트너에 맞게 조정한다(Greenspan & Wieder, 1997; Prizant & Meyer, 1993; Stern, 1985).

1. 아동의 정서 상태를 자신이 이해했음을 알리기
2. 더 깊은 사회적 및 정서적 참여에 대한 동기가 생기도록 시도하기
3. 혼란스럽고 정서적으로 자극적인 경험 중에 있는 아동의 정서 조절을 지원하기

대인관계 지원은 SCERTS 모델에서 다양한 방법으로 다루어진다. 첫째, 의사소통 파트너의 상호작용 스타일과 언어 사용은 성공적인 상호작용을 강화하거나 방해하는 특성으로 진단된다. 반드시 진단해야 하는 상호작용 스타일의 변수는 사회적 교환에 참여하기 위해 다른 사람의 시도에 보이는 아동의 반응에 영향을 주는 것들이다. 이것은 정서 표현뿐만 아니라 언어 복잡성과 스타일, 말의 크기와 발화율, 말의 억양 또는 운율, 신체적 근접성, 신체적 접촉을 포함한다. 예를 들어, 선의의 파트너는 과잉반응적인 아동에게 기쁨을 표현하려고 너무 큰 목소리와 과장된 얼굴 표정을 사용할 수 있으며, 어떤 파트너는 너무 복잡한 언어를 사용해

서 혼란이나 무반응을 초래할 수도 있다. 지나치게 지시적이고 통제적인 상호작용 스타일(예: 과도한 신체적 촉진 또는 교정)은 과소반응적인 아동이 관계나 의사소통에서 더 수동적이고 반응적인 스타일이 되게 만든다. 반대로 과잉반응적인 감각 편향성을 지닌 아동은 고도의 지시적 파트너에게 저항하거나 회피하는 방법으로 반응할 것이다. 반면에 일관성이나 구조화가 거의 없고 언어나 기타 수단을 사용해서 기대를 명확히 해 주지 않는 파트너는 정서 조절과 사회적 참여를 위해 외적인 비계설정(scaffolding)을 많이 필요로 하는 아동을 지원하기는 어려울 것이다. 반대로 지원적 파트너는 주의집중과 언어 처리를 지원하기 위해 단순화된 언어와 약간 과장된 억양을 사용할 수 있다.

맥락에 따른 파트너의 대인관계 스타일과 다양한 스타일에 대한 아동의 반응을 진단함으로써 여러 가지 상황에서 아동에게 가장 지원적인 의사소통 및 상호작용 스타일의 특성을 결정할 수 있다. SCERTS 모델에서 최적의 스타일은 아동이 주의를 기울이는 초점, 상황 이해, 정서 조절, 긍정적 정서 경험을 지원하기 위한 충분한 구조화를 제공할 뿐만 아니라 시작하기, 자발성, 융통성, 문제해결, 자기결정 역시 지원한다. SCERTS 모델에서 아동의 자기결정과 의사소통 시작하기를 형성하는 것은 중요한 우선순위이므로, 아동의 수동적인 순응이라는 두드러진 행동 패턴은 바람직하지 않을 뿐만 아니라 통제하기도 어렵다.

대인관계 지원이 효과적이기 위해서는 아동의 독립성과 자아감 발달을 지원하는 좀 더 적절한 상호작용 스타일을 사용하기 위한 전략 개발에 여러 파트너의 협력적인 노력이 기울여져야 한다. 파트너에 따른 어느 정도의 다양성은 자연스럽고, 예상 가능하고, 아동에 따라서는 바람직하기까지 하지만, 지나친 불일치는 사회적 참여와 사회적 기대라는 바로 그 기초를 학습하고자 노력하는 아동을 혼란스럽게 만들 수 있다.

둘째, 자폐 범주성 장애 아동이 바람직한 언어, 사회, 놀이 모델로부터 최적의 혜택을 얻을 수 있도록 학습 경험을 고안하고 실행하기 위한 목적으로 다른 아동(가능한 경우 형제 포함하기)과의 놀이 상호작용의 질을 진단한다. 왜냐하면 이때 목표는 자폐 범주성 장애 아동이 다른 아동을 찾도록 동기를 유발시킴으로써 긍정적인 관계를 개발하고 사회적 동기를 증가시키는 성공적인 경험을 하게 하는 것이기 때문이다. 아동은 성인보다 예측 가능성이 떨어지기 때문에 자폐 범주성 장애 아동이 다른 아동과의 상호작용을 피하는 것은 흔히 관찰된다. 성공적인 또래 상호작용 지원은 동기유발적인 활동 고안, 지원적인 환경 조성, 자폐 범주성 장애가 있거나 없는 아동 모두에게 성공적인 특정 전략 교수 등을 포함한다.

2) 학습 지원 제공에서의 목표와 우선순위

자폐 범주성 장애가 지니는 학습상의 차이와 학습 환경의 복잡성을 고려한다면 학교와 기타 학습 환경에서의 성취를 극대화하기 위해서는 다양한 학습 지원이 요구된다. 좀 더 심각한 어려움을 지닌 아동은 조용하고 비교적 방해자극이 없는 학습 환경을 만들어 주는 등 적극적인 학습을 지원하기 위한 상당한 수정이 필요하다. 그러나 SCERTS 모델은 시작부터 다양한 장면에서의 학습을 우선순위로 삼는데, 이것은 어떤 활동이든 사회 의사소통, 정서 조절, 적응기술을 지원하기 위한 기회를 제공한다고 믿기 때문이다. 능력의 일반화는 일과의 한 부분으로 자연스럽게 발생하는 상황에서 학습할 때 가장 잘 성취되며, 부자연스러운 상황에서 과잉 훈련된 기술은 상황에 맞는 특정 방식으로 학습되기 때문에 좀 더 자연스러운 다른 활동에서 그 기술을 적용하는 아동의 능력을 제한시킨다. 게다가 다양한 사회적 장면은 제한된 장면에서 주로 실행되는 고도의 반복적인 일대일 훈련 연습에서는 경험할 수 없는 좀 더 다양한 학습 기회를 제공한다. 예를 들어, 성인과 아동의 일대일 상호작용으로 제한된 중재는 소그룹에서 상호작용의 흐름에 따라 주의를 전환하는 능력, 다른 아동과 가까이 있는 것을 견디는 능력, 진행적인 상호작용에서 자신의 차례를 예상하는 능력을 확장시키는 등의 목표를 실행할 수 없다. 이러한 목표는 잘 고안되고 반구조화된 활동뿐만 아니라 좀 더 다양한 사회적 맥락을 필요로 한다.

SCERTS 모델은 일상적인 활동뿐만 아니라 교육 장면에서의 수많은 일반적인 원리를 따름으로써 자폐 범주성 장애 아동이 지닌 상대적인 학습상의 강점과 약점을 이해하도록 요구한다.

1. 정보 제시는 가능한 한 시각적으로 중재되어야 한다. 시각적 지원은 주의를 유지하도록 도와주며 기억을 위해서 좀 더 효과적으로 처리되고 회상된다.
2. 자폐 범주성 장애 아동에게서 관찰되는 게슈탈트 학습 편향으로 인해서 학습의 최적화를 위해서는 고도의 일관성과 예측 가능성이 요구된다는 사실을

고려한다면 분석과 개념 중심의 학습 지원이 필수적이다. 게슈탈트 정보 처리는 정보를 분석하고 이전의 경험과 연결하는 학습보다는 오히려 덜 관련되거나 전혀 관련 없는 정보 등의 정확한 경험 사례를 기억함으로써 학습하게 한다. 분석적 정보처리는 가장 중요한 정보에 선택적으로 주의를 기울이는 능력과 진행적인 방식으로 패턴, 규칙, 일관성을 끌어내는 능력을 요구한다. 반향어 사용은 게슈탈트 처리 방식이 언어에 적용된 예라고 할 수 있는 반면에 창의적인 언어로의 이동은 언어습득을 위해 좀 더 분석적 접근으로 전환된 것을 의미한다.

순전히 기계적인 암기 전략(게슈탈트 학습 편향의 결과)으로부터 융통성 있는 개념과 의미 습득을 강조하는 좀 더 분석 중심의 전략으로 이동하도록 노력해야 한다. 기계적인 암기를 교수하기보다 개념 중심의 학습을 강조하면서 교수의 모든 측면에서 융통성을 소개한다면 융통성을 촉진할 수 있을 것이다.

3. 학습에서의 융통성 조장과 관련해서, 활동을 고안할 때 통제된 다양성(controlled variation) 또는 구조화 내에서의 융통성(flexibility within structure)이 고려된다. 이것은 예측 가능성과 일관성이 대부분의 자폐 범주성 장애 아동을 위한 학습을 지원하지만, 사람, 장소, 활동의 순서와 같은 요소를 변화시키면서 체계적으로 새로운 것을 소개하는 것은 사회적이고 인지적인 융통성을 지원한다는 사실을 반영한다.
4. 사회적 이해에서의 어려움은 자폐 범주성 장애의 주요 장애 특성이다. 비사회적 지식의 특정 부분에서 보이는 강점은 매우 유익할 수 있지만(예: 시공간적 문제해결력), 사회적 지식과 이해를 확장시키는 것은 매일의 경험에서 집중적으로 다루어져야 한다. 이것은 성인 및 또래와의 사회적 관계 발달과 다른 사람이나 자기 자신의 정서 이해를 포함한다.
5. 교육이 진행되는 과정에서의 적극적인 참여(경험적 학습)는 주의력, 동기, 감각 처리를 지원하고, 언어 개념을 강조하며, 사회적 상호작용을 통한 학습에서의 상호성을 허용한다. 보다 소극적인 학습 경험, 특히 구어를 통해 주로 중재되는 경험은 수동성, 주의집중 문제, 제한된 동기를 초래한다.

SCERTS 모델에서는 사회 의사소통, 정서 조절, 학습 지원을 통해 아동이 좀 더 적극적으로 참여할 수 있도록 교육 및 환경 지원을 개발하고 실행한다. 첫째, 자폐 범주성 장애 아동의 학습 스타일과 관련해서 적극적인 참여를 방해하는 것들을 필수적으로 진단한다. 예를 들어, 대부분의 자폐 범주성 장애 아동은 청각적인 정보보다는 시각적인 정보를 처리하고 회상하는 데 더 효과적이라는 사실이 잘 알려져 있다(Prizant, 1983b; Wetherby et al., 1997). 그러므로 시각적 지원은 다음에 있어서 도움이 될 수 있다.

1. 주요 통로로서 또는 아동의 복수 의사소통 체계(예: 그림, 몸짓, 수어, 구어)의 한 요소를 구성하는 보완 체계로서 아동의 표현 의사소통 체계를 확장하고 강화하기
2. 주제판이나 단서 카드 등을 사용해서 아동이 다른 사람의 비구어 행동뿐만 아니라 언어를 이해하도록 지원하기
3. 그림 스케줄이나 활동 순서를 사용해서 아동의 조직화, 활동 구조화, 시간 이해를 지원하기
4. 그림 순서, 휴식 카드, 수첩 등을 사용해서 언어 및 초인지 정서 조절 전략을 개발하고 사용하도록 지원하기(Groden & LeVasseur, 1995; Quill, 1998; Schuler, Wetherby, & Prizant, 1997)

SCERTS 모델을 실행할 때, 아동의 발달 능력과 요구를 근거로 아동의 생활 중 활동 및 사회적 맥락과 관련해서 유용한 시각적 지원 및 조직화 지원의 유형을 알아내는 것이 특히 필요하다. 더욱이, 시간이 지나면서 아동의 발달이 진행됨에 따라 지원을 사용하는 데 있어서 좀 더 큰 효율성과 기능성을 목표로 지원을 수정하고 조정하는 노력을 기울여야 한다.

교육 장면에서 또 다른 필수적인 교류 지원은 교육과정 수정이다. 교육과정 수정이 유아기나 어린 아동에게는 좀 더 나이 든 아동만큼 결정적으로 필요한 것은 아니지만 때로는 유아기 아동의 성공을 위해서도 필요하곤 하다. 좀 더 심각한 언어 처리 문제를 지닌 유아의 경우 주로 언어 중심 교육과정 목표가 조정되거나 수정되어야 하는데, 유아교육과정에서 허용되는 정도로 아동의 성취를 도와주는 적절한 지원(예: 시각적 지원)을 추가하면서 조정되거나 수정된다.

마지막으로 교육 지원을 고안하고 계획하면서 우리는 항상 다음과 같은 질문을

해야 한다. "이 활동의 진정한 목적은 무엇인가?" "기술은 아동의 삶에서 차이를 만들기 위해 어떻게 작용할 것인가?" 활동은 기능적 기술의 습득과 연습을 지원하도록 고안되어야 하며, 이렇게 함으로써 결과적으로 활동과 상황을 넘어 더 큰 독립성을 주도하게 된다. 만일 가르치는 기술이 가까운 또는 예상되는 미래의 기능적 기술이거나 아동의 독립성과 직접적으로 연결되지 않는다면 그 기술은 가르칠 만한 유용한 기술이 아닐 것이다.

3) 가족 지원 제공에서의 목표와 우선순위

SCERTS 모델의 교류 지원 영역은 대부분의 가족이 직면하는 어려운 상황에서 가족에게 지원을 제공하기 위한 다양한 목표와 우선순위를 다룬다. 지원 서비스를 제공하기 위한 기초로서 SCERTS 모델은 가족 중심 실제의 중요한 기본 원리로부터 시작된다(2권의 2장에서 보다 자세히 다루어질 것이다). 가족 지원은 두 가지 주요 분야와 관련해서 운영되는데, 아동의 발달을 지원하기 위한 정보, 지식, 기술 제공을 포함한 교육 지원과 자폐 범주성 장애 아동의 양육에서 오는 피할 수 없는 스트레스와 어려움에 대처하는 가족 구성원의 능력을 확장시키는 정서 지원이 그것이다. 두 가지 유형의 지원 모두 특정 가족에게 가장 적합하기 위해서는 지원 활동이 그 가족이 처해 있는 발달상의 그리고 성장 과정상의 시점에 따라 융통성 있고 반응적이어야 한다. 예를 들어, 삶의 행로에서 각기 다른 지점에 있는 다양한 가족을 보여 주는 다음과 같은 예에서 차이점을 고려해 볼 수 있다.

- 장애진단 전에 자녀의 발달에 대한 우려를 처음으로 표현하면서 이러한 걱정을 해야 하는지에 대해 정보를 구하고 있는 가족
- 최근에 자녀의 장애진단이라는 소식을 접하고 정서적으로 대처하려고 노력하는 가족. 부모는 자녀의 어려움을 좀 더 잘 이해하기를 원하며 자폐 범주성 장애가 무엇을 의미하는지와 자녀의 발달을 지원하는 접근을 위한 초기 추천 사항에 대해서도 알고 싶어 함
- 3년 전에 진단을 받은 후 계속 서비스를 받고 있는 경험과 지식이 많은 가족. 부모는 자녀의 발달을 지원하기 위해서 일반 유치원에 배치해야 하는지 등 부가적인 교육적 선택을 탐색하기 원함

- 3학년까지 일반학급에서 지원을 받으며 완전히 통합되어 온 10세 아동의 가족. 그러나 증가되는 학업 진도와 복잡한 사회적 기대로 인한 압박감으로 불안감이 심각하게 상승하면서 행동상의 문제가 증가하고, 부가적인 지원이 명백하게 필요하게 되었으며, 교육적 배치를 다시 고려해야 할 필요도 나타나고 있음

이렇게 다양한 시나리오에서 요구되는 가족을 위한 교육 및 정서 지원은 모두 다를 것이다. 더욱이, 아동의 장애 심각성 정도, 가족 구조상의 차이(예: 한 부모 가정 대 양 부모 가정, 형제자매의 수), 문화와 종교적 신념의 차이, 생활방식의 차이, 그리고 사회경제적 지위와 교육적 수준의 차이 등 가족 간에 보이는 다양한 근거의 차이를 고려한다면 교육 지원이든 정서 지원이든 상관없이 지원은 고도로 개별화되어야 한다. SCERTS 모델에서는 가족 구성원이 경험하는 많은 스트레스와 어려움이 아동의 행동 또는 발달적 요구에 직접적으로 기인하지는 않는다는 사실을 인식하고 있다. 부모는 지원을 받지 못하고 있다고 느끼거나 조직화되어 있지 않거나 일반적으로 도움이 되지 않는 서비스 전달 체계로부터 심각한 스트레스를 경험할 수도 있다(Domingue et al., 2000).

교육 지원 제공과 관련해서 SCERTS 모델은 가족 구성원에게 자녀의 장애 특성을 이해하고 자녀의 발달을 지원하도록 정보, 지식, 기술을 제공하는 체계적이지만 융통성 있는 과정을 포함한다. 제공되는 지원은 가족의 우선순위를 기반으로 해야 하며, 가족의 요구에 가장 적합하도록 충분히 융통성이 있어야 하고, 다양한 선택을 통해 제공되어야 한다. 선택은 교육 지원 활동(예: 비공식적 회기, 토론 그룹), 기술의 직접 훈련, 교육 프로그램 관찰, 자연스러운 활동에서의 상호작용적 안내, 팀 과정을 통한 협력적 문제해결 등을 포함한다.

정서 지원 제공과 관련해서, 가족 구성원과의 효과적인 활동은 일대일 또는 그룹 상황 모두에서 다음과 같이 가능하다.

1. 자폐 범주성 장애 아동을 양육하면서 갖게 되는 스트레스와 어려움을 다룰 수 있도록 가족 구성원의 능력 강화하기
2. 교육 및 보건체계를 잘 다룰 뿐만 아니라 전문가와 잘 지내기 위한 부모의 노력 지원하기

3. 자녀의 발달과 가족의 삶을 위한 우선순위를 파악하고, 적절한 기대치를 설정하고, 현실적이고 성취 가능한 목표를 세울 수 있도록 돕기

물론 가족과 일을 할 때 교육 지원과 정서 지원이 서로 얽히기도 하기 때문에 이 두 가지가 분명하게 이분화되는 것은 아니다. 그러나 활동이 그 특성상 교육 지원(예: 교육적 기법을 보여 주고 기르쳐 주기)인지 정서 지원(예: 부모 간 의견 불일치 해결하기나 아동의 행동과 관련해서 공공장소에서의 당혹스러움 다루기와 같은 정서적으로 어려운 상황에 대처하기 위한 전략 논의하기)인지를 규명하는 것은 도움이 될 것이다.

SCERTS 모델에서는 가족의 노력을 가장 잘 지원하기 위해서 임상가와 교육자가 자폐 범주성 장애 아동을 양육하면서 경험할 수 있는 모든 가능한 반응을 알고 있어야 한다고 강조한다(이 책의 4장 참조). SCERTS 모델은 양육자가 자녀를 이해하고 지원하는 능력에서 변화해 감에 따라 정서 지원의 본질과 유형도 변화될 필요가 있다는 것을 인식하기 때문에 아동뿐만 아니라 양육자를 위한 발달적 모델이라고 할 수 있다. 부모와 양육자는 자녀의 강점과 어려움을 논의하고 아동의 발달에 관한 주요 걱정과 기대를 분명하게 표현할 수 있도록 격려되어야 한다. 적절한 때에 부모와 양육자에게 의사소통 및 사회-정서 발달을 촉진하는 데에 있어서의 어려움뿐만 아니라 유능감을 공유하도록 요청할 수도 있다. 가족 구성원이 사회 의사소통적 상호작용을 촉진하기 위해 사용해 왔던 성공적이거나 비성공적 전략 또한 탐색해 보아야 한다.

진단을 통해 수집되는 아동과 가족의 강점과 요구 및 가족의 우선순위에 관한 정보는 어떤 특정 교육 목표를 이끌어 내는 기초를 형성한다. 양육자는 아동의 발달을 확장시키는 데 가장 적합한 의사소통 및 상호작용 스타일과 관련해서 지원받는다. 지시의 정도나 매일의 일과에서 발달적으로 적합한 언어와 의사소통을 시범 보이는 정도와 같이 앞에서 이미 설명한 이슈도 양육자를 위한 지속적인 지원에서 중요하게 고려되어야 한다. 사회 의사소통 기술을 다룰 수 있게 지원받는 것 외에도 양육자는 아동이 정서 조절 능력을 개발하도록 도와줄 수 있게 지원받는다. 생리학적이고 정서적인 요소에 대한 아동의 반응 양식을 지속적으로 진단하고 그에 대해 양육자와 대화하는 것은 매우 중요하다. 가족 구조나 일과의 맥락 내에서의 상호조절 및 자기조절 능력의 발달을 위한 전략 또한 다루어진다.

SCERTS 모델에서는 임상가와 교육자가 다양한 가족 구조와 기능을 이해하고

이러한 것들이 경제적, 인종적, 문화적 요소에 의해서 어떻게 영향을 받는지 이해하도록 또한 강조한다. 예를 들어, 문화적이고 화용론적인 요소로 인해 어떤 가족에게는 생물학적 부모가 주요 양육자가 되지 않을 수도 있으며, 따라서 조부모 또는 나이 든 형제 등 다른 가족 구성원이 교육에서 좀 더 적극적인 역할을 하게 된다. 매일의 가족 일과로 통합되는 교육 전략을 고안할 때, 권장사항이 그 가족의 신념체계나 사회 문화적 특성과 일치해야 한다는 사실은 매우 중요하다(Lynch & Hanson, 2004).

SCERTS 모델에서 교류 지원의 또 다른 중요한 관점은 부모가 자신의 우선순위에 대해 명확하게 생각하고 자녀의 발달을 위한 적절한 기대와 현실적이고 성취 가능한 목표를 개발하도록 돕는 것이다. 부모는 지시를 받는 것이 아니라 자녀와 가족 둘 다를 위해서 결정을 내리는 궁극적인 주인의식을 갖도록 존중받는다. 전문가는 아동의 필요뿐만 아니라 강점을 강조하고, 긍정적인 발달과 변화의 가능성을 강조하고, 발달적으로 적합한 다음 단계를 식별하도록 도움으로써 희망을 유지하게 하는 책임이 있다. 이것은 부모가 사회 의사소통 및 사회-정서 발달에서 의미 있는 아주 작은 변화까지도 인식하고 기뻐할 수 있도록 돕는 것을 포함한다. 양육자가 긍정적인 변화에 익숙해질수록 이들은 교육적 노력에 적극적으로 포함되고자 더 많이 노력하게 될 것이다.

4) 전문가 간 지원 제공에서의 목표와 우선순위

전문가 및 기타 서비스 제공자 역시 자폐 범주성 장애 아동에게 효과적인 서비스를 제공하는 데에 있어서 상당한 어려움에 직면한다. 그러므로 SCERTS 모델에서는 이러한 어려움을 진단하고 또한 이러한 어려움을 체계적으로 다루기 위해서 계획을 세운다. 가족이 직면하는 어려움과 마찬가지로, 전문가가 경험하는 어려움은 아동의 장애와 직접적으로 관련될 수 있다(예: 아동을 생산적으로 참여시키고 사회 의사소통, 정서 조절, 학업 등을 지원하는 데 있어서의 초기 어려움). 어떤 부모는 자신의 자녀를 옹호하려는 단호한 태도와 그들 자녀의 프로그램에 참여해서 주체적으로 관여하기를 원하기 때문에 어려운 대상으로 여겨진다. 경우에 따라서 부모는 교육 철학과 방법에 대한 교육 전문가의 의견에 동의하지 않음으로써 긴장감을 초래할 수도 있다. 전문가가 경험하는 어려움은 좀 더 간접적일 수 있는데,

이러한 어려움은 작업 환경, 학급 크기나 사례건수의 부담, 부적합한 교구나 교재, 제한된 계획 시간, 연장교육 기회의 부족 등과 관련된다. 어려움의 원인이 무엇이든 간에 이들은 서비스가 자녀와 가족을 위한 가장 효과적이고 지원적인 방법으로 제공되도록 노력해야 한다.

SCERTS 모델에서는 전문가와 기타 서비스 제공자가 매일의 어려움에 대해 개별화된 진단을 기초로 접근하도록 강조한다. 진단 결과에 따라 문제의 어려움을 다루기 위해서 계획이 실행될 것이다. 예를 들어, 전문가의 교육 또는 치료 기술을 확장시키기 위한 비공식적이거나 계획된 기회를 포함하는 지원 활동이 실행될 수 있다. 필요할 때마다 이들이 자폐 범주성 장애 아동 및 그 가족과 함께 일하면서 겪게 되는 어려움에 대처할 수 있도록 돕고 탈진을 예방할 수 있도록 불만을 털어놓게 하거나 정서 지원을 제공하는 특별한 만남 또한 계획될 수 있다.

4. 요약

SCERTS 모델에서 다루어지는 교류 지원은 아동이 경험하는 매일의 사회적 맥락 내에서 의사소통과 사회-정서 능력을 향상시키도록 고안된다. 교류 지원은 대인관계 지원, 학습 지원, 가족 구성원을 위한 지원, 아동의 발달을 촉진하는 데 중요한 역할을 하는 전문가 및 준전문가를 위한 지원을 포함한다. 발달의 교류적 특성에 기인하여(Sameroff & Fiese, 1990) 모든 양육자와 파트너는 아동과 가족의 요구에 대한 이해를 근거로 상호 만족하고 효과적인 사회-정서 경험을 발달시키려는 특별한 노력을 통해서 결정적인 역할을 하는 것으로 간주된다.

제 6 장
기존의 중재 접근과 SCERTS 모델

1. 증거 기반 실제의 개념
2. SCERTS 모델은 국립연구위원회의 권장사항 및 교수 우선순위와 어떻게 일치하는가?
3. SCERTS 모델은 기존의 교육 접근과 어떻게 어울리는가?
4. 요약

자폐 범주성 장애 아동에 대한 효과적인 교육 및 발달 지원 방법과 관련된 논의 및 논쟁은 지난 수년간 자폐 범주성 장애 관련 문헌의 대부분을 차지해 왔다. 전문가와 부모들은 아동의 발달적 성과를 향상시킬 가능성이 가장 높은 중재를 사용하기 원하기 때문에 이러한 논의가 앞으로도 계속될 것이라는 점에는 의심의 여지가 없다. 1990년대 이후로, 국가기관이 교육 서비스 관련 정책을 안내하기 위해 작성한 오랜 문서뿐만 아니라 학술지 논문에서도 자폐 범주성 장애 아동을 위한 교육 및 중재 접근에 대한 비평이 확산되어 왔다. SCERTS 모델이 기존의 교육 관련 선택 사항 외에 또 다른 추가적인 접근으로 제공되고 있다는 점을 감안한다면, "SCERTS 모델이 다른 교육 접근과 어떻게 비교되는가?"라고 질문하는 것은 당연하다. 이 장에서 논의되겠지만 이러한 질문은 대답하기 복잡한 질문이다. 왜냐하면 하나의 교육 접근을 다른 접근과 명확하게 구별해 낼 수 있는 핵심적이고 결정적인 요소를 정의하는 것은 어렵기 때문이다. 조금 더 설명하기 쉬운 또 다른 중요한 질문은 "SCERTS 모델이 최근 문헌에서 논의된 증거 기반 실제(evidence-based practices)와 일치하는가?"다. 우리는 먼저 이 질문으로 시작하고, 그런 다음 SCERTS 모델을 자폐 범주성 장애 아동 교육을 위한 기존의 광범위한 접근과 비교해 보는 좀 더 복잡한 이슈를 살펴보고자 한다.

1. 증거 기반 실제의 개념

증거 기반 실제(evidence-based practices)는 장애 아동과 일반 아동 모두의 교육에 있어서 점차 중요한 개념이 되고 있다. 미 교육부는 2002년 교육과학개혁법(the Education Sciences Reform Act: PL 107-279) 제정에 기초하여 전국적으로 증거에 기반한 정책과 교육의 실제를 증진시키고자 노력하고 있다. 증거 기반 실제라는 용어는 과학적인 증거에 따라 효과적인 것으로 입증된 중재 접근 또는 교육의 실제를 의미한다. 중재 효율성을 평가하기 위한 방법은 일반적으로 내적 및 외적 타당도와 연구 결과의 일반화를 다루는 실증적인 연구방법론으로부터 도출된 증거를 강조한다(APA, 2000; Lonigan, Elbert, & Johnson, 1998). Lonigan 등은 어떤 중재에 대해 중재 효율성을 확립하기 위해서는 잘 수행된 무작위 집단설계 연구 두 편 이상에서 위약(placebo) 중재나 대안적인 중재보다 그 중재가 더 효과적이라는 것이 증명되어야 한다고 제안하였다. 그러나 자폐 범주성 장애 아동이 참여한 연구 중 신중하게 통제된 실험설계로 이루어진 대규모 무작위 통제집단 연구가 발표되지 않고 있기 때문에, 자폐 범주성 장애 아동에 대한 중재 효율성을 결정하기 위해서는 다른 형태의 수렴적 증거를 찾아야 한다. 자폐 범주성 장애 아동을 대상으로 한 중재 연구 분석에 기초하여 Prizant와 Wetherby(1998)는 아래와 같이 결론지었다.

1. 연구에 의하면 기본적인 철학과 실제가 서로 다른 다양한 접근이 각각 효과성을 지니는 것으로 나타난다.
2. 어떤 한 가지 접근이 다른 것보다 더 효과적이라는 증거는 없다.
3. 모든 자폐 범주성 장애 아동이 특정 접근으로부터 동일한 정도로 혜택을 받는 것은 아니며, 가장 긍정적인 성과를 내는 경우에도 서로 매우 다른 접근을 적용한 다양한 연구에 따라 아동의 50% 범위 내에서 그러한 성과가 나타난다.

자폐 관련 문헌에서의 첨단과학은 특정 자폐 범주성 장애 아동을 위한 특정 중재나 교육 접근의 효과성을 검증해야 한다는 그 중요성을 강조한다.

중재 효율성에 대한 연구와 조기개입에서의 공공정책에 대한 전문가로 널리 알려진 소아과 의사 Jack Shonkoff(1996)는 초기 아동기 중재 실제에 대한 지식이 다양한 근거를 기반으로 한다고 주장하였다. 이러한 근거에는 **이론**(예: 발달 이론, 학습 이론, 가족 구조 이론), **임상 및 교육 데이터**(즉, 일상적인 상황과 학습 환경에서의 실제를 통해 입증된 결과), **권장되는 실제에 대한 지식**(즉, 임상 및 교육 경험에 기반한 축적된 지식), **사회적 가치**(즉, 사회적 또는 개인적 가치에 기반한 실제와 목표), **실증적 자료**(즉, 실험 통제에 요구되는 최소한의 조건을 갖춘 실험연구의 결과) 등이 포함된다.

SCERTS 모델에서의 실제는 각기 다른 방법론을 사용하는 다양한 근거로부터 도출된 수렴적 증거에 기초한다. 첫째, SCERTS 모델은 자폐 범주성 장애의 본질적인 특성을 다루는 이론과 연구는 물론, 아동 발달에 대한 이론과 연구에도 뿌리를 두고 있다. 둘째, SCERTS 모델은 임상 및 교육 데이터 수집을 통해 의미 있는 변화가 나타나는지 증명하도록 하며, 프로그램 계획을 위한 결정은 아동과 파트너의 행동 변화에 대한 객관적인 측정에 근거하여 이루어진다. 셋째, SCERTS 모델은 배타적인 모델이 아니기 때문에 긍정적 행동지원(PBS; Lucyshyn, Dunlap, & Albin, 2002)이나 보완대체 의사소통(AAC; 다양한 AAC 접근에 대한 보다 자세한 설명은 Beukelman & Mirenda, 2005 참조)과 같은 접근으로부터 도입된 효과적인 교육 실제에 대한 지식도 SCERTS 모델에서 교육받는 아동 대상 프로그램 계획 안으로 쉽게 포함시킬 수 있다. 넷째, SCERTS 모델은 자폐 범주성 장애 아동, 기타 발달 장애 아동, 일반 아동의 교육 실제를 위해서 발간된 국가 수준의 지침(NRC, 2001)을 포함해서 가족과 아동을 존중하는 사회적 가치 및 실제와 일치하는 분명하게 제시된 핵심 가치와 지침 원칙을 기반으로 한다. 마지막으로 SCERTS 모델에서의 실제는 자폐 범주성 장애 및 관련 장애 아동에 대한 발달적 연구 및 최근 행동주의 연구로부터의 실증적 증거에 의해 지지된다. 또한 SCERTS 모델 책이 향후 중재 연구에 영향을 미침으로써 지금까지의 연구에서 알려진 부적절성을 많이 다룰 수 있게 될 것으로 기대된다. 마찬가지로, 중재 충실도와 효율성을 증명하는 연구가 이루어지고 자폐 범주성 장애 아동을 위한 기존의 교육 접근에 실증적인 증거를 추가할 수 있기를 바란다.

2. SCERTS 모델은 국립연구위원회의 권장사항 및 교수 우선순위와 어떻게 일치하는가?

자폐 범주성 장애 아동에 대한 교육 접근의 효율성 또는 효과성에 관해서는 다양한 주장이 있다. 이러한 주장을 상세히 조사하고 이해하는 것은 교육 프로그램에 대해 결정해야 하는 전문가와 가족에게 매우 큰 도전이다. 특히 혼란스러운 것은 몇몇 기본적인 이슈에 대해서 의견이 일치하지 않는다는 것이다. 먼저 진보와 성과의 적절한 측정이 어떻게 이루어질 수 있는지에 대한 서로 다른 의견이 존재한다. 예를 들어, 연구 문헌에서 사용되는 가장 보편적인 성과 측정은 지능검사 및 표준화검사의 수행 결과와 학교 배치다. 그러나 이러한 측정이 성과에 대한 측정으로 가장 적합한지에 대해서는 의문시되어 왔다(NRC, 2001). 의견이 일치하지 않는 또 다른 기본 이슈는 아동이 자폐로부터 '회복'될 수 있는가 하는 것이다. 이것은 한 연구 결과(McEachin, Smith, & Lovaas, 1993)에서 언급되었으며 따라서 회복이 현실적인 목표가 되어야 하는지 아니면 자폐 범주성 장애가 대다수 개인에게 생애 영속적인 발달장애로 인식되어야 하는지가 하나의 논쟁거리가 되어 왔다. 대다수 자폐 범주성 장애의 경우 생애 영속적인 발달장애로 이해하는 것 자체가 의미 있는 성장, 발달적 진보, 독립적인 기능의 제한을 뜻하는 것은 아님을 강조할 필요가 있다. 이러한 입장은 가장 효과적인 지원을 위해서 가족과 전문가가 대부분의 자폐 범주성 장애인이 그들의 삶 속에서 크게 경험하게 될 사회 의사소통과 정서 조절에서의 잠재적 취약성과 어려움을 인식하고 있어야 한다는 사실을 분명하게 한다.

이러한 복합적인 이슈를 명확히 하기 위해서 국립과학원의 국립연구위원회(National Research Council of the National Academy of Sciences)는 다양한 학문 분야와 철학적 성향(예: 응용행동분석[ABA], 발달주의)을 대표하는 12명의 전문가로 구성된 위원회를 소집하였다. 이 위원회는 0세에서 8세까지의 자폐 범주성 장애 아동에 대한 교육 중재와 관련된 결론과 권장사항을 도출하기 위해 20년간의 교육 및 임상연구를 검토하였다.

국립연구위원회(NRC, 2001)는 연구 문헌 검토 결과를 기반으로 효과적인 중재의 특성이라고 할 수 있는 많은 결정적인 특성을 확인하였고, 이러한 발견에 근거하여 여러 가지 권장사항을 제시하였다. 여기서는 위원회의 권장사항이 SCERTS 모델의 실제와 구체적으로 어떻게 연관되는지 설명하고자 한다.

1) 자폐 범주성 장애 아동 교육에 대한 국립연구위원회의 권장사항

가능한 한 조기에 중재 프로그램 시작: SCERTS 모델은 조기 판별 시점에 바로 서비스를 시작해야 하며, 종합적인 가족 지원과 함께 사회 의사소통 및 정서 조절 능력을 향상시키는 것을 최우선순위로 해야 한다고 주장한다. 사실상, SCERTS 모델 공동연구자들은 조기 판별에 결정적인 초기 사회 의사소통 행동을 입증하기 위한 분석 틀을 개발하였고(Wetherby & Prizant, 2002), 현재는 조기 판별을 증진시키기 위해 미국 소아과 학회가 지원하고 있는 국가적 발의에 함께 참여하고 있다(Filipek, Prizant et al., 1999, 2000; First Signs, 2001).

강도 높은 교수에 적극적으로 참여(적어도 주당 25시간, 연간 12개월): SCERTS 모델은 아동과 가족에게 강도 높은 수준의 서비스를 지원한다(적어도 주당 25시간, 연간 12개월). SCERTS 모델은 매일의 활동 및 일과에서 아동의 발달을 지원하도록 강조하고 있기 때문에, 보다 제한된 맥락에서 전문가의 교수 회기에 의존하는 접근과 비교해 볼 때 다양한 환경에서 강도 높은 서비스를 제공할 수 있는 더 좋은 기회를 지닌다고 할 수 있다.

매일 개별화된 관심을 충분히 제공하는 반복적이고 계획적인 교수 기회: 국립연구위원회(NRC, 2001)는 낮은 교사-학생 비율이 반복적이고 계획적인 교수 기회와 개별화된 관심을 가능하게 하는 효과적인 중재의 특성 중 하나라고 결론지었다. SCERTS 모델은 그 특성상 학습에서의 강점과 요구를 포함하여 아동의 개별적인 차이에 기초한 학습 기회와 목표를 개발하는 접근이다. 교육 프로그램의 사회적 맥락은 대부분 사회 의사소통, 정서 조절, 기능적 기술에서의 능력 발달을 지원하기 위한 기초로 선택된다. 더욱이, 계획된 활동 일과를 사용하는 것은 자연스러운 환경에서 성공하기 위해 필요한 우선순위 목표를 달성하도록 기능적인 활동 내에서 일관성 있고 예측 가능하며 반복적인 교수 기회를 제공한다.

수립된 교수목표를 위한 체계적으로 계획되고 발달에 적합한 활동: SCERTS 모델에서 활동은 사회 의사소통, 정서 조절, 인지, 감각, 운동 등 여러 영역에 걸친 아동의 발달 능력 진단에 기초해서 선정되고 개발된다. 활동은 학습 활동 중 반복연습을 통해서 한 번에 하나씩 훈련하려고 기술을 인위적으로 분리시키기보다 다양한 발달 영역에서 수립된 몇 가지 교수목표를 동시에 다룰 수 있도록 계획된다.

가족 구성원의 참여: 이 책의 4장에서 설명한 것처럼, SCERTS 모델의 교류 지원 영역은 가족 구성원을 위한 교육 및 정서 지원 제공을 구체적으로 다루고 있다. SCERTS 모델은 가족 중심 철학을 갖고 있기 때문에 가족에게 부담을 주지 않는다. 다양한 종류의 서비스와 지원이 제공되기 때문에 가족의 요구와 특정 지원 서비스에 접근해서 혜택을 얻을 수 있는 능력 간에 최상의 조화를 이룰 수 있다. 따라서 아동과 가족을 위해서 SCERTS 모델 계획을 개발할 때 교류 지원 영역의 가족 지원 요소는 구체적으로 개별 가족에 맞게 다루어진다(2권의 3장 참조).

아동 진보에 대한 지속적인 진단, 최소 3개월마다 프로그램 수정: SCERTS 진단은 다양한 맥락에서의 직접관찰과 양육자로부터의 보고 및 면담을 포함한 복합적인 진단으로 구성된다(이 책의 7장 참조). 초기 및 지속적인 진단 자료는 장단기 진보를 점검하고 프로그램 관련 결정을 가능하게 하는 데이터베이스로 활용된다. 이러한 체계적인 과정은 아동의 팀이 프로그램을 조정하고 수정할 수 있도록 객관적인 자료를 제공해 준다.

전형적인 발달을 보이는 아동과의 지속적인 상호작용이 가능하고 그 상호작용이 구체화된 교수목표를 이끌어 낼 수 있게 해 주는 환경에서의 전문적인 교수: SCERTS 모델에서 프로그램을 계획할 때에는 가정, 지역사회, 학교 환경(관련될 때)에서의 학습 기회를 확인할 필요가 있다. 중재 노력이 아동의 생활에 의미 있고 일반화된 변화를 이끌고 있다는 것을 확실시하기 위해서 환경 전반에 걸쳐 아동의 진보가 측정된다. 교육 계획의 한 부분으로 이러한 교수목표가 수립된다면 프로그램은 자폐 범주성 장애 아동에게 훌륭한 언어 및 사회성 모델이 되어 주는 전형적인 발달을 보이는 아동이나 기타 아동과 함께 배울 수 있는 기회를 제공해 준다.

2) 국립연구위원회의 교수 우선순위

국립연구위원회(NRC, 2001)는 6개의 교수 우선순위를 선정하였다. 여기서는 위에서 설명한 권장사항에서와 같이 SCERTS 모델이 이러한 우선순위와 어떻게 일치되는지를 설명하고자 한다.

1. 기능적이고 자발적인 의사소통: SCERTS 모델의 사회 의사소통 영역은 사회적 맥락과 상관없이 반복적인 연습으로 어휘와 문법 형태를 훈련시키는 데에 중점을 두는 것과는 반대로, 자발성과 기능성을 변수로 정의된다. 기능적이고 자발적인 의사소통의 발달은 20년 이상 SCERTS 모델 공동연구자들의 연구 초점이었으며 이 모델은 이러한 연구를 토대로 개발되었다.
2. 다양한 환경에서의 사회적 교수: SCERTS 모델은 각기 다른 사회적 환경이 자폐 범주성 장애 아동에게 각기 다른 학습 기회를 제공한다는 점을 인식한다. 따라서 다양한 환경에서 사회적 학습 기회에 노출시키는 것이 실행의 기본 원칙이며, 사회 의사소통 기술의 일반화와 다양한 사회적 사건에 대한 이해를 증진시키기 위해 활동을 고안하도록 요구한다. 특정 능력이 교육 프로그램 계획의 초점이 될 때에는 최소한 세 가지 이상의 환경에서 지속적으로 진보를 측정해야 한다.
3. 또래와의 놀이 및 놀잇감의 적절한 사용에 초점을 둔 놀이 기술 교수: SCERTS 모델에서 사회 의사소통 영역의 상징 사용 요소는 특정 아동이 발달적으로 적절

한 수준에서 놀이 기술을 발달시키도록 구체적으로 다룬다. 더욱이, 사회 의사소통은 그 특성상 다양한 파트너와 함께 발생하기 때문에 또래와의 학습과 놀이(SCERTS 모델에서 LAPP[Learning and Playing with Peers]이라고 부르는)는 사회 의사소통 능력 및 관계 증진을 위한 필수적인 교류 지원으로 간주된다.

4. 자연적인 맥락 내에서 인지 목표의 일반화와 유지를 이끄는 교수: SCERTS 모델은 학습을 위한 주요 맥락으로 기능적인 활동에 중점을 두며, 개별 아동의 우선순위 교수목표 목록에 따라 인지, 사회성, 의사소통을 포함하여 다양한 발달 영역에서의 기능적 목표를 우선시한다. 따라서 SCERTS 모델은 인지 기술을 가르칠 때 그러한 기술이 읽기, 수 개념, 또는 좀 더 일반적인 문제해결 능력을 포함하는지와는 상관없이 개념에 기초한 이해력에 중점을 둔다.
5. 문제행동 중재를 위한 긍정적인 접근: SCERTS 모델에서 문제행동은 사회 의사소통과 정서 조절이라는 보다 광범위한 발달 영역 내에서 고려된다. 문제행동은 아동으로 하여금 사회적으로 수용 가능한 방식으로 사회적인 제재를 할 수 있게 해 주는 사회 의사소통 기술 발달을 우선순위에 둠으로써 예방적인 차원에서 다루어진다(예: 거부하고, 선택하고, 또는 정서적 조절장애 상황으로부터 휴식을 요청하는 등 수용 가능한 방법을 가르침으로써). 아동의 일상생활 활동에 정서 조절과 관련된 지원을 포함시키고 잘 조절된 상태가 되도록 지원하는 것 또한 예방의 역할을 한다. 또한 이 모델의 정서 조절 영역은 극심한 조절장애로부터의 회복을 포함함으로써 아동이 이미 조절 불가능한 상태가 된 이후에 아동을 지원하기 위한 구체적인 전략도 제시한다. SCERTS 모델이 아동의 다양한 종류의 상호조절 시작하기 전략과 독립적인 자기조절 능력 발달을 돕는 데에 궁극적인 목표를 두고 아동의 정서 상태 및 생리적 각성과 관련된 모든 문제행동을 다루는 것은 문제행동에 대한 정서 조절 접근의 참신한 기여라고 할 수 있다.
6. 적절한 시점의 기능적 학업 기술: 한 번 더 말하자면, 활동과 기술의 기능성과 유의미성은 SCERTS 모델의 기본 신념이다. 이러한 목표를 달성하기 위해 교수목표와 활동을 개발하는 데 있어서 서비스 제공자는 활동 내에서 특정 기술을 가르치고자 할 때 다음의 질문에 대답할 수 있어야 한다. "이 활동 또는 이러한 기술이 이 아동의 삶에 어떤 변화를 가져올 것인가?"

기타 우선순위: 마지막으로, 국립연구위원회(NRC, 2001)는 자폐 범주성 장애 아동이 직면하는 핵심적 결함이나 어려움이 교육 접근을 통해 해결될 수 있어야 하며 다음의 두 영역에 대해 의미 있는 성과 측정이 이루어져야 한다고 제언하였다.

1. 기능적 활동에서의 자발적 의사소통 시작하기
2. 다양한 활동, 상호작용 대상자(성인과 또래), 환경에 걸친 습득의 일반화

SCERTS 모델은 다음과 같은 방법으로 이러한 우선순위를 다룬다.

1. 자폐 범주성 장애의 핵심적인 어려움을 해결하기 위해, 상징전 또는 상징적 의사소통 체계로 의사소통을 시작하고 주의집중, 각성, 정서를 조절하는 아동의 능력을 발달시키기 위한 우선순위 목표를 수립한다.
2. 개별화된 중재는 아동의 강점과 약점에 기초하여 제공되며 이러한 중재는 아동 발달 및 발달에 적합한 실제에 대한 연구를 지침으로 삼는다.
3. SCERTS 모델은 발달적 사회-화용론 및 현대 행동주의 접근이 실증적으로 지원하는 방법론으로부터 도출된 중재 전략을 병합한다.
4. 일반화는 교류 지원을 통해서 다루어지며, 진보는 다양한 환경에서 다양한 파트너와의 기능적인 활동에서 측정된다.

3. SCERTS 모델은 기존의 교육 접근과 어떻게 어울리는가?

여기서는 현재 많은 접근이 존재한다는 사실과 관련해서 SCERTS 모델을 고려하는 복잡한 질문을 다시 한 번 다루고자 한다. 이러한 질문은 다루기가 어려운데, 왜냐하면 각기 다른 교육 접근과 프로그램이 서로 다른 기준에 의해 설명되고 비교되고 평가되기 때문이다. 이것은 각기 다른 규칙과 경기장을 가진 스포츠 종목을 서로 비교하는 것과 같다. 자폐 범주성 장애의 경우에는 교육의 실제와 우선순위가 교육 접근에 따라 다르기 때문에 특히 더 그렇다(예: 사회 의사소통 시작하기 대 순응훈련, 행동 관리 대 정서 조절). 이러한 이슈를 더 직접적으로 다루기 전에 우

리는 먼저 기존의 다양한 접근이 최근 문헌과 전문가 및 부모 토론에서 어떻게 묘사되고 비교되는지를 파악할 필요가 있다.

1) 자폐 범주성 장애 아동을 위한 교육 접근 간의 유사점과 차이점

교육 중재에 대한 문헌은 최소한 세 가지 방법으로 교육 접근 간의 유사점과 차이점을 설명한다. 이 책에서는 적용 가능한 접근의 범위를 규정하기 위해 분류적 접근(categorical approaches), 광범위한 서술적 접근(broad descriptive approaches), 연속체 접근(continuum approaches)이라는 용어를 사용할 것이다. 이 책에서 사용될 교육 접근과 프로그램의 특성을 설명하는 정보는 부분적으로 출판된 문헌(예: Brown & Bambara, 1999; Heflin & Simpson, 1998)에 제시된 프로그램 설명과 비평뿐만 아니라 『자폐 아동 교육(Educating Children with Autism)』(2001)이라는 국립연구위원회 보고서로부터 얻은 것이다.

(1) 분류적 접근

자폐 범주성 장애 아동 교육 프로그램을 설명하기 위한 분류적 접근은 각 프로그램 또는 접근이 독특한 개체 또는 요소의 집합(패키지)이라고 생각하며, 특정 접근은 기타 접근과는 분명하고 유의하게 다른 것으로 묘사되기에 충분한 응집성과 동질성을 지니는 것으로 가정한다. 분류적 접근의 기초가 되는 또 하나의 가정은 특정 접근을 묘사하는 요소나 특성이 다른 접근과 유의한 수준으로 중첩되지 않는다는 것이다. 예를 들어, 다음은 구체화된 교수방법론을 지녔거나 경우에 따라서는 특정 교육과정을 따라야만 하는 접근의 몇몇 예시다: 로바스 치료(Lovaas therapy)라고도 불리는 Lovaas(1981)가 신봉하는 교육 접근, LEAP 모델(Strain & Kohler, 1998), 관계 발달 중재(Relationship Development Intervention: RDI) 프로그램(Gutstein, 2000), 발달적 개인차 및 관계 중심(Developmental Individual-Difference, Relationship-Based: DIR) 모델(Greenspan & Wieder, 1998), 기초 언어 및 학습기술 진단(Assessment of Basic Language and Learning Skills: ABLLS) 교육과정(Sundberg & Partington, 1998), 밀러 기법(Miller Method)(Miller & Miller, 1989), 그림 교환 의사소통 체계(Picture Exchange Communication System: PECS)(Frost & Bondy, 1994), TEACCH의 구조화된 교수(Schopler, Mesibov, & Hearsey, 1995). 치료실이나 학교는

한 가지 접근의 방법론을 충실히 따르도록 개발될 수도 있고, 아니면 기존의 공립 또는 사립 프로그램이 자폐 범주성 장애 아동을 교육하기 위한 주요 접근으로 특정 방법론을 채택할 수도 있다. 가설적으로는 특정 분류적 접근이 다양한 장소와 여러 실행가 간에 쉽게 인식될 수 있도록 교육과정 내용 및 교육 방법론에 있어서 최소한의 충실도를 확보해야 한다.

분류적 지향의 주요 단점은 실제로는 누군가 그러한 접근을 정의할 수 있는 요소를 분석하려고 할 때 각기 다른 접근 간에 중복되는 면이 상당히 많은 것은 물론, 한 접근의 실제 내에서도 상당한 다양성이 있을 수 있다는 것이다(NRC, 2001; Prizant & Wetherby, 1998). 더욱이, 한 접근이 시간이 지나면서 점차 발전함에 따라 사용되는 특정 교수방법론과 교육과정이 상당히 바뀔 수도 있다. 어떤 경우에는 각기 다른 교사가 한 접근의 매우 다른 버전을 실행하고 그러한 다른 버전이 같은 이름으로 인정되기도 한다.

앞에서도 주장하였듯이(Prizant & Rubin, 1999; Prizant & Wetherby, 1998), 어떤 접근이 더 효율적인지에 대한 전 세계적인 논쟁은 다음과 같은 두 가지 이유로 해결되지 못한 채 남아 있다. 첫째, 특정 접근의 방법론 내에서도 상당한 가변성이 존재하며, 둘째, 각기 다르게 분류되는 접근 간에 중복되는 요소가 있다는 사실을 잘 고려하지 않는다는 것이다. 해당되는 예를 들자면, 응용행동분석을 다른 접근과 비교되는 하나의 독특한 접근으로 논의할 때 응용행동분석의 방법론 내에서의 주요 차이가 잘 알려지지 않을 수도 있다. 예를 들어, 비연속 개별 시도와 같은 고도의 직접교수 전략이 우세하게 사용되는 접근과 좀 더 자연적이고 아동 중심적인 교수 접근인 현대응용행동분석(예: 자연적 언어 패러다임 [Koegel & Koegel, 1995])은 목적과 교수 실행이 매우 다름에도 응용행동분석 접근의 논의에서는 동일하게 취급될 수 있다(Cohen, 1999; Prizant & Wetherby, 1998). 마찬가지로, DIR 모델(Greenspan & Wieder, 1998), RDI 프로그램(Gutstein, 2000), SCERTS 모델, 그리고 그 밖의 현대응용행동분석 접근(예: 자연적 언어 패러다임, 월든 유치원[McGee, 2001; McGee, Morrier, & Daly, 1999]) 같이 발달주의 기반 접근 사이의 중요한 유사점은 분류적 토대로 접근을 비교할 때 인식조차 되지 않을 수도 있다. 이렇게 다양한 접근 간에 중복되는 요소의 예로는 아동의 시작하기 및 상호적인 차례 주고받기를 강조하는 것과 학습을 위한 중요한 맥락으로 놀이를 포함한다는 것을 들 수 있다. 그러나 이와 같은 문제에도 불구하고 분류적 접근은 교육 접근에 대한 논의와 중재 효율성에 대한 논쟁에서 여전히 우세를 차지하고 있으며, 이는 유감스럽게도 지나치게 단순화된 것이라고 할 수 있다.

(2) 광범위한 서술적 접근

교육 접근은 또한 접근의 주요 목적이나 철학적 방향과 관련된 방법론을 설명함으로써 좀 더 일반적이고 광범위한 용어로 특징지어지기도 한다. 이러한 특징은 다양한 접근 또는 프로그램 간의 유사점을 다룸으로써 상위 수준의 분류를 가능하게 한다. 더욱이, 이러한 방침을 취하게 되면 다양한 방법론 간의 공통된 요소가 설명된다. 예를 들어 Heflin과 Simpson(1998)은 접근들을 검토해서 일반적인 세 가지 그룹으로 분류하였다: (1) 개인 간 관계 형성에 기초한 중재(또한 관계에 기초한 중재 또는 관계 중심의 접근으로 언급되는 중재[예: Mahoney & Perales, 2005]), (2) 기술 중심 중재 프로그램, (3) 신경생리학에 중점을 둔 중재 프로그램. Heflin과 Simpson은 특정 프로그램이나 접근이 이러한 분류 중 둘 또는 셋까지도 일치되는 요소를 가질 수도 있다는 것을 인식하였다. 교육 프로그램을 분류하는 데 있어서의 광범위한 서술적 접근과 일치하는 다른 일반적으로 사용되는 특징 짓기는 행동주의 대 발달주의, 구조화 대 반구조화, 학업 대 기능, 중다양식 의사소통 대 구어 중심 의사소통 등을 포함한다.

광범위한 서술적 접근의 장점은 전문가와 부모가 그들의 신념에 잘 맞는 교육의 실제를 탐색하고 선택할 수 있게 하고 그들이 현재 사용하고 있는 접근과 비교할 수 있도록 접근 간의 전반적인 유사점과 차이점을 확인할 수 있다는 것이다. 그러나 접근 간의 중요하고도 독특한 차이가 불확실할 수도 있다. 예를 들어, 그림교환 의사소통 체계(PECS)(Frost & Bondy, 1994)는 아동이 상징을 교환하여 자신의 의도를 표현하는 방법을 소개함으로써 보완대체 의사소통체계에 혁신적인 접근을 제공하였다. PECS와 SCERTS 모델은 둘 다 시각적 지원을 강도 있게 적용하지만 PECS는 아동 언어 발달 문헌보다는 응용행동분석(ABA) 기술 중심 학습 문헌에 주로 기초하여 보다 처방적인 교수 절차를 따르고 있는 반면에, SCERTS는 초기 언어발달 연구로부터 큰 영향을 받았으며 덜 처방적이고 더 개별화된 경향이 있고 활동 중심 학습 문헌의 영향을 크게 받았다.

(3) 연속체 접근

Prizant와 Wetherby(1998)는 자폐 범주성 장애 아동을 위한 의사소통 및 사회-정서 능력을 신장시키기 위한 접근이 최소한 두 가지 방법으로 설명될 수 있다고 지적했다. 첫째, 다양한 분류적 접근은 교육의 실제를 도출한 철학적 방향과 연구 문헌을 기초로 묘사적인 용어를 사용하는 하나의 연속선상에서 고려될 수 있다. 그러한 연속체의 한쪽 끝은 진동적인 행동주의 방법론이며 다른 쪽 끝은 사회-화용론적 접근으로, 그 중간 지점은 절충적 접근이나 혼합적 접근으로 구성된다(Warren, 1993 참조). Prizant와 Wetherby(1998)는 이러한 연속체를 설명하면서 역사적 관점으로부터 현재의 교육 접근의 진보를 다루었다. 둘째, 좀 더 구체적인 여러 연속체는 한 접근 내에서의 실질적인 실행 및 방법론과 더 밀접하세 관련된 것으로 판명될 수도 있고 그래서 프로그램의 특정 요소를 더 정확하게 설명할 수 있게 해 준다. 이것은 교육 프로그램의 특징을 묘사하는 한 방법으로서, 또한 분류 논쟁과 광범위한 서술적 접근에 대한 하나의 대안으로서, 연속체에 따른 교육 프로그램의 여러 차원을 각각 고려하는 개념을 소개하는 것이다.

자폐 범주성 장애 관련 문헌에서 분류적 설명이 우세하기 때문에 만들어진 벽을 깨기 위해 노력하면서, 우리는 교육 접근에는 다양한 차원이 있고 각 차원은 교육의 실제 연속체 안에서 간주될 수 있다는 것을 주목하였다(Prizant & Wetherby, 1998; Prizant, Wetherby, & Rydell, 2000). 이러한 차원에 대해서는 다음 부분에서 논의할 것이다. 기존의 많은 교육 프로그램이 다른 분류적 접근의 요소를 점진적으로 통합하고 있고 그 결과 아동을 위한 프로그램 계획의 융통성과 개별화 정도가 더 커지기 때문에 다차원적인 연속체에 따라 프로그램을 설명할 필요성이 제시된다. 개별 아동에 대한 프로그램의 적절성은 아동의 사회 의사소통 능력, 정서 조절 능력, 타 영역에서의 발달 능력, 특정 접근에서의 성공 경험, 부모의 선호도 및 우선순위와 같은 요소에 따라 다양할 수 있다.

다차원적 연속체에 따라 프로그램을 고려하는 것은 분류적 또는 광범위한 서술적 접근에 비해 다음과 같은 많은 장점을 갖는다.

1. 다양한 분류적 접근 간의 차이점과 유사점은 좀 더 세밀한 방법으로 분석될 수 있다.
2. 개별 학생에 대해 구체적으로 고려할 때 각 연속체에 따른 다양한 요소는 그

학생의 필요와 학습 스타일에 가장 잘 맞도록 체계적으로 다루어질 수 있다.

3. 교수방법론은 개별 학생의 필요를 가장 잘 충족시킬 수 있도록 다양한 접근으로부터 도출될 수 있다.
4. 학생을 좀 더 독립적이 되게 하는 것은 다양한 연속체(예: 교수에서의 융통성 확대, 교수에서의 덜 지시적인 상호작용 스타일 사용, 선택의 기회를 증가시킨 아동 중심 활동의 증가)에 따른 변화라고 인식될 수 있다.
5. 추후 연구는 좀 더 총체적인 분류 수준에서 다양한 접근을 비교하기보다는 각기 다른 발달 능력과 학습 프로파일을 보이는 학생에게 가장 효과적일 수 있는 특정 요소나 요소의 결합을 다루게 될 것이다.

2) 교육의 실제

위에서 설명한 것처럼 연속체 접근은 다양한 차원에 따라 교육의 실제를 면밀

〈표 6-1〉 자폐 범주성 장애 아동을 위한 교육 프로그램의 차원

프로그램 차원	내용
교수방법론	• 이론 및 연구 토대 • 교수에서의 처방성 대 융통성의 정도 • 지시적 대 촉진적 상호작용 및 교수 스타일의 사용 • 문제행동에 대한 접근 • 자료 수집의 유형 및 강도를 포함한 진보 측정 • 부모의 참여와 역할 • 시각적 지원 및 시각적 매개 활동의 사용
학습 맥락	• 교수 활동 또는 맥락의 자연스러움 • 기술 또는 활동 중심의 학습 기회 • 사회적 복잡성(예: 일대일, 소집단, 대집단) • 전형적인 또는 발달적으로 보다 진보된 또래의 역할
아동 특성	• 학습에서의 개인차 • 아동의 정서 조절 프로파일에 대한 고려 • 연령 및 발달 범위
프로그램 목표	• 목표 설정에서의 교육/중재 우선순위(즉, 발달 영역) • 보완대체 의사소통(AAC) 목표 및 전략 • 자발적인 의사소통 시작하기 • 기능적 또는 발달적 준거에 기초한 목표

히 조사해야 한다. <표 6-1>은 이러한 차원을 교수방법론, 학습 맥락, 아동 특성, 프로그램 목표 등 네 가지로 나누어 제시하고 있다. 여기서는 이와 같은 차원을 다양한 분류적 접근에 따라 예를 들어 설명할 것이다. 여기서 말하는 차원들은 서로 배타적이지는 않다.

(1) 교수빙법론

① 이론 및 연구 토대

각기 다른 접근에 대해 논의하는 광범위한 연속체는 한 접근이 발달 연구와 그 실제로부터 도출되는지 행동주의 연구와 그 실제로부터 도출되는지 아니면 그 둘 다로부터 나온 것인시에 관한 것이다. 모든 중재와 교육 섭근은 상애 및 일반 아동의 발달에 대한 광범위한 문헌과 교육 및 교육환경에서의 발달상 적합한 실제에 대한 문헌으로부터 도출되었을 가능성을 갖고 있다. 그러나 연속체의 한쪽 끝은 아동 발달 연구로부터 도출된 것이 아닐 수도 있으며, 처방적인 프로그램이나 아동이 배워야 할 내용과 교수방법에 대한 전문가의 사전 결정에 기초한 기술 증가 또는 감소에 초점을 두고 주로 일대일 성인-아동 교수 형태로 가르칠 수도 있다. 연속체의 다른 끝에서는 적절한 학습 맥락에 대한 결정은 물론 목표와 그러한 목표 달성을 위해 사용되는 교수 전략의 기초를 제공하기 위해 발달 연구가 적용된다. 자폐 범주성 장애 아동에게 적용되는 접근은 이러한 측면에서 매우 다양하다.

전통적인 응용행동분석 접근은 주로 조작적 학습이론과 행동주의 연구 및 방법론에 기초한 반면, 최근의 응용행동분석 접근은 여전히 아동의 행동 변화를 설명하고 증명하기 위하여 학습이론 체계에 기초하면서도 발달주의에 기초한 유아교육 방법론을 병합한다. 그러나 현대응용행동분석의 실제(예: Koegel & Koegel, McGee, Strain, & Schreibman의 연구로 입증된 것처럼)는 DIR 모델이나 SCERTS 모델(Prizant & Rubin, 1999) 등의 발달주의 접근에서처럼 아동 발달에 대한 광범위한 연구를 기반으로 하지 않을 수도 있다. 그럼에도 불구하고 아동 발달 연구에 기초한 발달의 위계와 지원에 대한 정보는 현대응용행동분석의 실제에 매우 큰 영향을 미치고 있다. 예를 들어, 중재의 주요 맥락으로 의사소통 시작하기와 연령에 적합한 놀이에 초점을 둔 또래와의 놀이 중심 상호작용과 자연스러운 활동 및 일과를 포함하는 것을 보면 알 수 있다.

아동 발달 연구 및 실제에 주된 근거를 둔 접근은 목표 결정, 진보 측정, 발달에 적합한 교육 실제를 위한 핵심 기초로서 발달주의 체계와 과정을 사용한다. 예를 들어, SCERTS 모델은 언어 및 의사소통 발달, 사회적 발달, 정서 조절과 같은 사회-정서 능력 발달, 감각 처리 능력의 발달을 다룰 때 발달주의 연구로부터 매우 큰 영향을 받았다. 앞에서 설명한 바와 같이 SCERTS 모델의 우선적인 목표는 사회 의사소통, 정서 조절, 교류 지원 영역에서 수립된다. SCERTS 모델은 매우 강한 발달주의적 강조점을 지닌다. 그러나 아동의 기능적인 필요와 가족의 우선순위도 아동 발달 연구에 의해서 도출된 목표와 함께 고려해야 할 요소로 인식된다. 무엇보다도 발달주의 연구로부터 도출된 효과적인 학습 과정에 기초한 교수 전략이 자폐 범주성 장애 아동을 위한 교육 기회에 투입된다.

기본적인 이론 및 연구 기반으로 진행되고 있는 또 하나의 주요 연구 및 문헌은 가족 구조 이론과 가족 중심 중재를 다루고 있다. SCERTS 모델은 가족 구조 이론으로부터 매우 강한 영향을 받았으며 현대응용행동분석 문헌에서 보고된 긍정적 행동지원 관련 연구(Fox et al., 2000)는 물론, 가족 중심 중재의 실제와 일치한다(예: Mahoney & Perales, 2005). Greenspan과 Wieder(1998)의 DIR 모델은 사회-정서 능력 및 관련 능력에서 판명된 우선순위 목표를 가진 Greenspan(1992)의 정서 발달 모델에 기초한다. DIR 모델은 응용행동분석 실제에 관한 연구나 문헌으로부터 직접적으로 도출된 것은 아니다.

② 교수에서의 처방성 대 융통성의 정도

어떤 접근은 교수방법론 및 목표 위계를 충실히 따르도록 구체적인 권장사항을 분명하게 제시한다는 점에서 처방적이라고 할 수 있다. 이러한 접근은 교재를 제시하고, 교수 환경을 구조화하거나 구성하며, 아동의 어떤 반응이 수용할 만하거나 옳은지 정해두고, 아동의 수용할 수 있거나 없는 반응에 어떻게 반응할 것인지 등의 구체적인 방법을 포함한다. 처방적 접근에서 아동의 행동은 과제 수행 행동이나 과제 이탈 행동으로 정의될 수도 있다. 이러한 용어는 상황 내 사건과의 연관성이나 아동의 관심이나 의도의 초점과는 상관없이 아동의 행동이 구체화된 활동이나 교사의 계획에 어떻게 연관되는지의 관점에서 사용된다. 예를 들어, 만일 아동이 창밖의 트럭 소리에 대해 이야기하거나 눈에 보이는 선반 위의 놀잇감을 요구할 때 그 상황을 교수 가능한 순간으로 여겨 아동의 관심과 자발적인 의사소통을 활용하는 대신 아동에게 당장 해야 할 과제로 돌아오도록 재지시할 것이다.

반면에, 다른 접근은 미리 결정된 계획안이나 교수를 위한 처방을 따르지 않을 수도 있다. 이러한 연속체의 끝에는 학습 기회를 융통성 있게 조성하고 아동의 관심 및 흥미의 초점에 따라 활동과 사건을 어떻게 전개시킬 것인지에 기초하여 교수 가능한 순간을 자연스럽게 활용할 수 있는 거대한 가능성이 존재한다. 앞에서 언급한 예에서, 트럭을 관찰하도록 아동을 창문으로 데리고 가서 트럭에 대해 짧은 대화를 나눌 수도 있으며, 자발적인 의사소통을 좀 더 할 수 있도록 신반에서 놀잇감을 꺼내 줄 수도 있다. 이러한 차원에서 절충적 접근은 미리 결정된 특정 목표를 가지는 정도로 약간 구조화될 수 있다. 그러나 아동의 파트너는 처음의 계획안과 관계없이 새롭고 더 효과적인 학습 기회를 조성하거나 포착할 수 있는 가능성이 있다면 짧은 기간 동안이든 긴 기간 동안이든 사전에 조정된 계획안으로부터 벗어날 수 있어야 한다. 일반적으로 이러한 방법은 SCERTS 모델의 특성이다.

③ 지시적 대 촉진적 상호작용 및 교수 스타일의 사용

발달주의와 몇몇 현대행동주의 문헌에서 제시하는 촉진적 스타일은 다음과 같은 특성을 갖는다.

- 아동의 관심 따르기
- 활동 내에서 선택 기회와 대안 제공하기
- 아동의 의도를 인식하고 반응하기
- 아동의 활동에 대해 설명하는 등 다양한 의사소통 기능을 시범 보이기
- 아동의 구어 또는 비구어 의사소통 주제를 확장하고 정교화하기

극도로 촉진적인 스타일은 의사소통 대상자가 최소한의 지시만을 제공하는 '아동 주도 따르기'로 알려져 있다. 촉진적 스타일이 주로 사용될 때 기본적인 가정은 의사소통 파트너가 개입과 재지시를 최소화하여 적절히 반응하고 안내하면서 생산적인 학습 기회를 만들어 낸다면 아동의 자발적이고 자기지시적인 행동은 충분히 조직화되고 목표 지향적일 수 있다는 것이다.

연속체의 반대편 끝은 지시적인 스타일의 상호작용과 교수다. 용어가 의미하는 것처럼 이러한 스타일은 의사소통 파트너가 아동으로 하여금 특정 방법으로 의사소통하고 반응하고 행동하게 하는 것이 특징이다. 지시적 스타일은 다음과 같은

특성을 갖는다.

- 의사소통 파트너가 선택한 사건이나 활동으로 아동의 주의를 끌려는 시도를 자주 한다.
- 아동이 특정 방법으로 반응하거나 수행하게 하는 지시나 구체적인 대답을 이끌어 내기 위한 질문이 큰 비중을 차지한다.
- 아동의 정반응을 지원하려고 더 개입적인 촉진 전략(신체적 또는 언어적)을 자주 사용한다.
- 아동의 반응이 적절한지 또는 옳은지 여부를 알려 주기 위한 평가적인 언급을 한다.

이러한 교수 스타일의 궁극적인 목표는 아동이 파트너의 지시를 따르게 함으로써 파트너가 정한 목표를 달성하게 하는 것이다.

이러한 연속체의 중간 영역은 활동의 특성, 활동 요구와 관련된 아동 능력, 아동의 정서 조절 상태에 따라 지시적인 요소나 촉진적인 요소를 선택적으로 사용하는 것이다. 예를 들어, 아동에게 신발 끈 묶기를 가르칠 때 이 기술의 습득 단계에서는 시각 운동 및 운동 계획 요구 때문에 처음에는 손 위에 손을 겹쳐서 잡고 지시하는 것이 필요할 수도 있으므로 보다 지시적인 접근이 요구될 수 있다. 그러나 같은 아동의 사회 의사소통 능력을 증진시키기 위해서는 사회 의사소통적 상호작용에 참여해야 한다는 매우 다른 학습 성격 때문에 덜 지시적인 접근이 적합할 것이다.

SCERTS 모델은 사회 의사소통과 정서 조절을 함양하는 보다 촉진적인 스타일에 강하게 기울어져 있다(촉진적 스타일의 개념은 아동 언어 발달 관련 문헌에서 처음 소개되었으며, 자폐 범주성 장애나 더 심각한 의사소통 문제를 가진 사람을 위해 사용되는 AAC 접근인 **촉진적 의사소통**[Biklen, 1990]을 의미하는 것은 아니다). 연구 결과는 다음과 같이 촉진적인 스타일이 갖는 장점을 보여 주고 있다.

1. 아동에게 사회적 조절과 의사소통 역량에 대한 감각을 제공함으로써 시작행동을 증가시키고 더 정교화된 의사소통 시도를 이끌어 낼 수 있다(Mirenda & Donnellan, 1986; Peck, 1985).
2. 아동의 관심과 동기를 따름으로써 불순응의 문제를 경감시키고 동기와 정서

적 연계를 통해 학습을 향상시킬 수 있다.

3. 아동의 수준과 관심의 초점에 맞는 상세한 정보 및 피드백 제공은 어휘와 다양한 언어 형태 및 기능에 대한 시범을 통해 아동의 의사소통 및 언어 발달을 지원한다. 예를 들어 Mirenda와 Donnellan(1986)은 촉진적 스타일이 지시적 스타일과 비교할 때 자폐 범주성 장애 학생의 상호작용 시작하기, 질문하기, 대화 시작하기의 발생률을 증가시킨다고 하였다. Rydell과 Mirenda(1991)는 성인의 촉진적 발화로 더 높은 빈도의 생성적 발화, 시작하기, 이해력 향상을 가져올 수 있다고 보고하였다. 촉진적인 전략은 또한 제한된 언어 능력을 갖고 있거나 언어를 사용하지 못하는 자폐 범주성 장애 아동의 의사소통 시작하기와 사회 정서적 신호 보내기를 증가시키는 것으로 나타났다(Dawson & Adams, 1984; Peck, 1985; Tiegerman & Primavera, 1984).

촉진성에서부터 지시성까지의 연속체에 따른 스타일 결정의 적절성 여부는 아동에 따라 다르며 파트너 스타일이 상호작용에 미치는 영향력을 관찰함으로써만 결정될 수 있다. 아동의 전형적인 능력에 따라 어울리는 스타일을 정하는 것은 다음과 같은 성과를 가져온다.

1. 주의집중에 대한 자기조절 증가(즉, 최소한의 촉진으로 상호적인 관심의 초점을 유지하는 능력)
2. 활동에서의 선택과 참여에 대한 적극적인 관여
3. 빈번한 구어 또는 비구어 의사소통 시작하기
4. 보다 정교한 의사소통 시작하기
5. 파트너와의 긍정적인 정서적 연계

성인의 스타일은 아동의 행동에서 이러한 특성이 관찰될 때 더 촉진적인 스타일로 간주될 수 있다. 예를 들어, 매우 활동적이고 산만해지기 쉬운 아동에게는 다소 지시적인 특성(예: 신체적 촉진, 제한된 환경)을 갖고 있더라도 상호적인 주의집중 초점과 보다 적극적인 참여를 이끌어 내는 스타일이 더 촉진적인 것으로 간주되어야 한다. 그러나 이와 동일한 스타일도 활동 수준이 더 낮고 주의집중 조절력이 더 좋은 아동에게는 해로운 영향을 미칠 수도 있다. Marfo(1990)에 따르면, 가장 먼저 관심을 가져야 하는 부분은 지시적인 것으로 간주되는 특성이 있느냐 없느냐가 아니라 상호작용을 지원하는 데 있어서의 성인 지시성이 어떤 기능을 하느냐 하는 것이다. SCERTS 모델에서는 놀이와 상호작용 교수에 촉진적인 특성을 포함시키고 촉진성-지시성 연속선상에서 최적의 조합을 발견할 때까지 점진적으로 스타일을 수정하게 한다.

④ 문제행동에 대한 접근

아동이 정서 조절을 어려워하거나 문제가 될 만한 행동을 보이는 상황에서 교사와 다른 사람들이 어떻게 반응하는가는 프로그램 계획의 또 다른 중요한 차원이다. 이러한 연속체는 〈표 6-2〉에서 자세히 보여 주고 있다. 연속체의 한쪽 끝은 아동이 문제행동을 보일 때 그에 대한 반응으로 문제행동을 멈추게 하려고 시도하는 **행동 관리 접근**(behavior management approaches)이다. 이러한 행동 감소 전략은 소거(예: 문제행동이 발생할 때 무시하기)에서부터 혐오적 절차나 벌을 사용하는 것까지 포함하는데, 이 중에서도 혐오적 절차나 벌은 최근 프로그램에서는 선호되지도 허용되지도 않는다. 전통적인 행동 관리 접근에 대한 반작용으로 1990년대에 **긍정적 행동지원**(positive behavior support: PBS)이라는 강력한 운동이 시작되었다. 긍정적 행동지원 접근은 예방적이고 비혐오적이며 긍정적이고 반응적인 전략을 개발하는 데에 초점을 두고 제한된 사회 의사소통 기술처럼 문제로 인식되는 행동의 패턴과 관련된 요소를 다룬다. SCERTS 모델은 정서 조절의 어려움과 관련된 문제행동을 다루는 반응적인 전략과 함께, 아동의 정서 조절 능력을 발달시키기 위한 장기적인 예방 목표를 가지면서 발달주의에 더 많은 초점을 둠으로써 PBS 중재를 기반으로 한다.

긍정적 행동지원과 SCERTS 모델은 조절장애와 문제행동을 야기하는 요소가 포함된 환경적 변수를 조정하거나 기능적인 사회 의사소통에 대해서 강조하는 등 긍정적 접근이라는 공통된 강조점을 지닌다. 분명한 것은 SCERTS 모델이 PBS 방법론과 연구에 의해 영향을 받았다는 사실이다. 그러나 또한 중요한 차이점이 있다. 한 가지 차이점은 SCERTS 모델에서는 문제행동을 다루는 접근을 분석하고 개발하는 데 있어서 행동 분석적인 틀보다는 발달적인 정서 조절 틀을 사용한다는 것이다. 정서 상태와 생리적 각성 상태의 상호의존성 때문에 생리적 및 정서적 각성의 행동 지표에 대해서뿐만 아니라 아동의 상호조절 및 자기조절 능력에 대한

〈표 6-2〉 문제행동을 다루는 접근 비교

전통적 행동 관리[a]	긍정적 행동지원[a]	SCERTS 모델에서의 정서 조절 접근
전통적인 행동주의 관점에 기초함(예: 후속결과를 조작함으로써 드러나는 문제행동을 변화시킴). 행동의 기능이나 발달적 변인에 대해서는 고려하지 않음	현대행동주의 관점에 기초함(예: 후속결과 및 선행사건 조작과 배경사건 및 문제행동의 기능과 같은 기타 변인을 함께 고려함으로써 드러나는 문제행동을 변화시킴)	교류 및 발달주의 관점에 기초함. 문제행동을 아동의 발달 능력과 사람이나 활동에 대한 정서 경험과 관련된 환경적 또는 생리적 스트레스에 대처하거나 적응하기 위한 아동의 시도로 간주함
사람이 문제라는 관점	체계, 환경 또는 기술 결함이 문제라는 관점	대인관계, 환경, 활동에서의 요구와 아동의 능력/기술 및 정서 조절 능력 간의 불일치가 문제라는 관점
아동의 관점이 아닌 외적 변인의 조작에 초점을 둠. 이는 '아동 외부로부터의(outside of the child)' 접근임	대체기술을 가르치는 긍정적인 접근을 사용해서 외적 변인 조작과 행동의 기능에 초점을 맞춤. 이것은 아동의 관점이 아닌 '아동 외부로부터의' 접근임	아동의 의도, 정서적 각성, 이전의 정서력과 경험, 관계 발달사를 고려함. 이것은 '내부로부터의(inside out)' 접근임
행동의 감소나 소거를 강조함. 주로 사후 접근임	대체기술을 파악하고 교수하며 관계를 형성함. 사후 및 사전 전략이 함께 사용됨	발달주의 관점에서 사전에 사회의사소통, 관계, 정서 조절 능력을 증진시킴. 정서 조절이 어려운 순간에 아동의 정서 조절(상호적 조절 전략)을 지원하는 효과적인 방법 개발 등의 사후전략을 사용함
부정적인 후속결과에 자주 의존함	긍정적인 접근에 주로 의존함	아동의 사회-정서 반응에 초점을 둔 긍정적이고 관계 중심적인 접근에 의존함
'빨리 고치려는' 기대를 가짐	시간이 지난 후에도 성취 결과가 유지된다는 목표를 가짐(판별된 문제행동의 감소를 강조함)	문제행동 발생을 예방하는 정서 조절 능력과 관련 발달 능력의 기초를 개발한다는 일생에 걸친 목표를 가짐
'전문가'가 문제행동에 대한 반응 전략을 고안함	문제행동에 대응하는 방안을 협력팀이 개발함. 그러나 문제행동의 미래 발생을 예방하기 위해 사전 전략 또한 개발될 수 있음	단순히 문제행동 발생에 대한 대응으로 시작되기보다는 사전에 팀이 전반적인 발달 계획의 고유한 부분으로 개발함

[a]출처: U.S. Department of Education, Office of Special Education and Rehabilitative Services, Office of Special Education Programs, n.d.

지식에 있어서도 신중한 점검과 해석이 있어야 한다.

SCERTS 모델에서는 문제행동을 분석할 때 잠재적으로 내재하는 행동의 의도나 의사소통 기능을 알아내기 위해 맥락이나 발달사와 관련해서 분석한다. 아동의 건강 상태, 각성 편향성(너무 높거나 낮은 각성 상태)과 정서 조절 능력, 그리고 환경적 스트레스 요인과 같은 기타 요인도 고려된다. 이러한 요인 조사에 기초해서 예방 계획이 포함되는데, 여기에는 아동의 일과표 또는 매일의 활동 및 경험에 대한 의미 있는 수정, 대인관계 지원 및 학습 지원에서의 수정, 감각 처리와 정서 조절 지원의 실행, 적절할 때 문제행동과 관련된 것으로 보이는 요인을 다루기 위한 생물학적 또는 영양학적 중재(예: 위장 문제, 음식 알레르기) 등의 전략이 일부 또는 전부 포함될 수 있다. 청소년이 문제행동을 보일 때의 정서 조절 지원 계획 또한 개발되어야 한다. 마지막으로 SCERTS 모델에서는 어떤 행동이 처음에 문제행동으로 인식되는가의 여부가 가족, 문화집단, 심지어 부모의 성별에 있어서의 개인 차이로 인해 매우 다를 수 있다는 것을 인식한다. 따라서 교사와 임상가는 필요하다면 가족과 밀접하게 협력하면서 문제행동의 패턴과 관련된 우선순위를 결정해야 한다.

⑤ 자료 수집의 유형 및 강도를 포함한 진보 측정

진보와 제공되는 서비스의 책무성을 측정하는 것은 현재 모든 서비스 제공자를 위한 필수 의무조항으로 인식되고 있다. 그러나 다양한 접근은 각기 서로 다른 방식으로 진보를 측정할 수도 있다.

■ 질적 접근 대 양적 접근

연속체의 한쪽 끝에서는 질적 방법을 이용해서 비형식적이면서 주관적인 방법으로 진보를 측정할 수 있다. 예를 들어, 교사는 아동 관찰에 기초하여 지속적으로 서술적 기록을 하거나 아동의 진보에 대한 부모의 생각을 물어볼 수도 있다. 이때 기록은 기관마다의 요구, 전문가의 기술, 점검할 영역, 포함된 전문성 등에 따라 매우 일반적일 수도 있고 좀 더 구체적일 수도 있다. 이러한 접근은 진도점검으로서의 구체성이나 객관성이 부족할 수도 있지만 측정된 진보의 사회적 타당도로 활용될 수도 있다(즉, 아동 행동에서의 변화가 어떻게 기능적인 능력을 증진시키며 다양한 환경에 걸쳐 파트너에게 어떤 영향을 미치는지에 대한 평가). 연속체의 또 다른 끝에서는 전부는 아니지만 대부분의 교수 장면에서 아동의 행동 반응에 대한 지속적이고도 강도 높은 자료 수집과 분석이 이루어질 수 있다. 이러한 방법은 객관적으로 정의된 행동의 빈도 기록을 통해서 목표행동의 증가나 감소를 알 수 있는 양적 자료를 제공해 주며, 관찰자 간 신뢰도를 확보하기 위해 여러 관찰자가 중복 관찰을 하도록 계획을 세우기도 한다. 집중적인 자료 수집의 장점은 교수목표의 성취 정도를 주의 깊게 자료화할 수 있다는 것이다. 그러나 지속적이고 집중적인 자료 수집으로 인해 나타날 수 있는 제한점도 다음과 같이 존재한다.

1. 자료 수집 방법에 따라서는 상호적인 교수 장면에서 교사가 아동을 세밀하게 관찰하거나 아동에게 고도로 반응적이거나 자발적이어야 하는 상황을 방해할 우려가 있다.
2. 행동 발생 빈도에 대한 기록은 특정 목표행동의 유무를 알아낼 수는 있지만 아동에게 보다 의미 있는 발달적 변화(즉, 사회적으로 타당한 변화)를 포착하지 못할 수도 있다.

■ 일반화와 자연적인 환경으로의 전이 측정

진보 측정에서의 또 하나의 연속체는 특정 훈련 상황에서의 변화 측정을 강조하는지 또는 보다 자연스럽게 발생하는 다양한 활동, 맥락, 파트너에 따른 변화 측정을 더 강조하는지에 관한 것이다. IQ 점수나 표준화 검사 점수, 행동의 빈도 기록에만 의존하는 절차 등 발달 진보에 대한 전통적인 정적 측정은 사회 의사소통 및 정서 발달의 역동적 특성과 자폐 범주성 장애 아동이 직면한 핵심적 어려움을 다루지 못할 수도 있는 것으로 논의되어 왔다(NRC, 2001; Prizant & Wetherby, 1998).

진보 측정 이슈를 복잡하게 만드는 한 가지 요인은 각기 다른 철학을 가진 접근이 각각 그 접근의 기초가 되는 철학과 일치하는 방식으로 진보를 측정한다는 것이다. 예를 들어, 많은 행동주의적 접근은 기술 발달과 궁극적으로 기술의 '숙달'에 대한 주요 증거로 객관적으로 정의된 정반응 빈도를 사용한다. 발달주의 철학을 가진 교사는 반응의 정오에 대한 빈도 기록에 초점을 두기보다는 발달상의 변화를 암시하는 행동 지표에 대한 질적 유형에 더 중점을 둘 수 있다. 기술 습득과 발달 능력의 기초가 되는 변화를 둘 다 다루는 절충적 접근은 객관적으로 정의된 행동에 대한 빈도 기록과 함께 발달상의 변화를 점검하기 위한 체계 및 절차를 사용할 수도 있다.

SCERTS 진단에서는 이러한 절충적 접근을 사용한다. 즉, 각기 다른 사건과 활동뿐만 아니라 각기 다른 상황과 파트너에 걸쳐서 아동을 관찰함으로써 덜 개입적인 자료 수집 절차를 사용한다. 또한 아동의 능력과 진보에 대해 양육자가 작성하는 질문지(예: SCERTS 진단-질문지)와 면담 등 사회적으로 타당한 측정방법을 사용한다.

⑥ 부모의 참여와 역할

대부분의 교육 접근은 부모 참여가 아동의 진보와 관련된 중요 요소기 때문에 부모의 참여를 존중한다. 그러나 참여의 성격은 매우 다양하다. 연속체의 한쪽 끝은 프로그램에 대한 책임을 지닌 교사나 상담가가 미리 정해진 부가적인 학습 경험을 제공하기 위해 부모를 모집할 수 있다. 결국 부모는 스스로 교사가 되거나 아니면 교육 환경과 유사한 교수 프로그램을 수행할 수 있는 추가 인력을 고용하도록 안내받는다. 연속체의 또 다른 끝에서의 부모 참여는 적극적으로 참여하고자 하는 부모의 능력과 바람뿐만 아니라 다양한 활동과 장소에서의 자녀를 위한 목표와 관련해서 스스로 세운 우선순위에 입각해서 결정된다.

SCERTS 모델에서 적극적으로 참여하고자 하는 가족의 우선순위와 가족 구성원의 능력은 아동을 위한 개별화된 프로그램을 개발하기 위한 중요한 요소라 할 수 있는데, 예를 들어 기능적이고 발달에 적절하며 가족 구성원이 가치 있다고 여기는 목표를 설정할 수 있게 해 준다. 더욱이, 가족 구성원의 아동 프로그램 참여는 다양한 활동 및 맥락과 관련된 아동 발달을 지원하는 가족의 능력에 맞추어 조정된다. 이것은 정적인 이슈라고 할 수는 없다. 왜냐하면 가족 구성원은 아동의 팀이 미리 계획한 목표를 다루는 활동에 참여할 때 가족에게 영향을 미치는 요인에 따라 점점 더 많이 참여하게 되거나 덜 참여하게 되기 때문이다. 그러나 SCERTS 모델은 활동 중심 운영에 초점을 두기 때문에, 분리된 교수 회기보다는 매일의 활동과 일과의 맥락에서 기술을 지원하는 데 참여하도록 강조한다. 이와 같은 방법은 가족 구성원으로 하여금 아동의 프로그램 내에서 좀 더 적극적인 역할을 취할 수 있게 해 주는데, 그 이유는 매일의 일과 및 활동 사용이 가족의 문화나 생활방식과 조화를 이룰 수 있는 기회를 조성해 주기 때문이다.

⑦ 시각적 지원 및 시각적 매개 활동의 사용

시각적 지원과 시각적 매개 활동의 사용은 대부분의 자폐 범주성 장애 아동에게 효과적인 교육의 실제로 널리 알려져 있다(Mirenda & Erickson, 2000; Wetherby et al., 1997). 시각적 지원은 주요 표현 의사소통 체계(예: 로우-테크 의사소통판, 하이-테크 도구에서의 오버레이)로, 다른 사람이 전달한 말과 기대를 이해하기 위한 보조 수단으로 또는 그림 일과표와 같이 조직화된 지원으로 다양하게 사용될 수 있다. 그럼에도 불구하고 시각적 지원을 필수적으로 포함시켜야 하는지를 고려하는 정도에 따라 각 접근에서 사용하는 시각적 지원은 매우 다양하다. 예를 들어, 시각적 지원에 크게 의존하는 접근으로는 TEACCH의 구조화된 교수(Schopler et al., 1995), SCERTS 모델, PECS(Frost & Bondy, 1994) 등이 있다. 반면에, 자연적 언어 패러다임(Koegel & Koegel, 1995), 로바스 치료(Lovaas, 1981), 응용구어행동(Applied Verbal Behavior), ABLLS 교육과정(Sundberg & Partington, 1998) 등의 접근은 시각적 지원의 사용을 최소화하거나 시각적 지원을 단지 의사소통이 발달되지 않은 경우에 표현 의사소통을 위한 2차적인 대안으로만 다루기도 한다.

(2) 학습 맥락

① 교수 활동 또는 맥락의 자연스러움

자연스러움(naturalness)은 학습을 위한 활동이나 사건이 이미 발생했는지 또는 다양한 파트너, 맥락, 환경에 걸쳐 아동의 생활 경험 내에 일상적인 일과로서 발생하도록 계획될 수 있는지 여부와 관련해서 정의된다. 그러한 사건의 질은 아동이 유사점을 인식하고 사건에서의 기술과 이해를 일반화할 수 있을 정도로 다른 사건들과 충분히 비슷해야 한다. 활동이나 맥락이 덜 자연스럽거나 더 인위적이라는 것은 아동의 일상적인 경험 중에 발생하기 어렵거나 만일 발생하도록 짜맞출 수 있다고 해도 여전히 일상생활의 좀 더 일반적인 활동과의 유사성을 찾기 어렵다는 것이다. 자연스러운 활동을 위한 환경은 또한 궁극적으로 아동의 정서 조절과 학습 능력을 지원해야 한다. 그러므로 어떤 아동은 활동과 기술이 아동의 생활에서 현재 발생하고 있는 다른 사건이나 활동과 직접적으로 관련되기만 한다면 일대일 학습 기회와 소집단 학습 기회로부터 혜택을 얻을 수 있다. SCERTS 모델의 궁극적인 목표는 아동이 다양한 사람, 장소, 상황에 걸쳐서 자연스러운 상호작용에서 나타나는 기술을 학습하고 연습할 수 있게 하는 것이다. 진정한 학습은 아동이 다양한 맥락에 걸쳐 파트너와의 상호작용에서 자연스러운 단서, 관습, 규칙을 이해하고 따르도록 해야 한다.

또한 아동에게 성공적으로 참여하는 데 필요한 기술을 가르치는 데 있어서, 가능한 한 독립적인 문제해결과 기술의 개발 및 적용 기회를 갖는 데 필요한 최소한의 지원(즉, 전략적 지원)만을 제공해야 한다. 이를 위해서는 아동의 교육 계획의 한 부분으로 진술된 교류적 학습 지원을 광범위하게 사용해야 한다.

② 기술 또는 활동 중심의 학습 기회

학습 맥락의 자연스러움과 밀접하게 관련된 이슈 중 하나는 활동이 기술 교수에 주로 초점을 맞추도록 고안되었는지 또는 아동이 활동의 의미와 목적에 대한 감각을 개발할 수 있도록 돕는 데에 초점을 두고 있는지 또는 둘 다인지 하는 것이다. 연속체의 한쪽 끝은 활동이나 사건의 예측 가능한 결과와 관련된 사건의 논리적인 순서 내에서 연계되거나 삽입되지 않는 방식으로 분리된 기술을 교수한다. 연속체의 다른 쪽 끝에서는 환경에 대한 노출이나 사건에 대한 관찰을 통해 학습할 것이라는 기대를 가지고 아동이 환경이나 사건을 접하게 한다. 이러한 상황에서는 성공적으로 참여하는 데 필요한 기술 학습을 지원하는 직접교수의 필요성에 대해서 덜 주목할 수도 있다.

SCERTS 모델의 특성이기도 한 절충적인 방법은 사건이나 활동의 맥락과 동떨어진 고립된 방식으로 기술을 가르치는 대신, 학습을 위한 활동과 사건을 주로 이용하지만 그러한 활동이나 사건의 맥락 내에서 필요에 따라 직접교수를 제공하기도 한다. 사용되는 활동과 동떨어져 기술을 반복적으로 연습하는 것에 의존하는 것은 실제로 아동 생활에서의 더 큰 사건과 활동에서 기술의 이해와 일반화를 방해할 수도 있다. '기술 숙달을 위한 연습을 한 후 다른 맥락으로 기술을 일반화'하는 접근을 사용하는 그러한 접근은 실제로 기술이 특정 상황에서만 사용될 수 있도록 학습하게 하고 기술의 기능적인 사용을 방해하게 할 수 있다.

SCERTS 모델에서는 또한 기술(예: 운동, 의사소통, 인지)을 연습할 수 있는 다양한 기회를 제공하는 데에 상당한 관심을 기울인다. 그러나 교수와 학습은 특정 교수 맥락 밖에서 이미 발생하고 있거나 또는 발생하도록 계획될 수 있는 의미 있는 활동 중의 좀 더 일반적인 생활 경험과 가능한 한 밀접하게 관련된 활동이나 사건을 통해서 이루어진다.

③ 사회적 복잡성

가능한 한 독립적인 존재가 되어 최대한 삶을 즐길 수 있기 위해서 아동은 다양한 사회적 맥락에서 다양한 파트너와 대인 간 상호작용에 참여할 수 있어야만 한다. 일반적으로, 더 많은 사람, 더 많은 상황, 더 복잡한 사회적 규칙을 가진 집단의 경우 참여를 위한 사회 의사소통 및 정서 조절 요구가 다르기 때문에 자폐 범주성 장애 아동은 더 크고 복잡한 사회적 집단 속에서 더 많은 어려움을 경험한다. 아동이 각기 다른 사회적 복잡성을 지닌 집단에 어떻게 노출되는지에 따라 교육 접근도 매우 다양하다. 연속체의 한쪽 끝은 아동이 주로 일대일(성인-아동) 학습 맥락에서 교육을 받는 접근으로, 특히 교육 프로그램의 처음 몇 년 동안은 또는 경우에 따라서는 더 오랫동안 이러한 접근이 제공된다. 이와 같은 유형의 접근에 대한 근거로 자주 언급되는 신념은 자폐 범주성 장애 아동이 눈맞춤, 주의집중 기술, 지시 따르기, 모방 기술과 같은 특정 '준비' 기술을 습득하지 않고는 더 복잡한 환경에서 학습할 수 없다는 것이다. 그러나 이러한 주장을 지지하는 증거가 없다는 사실에 주목할 필요가 있다(Strain, McGee, & Kohler, 2001). 연속체의 다른 끝에서는 전형적인 유치원 교실과 같은 집단 환경, 즉 일대일의 학습 기회가 전혀 또는 거의 없는 소집단이나 대집단 활동에서 주로 교육받게 된다.

SCERTS 모델에서 교육 환경에서의 사회적 집단 구성과 관련된 결정은 아동의 사회 의사소통 및 정서 조절 능력과 기존의 교육 환경이 주는 어려움에 따라 고도로 개별화된다. 그러나 환경의 각기 다른 사회적 복잡성은 다양한 유형의 사회적 학습 기회를 제공하기 때문에 대부분의 자폐 범주성 장애 아동은 대집단 교수는 물론 일대일 교수나 소집단 교수를 포함하는 프로그램으로부터도 혜택을 받을 수 있다. 예를 들어, 프로그램이 주로 일대일 성인-아동 교수 형태를 사용한다면 아동은 또래와 함께 놀이하고 학습하거나 다른 아동과 가까이 있는 것을 인내하지 못하게 될 것이다. 그러나 대집단 활동에 주로 배치되는 경우에는 눈에 띄는 사회 의사소통적 단서에 집중하거나 소집단 내에서 비구어 또는 구어 상호작용에 성공적으로 참여하기 위한 기회를 제공받지 못할 수도 있다. SCERTS 모델에서는 아동이 서로 다른 복잡성을 지닌 사회적 집단 내에서 학습하는 것이 바람직하다고 인식하며, 특히 다양한 사회적 집단 내에서의 학습 기회를 통해 실제로 혜택을 얻기 위해서는 아동의 목표를 아동의 능력과 다양한 집단 형태에 맞게 설정하고 이러한 목표에 따라 각기 다른 크기의 집단 내에서 보내는 시간의 양을 조절해야 한다.

더욱이, 시각적 지원과 같은 적절한 교류적 학습 지원의 계획 및 사용은 집단 환경에서 아동을 지원할 때 주요 역할을 담당하곤 한다. 결국은 일대일, 소집단, 대집단 활동에 대한 시간 할당은 개별 아동에 맞게 이루어져야 하며 아동이 발달해 감에 따라 서비스 제공 방식에서의 변화에 대한 필요를 점검해야 한다.

④ 전형적인 또는 발달적으로 보다 진보된 또래의 역할

대부분의 교육 접근이 공유하는 목표는 사회적 관계 발달을 지원하는 것뿐만 아니라 다른 아동과의 활동에서 성공할 수 있도록 아동을 지원하는 것이다. 그러나 접근마다 발달적으로 보다 진보되거나 전형적인 또래와 함께하는 활동에 대해 서로 다른 우선순위를 둔다. 연속체의 한쪽 끝에 있는 접근에서는 아동이 집단 환경에 배치되기 전에 적용하는 준비도 준거처럼 다른 아동과 함께 있으면서 혜택을 얻기 위해서는 준비 기술(예: 요구에 순응하기, 모방)을 먼저 습득해야 한다고 믿는다. 연속체의 또 다른 끝에서는 초기 목표가 또래와의 의사소통 및 놀이 기술 발달을 포함하기 때문에 교육 프로그램의 초기 단계에서부터 또래와의 학습 기회를 필수적으로 포함시켜야 한다고 여긴다. SCERTS 모델에서는 활동이 아동의 정서 조절과 적극적인 참여를 보장할 수 있도록 잘 계획되기만 한다면 매일의 활동에서 사회 의사소통과 놀이에 초점을 두어야 하기 때문에 특히 우선적으로 또래와의 학습 및 놀이(learning and playing with peers: LAPP)를 포함하는 활동을 목표로 삼는다. 또래와의 학습 및 놀이와 관련된 아동의 장기목표는 사회 구성원으로서의 인식을 발달시키고 우정 및 장기적인 관계를 발달시키는 것이다.

(3) 아동 특성

① 학습에서의 개인차

아동 간 개인차가 인식되고 다루어지는 정도도 접근마다 매우 다양할 수 있는 또 다른 영역이다. 대부분의 자폐 범주성 장애 아동이 사회 의사소통, 정서 조절, 학습에서 어려움을 겪는 것은 사실이지만, 아동마다 상당한 개인차가 분명하게 관찰된다. 연속체의 한쪽 끝에서는 모두는 아니더라도 대부분의 아동이 개인차와는 상관없이 같은 위계의 목표를 지닌 교육과정과 교수전략에 노출될 수 있다. 연속체의 또 다른 끝에서는 아동의 강점과 요구 프로파일에 따라 고도로 개별화된 접근이 제공될 수 있다. SCERTS 모델에서 목표는 심층적이며 개별적으로 고안된

SCERTS 진단 결과에 기초하여 개별적으로 도출된다. 학습을 위한 목표와 맥락의 선정은 아동의 기능적 필요와 가족 우선순위뿐만 아니라 사회 의사소통 및 정서 조절에서의 SCERTS 모델의 발달적 틀에 의해 안내되는 체계적인 과정의 일부로 진행된다.

② 아동의 정서 조절 프로파일에 대한 고려

정서 조절은 자폐 범주성 장애로 인한 어려움 중 하나로 관련 문헌(NRC, 2001; Ornitz & Ritvo, 1968)에서 오랫동안 입증되어 왔을 뿐만 아니라 자폐 범주성 장애 성인(Grandin, 1995; Shore, 2001; Williams, 1992)에 의해서도 보고되어 왔다. 이 책의 3장에서 설명한 바와 같이, 정서 조절에서의 어려움은 감각적인 예민함과 감각 처리 어려움은 물론, 학습 스타일의 차이와 사회 의사소통 및 사회적 이해에서의 어려움과도 밀접하게 관련되어 있다. 그러나 이러한 어려움을 얼마나 직접적으로 다루는지는 접근방법에 따라 매우 다르다. 위에서 언급한 바와 같이, 문제행동을 판별하고 문제행동을 경감시키거나 소거하는 행동 관리 접근은 오랫동안 자폐 범주성 장애 관련 방법론에서 압도적인 부분을 차지해 왔다.

SCERTS 모델에서는 특정 문제행동에만 초점을 두는 대신 정서 조절을 주요 초점 영역으로 여기기 때문에 문제행동은 언제나 아동의 정서 조절 능력 및 조절장애를 일으키는 요인과 관련해서 고려된다. 정서 조절 및 조절장애와 관련된 다양한 요인이 구체적으로 파악되고 중재된다(예: 사회적, 인지적, 감각적 처리의 어려움은 정서 조절 및 각성 조절과 구체적으로 관련해서 인식됨). 아동의 어려움은 체계적으로 진단되며 잘 조절된 상태를 유지하기 위한 매일의 어려움을 다루는 능력을 지원하도록 다양한 교류 지원의 실행과 함께 구체적인 상호조절 및 자기조절 전략의 발달이 목표가 된다.

③ 연령 및 발달 범위

각 접근이 대상으로 하는 생활연령 및 발달연령의 범위도 접근마다 상이한 또 다른 주요 특징이다. 예를 들어, 그림 교환 의사소통 체계(PECS)는 초기 의도적 의사소통 단계에서부터 한 단어 또는 초기 다단어 수준의 의사소통 발달 단계까지의 아동에게 가장 적절하다. LEAP 모델(Strain & Kohler, 1998)이나 월든 유치원 같은 종합적 프로그램은 유치원 아동의 통합교육을 위해 고안되었다. 최근 시행되고 있는 형태의 SCERTS 모델은 0세부터 10~12세까지의 연령 범위를 포함하여 초기 발달 단계에서부터 대화 단계까지의 아동에게 적용 가능하다. 그러나 가족과 교사로부터의 피드백에 의하면 이 모델이 사회 의사소통, 정서 조절, 교류 지원의 생애 주기별 이슈에 초점을 두고 있기 때문에 더 높은 연령의 자폐 범주성 장애인에게도 적용 가능하다.

(4) 프로그램 목표

① 목표 설정에서의 교육/중재 우선순위

교육 접근은 아동의 전반적인 프로그램에서 초점을 두는 교육 우선순위(즉, 발달영역)에 따라 서로 달라진다. 자폐 범주성 장애 아동은 자조 기술을 위한 기능적 기술의 습득, 사회 의사소통 및 정서 조절 능력의 발달, 인지 기술, 운동 기술, 학업적 학습 요구까지 다양한 발달적 요구를 지닌다. 대부분의 접근은 광범위한 발달적 요구를 다루고 있다. 그러나 특정 프로그램은 특정 영역의 요구에 편향되기도 한다. 예를 들어, SCERTS 모델이나 DIR 모델(Greenspan & Wieder, 1998)과 같은 접근은 사회 및 정서 발달을 매우 강조하는데, 특히 SCERTS 모델은 매우 구체적으로 사회 의사소통 중재에 특별한 강조점을 둔다. 사회 의사소통은 또한 자연적 언어 패러다임(Koegel & Koegel, 1995)의 주요 초점이며 또래 상호작용은 LEAP 모델(Strain & Kohler, 1998)과 월든 유치원의 주요 초점이다.

또 다른 관련 요소는 각 접근이 다루는 요구가 자폐 범주성 장애 연구에서 보고된 것처럼 자폐 범주성 장애 아동이 경험하는 핵심적인 어려움에 얼마나 밀접하게 관련되어 있는지 하는 것이다. 연속체의 한쪽 끝에 있는 접근은 처방적 교수 프로그램에서 정반응 목록을 가르치는 데에 강조점을 두고 주로 기계적인 인지 및 언어 기술을 가르친다. 연속체의 다른 끝은 자폐 범주성 장애의 핵심적 어려움을 직접적으로 중재하기 위한 역량을 강화하는 데에 초점을 둔다. SCERTS 모델은 사회 의사소통 및 정서 조절에서의 능력 증진에 기초하여 우선순위를 두고 있기 때문에 이러한 후자의 강조점과 일치한다.

② 보완대체 의사소통 목표 및 전략

보완대체 의사소통(Augmentative and Alternative Communication: AAC)의 목표 및 전략은 의사소통 수단으로 구어를 보완하거나 대체하기 위해 사용하는 비구어 의사소통 양식의 실행을 포함한다. 아동 간에 개별적 다양성이 분명하게 존재하는 것은 사실이지만, 이 책의 4장에서 논의한 바와 같이 자폐 범주성 장애 아동은 학습 스타일의 차이로 인해 사라지지 않는 시각적 정보를 선호한다. 사라지지 않는다는 것은 구체물, 시공간적 패턴, 그림, 글자 등과 같이 시간이 지나도 그 자리에 고정된 채로 남아 있는 정보를 의미한다(Wetherby et al., 1997). AAC 목표 및 전략과 사용되는 AAC 전략 유형은 접근마다 매우 다르다.

일반적으로 사회 의사소통을 더 강조하는 접근은 의사소통 발달을 지원하기 위한 노력의 일부로 광범위한 일련의 AAC 전략에 가치를 두는 경향이 있다(Mirenda & Erickson, 2000). 그러나 다양한 유형의 AAC 사용이 말과 언어 발달을 저해하지 않고 지원할 수도 있다는 연구 결과에도 불구하고(Mirenda & Erickson, 2000; NRC, 2001), AAC 사용을 옹호하지 않거나(예: 월든 유치원) 제한된 범위의 AAC 유형(예: 응용구어행동은 오직 수어만을 사용함)만을 지지하는 접근도 있다. 어떤 접근은 말을 하지 않는 아동을 위해 AAC 체계를 선택해서 시작하지만 말이 습득되면 즉시 AAC를 그만두기도 한다. SCERTS 모델은 중다양식 접근(즉, 그림, 사물, 문자, 수어, 구어) 사용을 선호한다. 이러한 접근은 다양한 맥락과 파트너에 따른 의사소통적 융통성 및 활용 가능성을 지원하기 위해서 언어 및 대화 단계로 이동하면서 의사소통의 광범위한 기초 발달을 지원하도록 개별 아동에게 적절히 고안되어야 한다.

③ 자발적인 의사소통 시작하기

20년 이상, SCERTS 모델은 자폐 범주성 장애 아동을 위한 우선순위 목표로 아동이 자발적으로 시작하는 의사소통에 대해서 고려하도록 주장해 왔다(Prizant, 1982; Prizant & Wetherby, 1993; Wetherby et al., 1997). 연구에 의해서 발달 초기에 의사소통을 시작하는 아동의 능력은 보다 긍정적인 사회 의사소통 성과를 예측할 수 있는 요인이라고 밝혀졌기 때문에 아동이 시도하는 자발적인 의사소통은 그 중요성이 강조되고 있다(Koegel et al., 1999). 더욱이, 앞에서 논의한 바와 같이 국립연구위원회(NRC) 지침은 교육 프로그램 계획에서의 최우선순위로 "기능적인 자발적 의사소통"(2001, p. 6)을 강조한다. 마지막으로 임상적 경험에 따르면 의사소통 시작하기는 매일의 활동 참여와 자기결정을 증진시키고 독립적으로 요구를 표현하는 능력을 향상시키기 때문에 문제행동 발생을 방지한다고 제안한다.

의사소통 시작하기를 목표로 강조하는 정도는 접근마다 매우 다양하다. 예를 들어, 보다 전통적인 응용행동분석 접근(예: Lovaas, 1981)에서는 아동이 주로 반응하는 역할을 하며, 특히 비연속 개별 시도 교수가 교수방법으로 선택될 때는 더 그렇다. 자연적 언어 패러다임(Koegel & Koegel, 1995) 같은 현대응용행동분석 접근은 의사소통 시작하기의 중요성을 강조한다. 앞에서 언급한 바와 같이, SCERTS 모델은 다양한 파트너와 맥락에 걸쳐 아동이 시작하는 자발적인 의사소통을 프로그램의 시작 단계에서부터 프로그램의 최우선순위 목표로 강조한다.

④ 기능적 또는 발달적 준거에 기초한 목표

각 접근은 어떤 근거로 목표가 수립되는지에 따라 달라진다. 어떤 접근은 기능적인 준거를 사용한다. 즉, 목표는 아동의 매일의 요구를 다루는 데 필요한 것으로 보이는 기술에 기초한다. 그러나 아동을 위해 수립된 특정 목표는 아동의 발달 능력에 맞게 선정되지 않을 수도 있다. 예를 들어, 상징전기 아동을 위해 구어 훈련에 초점을 두거나 한 단어의 초기 단계 또는 초기 다단어 의사소통 단계에 있는 아동에게 전체 문장을 말하도록 가르치는 것은 그러한 목표가 기능적 기술을 가르치기 위한 좋은 의도로 선정되었다고 하더라도 발달적으로 부적절하다. 발달에 중점을 둔 다른 접근은 발달 위계에 따른 목록상의 목표를 교수하기 때문에, 매일의 일과에서의 기능적 기술과 여러 환경에 걸친 기능적 요구를 구체적으로 다루는 목표를 선정하는 데에는 일관성이 없을 수도 있다.

SCERTS 모델에서는 부모의 우선순위와 함께 아동이 의사소통하고자 하는 분명하고 자연스러운 동기가 있는 매일의 일과와 환경에서의 실제 의사소통적 요구에 기초하여 목표를 수립하기 때문에 사용되는 접근이 발달적일 뿐만 아니라 기능적이기도 하다. 달리 말하자면 목표가 가족 구성원의 매일의 경험과 관련되도록 아동과 가족의 관점이 채택된다는 것이다. 또한 SCERTS 모델은 교육적 노력이 학습에 대한 아동의 능력을 벗어나거나 모자라지 않도록 아동의 발달 능력에 근거하여 중재한다. 학습은 아동의 발달 범위 내에서 이루어지므로 아동의 발달적 학습이 최적화될 수 있도록 모든 학습 영역에 '근접발달영역(zone of proximal development)'(Vygotsky, 1978)을 설정한다.

4. 요약

지금까지 자폐 범주성 장애 아동에게 적절한 교육 프로그램을 개발하기 위해서는 여러 가지 복합적인 요소를 고려해야 한다는 사실을 살펴보았다. 앞에서 언급한 바와 같이, 이것은 특히 모든 자폐 범주성 장애인을 위한 분명한 우선순위 목표인 사회 의사소통 능력 증진을 위한 목표 및 교수 전략 결정에서는 더욱 그러하다. 하나의 분류적 접근이 다른 접근보다 더 효과적이라는 증거가 없다는 점을 고려한다면(Dawson & Osterling, 1997; NRC, 2001; Prizant & Wetherby, 1998), 분류적인 측면에서 각기 다른 접근을 서로 비교하는 것은 현재 자폐 범주성 장애인의 교육적 요구에 가장 적합한 필수 요소로 고려되는 개별화된 프로그램 계획에 대한 통찰력이나 잠재력을 거의 제공하지 못한다고 할 수 있다(NRC, 2001). 그러나 아동의 의사소통 시작하기, 가능한 한 자연스러운 다양한 맥락 내 사회적 활동에서의 사회 의사소통 능력 강화하기, 사회 의사소통 능력, 문제행동, 정서 조절의 관계에 대한 지식을 완전히 이해하고 병합하기 등에 초점을 둘 필요가 있다는 것은 명백하며(NRC, 2001; Prizant et al., 2000; Wetherby & Prizant, 1999) 이 모든 것은 SCERTS 모델의 최우선순위 목표다.

분류적 비교에 대한 하나의 대안으로 교수방법론, 학습 맥락, 아동 특성, 프로그램 목표 등 다양한 영역과 관련하여 교육의 실제에 대한 면밀한 조사가 더 많이 이루어져야 한다. SCERTS 모델은 이러한 다차원적 접근의 특성을 갖고 있으며 그래서 모든 차원에 따른 프로그램의 개별화가 가능하다. 더욱이, SCERTS 모델은 다른 접근에 대해 배타적이지 않기 때문에 사회 의사소통, 정서 조절, 교류 지원 영역에서 분명한 우선순위를 반영한 목표라면 부모나 교사가 다른 접근과 관련된 교수 방법이나 전략을 계속해서 사용할 수도 있다.

제 7 장

SCERTS 진단: 개관 및 실행

1. 진단 관련 용어 정리
2. SCERTS 진단 대 전통적인 진단 접근법
3. SCERTS 모델에서 사용하는 진단 방법
4. SCERTS 모델의 가족 지원을 위한 진단의 실제
5. SCERTS 진단 개관
6. SCERTS 진단 실행

이 장은 SCERTS 진단(SCERTS Assessment Process: SAP)의 목적과 영역을 명확히 하기 위해 진단 관련 용어에 대한 정의로 시작한다. 이후 SCERTS 진단이 전통적인 진단 방법과 어떤 차이점이 있는지 설명하고, SCERTS 진단의 구성 요소 및 실행 단계의 세부사항을 기술하고자 한다.

1. 진단 관련 용어 정리

광의적 관점에서 볼 때 진단이란 아동의 지식이나 능력 또는 성취를 측정하는 것이다(Meisels, 1996). 진단과 중재(또는 교육 프로그램 계획) 간에 명확한 경계란 없으며, 오히려 중재는 교육 프로그램 계획 과정의 일부분으로 인식되어야 한다. 유아를 위한 진단의 목적은 다음 두 가지로 나눌 수 있다: (1) 발달 문제의 확인 또는 배제, (2) 발달 문제의 특성을 이해함으로써 교육 프로그램 계획과 관련된 결정을 내리기 위한 안내 역할.

2004년 장애인교육법(IDEA 2004)(PL 108-446) 실행과 관련된 규정에는 평가(evaluation)와 진단(assessment)이라는 용어가 구분되어 있다(Early Intervention Programs, 2004, § 300.322{2}{b}). 평가는 아동의 초기 및 지속적인 서비스 적합성을 결정하는 데 사용되는 절차를 의미하며, 여기에는 선별, 발달 평가, 장애진단 평가가 포함된다. 선별은 평가의 첫 단계일 수 있으며, 발달지체나 장애로 판별될 수 있는 고위험 상태로 인해 관련된 평가가 필요한 아동을 의뢰하고 확인하는 절차를 포함한다. 발달 평가는 지체나 장애가 있음을 확증하여 서비스 적합성을 결정하는 절차를 말한다. 장애진단 평가는 발달지체나 장애의 특성이나 분류를 살피는 보다 정밀한 절차다. 진단은 아동의 고유한 강점과 요구는 물론 아동의 발달과 관련된 가족의 우려사항, 우선순위 및 사용할 수 있는 자원을 문서화하고 중재나 교육 프로그램 서비스를 계획하는 데 사용하는 진행적인 절차를 의미한다(Crais, 1995). 진단은 전 영역에 걸친 아동의 능력이나 구체적인 기술에 대한 정보와 함께 교육 프로그램 계획에 대한 지침을 제공해야 한다. 진단은 대개 평가 이후 아동이 개별화 교육 프로그램(IEP)이나 개별화 가족 서비스 계획(IFSP)이 필요한 것으로 결정되었을 때 실시된다. SCERTS 진단은 중재나 교육 계획을 위한 진단의 목적을 달성하기 위해 고안된다. SCERTS 진단은 사회 의사소통과 정서 조절에 영향을 미치는 자폐 범주성 장애나 기타 발달장애를 가진 것으로 의심되어 IEP나 IFSP를 필요로 하는 아동에게만 실시된다.

평가와 진단은 명백하게 다른 목적을 지니기 때문에 평가에 사용되는 도구와 전략은 진단에 사용되는 것과 매우 다를 수 있다. 평가는 일반적으로 짧은 시간 동안 실시되는데, 대부분 1회나 그 이상의 검사 회기에 걸쳐서 표준화된 규준 참조 평가 도구를 사용한다. 규준 참조 도구는 아동의 수행을 순위화하거나 한 집단의 수행과 비교하는 측정치를 사용한다. 검사와 채점 절차 모두가 표준화되며, 아동 집단의 평균적 수행을 나타내는 규준 점수를 제공한다. 반면에, 진단 절차는 준거 참조 또는 교육과정 중심 도구를 포함한 여러 전략과 다양한 정보원을 이용하여 지속적으로 실시된다.

SCERTS 진단은 진단을 위해 고안된 준거 참조의 교육과정 중심 도구다. 준거 참조 도구는 아동의 수행 수준, 특정 과제의 습득 정도, 또는 한 영역 내에서 기대되는 발달 기술을 측정한다. 진단할 영역의 기준에 대한 지침으로 발달적 진보를 사용하는 경우가 많다. 예를 들어, 진단 과정의 일부분으로 아동의 행동을 기록하기 위한 기준으로 언어나 상징놀이의 발달적 진보를 사용할 수 있다. 준거 참조 측정은 규준 참조 측정에 비해 교육 계획에 더 적합하며, 이는 아동이 각 과제에서 무엇을 할 수 있는지에 대한 구체적인 정보를 제공해 줄 뿐만 아니라 현재 습득하였거나 습득하고 있거나 습득하지 못한 발달 기술은 무엇인지에 대한 정보도 제공해 주기 때문이다. 교육과정 중심 진단은 준거 참조 도구로 교육과정의 일부인 기술이나 목표에 대한 아동의 수행을 측정한다.

SCERTS 진단은 SCERTS 모델 교육과정(2권에 설명)과 연계되는 준거 참조 도구이자 교육과정 중심 진단이며, 항목의 많은 부분이 일반 및 장애 아동의 발달 관련 연구에서 보고된 발달적 위계에 기반을 두고 있다. 예를 들어, 사회적 파트너 단계의 사회 의사소통 목표 중 하나는 모델을 따라 즉시 익숙한 행동이나 소리를 자발적으로 모방하기로, 그 준거는 다음과 같다. 아동은 파트너가 익숙한 행동이나 소리를 보여 준 직후 이를 자발적으로(즉, 하라는 지시 없이) 정확히 또는 거의 비슷하게 모방할 수 있다. 아동은 적어도 두 가지의 다른 행동을 할 수 있다. 익숙한 행동이나 소리는 아동이 이미 자발적으로 나타낼 수 있는 것을 말한다(예: 손뼉 치기, 동물 소리 흉내 내기). 아동의 행동은 이러한 기준에 근거하여 측정되고 해당 능력에 대한 점수를 얻게 된다.

교육과정 중심이란 진단의 초점이 교육과정 또는 발달 중심이며, 아동을 위한 프로그램 계획을 안내하는 데 사용되는 장단기 교수목표의 단계와 직접적으로 연결된다는 것을 의미한다. 위의 예에서, 만일 아동이 자발적 모방 능력을 보이지 않는다면 이는 교육 프로그램 계획 속에 교육과정 단계의 일부분으로 다루기에 적절한 목표가 될 수 있다. SCERTS 진단은 규준 참조 도구가 아니다. 다시 말해서, SCERTS 진단은 아동의 관찰 가능한 행동을 대규모 아동 인구에서 추출한 표본 집단과의 비교에 기반을 두지 않는다. 따라서 SCERTS 진단은 규준 자료에 근거하여 발달 등가 연령이나 기준 점수, 백분위 순위를 제공하기 위한 평가로 고안되지 않았다. SCERTS 진단은 양적 자료에 근거해서 아동이 장애를 지녔는지 여부를 판단하기 위한 목적으로 기능하지 않는다. SCERTS 진단은 아동의 상대적인 강점과 요구 및 우선순위의 개괄적 양상을 밝힘으로써 프로그램 개발과 목표 선정을 위한 정보를 제공하고 이후의 진보 정도를 점검하기 위해 고안되었다.

2. SCERTS 진단 대 전통적인 진단 접근법

특별한 요구를 가진 아동을 대상으로 전통적인 규준 참조 검사 방법을 사용하는 것에 대해 지금까지 심각한 우려가 제기되어 왔다. Neisworth와 Bagnato는 다음과 같이 진술하였다.

> 맥락을 고려하지 않는 검사 방법론을 폐기하고 장애 아동이 일상적인 상황과 일과—아동의 자연적 발달 환경—속에서 자연스럽게 보이는 능력의 진정한 특성을 파악해 내는 측정 기법을 사용하게 하는 것은 다양한 학문 영역에서 이미 오래전에 행해졌어야 했다(2004, p.198).

의사소통과 사회-정서 발달에 대해서 좀 더 구체적으로 살펴보면 의사소통 및 관련 능력에 대한 진단 접근은 전통적으로 언어 구조나 형태(예: 단어 및 문장의 산출 및 이해)에 초점을 두어 왔으며, 아동으로 하여금 성인이 주도하는 과제이자 가장 빈번하게는 일상의 기능적 활동 맥락과는 무관한 요구사항에 반응하게 만든다. 마찬가지로, 아동의 정서 조절 능력에 대한 진단은 의미 있는 일상 활동 맥락 속에서 아동이 조절 기술을 사용하고 참여를 유지하는 능력을 살피기보다는 양육자 설문이나 감각 정보 처리 문제와 직접적으로 연관된 행동 표본 추출에 국한되는 경우가 많다. 앞서 2장과 3장에서 설명한 바와 같이 자폐 범주성 장애 및 관련 장애와 연관된 의사소통 및 정서 조절의 어려움은 다양한 파트너와 활동에 따른 말, 언어 및 비구어 의사소통의 사회적 사용 영역에서와 사회적 학습 및 참여를 가능하게 해 주는 잘 조절된 정서 조절 상태를 유지하는 능력에서 가장 분명하게 드러난다. 대부분의 공식적 진단도구는 일상적인 활동 맥락과 무관한 언어 형태에 주로 초점을 두기 때문에 다양한 환경과 파트너에 걸친 사회 의사소통 및 정서 조절의 주요 영역에서 아동이 보이는 강점과 요구의 고유한 특징에 대한 통찰을 거의 제공하지 못하곤 한다. 따라서 이러한 도구는 의미 있는 목표와 교수 전략을 결정하기 위해서 사용하기에는 한계를 지닌다.

아동의 언어 및 사회 의사소통 능력 습득에 관한 이론과 연구에 따르면 심각한 사회 의사소통 어려움을 겪는 아동의 의사소통과 정서 조절을 진단하는 데에는 다음과 같은 특성을 고려하는 것이 매우 중요하다.

1. 사회 의사소통 및 정서 조절은 의사소통 및 사회적 상호작용을 시작할 기회가 있고 정서 조절에 도전이 되는 상호적이고 의미 있는 맥락과 일상 활동 속에서 진단되어야 한다.
2. 양육자나 교사 또는 기타 친숙한 파트너는 (1) 진단 활동의 적극적인 참여자, (2) 아동 능력에 대한 정보원, (3) 프로그램에 대한 결정 시 협력자로서 진단 과정에 필수적으로 참여해야 한다.
3. 진단은 상대적인 발달적 약점을 확인할 뿐만 아니라 사회 의사소통, 정서 조절 및 관련 발달 영역에서의 상대적 강점에 대한 정보도 제공해야 한다.
4. 진단은 아동이 다양한 파트너와 환경 속에서 시간의 흐름에 따라 사회 의사소통 및 정서 조절을 발달시키는 능력을 이해하는 역동적인 과정으로 인식되어야 한다.

Wetherby와 Prizant(1992)는 가장 자주 사용되는 의사소통 진단도구의 몇 가지 중대한 제한점을 발견했다. 기존 도구의 제한점과 이에 대한 SCERTS 모델의 보완 방안은 다음과 같다.

1. 대부분의 진단 접근법은 가족이 진단 절차를 결정하는 데 협력하거나 가족 구성원이 원하는 만큼 참여하도록 허용하지 않는다는 점에서 가족 중심적이지 않다. SCERTS 모델에서는 가족 구성원과의 활동을 포함하여 다양한 사회적 맥락(가정, 지역사회, 학교)에서 진단 정보를 수집한다. 뿐만 아니라, 부모는 질문지나 인터뷰를 통해 정보를 제공하고(즉, SCERTS 진단-질문지) 진단 결과의 정확성에 대해 판단하도록 요청받는데, 이를 통해서 전문가는 아동에 대한 정확한 그림을 획득하고 있는지 여부를 알 수 있게 된다.
2. 대부분의 진단 접근법은 주로 아동을 반응자 역할에 놓고 성인 주도적으로 진단을 실시하기 때문에 아동이 자발적으로 시작하는 의사소통을 관찰하는 데 한계가 있다. SCERTS 모델은 아동이 다양한 파트너와 함께하는 일상 활동의 일부분으로 의사소통 상호작용에 자발적으로 참여하는 동안 사회 의사소통이나 정서 조절 또는 관련된 능력에 대한 정보를 수집하도록 강조한다. 또한 진단을 위해 수집해야 하는 정보에 따라 구조화, 사회적 복잡성, 감각운동 요구 등에서 다양한 맥락과 활동을 사용한다.
3. 대부분의 공식적인 도구는 일상적인 상호작용에서 나타나는 사회 의사소통, 언어 및 의사소통 능력의 사회 의사소통 및 상징적 기반보다는 언어의 발달과업과 의사소통 형태(예: 다양한 소리, 단어, 단어 조합의 수)를 강조한다. SCERTS 모델에서의 진단은 언어와 비구어 의사소통의 기능적 사용, 사회적 상호작용과 정서 조절의 구체적 양상, 놀이에 초점을 둔다. 이러한 방법을 통해 개별 아동의 대처 전략은 물론 상대적인 강점과 약점이 파악될 수 있다. 따라서 SCERTS 모델에서는 진단 방법론의 생태학적 타당성을 확보하고 아동의 의사소통 및 정서 조절 능력의 획득을 지원하거나 방해하는 맥락 양상을 파악하기 위해 역동적인 진단을 사용함으로써 자폐 범주성 장애 아동을 위한 보다 사실적 진단에 다가가야 한다는 필요성을 충족시킨다.

아동의 발달 능력에 대한 진단은 이 진단이 구체적인 교수목표와 교수전략을 강조할 때, 즉 교육과 치료를 위한 구체적인 방향을 제시할 때 가장 적절하다고 할 수 있다. 자폐 범주성 장애를 지닌 많은 아동의 경우, 의도적 의사소통, 언어 이해, 정서 조절의 어려움 및 관련 발달상의 단절과 행동문제로 인해 표준화된 도구와 기타 공식적 도구에 의존하기가 매우 어렵다. 따라서 자폐 범주성 장애 아동이 사회적 기대를 이해하고 성인 중심의 공식적인 도구를 성공적으로 사용하는 데 필요한 사회적 지식과 조절 능력을 가지고 있을 것이라고 기대하기는 어렵다. 또한 교육 계획의 목적 측면에서 볼 때 공식적 검사도구의 유용성은 특히 더욱 진보된 발달 단계에서는 중대한 제한점을 지닌다. 사실상 시각적, 언어적, 맥락적 단서는 공식적인 언어검사나 발달검사 도구에 제시된 것처럼 고정적인 경우(즉, 한 장소에 고정된 것)는 거의 없다. 사회적, 언어적, 시각적, 상황적 단서를 성공적으로 처리하기 위해서는 자발적이면서 빠르게 진행되는 상호작용 속에서 복수의 정보(예: 구어적, 시각적)를 신속하게 입력하고 통합하는 능력이 필요하다. 따라서 중다감각적이고 순간적인 정보 처리에서의 어려움은 공식적인 검사상에서 자주 간과되며 이는 일상 활동 속의 비교적 자연적인 사회적 상호작용 중에 가장 잘 파악된다. SCERTS 모델에서는 다양한 환경과 사회적 파트너에 따른 아동 능력의 가장 정확하고 대표적인 모습을 포착하고자 여러 가지 진단 기법을 사용한다. 이를 통해 아동의 강점과 요구 프로파일을 파악하게 되며, 이는 사회 의사소통, 정서 조절 및 관련 능력이 어떻게 향상될지를 결정하는 데 매우 중요하다.

3. SCERTS 모델에서 사용하는 진단 방법

진단은 그 자체로 완결되는 것이 아니라 계속 진행되는 절차다. 따라서 SCERTS 모델에는 면담, 질문지, 자연적 관찰, 행동 표본, 반구조화된 진단 등의 다양한 진단 방법이 사용된다. 진단 방법은 진단 맥락과 아동에게 제공되는 구조화 및 개입 정도에 따라 다양하다. [그림 7-1]은 개입의 정도에 따라 선택할 수 있는 진단을 보여 주고 있다.

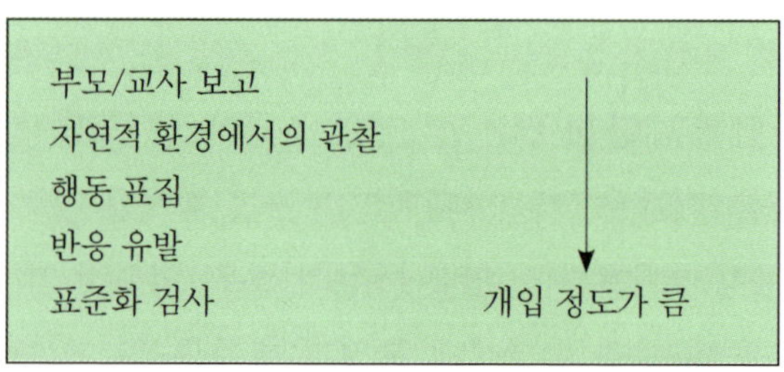

[그림 7-1] 개입 정도에 따른 진단 접근

특히 다양한 맥락과 파트너에 따라 자폐 범주성 장애 아동에게서 관찰되는 행동의 변동성은 시간과 맥락에 따라 복수의 진단 전략을 적용해야 할 필요성을 제기한다. 뿐만 아니라, 만일 사회 의사소통과 정서 조절의 변동성이 다양한 맥락이나 의사소통 파트너와 관련된 것으로 확인된다면, 이는 사회 의사소통과 정서 조절에 영향을 미칠 수 있는 요인이 사회적 맥락과 파트너의 특성에 의해서 좌우될 수도 있음을 의미한다. 다시 말해서, 상이한 상황 속에서 아동의 행동적 가변성에 기여하고 있는 요인을 밝힐 필요가 있다는 것이다. 사용 가능한 진단 전략은 다음과 같다.

1. 아동 주변의 주요 인물과의 면담 또는 친숙한 사람들의 진단 질문지 작성은 아동의 사회 의사소통, 정서 조절 및 관련 능력에 대한 초기 정보 수집에 있어서 중요한 방법이다. 이러한 방법은 아동과의 어떠한 상호작용이나 직접관찰 없이 정보를 수집하기 때문에 가장 덜 개입적인 방법으로 간주된다. 아동을 잘 알고 다양한 환경에서 아동과 시간을 보내며 시간의 흐름에 따른 아동의 발달에 익숙한 사람은 아동의 능력에 대해 풍부한 정보를 제공할 수 있다. SCERTS 모델에서는 이러한 역량을 수행할 수 있는 가족 구성원이나 교사가 SCERTS 진단-질문지를 작성하거나 질문지 내용에 대한 면담을 통해서 수집한 정보를 사용한다. 초기 정보 수집 단계에서 면담과 질문지를 통해 전문가가 수행할 수 있는 활동은 다음과 같다.

   a. 부모 및 기타 양육자와 신뢰 관계를 형성하기 시작한다.
   b. 부모 및 기타 양육자가 아동의 강점과 요구에 대해 어떻게 인식하는지 질문한다.
   c. 중재 서비스에 대한 부모 또는 주요 양육자의 우선순위를 결정한다.
   d. 아동의 진단이나 이후 서비스와는 직접적으로 관련되지 않을 수 있으나 부모가 궁금해하는 일반적인 질문에 답을 해 준다.

2. 자연적 환경에서 발생하는 일상 활동 관찰은 두 번째로 덜 개입적인 방법이다. 이 방법은 비교적 편안하고 익숙한 환경에서 아동의 자발적인 의사소통과 정서 조절에 대한 중요한 정보를 수집할 수 있게 해 준다. 이러한 관찰은 학교, 가

정 및 여러 지역사회 환경에 걸쳐 이루어질 수 있다. 자연적 관찰은 이미 실행된 동기유발 활동과 교류 지원(대인관계 관련 및 학습 지원)에 대한 정보는 물론 일상 활동에서의 아동의 기능적 능력을 가장 정확하게 파악하게 해 주는 정보를 제공한다. SCERTS 모델에서는 이러한 진단 절차를 SCERTS 진단-관찰이라고 부른다.

3. 행동 표집과 반응 유발 또한 적절한 경우 아동의 사회 의사소통 및 정서 조절 능력에 대한 좀 더 구체적인 질문에 답하는 데 사용될 수 있다. 행동 표집은 그 아동에게 부여된 특정 어려움에 대한 아동의 사회 의사소통 및 정서 조절 반응 표본을 수집하고자 구체적으로 마련된 활동을 사용한다. 행동 표집에서 옳고 그른 반응이란 없다. 수집된 정보는 아동 능력의 프로파일을 개발하는 데 사용된다. 예를 들어, 사회적 파트너 단계에서는 선택하고 행위를 요구하고 원하지 않는 것을 거부해야만 하는 간식 시간이 사용될 수 있다. 반응 유발에서는 좀 더 구체적인 능력을 목표로 할 수 있다. 예를 들어, 언어 파트너 단계에서 놀이 활동에 다수의 상이한 육하원칙(wh-) 질문을 하고 그 반응을 기록함으로써 아동이 반응할 수 있는 육하원칙 질문의 수와 복잡성을 결정할 수 있으며, 이는 교수목표를 결정하기 위한 직접적인 정보의 역할을 할 수 있다. 대화 파트너 단계에서의 대화 표본은 발달상 적절한 여러 가지 주제의 대화를 시작함으로써 얻을 수 있으며, 또한 차례 주고받기나 이야기를 듣는 사람은 과거 사건에 대한 배경 정보를 필요로 한다는 사실을 인식하기 위한 사회적 관습을 어떻게 이해하고 있는지에 대한 정보를 수집함으로써 얻을 수 있다. 정서 조절 능력에 대한 행동 표집은 모든 파트너 단계에서 유사하게 보일 수 있으며, 선호하는 활동을 그만두거나 새로운 환경에 참여하거나 역동적인 환경에 참여하기와 같이 조절장애의 위험에 놓이게 만드는 상황(예: 진행 중인 활동에서 양육자가 떠나감)에서 아동을 관찰할 기회를 조성할 수도 있다. 사회 의사소통과 정서 조절에 대한 구체적인 정보는 행동 표집과 반응 유발 모두를 통해서 수집될 수 있지만, 여기서 반응은 일반적으로 규준 자료와는 관계가 없다. 오히려 아동의 행동은 개별적으로(즉, 임상가가 고안한 검사 회기) 또는 SCERTS 진단과 같은 교육과정 중심 진단도구의 일부로 만들어진 준거와 비교된다. SCERTS 모델에서 행동 표집은 SCERTS 진단-관찰의 일부분으로도 사용된다.

4. 표준화 검사는 가장 개입적이고 엄격한 진단 형태다. 왜냐하면 진단하는 사람에게는 검사 항목을 제시하거나 실행하는 방법과 관련해서, 아동에게는 미리 결정된 준거에 근거하여 반응의 옳고 그름을 판단한다는 점에서 제약을 주기 때문이다. 뿐만 아니라, 아동의 수행을 다른 아동의 수행과 비교함으로써 점수, 발달연령, 또는 백분위를 산출한다. 몇몇 표준화 검사가 발달 수준과 서비스 적격성을 결정하는 목적을 수행하기는 하지만 대부분의 표준화 검사의 고안 목적과는 다르게 중재를 계획하기 위한 진단의 목적으로 고안된 SCERTS 진단에서는 표준화 검사를 사용하지 않는다. 요약하면, SCERTS 진단의 진단 방법은 표준화 검사를 제외한 앞서 논의된 여러 방법 중 개별적 기반을 토대로 개발되며, 사용되는 방법은 해당 아동 및 주어지는 구체적인 질문에 따라 개별화되고 시행된다.

사회 의사소통 장애는 그 속성상 아동뿐만 아니라 아동의 파트너에게도 영향을 미치기 때문에 당면한 어려움은 아동 변인에만 국한되지 않는다. 그러므로 SCERTS 진단은 아동 변인만을 진단하는 데 그치지 않고 사회 의사소통 및 정서 조절을 지원할 여건이 되는 또는 되지 않는 교류 지원을 포함한 여러 상황과 사람으로 확장된다. SCERTS 모델은 다양한 맥락과 파트너에 걸쳐 아동 능력을 지원하는 것에 상당한 우선순위를 두기 때문에 이러한 요소에 대한 진단은 매우 중요하다고 할 수 있다.

4. SCERTS 모델의 가족 지원을 위한 진단의 실제

여기에서는 가족을 지원하기 위해서 반드시 필요한 SCERTS 진단에 적용되는 진단 원칙과 실제를 알아보고자 한다.

1. SCERTS 진단은 가족의 요구에 적합하고 일관된 교육 프로그램 계획에 직접 연계되는 유용한 정보를 제공하기 위해 고안된다. 긍정적이고 신뢰할 수 있는 부모-전문가 관계는 부모가 적극적인 역할을 담당하고 제공된 진단 절차와 정보에 만족할 때 비로소 가능해진다. 그러나 가족이 느끼기에 도움이 되지 않거나 거

의 관련 없는 정보를 제공받을 때, 특히 상당한 정서적 에너지는 물론 질문에 대한 답을 얻기 위한 진단에 금전적인 자원까지 소모해야 할 때 부모와 전문가 간에는 심각한 불신과 긴장이 조성될 수 있다. 너무나도 많은 경우에 부모는 자신의 질문에 솔직하고 숨김없는 답변을 얻지 못한다고 느끼며, 이는 진단을 필요로 하는 주된 이유를 분명히 밝혔을 때조차 그러하다고 생각한다. SCERTS 진단에서는 진단이 부모의 주된 질문에 답을 하는 의미 있고 긍정적인 경험이 될 수 있도록 부모를 지원하는 데 모든 노력을 기울인다.

2. **SCERTS 진단은 항상 자연적인 활동과 환경 속에서 아동을 직접 관찰하며 다각적인 정보원을 사용해야 한다.** SCERTS 모델에서의 진단은 다양한 활동과 환경에서의 직접관찰을 포함한다. 다양한 환경에서 아동에게 친숙한 사람이 작성한 체크리스트와 질문지 또한 사용된다. 부모가 제공한 비디오테이프 역시 자연적인 활동 또는 다양한 상황에서 아동을 관찰할 수 있는 기회를 제공한다. 이와 같이 다각적인 정보원을 사용함으로써 아동에 대한 보다 정확한 그림을 그릴 수 있게 되며, 진단 방법이 아동의 강점과 요구를 종합적으로 이해하는 데 기여하고 있다는 명확하고 실제적인 메시지를 부모에게 전달할 수 있다.
3. **SCERTS 진단에서 부모와 가족 구성원은 아동에 대한 전문가로 인정받고, 존중받으며, 지원을 받게 된다.** SCERTS 진단은 가족 구성원의 전문성을 인정하여 가족의 주된 관심과 우선순위뿐만 아니라 아동의 강점이나 자원에 대한 가족의 관찰사항을 공유하도록 요청한다. 또한 SCERTS 진단은 아동의 특성에 대한 정확한 양상을 파악했는지 여부를 검증하도록 가족에게 요청한다. 부모에게는 SCERTS 진단에서 얻기 원하는 정보와 가족의 주된 관심사항을 구체화하도록 요청한다. SCERTS 진단에 활발히 참여할 때 부모는 진단 절차 자체에 대해 자세히 알게 될 뿐만 아니라 관찰 결과를 공유함으로써 아동 발달의 강점과 요구에 대한 합의에 더 잘 도달할 수 있게 된다.
4. **SCERTS 진단은 부모에게 즉각적인 피드백을 제공하며, 이때 아동의 강점과 요구를 직접적으로 다룬다.** SCERTS 진단은 가족이 밝힌 주된 관심을 직접적으로 다루며 질문과 토의에 상당한 시간을 할애한다. 전문가가 진단 피드백을 제공하는 태도는 아동에 대한 부모의 인식, 부모 자신 및 진단에 참여한 전문가에 대한 부모의 인식에 상당한 영향을 미친다. 간단히 말해서 전문가의 행동은

부모가 전문가를 도움이 되는 존재로 인식할지 아니면 또 다른 스트레스원으로 인식할지에 기여하며, SCERTS 진단은 시작 단계에서부터 긍정적인 관계를 지원하고자 시도한다.

5. SCERTS 진단의 진행 과정과 그 후에 공유하는 정보에는 가능한 한 기술적 언어나 전문용어가 최소한으로 사용되며, 전문용어가 반드시 사용되어야 할 때에는 양육자에게 이를 충분히 설명한다. 자폐 범주성 장애는 가족뿐만 아니라 전문가에게도 상당히 복잡한 유형의 장애다. 이러한 복잡성은 말로든 문서화된 양식으로든 가족이 해독하고 사용하기 어려운 정보로 제공받을 때 더욱 가중된다. 일반적으로 전문가는 최대한 가족이 이해하기에 적절한 수준으로 피드백을 제공하고 질문에 답변해야 한다. 전문가가 기술적 전문용어를 완전히 배제하기는 어려울 수 있으므로 부모에게 상세한 설명과 함께 질문할 수 있는 충분한 시간을 제공해야 한다. SCERTS 진단에서는 피할 수 없는 모든 전문용어에 대해 명확히 설명하고 아동의 전반적 특성에 대해 부모가 이해하고 인증할 수 있는 방식으로 논의하고자 노력한다.

1) 진단에서의 형제자매 역할에 관한 특별한 고려사항

SCERTS 진단에서는 형제자매를 고유한 정보원이자 중요한 파트너로 인식한다. 따라서 이들을 진단에 최대한 적극적으로 포함시켜야 한다. 물론 구체적인 참여 유형은 형제나 자매의 연령과 발달 능력, 진단 활동의 특성(예: SCERTS 진단-질문지 대 활동 관찰) 및 진단 장소(예: 가정 대 학교나 센터)에 따라 달라진다.

이와 같은 요인에 따라 형제자매는 다양한 방식으로 진단에 참여할 수 있으며, 양육자와 유사한 다양한 진단 관련 역할을 수행하게 된다. 첫째, SCERTS 진단-질문지 작성 시 형제자매에게 관련 정보를 질문하도록 부모에게 권유할 수 있다. 형제자매는 그들의 장애 형제나 자매와 관련해서 부모와는 다른 고유한 기회나 경험, 관찰 내용을 가질 수 있다. 이 전략은 진단 과정에서 사용되는 SCERTS 모델 진단 전략인 다수의 정보원 사용하기 전략과 일치한다.

둘째, 형제자매는 임상이나 가정 중심의 관찰, 또는 기타 자연적 일과 관찰(SCERTS 진단-관찰의 일부로 포함) 중 이루어지는 놀이 상호작용에 참여함으로써 진단에 직접적으로 참여할 수 있다. 이러한 상황에서는 간식이나 식사 시간과 같은 매일의 일과를 관찰하되 상호작용이 최대한 자연스럽게 일어날 수 있도록 형제자매가 놀이 활동을 선택할 수 있게 해 주는 것이 도움이 된다. 형제자매가 참여하는 임상 또는 가정 중심의 진단인 경우, 가정에서 놀이 상호작용을 할 때 아동이 선호하는 놀잇감이나 활동을 가지고 오도록 부모에게 권유할 수 있으며 이를 통해 상대적으로 친숙한 일과를 관찰할 수 있다. 아니면 새로운 놀잇감이나 활동을 사용하여 상호작용 패턴과 함께 형제자매가 교육이나 지원적 역할을 맡을 수 있는지 여부와 그 방식을 관찰하는 기회를 얻을 수 있다. 성공적인 의사소통을 증진시키고 정서 조절을 지원하기 위해 형제자매가 사용하는 의사소통 수정과 성공적인 전략의 유형은 교육을 계획하는 데 중요한 정보원이 될 수 있다. 반면에 심각한 상호작용 어려움이 있고 양육자가 이를 교육 계획의 주된 목표로 밝혔다면 이러한 어려움 또한 형제자매 및 양육자와 함께하는 가운데 관찰되고 다루어져야 한다.

셋째, 형제자매는 미묘하고 비전형적이거나 알아듣기 어려운 언어 및 의사소통 행동 또는 조절장애의 신호를 통역해 내는 역할을 수행할 수도 있다. 이러한 역할은 사회적 파트너 단계에서 또는 가끔은 초기 언어 파트너 단계에서도 관찰되는 제한된 전형적 의사소통 수단을 지닌 자폐 범주성 장애 아동에게 가장 적합하다. 부모는 자녀들이 자폐 범주성 장애를 지닌 형제자매의 의사소통을 성인보다 더 잘 해석한다고 보고한다. 따라서 형제자매는 자폐 범주성 장애 아동이 무엇을 의사소통하려고 시도하는지를 설명하고 조절장애의 신호를 읽는 데 있어 잠재적인 귀중한 자원으로 간주되어야 한다. 교사는 놀이 상호작용 중 자폐 형제나 자매가 무엇을 의미하거나 의사소통하려고 시도하는지 또는 이 형제나 자매가 화가 난 것을 어떻게 아는지 질문함으로써 형제자매가 의사소통 신호나 조절장애 신호를 해석하도록 격려할 수 있다.

넷째, 형제자매는 관찰된 아동의 행동이 이들이 항상 보이는 전형적인 행동인지에 대한 정보를 제공함으로써 관찰 내용에 대한 검증자의 역할을 할 수 있다. 마지막으로 장애에 대해 보다 명확하게 인식하고 이해하는 좀 더 나이 많은 형제자매는 아동이 경험하는 가장 심각하게 어려운 상황은 무엇인지 또는 그 아동이 의사소통하고, 정서적으로 잘 조절된 상태를 유지하며, 사회적 상황에 성공적으로 참여하도록 도와주는 가장 성공적인 전략은 무엇인지에 대해 함께 논의할 수 있다.

지금까지 설명한 진단 과정에 형제자매를 참여시킬 때는 몇 가지 사항에 유의해야 한다. 첫째, 이 진단을 왜 실시하는지에 대해 설명해야 한다. 일반적으로 어린 아동이라면 "민수가 어떻게 놀고 이야기하는지 알고 싶어서 네가 민수와 블록놀이 하는 걸 보려고 하는데 괜찮겠니?"와 같은 설명으로 충분할 것이다. 둘째, 형제자매는 언제나 진단 활동에 자발적으로 참여해야 하며, 거부할 수 있는 선택권이 주어져야 한다. 형제자매의 참여를 칭찬해야 하지만 이들의 불편함이나 거절 역시 수용하고 존중해야 하며 불이익을 주어서는 안 된다. 덧붙여서 형제자매가 아동의 사회 의사소통 및 정서 조절을 지원하는 상호작용 행동을 했다면 그 구체적인 상황에 대해 설명해 주는 것이 좋다. 예를 들어, 언어 자극의 단순화, 모델링, 장애 형제자매의 관심에 따라 의사소통을 시작하고 놀이를 격려하는 등의 구체적인 방법 사용에 대해서 칭찬할 수 있다.

2) 가족 중심 진단을 위한 일곱 가지 방법

앞에서 설명한 원칙에 덧붙여서 SCERTS 진단을 실행할 때 추천하거나 사용하는 진단 방법이 가족 중심적일 수 있게 해 주는 일곱 가지 구체적인 방법은 다음과 같다.

1. SCERTS 진단을 논의하기 위한 첫 번째 공식적인 모임 날짜 이전에 개인적인 접촉(전화 및 방문)을 한다.
2. SCERTS 진단을 실시하는 초기 단계에 "이 진단을 통해 얻기 원하는 정보가 무엇입니까?"를 항상 질문하여 실시간 피드백을 제공하고, 진단 결과를 보고할 때 이 질문에 대한 답을 확실하게 제시한다.
3. 익숙한 환경에서 가족 구성원과 함께 활동에 참여하는 아동을 관찰하거나 진단이 실시되는 사무실, 클리닉, 학교로 익숙한 활동을 가져옴으로써 가족 구성원이 진단에 적극적으로 참여할 수 있게 한다.
4. SCERTS 진단-관찰 중 아동의 행동이 얼마나 전형적인지 평가하여 진단 결과 보고에 포함된 전형적인 행동과 어떤 차이가 있는지를 확인하도록 요청한다. SCERTS 진단에서는 이 정보를 SCERTS 진단 요약지의 가족 견해 및 우선순위 항목에 기록한다.
5. SCERTS 진단 요약지를 작성하는 동안과 그 직후에 피드백과 논의를 위한 충

분한 기회를 제공한다.

6. 진단 과정에서 부모의 협력적 역할을 확인하고 아동에 대한 부모의 전문성을 인정한다는 측면에서 아동의 행동과 발달에 대한 부모의 관찰이나 의견을 보고서에 직접적으로 반영한다.
7. 보고서에 서명하고 배포하기 전에 부모가 (1) 보고서에 대한 피드백을 제공하고, (2) 부정확하거나 생략된 정보를 수정하며, (3) 최종 보고서 내용의 정확성을 승인할 수 있는 기회를 제공한다.

5. SCERTS 진단 개관

SCERTS 모델이 옹호하는 유형의 교육 접근을 제공하기 위해 진단은 현재 다양한 자연적인 환경에서 아동이 보이는 사회 의사소통과 정서 조절 능력에 초점을 두며, 현재 아동 또는 파트너에게 효과적으로 제공되고 있는 교류 지원을 중점적으로 기록하도록 설계된다. SCERTS 진단의 주된 기능은 사회 의사소통 및 정서 조절 능력을 증진시키기 위한 목표로 바로 사용할 수 있으며 교육적 노력을 기록하는 데 이용할 수 있는 정보를 제공하는 것이다. 사실상 진단은 교육 프로그램 계획과 역동적으로 상호 연관된다. 즉, 진단은 교육적으로 계획된 중재를 안내하며, 교육 목표를 향해 진보할수록 진단과 관련된 질문은 점차 세밀하게 수정되고 확장된다. 이처럼 진단은 다단계 절차여야 한다.

SCERTS 진단은 계속 진행되는 과정이다. 초기에는 진단의 출발점으로 비교적 짧은 시간 동안 사회 의사소통, 정서 조절, 교류 지원에 관한 충분한 정보를 수집하고자 실시된다. 초기 진단의 기능은 아동의 강점과 요구에 관한 발달 프로파일 및 가족의 우선순위를 정확하게 기록하는 것이며, 이를 통하여 초기 교수목표와 전략이 도출된다. 뿐만 아니라 더 많이 고려할 필요가 있는 추가적 진단 관련 질문이 제기될 수도 있다. SCERTS 모델은 교육과정 중심 진단이기 때문에 사회 의사소통, 정서 조절, 교류 지원의 의미 있는 변화를 추적하고자 아동의 강점과 요구가 변화하는 양상을 계속 기록한다. 진단을 계속 진행하는 것은 아래의 내용을 포함하는 다양한 목적을 지닌다.

1. 장기목표와 전략의 수정을 가능하게 해 주는 진보 기록
2. 특별히 어려움이 있거나 좀 더 심도 있는 장기목표와 전략을 고려할 필요가 있는 발달 영역 확인
3. 아동이 진보를 보이면서 제기되는 새로운 질문과 이러한 질문을 해결하기 위한 계획 기록

사회 의사소통 및 정서 조절 목표에 대한 아동의 진보는 일지에 자세히 기록한 후 주간 일지에 요약하고, SCERTS 진단-질문지와 SCERTS 진단-관찰 기록지를 사용하여 분기별로 갱신한다. 이와 같이 진도점검을 계속 진행함으로써 팀의 구성원은 프로그램 계획에 변화가 필요한지 여부를 알게 된다.

따라서 SCERTS 진단은 다음을 위한 지속적인 진단 과정이다.

1. 아동의 발달 강점과 요구에 관한 프로파일을 파악한다.
2. 아동의 프로파일과 기능적 요구에 기반을 둔 의미 있고 목표 지향적이며 동기를 부여하는 목표를 결정한다.
3. 가장 적절한 학습 맥락과 교수전략을 선정한다.
4. 필수적인 교류 지원(즉, 대인관계 지원, 학습 지원, 가족 지원, 전문가 간 지원)을 결정한다.
5. 시간의 흐름에 따른 진보 정도를 점검한다.

더욱이, SCERTS 진단은 제한점이나 결함에 주된 초점을 두지 않는다. 특정 발달상의 강점과 동기, 최근에 나타나기 시작한 능력, 또는 사회 의사소통, 정서 조절 및 관련된 능력 향상에 기여하는 기타 중요 요소를 확인한다.

SCERTS 진단은 사회 의사소통(즉, 공동관심 및 상징 사용), 정서 조절(즉, 상호조절 및 자기조절) 및 교류 지원(예: 대인관계 및 학습 지원)에 대한 핵심 질문에 따라 진행되며, 이는 아동의 전반적인 발달 수준과 기능적 요구 및 예비 진단 결과를 기반으로 계속 재정의하는 과정을 거치게 된다. 이러한 핵심적인 진단 관련 질문은 SCERTS 모델의 사회 의사소통, 정서 조절, 교류 지원의 각 영역뿐만 아니라 영역 간 상호관계에도 관련이 있기 때문에 아동의 강점과 함께 지원 요구가 가장 큰 영역을 종합적인 방식으로 규명하게 해 준다.

1) SCERTS 진단의 영역, 구성 요소, 장단기 교수목표 및 단계

SCERTS 진단은 사회 의사소통, 정서 조절, 교류 지원의 세 영역을 다룬다. 세 영역은 각기 2개의 핵심 교육과정 영역으로 나뉜다. 사회 의사소통 영역은 공동관심 및 상징 사용, 정서 조절 영역은 상호조절 및 자기조절, 교류 지원 영역은 대인관계 조절 및 학습 지원의 핵심 구성 요소로 이루어진다. 교류 지원 영역의 프로그램 수준에는 2개의 요소(가족 지원 및 전문가 간 지원)가 추가되는데, 이 책의 4장과 2권의 3장에서 더 자세히 다루어진다. 각 요소의 목표는 사회 의사소통 발달의 세 단계인 사회적 파트너, 언어 파트너, 대화 파트너 단계와 관련하여 다루어진다. 〈표 7-1〉, 〈표 7-2〉, 〈표 7-3〉에는 각 언어 단계에서의 3개의 SCERTS 진단의 핵심 요소에 대한 목표가 제시되어 있다. SCERTS 모델에서 각각의 목표는 구체적인 준거와 함께 여러 목표로 세분화된다.

사회 의사소통, 정서 조절, 교류 지원 능력의 프로파일을 파악하는 것 외에도 수립된 SCERTS 진단 목표에 대한 아동의 점수는 8개 사회-정서 성장 지표상의 진보를 측정하는 데 합산된다. 이 지표는 일상적인 논의 속에서 부모와 전문가가 자폐범주성 장애 아동에 대해 표현한 공통된 우선순위와 관심을 반영한다. 종합적으로 이 지표는 아동의 사회-정서 발달에서 성장의 혼합물이라 할 수 있으며, 이는 아동이 환경 및 사람과 관계를 맺으며 학습하는 능력에 영향을 미친다. SCERTS 진단에서 측정되는 8개 사회-정서 성장 지표는 다음과 같다.

1. 행복감: 일상적인 활동 중에 긍정적인 감정을 경험하고 표현하는 능력
2. 자아의식: 자신의 특별한 자질과 성취에 대해 자부심을 갖는 능력
3. 타인의식: 타인의 관점을 이해하는 능력
4. 적극적인 학습 및 조직화: 학습 활동에 적극적으로 참여하고 조직화하는 능력
5. 융통성 및 회복력: 변화에 자연스럽게 대처하고 새로운 도전을 포기하지 않는 능력
6. 협력 및 행동의 적절성: 사회적 상호작용 속에서 협력하고 행동을 조절하는 능력
7. 독립성: 성공을 위해 자신의 자원을 사용하는 능력
8. 사회적 소속감 및 우정: 사회적 집단의 일원이 되어 친구 망을 형성하는 능력

〈표 7-1〉 사회적 파트너 단계: SCERTS 진단의 영역, 구성 요소, 목표

사회 의사소통	정서 조절	교류 지원
공동관심(JA)	**상호조절(MR)**	**대인관계 지원(IS)**
JA1 상호적 상호작용에 참여하기 JA2 관심 공유하기 JA3 정서 공유하기 JA4 다른 사람의 행동을 조절하기 위해 의도 공유하기 JA5 사회적 상호작용을 위해 의도 공유하기 JA6 공동관심을 위해 의도 공유하기 JA7 의사소통 실패를 복구하고 지속하기	MR1 다양한 정서 표현하기 MR2 파트너가 제공하는 지원에 반응하기 MR3 상태를 조절하기 위해 파트너에게 도움 청하기 MR4 파트너의 지원을 받아 극심한 조절장애로부터 회복하기	IS1 파트너는 아동에게 반응적이다. IS2 파트너는 시작행동을 촉진한다. IS3 파트너는 아동의 독립성을 존중한다. IS4 파트너는 참여를 위한 장을 마련한다. IS5 파트너는 발달을 지원한다. IS6 파트너는 언어 사용을 조절한다. IS7 파트너는 적절한 행동을 시범 보인다
상징 사용(SU)	**자기조절(SR)**	**학습 지원(LS)**
SU1 익숙한 행동과 소리 모방을 통해 학습하기 SU2 익숙한 활동에서 비구어 단서 이해하기 SU3 놀이 중에 익숙한 사물을 관습적인 방식으로 사용하기 SU4 의도 공유를 위해 몸짓이나 비구어 수단 사용하기 SU5 의도 공유를 위해 발성 사용하기 SU6 2~3개의 익숙한 단어 이해하기	SR1 학습 또는 상호작용의 가능성 보이기 SR2 익숙한 활동 중에 각성 수준을 조절하기 위해 행동 전략 사용하기 SR3 새롭고 변화하는 상황에서 정서 조절하기 SR4 극심한 조절장애로부터 스스로 회복하기	LS1 파트너는 적극적인 참여를 위해 활동을 구조화한다. LS2 파트너는 발달을 촉진하기 위해 보완의사소통 지원을 사용한다. LS3 파트너는 시각적 지원 및 조직화 지원을 사용한다. LS4 파트너는 목표, 활동, 학습 환경을 수정한다.

〈표 7-2〉 언어 파트너 단계: SCERTS 진단의 영역, 구성 요소, 목표

사회 의사소통	정서 조절	교류 지원
공동관심(JA)	**상호조절(MR)**	**대인관계 지원(IS)**
JA1 상호적 상호작용에 참여하기 JA2 관심 공유하기 JA3 정서 공유하기 JA4 다른 사람의 행동을 조절하기 위해 의도 공유하기 JA5 사회적 상호작용을 위해 의도 공유하기 JA6 공동관심을 위해 의도 공유하기 JA7 의사소통 실패를 복구하고 지속하기 JA8 상호적 상호작용에서 경험 공유하기	MR1 다양한 정서 표현하기 MR2 파트너가 제공하는 지원에 반응하기 MR3 상태를 조절하기 위해 파트너에게 도움 청하기 MR4 파트너의 지원을 받아 극심한 조절장애로부터 회복하기	IS1 파트너는 아동에게 반응적이다. IS2 파트너는 시작행동을 촉진한다. IS3 파트너는 아동의 독립성을 존중한다. IS4 파트너는 참여를 위한 장을 마련한다. IS5 파트너는 발달을 시원한다. IS6 파트너는 언어 사용을 조절한다. IS7 파트너는 적절한 행동을 시범 보인다.
상징 사용(SU)	**자기조절(SR)**	**학습 지원(LS)**
SU1 익숙하거나 익숙하지 않은 행동이나 단어를 관찰하고 모방하여 학습하기 SU2 익숙하거나 익숙하지 않은 활동에서 비구어 단서 이해하기 SU3 놀이 중에 익숙한 사물을 관습적인 방식으로 사용하기 SU4 의도 공유를 위해 몸짓이나 비구어 수단 사용하기 SU5 의미를 표현하기 위해 단어와 단어 조합 사용하기 SU6 맥락적 단서 없이 다양한 단어와 단어 조합 이해하기	SR1 학습 또는 상호작용의 가능성 보이기 SR2 익숙한 활동 중에 각성 수준을 조절하기 위해 행동 전략 사용하기 SR3 익숙한 활동 중에 각성 수준을 조절하기 위해 언어 전략 사용하기 SR4 새롭고 변화하는 상황에서 정서 조절하기 SR5 극심한 조절장애로부터 스스로 회복하기	LS1 파트너는 적극적인 참여를 위해 활동을 구조화한다. LS2 파트너는 발달을 촉진하기 위해 보완의사소통 지원을 사용한다. LS3 파트너는 시각적 지원 및 조직화 지원을 사용한다. LS4 파트너는 목표, 활동, 학습 환경을 수정한다.

〈표 7-3〉 대화 파트너 단계: SCERTS 진단의 영역, 구성 요소, 목표

사회 의사소통	정서 조절	교류 지원
공동관심(JA)	**상호조절(MR)**	**대인관계 지원(IS)**
JA1 관심 공유하기 JA2 정서 공유하기 JA3 다양한 목적을 위해 의도 공유하기 JA4 상호적 상호작용에서 경험 공유하기 JA5 의사소통 실패를 복구하고 지속하기	MR1 다양한 정서 표현하기 MR2 파트너가 제공하는 지원에 반응하기 MR3 행동에 대한 피드백 및 안내에 반응하기 MR4 상태를 조절하기 위해 파트너에게 도움 청하기 MR5 파트너의 지원을 받아 극심한 조절장애로부터 회복하기	IS1 파트너는 아동에게 반응적이다. IS2 파트너는 시작행동을 촉진한다. IS3 파트너는 아동의 독립성을 존중한다. IS4 파트너는 참여를 위한 장을 마련한다. IS5 파트너는 발달을 지원한다. IS6 파트너는 언어 사용을 조절한다. IS7 파트너는 적절한 행동을 시범 보인다.
상징 사용(SU)	**자기조절(SR)**	**학습 지원(LS)**
SU1 모방, 관찰, 교수 및 협력을 통해 학습하기 SU2 상호적 상호작용에서 비구어 단서와 비문자적 의미 이해하기 SU3 극놀이와 여가활동에 관습적인 방식으로 참여하기 SU4 맥락에 적절한 몸짓이나 비구어 행동 사용하기 SU5 의미를 표현하기 위해 생성적 언어 이해하고 사용하기 SU6 대화 규칙 따르기	SR1 학습 또는 상호작용의 가능성 보이기 SR2 익숙한 활동 중에 각성 수준을 조절하기 위해 행동 전략 사용하기 SR3 익숙한 활동 중에 각성 수준을 조절하기 위해 언어 전략 사용하기 SR4 익숙한 활동 중에 각성 수준을 조절하기 위해 초인지 전략 사용하기 SR5 새롭고 변화하는 상황에서 정서 조절하기 SR6 극심한 조절장애로부터 스스로 회복하기	LS1 파트너는 적극적인 참여를 위해 활동을 구조화한다. LS2 파트너는 발달을 촉진하기 위해 보완의사소통 지원을 사용한다. LS3 파트너는 시각적 지원 및 조직화 지원을 사용한다. LS4 파트너는 목표, 활동, 학습 환경을 수정한다.

6. SCERTS 진단 실행

SCERTS 진단에서는 다각적인 정보원을 통해 필요한 정보를 수집하는데 부모나 교사 또는 기타 친숙한 양육자로부터의 정보는 SCERTS 진단-질문지 양식을, 자연적 관찰을 기반으로 한 정보는 SCERTS 진단-관찰 기록지 양식을 사용하며, 필요한 경우 행동을 표집하기도 한다. SCERTS 진단 실행 단계에 대한 세부적인 설명은 다음과 같다.

1) 1단계: 아동의 의사소통 단계 결정하기

SCERTS 진단을 실행하는 첫 번째 단계는 아동의 의사소통 단계를 결정하는 것으로, 이는 SCERTS 진단-질문지와 SCERTS 진단-관찰 기록지가 2장에서 자세히 설명한 사회적 파트너, 언어 파트너, 대화 파트너의 세 가지 주요 의사소통 발달 단계에 해당되는 3개의 다른 양식으로 나누어지기 때문이다.

SCERTS 진단에서 아동의 의사소통 단계를 결정하는 것은 의사소통 단계 결정 기록지(Worksheet for Determining Communication Stage)에 나타난 아동의 표현 의사소통 관련 질문에 대한 답변을 토대로 한다. 이 평가지는 일련의 분리된 예/아니요 질문으로 각각의 질문 세트를 구성한다. 이 질문들에 답하기 위해서는 아동과 정기적으로 상호작용하는 가족 구성원 및 교사가 제공한 정보를 사용해야 한다. 이러한 정보는 아동의 기록을 검토하거나 전화 또는 직접 대면으로 양육자를 면담하여 수집될 수 있다. 질문은 열거된 순서대로 답변해야 한다. 만일 '아니요'의 답이 나오면 이에 따라 적절한 의사소통 단계 양식이 결정될 수 있으며 후속 질문에는 답을 할 필요가 없다. 예를 들어, 질문 1a의 답이 '아니요'라면 사회적 파트너 단계 양식이 사용되어야 하며 더 이상의 질문은 고려하지 않아도 된다. 만일 질문의 답이 '예'라면 다음 질문으로 진행한다. 첫 번째 질문 세트의 경우, 두 번째 질문 세트로 넘어가기 위해서 4개 질문(즉, 1a, 1b, 1c, 1d)의 답이 모두 '예'이어야 한다. 질문 중 하나라도 '아니요'의 답이 나오면, 아동이 아직 안정적으로 단어를 사용하지 못하며 사회적 파트너 단계 양식이 사용되어야 함을 뜻한다. 질문의 답이 모두 '예'라면, 아동이 단어를 사용 중이며 언어 파트너나 대화 파트너 양식 중 어느 것을 사용할지 결정하기 위해 두 번째 질문 세트에 대한 답이 필요함을 알 수 있다.

두 번째 질문 세트에 답하는 데에도 유사한 절차를 따라야 한다. 한 질문에라도 '아니요'의 답이 나오면 이에 적절한 의사소통 단계를 결정할 수 있고 후속 질문에 답을 할 필요가 없다. 예를 들어, 질문 2a의 답이 '아니요'라면 언어 파트너 단계 양식을 사용해야 하며 더 이상의 질문은 고려할 필요가 없다. 질문에 대한 답이 '예'라면 다음 질문으로 진행한다. 두 번째 세트(즉, 2a, 2b, 2c, 2d, 2e) 질문 중 하나라도 '아니요'가 나오면 이는 아직 아동이 다양한 단어와 절을 사용하지 못하며 SCERTS 진단으로 언어 파트너 단계 양식이 사용되어야 함을 의미한다. 5개 질문 모두에 대한 답이 '예'라면, 아동이 다양한 단어와 절을 사용하며 대화 파트너 단계 양식이 사용되어야 함을 뜻하는 것이다. 다음의 예를 고려해 보자.

민호는 30개월 된 유아로 접촉이 포함된 몸짓(예: 물건 주기, 다른 사람의 손을 잡아당기는 등의 간단한 움직임), 후두 발성, "많이"를 "마"로 말하는 초어(protoword)를 주로 사용하여 의사소통하며, 반대나 거절의 의사를 표시하기 위해 짜증을 낸다. 민호에게는 사회적 파트너 단계의 SCERTS 진단 양식이 사용되어야 한다.

4세 민희는 즉각반향어와 약 10개의 다양한 자발적 단어나 구를 사용하여 의사소통한다. 민희에게는 언어 파트너 단계의 SCERTS 진단 양식이 사용되어야 한다.

7세 준수는 100단어 이상을 원활하게 사용하며, 여러 단어를 창의적으로 결합한 어구를 규칙적으로 사용한다. 그러나 준수는 특히 또래와의 대화에 참여하는 데 매우 제한된 능력을 보인다. 준수에게는 대화 파트너 단계의 SCERTS 진단 양식이 사용되어야 한다.

만일 아동의 의사소통 단계에 대해 약간의 의구심이라도 있다면 지나치다 싶을 정도로 아동의 의사소통을 과소평가하는 게 바람직하며 또한 중요한 기초 기술에 대한 정보가 수집되었음을 확신할 수 있도록 이전 의사소통 단계를 사용하는 것이 좋다.

사회 의사소통과 정서 조절 영역은 적절한 경우라면 발달 단계에 따라 구조화되기 때문에 기초 기술은 단계에 따라 형성된다. 아동이 이전 단계의 기초 기술을 획득하였는지를 확인하기 위해 여러 단계에 걸쳐 중복되는 기술을 포함시키기는 하지만, 각 단계마다 새로운 기술이 추가된다. 교류 지원 영역은 단계마다 많이 중복되며, 발달적 기대가 준거에 반영되어 있다.

(1) 반향어 사용 아동을 위한 특별한 고려사항

2장에서 이미 설명하였듯이, 말하기를 배우는 대다수의 자폐 범주성 장애 아동은 다른 사람의 말을 즉각적으로 모방하거나(즉, 즉각반향어) 잠시 후에 모방하는(즉, 지연반향어; Prizant et al., 1997) 반향어 사용 시기를 거친다. 반향어 발화는 한 단어거나 상황이나 사건에 대한 명명하기일 수 있다. 현재까지 이해된 바에 의하면 반향어는 다양한 의사소통 및 인지 기능을 수행하며(Prizant & Rydell, 1993), 전형적으로 발달하는 아동이 보이는 모방과 다르지 않게 많은 자폐 범주성 장애 아동이 자주 보이는 생산적인 언어 학습 전략이라 할 수 있다. 반향어를 사용하는 아동이 말하기를 배우는 방식을 보면, 먼저 상황이나 정서 상태와 관련이 있는 구절을 모방한 후 이 구절의 사용이 어떻게 작용하는지를 봄으로써 의미를 학습하게 된다. 시간이 지나면서 많은 아동은 이러한 게슈탈트 형식을 의사소통적 상호작용 중에 목적을 가지고 사용하는 법을 배우게 되며, 마침내 법칙이 적용되는 생성 언어 체계로 전환되도록 통언어 반향어를 더 작은 의미 단위로 나눌 수 있게 된다. 대명사 반전(예: 자신을 가리킬 때 '너'를 사용하는 것)은 반향어의 부산물로, 이는 아동이 들은 대명사를 반복하고 자신과 타인을 가리키는 데 사용되는 대명사를 반전시키기 때문이다. 예를 들어, "너 사탕 갖고 싶어?"라는 아동의 반향어 발화는 마치 자신이 사탕을 주겠다는 것으로 들리겠으나 이는 사탕을 요구하기 위해 사용한 것일 수 있다.

SCERTS 모델에서 반향어는 아동이 의도를 전달하기 위해 사용하는 하나의 수단이며, 사회 의사소통을 위해 사용하는 다른 수단(즉, 몸짓, 시선, 얼굴 표정, 창의적인 말)의 목록과 관련이 있는 것으로 여겨진다. SCERTS 진단은 아동의 반향어 사용을 사회 의사소통의 한 특성으로 문서화하며, 반향어에서 기능적이고 창의적인 의사소통으로 발전하는 것을 목표로 삼아 상징 사용의 중요한 성취로 기록한다. 자폐 범주성 장애 아동이 사용하는 게슈탈트 형태의 크기와 융통성을 결정하기 위해 노력해야 하며, SCERTS 모델 단계에서 설명하고 있는 언어 및 사회 의사소통 능력의 발달 진보에 따라 창의적인 언어를 습득하도록 도와주어야 한다.

반향어를 사용하는 아동의 경우, SCERTS 진단의 표현 의사소통 단계를 결정할 때 아동의 의사소통 목록에 얼마나 많은 단어와 구가 있는지를 특별히 주의 깊게 보아야 한다. 반향어의 언어 산출 수준을 고려할 때 다음의 세 가지 중요한 점을 질문해야 한다. 첫째, 반향어에 참조의 의미가 있는가? 즉, 이 단어가 특정 물건이나 사건을 관련지어 가리키고 바로 그 물건이나 사건만을 가리키는 데 사용되는가? 단어나 구를 참조가 아닌 의사소통의 목적으로 사용하는 아동은 원하는 물건을 요구하고 싶은데 즉시 그 이름이 생각나지 않을 때 대개 물건의 정확한 이름을 말해서 대화 파트너가 이를 제공해 줄 때까지 그 이름을 추측하면서 자신의 발화 목록을 반복한다.

아동의 언어 수준을 고려할 때 검토해야 할 두 번째 질문은 얼마나 많은 다양한 단어와 단어 조합을 참조용으로 사용하는가다. 반향어 발화를 사용하는 자폐 범주성 장애 아동의 경우, 발화 길이나 복잡성보다 참조용으로 사용하는 상이한 발화의 수가 아동의 언어 수준을 더 잘 측정할 수 있게 해 준다. 만일 아동이 자발적으로 사용하는 발화 수가 20개 미만이라면 아동의 전반적인 언어 수준은 첫 단어 조합보다는 첫 단어 수준에 더 가까우므로 언어 파트너 단계라 할 수 있다. 단어 조합을 사용하는 아동에게 적용할 수 있는 세 번째 질문은 아동이 개별 단어를 단독으로 또한 다른 단어와 조합하여 사용하는지, 또는 그 아동에게 한 발화가 하나의 단어와 동일한지 여부를 알기 위한 것이다. 단어를 창의적으로 조합하지 못하는 아동은, 이들이 더 높은 수준의 단어 조합을 나타내는 것으로 보이는 다단어 단위나 '게슈탈트 형태'(Prizant & Rydell, 1993)를 산출할지라도, 언어 발달상 첫 단어 조합의 수준이기보다는 첫 단어 수준에 해당하는 것으로 보는 것이 적절하다. 역설적으로 들릴지 모르나, 이는 아동의 전반적 언어 능력을 결정하고 또한 외워서 학습한 발화의 표면적 형태에 현혹되어 언어 능력에 대한 잘못된 그림을 그리지 않기 위해 중요하다. 대화 파트너 단계의 아동은 다수의 단어를 사용하고 생성적인 구를 만들어 내야만 하며, 따라서 반향어 이상의 단계로 이동해 간다.

2) 2단계: SCERTS 진단-질문지를 이용하여 정보 수집하기

SCERTS 진단에서 다음 단계는 SCERTS 진단-질문지를 사용하여 가족과 교사 또는 기타 양육자로부터 정보를 수집하는 것이다. 질문지 양식은 가족이 독립적으로 기입하는 설문지로 사용하거나 대면 면담 중의 지침으로 활용될 수 있다. 가능하다면 관찰 계획에 도움이 되도록 SCERTS 진단-관찰에 앞서 SCERTS 진단-질문지를 작성하도록 권한다. 세 가지 의사소통 단계 각각에 해당되는 SCERTS 진단-질문지 양식은 이 책의 부록 A에 수록되었다. 이 부분에서는 SCERTS 진단의 두 번째 단계로 SCERTS 진단-질문지를 작성하는 절차를 설명하고자 한다. 이 장을 읽으면서 부록 A에 있는 SCERTS 진단-질문지 양식을 참조하면 도움이 될 것이다.

먼저 아동의 의사소통 단계에 해당되는 SCERTS 진단-질문지 양식을 선정한다. SCERTS 진단-질문지는 사회 의사소통과 정서 조절/조절장애의 발달 능력에 기여하는 요소와 교류 지원 관련 변인에 대한 정보를 수집해 준다. 또한 SCERTS 진단-질문지를 이용한 가족의 요구 진단을 통해 확인하려는 사항은 다음과 같다: (1) 가족의 우선순위 및 스트레스와 관련하여 가장 중요한 가족의 요구사항, (2) 가족 구성원이 관찰한 아동의 가장 중요한 강점 및 요구, (3) 아동의 다양한 능력을 관찰할 최적의 시간과 장소를 결정하기 위해 아동이 '최상'일 때와 '최악'일 때를 볼 수 있는 기회, (4) 아동의 친구 관계망이나 사회적 네트워크로 통칭할 수 있는 전형적인 사회적 파트너(예: 직계가족, 친한 친구 및 친척, 지인, 기타 양육자, 지역사회 파트너), (5) 아동 생활의 전형적인 맥락(예: 가정, 유치원, 운동장, 학교, 댄스 수업).

위에서 설명한 것처럼, SCERTS 진단-질문지는 둘 중 하나의 방법으로 사용될 수 있다. 먼저 아동과 매일 또는 정기적으로 상호작용을 하는 부모, 교사, 기타 성인이 작성하는 질문지로 사용될 수 있다. 대안적으로, 대면 또는 전화 상담을 통해 작성할 수도 있다. 새롭게 진단받은 아동의 부모와 영어나 읽기 능력에 어려움이 있거나 교육 수준이 낮은 부모의 경우라면 대면 면담을 할 것을 강력히 권한다. 또한 부모가 관련 용어에 친숙해질 수 있도록 부모와의 첫 면담 시 SCERTS 진단-질문지를 사용하도록 권고한다. 면담을 통해 SCERTS 진단-질문지 작성에 필요한 정보를 수집하면서 가족은 SCERTS 모델에 대해 알게 되며, 이는 가족과의 성공적인 협력의 장을 마련하는 역할을 하게 될 것이다. 초기 면담 이후 분기별 또는 연간 정보 갱신을 위해 SCERTS 진단-질문지를 가정에 보낼 수 있다(각 SCERTS 진단-질문지 양식은 5~6쪽 분량으로, A3 크기의 용지에 양면 복사한 후 접어서 사용 및 보관할 수 있음).

3) 3단계: 진단 팀 구성 및 SCERTS 진단-관찰 계획하기

SCERTS 진단의 다음 단계는 SCERTS 진단-관찰을 계획하기 위해 SCERTS 진단 지도를 사용하여 진단 팀 구성원과 각자의 역할을 확인하고 관찰 장소 및 일정을 누가 계획할지를 결정하는 것이다. 이에 덧붙여 팀 구성원은 현재의 관심사항을 중심으로 외부 진단을 의뢰할 필요가 있는지 여부를 고려해야 한다. SCERTS 진단은 이상적으로는 가족 구성원과 관련 분야(예: 언어병리학, 작업치료, 심리학, 조기개입, 유아특수교육, 일반교육, 응용행동분석) 전문가를 포함한 팀 진단으로 고안된다. 여기서는 먼저 SCERTS 진단-관찰 계획 시 고려할 필요가 있는 변인을 설명한 후 SCERTS 진단 지도를 사용하여 어떻게 SCERTS 진단-관찰을 계획하는지에 대해 설명하고자 한다.

SCERTS 진단-관찰은 자연적인 환경에서 아동이 보이는 다양한 능력과 요구에 대한 대표적인 정보를 수집하도록 계획되는데, 이러한 정보에는 전형적인 행동, 최적의 기능, 가장 문제가 되는 요소와 환경 등이 포함된다. 정보를 얻기 위한 관찰을 계획할 때에는 특별한 주의가 필요하다. SCERTS 진단-관찰이 아동 및 아동의 학습 환경을 대표하는 정보를 수집할 수 있도록 아동의 행동에 영향을 미치는 6개의 관찰 변수 및 이 각각의 변수를 다루는 관찰 지침을 마련하였다.

(1) 자연적 맥락

자연적 맥락에는 정규 계획 활동과 일과 중에 아동이 시간을 보내는 익숙한 환경이 포함된다. SCERTS 진단-관찰을 위한 관찰 맥락으로 다음의 세 가지 주된 자연적 맥락을 고려해야 한다. 가정(즉, 아동이 잠을 자고 거주하는 곳), 학교나 학습 센터(즉, 아동이 빈번하게 배우는 곳), 지역사회(즉, 가족이 정기적으로 가는 곳).

■ 관찰의 대표성을 위한 최소한의 기준

모든 아동은 집이나 학교 또는 학습 센터에서 관찰되어야 한다. 모든 아동을 최소 2개의 맥락에서 관찰하도록 권고한다. 이러한 관찰이 가능하지 않다면, SCERTS 진단-질문지를 통해서 다른 맥락에서의 아동의 행동에 대한 정보를 수집할 수 있으며, 또는 기타 자연적 맥락에서의 비디오 녹화자료를 통해서도 정보를 얻을 수 있다. 부모나 교사 보고를 통해 수집된 정보가 관찰 정보와 일치하지 않는다면, 이는 하나 또는 그 이상의 다른 맥락에서의 추가적인 관찰 정보가 필요함을 시사한다.

(2) 관찰 시간

아동의 행동은 시기에 따라 달라질 수 있으므로 관찰의 대표성은 관찰 시간의 영향을 받을 수 있다. SCERTS 진단-관찰을 위해 수집된 정보가 대표적인 것임을 확신할 수 있도록 충분한 시간 동안 아동을 관찰하기 위해 모든 노력을 기울여야 한다.

■ 관찰의 대표성을 위한 최소한의 기준

- 사회적 파트너 및 언어 파트너 단계: 최소 2시간의 관찰
- 대화 파트너 단계: 최소 3~4시간의 관찰

모든 아동을 최소 이틀간(즉, 최소 각각 1시간) 관찰할 것을 강력하게 권고한다. 이는 최소한의 지침이며, 행동이 좀 더 변동적인 아동에게는 더 많은 시간 또는 더 많은 관찰이 필요할 수 있다.

(3) 파트너

아동의 행동은 파트너와의 친숙한 정도 및 아동 연령에 비례한 파트너의 연령에 따라 달라진다. 친숙한 파트너란 아동이 잘 알고 정기적으로 상호작용을 하는 사람을 뜻한다. 같은 연령의 아동이란 해당 아동의 연령에 가까운(즉, 영아의 경우 6개월 이내, 유아의 경우 1년 이내, 초등학생의 경우 1~2년 이내) 아동을 말하며 또래나 형제자매일 수 있다.

■ 관찰의 대표성을 위한 최소한의 기준

모든 아동은 친숙한 파트너와 함께 있을 때 관찰되어야 한다.

- 언어 및 대화 파트너 단계에 있는 아동은 친숙한 파트너와 그렇지 않은 파트너와 함께 있을 때 모두 관찰되어야 한다.
- 학교나 아동 양육 기관에 있는 아동은 성인 또는 아동과 함께 있을 때 모두 관찰되어야 한다.

(4) 집단 크기

아동의 행동은 성인-아동 비율 및 집단 내 아동 수에 따라 달라진다. 크기가 다른 3개의 집단—일대일(한 명의 성인과 한 명의 아동), 소집단, 대집단—이 아동의 자연적 일과와 활동에 포함된다면 이 세 가지 집단 크기의 활동 속에서 아동의 행동을 관찰할 수 있다. 소집단과 대집단의 구체적인 크기를 정의하는 것은 아동의 연령과 현재의 단계, 아동의 자연적 일과 속에 포함된 다양한 크기의 집단 관련 기회에 달려 있다. 일반적으로 다음과 같은 지침이 적용될 수 있다. 사회적 파트너 단계에 있는 영아의 경우, 2~4명의 다른 아동과 함께하는 것이 소집단이며 4명 이상은 대집단이라 할 수 있다. 대화 파트너 단계에 있는 학령기 아동의 경우, 2~8명의 다른 아동과 함께 있는 것이 소집단이며 8명 이상이면 대집단이라 할 수 있다.

■ 관찰의 대표성을 위한 최소한의 기준

- 사회적, 언어적, 대화 파트너 단계의 아동은 최소 두 가지 이상의 집단 크기 내에서 관찰되어야 한다.
- 아직 학교나 양육기관이나 놀이집단 환경에 속하지 않는 아동은 가장 전형적인 매일의 일과가 일대일 환경인 경우 일대일 환경에서만 관찰될 수도 있다.

(5) 활동 변인

아동의 행동은 활동의 특성에 따라 다양하다. 아동의 행동에 영향을 미칠 수 있는 변인에는 다음과 같은 것들이 있다: (1) 구조화 활동 대 비구조화 활동, (2) 반드시 해야 하는 양육 또는 과제 대 재미있는 놀이 활동, (3) 성인 주도 활동 대 아동 주도 활동, (4) 동적인(움직이는) 활동 대 정적인(앉아서 하는) 활동, (5) 익숙한 활동 대 익숙하지 않은 활동, (6) 선호하는 활동 대 선호하지 않는 활동, (7) 쉬운 활동 대 어려운 활동, (8) 언어 중심 활동 대 비언어적이거나 시각적으로 지원되는 활동, (9) 사회적인 활동 대 혼자 하는 활동, (10) 붐비고 소란스러우며 어수선한 환경에서의 활동 대 안정적이고 조용하며 차분한 환경에서의 활동.

■ 관찰의 대표성을 위한 최소한의 기준

각 아동은 해당 아동에게 가장 중요한 최소 네 가지의 변인 측면에서 최소 네 가지의 다양한 활동 중에 관찰되어야 한다. 가능하다면 다양한 조절장애 수준(즉, 아동이 극심한 조절장애 문제를 보이는 것으로 보고된 경우라면 가벼운 수준과 극심한 수준 모두)에서 아동이 조절을 잘 하는 동안 관찰하는 것이 중요하다. 아동의 나이가 어릴수록 활동은 더 짧을 수 있으므로 앞에서 제시한 최소한의 관찰 시간에 부합하기 위해서는 더 많은 활동을 관찰해야 한다.

(6) 전이

아동의 행동은 전이 상황 중에 달라질 수 있다. 전이는 한 활동이 끝나고 다른 활동이 시작되는 때(예: 모둠 활동에서 운동장 활동으로의 전이, 아침 식사 시간에서 집 떠날 준비를 하는 것으로의 전이)나 활동 중 상황에 변화가 있는 시점(예: 엄마가 방에서 나감, 새로운 아동이 집단에 참여함)을 말한다.

■ 관찰의 대표성을 위한 최소한의 기준

모든 아동은 최소 세 가지 전이 상황에서 관찰되어야 한다. 전이는 활동, 장소, 사회적 파트너 등 처음의 물리적인 위치나 진행 중인 관심의 초점으로부터 상당한 변화나 이탈이 발생하는 때로 정의된다. 진행 중인 활동 내에서의 변화(예: 착석 활동이나 모둠 활동 중 새로운 과제 소개하기)는 장소나 파트너와 같은 다른 변인이 그대로 유지되는 경우 전이에 해당되지 않는다.

(7) SCERTS 진단 지도 작성 방법

SCERTS 진단-관찰을 위한 SCERTS 진단 지도를 작성할 때 양식에 기술된 여러 가지 결정을 내리기 위해서 팀 회의를 실시해야 한다. 모든 구성원이 참석하기 어렵더라도 관찰을 실시할 주요 팀 구성원은 이 회의에 참석하는 것이 중요하다. 누가 팀 리더의 역할을 맡으며 SCERTS 진단 지도를 완성할지를 결정해야 한다. 관찰 계획 시 아동의 강점과 요구, 가족의 우선순위에 대한 정보를 사용하기 위해 SCERTS 진단-질문지를 검토해야 한다. 그다음 SCERTS 진단 지도를 사용하여 관찰 장소, 날짜, 시간 및 어느 진단 팀 구성원이 아동을 관찰하고 SCERTS 진단-관찰 기록지를 완성할지 지정해야 한다. 또한 표본의 대표성을 확실히 하기 위해 위에 기술된 여섯 가지 변수를 고려해야 한다.

SCERTS 진단 지도에는 이상의 여섯 가지 변인에 대해 각 언어 단계에서 관찰의 대표성을 위한 최소한의 기준을 명시해 주는 내용을 기입할 수 있도록 칸이 마련되어 있다.

1. 아동의 이름과 날짜를 기입한다. 2회 이상의 관찰이 완료되면 추가 페이지를 사용하고, 각 페이지에 번호를 매긴다.
2. 관찰번호를 기입한다: 첫 번째 관찰에는 1, 후속 관찰에는 2, 그 이상은 차례대로 기입한다.
3. 장소에는 구체적인 자연적 관찰 맥락을 기록한다(예: 유치원 교실, 가정, 지역사회 운동장).
4. 날짜 및 시간에는 날짜와 예상되는 관찰 시작 및 종료 시간을 구체적으로 명시한다. 관찰 시간을 계산하여 관찰 소요 시간 부분에 기입한다.
5. 아동을 관찰하고 SCERTS 진단-관찰을 완성할 팀 구성원을 나열한다.
6. 파트너 및 집단 크기에는 파트너의 구체적인 이름, 직함, 또는 관계와 인원수를 기록한다. 관찰 중 나타날 수 있는 모든 파트너와 집단 크기를 포함시킨다.
7. 활동에는 관찰 중 발생할 수 있는 상이한 활동을 설명하고, 1a에서 10b까지의 활동 변인에 대한 핵심어를 사용해서 각 활동의 특성을 가장 잘 드러내는 활동 변인의 수를 기록한다. 각 활동에 대해서 하나 이상의 활동 변인이 기록될 수 있다.
8. 전이에는 모든 전이에 대해서 활동, 환경, 장소, 파트너의 특성을 설명한다.

예를 들어, 5세 수희의 경우 교사가 이야기나누기 시간을 문제 있는 활동으로 확인하였으며 이 시간에 관찰을 실시해야 할 필요성이 있다고 가정해 보자. 활동 칸에 이야기나누기라고 기록하고, 이 활동은 구조화되고, 성인 중심이며, 정적이고, 아동이 선호하지 않으므로 변인으로는 1a, 3a, 4b, 6b를 기입할 수 있다. 전이 칸에는 다양한 활동(예: 이야기나누기 시간에서부터 극놀이 영역까지)과 맥락(예: 교실에서부터 교내 식당까지)에서 예상되는 전이를 기술할 수 있다.

각 관찰에 대한 내용을 완성하고, 필요하면 추가 페이지를 사용한다. 사회적 파트너 및 언어 파트너 단계의 아동에게는 반드시 최소 2시간의 총 관찰 시간을, 대화 파트너 단계의 아동에게는 가능하다면 최소 3~4시간의 총 관찰 시간을 최소 이틀 이상으로 나누어서 계획한다.

4) 4단계: SCERTS 진단-관찰 기록지 작성하기

다음 단계에서는 SCERTS 진단-관찰 기록지를 사용해서 아동을 관찰하고 관찰된 정보를 기록한다. 세 단계 의사소통 각각에 해당하는 SCERTS 진단-관찰 기록지는 이 책의 부록 A에 제시되었으며, 단계별 각각의 목표를 정의하는 준거는 8장에 제시되었다. 이 부분에서는 SCERTS 진단의 4단계로서 SCERTS 진단-관찰 기록지를 작성하는 절차를 설명하고자 한다. 이 장의 나머지 부분을 읽을 때 SCERTS 진단-관찰 기록지와 기준에 표시를 해 놓고 해당 부분을 참조한다면 도움이 될 것이다(2권의 5~7장에는 이미 작성된 SCERTS 진단-관찰 기록지 및 기타 SCERTS 진단 양식의 예를 포함하고 있다).

1. 아동의 표현 의사소통 단계(즉, 사회적 파트너, 언어 파트너, 대화 파트너)에 해당되는 SCERTS 진단-관찰 기록지를 선정한다. 표지에 아동의 이름, 생년월일, 해당되는 배경 정보(예: 주목할 만한 병력 또는 발달력, 알레르기) 및 아동을 관찰할 팀 구성원을 기입한다. SCERTS 진단-관찰 기록지에는 SCERTS 진단-관찰 결과를 4/4분기까지 기록할 수 있게 되어 있으나 만일 아동이 다음 의사소통 단계로 이동한다면 이동한 단계에 해당되는 SCERTS 진단-관찰 기록지를 대신 사용할 필요가 있다.
2. 관찰일 칸 중 1/4분기 시작일에 초기 진단의 첫 관찰 날짜를 기록한다. 관찰이 끝나면 관찰 소요 시간 칸에 총 관찰 시간을 기입한다.
3. 매 관찰 중 각 관찰의 대표성과 관찰 세트를 총괄하여 기록하기 위해 발생 변인을 검토하여 SCERTS 진단-관찰 기록지의 표지에 표시한다. 즉, 표지에 있는 집단 크기, 파트너의 친숙도 및 연령, 자연적 맥락의 적절한 칸에 표시하고, 각 활동에 적용되는 활동 변인을 모두 찾아 동그라미 친다. 그리고 관찰하는 동안 아동이 마주했던 여러 가지 전이 상황에 대해 간략하게 기술한다. 새롭게 발생하는 변인에 동그라미 치기 위해서는 관찰하는 동안 주기적으로 표지를 다시 참조할 필요가 있다.

SCERTS 진단-관찰 기록지는 세 영역으로 구성되어 있는데, 이 중 두 영역(즉, 사회 의사소통 및 정서 조절)은 아동의 강점과 요구를 다루며 나머지 한 영역(즉, 교류 지원)은 파트너와 환경을 다룬다. SCERTS 진단이 팀 진단으로 계획됨을 고려한다면 관찰 중 아동 행동을 기록하는 데 둘 이상의 팀 구성원이 포함되는 것이 매우 바람직하다. 예를 들어, 각각의 구성원이 세 영역 각각의 행동을 기록할 수 있으며 또는 한 사람이 아동의 기술을 다루는 두 영역(즉, 사회 의사소통 및 정서 조절)에서 나타나는 행동을 기록하고 다른 사람은 학습 환경에서 파트너가 사용한 교류 지원을 나타내는 행동을 기록할 수 있다.

(1) 관찰한 행동 문서화하기

관찰하는 동안, 행동의 발생을 추적하기 위해 관찰자는 행동이 관찰될 때 오른편에 (+) 표시를 할 수도 있다. 각 영역에는 교수목표로 세분화되는 장기목표에 상응하는 행동으로 묘사된 구체적인 기술들이 포함된다. 관찰자는 아동의 행동에 대해서 조작적 준거를 충족시키는지 결정할 필요가 있다. 각 장기목표에 해당하는 여러 교수목표는 발달 진도나 복잡한 정도에 따라 목록화되는 경우가 많기 때문에 아동이 하나의 장기목표 아래 있는 모든 교수목표에 도달하면 그 목표를 성취한 것으로 간주할 수 있다. 일반적으로 더 낮은 번호가 매겨진 목표는 더 높은 번호의 목표보다 발달상 더 쉽고(즉, 발달상 더 먼저 나타남), 더 높은 번호의 목표를 위한 기초 능력인 경우가 많다. 자폐 범주성 장애 아동은 각기 다른 기술을 각기 다른 속도로 배울 수 있으므로 동일한 목표 아래 있는 더 낮은 목표보다 더 높은 수준의 목표에서 더 높은 점수를 획득할 수도 있다. 예를 들어, 사회적 파트너 단계에 있는 아동은 대체로 상호작용 시도를 시작하기(JA1.2)에 앞서 상호작용 시도에 반응하기(JA1.1)를 먼저 보인다. 그러나 자폐 범주성 장애 아동의 경우, JA1.1보다 JA1.2에서 더 높은 점수를 보이는 경우도 가능하다.

앞에서 설명한 상이한 학습 속도로 인하여 SCERTS 진단-관찰은 상한선을 두지 않는다는 사실을 중요하게 고려해야 한다. 따라서 모든 장기목표에 대해서 모든 교수목표가 진단되어야 한다. 그러나 경우에 따라서는 행동이 발달적인 순서를 따르기 때문에 더 낮은 목표에서의 0점은 더 높은 목표에서의 0점을 의미하기도 한다. 예를 들어, 사회적 파트너 단계의 아동이 JA2.1(사람을 쳐다보기)의 기준에 도달하지 못한다면, JA2.2(사람과 사물 간에 시선 옮기기)의 준거 역시 도달하지 못할 것이다. 언어 및 대화 파트너 단계의 아동이 대부분 장기목표의 첫 번째 교수 목표에서 낮은 점수를 받았다면(예: 주로 0이나 1), 팀은 이전 단계 양식으로 돌아가는 것을 고려해야 한다(즉, 사회적 또는 언어 파트너 단계의 양식으로 변경).

(2) 상호 연결된 교수목표

SCERTS 진단-관찰 기록지에서는 사회 의사소통 및 정서 조절 영역 내 또는 두 영역 전반에 걸쳐서 여러 교수목표를 연결하기 위해 세 가지 기호를 사용한다. 기호 「=」은 두 가지 목표가 동일 또는 거의 동일하거나 하나 이상의 요소에 해당되는 중요한 목표일 때 사용된다. 예를 들어, 사회적 파트너 단계의 JA1.2(상호작용 시도를 시작하기)는 해당 단계의 SR1.4와 동일하다. 기호 「≈」은 두 가지 목표가 거의 동일하거나 매우 비슷해서 공통의 기술이나 행동을 다루는 경우, 또는 하나의 목표가 다른 목표의 하위 영역을 다루는 경우에 사용된다. 교수목표는 영역과 구성 요소 내에서의 중요성을 강조하기 위해서 하나 이상의 구성 요소에서 교차 참조된다. 앞에서 제시한 예를 살펴보자면, 아동이 상호작용을 시작하는 능력은 공동관심과 자기조절 능력 모두를 개발하는 데 매우 중요하다. 사회 의사소통과 정서 조절의 구성 요소 또는 영역 전반에 걸쳐 중복되는 목표가 많이 있으며, 이는 두 영역의 구성 요소들이 서로 의존하고 있음을 보여 주는 것이다.

세 번째 기호인 「↔」는 중재에서 다루고자 할 때 서로 연결되어야 하는 두 가지 목표를 가리킨다. 예를 들어, 사회적 파트너 단계에서 행동을 조절하기 위해 의도 공유하기 목표를 위한 공동관심은, 의도를 공유하기 위해 몸짓과 비구어 수단 사용하기 목표를 위한 상징 사용 목표와 연결되어야 한다. 다시 말해, 다루고자 하는 의사소통 의도(예: JA4.3, 도움 또는 기타 행동 요구하기)와 이 의도를 표현하는 데 사용할 수단(예: SU4.4, 관습적인 접촉 몸짓 사용하기)을 모두 반영하는 하나의 목표를 만들어야 한다. 부록 A에 수록된 사회적 파트너 단계 SCERTS 진단-관찰 기록지에 있는 의도 및 정서 표현 기록지는 관찰 중에 아동이 구체적인 의도를 표현하기 위해 사용한 수단을 확인함으로써 사용자가 아동의 의도와 의사소통 수단 간 관계를 기록하는 데 도움이 되도록 개발되었다. 이 정보는 어떤 의도에 어떤 수단을 다룰지를 결정하는 데 도움이 될 것이다.

관찰 마지막에는 〈표 7-4〉의 정의를 토대로 한 채점 체계(0, 1, 2점)를 사용하여 각 행동을 평가해야 한다. 점수는 SCERTS 진단-관찰 기록지의 번호가 매겨진 목표의 왼쪽 칸에 기록한다. 관찰 중 아동이 특정 기술을 나타내지 않는다면, SCERTS 진단-질문지로 수집한 정보를 사용하여 관찰 내용을 보충하여 점수를 0, 1, 2로 세

〈표 7-4〉 SCERTS 진단-관찰의 채점 체계 정의

<table>
<tr><th>점수</th><th>채점 기준</th><th colspan="2">채점 기준의 정의</th></tr>
<tr><td rowspan="3">2점</td><td rowspan="3">기술을 독립적으로 사용해서 일관성 있게 준거에 도달한다.</td><td rowspan="3">• 독립적으로(즉, 도움 없이) 준거에 도달한다.
• 정기적으로 준거에 도달한다(예: 발생 빈도가 낮은 행동의 경우 최소 2회 이상 나타나며 발생 빈도가 높은 행동의 경우 자주 나타남, 3회의 관찰 기회 중 최소 2회 이상 나타남).</td><td>〈사회적 파트너 단계〉
• 최소 두 가지 이상의 활동(예: 양육 일과, 놀이)이나 맥락(예: 학교, 가정)에서 준거에 도달한다.
• 최소 두 명 이상의 파트너에 걸쳐 준거에 도달한다.</td></tr>
<tr><td>〈언어 파트너 단계〉
• 최소 두 가지 이상의 활동(예: 양육 일과, 놀이)이나 맥락(예: 학교, 가정)에서 준거에 도달한다.
• 최소 세 명 이상의 파트너에 걸쳐 준거에 도달한다.</td></tr>
<tr><td>〈대화 파트너 단계〉
• 최소 두 가지 이상의 활동(예: 양육 일과, 놀이)이나 맥락(예: 학교, 가정)에서 준거에 도달한다.
• 최소 세 명 이상의 파트너에 걸쳐 준거에 도달하며, 이 중 최소 한 명은 또래여야 한다.</td></tr>
<tr><td>1점</td><td>기술을 연습하는 중이며 준거 도달에 일관성이 없다.</td><td colspan="2">• 한 가지 활동(예: 양육 일과, 놀이)에서 준거에 도달한다.
• 보조를 받아서 준거에 도달한다.
• 가끔 또는 일관성 없이 준거에 도달한다.</td></tr>
<tr><td>0점</td><td>기술을 배우는 중이며 파트너의 지원 없이 준거에 도달하지 못한다.</td><td colspan="2">• 기회가 주어질 때 준거에 도달하지 못한다.
• 보고된 정보(예: SCERTS 진단-질문지, 부모나 교사의 보고)에 근거해 볼 때 준거에 도달하지 못한다.
• 기타 수행에 근거해 볼 때 준거에 도달할 것으로 기대되지 않는다.</td></tr>
</table>

분화해야 한다. 이에 덧붙여, 관찰자는 관찰 중 전혀 나타나지 않았거나 거의 나타나지 않은 행동에 대한 정보를 수집하기 위해 이후 5단계에서 설명되는 행동 표집 기법을 사용해야 한다. 많은 행동이 관찰되지 않았다면, 행동 표집에 더 많은 시간을 할애하거나 이전 단계의 SCERTS 진단-관찰을 사용하는 것도 고려해 보아야 한다. 행동 표집에서 나타난 아동의 행동은 관찰 상황에서 나타난 행동과 동일하게 점수화된다. 따라서 관찰, SCERTS 진단-질문지, 행동 표집에서의 정보를 모두

합하여 각 목표의 왼쪽 칸에 0, 1, 2점을 기입한다. 관찰되지 않았거나 표집될 수 없었던 특정 행동에 대해서는 다양한 맥락과 파트너에 따른 사용에 대해서 부모나 교사의 보고를 통해 추가 정보를 수집할 필요가 있다.

(3) SCERTS 진단-관찰 기록지 표지에 점수표 작성하기

SCERTS 진단 목표에 대한 아동의 점수(0, 1, 2)는 관찰, 행동 표집, SCERTS 진단-질문지로 수집한 정보를 모두 통합한 수행결과를 근거로 결정된다. 각 목표의 점수 척도를 근거로 SCERTS 진단-관찰 기록지의 표지에 두 세트의 점수를 요약해야 한다. 첫째, SCERTS의 세 영역의 각 구성 요소(즉, 공동관심, 상징 사용, 상호조절, 자기조절, 대인관계 지원, 학습 지원)의 점수 합계는 왼쪽 하단의 SCERTS 프로파일 요약 중 해당되는 분기에 기입한다. 이 칸에는 각 구성 요소에서 받을 수 있는 총 점수를 기록하기 때문에 아동의 상대적 점수를 판단할 수 있다. 둘째, 표지의 우측 하단에 있는 1분기 칸에 8개 사회-정서 성장 지표 각각의 총 점수를 기입한다. 이 칸은 각 지표에서 받을 수 있는 총 점수가 10인 것을 보여 주기 때문에 아동의 진도를 판단할 수 있다. 사회-정서 성장 지표와 각 지표에 기여하는 목표는 다음 부분에서 설명하였다.

(4) SCERTS 모델의 사회-정서 성장 지표

SCERTS 진단-관찰 기록지에는 사회 의사소통, 정서 조절, 교류 지원 영역의 각 장기목표에 해당하는 구체적인 교수목표가 기술된다. 이 종합적이면서도 상당히 구체적인 목록은 아동과 파트너의 현행수준에 대한 상세한 프로파일을 제공하고, 프로그램 계획 시 고려해야 할 다음 단계의 논리적 장기목표에 대한 결정을 안내하며, 장단기 진도를 기록하는 틀을 제공한다. 그러나 아동의 강점과 요구에 대한 일상적인 논의에서 드러나는 것과 같이, 전문가와 부모는 아동 행동의 좀 더 일반적인 특성에 대해 논의하고 이에 대해 관심을 보이곤 한다. 부모와 전문가가 가치 있게 여기는 이와 같은 일반적인 특성은 "아이가 친구를 사귀고 자신의 반 구성원으로 느꼈으면 좋겠어요." "우리는 아이가 행복해하면 좋겠어요." "아이가 일상생활에서 더 독립적이고 융통성이 있으면 좋겠어요."와 같은 말 속에서 분명히 드러난다.

이러한 관심을 다루기 위해 부모와 전문가가 가치 있게 여기는 좀 더 일반적인 아동 발달의 특성을 고려하여 사회-정서 성장 지표 목록을 도출하였다. 이 과정에서 부모와 전문가가 의미 있게 생각하는 주요 질적 지표를 찾기 위해 사회 의사소통과 정서 조절 영역에 걸친 SCERTS 교육과정 중심 진단 장기목표와 교수목표에 대한 분석이 포함되었다. 이러한 과정을 거쳐 확인된 일반적인 사회-정서 성장 지표는 (1) 행복감, (2) 자아의식, (3) 타인의식, (4) 적극적인 학습 및 조직화, (5) 융통성 및 회복력, (6) 협력 및 행동의 적절성, (7) 독립성, (8) 사회적 소속감 및 우정을 포함한다. 이상의 질적 지표는 SCERTS 진단에서 측정되는 목표군을 사용해서 조작적으로 정의된다. 이는 시간이 지나면서 나타나는 사회-징서의 변화를 통해서 SCERTS 진단의 일부분으로 측정되는 사회-정서 성장 지표에서의 진보에 대한 또 다른 수준의 분석을 가능하게 해 준다. 지표에 대한 기록을 통해서 SCERTS 진단에서 문서화하는 내용의 유의미성을 강화할 수 있는데, 이는 아동의 행동에서 관찰될 수 있는 변화의 사회적 타당성을 좀 더 자세하게 다룰 수 있기 때문이다. 여기서는 이러한 사회-정서 성장 지표의 각 요소를 포함시킨 근거를 간략하게 정의하고 설명하고자 한다.

1. 행복감: 행복감은 긍정적 감정에 대한 아동의 경험과 표현, 사회적 경험과 학습 기회로부터 기쁨을 이끌어 내는 능력을 포함하며, 이는 아동의 발달 및 사회적 관계의 많은 측면을 촉진시킨다. 뿐만 아니라 행복을 경험하고 표현하는 능력을 지닌 아동은 타인을 자신에게로 이끌면서 더 많은 학습과 사회적 참여 기회를 창출한다. 여기서는 행복감을 매일의 활동에서 긍정적 감정을 경험하고, 표현하며, 이끌어 내는 능력과 파트너와의 참여로 정의하며, 이것이 아동의 정서적 경험의 특성이 되는 정도를 기록한다.
2. 자아의식: 타인으로부터 자신을 구분하는 자아의식을 발달시킨 아동은 개인적 목표를 형성하고 성취하는 데 더 큰 자신감을 보인다. 여기서는 자아의식을 (타인과 비교된) 자신의 특별한 개인적 특질, 개인사 및 타인과의 관계에서 자신을 파악하며 자신의 성취에 자부심을 갖는 능력으로 정의한다. 부모와 전문가는 자아의식이 자존감, 자기결정력, 일상생활 중의 어려움을 극복하려는 욕구의 기저를 이루므로 이를 가치 있게 여긴다.
3. 타인의식: 타인을 스스로의 목표, 의견, 감정을 가진 별개의 존재로 인식하는 타인의식을 발달시킬 수 있는 아동은 더 민감하고 공감 어린 사회적 파트너

와 친구가 될 가능성이 높다. 타인의 감정과 생각을 고려할 줄 아는(조망 수용) 아동은 타인의 관점에서도 더 바람직한 파트너가 될 수 있다. 여기서는 타인의식을 타인의 감정과 생각을 이해하고 인정하며 이러한 이해를 바탕으로 그에 따라 자신의 행동을 조정할 수 있는 능력으로 정의한다. 이러한 능력은 부모와 전문가가 매우 가치 있게 여기는 배려, 공감, 친절함과 같은 특질의 기저를 이룬다.

4. **적극적인 학습 및 조직화**: 적극적인 학습자인 아동은 꼬치꼬치 캐묻고 호기심이 많으며 타인을 정보 및 학습의 원천으로 여기고 가설 검증자이자 문제해결자다. 여기에 조직화의 특질이 추가되면, 사회적/비사회적 환경에서의 아동의 학습 경험은 매일의 활동 속에서 겪는 인지적이고 사회적인 어려움을 효율적이고 효과적으로 다루도록 자연스럽게 이끄는 연습이 된다. 적극적인 학습 및 조직화란 학습에 타인을 참여시키는 노력을 시작하고 정보를 찾으며 문제를 해결하고 새로운 경험을 예전 경험과 연관시키며 학습에 기여하는 방식으로 활동의 조직화와 참여를 유지하는 능력으로 정의될 수 있다. 이러한 특질은 목표 지향적 행동에 참여하고 주의집중을 유지하며 여러 환경에서 활동을 계획하고 실행하는 데 있어 정서 조절 상태와 집중을 잘 유지하는 능력도 포함한다. 적극적으로 학습하며 조직화에 능한 아동은 학습에 있어서 수동적으로 반응하는 파트너기보다는 진정한 파트너가 될 가능성이 더 높으며, 이는 성인 파트너가 아동의 학습에 주된 책임을 져야 하는 부담을 상당히 완화시켜 주므로 부모와 전문가는 이 특질을 가치 있게 여긴다.
5. **융통성 및 회복력**: 자폐 범주성 장애 아동에게서 관찰되는 여러 가지 중대한 어려움 중 하나는『정신장애 진단 및 통계 편람(DSM-IV-TR)』에서 "특정 비기능적인 일과나 의식에 대한 융통성 없는 집착"(APA, 2000, p. 75)으로 설명되었으며, 이는 자폐에 관한 Kanner(1943)의 영향력 있는 논문에서 "동일성 유지에 대한 고집"으로 논의되었다. 이러한 비융통성은 여러 가지 이유로 인해 발생할 수 있는데, 예를 들어 자폐 범주성 장애에서 관찰되는 인지 또는 학습 유형의 대표적 특성일 수도 있고 혼란스럽고 스트레스를 받는 상황에서 사용하는 정서 조절 전략일 수도 있다. 이와는 반대로, 경험의 새롭고 변화하는 측면뿐만 아니라 갑작스럽고 예상치 못한 변화를 견디고 그 흐름을 타는 능력인 융통성은 중요한 인지 및 정서 조절상의 진보를 보여 주는 것이다. 부모

와 교사에게 있어서, 융통성의 증가는 아주 단순하게는 자폐 범주성 장애 아동과 모든 파트너의 일상생활을 쉽게 만들어 주는 것이다. 회복력 역시 융통성을 필요로 하며, 이는 새로운 기술을 익히고 목표를 성취할 때 이를 끈질기게 지속하고 고수하며, 인지적, 사회적 또는 정서적으로 어려움을 경험하게 될 때 신속하게 회복하고 상태를 유지하는 능력으로 정의된다. 융통성과 회복력이 있을 때 아동은 일상생활의 어려운 상황에 더 잘 대처하고 적응하며 심지어 더 잘 성장할 수 있게 된다.

6. 협력 및 행동의 적절성: 여기서 협력은 수동적인 순응을 의미하지는 않는다. 협력은 아동이 적극적인 참여를 선택하는 것을 뜻하며, 여기에는 종종 자신의 관심 사항을 주로 따르기보다는 타인의 관심 사항을 수용하고 따르는 것이 수반된다. 협력의 이러한 측면에 대한 어려움은 몇몇 자폐 범주성 장애 아동에게 빈번한 갈등과 스트레스 요인이 될 수 있다. 협력을 위해서는 아동이 자신의 생활연령에 맞는 사회적 관습에 따라 행동하고, 성인 및 아동 파트너와 다양한 사회적 맥락에 따른 기대에 적절한 방식으로 놀이, 의사소통, 사회적 상호작용에 참여하는 능력이 필요하다. 아동의 행동이 사회적 관습에 따르는 정도는 타인이 그 행동을 적절하거나 부적절하게 여기는 정도와 직접적으로 관련된다. 사회적 맥락과 사회적 이해 속에서의 학습이 사회적으로 관습적인 행동의 토대를 제공하므로 자폐 범주성 장애의 특정 성향은 아동이 사회적 맥락에서 적절하게 행동하는 데 큰 도전이 된다. 아동이 더 큰 협력과 행동 적절성을 지니고 활동에 더 잘 참여할 수 있을 때 더 바람직한 사회적 파트너가 되며, 장애가 없는 아동과 더 비슷하게 보이고 행동할 가능성이 크기 때문에, 행동의 적절성은 분명히 부모와 전문가가 높이 평가하는 한 영역이다.

7. 독립성: 여기서 독립성은 한 개인이 타인의 지원에 의존하기보다 일과에 성공적으로 참여하고 자신의 자원을 사용하여 일상 활동의 어려움에 대처할 수 있는 정도로 정의된다. 이것은 최소한의 도움으로 또는 어떠한 도움도 없이 참여하기 위해 기술을 사용하는 능력에 대해서뿐만 아니라 일과에 대해서도 더 많은 이해를 필요로 한다. 또한 안전과 같이 매우 중대한 사안에 대해 결정하는 능력도 요구된다. 더 독립적인 아동은 전형적으로 더 큰 자기결정력을 지니며 여러 파트너와 환경에서 보다 다양한 활동에 참여하는 것에 대한 더 많

은 선택을 하게 된다. 따라서 부모와 전문가는 아동을 위해 결정을 내려 주어야 하는 부담이 덜하며 끊임없이 감독하고 지원해야 할 필요도 줄어든다.

8. 사회적 소속감 및 우정: 자폐 범주성 장애의 주된 사회적 특성으로 인해 사회적 소속감 및 우정 발달의 특질은 자폐 범주성 장애 아동에게 도전이 된다. 그러나 부모와 전문가는 이 특질을 매우 가치 있게 여긴다. 여기서 사회적 소속감

〈표 7-5〉 SCERTS 진단-관찰의 사회 의사소통 및 정서 조절 영역 교수목표로부터 사회-정서 성장 지표 산출하기

사회-정서 성장 지표	사회적 파트너 단계 목표	언어 파트너 단계 목표	대화 파트너 단계 목표
1. 행복감	JA3.2, JA5.4 MR1.1, MR2.4 SR1.7	JA3.1, JA5.2 MR1.2, MR2.5 SR1.8	JA2.1, JA3.2, JA5.6 MR1.5 SR1.6
2. 자아의식	JA4.4, JA7.1 MR2.6, MR3.3 SR4.1	JA4.4, JA7.1 MR3.4, MR3.7 SR5.1	JA1.2, JA5.6 SU1.4, SU5.2 MR1.3
3. 타인의식	JA1.3, JA5.4 SU2.7 MR2.4, MR2.5	JA3.4, JA5.4 SU2.4 MR2.4, MR2.7	JA1.4, JA4.3, JA4.5, JA4.7, JA5.6
4. 적극적인 학습 및 조직화	SU1.3, SU1.4, SU3.4, SU4.7 SR2.1	SU1.4, SU3.4 MR2.7, MR3.3 SR4.1	JA5.3 SU1.3, SU3.4 SR3.5, SR4.2
5. 융통성 및 회복력	JA7.3 MR4.3 SR3.1, SR4.3, SR4.4	JA7.2 SR2.3, SR4.1, SR5.4, SR5.5	JA5.4 MR3.5 SR5.5, SR5.6, SR6.4
6. 협력 및 행동의 적절성	JA1.1 SU2.7, SU4.5 MR2.1 SR4.2	JA5.7 SU2.3, SU4.1, SU5.6 SR1.5	SU3.6, SU6.1, SU6.4 MR3.5 SR1.4
7. 독립성	JA4.4 SU2.6 MR2.6 SR3.3, SR4.1	JA4.4, MR2.6, MR3.5 SR5.1, SR5.3	JA3.1 SU1.4 SR6.1, SR6.2, SR6.3
8. 사회적 소속감 및 우정	JA1.4, JA2.1, JA5.1 MR2.3 SR1.4	JA1.1, JA2.3, JA5.4, JA8.3 MR2.3	JA4.7, JA4.8 SU3.7 MR2.3, MR3.4

> 및 우정은 자신을 참여자로 인식하고 둘 또는 그 이상의 구성원이 있는 사회적 집단과 동일시하며, 이 집단과 동일시하는 행동을 나타내는 능력으로 정의된다. 이러한 동일시는 우정 발달을 포함할 수 있으며, 이는 더 큰 범위의 네트워크에 있는 사람과의 관계와는 질적으로 다른 친밀한 수준에서 한 명 또는 소수의 또래와 특별한 관계를 맺는 능력을 말한다. 타인과 연결되는 느낌의 정서적 만족에 덧붙여 이 특질은 집단 맥락에서의 학습을 증진시키고, 아동이 다른 사람과 비슷하게 되고 다른 아동과 의사소통하고 사회적으로 참여하도록 동기를 부여한다.

이상의 사회-정서 성장 지표는 SCERTS 진단에서 사회 의사소통 및 정서 조절 영역 내 다섯 가지의 뚜렷한 목표군으로 측정된다. 〈표 7-5〉는 SCERTS 진단 각 단계의 사회-정서 성장 지표 각각의 다섯 가지 목표에 대한 요약된 목록을 보여준다.

5) 5단계: 행동 표집하기

자연적 맥락에서의 관찰이 아동의 자발적 행동에 대한 중요한 정보를 제공하기는 하지만 어떤 행동은 자연적으로 발생하기를 기다리기에는 다소 시간 소모적일 수 있으며, 특정 유형의 상황에서만 발생할 수 있는 낮은 빈도의 행동인 경우는 더욱 그러하다. 따라서 아동의 몇몇 능력이나 잠재력은 긴 시간 동안 관찰했음에도 불구하고 드러나지 않을 수 있다. 이러한 상황에서 행동 표집은 관찰로 수집된 정보를 보충하는 데 사용된다. 행동 표집의 목적은 자연적인 방법으로 비교적 짧은 시간 동안 아동의 전형적인 기능 범위에 있는 대표적인 행동 표본을 수집하는 것이다. 아동이 상호작용을 하도록 유도하고 다양한 의사소통 기능을 사용하도록 구조화된 의사소통 상황이 마련될 수 있다. 아동의 상징 사용 수준을 진단하기 위해 놀잇감이나 사물을 도구로 그리고 상징적으로 사용하는 기회를 계획할 수도 있다. 자발적인 행동을 표집할 때 아동이 행동을 시작하는 기회를 갖는 것은 매우 중요하다. 그러므로 파트너는 촉진적 유형을 사용해야 하며 아동이 특정 방식으로 행동하도록 과도하게 유도하지 않아야 한다.

SCERTS 진단-관찰을 마친 후에는 SCERTS 진단-질문지를 통해 수집한 정보뿐만 아니라 관찰을 토대로 기록된 정보에 대한 팀 검토가 뒤따라야 한다. 팀은 점수화되지 않았거나 또는 팀이 생각하기에 아동의 능력을 과소평가하는 어떤 목표가 있지는 않은지 확인해야 한다. 행동 표집 방식은 이러한 특정 행동 유형을 잘 이끌어 낼 수 있을 것 같은 기회를 제공하도록 계획되어야 한다. 여기서의 기회는 파트너와 학습 지원이 제공하는 구조화의 정도가 다양한 짧은 활동으로 개념화될 수 있다. 예를 들어, 고도로 구조화되고 교사 주도적인 교실 상황에서 아동을 관찰했다면, 덜 구조화되고 더 많은 상호작용 시작의 기회가 있는 상황에서 아동이 어떻게 반응하는지 살펴보는 것이 중요할 것이다.

상호작용을 손쉽게 시작하지 못하는 사회적 및 언어 파트너 단계의 아동을 대상으로 의도적 의사소통을 증진시킬 수 있는 유용한 기법 중 하나는 Wetherby와 그 동료들(Wetherby & Prizant, 1989, 1993, 2002; Wetherby & Prutting, 1984)이 설명한 **의사소통 유혹**(communication temptation)을 사용하는 것이다. 의사소통 유혹에는 의사소통의 특정 시도를 부추기거나 유도하도록 고안된 기회가 포함된다. 이는 아동이 파트너를 향해 적극적으로 신호를 보내도록 요구하는, 아동에게 매우 유혹적인 상황을 고안하는 것이다. 아동이 일단 의사소통 파트너가 예측 가능한 방식으로 행동할 것이라고(예: 용기 열기, 공 되굴리기, 더 많은 비눗방울 불기) 예상하게 되면, 아동은 그 상황을 이해할 수 있게 된다. 그 한 예로, 태엽을 감는 놀잇감을 움직이게 하고 놀잇감이 멈출 때까지 놓아둔 다음 아동에게 무엇인가를 기대하는 눈빛으로 바라보며 기다리는 것을 들 수 있다. 이는 아동이 놀잇감이 다시 작동하도록 도움을 요청하고, 행동이 멈추는 것에 항의하거나 이 태엽 놀잇감이 얼마나 재미있는지에 관심을 끌어오는 기회를 제공한다. 또 다른 예로는 아동에게 상자에 집어넣을 블록을 주는 것으로, 이를 여러 번 반복하면 아동은 블록을 기대하게 된다. 이때 동물 인형이나 책과 같은 다른 물건을 주게 되면 이 새로운 물건은 아동으로 하여금 예상치 못한 물건에 대해 의사소통하게 하거나 물건 변화에 대해 항의하도록 만들 수 있다.

의사소통 유혹은 비구어적으로 제시되기 때문에 아동이 지닌 제한적 언어 이해 능력의 문제를 피할 수 있다. 다시 말해서, 파트너가 아동에게서 의사소통하도록 원하고 기대하는 바를 보여 주는 것이다. 의사소통 유혹을 제시한 후 아동이 의사소통을 시작하게끔 기대감을 갖고 기다리며 바라보는 것이 중요하다. 〈표 7-6〉은 SCERTS 진단에서 측정되는 몇몇 의사소통 의도에 대한 의사소통 유혹의 예를 보

〈표 7-6〉 다양한 의사소통 의도를 이끌어내기 위한 의사소통 유혹의 예

의사소통 의도	의사소통 유혹
원하는 음식이나 물건 요구하기	• 아동의 손이 닿지 않는 선반 위에 원하는 물건 두기 • 아동에게 선택권 주기
원하지 않는 음식이나 물건을 저항/거부하기	• 아동에게 원하지 않는 물건 주기 • 아동의 손에 차갑거나 축축하거나 끈적이는 물질을 묻히기
도움 청하기	• 아동이 열 수 없는 용기 속에 원하는 물건 넣기
원하지 않는 행동에 저항하기	• 원하는 물건을 치워버리거나 접근하지 못하게 막기 • 원하지 않는 활동 제공하기 • 선호하는 활동을 갑자기 또는 예상치 못하게 중단시키기
사회적 게임 요구하기	• 아동 앞에서 손을 흔들고 간지럼 태우는 "잡으러 간다" 같은 사회적 게임을 한 후 이를 반복하지 않고 지연시키기
차례 주고받기	• 예측이 가능한 차례 주고받기 상호작용을 계획하고 아동의 차례가 되게 만들기 • 아동의 순서가 되었을 때 기대하는 모습으로 기다리고 바라보기
인사하기	• 방에 들어오면서 손을 흔들고 "안녕"이라고 말하기 • 탁자를 두드린 후에 탁자 밑에서 동물인형을 꺼내 아동에게 인사하게 한 후 나가면서 동물인형이 바이바이라고 말하게 하기 • 다른 유혹들 사이에 이를 반복하기
물건에 대해 언급하기	• 불투명한 용기 속에 흥미로운 물건을 넣어 두고 아동이 한 번에 하나씩 꺼내게 하기 • 용기 속에 넣으라고 똑같은 물건을 여러 차례 주다가 다른 물건을 주기
행동에 대해 언급하기	• 풍선, 비눗방울, 태엽 놀잇감과 같이 재미있는 장면을 연출하는 물건 제시하기 • 아동 앞에서 갑자기 어떤 물질을 흘리거나 예상치 못한 무엇인가를 하기

여 주고 있다.

각각의 의사소통 유혹이 하나의 특정 의사소통 의도를 염두에 두고 고안되어야 하는 것은 사실이지만, 실제로 의사소통 유혹을 적용한 연구를 살펴보면 하나의 유혹이 다양한 의사소통 의도를 이끌어 낼 가능성이 있다는 것을 알 수 있다(Wetherby & Prizant, 1993; Wetherby & Rodriguez, 1992). 아동이 의사소통을 더 잘하는 데 교류 지원이 얼마나 도움이 되는지를 이해하기 위해서 의사소통 유혹 중 구조화가 주어졌을 때와 덜 구조화된 놀이 상호작용에서 얼마나 의사소통을 시작

하는지를 비교하는 것은 유익한 정보를 제공한다. 의사소통 파트너가 버티면서 아동의 신호에 반응하지 않음에도 아동이 계속적으로 신호를 보낸다면 의사소통 유혹 속에 의사소통 수정의 기회를 넣을 수도 있다.

구조화된 상황은 또한 아동이 상이한 유형의 메시지를 어떻게 이해하는지를 관찰하기 위해서 설계될 수 있다. 아동이 실제로 무엇을 이해하고 있는지를 알기 위해 자연적 환경에서의 관찰을 보완할 수 있도록 다양한 난이도를 지닌 교수를 체계적으로 제시할 필요가 있다. 예를 들어, 처음에는 구어만을 사용해서 교수할 수 있다. 아동이 이 교수를 따라가지 못한다면 비구어 단서를 체계적으로 추가하여 어떤 것이 이해에 도움을 주는지 결정할 수 있다. 구조화된 상황은 여러 세트의 자료와 상이한 수준의 지원(예: 구어 교수, 비구어 모델링, 신체 촉진)을 체계적으로 제시함으로써 아동의 놀이 수준을 살펴보기 위해서도 설계될 수 있다.

대화 파트너 단계의 아동에게는 대화 속의 언어 사용뿐만 아니라 SCERTS 진단에서 측정되는 다수의 상위 수준 기술을 사용하도록 이끌기 위해 더 복잡한 상황을 제시할 수 있다. 〈표 7-7〉은 심화 언어 단계의 아동을 위한 구조화된 상황의 예를 보여 준다.

행동 표집은 더 자연적인 일과와 활동 속에서는 관찰되지 않는 정서 조절 기술을 진단하는 데 사용될 수도 있다. 이는 조절장애를 일으킬 가능성이 있는 다양한 정도의 상황에 아동이 어떻게 반응하는지에 대한 관찰 표본을 수집하는 데 목적이 있다. 어떤 정서 조절 기술은 사회 의사소통을 위한 행동 표집 전략을 사용해서 관찰될 수도 있는 반면에, 다른 정서 조절 기술의 경우에는 특별한 상황을 필요로 할 수도 있다. 따라서 정서 조절에 대한 행동 표집은 의사소통 유혹 속에서 이루어질 수도 있으나 하나의 단독적인 단계로 실시하거나 고유한 상황을 통해서도 이루어질 수 있다. 예를 들어, 앞서 유혹 목록에 제시된 것처럼 좋아하는 친숙한 활동이나 원하는 물건, 음식물을 제시하거나 이에 대한 접근을 제한함으로써 아동이 정서 조절 상태를 잘 유지하기 위해서 이러한 내재된 어려움에 어떻게 대처하는지를 진단할 수 있다. 아동을 조절장애의 위기에 처하게 할 수 있는 다양한 차원에 대해 감각 투입을 조정함으로써 특정 상황을 만들어 낼 수 있다. 예를 들어, 음악을 지나치게 크게 틀거나 파트너가 매우 과장된 정서 표현을 하고 아동에게 너무 자주 접촉을 하는 등의 방법을 사용해서 아동이 정서 조절을 유지하는 전략을 진단할 수 있다. 마지막으로 익숙하고 고정된 일과를 하지 않음으로써 이에 대한 아

〈표 7-7〉 대화 파트너 단계에 해당하는 구조화된 상황의 예

구조화된 상황	설명
참조적 의사소통 과제 또는 장애물 게임	• 아동과 파트너가 마주 보고 앉게 한 후 장애물로 서로의 시야를 가로막는다. 아동과 파트너에게 특정 방식(예: 그림 그리기, 찰흙 모양 만들기, 자석 조각으로 형체 만들기)으로 구성해야 하는 동일한 재료를 제공한다. 아동과 파트너가 번갈아 가며 어떻게 만들지를 서로에게 가르친 후 파트너가 장애물을 제거하고 2개의 작품이 똑같은지를 서로에게 보여 준다.
물건 찾기 게임	• 방 곳곳에 숨겨져 있는 아동의 선호 물건에 대한 목록이나 지도를 만들어 아동이 물건을 찾기 위해 실문이나 상위 수준의 관계적 의미를 사용할 기회를 제공한다.
절차적 담화	• 아동에게 무엇(예: 땅콩버터 젤리 샌드위치)인가를 어떻게 만드는지 또는 익숙한 활동(예: 이 닦기, 목욕하기)을 어떻게 하는지 파트너에게 설명하게 한다.
개인적 사건 담화	• 아동에게 매우 신났거나 무서웠거나 슬펐던 개인적 경험에 대하여 이야기하게 한다.
이야기 문법 담화	• 아동에게 줄거리가 있는 익숙한 이야기(예: 니모를 찾아서, 스파이더맨)를 다시 말하게 하거나 단어가 없는 그림책을 사용하여 이야기를 이끌어 낸다.
또래 교수	• 아동에게는 능숙하게 할 수 있지만 또래는 어떻게 하는지 잘 모르는 과제를 완성하는 방법에 대해 또래를 가르치게 한다. • 또래에게 과제에 대해 아동을 가르치게 한다.
비디오 모니터링	• 의사소통 상황에 있는 아동을 비디오로 녹화한 후 상황을 반추할 수 있는 이해력과 능력을 관찰하기 위해서 아동으로 하여금 영상을 보면서 그 상황에서의 성공 여부, 표현된 정서, 상황을 반추해 보게 한다.

동의 반응을 진단할 수도 있다.

이와 같은 몇몇 행동 표집 전략은 경미한 또는 그 이상의 고통을 야기할 수 있기 때문에 정서 조절과 관련된 행동 표집의 목적을 위해서 한시적으로 사용해야 하며, 이는 아동의 정서 조절을 다루기 위한 적절한 목표와 전략을 선정하는 데 장기적 이득이 되어야 한다. 다양한 정도의 조절장애를 일으키게 될 행동을 표집할 때에는 그 목적에 대해 설명한 후 파트너의 허락을 얻어야 한다. 모든 상황에서 파트너는 조절장애를 회복시키기 위한 지원 방안을 준비해야 하며 회복을 지원하는 전략의 효과성을 기록해야 하는데, 이는 교육 프로그램 계획에 중대한 정보를 제

공한다. 지금까지의 경험에 의하면, 부모는 더 어렵고 도전적인 상황에서 자신의 자녀를 관찰하는 것이 중요하다는 것을 본능적으로 알고 있다. 정서 조절이 잘 이루어진 상황에서만 아동을 관찰한다면 교육 프로그램 계획을 위한 정보 수집은 제한될 것이다. 많은 경우에 있어서, 부모는 아동의 정서 조절 반응과 전략에 다가갈 수 있는 전략을 제안하고 심지어 실제로 보여 주도록 요청받을 수 있다.

행동 표집은 진단에서 다음 단계에 무엇을 할지 결정할 때 아동이 현재 할 수 있는 것을 기초로 해야 한다는 측면에서 역동적 과정으로 간주되어야 한다. 따라서 행동 표집 접근은 융통성 있고 아동의 반응에 반응하는 방식(즉, 아동의 반응에 따라 그에 적절한 방식)으로 전개될 필요가 있다. 예를 들어, 사회적 파트너나 언어 파트너 단계에 있는 아동이 도움을 청하게 만드는 의사소통 유혹을 설계한다면, 원하는 물건이 담긴 용기를 아동에게 제시할 수 있다. 만약 아동이 입 모양으로만 말하고 용기를 흔들지만 요구하는 의사소통 신호를 시작하지 않는다면, 말로 도움을 제안하고 뒤이어 손바닥을 내밀어 보여 줄 수 있다(즉, 도와줄까 하고 말한 후 손바닥을 내민다). 아동이 이러한 지원에 반응하지 않으면 손을 용기 뚜껑 바로 위로 올린 후 아동이 도움을 청하기 위해 이 손을 뚜껑 쪽으로 미는지를 살펴본다. 마찬가지로, 대화 파트너 단계의 아동이 과거의 사건에 대해 말하게 하는 의사소통 유혹을 고안한다면 앞에서 설명한 것처럼 아동이 매우 흥분했거나 두려웠거나 슬펐던 개인적 경험에 대해 말하게 할 수 있다. 그러나 아동이 이러한 유혹에 반응하지 않는다면 집에서 앨범을 가져오게 해서 구체적인 사건에 대한 시각적 지원을 받을 수 있게 하고, 이를 통해 좀 더 상세한 설명을 하게 만들 수 있다. 그러므로 행동 표본은 아동이 최적의 사회 의사소통 및 정서 조절을 하는 데 필요한 지원 수준을 탐색하는 체계적인 기회를 제공해 준다.

6) 6단계: SCERTS 진단 요약지로 정보 정리하고 통합하기

SCERTS 진단-질문지와 SCERTS 진단-관찰 기록지를 작성한 후, 정보를 정리하고 통합하기 위해 그 결과를 SCERTS 진단 요약지에 기록해야 한다. SCERTS 진단 요약지는 두 가지 주요 정보를 요약하도록 구성되어 있다: (1) SCERTS 진단-질문지의 정보와 SCERTS 진단-관찰에서 판별된 아동의 강점과 요구, (2) SCERTS 진단-관찰 결과와 목표 수립에 대한 가족의 우선순위.

(1) 주요 정보원 1: 강점과 요구 요약하기

사회 의사소통, 정서 조절, 교류 지원 영역에서의 아동의 강점과 요구에 대한 프로파일은 SCERTS 진단 요약지 1~3쪽의 각 목표별 왼쪽에 위치한 칸에 표시하며, 왼쪽에서부터 오른쪽으로 이동하면서 칸을 채운다. 각 칸은 아동이 얻을 수 있는 각 1점에 해당된다. 예를 들어, 사회적 파트너 단계의 공동관심에 해당하는 첫 번째 장기목표에는 총 8점이 부여된 네 가지 교수목표가 포함되며(각 교수목표에 0~2점이 부여됨) 여기에는 8개 칸이 해당된다. 아동이 첫 번째 목표에 2점, 두 번째와 세 번째 목표에 각 1점, 네 번째 목표에 0점을 얻었다면 SCERTS 진단 요약지의 JA1 열 첫 번째 4개 칸에 표시해야 하며(2+1+1+0=4), 이는 아동이 이 목표에 부여된 점수의 절반을 얻었음을 가리킨다. SCERTS 프로파일에 있는 교수목표 각각에 점수를 부여함으로써 아동과 그 파트너의 강점 및 요구에 대해서 시각적으로 이해할 수 있게 된다. 절반 미만의 칸이 채워진 목표는 상대적인 요구 영역이라 할 수 있으며, 절반 이상의 칸이 채워진 목표는 상대적인 강점이라 할 수 있다.

마찬가지로, 8개의 사회-정서 성장 지표에 대한 아동의 강점 및 요구 프로파일은 SCERTS 진단 요약지의 3쪽에 도표화한다. 각 사회-정서 성장 지표는 5개 교수목표(〈표 7-5〉 참조)에 근거하며, 가능한 총점은 10점이다(각 목표에 0~2점이 배당됨). 5개 미만의 칸에 표시된 지표는 상대적 요구를 나타내며, 5개 이상의 칸에 표시된 지표는 상대적 강점을 나타낸다.

(2) 주요 정보원 2: SCERTS 진단-관찰 결과와 우선순위에 대한 가족의 견해

아동 교육프로그램의 구체적인 장단기 교수목표를 확인하기에 앞서 팀 회의 중에 SCERTS 진단-관찰에 대한 가족 구성원의 인식을 파악함으로써 진단 결과가 아동의 행동을 대표한다는 것을 입증해야 한다. 다시 말해서, 아동의 강점과 요구 프로파일이 SCERTS 진단 요약지에 정확하게 포착되었는가를 확인해야 한다는 것이다. 이 시점에서 아동의 교육 계획을 개발하는 데 필요한 추가 정보를 제안하도록 가족에게 요청한다. SCERTS 진단-관찰 정보의 타당성에 대한 가족의 견해를 문서화하는 것은 아동의 강점과 요구에 대해 가족과 의견 일치를 이루기 위한 중요한 단계다.

또한 가족은 향후 3개월간 어디에 에너지를 집중하고 싶으며 아동이 어떤 기술을 성취하기를 바라는지와 관련해서 SCERTS 진단 요약지 3쪽에 목록화된 질문에 답변함으로써 아동에 대한 자신의 우선순위를 살피고 표현할 기회를 제공받아야 한다. 이 정보는 다음 분기에 다룰 주간 교수목표를 우선순위화하는 데 사용되어야 한다. 가족의 견해와 우선순위는 SCERTS 진단 요약지 3쪽에 기록된다.

7) 7단계: 장단기 교수목표의 우선순위 정하기

진단 팀 구성원은 SCERTS 진단-관찰과 SCERTS 진단-질문지, SCERTS 진단 요약지에 기록된 프로파일에서 수합하고 종합한 정보를 기반으로 (1) 가장 기능적이고(즉, 아동의 삶에 변화를 가져올 기술), (2) 가족의 우선순위를 직접적으로 다루며(즉, 가족이 가치 있게 여기는 기술), (3) SCERTS 프로파일에서 드러난 필요 발달 영역에 부합하는(즉, 아동의 강점 및 요구 프로파일에 근거하여 발달상 적절한 기술) 주간 교수목표를 우선순위화하기 위해 함께 협의해야 한다. 앞에서 설명하였듯이, SCERTS 진단 요약지에 기호「=」로 표시된 몇몇 목표는 구성 요소 전역에 걸쳐 동일하다. SCERTS 진단 요약지에 기호「↔」로 표시된 목표는 하나의 목표를 구성하기 위해 서로 연결될 필요가 있다.

SCERTS 진단 요약지의 아동 발달 수준은 주간 교수목표를 선정하는 유일한 요소가 아니다. 가장 기능적이며 가족의 우선순위에 가장 근접한 목표도 동일하게 고려 대상이 되어야 한다. 이 과정을 통해 SCERTS 진단의 장단기 교수목표의 구조와 관련된 단계에서 벗어난 것으로 보이는 교수목표가 선정되더라도 이러한 융통성과 개별화는 실제로 SCERTS 모델 프로그램을 성공적으로 실행하기 위해서 중요하게 인식되어야 한다(목표를 우선순위화하기 위한 안내 원칙 및 실제에 관한 상세한 설명은 2권의 1장 참조).

매주 다루게 될 주간 교수목표는 사회 의사소통과 정서 조절 영역을 합쳐서 최소한 4개 이상이면서 8개를 넘지 않도록 하며, 교류 지원 영역에서도 4~8개를 선정하는 것이 좋다. 아동이나 파트너가 하나의 목표를 달성하면 새로운 목표를 도입해야 한다. 이러한 교수목표는 SCERTS 진단 요약지 4쪽에 기록되어야 한다. 각각의 사회 의사소통 및 정서 조절 목표에 해당하는 행동을 지원해 줄 수 있는 교류 지원 목표가 최소한 하나는 있어야 한다. 그러나 1개의 교류 지원 목표가 1개 이상의 사회 의사소통 및 정서 조절 목표를 지원할 수도 있으므로 사회 의사소통 및 정서 조절 목표와 교류 지원 목표 간에는 일대일 대응이 되지 않을 수도 있다.

8) 8단계: 후속 진단 추천하기

SCERTS 진단 요약지 5쪽에는 후속 진단에 대한 정보를 기입하는 부분이 마련되어 있다. 이 칸에는 이미 완료한 외부 진단 결과 또는 실시할 필요가 있는 후속 진단에 대한 추천사항을 기입하도록 되어 있다. 이러한 진단은 SCERTS 진단 팀이 아닌 외부 기관이나 전문가가 실시할 수 있다. SCERTS 진단 팀 구성원 한 명이 팀과는 무관하게 실시하거나 SCERTS 진단 팀이 아닌 전문가와 협력하여 실시할 수도 있다. 외부 진단의 예로는 청각사가 실시하는 청력 검사, 작업치료사가 실시하는 감각 통합 또는 운동 기술 진단, 언어치료사가 실시하는 구어 운동 평가, 행동 전문가나 간학문적 팀이 실시하는 문제행동의 기능적 진단을 들 수 있다.

9) 9단계: SCERTS 교육 프로그램 계획하기

SCERTS 진단의 9단계에서는 다수의 주요한 의미 있는 활동과 목표 지향적인 활동(즉, MA[meaningful activities]와 PA[purposeful activities])을 확인하고, 이러한 활동 속에서의 지원 수준을 정의하며(즉, 교육 팀 구성원의 역할과 책임), 서비스 제공 시 중요한 역할을 담당할 친숙한 파트너를 판별하고, 활동 속에서 복합적인 목표를 다루게 된다. 이 절차는 2권의 1장에 상세하게 설명된다. 오전과 오후 시간의 활동을 계획하는 데 아동당 각각 2개의 SCERTS 활동 계획서를 사용해야 한다. 이는 강도 높은 SCERTS 중재 프로그램을 고안하고 생산적인 학습 활동에서의 적극적 참여가 주당 최소 25시간에 다다르기 위해 매우 중요하다. SCERTS 진단 요약지의 활동 계획으로 명명된 칸에서 오전 일정과 오후 일정으로 구분된 해당 칸이 체크되었는지를 확인해야 한다. 원하는 경우, 교육 팀이 2개 이상의 SCERTS 활동 계획서를 완성할 수 있는데, 이는 지역사회 환경, 치료 맥락, 이 양식에 할당된 공간에 부합하는 것 이상의 더 많은 활동을 포함하는 맥락에서의 아동 프로그램을 계획하는 데 도움이 될 수 있다.

다음으로, SCERTS 진단 팀은 교육 지원과 정서 지원 모두를 제공하기 위해 가족 지원 계획 및 전문가와 서비스 제공자를 위한 지원 계획에 대해 함께 논의하고 이를 구성해야 한다. 이것은 SCERTS 교육과정의 장단기 교수목표에서 직접적으로 측정하거나 초점을 맞추지 않는 교류 지원 영역의 두 가지 중요한 프로그램 구성 요소다. 이 지원 계획을 문서화하는 방법은 2권의 3장에서 자세히 설명하였으며, 이러한 계획은 선택사항으로 고려되는 구성 요소기보다는 포괄적인 서비스 전달 계획의 주요 부분으로 인식되어야 한다. 이것은 SCERTS 진단 요약지 5쪽에 기록된다.

10) 10단계: 지속적으로 점검하기

사회 의사소통, 정서 조절, 교류 지원 영역에서 필요한 4~8개의 주간 교수목표를 확인하고 다루기 시작하면, SCERTS 활동 일지를 사용해서 아동의 수행을 매일 점검해야 한다. 두 가지 형식의 SCERTS 활동 일지가 제공되는데, 첫 번째 양식에는 각 목표당 하나의 활동 칸이 있으며, 두 번째 양식은 목표당 2개의 활동 칸이 있다. 두 번째 양식은 생활연령이나 발달연령이 어려서 활동이 비교적 짧고 간단한 아동에게 사용된다. 다수의 활동에서 다수의 목표를 다루는 절차는 2권의 1장에 자세히 설명된다. 모든 활동에서 모든 목표에 해당하는 자료를 기록하는 것이 쉽지는 않지만, 프로그램 실행의 효과성에 관한 결정을 내리는 데 있어 아동의 진보를 추적하는 것은 매우 중요한 일이다. 일주일에 최소 한 번은 모든 목표에 해당하는 행동을, 이상적으로는 매일 한 번씩 한두 가지 활동을 살펴볼 필요가 있다. 여러 개의 목표를 여러 활동 속에서 다루고 있기 때문에 각각의 활동에서 SCERTS 활동 일지에서 살펴보고 있는 한두 가지의 목표가 무엇인지 확인해야 한다. 그리고 일주일 내내 각 교수목표가 다루어지고 있는 활동 맥락 내에서 어떻게 진행되고 있는지 점검해야 한다.

SCERTS 활동 일지의 맨 윗부분에는 아동 이름, 의사소통 단계 및 날짜를 기입한다. 아동의 사회 의사소통 및 정서 조절 목표와 교류 지원 목표는 왼쪽 칸에 기입한다. 활동으로 명시된 부분에는 해당 활동의 집단 크기, 파트너, 맥락 및 활동 변인의 특징을 기록한다. 유의점으로 명시된 부분에는 아동이나 파트너의 행동을 양적으로(예: 각각의 시작 또는 올바른 반응에 + 사용) 또는 질적으로(예: 활동 중 아동이나 파트너가 나타낸 최상의 행동을 설명) 문서화할 수 있다.

SCERTS 활동 일지에 기록된 정보는 SCERTS 주간 기록지를 완성하는 데 사용된다. 앞에서 설명한 각 언어 단계의 SCERTS 진단-관찰에 사용된 채점(0~2점) 또한 주간 기록지에 함께 사용된다. 가장 윗부분에 아동 이름과 의사소통 단계를 기입하고, 각 주의 시작일자는 1~12번에 이르는 위쪽 칸에 기입한다. 아동의 사회 의사소통 및 정서 조절 목표와 교류 지원 목표는 왼쪽 아랫부분에 기입한다. 각 목표에 대해 기록된 정보를 근거로 각각에 0, 1, 2의 점수를 부여한다.

앞에서 설명하였듯이, 아동의 주별 진보를 살펴보는 것은 프로그램 실행의 효과에 대한 의사결정에 정보를 제공한다는 측면에서 매우 중요하다. 만약 하나의 목표에 3~4주 연속으로 0점을 받았다면, 더 낮은 수준의 목표를 다루거나 활동 또는 교류 지원의 몇몇 측면을 수정하는 등 프로그램의 변화가 이루어져야 한다.

SCERTS 진단-관찰 기록지는 정보 기록 시 각기 다른 색깔의 필기구를 사용함으로써 매 분기별로 갱신할 수 있다. 0이나 1점을 받았던 목표는 수정 보완되어야 한다. SCERTS 진단-관찰 기록지를 갱신하기 위한 정보는 주간 기록지, 새로운 관찰, 행동 표집을 통해서 얻을 수 있다. 다루었던 목표를 성취하여 새로운 목표가 필요하거나 또는 다루는 목표에 진전이 없어 이에 대한 수정이 불가피하다면, 매 분기 새로운 SCERTS 진단 요약지를 작성할 필요가 있다. 진도를 점검하고 이후 추적한 정보에 근거하여 교육 프로그램을 수정하는 것은 아동의 성공을 위해 매우 중요하다. SCERTS 진단은 지속적인 진도점검 및 3개월마다 프로그램을 수정하는 구조로 진행된다.

제 8 장

SCERTS 진단: 진단—관찰 기록지 양식 및 준거 사용하기

1. 사회적 파트너 단계의 SCERTS 진단-관찰 기록지
2. 사회적 파트너 단계의 SCERTS 진단-관찰 준거
3. 언어 파트너 단계의 SCERTS 진단-관찰 기록지
4. 언어 파트너 단계의 SCERTS 진단-관찰 준거
5. 대화 파트너 단계의 SCERTS 진단-관찰 기록지
6. 대화 파트너 단계의 SCERTS 진단-관찰 준거

이 책의 7장에서 설명한 것처럼 SCERTS 진단은 사회 의사소통, 정서 조절, 교류 지원이라는 세 가지 영역을 다루고 있다. 각각의 영역은 두 가지 핵심 요소로 나누어진다. 사회 의사소통 영역의 핵심 요소는 공동관심과 상징 사용, 정서 조절 영역의 핵심 요소는 상호조절과 자기조절, 교류 지원 영역의 핵심 요소는 대인관계 지원과 학습 지원이다. 각 영역의 목표는 세 가지 의사소통 단계인 사회적 파트너, 언어 파트너, 대화 파트너로 구성되며, 각 목표는 구체적인 준거를 지닌 교수목표로 세분화된다. 이 장에서는 SCERTS 진단-관찰 기록지에 대해 논의하고 SCERTS 진단-관찰의 준거를 제시하고자 한다. SCERTS 진단-관찰 기록지는 이 책의 부록 A에 제시되어 있는데, 이 장을 읽으면서 해당 부분을 참고한다면 도움이 될 것이다.

다양한 장기목표 또는 요소에 대한 아동의 교수목표 중에는 서로 관련된 것들이 있기 때문에 이러한 관련성을 나타내는 세 가지 기호를 사용한다. SCERTS 진단-관찰 기록지와 준거에서 기호「=」는 두 가지 교수목표가 동일하거나 하나 이상의 요소에 해당되는 경우에 사용한다. 기호「≈」는 두 가지 교수목표가 거의 동일하거나 매우 비슷해서 공통의 기술이나 행동을 다루는 경우, 또는 하나의 목표가 다른 목표의 하위 영역을 다루는 경우에 사용한다. 이와 같은 경우, 두 가지의 교수목표를 동시에 대상으로 하는 것은 중복되거나 불필요하기 때문에 두 가지 교수목표 중 하나를 대상으로 하게 된다. 먼저 다룬 목표가 달성되면 나머지 다른 목표도 뒤이어 고려해야 한다. 기호「↔」는 중재 내에서 장기목표 하에서의 교수목표를 다룰 때 두 가지 장기목표나 두 세트의 교수목표가 서로 연계되어야 함을 나타낼 때 사용한다. 다시 말해서 개별 아동에게 적합하다면 한 세트의 교수목표에서 나온 하나의 교수목표는 보다 종합적인 교수목표로 병합되어야 한다는 것이다. SCERTS 진단의 실행을 위한 방법은 이 책의 7장에 자세히 설명하였다.

사회 의사소통, 정서 조절, 교류 지원의 프로파일을 작성하는 것 외에도 8개의 사회-정서 성장 지표(Social-Emotional Growth Indicators)에 따른 진보를 측정하기 위하여 선정된 교수목표에서의 아동의 점수는 합산된다. 이러한 지표는 부모와 전문가가 매일의 논의에서 표현하는 자폐 범주성 장애 아동에 대한 공통의 우선순위와 관심사를 반영한다. 종합하자면, 이 지표는 환경과 사람에 대한 아동의 참여 및 학습 능력에 영향을 미치는 사회성 및 정서 발달에서의 성장으로 구성된다. 지표에 관해서는 이 책의 7장에서 자세히 설명하였다.

1. 사회적 파트너 단계의 SCERTS 진단-관찰 기록지

사회적 파트너 단계는 아동으로 하여금 적극적인 사회적 파트너가 될 수 있게 하는 두 가지 주요 전환을 포함한다. 즉, 목적이나 의도를 가지고 의사소통하는 것으로의 전환과 관습적인 몸짓과 발성의 습득과 사용으로의 전환이다.

사회적 파트너 단계에서 SCERTS 진단-관찰을 위한 정보 수집을 돕기 위해 의도 및 정서 표현 기록지(Expression of Intentions and Emotions Worksheet)를 사용한다. 이 기록지는 부록 A에서 볼 수 있다. 교수목표 JA4.1~JA6.2에서 측정되는 의사소통 의도와 교수목표 MR1.1~MR1.4에서 측정되는 정서 표현은 옆에 세로로 나열되어 있다. 교수목표 SU4.1~SU5.4에서 측정되는 상징전 및 상징적 의사소통 수단은 상단에 가로로 나열되어 있다. 이 표는 각 의도와 정서를 위해 사용되는 방법 중 특정 패턴을 찾아내게 해 주며, 결과적으로 이들을 목표로 수립하고 연결하는 데 도움이 된다.

2. 사회적 파트너 단계의 SCERTS 진단-관찰 준거

다음은 사회적 파트너 단계의 각 교수목표에 대한 준거다. 준거는 각각의 교수목표에 대해서 측정해야 하는 행동을 정의한다. 준거에 따라서는 교수목표를 달성하기 위해 아동이 보여야 하는 최소한의 횟수를 명시하기도 한다. 최저 기준을 명시하지 않는 준거의 경우에는 행동이 정기적으로 나타나거나 맥락에 적절하게 나타나야 한다. 사회적 파트너 단계의 모든 교수목표는 2점을 받기 위해서 특이사항이 없는 한 적어도 두 명 이상의 파트너와 두 가지 이상의 상황에서 그 행동이 관찰되어야 한다.

사회 의사소통

공동관심

1. 상호적 상호작용에 참여하기

JA1.1 상호작용 시도에 반응하기(=MR2.3)

준거: 친숙한 사람의 상호작용 시도에 반응한다. 이 시도와 반응은 비구어 또는 구어로 나타난다. 반응은 반드시 즉각적이고(다른 사람의 시도 후 5초 이내에 나타남) 후속적이어야(관심이나 주제의 초점을 유지함) 한다. 이때 반응은 구어 시도에 대한 이해를 동반하지 않아도 된다.

JA1.2 상호작용 시도 시작하기(=SR1.4)

준거: 비구어 또는 음성을 사용해서 상호작용 시도를 시작한다. 행동은 반드시 다른 사람을 향해야 하며, 근접성(다른 사람에게 다가가거나 멀어지기), 신체적 접촉(몸짓이나 행위로 다른 사람을 만지기), 또는 시선으로 나타나야 한다. 이러한 행동은 반드시 아동에 의해서 시작되어야 하며, 다른 사람의 행동에 대한 반응이어서는 안 된다.

JA1.3 간단한 상호적 상호작용에 참여하기(=SR1.5)

준거: 상호작용을 위한 시도를 시작하고 반응하는 행동을 친숙한 사람과 함께 적어도 두 차례 이상 연속적인 교환 행동으로 보인다.*

JA1.4 확장된 상호적 상호작용에 참여하기(=SR1.6)

준거: 다른 사람에게 상호작용을 위한 시도를 시작하고 반응하는 행동을 적어도 네 차례 이상 연속적인 교환 행동으로 보인다.*

* 여기서 교환이란 아동의 차례와 파트너의 차례로 구성된 것을 의미한다. 교환 중 최소한 한 번은 반드시 아동으로부터 시작되어야 한다.

2. 관심 공유하기

JA2.1 사람 쳐다보기

준거: 자발적으로 (촉진 없이) 다른 사람의 얼굴에 시선이 향한다. 이때 사람을 쳐다보는 것은 의사소통 신호 없이 단순히 쳐다보는 것일 수도 있고 의사소통을 보조하는 것일 수도 있다.

JA2.2 사람과 사물 간에 시선 옮기기

준거: 자발적으로 (촉진 없이) 한 사람과 사물 간에 시선을 옮기거나 번갈아 응시하고 다시 돌아오는 것을 적어도 3회 이상 실시한다. 시선은 반드시 다른 사람의 얼굴을 향해야 한다. 시선 옮기기는 몸짓이나 발성을 동반하지 않고 단순히 쳐다보는 것일 수도 있고 또는 의사소통을 보조하는 것일 수도 있다. 이러한 시선 옮기기는 자연스럽고 즉각적이어야 한다(즉, 전 과정이 2초 내에 발생해야 함). 시선 옮기기는 3단계 시선 옮기기나 4단계 시선 옮기기여야 한다. 3단계 시선 옮기기는 사람-사물-사람의 시선 옮기기(즉, 아동이 사람을 보고 사물로 시선을 옮기고 즉시 다시 그 사람으로 시선을 되돌림) 또는 사물-사람-사물의 시선 옮기기(즉, 아동이 사물을 보고 사람으로 시선을 옮긴 후 즉시 그 사물로 시선을 되돌림)를 말한다. 4단계 시선 옮기기는 사물-사람A-사람B-사물로 시선을 옮기는 것이다(즉, 아동은 하나의 물체를 보고 사람A에게 시선을 옮기고 즉시 사람B에게 다시 시선을 옮긴 후 바로 그 사물로 시선을 되돌림).

JA2.3 짚어서 가리키는 것을 쳐다보기(=SU2.4)

준거: 적어도 2회 이상 다른 사람이 가리키는 대상으로 시선을 향함으로써 다른 사람의 접촉점(예: 둘째 손가락을 펴서 사물이나 그림을 만짐)이 참조하는 것을 따른다. 이때 아동의 이름을 부르고 "봐." "이거 줘." "이거 가져."라고 말할 수도 있으나 다른 몸짓이나 상황 단서 또는 구어 단서(예: 사물 명명하기)가 사용되어서는 안 된다.

JA2.4 멀리 있는 것을 가리킬 때 쳐다보기(=SU2.5)

준거: 적어도 2회 이상 다른 사람이 가리키는 멀리 있는 대상(예: 1~1.5미터 정도

떨어져 있는 사물이나 그림을 가리킴)을 향해 머리를 돌리고 시선을 향하거나 물건을 잡는다. 다른 사람이 가리키는 물건은 아동의 옆이나 뒤에 있어서 머리를 적어도 45도 이상 돌려야 한다. 이때 아동의 이름을 부르고 "봐." "그거 줘." "그거 가져."라고 말할 수도 있으나 다른 몸짓이나 상황 단서 또는 구어 단서(예: 사물 명명하기)가 사용되어서는 안 된다.

3. 정서 공유하기

JA3.1 얼굴 표정이나 발성을 이용하여 부정적인 정서 공유하기(≈MR3.1)

준거: 부정적인 정서(고통이나 좌절에 대한 명확한 발성이나 얼굴 표정을 의미하며, 몸짓이나 자세의 변화가 동반될 수 있음)를 표현하며, 쳐다보기, 다가가기(예: 기어서 감), 사람을 향한 몸짓하기(예: 안기기 위해 팔을 뻗음), 만지기(예: 다리를 당김)를 통하여 그러한 정서를 공유한다.

JA3.2 얼굴 표정이나 발성을 이용하여 긍정적인 정서 공유하기(≈MR3.2)

준거: 긍정적인 정서(기쁨이나 흥분을 나타내는 명확한 얼굴 표정을 의미하며, 발성[예: 깔깔 웃기, 환호성 지르기]을 동반하거나 동반하지 않을 수 있음)를 표현하며, 정서를 표현하기 직전, 도중, 직후에 다른 사람의 얼굴을 향해 시선을 돌림으로써 정서를 공유한다.

JA3.3 파트너의 정서 표현 변화에 반응하기(=MR2.4, SU2.7)

준거: 자신의 행동을 바꿈으로써(예: 잠시 멈추기, 파트너의 얼굴에 집중하기, 놀잇감 떨어뜨리기, 다가가거나 멀어지기) 파트너의 정서 표현 변화에 반응한다.

JA3.4 파트너의 정서 표현 변화에 동조하기(=MR2.5)

준거: 파트너의 정서 상태를 반영함으로써 파트너의 정서 표현 변화에 동조한다(예: 파트너의 긍정적인 감정에 미소와 웃음으로 반응하거나 부정적인 표현에 대한 반응으로 찡그리거나 움직임을 멈춤).

4. 다른 사람의 행동을 조절하기 위해 의도 공유하기(↔JA7.2, JA7.3, SU4-SU5)

이 목표하의 교수목표를 위해서는 근접성(다른 사람에게 다가가거나 멀어지기), 신체적 접촉(몸짓이나 행동을 동반하여 다른 사람을 만지기), 또는 시선을 통해서 다른 사람을 향한 신호를 보내야 한다.

JA4.1 원하는 음식이나 사물 요구하기(≈MR2.6)

준거: 원하는 음식이나 물건을 달라고 다른 사람에게 비구어 또는 음성으로 신호(예: 물건을 향하여 손 뻗기, 손에 닿지 않는 물건을 향해 두드리고 쳐다보기)를 보낸다.

JA4.2 원하지 않는 음식이나 사물 거부/거절하기(≈MR3.4)

준거: 원하지 않는 음식이나 물건을 주지 말라고 다른 사람에게 비구어 또는 음성으로 신호(예: 밀어내기)를 보낸다.

JA4.3 도움 또는 기타 행동 요구하기(≈MR 3.3)

준거: 다른 사람에게 도와달라고 또는 자신이 할 수 없는 동작(예: 상자 열기, 놀잇감을 움직이게 하기)이나 어떤 행위를 하라고 비구어나 음성으로 신호(예: 파트너에게 앉으라고 의자를 두드림)를 보낸다.

JA4.4 원하지 않는 행동이나 활동 거부하기(≈MR3.4)

준거: 다른 사람의 원하지 않는 행동을 멈추게 하거나 원하지 않는 활동으로부터 빠져나오기 위해 비구어나 음성으로 신호(예: 밀어내기, 쳐다보면서 울기)를 보낸다.

5. 사회적 상호작용을 위해 의도 공유하기(↔JA7.2, JA7.3, SU4-SU5)

이 목표하의 교수목표를 위해서는 근접성(다른 사람에게 다가가거나 멀어지기), 신체적 접촉(몸짓이나 행동을 동반하여 다른 사람을 만지기), 또는 시선을 통해서 다른 사람을 향한 신호를 보내야 한다.

JA5.1 위로 구하기(≈MR3.1)

준거: 고통, 절망, 또는 두려움/경계심으로부터 위로를 받기 위해 다른 사람의 관심을 끌려고 비구어 또는 음성으로 신호를 보낸다.

JA5.2 사회적 게임 요구하기

준거: 게임 등의 사회적 상호작용을 시작하거나 지속하기 위해 다른 사람에게 비구어나 음성으로 신호를 보낸다.

JA5.3 차례 주고받기

준거: 적어도 두 차례 이상 협력적인 사회적 교환을 유지하기 위해 자신의 차례에 비구어나 음성으로 신호를 보낸다. 이때 파트너의 차례를 기다려 주는 것도 포함된다.

JA5.4 인사하기

준거: 주변의 사람 또는 사물이 등장하고 사라지는 것에 대해 주목하고 있다는 것을 보여 주거나 상호작용의 시작이나 종료를 나타내기 위해 다른 사람에게 비구어나 음성으로 신호를 보낸다(예: 손 흔들기).

JA5.5 부르기

준거: 다른 사람의 주의를 끌기 위해 비구어나 음성으로 신호를 보낸 후, 추가적인 의사소통 신호를 보낸다(예: 다른 사람의 팔을 건드린 후에 요구하려고 다가가기, 발성을 한 후에 언급하려고 가리키기).

JA5.6 자랑하기

준거: 자신을 드러내거나 사회적 공유 목적의 행동(예: 재미있는 표정 짓기, 악기 연주하기, 미끄럼 타기)으로 다른 사람의 관심을 끌기 위해 비구어나 음성으로 신호를 보낸다.

6. 공동관심을 위해 의도 공유하기(↔ JA7.2, JA7.3, SU4-SU5)

이 목표하의 교수목표를 위해서는 근접성(다른 사람에게 다가가거나 멀어지기), 신체적 접촉(몸짓이나 행동을 동반하여 다른 사람을 만지기), 시선을 통해서 다른 사람을 향한 신호를 보내야 한다. 이러한 신호는 많은 연습과 반복되는 일과를 통해 저절로 나타나는 것은 아니다.

JA6.1 사물에 대해 언급하기

준거: 다른 사람에게 어떤 사물이나 존재를 인식시키거나 그것을 쳐다보게 하려고 비구어나 음성으로 신호를 보낸다(예: 책에 있는 그림 가리키기, 가방 안에 있는 놀잇감을 꺼내어 보여 주기).

JA6.2 행동이나 사건에 대해 언급하기

준거: 다른 사람에게 행동, 장면, 또는 사건을 인식시키거나 쳐다보게 하려고 비구어나 음성으로 신호를 보낸다(예: 비눗방울이 터지거나 쌓아 놓은 블록이 무너질 때 파트너를 향해 팔을 뻗고 쳐다보기, 파트너에게 특정 캐릭터를 보여 주기 위해 좋아하는 TV 프로그램으로 끌어당기기).

7. 의사소통 실패를 복구하고 지속하기

JA7.1 맥락에 적절한 비율로 의사소통하기

준거: 맥락에 적절한 비율로 비구어나 음성 신호를 보낸다(예: 일대일 상호작용에서 1분에 한 번 이상, 소집단 상호작용에서 3분에 한 번 이상, 대집단 상호작용에서 5~10분에 한 번 이상). 친숙한 파트너보다는 친숙하지 않은 파트너와 있을 때 그리고 또래보다는 성인과 있을 때 낮은 비율의 의사소통이 예상된다.

JA7.2 의사소통 실패를 복구하기 위해 반복하기(↔ JA4-JA6)

준거: 의사소통에 실패했을 때(즉, 상대방이 아동의 말을 이해하지 못하거나 원하는 목표를 달성하지 못함) 실패를 복구하거나 바로잡기 위해서 시도했던 의사소통 신호의 전부 또는 일부를 동일하게 반복한다.

JA7.3 의사소통 실패를 복구하기 위해 수정하기(↔ JA4-JA6)

준거: 의사소통에 실패했을 때 실패를 복구하기 위해 의사소통 신호는 다음 중 하나의 방법으로 수정된다: (1) 다른 의사소통 수단(다른 몸짓, 다른 소리, 또는 다른 몸짓과 소리의 조합)으로 전환한다, (2) 신호의 질을 변화시킨다(예: 소리 크게 하기, 발성에 음절 추가하기), (3) 똑같은 행동을 반복하되 새로운 사람에게 한다.

상징 사용

1. 익숙한 행동과 소리 모방을 통해 학습하기

익숙한 행동 또는 소리는 아동이 이미 자발적으로 보이는 것을 말한다(예: 손뼉치기, 동물 울음 모방하기).

SU1.1 자신의 행동이나 소리를 반복하면서 차례 주고받기

준거: 활동이 진행되는 동안 자신의 행동이나 소리를 반복하면서(예: 아동이 공을 굴리고 파트너가 그 공을 아동에게 되돌려 굴리면 아동이 다시 파트너에게 공을 굴림) 차례를 주고받는다. 이때 적어도 두 가지 이상의 다양한 행동(두 가지 다른 행동, 두 가지 다른 소리, 또는 한 가지 행동과 한 가지 소리)을 사용한다. 파트너는 아동의 행동이나 소리 사이에 자신의 차례를 가져야 하지만 아동의 차례가 파트너의 차례와 같은 행동일 필요는 없다.

SU1.2 시범 후 즉시 유도하면 익숙한 행동이나 소리 모방하기

준거: 파트너가 아동에게 보여 준 익숙한 행동이나 소리(예: "이렇게 해 봐." "이렇게 말해 봐.")를 즉시 정확하게 또는 거의 비슷하게 모방한다. 이때 적어도 두 가지 이상의 다양한 행동을 사용한다.

SU1.3 시범 후 즉시 자발적으로 익숙한 행동이나 소리 모방하기

준거: 파트너가 시범을 보인 익숙한 행동이나 소리를 즉시 자발적으로(즉, 하라는 지시 없이) 정확하게 또는 거의 비슷하게 모방한다. 이때 적어도 두 가지 이상의

다양한 행동을 모방한다.

SU1.4 시간이 경과된 후 자발적으로 익숙한 행동이나 소리 모방하기

준거: 파트너가 시범을 보인 익숙한 행동이나 소리를 시간이 지난 후에 자발적으로 (즉, 하라는 지시 없이) 정확하게 또는 거의 비슷하게 모방한다. 이때 적어도 두 가지 이상의 다양한 행동을 모방한다. 여기서 시간의 경과란 시범을 보인 후 최소한 세 번의 차례를 지나거나 시범 보인 지 1분 후를 의미하며, 이는 동일한 활동 중일 수도 있고 이보다 훨씬 더 나중일 수도 있다.

2. 익숙한 활동에서 비구어 단서 이해하기

SU2.1 익숙한 일과에서 다른 사람의 행동 예상하기(=SR3.1)

준거: 적어도 두 가지 이상의 익숙한 일과에서 주춤하거나 몸의 방향을 바꾸거나 예상되는 행동을 요구하는 등 다른 사람의 행동을 예측한다(예: 익숙한 간지럼 태우기 게임 중 성인이 아동을 간지럼 태운 후 멈추면 아동은 다음과 같은 행동을 함: (1) 다시 간지럼 태우기를 기다리는 자세를 취하거나, (2) 간지럼을 더 태우라고 요구하기 위해 성인의 손을 끌어당기거나, (3) 성인이 간지럼을 태우려고 두 손을 들고 다가오면 그 손과 얼굴을 번갈아 쳐다보거나, (4) 간지럼 태우기를 멈추고 있는 동안 씩 웃거나 미소를 보이며 간지럼 태우기를 예상함).

SU2.2 익숙한 일과에서 상황 단서 따르기

준거: 익숙한 일과 중에 적어도 두 가지 이상의 다양한 상황 단서를 포함한 간단한 지시를 따른다(예: 세면대 앞에 서 있을 때 파트너가 "손 씻어."라고 말하면 수도꼭지 밑에 손을 갖다 댐, 활동이 끝날 때 "정리하자."라고 말하면서 바구니를 내밀면 놀잇감을 넣음).

SU2.3 가리키기 이외의 몸짓 단서 따르기

준거: 적어도 두 가지 이상의 가리키기 이외의 다양한 몸짓 단서(예: 파트너가 아동에게 팔을 벌리며 "이리 와."라고 말하기, 사물 가까이에 편 손을 내밀면서 "그거 줘."라고 말하기)를 포함한 간단한 지시를 따른다.

SU2.4 짚어서 가리키는 것을 쳐다보기(=JA2.3)

준거: 적어도 2회 이상 다른 사람이 가리키는 대상으로 시선을 향함으로써 다른 사람의 접촉점(예: 둘째 손가락을 펴서 사물이나 그림을 만짐)이 참조하는 것을 따른다. 이때 아동의 이름을 부르고 "봐." "이거 줘." "이거 가져."라고 말할 수도 있으나 다른 몸짓이나 상황 단서 또는 구어 단서(예: 사물 명명하기)가 사용되어서는 안 된다.

SU2.5 멀리 있는 것을 가리킬 때 쳐다보기(=JA2.4)

준거: 적어도 2회 이상 다른 사람이 가리키는 멀리 있는 대상(예: 1~1.5미터 정도 떨어져 있는 사물이나 그림을 가리킴)을 향해 머리를 돌리고 시선을 향하거나 물건을 잡는다. 다른 사람이 가리키는 물건은 아동의 옆이나 뒤에 있어서 머리를 적어도 45도 이상 돌려야 한다. 이때 아동의 이름을 부르고 "봐." "그거 줘." "그거 가져."라고 말할 수도 있으나 다른 몸짓이나 상황 단서 또는 구어 단서(예: 사물 명명하기)가 사용되어서는 안 된다.

SU2.6 시각적 단서(사진이나 그림)에 반응하기

준거: 적어도 두 가지 이상의 다양한 시각적 단서(예: "공 받아."라고 말하고 공 그림 보여 주기, "다 함께 빙빙돌기 게임[Ring Around the Rosy] 하자."라고 말하고 아이들이 게임을 하는 사진을 보여 주면 아동은 원을 만들어 손을 내밀고 게임 할 준비를 함)를 동반한 간단한 지시를 따른다. 이러한 지시는 몸짓이나 상황 단서 없이 주어져야 한다.

SU2.7 얼굴 표정과 억양 단서에 반응하기(≈JA3.3)

준거: 적어도 두 가지 이상의 다양한 표정이나 억양 단서를 동반한 간단한 지시에 반응한다(예: 파트너가 행복한 표정과 점점 고조되는 억양으로 "잡으러 간다."라고 말하면 아동은 웃으면서 도망치다가 멈춰 서서 간지럼 태우러 오기를 기대함, 파트너가 "안 돼. 안 돼. 만지면 안 돼."라고 화난 표정과 엄격한 억양으로 말하면 아동은 물건을 놓아두고 뒤로 물러섬). 이러한 지시는 몸짓이나 상황 단서 없이 주어져야 한다.

3. 놀이 중에 익숙한 사물을 관습적인 방식으로 사용하기

SU3.1 사물에 대한 탐색 행동 보이기(↔ SR2.1)

준거: 적어도 다섯 가지 이상의 사물 탐색 행동(물리적인 특성을 탐색하는 행동)을 보인다(예: 잡기, 굴리기, 쥐기, 떨어뜨리기, 두드리기, 문지르기, 돌리기, 입에 물기, 흔들기).

SU3.2 구성놀이에서 익숙한 사물 사용하기

준거: 적어도 두 가지 이상의 구성물을 만들기 위하여 최소 3개 이상의 사물을 조합해서 사용한다(예: 블록이나 링으로 탑 쌓기, 퍼즐 맞추기, 차를 연결해서 기차 만들기, 줄에 구슬 꿰기). 탑에서 블록 빼내기, 물건과 물건 부딪치기, 용기에 물건 넣기는 조합 행동에 포함되지 않는다.

SU3.3 익숙한 사물을 관습적인 방식으로 자신에게 사용하기

준거: 익숙한 사물을 관습적인 방식으로(즉, 관습적 또는 기능적인 사용 목적으로) 자신에게 사용한다(예: 병이나 컵으로 마시기, 숟가락으로 먹거나 젓기, 컵이나 주전자로 따르기, 모자 쓰기, 신발 신기, 수건으로 얼굴 닦기, 빗으로 머리 빗기, 이 닦기, 전화기를 귀에 대기). 이때 사물은 적절한 방법으로 사용되어야 한다(예: 숟가락의 손잡이를 잡음, 칫솔로 칫솔질은 하지만 칫솔을 물지는 않음). 다른 사람이 시범을 보인 동일한 물건을 사용해서 행동을 모방하는 경우에는 아동이 두 번 만에 행동을 보일 때만 인정한다.

SU3.4 익숙한 사물을 관습적인 방식으로 다른 사람에게 사용하기

준거: 익숙한 사물을 관습적인 방식으로 다른 사람이나 움직이지 않는 사물에게 사용한다(예: 동물인형을 안거나 뽀뽀하기, 동물인형에게 도구로 음식 먹이기, 인형에게 담요 덮어 주기, 공이나 차를 다른 사람에게 굴리기). 이때 사물은 적절한 방법으로 사용되어야 한다. 다른 사람이 시범을 보인 동일한 물건을 사용해서 행동을 모방하는 경우에는 활동 중에 아동이 두 번 만에 행동을 보일 때만 인정한다.

4. 의도 공유를 위해 몸짓이나 비구어 수단 사용하기(↔ JA4-JA6, MR1, MR3.3, MR3.4)

SU4.1 근접성 사용하기

준거: 의사소통 신호(즉, 파트너로부터 특정 반응을 기대함)로 근접성(즉, 다른 사람 옆으로 이동하거나 자리 잡기)을 사용한다.

SU4.2 얼굴 표정 사용하기

준거: 기쁨이나 싫음을 표현하기 위해 다른 사람에게 얼굴 표정(예: 웃기, 찡그리기)을 보여 준다.

SU4.3 간단한 동작 사용하기

준거: 의사소통 신호로 적어도 세 가지 이상의 간단한 동작(즉, 관습적이거나 상징적인 몸짓이 아닌 동작이나 움직임)을 사용한다(예: 도움을 얻기 위해 다른 사람의 손을 잡고 물건 위에 올리기, 사람을 부르기 위해 그 사람의 바지를 잡아당기기, 밖으로 나가기 위해 사람을 문으로 데리고 가기, 가자는 신호로 앞뒤로 몸을 움직이기).

SU4.4 관습적인 접촉 몸짓 사용하기

□ 주기 □ 밀어내기 □ 보여 주기 □ 손 뻗기/만지기 □ 가리키기/만지기

준거: 적어도 세 가지 이상의 다양한 관습적인(즉, 널리 인정되고 있는 공유된 의미를 가진) 접촉 몸짓(손으로 다른 사람이나 사물, 그림을 만지기)을 사용한다.

SU4.5 먼 곳을 향한 관습적인 몸짓 사용하기

□ 손 흔들기 □ 멀리 손 뻗기 □ 멀리 있는 것 가리키기 □ 손뼉 치기 □ 고개 젓기 □ 고개 끄덕이기

준거: 먼 거리(즉, 아동의 손이 다른 사람이나 사물, 그림에 닿지 않는)에서 적어도 세 가지 이상의 다양한 관습적인(즉, 널리 인정되고 있는 공유된 의미를 가진) 몸짓을 사용한다. 손 뻗기나 손뼉 치기는 그러한 행동 직전이나 도중 또는 직후에 시선 옮기기를 동반해야 한다.

SU4.6 재연 또는 먼 곳을 향한 상징적 몸짓 사용하기

준거: 아동은 먼 곳을 향한 몸짓으로 적어도 세 가지 이상의 다양한 재연 또는 상징적 몸짓을 사용한다. 재연 몸짓은 어떤 사건 중의 행동을 나중에 다시 보이거나 복제하는 것을 말한다(예: 간지럼 태우기를 계속 해 달라고 요구하기 위해 양팔을 펼침, 간지럼 태우는 행동과 동일한 동작을 사용함). 상징적 몸짓은 참조적이거나 단어와 같은 팬터마임 동작을 말한다(예: '열어'를 나타내기 위해 손을 앞뒤로 움직임, '비행기'를 나타내기 위해 엄지와 새끼 손가락을 펼쳐서 나는 동작을 보임).

SU4.7 일련의 몸짓이나 비구어 수단 사용하기

준거: 의사소통 신호로 두 가지 이상의 연속되는 몸짓이나 비구어 수단을 사용한다(예: 옷장으로 사람의 손을 끌고 가서 닿지 않는 물건을 손가락으로 가리킴, 두드려서 사람의 주의를 끌고 그 사람에게 사물을 보여 줌).

SU4.8 몸짓과 시선 일치시키기

준거: 적어도 세 가지 이상의 다양한 몸짓과 일치하는 시선을 사용한다. 이때 시선은 사람의 얼굴 쳐다보기일 수 있으며 또한 시선 옮기기일 수도 있다.

5. 의도 공유를 위해 발성 사용하기(↔ JA4–JA6, MR1, MR3.3, MR3.4)

SU5.1 차별화된 발성 사용하기(↔ MR1)

준거: 적어도 두 가지 이상의 다양한 발성을 사용한다. 발성은 반드시 모음을 포함해야 하며 그 모음의 앞뒤로 자음이 함께 나타날 수도 있다. 예를 들어, /m/ 소리와 비슷한 입을 닫은 채로 내는 칭얼거리는 소리는 모음을 포함하지 않기 때문에 발성으로 인정하지 않는다. 웃음, 울음, 한숨, 입술로 소리내기, 목소리 떨기, 야유하는 소리 등 말이 아닌 소리는 포함되지 않는다. 발성은 자발적이거나 모방일 수 있지만 의사소통 신호(즉, 목적을 달성하기 위해 다른 사람을 향함)로 사용되어야 한다.

SU5.2 다양한 자음+모음 조합 사용하기

준거: 의사소통 신호로 적어도 다섯 가지 이상의 다양한 자음+모음 조합을 사

용한다. 특히 주목해야 하는 자음은 가장 빨리 나타나는 것들이다. 다음은 의사소통 발달의 초기 단계에서 가장 많이 사용되는 10개의 자음 목록이다(Wetherby & Prizant, 1993a).

초기에 나타나는 자음 소리

/m/ "mamamama" "Mama" "moo"

/n/ "nununu" "nono"

/b/ 또는 /p/ "babababa" "bibo" "poo" "bye-bye"

/d/ 또는 /t/ "dodododo" "titi" "Daddy"

/g/ 또는 /k/ "googoo" "cookie" "gone gone"

/w/ "woowoo" "weewee" "wagon"

/l/ "lalala" "balloon" "little"

/y/ "yayaya" "yum yum" "you"

/s/ "sasasa" "sock" "kiss"

/sh/ "shashasha" "hush" "shoe"

의사소통 신호는 인식할 수 있는 단어를 포함하지 않아도 된다. 자음은 모음보다 앞서거나 또는 뒤따라서 나타난다.

SU5.3 일과와 밀접하게 관련된 단어 사용하기

준거: 의사소통 신호로 일과와 밀접하게 관련된 적어도 세 가지 이상의 다양한 단어를 사용한다. 일과와 밀접하게 관련된 단어는 초어(protoword) 또는 초기 유사단어 형태(early word-like form)로도 불리며, 구어 또는 수어일 수도 있고 단어나 어휘 형태로 사용되는 그림일 수도 있으며, 다음과 같이 정의된다: (1) 관습적인 단어와 유사한 일관된 소리 패턴이나 수어, (2) 특정 사물, 행위, 속성을 언급하기 위해 사용되면서 아주 특정 상황에서만 사용되는 형태(예: 물건을 떨어트렸을 때 "uh oh", 더[more] 요구할 때 "muh", 우유병[bottle]을 의미할 때 "baba").

SU5.4 발성을 시선과 몸짓에 일치시키기

준거: 발성과 일치하는 시선을 사용한다. 이때 시선은 사람의 얼굴 쳐다보기 또

는 시선 옮기기일 수 있다.

6. 2~3개의 익숙한 단어 이해하기

SU6.1 자신의 이름에 반응하기

준거: 아동의 이름을 부르면 즉시(2초 이내) 그 사람 쪽으로 몸을 돌리거나 쳐다보는 것으로 적어도 2회 이상 자신의 이름에 반응한다.

SU6.2 익숙한 사회적 게임에서 2~3개의 단어에 반응하기

준거: 익숙한 사회적 게임에서 적어도 3개 이상의 다양한 단어에 반응한다(예: 신체부위를 볼 수 있는 목욕 일과 중 양육자가 "코 어디 있어?" "배 어디 있어 ? "라고 물으면 신체부위를 정확하게 가리킴, 다 함께 빙빙돌기 게임[Ring Around the Rosy]에서 "모두 쓰러진다."라고 말하면 가장 먼저 넘어짐). 이러한 지시는 몸짓 단서 없이 주어져야 한다.

SU6.3 2~3개의 친숙한 사람, 신체부위, 사물 이름에 반응하기

준거: 적어도 두 가지 이상의 사람 또는 물건 이름을 언급하는 간단한 지시에 만지거나 보여 주거나 시선을 명확하게 바꾸는 것으로 사람, 신체부위, 사물을 정확하게 인식하고 있다는 것을 보여 준다(예: 파트너가 "엄마 어디 있어?"라고 말하면 자신의 엄마를 향해 손을 뻗음, 파트너가 "네 발은 어디 있어?"라고 말하면 자신의 발을 만짐, 파트너가 다른 물건을 함께 놓고 "네 컵을 집어 봐."라고 말하면 자신의 컵을 잡음). 이러한 지시는 몸짓 또는 상황 단서 없이 주어져야 한다.

SU6.4 익숙한 일과에서 자주 사용되는 2~3개의 구절에 반응하기

준거: 두 가지 이상의 간단한 지시(적어도 2개의 다른 구절)에 정확하게 반응한다(예: 학교 일과가 끝날 때 선생님이 "집에 갈 시간이다. 코트 입어라."라고 말하면 교실 뒤로 가서 코트를 가져옴, 저녁식사 후 부모가 "목욕할 시간이야."라고 말하면 욕실이 있는 2층으로 올라감, 양육자가 "차 타러 가자."라고 말하면 문으로 가서 신발을 신으려고 앉음). 이러한 지시는 몸짓 단서 없이 주어져야 한다.

정서 조절

상호조절

1. 다양한 정서 표현하기(↔ SU4-SU5)

MR1.1 기쁨 표현하기

준거: 적절한 상황에서 얼굴 표정이나 발성으로 기쁨을 표현한다(예: 미소 짓기, 웃기).

MR1.2 슬픔 표현하기

준거: 적절한 상황에서 얼굴 표정이나 발성으로 슬픔을 표현한다(예: 얼굴 찌푸리기, 입을 삐죽거리기, 울기).

MR1.3 분노 표현하기

준거: 적절한 상황에서 얼굴 표정이나 발성으로 분노를 표현한다(예: 징징거리기, 신경질 내기, 울기).

MR1.4 두려움 표현하기

준거: 적절한 상황에서 얼굴 표정이나 발성으로 두려움을 표현한다(예: 아랫눈꺼풀이 긴장되고 눈이 커짐).

2. 파트너가 제공하는 지원에 반응하기

MR2.1 파트너의 위로에 진정하기

준거: 극심한 조절장애 상태, 공포, 또는 예상을 벗어나는 상황을 경험할 때 파트너가 구어 또는 비구어로 위로를 제공하면 빠르게(30초 이내) 달래지거나 진정된다.

MR2.2 파트너가 주의를 환기시킬 때 참여하기

준거: 파트너가 사회적 일과나 움직이는 놀이를 통해 주의를 환기시키고 자극하면 적극적으로 참여한다.

MR2.3 상호작용 시도에 반응하기(=JA1.1)

준거: 친숙한 사람의 상호작용 시도에 반응한다. 이러한 시도와 반응은 비구어 또는 구어로 나타난다. 반응은 반드시 즉각적이고(다른 사람의 시도 후 5초 이내에 나타남) 후속적이어야(관심이나 주제의 초점을 유지함) 한다. 이때 반응은 구어 시도에 대한 이해를 동반하지 않아도 된다.

MR2.4 파트너의 정서 표현 변화에 반응하기(=JA3.3)

준거: 자신의 행동을 바꿈으로써(예: 잠시 멈추기, 파트너의 얼굴에 집중하기, 놀잇감 떨어뜨리기, 다가가거나 멀어지기) 파트너의 정서 표현 변화에 반응한다.

MR2.5 파트너의 정서 표현 변화에 동조하기(=JA3.4)

준거: 파트너의 정서 상태를 반영함으로써 파트너의 정서 표현 변화에 동조한다(예: 파트너의 긍정적인 감정에 미소와 웃음으로 반응하거나 부정적인 표현에 대한 반응으로 찡그리거나 움직임을 멈춤).

MR2.6 파트너의 제안에 따라 선택하기(≈JA4.1)

준거: 파트너가 제안할 때 선택하기 위한 비구어 또는 음성 신호를 적어도 2회 이상 보인다.

3. 상태를 조절하기 위해 파트너에게 도움 청하기

MR3.1 위로를 구하기 위해 부정적인 정서 공유하기(≈JA3.1; ↔ JA5.1)

준거: 위로를 구하기 위해 부정적인 정서(고통이나 좌절에 대한 명확한 발성이나 얼굴 표정으로 몸짓이나 자세의 변화가 동반될 수 있음)를 표현하며, 쳐다보기, 다가가기(예: 기어감), 몸짓하기(예: 안아 달라고 팔을 뻗음), 만지기(예: 다리를 당김)를 통하여 다른 사람과 그러한 정서를 공유한다.

MR3.2 상호작용을 하기 위해 긍정적인 정서 공유하기(≈JA3.2)

준거: 상호작용을 하기 위해 긍정적인 정서(기쁨이나 흥분을 나타내는 명확한 얼굴 표정으로 발성[예: 깔깔 웃기, 환호성 지르기]을 동반하거나 동반하지 않을 수 있음)를 표현하며, 상호작용을 추구하기 위해 쳐다보기, 다가가기(예: 기어감), 몸짓하기(예: 안아 달라고 팔을 뻗음, 물건을 보여 줌), 만지기(예: 다리를 잡아당김, 팔을 두드림)를 통하여 다른 사람과 그러한 정서를 공유한다.

MR3.3 좌절했을 때 도움 청하기(≈JA4.3; ↔ SU4-SU5)

준거: 괴로울 때 다른 사람의 도움을 받기 위해 또는 자신의 수준을 넘어서거나 도전이 되는 동작을 수행하기 위해 비구어나 음성으로 신호를 보낸다.

MR3.4 괴로울 때 거부하기(≈JA4.2, JA4.4; ↔ SU4-SU5)

준거: 적어도 2회 이상 원하지 않는 음식이나 사물을 주지 말라고 또는 다른 사람의 원하지 않는 행동을 멈추게 하거나 원하지 않는 활동으로부터 빠져나오기 위해 비구어나 음성으로 신호(예: 밀어내기, 소리내기, 쳐다보면서 울기)를 보낸다.

4. 파트너의 지원을 받아 극심한 조절장애로부터 회복하기

극심한 조절장애는 참여나 학습을 할 수 없으며 강한 정서를 경험할 수도 있는 상태를 말한다. 정의에 따르면 극심한 조절장애 상태는 아동이 생산적인 방법으로 상호작용을 하거나 활동에 참여하는 능력을 방해한다. 극심한 조절장애는 잠깐 또는 가끔씩 나타나는 것이 아니며 일정기간 내 지속적으로 또는 주기적으로 나타날 수 있다. 극심한 조절장애는 다음과 같은 행동으로 나타난다: (1) 격렬하고 크게 낙심한 것으로 보이는 괴로움의 표현, (2) 활동이나 다른 사람에 대한 관심의 완전한 상실, (3) 격렬하고 파괴적인 발성(예: 울기, 소리 지르기, 신음하기)이나 비구어 행동(예: 휘두르기, 자신이나 다른 사람을 향한 치기, 때리기, 물기), (4) 광적인 움직임 활동, (5) 장시간에 걸친 극도의 단절과 비참여 등. 극심한 조절장애는 각성 수준이 매우 높거나(즉, 극심한 괴로움이나 흥분) 매우 낮은(즉, 극단적으로 수동적인 비참여) 상태와 관련될 수 있으며, 두 가지 다 참여를 방해한다.

MR4.1 활동으로부터 떨어져 있게 하는 방법으로 회복을 지원하는 파트너의 노력에 반응하기

준거: 극심한 조절장애 상태에 이른 후, 아동에게 지나치게 자극적이거나 원하지 않는 활동으로부터 떨어져 있게 하는 것으로 아동의 관심의 초점을 바꿔 주고 회복을 지원하려는 파트너의 시도에 반응한다.

MR4.2 파트너의 행동 전략 사용에 반응하기

준거: 극심한 조절장애 상태로부터의 회복을 돕기 위한 파트너의 행동 전략(간단한 동작이나 감각운동 전략) 사용에 반응한다.

MR4.3 상호작용이나 활동에 다시 참여하게 하기 위한 파트너의 시도에 반응하기

준거: 극심한 조절장애로부터 회복된 후에(잘 조절된 상태로 돌아감) 상호작용이나 활동에 다시 참여하게 하기 위한 파트너의 시도에 반응한다.

MR4.4 파트너의 지원을 받아 극심한 조절장애로부터 회복되는 시간 단축하기

준거: 시간이 지날수록 파트너의 지원을 받아 극심한 조절장애로부터의 회복(학습하거나 참여할 수 있는 상태로 돌아옴)에 걸리는 시간이 단축된다.*

MR4.5 파트너의 지원을 받아 극심한 조절장애 상태의 강도 줄이기

준거: 시간이 지날수록 파트너의 지원을 받아 극심한 조절장애 중에 나타나는 정서 반응의 강도나 각성 상태 또는 에너지 수준의 변화가 감소한다.*

* 사회적 파트너 단계의 목표 MR4.4와 MR4.5를 위한 아동 고유의 준거를 세우기 위해서는 오랜 시간 아동을 관찰한 사람과의 면담을 통해 수집된 정보에 의존할 필요가 있다.

자기조절

1. 학습 또는 상호작용의 가능성 보이기

SR1.1 환경 내 사람과 사물 인식하기

준거: 쳐다보거나 시선으로 따르거나 가까이 다가감으로써 자신의 환경 안에 있는 사람을 인식한다. 또한 쳐다보거나 팔을 뻗기나 물리적인 조작을 통해 적극적으로 탐색함으로써 환경 내 사물(예: 놀잇감, 집에 있는 물건)을 인식한다.

SR1.2 다양한 감각 및 사회적 경험에 흥미 보이기

준거: 단독놀이나 사회적 상호작용 중에 익숙한 환경을 적극적으로 탐색함으로써 다양한 감각 체험(예: 보기, 만지기, 맛보기, 냄새 맡기, 움직이기)과 사회적 경험에 흥미를 보인다.

SR1.3 다양한 감각 체험을 추구하고 참아내기

준거: 적어도 다섯 가지 이상의 다양한 감각 체험을 추구하고 참아낸다(예: 보기, 듣기, 비비기, 입에 넣기, 냄새 맡기, 오르기, 점프하기, 몸 흔들기).

SR1.4 상호작용 시도 시작하기(=JA1.2)

준거: 비구어 또는 음성을 사용해서 상호작용 시도를 시작한다. 행동은 반드시 다른 사람을 향해야 하며, 근접성(다른 사람에게 다가가거나 멀어지기), 신체적 접촉(몸짓이나 행위로 다른 사람을 만지기), 또는 시선으로 나타나야 한다. 이러한 행동은 반드시 아동에 의해서 시작되어야 하며, 다른 사람의 행동에 대한 반응이어서는 안 된다.

SR1.5 간단한 상호적 상호작용에 참여하기(=JA1.3)

준거: 상호작용을 위한 시도를 시작하고 반응하는 행동을 친숙한 사람과 함께 적어도 두 차례 이상 연속적인 교환 행동으로 보인다.*

SR1.6 확장된 상호적 상호작용에 참여하기(=JA1.4)

준거: 다른 사람에게 상호작용을 위한 시도를 시작하고 반응하는 행동을 적어도 네 차례 이상 연속적인 교환 행동으로 보인다.*

* 여기서 교환이란 아동의 차례와 파트너의 차례로 구성된 것을 의미한다. 교환 중 최소한 한 번은 반드시 아동으로부터 시작되어야 한다.

SR1.7 차별화된 정서로 감각 및 사회적 경험에 반응하기

준거: 다양한 감각 및 사회적 경험에 대하여 차별화된 정서로 반응한다(예: 즐거운 활동 중에는 기쁨이나 흥분을 나타내며, 스트레스를 받거나 기쁘지 않은 활동 중에는 불쾌감을 나타내고, 익숙하지 않거나 두려운 활동에 대해서는 불안이나 근심을 나타냄).

2. 익숙한 활동 중에 각성 수준을 조절하기 위해 행동 전략 사용하기

행동 전략은 아동이 각성 수준을 조절하기 위해 사용하는 단순한 동작이나 감각운동 전략이다. 이것은 아동의 집중하는 정도, 의식 수준, 활동 수준, 감정, 그리고 참여에 따라 달라진다.

SR2.1 혼자 하는 활동 중에 각성 수준을 조절하기 위해 행동 전략 사용하기(↔SU3.1)

준거: 혼자 하는 활동 중에 각성 수준을 높이거나(각성 수준이 낮을 때) 낮추기(각성 수준이 높을 때) 위해 행동 전략을 사용한다. 혼자 하는 활동 중에 사용될 수 있는 행동 전략의 예로는 엄지나 고무젖꼭지 빨기, 몸을 앞뒤로 흔들기, 부드러운 담요 문지르기, 쌓아 둔 담요더미 밑으로 숨기, 발성 반복하기, 손 흔들기, 이 갈기, 발끝으로 걷기, 점프하기, 그네 타기, 제자리 돌기, 먹기, 음악 듣기 등이 있다. 과다 각성은 과도한 감각 자극, 지나친 흥분, 스트레스 사건 때문에 나타날 수 있다. 과소 각성은 피로, 지루함, 조직화된 자극의 부족으로 인해 발생할 수 있으며, 결과적으로 관심 결여나 무반응으로 나타날 수도 있다.

SR2.2 사회적 상호작용 중에 각성 수준을 조절하기 위해 행동 전략 사용하기

준거: 사회적 상호작용 중에 각성 수준을 높이거나 낮추기 위해 행동 전략(단순한 동작이나 감각운동 전략)을 사용한다. 사회적 상호작용 중에 사용될 수 있는 행동 전략의 예로는 엄지나 고무젖꼭지 빨기, 몸을 앞뒤로 흔들기, 부드러운 담요 문지르기, 쌓아 둔 담요더미 밑으로 숨기, 사람으로부터 시선 돌리기, 혼자 있기 위해 자리를 피하기, 점프하기, 손 흔들기, 입에 넣기, 씹기, 발끝으로 걷기, 사회적 게임을 위해 다른 사람에게 다가가기, 제자리 돌기 등이 있다.

SR2.3 각성 수준을 조절하기 위해 파트너가 시범 보인 행동 전략 사용하기

준거: 각성 수준을 조절하기 위해 파트너가 시범을 보여 준 행동 전략(단순한 동작이나 감각운동 전략)을 시범 직후나 나중에 모방하여 사용한다(예: 손을 꽉 쥐거나 점프하기).

SR2.4 장시간의 활동에 생산적으로 참여하기 위해 행동 전략 사용하기

준거: 장시간(적어도 10~15분)의 활동에 생산적으로 참여하기 위해 각성 수준을 조절할 필요가 있을 때 행동 전략(단순한 동작이나 감각운동 전략)을 사용한다(예: 놀잇감이나 음식이나 껌 등을 입에 넣거나 씹기, 물건이나 스트레스 볼을 꽉 쥐기, 다리 떨기, 의자에 앉아 앞뒤로 흔들기, 작은 놀잇감을 만지작거리며 놀기).

3. 새롭고 변화하는 상황에서 정서 조절하기

SR3.1 익숙한 일과에서 다른 사람의 행동 예상하기(=SU2.1)

준거: 적어도 두 가지 이상의 익숙한 일과에서 주춤하거나 몸의 방향을 바꾸거나 예상되는 행동을 요구하는 등 다른 사람의 행동을 예측한다(예: 익숙한 간지럼 태우기 게임 중 성인이 아동을 간지럼 태운 후 멈추면 아동은 다음과 같은 행동을 함: (1) 다시 간지럼 태우기를 기다리고 자세를 취하거나, (2) 간지럼을 더 태우라고 요구하기 위해 성인의 손을 끌어당기거나, (3) 성인이 간지럼을 태우려고 두 손을 들고 다가오면 그 손과 얼굴을 번갈아 쳐다보거나, (4) 간지럼 태우기를 멈추고 있는 동안 씩 웃거나 미소를 보이며 간지럼 태우기를 예상함).

SR3.2 새롭고 변화하는 상황에 참여하기

준거: 새롭거나 변화하는 상황에 기꺼이 참여하려고 한다. 참여는 어느 정도의 적극적인 참여를 포함해야 하며, 관여하지 않거나 수동적인 집중으로 묵묵하게 있는 것은 포함되지 않는다. 새로운 상황은 아동에게 익숙하지 않은 활동 또는 그 활동의 특징을 말한다(예: 참여해 본 적이 없는 활동, 익숙한 활동에 합류한 새로운 사람). 변화하는 상황은 주요 특징(예: 감각 자극, 활동 수준, 활동 순서, 과제 난이도)에 변화가 있거나 예상되지 않은 특징(예: 장소나 순서가 평소 일과와 다르거나 너무 빨리 종료되는 등 예상할 수 없는 사건)이 포함된 상황을 말한다.

SR3.3 새롭고 변화하는 상황에서 각성 수준을 조절하기 위해 행동 전략 사용하기

준거: 새롭거나(익숙하지 않은) 변화(예상되지 않은 특징)가 있는 상황에서 각성 수준과 정서 반응의 강도를 조절하기 위해 행동 전략을 사용한다.

SR3.4 전이 중 각성 수준을 조절하기 위해 행동 전략 사용하기

준거: 활동과 활동 간 이동 중에 각성 수준과 정서 반응의 강도를 조절하기 위해 행동 전략을 사용한다.

4. 극심한 조절장애로부터 스스로 회복하기

극심한 조절장애는 참여나 학습을 할 수 없으며 강한 정서를 경험할 수도 있는 상태를 말한다. 정의에 따르면 극심한 조절장애 상태는 아동이 생산적인 방법으로 상호작용을 하거나 활동에 참여하는 능력을 방해한다. 극심한 조절장애는 잠깐 또는 가끔씩 나타나는 것이 아니며 일정기간 내 지속적으로 또는 주기적으로 나타 날 수 있다. 극심한 조절장애는 다음과 같은 행동으로 나타난다: (1) 격렬하고 크게 낙심한 것으로 보이는 괴로움의 표현, (2) 활동이나 다른 사람에 대한 관심의 완전한 상실, (3) 격렬하고 파괴적인 발성(예: 울기, 소리 지르기, 신음하기)이나 비구어 행동(예: 휘두르기, 자신이나 다른 사람을 향한 치기, 때리기, 물기), (4) 광적인 움직임 활동, (5) 장시간에 걸친 극도의 단절과 비참여 등. 극심한 조절장애는 각성 수준이 매우 높거나(즉, 극심한 괴로움이나 흥분) 매우 낮은(즉, 극단적으로 수동적인 비참여) 상태와 관련될 수 있으며, 두 가지 다 참여를 방해한다.

SR4.1 지나치게 자극적이거나 원하지 않는 활동으로부터 스스로 떠나기

준거: 극심한 조절장애 상태에 이른 후, 지나치게 자극적이거나 원하지 않는 활동으로부터 스스로 떠난다.

SR4.2 극심한 조절장애로부터 회복하기 위해 행동 전략 사용하기

준거: 극심한 조절장애 상태로부터 회복(최적의 각성 수준으로 돌아감)되기 위해 행동 전략(단순한 동작이나 감각운동 전략)을 사용한다.

SR4.3 극심한 조절장애로부터 회복된 후 상호작용이나 활동에 다시 참여하기

준거: 극심한 조절장애로부터 회복(최적의 각성 수준으로 돌아감)된 후에 상호작용이나 활동으로 되돌아오거나 다시 참여하는 것이 가능하다.

SR4.4 극심한 조절장애로부터 회복되는 시간 단축하기

준거: 시간이 지날수록 극심한 조절장애로부터의 회복(최적의 각성 수준으로 돌아감)에 걸리는 시간이 단축된다.*

SR4.5 조절장애 상태의 강도 줄이기

준거: 시간이 지날수록 극심한 조절장애 중에 나타나는 정서 반응의 강도나 각성 상태 또는 에너지 수준의 변화가 감소한다.*

* 사회적 파트너 단계의 목표 SR4.4와 SR4.5를 위한 아동 고유의 준거를 세우기 위해서는 오랜 시간 아동을 관찰한 사람과의 면담을 통해 수집된 기초선 정보에 의존할 필요가 있다.

교류 지원

대인관계 지원

1. 파트너는 아동에게 반응적이다.

IS1.1 아동의 관심 초점 따르기

준거: 파트너는 아동이 대부분의 시간에 무엇을 하고 있는지 쳐다보거나 말하면서 아동의 관심 초점을 따른다.

IS1.2 아동의 정서 및 속도에 맞추기

준거: 파트너는 아동 행동의 정서 상태를 반영하고 아동의 행동에 따라 비구어 행동과 음성을 조절하면서 아동의 정서와 속도에 맞춘다(예: 아동의 긍정적인 정서에 미소를 짓고 웃음으로 반응하거나 아동이 불편한 정서를 보일 때에 슬픈 표정을 지어 보임).

IS1.3 의사소통 효능감을 증진시키기 위해 아동의 신호에 적절하게 반응하기

준거: 아동이 보이는 행동 조절, 사회적 상호작용, 공동관심을 위한 의도적인 의사소통 신호(예: 파트너에게 보내는 비구어 또는 구어 신호)에 반응하면서 아동이 의도하는 바에 적절하게 반응한다. 예를 들어, 파트너는 아동이 어떤 사물을 요구하면 그 사물을 건네준다. 아동이 사물을 거절하거나 거부하면 그 사물을 치운다. 아동이 위로를 구할 때에는 달래 준다. 아동이 어떤 사건에 주목하면 파트너도 그 사건에 관심을 기울인다.

IS1.4 각성 수준을 조절하기 위한 아동의 행동 전략 인식하고 지원하기

준거: 파트너는 아동의 각성 수준을 조절하기 위한 행동 전략 사용을 인식하고 그러한 전략을 지원한다. 예를 들어, 아동이 정신을 차리고 힘을 내려는 목적으로 점프를 하거나 움직이려고 할 때 파트너는 이러한 전략을 지지하고 병합하기 위

해서 상호작용을 수정하고, 만일 아동이 조직화의 한 방법으로 파트너에게 치대며 압력을 구하려고 하면 아동을 안아 줌으로써 압력을 제공한다.*

* 여기서 압력은 안아줄 때 또는 몸을 꽉 조일 때 느끼는 압박감을 말한다.

IS1.5 조절장애 신호 인식하고 지원하기

준거: 파트너는 아동의 조절장애 신호를 알아차린다. 예를 들어, 괴로움이나 극도의 흥분으로 인하여 각성 상태가 너무 높거나 또는 무관심이나 피로로 인하여 각성 상태가 너무 낮아서 학습이나 참여가 불가능하다는 행동 신호를 보일 때 지원을 제공한다. 파트너는 아동의 각성 상태에 따른 적절한 도움을 제공하여 아동이 각성 상태를 조절하게 해 준다.

IS1.6 아동을 모방하기

준거: 파트너는 아동의 구어 또는 비구어 행동을 모방하고, 맥락상 그렇게 하는 것이 적절하다면 아동이 다시 그 행동을 모방하도록 기회를 준다. 예를 들어, 아동이 사물을 가지고 행동하거나 발성할 때 파트너는 이러한 행동을 모방하거나 비슷하게 흉내 내고 잠시 멈춘 후 아동의 후속반응을 기다린다.

IS1.7 필요할 때 상호작용이나 활동으로부터 휴식 제공하기

준거: 아동의 행동이 휴식을 필요로 하는 것 같아 보이거나(예: 각성 상태, 관심의 초점, 활동 수준, 정서 상태의 변화로 나타남) 한 가지 활동에 오랫동안 참여했을 경우 상호작용 또는 활동으로부터 휴식을 계획하거나 제공하거나 허용한다. 휴식은 진행 중인 활동을 잠시 멈추거나 중단하는 것일 수 있으며, 휴식을 취하는 동안에는 집중하거나 참여하도록 어떤 요구도 해서는 안 된다. 휴식은 활동에 대한 동기 부여와 조직화에 대한 재지시도 포함할 수 있다.

IS1.8 휴식에 이어 상호작용이나 활동에 다시 참여하도록 촉진하기

준거: 아동이 진행 중인 활동에 온전히 참여할 수 있는 적절한 각성 수준과 정서 상태를 보이면 휴식 후에 이어지는 상호작용과 활동에 다시 참여하도록 촉진한다.

2. 파트너는 시작행동을 촉진한다.

IS2.1 비구어 또는 구어로 선택의 기회 제공하기

준거: 아동의 각성 상태에 따라 구어 또는 비구어로 선택할 수 있는 기회를 제공한다. 선택은 무엇을 먹을지, 무엇을 입을지, 어떤 활동에 참여할지, 활동에 어떤 물건을 사용할지 등을 포함한다.

IS2.2 시작행동 기다리고 격려하기

준거: 파트너는 아동이 비구어 또는 음성 신호를 사용해서 시작행동을 하도록 기다리고 시작행동을 격려하기 위해서 기대하는 눈빛으로 바라본다. 예를 들어, 시작행동의 기회가 있거나(예: 선택하기, 분명한 차례가 있는 재미있는 사회적 게임) 의사소통의 필요가 있는 활동(예: 원하는 사물을 볼 수 있지만 선반 위에 높이 있는 경우)에서 아동이 근접성(다른 사람에게 다가가거나 멀어지기), 신체 접촉(몸짓이나 행동으로 다른 사람 만지기), 시선 등으로 파트너에게 의사소통 신호를 보내도록 충분히 기다려 준다. 파트너는 아동이 시작행동을 보이지 않고 추가 지원을 필요로 한다는 것이 확실해질 때까지 개입하지 않는다. 시작행동은 비구어인지 음성인지에 상관없이 격려되어야 한다.

IS2.3 시작행동과 반응행동의 균형 유지하기

준거: 파트너는 너무 많은 질문을 하거나 지나치게 많은 요구를 하지 않으며(두 가지 모두 아동이 주로 반응만 하게 만듦) 아동의 시작행동 및 반응행동과 관련해서 차례 주고받기의 균형을 유지한다.

IS2.4 아동이 활동을 시작하고 마치도록 해 주기

준거: 파트너는 적절한 때에 활동을 시작하고 끝마치도록 아동과 함께 조절한다. 예를 들어, 비구어(예: 끝나면 가버리기, 물건을 밀어 버리기) 또는 구어(예: "다 했어"라고 말하거나 수어 사용하기)로 활동이 끝났음을 알릴 수 있다. 의무적으로 해야 하는 활동(예: 옷 입기, 씻기)을 하고 있거나 활동이 거의 성공적으로 마치는 단계에 있는 경우에는 지금 당장 그 활동을 끝마치기 어려운 상황이더라도 활동을 마치기 위한 아동의 의사소통 시도를 인정하는 말을 해 준다(그리고 완성하기 위한 나머

지 단계를 알려 줄 수 있다).

3. 파트너는 아동의 독립성을 존중한다.

IS3.1 필요한 경우 활동 중간에 돌아다닐 수 있도록 휴식 허락하기

준거: 필요할 때 돌아다니는 것이 상황에 적절하다면(예: 일정 시간 참여한 후, 특히 앉아서 집중해야 하는 활동에 참여한 후) 활동으로부터 휴식을 취할 수 있도록 허락한다.

IS3.2 아동이 자신의 속도로 문제를 해결하고 활동을 완수할 수 있도록 시간 허용하기

준거: 파트너는 대부분의 활동에서 아동이 자신의 속도에 맞춰 적극적으로 문제를 해결하고 활동을 마칠 수 있도록 시간을 허용한다. 예를 들어, 활동 중에 진보를 보이고 부가적인 도움을 필요로 하지 않는다면 재촉하거나 성급한 촉진을 제공해서는 안 된다.

IS3.3 문제행동을 의사소통 또는 조절의 기능으로 이해하기

준거: 문제행동이 의사소통의 기능을 지닐 수도 있음을 인식하고 해석하고 반응한다. 예를 들어, 아동이 저항하기 위해 밀거나 때린다면 아동의 의도를 이해하고 사회적으로 좀 더 수용 가능한 방법을 보여 준다(적절하다면). 마찬가지로, 아동이 무질서한 환경음을 차단하기 위해 큰 소리를 낼 때 파트너는 이러한 전략을 인정해 주고 다른 조절 전략을 사용하도록 격려한다.

IS3.4 적절한 경우 저항, 거부, 거절 존중하기

준거: 상황에 적절하다면 활동이나 사물을 저항하거나, 거부하거나, 거절하는 신호를 인정해 준다. 예를 들어, 주어진 물건을 받고 싶어 하지 않거나 활동에 참여하지 않으려고 할 때 그렇게 하는 것이 적절한 상황이라면(예: 필수적인 활동이 아닌 경우, 음식이나 놀잇감 등 다른 선택이 가능한 경우) 계속 요구하지 않는다.

4. 파트너는 참여를 위한 장을 마련한다.

IS4.1 의사소통할 때 아동의 눈높이에 맞추기

준거: 아동과 의사소통할 때 면대면 상호작용을 하거나 물리적으로 거리를 좁히기 위해서 위치를 잡고 아동에게 맞춰 자세를 낮춘다.

IS4.2 의사소통하기 전에 아동의 주의 확보하기

준거: 의사소통하기 전에 비구어 또는 구어로 아동의 주의를 확보한다. 예를 들어, 아동에게 의사소통 신호를 보내기 전에 아동의 이름을 부르거나 만진다.

IS4.3 상호작용을 촉진하기 위해 적절한 근접성과 비구어 행동 사용하기

준거: 상호작용에 초대하고 격려하기 위해 적절한 근접성(가까이 있기, 방향 향하기)과 매력적인 비구어 행동(얼굴 표정, 몸짓, 억양)을 사용한다. 예를 들어, 멀리 떨어진 채로 상호작용에 참여하기보다는(예: 교실 반대편에서 아동의 이름을 부름) 가까운 곳에서 명확한 몸짓과 사물, 생생한 얼굴 표정으로 상호작용에 참여한다. 마찬가지로, 그림책을 볼 때에는 시선 옮기기와 관심 공유를 촉진하기 위해서 면대면 방식을 취할 수 있다.

IS4.4 최적의 각성 상태와 참여를 지원하기 위해 적절한 단어와 억양 사용하기

준거: 최적의 각성 상태와 참여를 지원하기 위해 적절한 단어와 억양을 사용한다. 예를 들어, 각성시키기 위한 노력으로 과장되고 강렬한 발성이나 발화를 사용할 수도 있고 진정시키기 위해서는 좀 더 조용하고 덜 강렬한 발성이나 발화를 사용할 수도 있다.

5. 파트너는 발달을 지원한다.

IS5.1 모방 격려하기

준거: 아동의 관심 초점을 따르거나 기다리거나 차례를 교대하거나 아동이 모방할 행동을 시범 보이면서 자발적으로 행동을 모방하도록 격려한다. 시범 행동에는 발성, 유사 단어, 비구어 행동 등이 있다.

IS5.2 또래와의 상호작용 격려하기

준거: 또래를 데려오거나, 또래의 시도에 반응하도록 도와주거나, 또래에게 상호작용을 시작하도록 도와주거나, 또래와의 성공적인 상호작용을 중재하는 등 또래와 상호작용을 하도록 격려한다. 상호작용을 격려하기 위해서는 비구어 또는 구어를 사용할 수 있다.

IS5.3 구어 또는 비구어로 의사소통 실패를 복구하려고 시도하기

준거: 구어 또는 비구어로 신호의 의미를 명확히 함으로써 의사소통 실패(파트너가 아동의 신호를 이해하지 못하거나 아동이 파트너의 메시지를 이해하지 못하는 상황)를 복구하려고 시도한다. 예를 들어, 구어 또는 비구어 신호를 반복할 수도 있고, 신호에 단어나 몸짓을 추가해서 수정할 수도 있다.

IS5.4 활동 성공을 위해 필요할 때 안내 및 피드백 제공하기

준거: 활동 중 필요할 때 지원, 안내, 피드백을 제공함으로써 아동이 최적의 각성 상태를 유지하고 성공을 경험하게 해 준다. 예를 들어, 과도하게 촉진하거나 지시하지 않는 선에서 사회적 칭찬을 제공하거나 적절한 참여 유도 전략(부가적인 단서나 촉진)을 사용한다.

IS5.5 아동의 놀이와 비구어 의사소통 확장하기

준거: 아동의 행동에 추가하고 아동의 관심 초점과 의사소통 및 놀이 주제를 따르면서 놀이와 비구어 의사소통을 확장한다. 예를 들어, 아동이 파트너에게 자동차를 굴리면 파트너는 가상물을 자동차 안에 넣고 앞뒤로 굴린다. 과자 통을 열어 달라는 의미로 가져오면 파트너는 통을 열고 "과자 더." 또는 "열어 주세요."라고 말한다.

6. 파트너는 언어 사용을 조절한다.

IS6.1 이해를 돕기 위해 비구어 단서 사용하기

준거: 아동에게 말할 때에는 메시지를 이해할 수 있도록 확실하고 적절한 비구어 단서(몸짓, 얼굴 표정, 억양)를 사용한다. 말은 의사소통을 위한 유일한 수단으로

단독으로 사용되어서는 안 된다.

IS6.2 아동의 발달 수준에 따라 언어의 복잡성 조절하기

준거: 아동에게 말할 때에는 아동의 발달 수준에 적절하도록 언어의 복잡성을 조절해야 한다. 예를 들어, 아동이 아직 단어를 이해하지 못한다면 주로 단일단어나 단순한 구를 사용한다. 아동이 몇 개의 단어만 이해한다면 주로 두세 단어로 이루어진 구절을 사용하거나 긴 문장을 일관성 있게 단순하게 만든다(예: "앉아서 저녁 먹을 시간이다."라고 말하기보다 "앉아." "식사시간이다."라고 말한다).

IS6.3 아동의 각성 수준에 따라 언어의 질 조절하기

준거: 아동에게 말할 때에는 아동의 각성 수준을 지원하기 위해 언어의 질(내용, 복잡성, 억양)을 조절한다. 예를 들어, 각성 상태가 높은 경우에는 부드러운 음성이나 덜 강조된 억양, 단순화된 언어를 사용하고, 각성 상태가 낮은 경우에는 다소 강조된 음성과 성량을 사용한다.

7. 파트너는 적절한 행동을 시범 보인다.

IS7.1 적절한 비구어 의사소통과 정서 표현 시범 보이기

준거: 비구어 의사소통(예: 몸짓)과 정서 표현(예: 기쁨을 표현하기 위해 미소를 짓거나 웃기)의 명확하고 적절한 모델을 제공한다.

IS7.2 다양한 의사소통 기능 시범 보이기

준거: 구어 또는 비구어로 일련의 의사소통의 기능을 다음과 같이 시범 보인다.

a. 행동 조절: 예를 들어, 요구하기 위해 "공 또."라고 말하면서 가리키거나 손을 펴서 내미는 행동을 시범 보이거나, 행위를 요구하기 위해서 "도와줘."라고 말하면서 주는 동작을 시범 보이거나, 물건을 거부하거나 거절하기 위해서 "그만."이라고 말하면서 밀어내는 동작을 시범 보이거나, 원하는 물건을 요구하기 위해서 물건 이름을 말하면서 손을 뻗는 동작을 시범 보인다.

b. 사회적 상호작용: 예를 들어, 도착하고 떠날 때 인사하기 위해서 손 흔들기를

시범 보이거나, 위로를 구하기 위해서 손을 뻗는 몸짓을 시범 보이거나, 비구어(예: 까꿍 놀이를 시작하기 위해서 자기 얼굴 가리기, 손유희 노래의 율동 시작하기) 또는 구어(예: "까꿍."이라고 말하기, 손유희 노래의 가사 말하기)로 사회적 놀이를 시작하거나, 일과 및 활동을 완료했을 때 다른 사람의 칭찬을 받기 위해서 손뼉 치기를 시범 보인다.

c. 공동관심: 예를 들어, 물건을 보여 주거나 흥미로운 사건을 가리키는 등의 비구어로 언급하기를 시범 보이고, 이러한 언급을 발달적으로 적절한 구어 시범(예: "공." "큰 공." "공이 굴러간다."라고 말하기)과 함께 사용한다.

IS7.3 적절한 놀이 시범 보이기

준거: 아동의 발달 수준에 맞는 적절한 놀이를 시범 보이고 다양한 감각운동 놀이, 상징놀이, 구성놀이 경험을 제공한다. 예를 들어, 두 세트의 동일한 놀이 자료를 가지고 파트너가 인형에게 밥을 먹이는 시늉을 하면서 단일 도식의 상징놀이를 시범 보인다. 이러한 시범은 아동이 상징놀이 초기 단계로 전환하도록 도와준다. 파트너는 감각운동 탐색과 구성놀이(예: 블록이나 퍼즐 놀이)를 위한 기회를 일상적으로 제공한다.

IS7.4 아동이 부적절한 행동을 할 때 적절한 행동 시범 보이기

준거: 아동이 부적절한 행동을 보이지만 시범을 통해서 충분히 조절될 수 있을 때 파트너는 적절한 행동을 시범 보인다. 예를 들어, 아동이 소리를 지르면서 음식을 거부할 때 파트너는 밀쳐 내는 동작을 보이면서 "싫어."라고 말한다. 아동이 활동을 피하기 위해 단호하게 시도한다면 '그만'을 나타내는 그림 상징, 단어, 수어를 사용하는 시범을 보인다. 마찬가지로, 각성 상태를 조절하기 위해서 옷을 씹거나 다른 사람을 무는 행동을 보이는 아동에게는 적절하게 씹고 무는 활동을 시범 보이고 제공한다(예: 컵 또는 놀잇감 제공).

IS7.5 '아동 입장'에서 언어 시범 보이기

준거: 아동의 입장에서 언어를 시범 보이고 아동의 의도와 발달 수준을 고려한다. 예를 들어, 손이 닿지 않는 위치에 놓인 자동차로 손을 뻗는다면 파트너는 "자동차." 또는 "자동차 주세요."라고 말하면서 아동의 의도와 발달 수준에 맞는 시범

을 보인다. 아동이 파트너를 향해서 화난 발성을 한다면 파트너는 "화났어." 또는 "준호 화났어." "나 화났어."라는 말을 시범 보인다.

학습 지원

1. 파트너는 적극적인 참여를 위해 활동을 구조화한다.

LS1.1 활동의 시작과 종료를 분명하게 정하기

준거: 시작과 종료가 분명하도록 활동을 구성한다. 자연스러운 또는 계획적인 형식을 사용한다. 예를 들어, 그네를 타는 활동은 "준비, 시작."이라고 말하며 시작하고 "이제 그만."이라고 말하며 마칠 수 있다. 또는 놀잇감을 꺼내면서 활동을 시작하고 "다 했어."라는 말이나 수어로 활동의 종료를 나타낼 수 있다.

LS1.2 차례 주고받기 기회를 만들고 아동이 참여할 수 있도록 여지 남겨 두기

준거: 차례를 맡을 수 있도록 기회를 만들고 아동이 그 차례를 맡도록 여지를 둠으로써 활동을 구조화한다. 아동의 차례는 구어일 수도 있고 비구어일 수도 있다. 예를 들어, 활동을 시작할 때 파트너는 "준비……"라고 말하면서, 아동이 "시작!"이라고 말할 수 있게 여지를 둔다. 아동과 음악에 맞춰 움직이다가 멈추고 아동이 구어나 비구어로 다시 시작하게 한다. 책을 읽어 줄 때에는 자주 반복되는 구절을 아동이 말하도록 여지를 둔다(예: 『브라운 베어 브라운 베어』라는 그림책에서처럼).

LS1.3 활동에 예측 가능한 순서 마련하기

준거: 반복을 통해서 순서를 익숙하게 만들거나 활동을 예측할 수 있도록 기타 지원을 사용함으로써 활동 자체의 특성으로 활동이 예측 가능한 순서를 지니게 만든다. 예를 들어, 완성하기 위해서 고정된 순서의 단계가 요구되는 구성놀이 활동(예: 컵 쌓기, 결과물을 만들기 위해 재료 섞기)을 연습하거나, 활동 진행과 완성 단계를 보여 주는 그림 순서를 사용한다. 이러한 전략은 양육 일과에도 적용된다.

LS1.4 반복되는 학습 기회 제공하기

준거: 예측 가능한 학습 기회를 제공하기 위해서 하루 일과 전반에 걸쳐 다양한 상황에서 지속적이고 예측 가능하게 활동을 반복하거나(예: 간식, 이야기나누기, 점심시간 중 선택 기회) 비슷한 활동(예: 하루는 음식 세트로 가상놀이를 하고, 또 다른 날은 의복으로 가상놀이를 함)을 반복한다. 예측이 가능한 반복이란 정해진 시간에 너무 많은 새로운 활동을 소개하는 것과는 대조적이다.

LS1.5 다양한 학습 기회 제공하기

준거: 반복적이고 예상되는 상황에서 활동의 요소를 다양하게 바꿈으로써 학습할 수 있는 새로운 것을 제공한다. 예를 들어, 아동이 어떤 활동에 익숙해졌다면(예: 비눗방울 불기) 비눗방울을 불기 직전에 멈춰서 아동이 활동 재개를 요구하게 만든다. 또한 아동이 간식을 먹는 일정에 익숙하다면 컵을 주고 주스나 우유는 따르지 않고 기다리는 등 아동이 요구하는 기회를 갖도록 활동을 다양하게 만들 수 있다. 설명을 끌어내기 위해서 예측 가능한 활동을 다양하게 변형시킬 수 있다(예: 아동이 물건을 들고 보여 주고 설명하도록 유인하기 위해서 보물상자에서 물건 꺼내기, 상자에서 꺼내는 물건은 아동의 관심과 흥미를 끌 수 있기에 충분하도록 새롭거나 계속 바뀌어야 함).

사회적 파트너 단계

2. 파트너는 발달을 촉진하기 위해 보완의사소통 지원을 사용한다.

LS2.1 의사소통과 표현언어를 강화하기 위해 보완의사소통 지원 사용하기

준거: 의사소통 능력을 강화하기 위해 한 가지 또는 다양한 비구어 양식을 사용해서 보완의사소통 지원(즉, 비구어 의사소통, 예를 들어 몸짓, 수어, 사물, 그림, 사진, 그림 상징 등)을 마련하고 사용하도록 격려한다.

LS2.2 언어 및 행동 이해를 강화하기 위해 보완의사소통 지원 사용하기

준거: 언어 및 행동 이해 능력을 강화하기 위해 보완의사소통 지원(즉, 비구어 의사소통, 예를 들어 몸짓, 수어, 사물, 그림, 사진, 그림 상징 등)을 사용하고 적용한다. 예를 들어, 아동이 집으로 출발하기 전에 가족(예: 엄마, 아빠, 형제자매)의 사진을 보여 주면서 곧 집에 도착해서 맞게 될 사회적 상황에 대해 더 잘 이해할 수 있도

록 돕는다.

LS2.3 정서 표현 및 이해 능력을 강화하기 위해 보완의사소통 지원 사용하기

준거: 정서를 표현하고 다른 사람의 정서를 이해하는 능력을 강화하기 위해 보완의사소통 지원(즉, 비구어 의사소통, 예를 들어 몸짓, 수어, 사물, 그림, 사진, 그림 상징 등)을 마련하고 사용하도록 격려한다.

LS2.4 정서 조절을 강화하기 위해 보완의사소통 지원 사용하기

준거: 말이 아닌 방식으로 활동 조직화, 활동 중 휴식, 활동 중 도움을 청하는 등 상호조절을 표현하는 방법을 제공함으로써 각성 수준을 조절하는 능력을 강화하기 위한 보완의사소통 지원(즉, 비구어 의사소통, 예를 들어 몸짓, 수어, 사물, 그림, 사진, 그림 상징 등)을 마련하고 사용하도록 격려한다.

3. 파트너는 시각적 지원 및 조직화 지원을 사용한다.

시각적 지원이란 아동의 적극적인 참여와 이해를 강화하기 위해 개별 또는 일련의 사물, 사진, 로고, 그림 상징 등의 시각적 도움을 사용해서 정보를 제시하는 방법이다. 조직화 지원이란 아동의 조직화 능력을 강화하기 위해서 교재나 물리적인 공간을 구성하거나 시간 개념을 표시하는 방법이다.

LS3.1 과제 수행 단계를 명확히 하기 위해 지원 사용하기

준거: 과제나 활동의 목적을 명확히 하기 위해 시각적 지원과 조직화 지원을 사용한다. 예를 들어, 단계를 명확히 하기 위해 활동 내 그림 순서를 사용한다(예: 보물찾기 활동에서 토머스와 친구들이나 세서미 스트리트의 캐릭터와 같은 아동이 찾아야 할 보물이 숨겨져 있는 지도를 제공함). 시각적 지원의 정교한 정도는 아동의 발달 수준과 잘 맞아야 한다.

LS3.2 활동 완수에 필요한 시간과 단계를 명확히 하기 위해 지원 사용하기

준거: 활동을 완수하는 데 필요한 시간과 단계를 명확히 하기 위해 시각적 지원과 조직화 지원을 사용한다. 예를 들어, 남은 시간을 알 수 있도록 타이머를 사용

할 수도 있고, 활동 중 남은 단계를 알 수 있도록 탈부착이 가능한 벨크로 숫자를 사용할 수도 있다.

LS3.3 활동 간 원활한 전이를 위해 시각적 지원 사용하기

준거: 하나의 활동에서 다른 활동으로 순조롭게 이동하고 잘 조절된 상태를 유지하도록 시각적 지원을 사용한다. 예를 들어, 다음 활동을 알려 주기 위해 "지금-다음"의 순서를 나타내는 시각적 순서표나 그림 스케줄을 사용한다. 마찬가지로, 타이머를 사용해서 곧 시작될 전이를 강조할 수도 있다.

LS3.4 하루 전반에 걸쳐 시간 분할을 조직화하기 위해 지원 사용하기

준거: 하루 전체의 시간 분할을 조직화하기 위해 시각적 지원과 조직화 지원을 사용한다. 예를 들어, 일회성 전이가 아닌 오랜 시간에 걸쳐 완성되는 활동뿐만 아니라 다가올 활동을 검토하기 위해 그림이나 사물 스케줄을 사용할 수 있다.

LS3.5 집단 활동에서의 주의집중을 높이기 위해 시각적 지원 사용하기

준거: 집단 활동에서의 활동과 또래에 대한 관심을 높이기 위해 시각적 지원을 사용한다. 예를 들어, 이야기나누기 시간에 교사가 사용하는 시각자료를 복사해서 사용하게 하거나 활동의 한 부분으로 또래와 그림을 교환하게 하는 등 아동이 활동에 관심을 기울이도록 사진이나 그림 상징을 단서로 사용한다.

LS3.6 집단 활동에서의 적극적인 참여를 촉진하기 위해 시각적 지원 사용하기

준거: 집단 활동에서의 시작행동과 적극적인 참여를 촉진하기 위하여 시각적 지원을 사용한다. 예를 들어, 활동 중에 노래, 교재, 놀이 짝 등을 선택할 수 있도록 시각적 지원을 사용한다.

4. 파트너는 목표, 활동, 학습 환경을 수정한다.

LS4.1 조직화와 상호작용을 지원하기 위해 사회적 복잡성 조절하기

준거: 아동의 조직화와 상호작용 성공을 위하여 필요할 때 소집단 환경이나 일대일 지원을 제공한다. 파트너는 사회적 복잡성의 수준을 높이거나 낮추어야 할

때를 적절하게 판단한다.

LS4.2 아동의 성공을 위해 과제 난이도 조절하기

준거: 아동의 성공을 촉진하고 최적의 각성 상태를 유지하도록 돕기 위하여 필요할 때 과제의 난이도를 조절한다. 예를 들어, 아동이 산만해지기 시작하면 활동의 단계 수를 줄이거나 단계를 단순화한다.

LS4.3 학습 환경의 감각적 속성 수정하기

준거: 아동이 최적의 각성 상태를 유지하도록 돕기 위하여 필요할 때 학습 환경의 감각적 속성을 수정한다. 예를 들어, 조명을 조절하고 소음 수준과 시각적 방해 자극을 통제한다.

LS4.4 주의집중을 높일 수 있도록 학습 환경 구성하기

준거: 아동이 집중할 수 있도록 학습 환경의 구성을 수정한다. 예를 들어, 의자를 반원 대형으로 배치하거나, 소집단 활동에서 작은 방석으로 아동의 앉을 자리를 표시하거나, 교실 영역이나 출입구를 구분하는 물리적인 경계를 사용할 수도 있다.

LS4.5 시작행동을 촉진하는 학습 환경 구성하기

준거: 상호작용을 시작하도록 돕기 위하여 학습 환경의 구성을 수정한다. 예를 들면, 하루 일과 내내 요구하기 시작행동이 나타나도록 정해진 활동 중에 필요한 모든 자료를 제공하기보다는 아동의 시선이나 손이 닿지 않는 곳에 자료를 정리해 둔다.

LS4.6 활동이 발달적으로 적절하도록 고안하고 수정하기

준거: 아동의 발달 수준에 적절하도록 활동을 구성한다. 예를 들어, 활동은 아동의 언어, 운동기능, 주의력을 고려하여 의사소통, 관심, 적극적인 참여에 대한 적절한 기대에 따라 고안되어야 한다.

LS4.7 활동 내에 동기유발이 가능한 교재 및 주제 포함시키기

준거: 활동 중에 아동의 흥미나 동기를 유발할 수 있는 교재나 주제를 포함시킨

다. 예를 들어, 교재와 주제는 아동의 선호도와 학습 강점(예: 이야기 속의 좋아하는 등장인물, 대근육을 사용하는 놀이)을 근거로 선택해야 한다. 파트너는 아동의 관심사와는 관계없이 성인이 계획적으로 선택한 활동이 아닌 아동의 선호도와 강점을 근거로 선택된 활동에서 의사소통을 하고자 하는 내적 동기가 조성된다는 사실을 인식해야 한다.

LS4.8 시작행동과 확장된 상호작용을 촉진하는 활동 제공하기

준거: 의사소통을 시작하고 확장된 상호작용에 참여할 수 있는 기회가 있는 활동을 제공한다. 예를 들어, 아동이 관심을 보이는 놀잇감이나 다른 사람의 도움이 필요한 활동을 포착하거나(예: 비눗방울, 태엽으로 작동하는 놀잇감, 뚜껑을 열기 힘든 물감), 아동이 선호하고 원하는 사물을 멀리 두거나(예: 놀잇감이나 흥미로운 사물이 담긴 플라스틱 상자를 높은 선반에 두기), 상호작용을 유지하고 확장하기 위해 활동의 순서를 반복하거나 새로운 단계를 추가한다.

LS4.9 필요에 따라 동적인 활동과 정적인 활동 교대하기

준거: 움직임 활동을 구성할 수 있는 기회가 있는 활동과 앉아서 또는 조용하게 하는 활동을 교차시킨다. 움직임 활동의 빈도와 유형은 아동의 각성 편향성에 따라 선택한다.

LS4.10 '요구의 정도를 높이거나' 기대감을 적절하게 높이기

준거: 아동이 성공적인 상태이고 최적의 각성 수준에 있을 때 적극적인 참여, 의사소통, 문제해결에 대한 '요구의 정도를 높이거나' 기대감을 증가시킨다. 이것은 보다 정교한 의사소통이나 문제해결을 위해 '고의적인 방해' 또는 잠시 기다리기를 통해서 가능한데, 필요하면 시범을 보이거나 촉진을 사용한다.

3. 언어 파트너 단계의 SCERTS 진단-관찰 기록지

언어 파트너 단계는 두 가지 상징적 의사소통으로의 전환을 포함한다. 즉, 일반적으로 천천히 그리고 점진적으로 나타나는 첫 단어로의 전환과 어휘 폭발을 경험할 때 나타나는 단어 조합으로의 전환이다.

언어 파트너 단계에서는 SCERTS 진단-관찰을 위한 정보 수집을 돕기 위해 선택적으로 사용할 수 있는 몇 개의 기록지를 사용한다. 이 기록지는 부록 A의 언어 파트너 단계 SCERTS 진단-관찰 기록지 뒷부분에 제시되어 있다. 언어 파트너 단계에서 사용하는 의도 및 정서 표현 기록지는 사회적 파트너 단계의 기록지와 비슷하지만, 그 내용은 각 단계의 SCERTS 진단-관찰 목표와 상응하기 때문에 조금 다르다. 교수목표 JA4.1~JA6.3으로 측정되는 의사소통 의도와 교수목표 JA3.1, JA3.2, MR1.1, MR1.2에서 측정되는 정서 표현은 옆에 세로로 나열되어 있다. 교수목표 SU4.1~SU5.6에서 측정되는 상징전 및 상징적 의사소통 수단은 상단에 가로로 나열되어 있다. 이 표는 각 의도와 정서를 위해 사용되는 방법 중 특정 패턴을 찾아내게 해 주며, 결과적으로 이들을 목표로 수립하고 연결하는 데 도움이 된다.

언어 파트너 단계의 아동이 사용하는 단어의 의미를 기록하기 위해 두 가지 기록지가 추가로 사용될 수 있다. 단어 의미 기록지(The Word Meanings Worksheet)에는 교수목표 SU5.3, SU5.4, SU5.5, SU6.3, SU6.4에서 측정되는 초기 관계어, 이름, 상위 관계어가 목록화되어 있다. 단어 조합 내 관계적 의미 기록지(The Relational Meaning in Word Combinations Worksheet)에는 교수목표 SU5.6과 SU6.5에서 측정되는 단어 조합에 따른 관계적 의미 유형이 목록화되어 있다. 단어의 의미를 관찰할 때 체크하도록 마련된 칸의 수는 단어 사용 및 이해를 위한 각 교수목표를 달성하기 위해 필요한 최소한의 수와 일치한다.

4. 언어 파트너 단계의 SCERTS 진단-관찰 준거

다음은 언어 파트너 단계의 각 교수목표에 대한 준거다. 준거는 각각의 교수목표에 대해서 측정해야 하는 행동을 정의한다. 준거에 따라서는 교수목표를 달성하기 위해 아동이 보여야 하는 최소한의 횟수를 명시하기도 한다. 최저 기준을 명시하지 않는 준거의 경우에는 행동이 정기적으로 나타나거나 맥락에 적절하게 나타나야 한다. 언어 파트너 단계의 모든 교수목표는 2점을 받기 위해서 특이사항이 없는 한 적어도 두 명 이상의 파트너와 두 가지 이상의 상황에서 그 행동이 관찰되어야 한다.

사회 의사소통

공동관심

1. 상호적 상호작용에 참여하기

JA1.1 상호작용 시도 시작하기(=SR1.1)

준거: 비구어 또는 음성을 사용해서 상호작용 시도를 시작한다. 행동은 반드시 다른 사람을 향해야 하며, 근접성(다른 사람에게 다가서거나 멀어지기), 신체적 접촉(몸짓이나 행위로 다른 사람을 만지기), 시선 또는 시선을 동반한 발성으로 나타나야 한다. 이러한 행동은 반드시 아동에 의해서 시작되어야 하며, 다른 사람의 행동에 대한 반응이어서는 안 된다.

JA1.2 간단한 상호적 상호작용에 참여하기(=SR1.2)

준거: 상호작용을 위한 시도를 시작하고 반응하는 행동을 적어도 두 차례 이상 연속적인 교환 행동으로 보인다. 여기서 교환이란 아동의 차례와 파트너의 차례로 구성된 것을 의미한다. 교환 중 최소한 한 번은 반드시 아동으로부터 시작되어야 한다.

JA1.3 확장된 상호적 상호작용에 참여하기(=SR1.3)

준거: 다른 사람에게 상호작용을 위한 시도를 시작하고 반응하는 행동을 적어도 네 차례 이상 연속적인 교환 행동으로 보인다. 여기서 교환이란 아동의 차례와 파트너의 차례로 구성된 것을 의미한다. 교환 중 최소한 한 번은 반드시 아동으로부터 시작되어야 하며, 아동의 차례는 교환의 주제와 초점이 파트너의 차례와 관련되어야 한다.

2. 관심 공유하기

JA2.1 사람과 사물 간에 시선 옮기기

준거: 자발적으로 (촉진 없이) 한 사람과 사물 간에 시선을 옮기거나 번갈아 응시하고 다시 돌아오는 것을 적어도 3회 이상 실시한다. 시선은 반드시 다른 사람의 얼굴을 향해야 한다. 시선 옮기기는 몸짓이나 발성을 동반하지 않고 단순히 쳐다보는 것일 수도 있고 또는 의사소통을 보조하는 것일 수도 있다. 이러한 시선 옮기기는 자연스럽고 즉각적이어야 한다(즉, 전 과정이 2초 내에 발생해야 함). 시선 옮기기는 3단계 시선 옮기기나 4단계 시선 옮기기여야 한다. 3단계 시선 옮기기는 사람–사물–사람의 시선 옮기기(즉, 아동이 사람을 보고 사물로 시선을 옮기고 즉시 다시 그 사람으로 시선을 되돌림) 또는 사물–사람–사물의 시선 옮기기(즉, 아동이 사물을 보고 사람으로 시선을 옮긴 후 즉시 그 사물로 시선을 되돌림)를 말한다. 4단계 시선 옮기기는 사물–사람A–사람B–사물로 시선을 옮기는 것이다(즉, 아동은 하나의 물체를 보고 사람A에게 시선을 옮기고 즉시 사람B에게 다시 시선을 옮긴 후 바로 그 사물로 시선을 되돌림).

JA2.2 짚어서 가리키거나 멀리 있는 것을 가리킬 때 쳐다보기(=SU2.2)

준거: 적어도 2회 이상 (1) 다른 사람이 가리키는 대상으로 시선을 향함으로써 다른 사람의 접촉점(예: 둘째 손가락을 펴서 사물이나 그림을 만짐)이 참조하는 것을 따르거나 (2) 다른 사람이 가리키는 멀리 있는 대상(예: 1~1.5미터 정도 떨어져 있는 사물이나 그림을 가리킴)을 향해 머리를 돌리고 시선을 향하거나 물건을 잡는다. 다른 사람이 가리키는 물건은 아동의 옆이나 뒤에 있어서 머리를 적어도 45도 이상 돌려야 한다. 이때 아동의 이름을 부르고 "봐." "그거 줘." "그거 가져."라고 말할 수도 있으나 다른 몸짓이나 상황 단서 또는 구어 단서(예: 사물 명명하기)가 사용되어서는 안 된다.

JA2.3 사회적 파트너의 관심 초점 따르기

준거: 진행되는 활동 중에 다른 사람이 주목하는 것을 자발적으로 쳐다본다. 이러한 행동은 다른 사람의 몸짓이 나타내는 것을 쳐다보거나, 다른 사람이 주목하고 있는 곳을 보거나, 또는 다른 사람이 하고 있는 것에 대해 의사소통하는 등의

행동으로 나타난다.

JA2.4 의도를 나타내기 전에 자신에게로 주의 끌기(≈JA5.5)

준거: 의사소통 의도(예: 요구, 언급)를 보이기 전에 비구어(예: 어깨나 팔 두드리기) 또는 구어(예: 파트너의 이름 말하기, 파트너의 이름 적기, 그림 들어 올리기)로 사회적 파트너의 주의를 끈다.

3. 정서 공유하기

JA3.1 부정적인 정서와 긍정적인 정서 공유하기(=MR1.1; ≈MR3.1, MR3.2)

준거: (1) **부정적인 정서**(즉, 고통이나 좌절에 대한 명확한 발성이나 얼굴 표정을 의미하며, 몸짓이나 자세의 변화가 동반될 수 있음)와 (2) **긍정적인 정서**(기쁨이나 흥분을 나타내는 명확한 얼굴 표정을 의미하며, 발성[예: 깔깔 웃기, 환호성 지르기, 단어]을 동반하거나 동반하지 않을 수 있음)를 표현한다. 정서를 표현하기 직전, 도중, 직후에 다른 사람의 얼굴을 향해 시선을 돌림으로써 정서를 공유한다.

JA3.2 다양한 정서를 표현하기 위해 상징 이해하고 사용하기(≈MR1.2, SR3.5)

준거: 적어도 한 가지 이상의 긍정적인 정서(예: 기쁨, 재미, 익살스러움)와 적어도 한 가지 이상의 부정적인 정서(예: 화, 분노, 슬픔)를 표현하는 상징(예: 단어, 수어, 그림)을 이해하고 사용한다.

JA3.3 파트너의 정서 표현 변화에 동조하기(≈SU2.4; =MR2.5)

준거: 파트너의 정서 상태를 반영함으로써 적어도 3명 이상의 파트너의 정서 표현 변화에 동조한다(예: 파트너의 긍정적인 감정에 미소와 웃음으로 반응하거나 부정적인 표현에 대한 반응으로 찡그리거나 움직임을 멈춤).

JA3.4 다른 사람의 정서 상태 설명하기(↔ SU5.6)

준거: 언급하는 방법으로(예: "엄마 슬퍼." "아빠 화났어.") 다른 사람의 정서 상태를 인식하고 설명한다.

4. 다른 사람의 행동을 조절하기 위해 의도 공유하기(↔ JA7.2, JA8.2, SU4-SU5, MR3.7)

이 목표하의 교수목표를 위해서는 근접성(다른 사람에게 다가가거나 멀어지기), 신체적 접촉(몸짓이나 행동을 동반하여 다른 사람을 만지기), 또는 시선을 통해서 다른 사람을 향한 신호를 보내야 한다.

JA4.1 원하는 음식이나 사물 요구하기(≈MR2.6)

준거: 원하는 음식이나 물건을 달라고 다른 사람에게 비구어(예: 관습적이거나 비관습적인 몸짓, 발성) 또는 구어(예: 단어, 수어)로 신호를 보낸다.

JA4.2 원하지 않는 음식이나 사물 거부/거절하기(≈MR3.4)

준거: 원하지 않는 음식이나 물건을 주지 말라고 다른 사람에게 비구어 또는 구어로 신호(예: 밀어내기, "싫어."라고 말하기)를 보낸다.

JA4.3 도움 또는 기타 행동 요구하기(≈MR3.3)

준거: 다른 사람에게 도와 달라고 또는 자신이 할 수 없는 동작(예: 상자 열기, 놀잇감을 움직이게 하기)이나 어떤 행위를 하라고 비구어나 구어로 신호(예: 파트너에게 앉으라고 의자를 두드림)를 보낸다.

JA4.4 원하지 않는 행동이나 활동 거부하기(≈MR3.4)

준거: 다른 사람의 원하지 않는 행동을 멈추게 하거나 원하지 않는 활동으로부터 빠져나오기 위해 비구어나 구어로 신호(예: 밀어내기, "싫어."라고 말하기, 그만이라는 의미의 그림 보여 주기)를 보낸다.

5. 사회적 상호작용을 위해 의도 공유하기(↔ JA7.2, JA8.2, SU4-SU5)

이 목표하의 교수목표를 위해서는 근접성(다른 사람에게 다가가거나 멀어지기), 신체적 접촉(몸짓이나 행동을 동반하여 다른 사람을 만지기), 구어(예: 파트너의 이름), 또는 시선을 통해서 다른 사람을 향한 신호를 보내야 한다.

JA5.1 위로 구하기(≈MR3.1)

준거: 고통, 절망, 또는 두려움/경계심으로부터 위로를 받기 위해 다른 사람의 관심을 끌려고 비구어 또는 구어로 신호를 보낸다.

JA5.2 사회적 게임 요구하기

준거: 게임 등의 사회적 상호작용을 시작하거나 지속하기 위해 다른 사람에게 비구어나 구어로 신호를 보낸다(예: "다 함께 빙빙 돌기 게임(Ring around the Rosy)" 중에 바닥에 앉아야 하는 순간 다른 사람을 향해 "밑으로."라고 말하거나 땅을 향하는 몸짓을 보임).

JA5.3 차례 주고받기

준거: 적어도 두 차례 이상 협력적인 사회적 교환을 유지하기 위해 자신의 차례에 비구어나 구어로 신호를 보낸다. 이때 파트너의 차례를 기다려 주는 것도 포함된다.

JA5.4 인사하기

준거: 주변의 사람 또는 사물이 등장하고 사라지는 것에 대해 주목하고 있다는 것을 보여 주거나 상호작용의 시작이나 종료를 나타내기 위해 다른 사람에게 비구어나 구어로 신호를 보낸다(예: 손을 흔들면서 "안녕." "바이바이."라고 말하기).

JA5.5 부르기(≈JA2.4)

준거: 다른 사람의 주의를 끌기 위해 비구어나 구어로 신호를 보낸 후, 추가적인 의사소통 신호를 보낸다(예: 다른 사람의 팔을 건드린 후에 요구하려고 다가가기, 발성을 한 후에 언급하려고 가리키기).

JA5.6 자랑하기

준거: 자신을 드러내거나 사회적 공유 목적의 행동(예: 재미있는 표정 짓기, 악기 연주하기, 동요 암송하기)으로 다른 사람의 주의를 끌기 위해 비구어나 구어로 신호(예: 손뼉 치기, 정서 공유하기)를 보낸다.

JA5.7 허락 구하기

준거: 어떤 행동을 수행하려고 다른 사람의 동의를 구하기 위해 비구어나 구어로 신호(단어, 수어, 그림)를 보낸다(예: 문을 열고 밖으로 나가는 것을 허락받기 위해 "문 열까?"라고 말함, 과자를 먹기 위해 "과자 먹을까?"라고 말하거나 그림을 교환함).

6. 공동관심을 위해 의도 공유하기(↔ JA7.2, JA8.2, SU4-SU5)

이 목표하의 교수목표를 위해서는 근접성(다른 사람에게 다가가거나 멀어지기), 신체적 접촉(몸짓이나 행동을 동반하여 다른 사람을 만지기), 시선을 통해서 다른 사람을 향한 신호를 보내야 한다. 이러한 신호는 많은 연습과 반복되는 일과를 통해 저절로 나타나는 것은 아니다.

JA6.1 사물에 대해 언급하기

준거: 다른 사람에게 어떤 사물이나 존재를 인식시키거나 그것을 쳐다보게 하려고 비구어나 구어로 신호를 보낸다(예: 책에 있는 그림 가리키기, 가방 안에 있는 놀잇감을 꺼내어 보여 주기).

JA6.2 행동이나 사건에 대해 언급하기

준거: 다른 사람에게 행동, 장면, 또는 사건을 인식시키거나 쳐다보게 하려고 비구어나 구어로 신호를 보낸다(예: 비눗방울이 터질 때 파트너를 쳐다보고 "빵."이라고 말하거나 쌓아 놓은 블록이 무너질 때 파트너를 향해 "어-어."라고 말하기, 파트너에게 특정 캐릭터를 보여 주기 위해 좋아하는 TV 프로그램으로 끌어당기기).

JA6.3 관심 있는 것에 대해 정보 요구하기

준거: 다른 사람으로부터 사물이나 사건에 대해 원하는 정보를 얻기 위해 비구어나 구어로 신호를 보낸다(예: 궁금한 표정으로 익숙하지 않은 물건을 보여 주기, 그림을 가리키면서 "이게 뭐야?"라고 말하기, 말 모양의 인형을 보여 주면서 "강아지야?"라고 말하기).

7. 의사소통 실패를 복구하고 지속하기

JA7.1 맥락에 적절한 비율로 의사소통하기

준거: 맥락에 적절한 비율로 비구어나 구어 신호를 보낸다(예: 일대일 상호작용에서 1분에 한 번 이상, 소집단 상호작용에서 3분에 한 번 이상, 대집단 상호작용에서 5~10분에 한 번 이상). 친숙하지 않은 파트너나 또래와 있을 때, 고도의 성인 주도의 맥락에서, 그리고 활동이 기회를 거의 제공하지 않을 때 낮은 비율의 의사소통이 예상된다.

JA7.2 의사소통 실패를 복구하기 위해 반복하거나 수정하기(↔ JA4-JA6)

준거: 의사소통에 실패했을 때(즉, 상대방이 아동의 말을 이해하지 못하거나 원하는 목표를 달성하지 못함) 실패를 복구하거나 바로잡기 위해서 또는 이해되지 않은 부분을 복구하기 위해서 시도했던 의사소통 신호의 전부 또는 일부를 동일하게 반복한다. 신호는 다음과 같은 방법으로 수정된다: (1) 다른 의사소통 수단(다른 몸짓, 다른 소리, 또는 다른 몸짓과 소리의 조합)으로 전환한다, (2) 신호의 질을 변화시킨다(예: 소리 크게 하기, 발성에 음절 추가하기), (3) 똑같은 행동을 반복하되 새로운 사람에게 한다.

JA7.3 의사소통 실패 인식하기

준거: 활동에서 상호작용이 진행되는 중에 파트너가 적절하게 반응하지 않는 경우 자신의 의도를 명확히 하거나(예: 사과를 달라고 했는데 바나나를 주면 "사과 달라고."라고 말하기) 듣지 못했거나 이해하지 못했을 때 분명하게 표시함으로써(예: "뭐?" "응?"이라고 말하기) 의사소통이 실패했다는 것을 인식한다.

8. 상호적 상호작용에서 경험 공유하기

JA8.1 경험을 공유하기 위해 관심, 정서, 의도 조절하기

준거: 경험을 나누기 위해서 관심, 정서, 비구어 또는 구어 신호를 공유한다. 이때 시간과 장소가 지난 경험에 대한 공유도 포함해야 한다(예: 학교에서 새 애완견에 대해 말하기, 집에서 즐거운 학교 행사에 대해 말하기).

JA8.2 경험을 공유하기 위해 청자 및 화자의 역할을 바꾸어가며 상호작용하기 (↔ JA4-JA6)

준거: 경험을 공유하기 위해 청자 및 화자의 역할에 맞게 필요한 정보를 제공하거나 요구한다. 아동과 파트너 간에 적어도 4회 이상의 연속적인 교환 동안 공유하는 경험에 관한 주제에 집중하는 것이 가능하다. 여기서 교환은 아동의 차례와 파트너의 차례로 구성된다.

JA8.3 친구와 상호작용 시작하고 경험 공유하기

준거: 연령 또는 지위가 비슷한 또래인 친구와 상호작용을 시작하고 경험을 나눈다. 이때 또래는 지도하거나 가르치는 역할을 하지 않는다.

상징 사용

1. 익숙하거나 익숙하지 않은 행동이나 단어를 관찰하고 모방하여 학습하기

SU1.1 시범 후 즉시 자발적으로 익숙한 행동이나 단어 모방하기

준거: 파트너가 시범을 보인 익숙한 행동이나 단어를 즉시 자발적으로(즉, 하라는 지시 없이) 정확하게 또는 거의 비슷하게 모방한다. 이때 적어도 두 가지 이상의 다양한 행동을 모방한다. 여기서 익숙한 행동이나 단어란 아동이 이미 자발적으로 보이는 것을 말한다.

SU1.2 시범 후 즉시 자발적으로 익숙하지 않은 행동이나 단어 모방하기

준거: 파트너가 시범을 보인 익숙하지 않은 행동이나 단어를 즉시 자발적으로(즉, 하라는 지시 없이) 정확하게 또는 거의 비슷하게 모방한다. 이때 적어도 두 가지 이상의 다양한 행동을 모방한다. 여기서 익숙하지 않은 행동이나 단어란 아동이 아직 자발적으로 보이지 않는 것을 말한다.

SU1.3 동작이나 단어를 자발적으로 모방하고 다른 행동을 더하기

준거: 파트너가 시범을 보인 익숙하지 않은 행동이나 단어를 자발적으로(즉, 하라는 지시 없이) 정확하게 또는 거의 비슷하게 모방하고 다른 행동을 더한다(예: 손뼉 치기를 모방하고 공중에 손을 뻗는 동작을 더하기). 이때 적어도 두 가지 이상의 서로 다른 일련의 유사한 행동을 보인다.

SU1.4 시간이 경과된 후 다른 맥락에서 다양한 행동을 자발적으로 모방하기

준거: 아동은 파트너의 행동 흐름을 관찰하고, 시간이 경과된 후 시범이 주어졌던 맥락과는 다른 맥락에서 자발적으로(즉, 하라는 지시 없이) 다양한 행위나 단어를 정확하게 또는 거의 비슷하게 모방한다. 이때 적어도 5개 이상의 다양한 행동을 모방한다. 여기서 시간의 경과란 시범을 보인 후 최소한 세 번의 차례 또는 1분 이상이 지났거나 훨씬 더 나중을 의미한다. 다른 맥락이란 다른 활동이나 다른 파트너와의 유사한 활동을 말한다.

2. 익숙하거나 익숙하지 않은 활동에서 비구어 단서 이해하기

SU2.1 익숙하거나 익숙하지 않은 활동에서 상황 및 몸짓 단서 따르기(=SR4.2)

준거: 익숙하거나 익숙하지 않은 일과 중에 적어도 두 가지 이상의 다양한 상황 단서(예: 세면대 앞에 서 있을 때 파트너가 "손 씻어."라고 말하면 수도꼭지에 손을 갖다 댐, 활동이 끝날 때 "정리하자."라고 말하면서 바구니를 내밀면 놀잇감을 넣음) 또는 적어도 두 가지 이상의 가리키기 이외의 다양한 몸짓 단서(예: 파트너가 아동에게 팔을 벌리며 "이리 와."라고 말하기, 사물 가까이에 편 손을 내밀면서 "그거 줘."라고 말하기)를 포함한 단순한 지시를 따른다.

SU2.2 짚어서 가리키거나 멀리 있는 것을 가리킬 때 쳐다보기(=JA2.2)

준거: 적어도 2회 이상 다른 사람이 가리키는 대상으로 시선을 향함으로써 다른 사람의 접촉점(예: 둘째 손가락을 펴서 사물이나 그림을 만짐)이 참조하는 것을 따르고, 적어도 2회 이상 다른 사람이 가리키는 멀리 있는 대상(예: 1~1.5미터 정도 떨어져 있는 사물이나 그림을 가리킴)을 향해 머리를 돌리고 시선을 향하거나 물건을 잡는다. 다른 사람이 가리키는 물건은 아동의 옆이나 뒤에 있어서 머리를 적어도

45도 이상 돌려야 한다. 이때 아동의 이름을 부르고 "봐." "그거 줘." "그거 가져." 라고 말할 수도 있으나 다른 몸짓이나 상황 단서 또는 구어 단서(예: 사물 명명하기)가 사용되어서는 안 된다.

SU2.3 시각적 단서(사진이나 그림)를 동반한 지시 따르기

준거: 적어도 두 가지 이상의 다양한 시각적 단서(예: "공 받아."라고 말하고 공 그림 보여 주기, "다 함께 빙빙 돌기 게임[Ring Around the Rosy] 하자."라고 말하고 아이들이 게임을 하는 사진을 보여 주면 아동은 원을 만들어 손을 내밀고 게임 할 준비를 함)를 동반한 간단한 지시를 따른다. 이러한 지시는 몸짓이나 상황 단서 없이 주어져야 한다.

SU2.4 얼굴 표정과 억양 단서에 반응하기(≈JA3.3)

준거: 적어도 두 가지 이상의 다양한 표정이나 억양 단서를 동반한 간단한 지시에 반응한다(예: 파트너가 행복한 표정과 점점 고조되는 억양으로 "잡으러 간다."라고 말하면 아동은 웃으면서 도망치다가 멈춰 서서 간지럼 태우러 오기를 기대함, 파트너가 "안 돼. 안 돼. 만지면 안 돼."라고 화난 표정과 엄격한 억양으로 말하면 아동은 물건을 놓아두고 뒤로 물러섬). 이러한 지시는 몸짓이나 상황 단서 없이 주어져야 한다.

3. 놀이 중에 익숙한 사물을 관습적인 방식으로 사용하기

SU3.1 구성놀이에서 다양한 사물 사용하기

준거: 적어도 세 가지 이상의 구성물을 만들기 위하여 최소 4개 이상의 사물을 조합해서 사용한다(예: 블록이나 링으로 탑 쌓기, 퍼즐 맞추기, 차를 연결해서 기차 만들기, 줄에 구슬 꿰기). 탑에서 블록 빼내기, 물건과 물건 부딪치기, 용기에 물건 넣기는 조합 행동에 포함되지 않는다.

SU3.2 여러 가지 익숙한 사물을 관습적인 방식으로 자신에게 사용하기

준거: 적어도 다섯 가지 이상의 익숙한 사물을 관습적인 방식으로(즉, 관습적 또는 기능적인 사용 목적으로) 자신에게 사용한다(예: 병이나 컵으로 마시기, 숟가락으로 먹거나 젓기, 컵이나 주전자로 따르기, 모자 쓰기, 신발 신기, 수건으로 얼굴 닦기, 빗으로

머리 빗기, 이 닦기, 전화기를 귀에 대기). 이때 사물은 적절한 방법으로 사용되어야 한다(예: 숟가락의 손잡이를 잡음, 칫솔로 칫솔질은 하지만 칫솔을 물지는 않음). 다른 사람이 시범을 보인 동일한 물건을 사용해서 행동을 모방하는 경우에는 아동이 두 번 만에 행동을 보일 때만 인정한다.

SU3.3 여러 가지 익숙한 사물을 관습적인 방식으로 다른 사람에게 사용하기

준거: 적어도 다섯 가지 이상의 익숙한 사물을 관습적인 방식으로 다른 사람이나 움직이지 않는 사물에게 사용한다(예: 동물인형을 안거나 뽀뽀하기, 동물인형에게 도구로 음식 먹이기, 인형에게 담요 덮어 주기, 공이나 차를 다른 사람에게 굴리기). 이때 사물은 적절한 방법으로 사용되어야 한다. 다른 사람이 시범을 보인 동일한 물건을 사용해서 행동을 모방하는 경우에는 활동 중에 아동이 두 번 만에 행동을 보일 때만 인정한다.

SU3.4 놀이 중 사물을 사용하여 다양한 행동 조합하기

준거: 놀이 중에 익숙한 사물을 사용하여 자신이나 다른 사람을 향해 관습적으로 행동을 조합한다(예: 동물인형에게 먹이려고 그릇에 붓고, 젓고, 숟가락으로 뜨기, 동물인형에게 뽀뽀하고 잘 자라고 담요 덮어 주기, 놀잇감 자동차를 운전하고 주차하기). 이때 사물은 적절한 방법으로 사용되어야 한다. 다른 사람이 시범을 보인 동일한 물건을 사용해서 행동을 모방하는 경우에는 활동 중에 아동이 두 번 만에 행동을 보이거나 또는 즉각적인 시범 없이 다양한 행동을 조합할 때만 인정한다.

4. 의도 공유를 위해 몸짓이나 비구어 수단 사용하기(↔ JA4-JA6, MR3.3, MR3.4)

SU4.1 다양한 관습적 또는 상징적 몸짓 사용하기

준거: 적어도 다섯 가지 이상의 다양한 관습적 또는 상징적 몸짓을 사용한다. 관습적 몸짓은 넓게 인식되고 있는 공유된 의도를 가진 몸짓을 말한다. 상징적 몸짓은 참조적이거나 단어와 같은 팬터마임 동작을 말한다(예: '열어'를 나타내기 위해 손을 앞뒤나 좌우로 움직임, '나는 몰라'를 표현하기 위해 어깨와 같이 팔을 올리고 손바닥을 위로 향해 펼침, '비행기'를 나타내기 위해 엄지와 새끼 손가락을 펼쳐서 나는 동작을 보

임). 만일 위와 같은 몸짓이 사회적 파트너 단계에서 습득되지 않았다면, 언어 파트너 단계에서는 다음과 같은 몸짓을 사용해야 한다: (1) 보여 주기, (2) 손 흔들기, (3) 멀리 손 뻗기/가리키기, (4) 손뼉 치기, (5) 고개 젓기, (6) 고개 끄덕이기, (7) 기타 상징적 몸짓.

SU4.2 일련의 몸짓이나 비구어 수단을 시선과 함께 사용하기

준거: 의사소통 신호로 시선을 동반하면서(사람의 얼굴을 쳐다보거나 시선 옮기기) 두 가지 이상의 연속되는 몸짓이나 비구어 수단을 사용한다(예: 옷장으로 사람의 손을 끌고 가서 닿지 않는 물건을 손가락으로 가리킴, 두드려서 사람의 주의를 끌고 그 사람에게 사물을 보여 줌).

5. 의미를 표현하기 위해 단어와 단어 조합 사용하기(↔ JA4-JA6, MR3.3, MR3.4)

SU5.1 소리/단어를 시선 및 몸짓과 함께 조합하여 사용하기

준거: 소리/단어와 시선 및 몸짓을 협응한다. 이때 시선은 사람의 얼굴 쳐다보기 또는 시선 옮기기일 수 있다.

SU5.2 상징으로 적어도 5~10개의 단어나 반향어 구 사용하기

준거: 상징으로 적어도 5~10개의 다양한 단어나 반향어 구를 사용한다. 단어는 말, 수어, 또는 그림일 수 있으며, 다음과 같이 정의된다: (1) 관습적인 단어와 유사한 일관된 소리 패턴이나 수어, (2) 특정 사물, 행위, 속성을 언급하기 위해 사용되면서 아주 특정 상황에서만 사용되는 형태(예: 물건을 떨어뜨렸을 때 "uh oh", 더[more] 요구할 때 "muh", 우유병[bottle]을 의미할 때 "baba").

SU5.3 초기 관계어 사용하기

준거: 다음의 각 항목에서 적어도 하나 이상의 단어, 수어, 또는 그림을 사용하여 다음의 모든 초기 관계적 의미를 자발적으로 표현한다.

a. 존재: 어떤 것의 존재를 인식하거나 그것으로 주의를 돌리게 함(예: 이거, 저

거, 여기, 그거 뭐야?)

b. 부재/사라짐: 기대하는 무엇인가가 거기에 없거나 거기에 있었던 무엇인가가 사라진 것을 인식함(예: 없다, 사라졌다, 하나도 없다, 바이바이)

c. 재출현: 사라진 대상 또는 대체할 대상을 요구하거나 대상이 사라진 후에 다시 나타났다는 것을 인식함(예: 더, 다시, 또)

d. 거부: 제공된 무엇인가를 거절함(예: 아니, 바이바이, 그만)

SU5.4 사물, 신체부위, 행위자에 대해 다양한 이름 사용하기

준거: 아동은 말, 신호, 또는 그림을 사용하여 다음의 모든 이름을 자발적으로 표현한다.

a. 사물: 적어도 10개 이상의 행위의 대상이 되는 개체 또는 물건(예: 우유, 주스, 물, 과자, 컵, 병, 공, 차, 모자, 신발)

b. 신체부위: 적어도 3개 이상의 신체부위(예: 눈, 코, 손, 배)

c. 행위자: 적어도 3개 이상의 행위의 주체인 사람이나 동물(예: 엄마, 아빠, 아기, 멍멍이, 야옹이)

SU5.5 상위 수준의 관계어를 다양하게 사용하기

준거: 다음의 상위 수준의 관계 의미를 지닌 단어를 모두 표현한다.

a. 개인적-사회적: 적어도 2개 이상의 누군가를 인지하는 단어(예: 안녕, 바이바이, 제발, 고마워)

b. 행위: 적어도 5개 이상의 대상을 포함하거나 포함하지 않은 일반적인 또는 특정 행위를 설명하는 단어(예: 하다, 원하다, 주다, 보다, 누르다, 마시다, 던지다, 뽀뽀하다, 먹다, 걷다, 자다, 웃다)

c. 수식어: 적어도 5개 이상의 대상의 상태, 특성, 관계를 기술하는 단어로 다음을 포함

- 속성(어떤 것의 특성이나 둘 간의 차이를 설명함-예: 뜨거운, 큰, 냄새나는, 더러운)
- 소유(행위자가 무엇인가를 가지고 있다는 것을 인식함-예: 내 거, 엄마 거)
- 장소(방향을 나타내거나 둘 간의 공간 관계를 나타냄-예: 위로, 위에, 밖으로, 안

에, 밖에, 밑에)
- 부인(어떤 것의 존재를 부인함-예: 아니, 안)

d. 의문사: 적어도 2개 이상의 어떤 것의 이름이나 장소에 대한 질문을 나타내는 wh-단어(예: 무엇[what], 어디[where])

SU5.6 단어 조합에 있어서 다양한 관계 의미 사용하기(↔JA3.4)

준거: 자발적으로 다음 세 가지 유형에서 적어도 5개 이상의 발화와 20개 이상의 다양한 단어를 조합하여 사용한다.

a. 수식어+대상
- 재출현+대상(과자 더, 또 뛰어)
- 속성+대상(큰 신발, 더러운 기저귀, 한 아기, 귀여운 고양이)
- 소유자+소유물(엄마 신발, 아빠 머리, 내 컵)
- 지시+대상(이 컵, 이 공)
- 장소+대상(책상 위에, 상자 안에)

b. 부정어+대상
- 부재(주스 없어, 물 없어)
- 사라짐(비눗방울 안녕, 우유 다 먹었어)
- 거부(안 잘래)
- 부인(아기 아니야, 신발 아니야)

c. 행위자+행위+대상
- 행위+대상(과자 먹어, 공 던져, 주스 마셔, 저거 봐, 나 안아줘, 탁자에 놔, 옷 벗어)
- 행위자+행위(엄마 바이바이 가, 아기 자, 아빠 던져, 강아지 앉아)
- 행위자+대상(아빠 과자, 엄마 병, 강아지 공, 인형 의자)
- 행위자+행위+대상(아빠 공 던져, 아빠 차 밀어, 엄마 아기 뽀뽀, 엄마 병 들어)

6. 맥락적 단서 없이 다양한 단어와 단어 조합 이해하기

SU6.1 자신의 이름에 반응하기

준거: 아동의 이름을 부르면 즉시(2초 이내) 그 사람 쪽으로 몸을 돌리거나 쳐다

보는 것으로 적어도 2회 이상 자신의 이름에 반응한다.

SU6.2 여러 가지 익숙한 단어 및 구절에 반응하기(=SR1.6)

준거: 익숙한 활동이나 환경에서 익숙한 단어 또는 구절을 사용한 적어도 다섯 가지 이상의 간단한 지시에 정확하게 반응한다(예: 학교 일과가 끝날 때 선생님이 "집에 갈 시간이다. 코트 입어라."라고 말하면 교실 뒤로 가서 코트를 가져옴, 저녁식사 후 부모가 "목욕할 시간이야."라고 말하면 욕실이 있는 2층으로 올라감, 양육자가 "차 타러 가자."라고 말하면 문으로 가서 신발을 신으려고 앉음). 이러한 지시는 몸짓 단서 없이 이루어져야 한다.

SU6.3 맥락적 단서 없이 다양한 이름 이해하기

준거: 적어도 10개 이상의 사물 이름, 3개 이상의 신체부위, 3명 이상의 사람 이름을 사용한 간단한 지시를 따른다. 아동의 반응은 정확하게 그 사물, 신체부위, 사람을 구별하기 위해 만지거나, 보여 주거나, 쳐다보아야(즉, 시선의 방향에 있어서 명확한 변화를 보임) 한다(예: 파트너가 "엄마 어디 있어?"라고 말하면 아동은 몸을 돌려 엄마를 쳐다봄, 파트너가 "네 발은 어디 있어?"라고 말하면 자신의 발을 만짐, 파트너가 다른 물건을 함께 놓고 "네 컵을 집어 봐."라고 말하면 자신의 컵을 잡음). 이러한 지시는 몸짓 또는 상황 단서 없이 이루어져야 한다.

SU6.4 맥락적 단서 없이 다양한 관계어 이해하기

준거: 다음의 관계 의미 각각이 포함된 적어도 세 가지 이상의 지시를 따른다(총 9개의 다양한 지시).

a. 행위(예: 파트너가 "줘." "던져." "공 굴려."라고 말함)
b. 수식어
 - 속성(예: 파트너가 "큰/작은 컵 줘." 라고 말함)
 - 소유(예: 파트너가 "엄마/아기 머리카락 어디 있어?"라고 말함)
 - 장소(예: 파트너가 "공을 상자 안/위에 놓아."라고 말함)
 - 부인(예: 파트너가 컵을 들어 올리면서 "이거 공이니?"라고 말함)
c. 의문사(예: 파트너는 공 그림을 보여 주며 "이게 뭐야?"라고 말함, "공이 높은 선반에

있을 때 "공은 어디 있어?"라고 말함)

위의 지시는 몸짓이나 상황 단서 없이 전달되어야 한다.

SU6.5 맥락적 단서 없이 단어 조합에서 다양한 관계 의미 이해하기

준거: 다음의 세 가지 유형의 관계 의미를 각각 표현하는 단어 조합으로 구성된 적어도 다섯 가지 이상의 다양한 지시를 따른다(총 15개의 다양한 지시).

a. 수식어+대상(예: 파트너가 "한 번 더 점프." "큰 신발 줘." "엄마 신발/아빠 모자/아기 옷 줘." "테이블 위/상자 안에 공을 놓아."라고 말함)
b. 부정어+대상(예: 파트너가 "담요 없어."라고 말하면 아동은 담요를 치움, 파트너가 셔츠와 신발을 들고 "신발 안 돼."라고 말하면 아동은 셔츠를 가져감)
c. 행위자+행위+대상
   - 행위+대상(예: 파트너는 몇 개의 사물을 준비하고 "공 던져."라고 말함, 몇 가지 음식이나 마실 것을 늘어놓고 "주스 마셔."라고 말함, 가지고 있는 공을 아동에게 건네주며 "옷장에 넣어."라고 말함, 방에 들어가기 전에 "불 켜."라고 말함, 옷을 입고 있을 때 "셔츠 벗자."라고 말함)
   - 행위자+행위(예: 파트너가 "진호 바이바이 가자."라고 말하면 아동은 외출을 위해 윗옷을 잡음, 파트너가 "아기 잔다."라고 말하면 아동은 인형을 침대에 놓음, 파트너가 "강아지도 태워."라고 말하면 아동은 강아지 인형을 차에 태움)
   - 행위자+대상(예: 파트너가 "엄마 병."이라고 말하면 아동은 엄마에게 병을 전해 줌, 파트너가 "강아지 공."이라고 말하면 아동은 강아지에게 공을 던짐, 파트너가 "인형 의자."라고 말하면 아동은 인형을 의자에 앉게 함)
   - 행위자+행위+대상(예: 파트너가 몇 개의 사물을 준비하고 "진호 공 던져."라고 말함, 파트너는 "진호 엄마/강아지한테 뽀뽀."라고 말함, 파트너는 몇 개의 동물인형과 타는 놀잇감을 준비하고 "강아지 차 밀어."라고 말함)

위의 지시는 몸짓이나 상황 단서 없이 전달되어야 한다.

정서 조절

상호조절

1. 다양한 정서 표현하기(↔ SU4-SU5)

MR1.1 부정적인 정서와 긍정적인 정서 공유하기(=JA3.1)

준거: 아동은 (1) **부정적인 정서**(슬픔, 화, 좌절에 대한 명확한 발성, 구어 또는 얼굴 표정으로 몸짓이나 자세의 변화가 동반될 수 있음)와 (2) **긍정적인 정서**(기쁨이나 흥분을 명확히 나타내는 얼굴 표정으로 발성[예: 깔깔 웃기, 환호성 지르기, 단어]을 동반하거나 동반하지 않을 수 있음)를 표현한다. 아동은 정서를 표현하기 바로 직전, 도중, 직후에 다른 사람의 얼굴을 향해 시선을 돌림으로써 정서를 공유한다.

MR1.2 다양한 정서를 표현하기 위해 상징 이해하고 사용하기(≈JA3.2; =SR3.5)

준거: 적어도 한 가지 이상의 긍정적인 정서(예: 기쁨, 재미, 익살스러움)와 적어도 한 가지 이상의 부정적인 정서(예: 슬픔, 화, 좌절)를 표현하는 상징(예: 단어, 수어, 그림)을 이해하고 사용한다.

MR1.3 익숙한 활동에서 파트너의 피드백에 따라 정서 표현 바꾸기

준거: 익숙한 활동에서 파트너의 구어 또는 비구어 피드백에 기초하여 정서 표현을 변경한다(예: 태엽이 달린 놀잇감이 아동 근처로 다가올 때 파트너가 "괜찮아, 위험하지 않아."라고 말하면 아동의 두려워하는 표정이 웃는 표정으로 바뀜).

2. 파트너가 제공하는 지원에 반응하기

MR2.1 파트너의 위로에 진정하기

준거: 극심한 조절장애 상태, 공포, 또는 예상을 벗어나는 상황을 경험할 때 파트너가 구어 또는 비구어로 위로를 제공하면 빠르게(30초 이내) 달래지거나 진정

된다.

MR2.2 파트너가 주의를 환기시킬 때 참여하기

준거: 파트너가 사회적 일과나 움직이는 놀이를 통해 주의를 환기시키고 자극하면 적극적으로 참여한다.

MR2.3 상호작용 시도에 반응하기

준거: 다른 사람의 상호작용 시도에 반응한다. 이러한 시도와 반응은 비구어 또는 구어로 나타난다. 반응은 반드시 즉각적이고(다른 사람의 시도 후 5초 이내에 반응함) 후속적이어야 한다(관심이나 주제의 초점을 유지함). 이때 반응은 구어 시도에 대한 이해를 동반하지 않아도 된다.

MR2.4 파트너의 정서 표현 변화에 반응하기

준거: 자신의 행동을 바꿈으로써(예: 잠시 멈추기, 놀잇감 떨어뜨리기, 다가가거나 멀어지기) 파트너의 정서 표현 변화에 반응한다.

MR2.5 파트너의 정서 표현 변화에 동조하기(=JA3.3)

준거: 파트너의 정서 상태를 반영함으로써 적어도 3명 이상의 파트너의 정서 표현 변화에 동조한다(예: 파트너의 긍정적인 감정에 미소와 웃음으로 반응하거나 부정적인 표현에 대한 반응으로 찡그리거나 움직임을 멈춤).

MR2.6 파트너의 제안에 따라 선택하기(≈JA4.1)

준거: 파트너가 제안할 때 선택하기 위한 비구어 또는 구어 신호를 적어도 2회 이상 보인다.

MR2.7 익숙한 활동에서 파트너의 피드백에 따라 조절 전략 바꾸기

준거: 익숙한 활동에서 파트너의 피드백에 기초하여 조절 전략(행동 또는 언어 전략)을 수정한다. 예를 들어, 각성 수준을 낮추려고 압력을 구하며 부모에게로 뛰어드는 아동에게 안아주기 게임을 하게 했을 때 아동은 전략을 조절할 수 있으며, 또는 화가 나서 크게 소리 지르는 아동은 자신에게 제공된 화남 그림 카드를 만지거

나 "화나."라고 말하는 것으로 반응을 보인다.

3. 상태를 조절하기 위해 파트너에게 도움 청하기

MR3.1 위로를 구하기 위해 부정적인 정서 공유하기(≈JA3.1; ↔ JA5.1)

준거: 위로를 구하기 위해 부정적인 정서(고통이나 좌절에 대한 명확한 발성이나 얼굴 표정으로 몸짓이나 자세의 변화가 동반될 수 있음)를 표현하며, 쳐다보기, 다가가기(예: 기어감), 몸짓하기(예: 안아 달라고 팔을 뻗음), 만지기(예: 다리를 당김)를 통하여 다른 사람과 그러한 정서를 공유한다.

MR3.2 상호작용을 하기 위해 긍정적인 정서 공유하기(≈JA3.1)

준거: 상호작용을 하기 위해 긍정적인 정서(기쁨이나 흥분을 나타내는 명확한 얼굴 표정으로 깔깔 웃기, 환호성 지르기, 단어 등의 발성을 동반하거나 동반하지 않을 수 있음)를 표현하며, 쳐다보기, 다가가기(예: 기어감), 몸짓하기(예: 안아 달라고 팔을 뻗음, 물건을 보여 줌), 만지기(예: 다리를 잡아당김, 팔을 두드림)를 통하여 다른 사람과 그러한 정서를 공유한다.

MR3.3 좌절했을 때 도움 청하기(≈JA4.3; ↔ SU4-SU5)

준거: 자신의 기술 수준을 넘어서는 과제를 할 때 다른 사람의 도움을 받기 위해 파트너에게 비구어나 구어로 신호를 보낸다.

MR3.4 괴로울 때 거부하기(≈JA4.2, JA4.4; ↔ SU4-SU5)

준거: 적어도 2회 이상 원하지 않는 음식이나 물건을 주지 말라고 또는 다른 사람의 원하지 않는 행동을 멈추게 하거나 원하지 않는 활동으로부터 빠져나오기 위해 비구어나 구어로 신호(예: 밀어내기, 소리 내기, 쳐다보면서 "싫어."라고 말하기)를 보낸다.

MR3.5 휴식을 요구하기 위해 언어 전략 사용하기

준거: 매우 어려운 활동, 견디기 어려운 활동, 지루한 활동, 긴 활동 또는 원하지 않는 활동 중 휴식을 요구하기 위해 구어(말, 수어, 그림)를 사용한다(예: "쉬고 할

래." 또는 "제발 그만."이라고 말하거나 그만이라는 신호 표시를 교환한다).

MR3.6 활동이나 자극 조절을 요구하기 위해 언어 전략 사용하기

준거: 각성 상태를 조절하는 데에 효과가 있는 활동이나 감각적인 자극을 요구하기 위해 구어(말, 수어, 그림)를 사용한다(예: 컴퓨터 활동을 통해 진정되는 아동의 경우 "컴퓨터 할래."라고 말함, 각성할 필요가 있고 앉아서 하는 활동을 중단하고 싶을 때 "밖으로 나갈래."라고 말함).

MR3.7 사회적 조절 수행을 위해 언어 전략 사용하기(↔ JA4)

준거: 적절한 상황에서 사회적 조절을 시작하기 위해 구어(말, 수어, 그림)를 사용한다. 예를 들어, 환경 내에서 다른 사람의 행위를 지시하기 위해 행위자+행위 단어 조합을 사용한다(예: "엄마 바이바이 가." "아기 자." "아빠 던져." "그거 해.").

4. 파트너의 지원을 받아 극심한 조절장애로부터 회복하기

극심한 조절장애는 참여나 학습을 할 수 없으며 강한 정서를 경험할 수도 있는 상태를 말한다. 정의에 따르면 극심한 조절장애 상태는 아동이 생산적인 방법으로 상호작용을 하거나 활동에 참여하는 능력을 방해한다. 극심한 조절장애는 잠깐 또는 가끔씩 나타나는 것이 아니며 일정 기간 내 지속적으로 또는 주기적으로 나타 날 수 있다. 극심한 조절장애는 다음과 같은 행동으로 나타난다: (1) 격렬하고 크게 낙심한 것으로 보이는 괴로움의 표현, (2) 활동이나 다른 사람에 대한 관심의 완전한 상실, (3) 격렬하고 파괴적인 발성(예: 울기, 소리 지르기, 신음하기)이나 비구어 행동(예: 휘두르기, 자신이나 다른 사람을 향한 치기, 때리기, 물기), (4) 광적인 움직임 활동, (5) 장시간에 걸친 극도의 단절과 비참여 등. 극심한 조절장애는 각성 수준이 매우 높거나(즉, 극심한 괴로움이나 흥분) 매우 낮은(즉, 극단적으로 수동적인 비참여) 상태와 관련될 수 있으며, 두 가지 다 참여를 방해한다.

MR4.1 활동으로부터 떨어져 있게 하는 방법으로 회복을 지원하는 파트너의 노력에 반응하기

준거: 극심한 조절장애 상태에 이른 후, 아동에게 지나치게 자극적이거나 원하

지 않는 활동으로부터 떨어져 있게 하는 것으로 아동의 관심의 초점을 바꿔 주고 회복을 지원하려는 파트너의 시도에 반응한다.

MR4.2 파트너의 행동 전략 사용에 반응하기

준거: 극심한 조절장애 상태로부터의 회복을 돕기 위한 파트너의 행동 전략(간단한 동작이나 감각운동 전략) 사용에 반응한다.

MR4.3 파트너의 언어 전략 사용에 반응하기

준거: 극심한 조절장애 상태로부터의 회복을 돕기 위한 파트너의 언어 전략(예: 진정시키는 소리, 익숙한 동요 암송, 10까지 천천히 세기) 사용에 반응한다.

MR4.4 상호작용이나 활동에 다시 참여하게 하기 위한 파트너의 시도에 반응하기

준거: 극심한 조절장애로부터 회복된 후에(잘 조절된 상태로 돌아감) 상호작용이나 활동에 다시 참여하게 하기 위한 파트너의 시도에 반응한다.

MR4.5 파트너의 지원을 받아 극심한 조절장애로부터 회복되는 시간 단축하기

준거: 시간이 지날수록 파트너의 지원을 받아 극심한 조절장애로부터의 회복(학습하거나 참여할 수 있는 상태로 돌아옴)에 걸리는 시간이 단축된다.*

MR4.6 파트너의 지원을 받아 극심한 조절장애 상태의 강도 줄이기

준거: 시간이 지날수록 파트너의 지원을 받아 극심한 조절장애 중에 나타나는 정서 반응의 강도나 각성 상태 또는 에너지 수준의 변화가 감소한다.*

* 언어 파트너 단계의 목표 MR4.5와 MR4.6을 위한 아동 고유의 준거를 세우기 위해서는 오랜 시간 아동을 관찰한 사람과의 면담을 통해 수집된 정보에 의존할 필요가 있다.

자기조절

1. 학습 또는 상호작용의 가능성 보이기

SR1.1 상호작용 시도 시작하기(=JA1.1)

준거: 비구어 또는 음성을 사용해서 상호작용 시도를 시작한다. 행동은 반드시 다른 사람을 향해야 하며, 근접성(다른 사람에게 다가가거나 멀어지기), 신체적 접촉(몸짓이나 행위로 다른 사람을 만지기), 시선 또는 시선을 동반한 발성으로 나타나야 한다. 이러한 행동은 반드시 아동에 의해 시작되어야 하며, 다른 사람의 행동에 대한 반응이어서는 안 된다.

SR1.2 간단한 상호적 상호작용에 참여하기(=JA1.2)

준거: 상호작용을 위한 시도를 시작하고 반응하는 행동을 적어도 두 차례 이상 연속적인 교환 행동으로 보인다. 여기서 교환이란 아동의 차례와 파트너의 차례로 구성된 것을 의미한다. 교환 중 최소한 한 번은 반드시 아동으로부터 시작되어야 한다.

SR1.3 확장된 상호적 상호작용에 참여하기(=JA1.3)

준거: 상호작용을 위한 시도를 시작하고 반응하는 행동을 적어도 네 차례 이상 연속적인 교환 행동으로 보인다. 여기서 교환이란 아동의 차례와 파트너의 차례로 구성된 것을 의미한다. 교환 중 최소한 한 번은 반드시 아동으로부터 시작되어야 하며, 아동의 차례는 교환의 주제와 초점이 파트너의 차례와 관련되어야 한다.

SR1.4 차별화된 정서로 감각 및 사회적 경험에 반응하기

준거: 다양한 감각 및 사회적 경험에 대하여 차별화된 정서로 반응한다(예: 즐거운 활동 중에는 기쁨이나 흥분을 나타내며, 스트레스를 받거나 기쁘지 않은 활동 중에는 불쾌감을 나타내고, 익숙하지 않거나 두려운 활동에 대해서는 불안이나 근심을 나타냄).

SR1.5 행위 및 행동 억제 능력 보이기

준거: 특정 행동이 부적절하다는 것을 알고 있는 상황에서 행위 및 행동을 억제하는 능력을 보인다. 이러한 행동은 파트너의 촉진 없이 나타난다. 예를 들어, 다른 아동이 가지고 있는 놀잇감을 잡기 위해 손을 뻗치다가도 뻗치는 행동을 그만두고 자신의 차례를 기다린다.

SR1.6 여러 가지 익숙한 단어 및 구절에 반응하기(=SU6.2)

준거: 익숙한 활동이나 환경에서 익숙한 단어 또는 구절을 사용한 적어도 다섯 가지 이상의 간단한 지시에 정확하게 반응한다(예: 학교 일과가 끝날 때 선생님이 "집에 갈 시간이다. 코트 입어라."라고 말하면 코트를 가지러 교실로 감, 저녁식사 후 부모가 "목욕할 시간이야."라고 말하면 위층에 있는 욕실로 향함, 양육자가 "차 타러 가자."라고 말하면 문으로 가서 신발을 신으려고 앉음). 이러한 지시는 몸짓 단서 없이 이루어져야 한다.

SR1.7 합리적인 요구를 지닌 과제 지속하기

준거: 과제의 요구가 합리적일 때 과제를 완성하기 위한 노력을 유지한다. 합리적인 요구란 과제가 발달상 적절한지 또는 아동이 잘 조절된 상태에 있는지 등을 고려한다. 아동은 과제를 성공적으로 완수할 필요는 없지만 그러한 노력을 보여야 한다.

SR1.8 맥락에 적절하게 정서 표현하기

준거: 환경 내에서 사회적 또는 감각적 변수를 고려하여 적절하고 다양한 정서(긍정적, 중립적, 부정적)를 표현한다. 예를 들어, 학습에서 즐거운 사회적 게임(예: 런던브리지 게임)을 할 때 아동은 적절하게 웃는다.

2. 익숙한 활동 중에 각성 수준을 조절하기 위해 행동 전략 사용하기

행동 전략은 아동이 각성 수준을 조절하기 위해 사용하는 단순한 동작이나 감각운동 전략이다. 이것은 아동의 집중하는 정도, 의식 수준, 활동 수준, 감정, 그리고 참여에 따라 달라진다.

SR2.1 혼자 하는 활동과 사회적 활동 중에 각성 수준을 조절하기 위해 행동 전략 사용하기

준거: 혼자 하는 활동과 사회적 활동 중에 각성 수준을 높이거나(각성 수준이 낮을 때) 낮추기(각성 수준이 높을 때) 위해 행동 전략을 사용한다. 혼자 하는 활동 중에 사용될 수 있는 행동 전략의 예로는 엄지 빨기, 몸을 앞뒤로 흔들기, 부드러운 담요 문지르기, 쌓아 둔 담요더미 밑으로 숨기, 발성 반복하기, 손 흔들기, 이 갈기, 발끝으로 걷기, 점프하기, 그네 타기, 제자리 돌기, 먹기, 음악 듣기 등이 있다. 사회적 상호작용 중에 사용될 수 있는 행동 전략의 예로는 엄지 빨기, 몸을 앞뒤로 흔들기, 부드러운 담요 문지르기, 쌓아 둔 담요더미 밑으로 숨기, 시선 피하기, 혼자 있기 위해 자리를 피하기, 점프하기, 손 흔들기, 입에 넣기, 씹기, 발끝으로 걷기, 사회적 게임을 하기 위해 다른 사람에게 다가가기, 제자리 돌기 등이 있다. 과다 각성은 과도한 감각 자극, 지나친 흥분, 스트레스 사건 때문에 나타날 수 있다. 과소 각성은 피로, 지루함, 조직화된 자극의 부족으로 인해 발생할 수 있으며, 결과적으로 관심 결여나 무반응으로 나타날 수도 있다.

SR2.2 각성 수준을 조절하기 위해 파트너가 시범 보인 행동 전략 사용하기

준거: 각성 수준을 조절하기 위해 파트너가 시범을 보여 준 행동 전략(단순한 동작이나 감각운동 전략)을 시범 직후나 나중에 모방하여 사용한다(예: 손을 꽉 쥐거나 점프하기).

SR2.3 장시간의 활동에 생산적으로 참여하기 위해 행동 전략 사용하기

준거: 장시간(적어도 10~15분)의 활동에 생산적으로 참여하기 위해 각성 수준을 조절할 필요가 있을 때 행동 전략(단순한 동작이나 감각운동 전략)을 사용한다(예: 놀잇감이나 음식이나 껌 등을 입에 넣거나 씹기, 물건이나 스트레스 볼을 꽉 쥐기, 다리 떨기, 의자에 앉아 앞뒤로 흔들기, 작은 놀잇감을 만지작거리며 놀기).

3. 익숙한 활동 중에 각성 수준을 조절하기 위해 언어 전략 사용하기

언어 전략은 아동이 각성 수준을 조절하기 위해 사용하는 단어 또는 기타 상징(예: 수어, 그림)을 말한다. 이것은 아동의 집중하는 정도, 의식 수준, 활동 수준, 감정, 그리고 참여에 따라 달라진다. 언어 전략은 창조적 발성이나 지연반향어를 포함한다.

SR3.1 혼자 하는 활동 중에 각성 수준을 조절하기 위해 언어 전략 사용하기

준거: 혼자 하는 활동 중에 각성 수준을 높이거나(각성 수준이 낮을 때) 낮추기(각성 수준이 높을 때) 위해 언어 전략을 사용한다. 혼자 하는 활동 중에 사용될 수 있는 언어 전략의 예로는 넘어진 후에 "난 괜찮아."라고 말하기, 혼자 놀고 있을 때 "화나."라고 말하기, 두려울 때 "걱정 하지 마."라고 말하기 등이 있으며, 이 모든 것은 아동의 정서 상태를 정확하게 구별하고 있지만 다른 사람을 향하지는 않는다. 과다 각성은 과도한 감각 자극, 지나친 흥분, 스트레스 사건 때문에 나타날 수 있다. 과소 각성은 피로, 지루함, 조직화된 자극의 부족으로 인해 발생할 수 있으며, 결과적으로 관심 결여나 무반응으로 나타날 수도 있다.

SR3.2 사회적 상호작용 중에 각성 수준을 조절하기 위해 언어 전략 사용하기

준거: 사회적 상호작용 중에 각성 수준을 높이거나(각성 수준이 낮을 때) 낮추기(각성 수준이 높을 때) 위해 언어 전략을 사용한다. 사회적 상호작용 중에 사용될 수 있는 언어 전략의 예로는 조직화 또는 주의집중을 돕기 위해 자신의 정서 상태를 확인하거나 지연반향어를 사용하는 것을 들 수 있다.

SR3.3 각성 수준을 조절하기 위해 파트너가 시범 보인 언어 전략 사용하기

준거: 각성 수준을 조절하기 위해 파트너가 시범을 보여 준 언어 전략(단어나 기타 상징, 예: 수어, 그림)을 시범 직후나 나중에(지연반향어) 모방하여 사용한다(예: 아동이 스트레스 상황을 조절하기 위해 "화재경보 모두 끝." "엄마는 기뻐." "일을 끝내고 그다음 간식시간."이라는 언어를 사용함).

SR3.4 장시간의 활동에 생산적으로 참여하기 위해 언어 전략 사용하기

준거: 장시간(적어도 10~15분)의 활동에 생산적으로 참여하기 위해 각성 수준을 조절할 필요가 있을 때 언어 전략(단어나 기타 상징, 예: 수어, 그림)을 사용한다. 예를 들어, 주의집중을 유지하려고 아동이 자신의 정서를 구별하고 지시(예: "구슬을 놔야지." "탑을 만들자." "세 개만 더하면 끝.")를 반복할 수 있다.

SR3.5 다양한 정서를 표현하는 상징 사용하기(≈JA3.2; =MR1.2)

준거: 적어도 한 가지 이상의 긍정적인 정서(예: 기쁨, 재미, 익살스러움)와 적어도 한 가지 이상의 부정적인 정서(예: 슬픔, 화, 좌절)를 표현하는 상징(예: 단어, 수어, 그림)을 이해하고 사용한다.

4. 새롭고 변화하는 상황에서 정서 조절하기

SR4.1 새롭고 변화하는 상황에 참여하기

준거: 새롭거나 변화하는 상황에 기꺼이 참여하려고 한다. 참여는 어느 정도의 적극적인 참여를 포함해야 하며, 관여하지 않거나 수동적인 집중으로 묵묵하게 있는 것은 포함되지 않는다. 새로운 상황은 아동에게 익숙하지 않은 활동 또는 그 활동의 특징을 말한다(예: 참여해 본 적이 없는 활동, 익숙한 활동에 합류한 새로운 사람). 변화하는 상황은 주요 특징(예: 감각 자극, 활동 수준, 활동 순서, 과제 난이도)에 변화가 있거나 예상되지 않은 특징(예: 장소나 순서가 평소 일과와 다르거나 너무 빨리 종료되는 등 예상할 수 없는 사건)이 포함된 상황을 말한다.

SR4.2 익숙하지 않은 활동에서 상황 및 몸짓 단서 따르기(=SU2.1)

준거: 익숙하거나 익숙하지 않은 일과 중에 적어도 두 가지 이상의 다양한 상황 단서(예: 세면대 앞에 서 있을 때 파트너가 "손 씻어."라고 말하면 수도꼭지에 손을 갖다 댐, 활동이 끝날 때 "정리하자."라고 말하면서 바구니를 내밀면 아동이 놀잇감을 넣음) 또는 적어도 두 가지 이상의 가리키기 이외의 다양한 몸짓 단서(예: 파트너가 아동에게 팔을 벌리며 "이리 와."라고 말하기, 사물 가까이에 편 손을 내밀면서 "그거 줘."라고 말하기)를 포함한 단순한 지시를 따른다.

SR4.3 새롭고 변화하는 상황에서 각성 수준을 조절하기 위해 행동 전략 사용하기

준거: 새롭거나(익숙하지 않은) 변화(예상되지 않는 특징)가 있는 상황에서 각성 수준과 정서 반응의 강도를 조절하기 위해 행동 전략을 사용한다. 이와 같은 행동 전략은 발가락으로 두드리기나 껌 씹기 등의 관습적인 감각운동을 포함할 수 있다. 이러한 전략은 보다 조절된 상태나 그 상태를 유지하는 데 도움이 되는 특이한 행동일 수 있다(예: 발끝으로 걷기, 손 흔들기, 몸을 앞뒤로 흔들기).

SR4.4 새롭고 변화하는 상황에서 각성 수준을 조절하기 위해 언어 전략 사용하기

준거: 새롭거나(익숙하지 않은) 변화(예상되지 않는 특징)가 있는 상황에서 각성 수준과 정서 반응의 강도를 조절하기 위해 언어 전략(예: 지연반향어, 정서 단어, 활동과 관련된 언어)을 사용한다.

SR4.5 전이 중 각성 수준을 조절하기 위해 행동 전략 사용하기

준거: 활동과 활동 간 이동 중에 각성 수준과 정서 반응의 강도를 조절하기 위해 행동 전략을 사용한다. 예를 들어, 교실에서 식당으로 이동할 때 공을 꽉 쥐고 걷는다.

SR4.6 전이 중 각성 수준을 조절하기 위해 언어 전략 사용하기

준거: 활동과 활동 간 이동 중에 각성 수준과 정서 반응의 강도를 조절하기 위해 언어 전략을 사용한다. 예를 들어, 이동 중에 익숙해진 노래를 부르거나, "먼저 점토 놀이를 하고 미끄럼을 타자."라고 파트너가 말한 것을 반복하거나, 상징을 이용해서 정서를 표현한다.

5. 극심한 조절장애로부터 스스로 회복하기

극심한 조절장애는 참여나 학습을 할 수 없으며 강한 정서를 경험할 수도 있는 상태를 말한다. 정의에 따르면 극심한 조절장애 상태는 아동이 생산적인 방법으로 상호작용을 하거나 활동에 참여하는 능력을 방해한다. 극심한 조절장애는 잠깐 또는 가끔씩 나타나는 것이 아니며 일정기간 내 지속적으로 또는 주기적으로 나타 날 수 있다. 극심한 조절장애는 다음과 같은 행동으로 나타난다: (1) 격렬하고 크게 낙심한 것으로 보이는 괴로움의 표현, (2) 활동이나 다른 사람에 대한 관심의 완전한 상실, (3) 격렬하고 파괴적인 발성(예: 울기, 소리 지르기, 신음하기)이나 비구어 행동(예: 휘두르기, 자신이나 다른 사람을 향한 치기, 때리기, 물기), (4) 광적인 움직임 활동, (5) 장시간에 걸친 극도의 단절과 비참여 등. 극심한 조절장애는 각성 수준이 매우 높거나(즉, 극심한 괴로움이나 흥분) 매우 낮은(즉, 극단적으로 수동적인 비참여) 상태와 관련될 수 있으며, 두 가지 다 참여를 방해한다.

SR5.1 지나치게 자극적이거나 원하지 않는 활동으로부터 스스로 떠나기

준거: 극심한 조절장애 상태에 이른 후, 지나치게 자극적이거나 원하지 않는 활동으로부터 스스로 떠난다.

SR5.2 극심한 조절장애로부터 회복하기 위해 행동 전략 사용하기

준거: 극심한 조절장애 상태로부터 회복(최적의 각성 수준으로 돌아감)되기 위해 행동 전략(단순한 동작이나 감각운동 전략)을 사용한다.

SR5.3 극심한 조절장애로부터 회복하기 위해 언어 전략 사용하기

준거: 극심한 조절장애 상태로부터 회복되기 위해 언어 전략(단어 또는 기타 상징, 예: 수어, 그림)을 사용한다.

SR5.4 극심한 조절장애로부터 회복된 후 상호작용이나 활동에 다시 참여하기

준거: 극심한 조절장애로부터 회복(최적의 각성 수준으로 돌아감)된 후에 상호작용이나 활동으로 되돌아오거나 다시 참여하는 것이 가능하다.

SR5.5 극심한 조절장애로부터 회복되는 시간 단축하기

준거: 시간이 지날수록 극심한 조절장애로부터의 회복(최적의 각성 수준으로 돌아감)에 걸리는 시간이 단축된다.*

SR5.6 조절장애 상태의 강도 줄이기

준거: 시간이 지날수록 극심한 조절장애 중에 나타나는 정서 반응의 강도나 각성 상태 또는 에너지 수준의 변화가 감소한다.*

* 언어 파트너 단계의 목표 SR5.5와 SR5.6을 위한 아동 고유의 준거를 세우기 위해서는 오랜 시간 아동을 관찰한 사람과의 면담을 통해 수집된 기초선 정보에 의존할 필요가 있다.

교류 지원

대인관계 지원

1. 파트너는 아동에게 반응적이다.

IS1.1 아동의 관심 초점 따르기

준거: 파트너는 아동이 대부분의 시간에 무엇을 하고 있는지 쳐다보거나 말하면서 아동의 관심 초점을 따른다.

IS1.2 아동의 정서 및 속도에 맞추기

준거: 파트너는 아동 행동의 정서 상태를 반영하고 아동의 행동에 따라 비구어 행동과 음성을 조절하면서 아동의 정서와 속도에 맞춘다(예: 아동의 긍정적인 정서에 미소를 짓고 웃음으로 반응하거나 아동이 불편한 정서를 보일 때에 슬픈 표정을 지어 보임).

IS1.3 의사소통 효능감을 증진시키기 위해 아동의 신호에 적절하게 반응하기

준거: 아동이 보이는 행동 조절, 사회적 상호작용, 공동관심을 위한 의도적인 의사소통 신호(예: 파트너에게 보내는 비구어 또는 구어 신호)에 반응하면서 아동이 의도하는 바에 적절하게 반응한다. 예를 들어, 파트너는 아동이 어떤 사물을 요구하면 그 사물을 건네준다. 아동이 사물을 거절하거나 거부하면 그 사물을 치운다. 아동이 위로를 구할 때에는 달래 준다. 아동이 어떤 사건에 주목하면 파트너도 그 사건에 관심을 기울인다.

IS1.4 각성 수준을 조절하기 위한 아동의 행동 및 언어 전략 인식하고 지원하기

준거: 파트너는 아동의 각성 수준을 조절하기 위한 행동 및 언어 전략 사용을 인식하고 그러한 전략을 지원한다. 예를 들어, 아동이 정신을 차리고 힘을 내려는 목적으로 점프를 하거나 움직이려고 할 때 파트너는 이러한 전략을 지지하고 병합

하기 위해서 상호작용을 수정하고, 만일 아동이 조직화의 한 방법으로 파트너에게 치대며 압력을 구하려고 하면 아동을 안아 줌으로써 압력을 제공한다.* 특정 상황에서 아동이 큰 목소리로 말을 하면 파트너는 소음에 대한 정보를 제공할 수도 있다.

* 여기서 압력은 안아줄 때 또는 몸을 꽉 조일 때 느끼는 압박감을 말한다.

IS1.5 조절장애 신호 인식하고 지원하기

준거: 파트너는 아동의 조절장애 신호를 알아차린다. 예를 들어, 괴로움이나 극도의 흥분으로 인하여 각성 상태가 너무 높거나 또는 무관심이나 피로로 인하여 각성 상태가 너무 낮아서 학습이나 참여가 불가능하다는 행동 신호를 보일 때 지원을 제공한다. 파트너는 아동의 각성 상태에 따른 적절한 도움을 제공하여 아동이 각성 상태를 조절하게 해 준다. 도움의 방식은 행동 또는 구어일 수 있다.

IS1.6 아동을 모방하기

준거: 파트너는 아동의 구어 또는 비구어 행동을 모방하고, 맥락상 그렇게 하는 것이 적절하다면 아동이 다시 그 행동을 모방하도록 기회를 준다. 예를 들어, 아동이 어떤 대상을 몸으로 표현하거나 말할 때 파트너는 아동의 구어/비구어 행동을 모방하고 잠시 멈춘 후 아동의 후속반응을 기다린다.

IS1.7 필요할 때 상호작용이나 활동으로부터 휴식 제공하기

준거: 아동의 행동이 휴식을 필요로 하는 것 같아 보이거나(예: 각성 상태, 관심의 초점, 활동 수준, 정서 상태의 변화로 나타남) 한 가지 활동에 오랫동안 참여했을 경우 상호작용 또는 활동으로부터 휴식을 계획하거나 제공하거나 허용한다. 휴식은 진행 중인 활동을 잠시 멈추거나 중단하는 것일 수 있으며, 휴식을 취하는 동안에는 집중하거나 참여하도록 어떤 요구도 해서는 안 된다. 휴식은 활동에 대한 동기 부여와 조직화에 대한 재지시를 포함할 수 있다.

IS1.8 휴식에 이어 상호작용이나 활동에 다시 참여하도록 촉진하기

준거: 아동이 진행 중인 활동에 온전히 참여할 수 있는 적절한 각성 수준과 정서

상태를 보이면 휴식 후에 이어지는 상호작용과 활동에 다시 참여하도록 촉진한다.

2. 파트너는 시작행동을 촉진한다.

IS2.1 비구어 또는 구어로 선택의 기회 제공하기

준거: 아동의 각성 상태에 따라 구어 또는 비구어로 선택할 수 있는 기회를 제공한다. 예를 들어, 아동이 고도의 각성 상태에 있다면 비구어를 사용하여 기회를 제공한다. 아동이 잘 조절된 상태인 경우에는 구어를 사용하여 기회를 제공한다. 선택은 무엇을 먹을지, 무엇을 입을지, 어떤 활동에 참여할지, 활동에 어떤 물건을 사용할지 등을 포함한다.

IS2.2 시작행동 기다리고 격려하기

준거: 파트너는 아동이 비구어 또는 구어 신호를 사용해서 시작행동을 하도록 기다리고 시작행동을 격려하기 위해서 기대하는 눈빛으로 바라본다. 예를 들어, 시작행동의 기회가 있거나(예: 선택하기, 분명한 차례가 있는 재미있는 사회적 게임) 의사소통의 필요가 있는 활동(예: 원하는 사물을 볼 수 있지만 선반 위에 높이 있는 경우)에서 아동이 근접성(다른 사람에게 다가가거나 멀어지기), 신체 접촉(몸짓이나 행동으로 다른 사람 만지기), 시선 등으로 파트너에게 의사소통 신호를 보내도록 충분히 기다려 준다. 파트너는 아동이 시작행동을 보이지 않고 추가 지원을 필요로 한다는 것이 확실해질 때까지 개입하지 않는다. 시작행동은 비구어인지 구어인지에 상관없이 격려되어야 하지만, 상징 전략이나 아동이 지닌 가장 정교한 수단을 점점 더 많이 사용하도록 촉진해야 한다.

IS2.3 시작행동과 반응행동의 균형 유지하기

준거: 파트너는 너무 많은 질문을 하거나 지나치게 많은 요구를 하지 않으며(두 가지 모두 아동이 주로 반응만 하게 만듦) 아동의 시작행동 및 반응행동과 관련해서 차례 주고받기의 균형을 유지한다.

IS2.4 아동이 활동을 시작하고 마치도록 해 주기

준거: 파트너는 적절한 때에 활동을 시작하고 끝마치도록 아동과 함께 조절한

언어 파트너 단계

다. 예를 들어, 비구어(예: 끝나면 가 버리기, 물건을 밀어 버리기) 또는 구어(예: "다 했어."라고 말하거나 수어 사용하기)로 활동이 끝났음을 알릴 수 있다. 의무적으로 해야 하는 활동(예: 옷 입기, 씻기)을 하고 있거나 활동이 거의 성공적으로 마치는 단계에 있는 경우에는 지금 당장 그 활동을 끝마치기 어려운 상황이더라도 활동을 마치기 위한 아동의 의사소통 시도를 인정하는 말을 해 준다(그리고 완성하기 위한 나머지 단계를 알려 줄 수 있다). 의사소통을 시작하고 마치는 것은 구어인지 비구어인지에 상관없이 격려되어야 한다. 그러나 시작과 종료를 위해서 상징 전략이나 아동이 지닌 가장 정교한 수단을 점점 더 많이 사용하도록 촉진해야 한다.

3. 파트너는 아동의 독립성을 존중한다.

IS3.1 필요한 경우 활동 중간에 돌아다닐 수 있도록 휴식 허락하기

준거: 필요할 때 돌아다니는 것이 상황에 적절하다면(예: 일정 시간 참여한 후, 특히 앉아서 집중해야 하는 활동에 참여한 후) 활동으로부터 휴식을 취할 수 있도록 허락한다.

IS3.2 아동이 자신의 속도로 문제를 해결하고 활동을 완수할 수 있도록 시간 허용하기

준거: 파트너는 대부분의 활동에서 아동이 자신의 속도에 맞춰 적극적으로 문제를 해결하고 활동을 마칠 수 있도록 시간을 허용한다. 예를 들어, 활동 중에 진보를 보이고 부가적인 도움을 필요로 하지 않는다면 재촉하거나 성급한 촉진을 제공해서는 안 된다.

IS3.3 문제행동을 의사소통 또는 조절의 기능으로 이해하기

준거: 문제행동이 의사소통의 기능을 지닐 수도 있음을 인식하고 해석하고 반응한다. 예를 들어, 아동이 저항하기 위해 밀거나 때린다면 아동의 의도를 이해하고 사회적으로 좀 더 수용 가능한 방법을 보여 준다. 마찬가지로, 아동이 무질서한 환경음을 차단하기 위해 큰 소리를 낼 때 파트너는 이러한 전략을 인정해 주고 다른 조절 전략을 사용하도록 격려한다.

IS3.4 적절한 경우 저항, 거부, 거절 존중하기

준거: 상황에 적절하다면 활동이나 사물을 저항하거나, 거부하거나, 거절하는 신호를 인정해 준다. 예를 들어, 주어진 물건을 받고 싶어 하지 않거나 활동에 참여하지 않으려고 할 때 그렇게 하는 것이 적절한 상황이라면(예: 필수적인 활동이 아닌 경우, 음식이나 놀잇감 등 다른 선택이 가능한 경우) 계속 요구하지 않는다.

4. 파트너는 참여를 위한 장을 마련한다.

IS4.1 의사소통할 때 아동의 눈높이에 맞추기

준거: 아동과 의사소통할 때 면대면 상호작용을 하거나 물리적으로 거리를 좁히기 위해서 위치를 잡고 아동에게 맞춰 자세를 낮춘다.

IS4.2 의사소통하기 전에 아동의 주의 확보하기

준거: 의사소통하기 전에 비구어 또는 구어로 아동의 주의를 확보한다. 예를 들어, 아동에게 의사소통 신호를 보내기 전에 아동의 이름을 부르거나 만진다.

IS4.3 상호작용을 촉진하기 위해 적절한 근접성과 비구어 행동 사용하기

준거: 상호작용에 초대하고 격려하기 위해 적절한 근접성(가까이 있기, 방향 향하기)과 매력적인 비구어 행동(얼굴 표정, 몸짓, 억양)을 사용한다. 예를 들어, 멀리 떨어진 채로 상호작용에 참여하기보다는(예: 교실 반대편에서 아동의 이름을 부름) 가까운 곳에서 명확한 몸짓과 생생한 얼굴 표정으로 상호작용에 참여한다. 마찬가지로, 그림책을 볼 때에는 시선 옮기기와 관심 공유를 촉진하기 위해서 면대면 방식을 취할 수 있다.

IS4.4 최적의 각성 상태와 참여를 지원하기 위해 적절한 단어와 억양 사용하기

준거: 최적의 각성 상태와 참여를 지원하기 위해 적절한 단어와 억양을 사용한다. 예를 들어, 각성시키기 위한 노력으로 과장되고 강렬한 말을 사용할 수도 있고 진정시키기 위해서는 좀 더 조용하고 덜 강렬한 말을 사용할 수도 있다.

5. 파트너는 발달을 지원한다.

IS5.1 모방 격려하기

준거: 아동의 관심 초점을 따르거나 기다리거나 차례를 교대하거나 아동이 모방할 행동을 시범 보이면서 자발적으로 행동을 모방하도록 격려한다. 시범 행동에는 발성, 유사 단어, 비구어 행동 등이 있다.

IS5.2 또래와의 상호작용 격려하기

준거: 또래를 데려오거나, 또래의 시도에 반응하도록 도와주거나, 또래에게 상호작용을 시작하도록 도와주거나, 또래와의 성공적인 상호작용을 중재하는 등 또래와 상호작용을 하도록 격려한다. 상호작용을 격려하기 위해서는 비구어 또는 구어를 사용할 수 있다.

IS5.3 구어 또는 비구어로 의사소통 실패를 복구하려고 시도하기

준거: 구어 또는 비구어로 신호의 의미를 명확히 함으로써 의사소통 실패(파트너가 아동의 신호를 이해하지 못하거나 아동이 파트너의 메시지를 이해하지 못하는 상황)를 복구하려고 시도한다. 예를 들어, 구어 또는 비구어 신호를 반복할 수도 있고, 신호에 단어나 몸짓을 추가해서 수정할 수도 있다.

IS5.4 활동 성공을 위해 필요할 때 안내 및 피드백 제공하기

준거: 활동 중 필요할 때 지원, 안내, 피드백을 제공함으로써 아동이 최적의 각성 상태를 유지하고 성공을 경험하게 해 준다. 예를 들어, 과도하게 촉진하거나 지시하지 않는 선에서 사회적 칭찬을 제공하거나 적절한 참여 유도 전략(부가적인 단서나 촉진)을 사용한다.

IS5.5 정서를 표현하고 정서의 원인을 이해하도록 안내하기

준거: 활동 중에 필요한 지원, 안내, 피드백을 제공하여 아동이 적절한 정서를 표현하고 자신의 감정 원인을 이해하도록 지도한다. 예를 들어, 교사가 준수에게 "진희가 너를 때렸을 때 싫었지? 아프고 화났지? 진희에게 '그만해!'라고 말하렴." 이라고 말한다.

6. 파트너는 언어 사용을 조절한다.

IS6.1 이해를 돕기 위해 비구어 단서 사용하기

준거: 아동에게 말할 때에는 메시지를 이해할 수 있도록 확실하고 적절한 비구어 단서(몸짓, 얼굴 표정, 억양)를 사용한다. 말은 의사소통을 위한 유일한 수단으로 단독으로 사용되어서는 안 된다.

IS6.2 아동의 발달 수준에 따라 언어의 복잡성 조절하기

준거: 아동에게 말할 때에는 아동의 발달 수준에 적절하도록 언어의 복잡성을 조절해야 한다. 예를 들어, 아동이 아직 단어를 이해하지 못한다면 주로 단일단어나 단순한 구를 사용한다. 아동이 몇 개의 단어만 이해한다면 주로 두세 단어로 이루어진 구절을 사용하거나 긴 문장을 일관성 있게 단순하게 만든다(예: "앉아서 저녁 먹을 시간이다." 라고 말하기보다 "앉아." "식사시간이다."라고 말한다).

IS6.3 아동의 각성 수준에 따라 언어의 질 조절하기

준거: 아동에게 말할 때에는 아동의 각성 수준을 지원하기 위해 언어의 질(내용, 복잡성, 억양)을 조절한다. 예를 들어, 각성 상태가 높은 경우에는 부드러운 음성이나 덜 강조된 억양, 단순화된 언어를 사용하고, 각성 상태가 낮은 경우에는 다소 강조된 음성과 성량을 사용한다.

7. 파트너는 적절한 행동을 시범 보인다.

IS7.1 적절한 비구어 의사소통과 정서 표현 시범 보이기

준거: 비구어 의사소통(예: 몸짓)과 정서 표현(예: 기쁨을 표현하기 위해 미소를 짓거나 웃기)의 명확하고 적절한 모델을 제공한다.

IS7.2 다양한 의사소통 기능 시범 보이기

준거: 구어 또는 비구어로 일련의 의사소통의 기능을 다음과 같이 시범 보인다.

a. 행동 조절: 예를 들어, 요구하기 위해 "공 또."라고 말하면서 가리키거나 손

을 펴서 내미는 행동을 시범 보이거나, 행위를 요구하기 위한 방법으로 "도와줘."라고 말하면서 주는 동작을 시범 보이거나, 물건을 거부하거나 거절하기 위한 방법으로 "그만."이라고 말하면서 밀어내는 동작을 시범 보이거나, 원하는 물건을 요구하기 위한 방법으로 물건 이름을 말하면서 손을 뻗는 동작을 시범 보인다.

b. 사회적 상호작용: 예를 들어, 손을 흔들며 "수연이, 안녕." 또는 "호준아, 잘 가."라고 말하면서 도착하고 떠날 때 인사하는 방법을 시범 보이거나, 손을 뻗는 동작과 함께 "안아 주세요."라고 말하면서 위로를 구하는 방법을 시범 보이거나, 비구어(예: 까꿍 놀이를 시작하기 위해서 자기 얼굴 가리기, 손유희 노래의 율동 시작하기) 또는 구어(예: "까꿍."이라고 말하기, 손유희 노래의 가사 말하기)로 사회적 놀이를 시작하거나, 일과 및 활동을 완료했을 때 다른 사람의 칭찬을 받기 위한 방법으로 손뼉 치기를 시범 보인다.

c. 공동관심: 예를 들어, 물건을 보여 주거나 흥미로운 사건을 가리키는 등의 비구어로 언급하기를 시범 보이고, 이러한 언급을 발달적으로 적절한 구어 시범(예: "공." "큰 공." "공이 굴러간다."라고 말하기)과 함께 사용한다.

IS7.3 적절한 구성놀이 및 상징놀이 시범 보이기

준거: 아동의 발달 수준에 맞는 적절한 놀이를 시범 보이고 다양한 감각운동 놀이, 상징놀이, 구성놀이 경험을 제공한다. 예를 들어, 두 세트의 동일한 놀이 자료를 가지고 파트너가 인형에게 밥을 먹이는 시늉을 하면서 단일 도식의 상징놀이를 시범 보인다. 이러한 시범은 아동이 상징놀이 초기 단계로 전환하도록 도와준다. 파트너는 감각운동 탐색과 구성놀이(예: 블록이나 퍼즐 놀이)를 위한 기회를 일상적으로 제공한다.

IS7.4 아동이 부적절한 행동을 할 때 적절한 행동 시범 보이기

준거: 아동이 부적절한 행동을 보이지만 시범을 통해서 충분히 조절될 수 있을 때 파트너는 적절한 행동을 시범 보인다. 예를 들어, 아동이 소리를 지르면서 음식을 거부할 때 파트너는 밀쳐 내는 동작을 보이면서 "당근 싫어요."라고 말한다. 아동이 활동을 피하기 위해 단호하게 시도한다면 '그만'을 나타내는 그림 상징, 단어, 수어를 사용하는 시범을 보인다. 마찬가지로, 각성 상태를 조절하기 위해서 옷을

씹거나 다른 사람을 무는 행동을 보이는 아동에게는 적절하게 씹고 무는 활동을 시범 보이고 제공한다(예: 컵 또는 놀잇감 제공).

IS7.5 '아동 입장'에서 언어 시범 보이기

준거: 아동의 입장에서 언어를 시범 보이고 아동의 의도와 발달 수준을 고려한다. 예를 들어, 손이 닿지 않는 위치에 놓인 자동차로 손을 뻗는다면 파트너는 "자동차." 또는 "자동차 주세요."라고 말하면서 아동의 의도와 발달 수준에 맞는 시범을 보인다. 아동이 파트너를 향해서 화난 발성을 한다면 파트너는 "화났어." 또는 "준호 화났어." "나 화났어."라는 말을 시범 보인다.

학습 지원

1. 파트너는 적극적인 참여를 위해 활동을 구조화한다.

LS1.1 활동의 시작과 종료를 분명하게 정하기

준거: 시작과 종료가 분명하도록 활동을 구성한다. 자연스러운 또는 계획적인 형식을 사용한다. 예를 들어, 그네를 타는 활동은 "준비, 시작."이라고 말하며 시작하고 "이제 그만."이라고 말하며 마칠 수 있다. 또는 놀잇감을 꺼내면서 활동을 시작하고 "다 했어."라는 말이나 수어로 활동의 종료를 나타낼 수 있다.

LS1.2 차례 주고받기 기회를 만들고 아동이 참여할 수 있도록 여지 남겨 두기

준거: 차례를 맡을 수 있도록 기회를 만들고 아동이 그 차례를 맡도록 여지를 둠으로써 활동을 구조화한다. 아동의 차례는 구어일 수도 있고 비구어일 수도 있다. 예를 들어, 활동을 시작할 때 파트너는 "준비……"라고 말하면서, 아동이 "시작!"이라고 말할 수 있게 여지를 둔다. 아동과 음악에 맞춰 움직이다가 멈추고 아동이 구어나 비구어로 다시 시작하게 한다. 책을 읽어 줄 때에는 자주 반복되는 구절을 아동이 말하도록 여지를 둔다(예: 『브라운 베어 브라운 베어』라는 그림책에서처럼).

LS1.3 활동에 예측 가능한 순서 마련하기

준거: 반복을 통해서 순서를 익숙하게 만들거나 활동을 예측할 수 있도록 기타 지원을 사용함으로써 활동 자체의 특성으로 활동이 예측 가능한 순서를 지니게 만든다. 예를 들어, 완성하기 위해서 고정된 순서의 단계가 요구되는 구성놀이 활동(예: 컵 쌓기, 결과물을 만들기 위해 재료 섞기)을 연습하거나, 활동 진행과 완성 단계를 보여 주는 그림 순서를 사용한다. 이러한 전략은 양육 일과에도 적용된다.

LS1.4 반복되는 학습 기회 제공하기

준거: 예측 가능한 학습 기회를 제공하기 위해서 하루 일과 전반에 걸쳐 다양한 상황에서 지속적이고 예측 가능하게 활동을 반복하거나(예: 간식, 이야기나누기, 점심시간 중 선택 기회) 비슷한 활동(예: 하루는 음식 세트로 가상놀이를 하고, 또 다른 날은 의복으로 가상놀이를 함)을 반복한다. 예측이 가능한 반복이란 정해진 시간에 너무 많은 새로운 활동을 소개하는 것과는 대조적이다.

LS1.5 다양한 학습 기회 제공하기

준거: 반복적이고 예상되는 상황에서 활동의 요소를 다양하게 바꿈으로써 학습할 수 있는 새로운 것을 제공한다. 예를 들어, 아동이 어떤 활동에 익숙해졌다면(예: 비눗방울 불기) 비눗방울을 불기 직전에 멈춰서 아동이 활동 재개를 요구하게 만든다. 또한 아동이 간식을 먹는 일정에 익숙하다면 컵을 주고 주스나 우유는 따르지 않고 기다리는 등 아동이 요구하는 기회를 갖도록 활동을 다양하게 만들 수 있다. 설명을 끌어내기 위해서 예측 가능한 활동을 다양하게 변형시킬 수 있다(예: 아동이 물건을 들고 보여 주고 설명하도록 유인하기 위해서 보물상자에서 물건 꺼내기, 상자에서 꺼내는 물건은 아동의 관심과 흥미를 끌 수 있기에 충분하도록 새롭거나 계속 바뀌어야 함).

2. 파트너는 발달을 촉진하기 위해 보완의사소통 지원을 사용한다.

LS2.1 의사소통과 표현언어를 강화하기 위해 보완의사소통 지원 사용하기

준거: 의사소통 능력을 강화하기 위해 한 가지 또는 다양한 비구어 양식을 사용해서 보완의사소통 지원(즉, 비구어 의사소통, 예를 들어 몸짓, 수어, 사물, 그림, 사진,

그림 상징 등)을 마련하고 사용하도록 격려한다.

LS2.2 언어 및 행동 이해를 강화하기 위해 보완의사소통 지원 사용하기

준거: 언어 및 행동 이해 능력을 강화하기 위해 보완의사소통 지원(즉, 비구어 의사소통, 예를 들어 몸짓, 수어, 사물, 그림, 사진, 그림 상징 등)을 사용하고 적용한다. 예를 들어, 간식시간에 간식을 먹는 준우를 가리키며 "준우가 먹는다(행위자+행위)"의 그림 상징을 보여 준다. 또는 아동이 집으로 출발하기 전에 가족(예: 엄마, 아빠, 형제자매)의 사진을 보여 주면서 곧 집에 도착해서 맞게 될 사회적 상황에 대해 더 잘 이해할 수 있도록 돕는다.

LS2.3 정서 표현 및 이해 능력을 강화하기 위해 보완의사소통 지원 사용하기

준거: 정서를 표현하고 다른 사람의 정서를 이해하는 능력을 강화하기 위해 보완의사소통 지원(즉, 비구어 의사소통, 예를 들어 몸짓, 수어, 사물, 그림, 사진, 그림 상징 등)을 마련하고 사용하도록 격려한다.

LS2.4 정서 조절을 강화하기 위해 보완의사소통 지원 사용하기

준거: 말이 아닌 방식으로 활동 조직화, 활동 중 휴식, 활동 중 도움을 청하는 등 상호조절을 표현하는 방법을 제공함으로써 각성 수준을 조절하는 능력을 강화하기 위한 보완의사소통 지원(즉, 비구어 의사소통, 예를 들어 몸짓, 수어, 사물, 그림, 사진, 그림 상징 등)을 마련하고 사용하도록 격려한다.

3. 파트너는 시각적 지원 및 조직화 지원을 사용한다.

시각적 지원이란 아동의 적극적인 참여와 이해를 강화하기 위해 개별 또는 일련의 사물, 사진, 로고, 그림 상징 등의 시각적 도움을 사용해서 정보를 제시하는 방법이다. 조직화 지원이란 아동의 조직화 능력을 강화하기 위해서 교재나 물리적인 공간을 구성하거나 시간 개념을 표시하는 방법이다.

LS3.1 과제 수행 단계를 명확히 하기 위해 지원 사용하기

준거: 과제나 활동의 목적을 명확히 하기 위해 시각적 지원과 조직화 지원을 사

용한다. 예를 들어, 단계를 명확히 하기 위해 활동 내 그림 순서를 사용한다(예: 보물찾기 활동에서 아동이 찾아야 할 보물이 숨겨져 있는 지도를 제공함, 미술활동에서 종이를 자르고, 풀로 붙이고, 색칠을 하는 3단계를 그림 상징으로 제시함). 시각적 지원의 정교한 정도는 아동의 발달 수준과 잘 맞아야 한다.

LS3.2 활동 완수에 필요한 시간과 단계를 명확히 하기 위해 지원 사용하기

준거: 활동을 완수하는 데 필요한 시간과 단계를 명확히 하기 위해 시각적 지원과 조직화 지원을 사용한다. 예를 들어, 남은 시간을 알 수 있도록 타이머를 사용할 수도 있고, 활동 중 남은 단계를 알 수 있도록 탈부착이 가능한 벨크로 숫자를 사용할 수도 있다.

LS3.3 활동 간 원활한 전이를 위해 시각적 지원 사용하기

준거: 하나의 활동에서 다른 활동으로 순조롭게 이동하고 잘 조절된 상태를 유지하도록 시각적 지원을 사용한다. 예를 들어, 다음 활동을 알려 주기 위해 "지금-다음"의 순서를 나타내는 시각적 순서표나 그림 스케줄을 사용한다. 마찬가지로, 타이머를 사용해서 곧 시작될 전이를 강조할 수도 있다.

LS3.4 하루 전반에 걸쳐 시간 분할을 조직화하기 위해 지원 사용하기

준거: 하루 전체의 시간 분할을 조직화하기 위해 시각적 지원과 조직화 지원을 사용한다. 예를 들어, 일회성 전이가 아닌 오랜 시간에 걸쳐 완성되는 활동뿐만 아니라 다가올 활동을 검토하기 위해 그림 스케줄을 사용할 수 있다.

LS3.5 집단 활동에서의 주의집중을 높이기 위해 시각적 지원 사용하기

준거: 집단 활동에서의 활동과 또래에 대한 관심을 높이기 위해 시각적 지원을 사용한다. 예를 들어, 이야기나누기 시간에 교사가 사용하는 시각자료를 복사해서 사용하게 하거나 활동의 한 부분으로 또래와 그림을 교환하게 하는 등 아동이 활동에 관심을 기울이도록 사진이나 그림 상징을 단서로 사용한다.

LS3.6 집단 활동에서의 적극적인 참여를 촉진하기 위해 시각적 지원 사용하기

준거: 집단 활동에서의 시작행동과 적극적인 참여를 촉진하기 위하여 시각적

지원을 사용한다. 예를 들어, 활동 중에 노래, 교재, 놀이 짝, 놀이 순서 등을 선택할 수 있도록 시각적 지원(아동의 사진을 붙인 돌리기 선택판, 순서카드)을 사용한다.

4. 파트너는 목표, 활동, 학습 환경을 수정한다.

LS4.1 조직화와 상호작용을 지원하기 위해 사회적 복잡성 조절하기

준거: 아동의 조직화와 상호작용 성공을 위하여 필요할 때 소집단 환경이나 일대일 지원을 제공한다. 파트너는 사회적 복잡성의 수준을 높이거나 낮추어야 할 때를 적절하게 판단한다.

LS4.2 아동의 성공을 위해 과제 난이도 조절하기

준거: 아동의 성공을 촉진하고 최적의 각성 상태를 유지하도록 돕기 위하여 필요할 때 과제의 난이도를 조절한다. 예를 들어, 아동이 산만해지기 시작하면 활동의 단계 수를 줄이거나 단계를 단순화한다.

LS4.3 학습 환경의 감각적 속성 수정하기

준거: 아동이 최적의 각성 상태를 유지하도록 돕기 위하여 필요할 때 학습 환경의 감각적 속성을 수정한다. 예를 들어, 조명을 조절하고 소음 수준과 시각적 방해 자극을 통제한다.

LS4.4 주의집중을 높일 수 있도록 학습 환경 구성하기

준거: 아동이 집중할 수 있도록 학습 환경의 구성을 수정한다. 예를 들어, 의자를 반원 대형으로 배치하거나, 소집단 활동에서 작은 방석으로 아동의 앉을 자리를 표시하거나, 교실 영역이나 출입구를 구분하는 물리적인 경계를 사용할 수도 있다.

LS4.5 시작행동을 촉진하는 학습 환경 구성하기

준거: 상호작용을 시작하도록 돕기 위하여 학습 환경의 구성을 수정한다. 예를 들어, 하루 일과 내내 요구하기 시작행동이 나타나도록 정해진 활동 중에 필요한 모든 자료를 제공하기보다는 아동의 시선이나 손이 닿지 않는 곳에 자료를 정리해 둔다.

LS4.6 활동이 발달적으로 적절하도록 고안하고 수정하기

준거: 아동의 발달 수준에 적절하도록 활동을 구성한다. 예를 들어, 활동은 아동의 언어, 운동기능, 주의력을 고려하여 의사소통, 관심, 적극적인 참여에 대한 적절한 기대에 따라 고안되어야 한다.

LS4.7. 활동 내에 동기유발이 가능한 교재 및 주제 포함시키기

준거: 활동 중에 아동의 흥미나 동기를 유발할 수 있는 교재나 주제를 포함시킨다. 예를 들어, 교재와 주제는 아동의 선호도와 학습 강점(예: 이야기 속의 좋아하는 등장인물, 대근육을 사용하는 놀이)을 근거로 선택해야 한다. 파트너는 아동의 관심사와는 관계없이 성인이 계획적으로 선택한 활동이 아닌 아동의 선호도와 강점을 근거로 선택된 활동에서 의사소통을 하고자 하는 내적 동기가 조성된다는 사실을 인식해야 한다.

LS4.8 시작행동과 확장된 상호작용을 촉진하는 활동 제공하기

준거: 의사소통을 시작하고 확장된 상호작용에 참여할 수 있는 기회가 있는 활동을 제공한다. 예를 들어, 아동이 관심을 보이는 놀잇감이나 다른 사람의 도움이 필요한 활동을 포착하거나(예: 비눗방울, 태엽으로 작동하는 놀잇감, 뚜껑을 열기 힘든 물감), 아동이 선호하고 원하는 사물을 멀리 두거나(예: 놀잇감이나 흥미로운 사물이 담긴 플라스틱 상자를 높은 선반에 두기), 상호작용을 유지하고 확장하기 위해 활동의 순서를 반복하거나 변형한다.

LS4.9 필요에 따라 동적인 활동과 정적인 활동 교대하기

준거: 움직임 활동을 구성할 수 있는 기회가 있는 활동과 앉아서 또는 조용하게 하는 활동을 교차시킨다. 움직임 활동의 빈도와 유형은 아동의 각성 편향성에 따라 선택한다.

LS4.10 '요구의 정도를 높이거나' 기대감을 적절하게 높이기

준거: 아동이 성공적인 상태이고 최적의 각성 수준에 있을 때 적극적인 참여, 의사소통, 문제해결에 대한 '요구의 정도를 높이거나' 기대감을 증가시킨다. 이것은 보다 정교한 의사소통이나 문제해결을 위해 '고의적인 방해' 또는 잠시 기다리기

를 통해서 가능한데, 필요하면 시범을 보이거나 촉진을 사용한다.

5. 대화 파트너 단계의 SCERTS 진단-관찰 기록지

대화 파트너 단계는 두 가지의 주요 전환을 포함한다. 즉, 문장 문법으로의 전환과 대화적 담화로의 전환이다.

대화 파트너 단계에서는 SCERTS 진단-관찰을 위한 정보 수집을 돕기 위해 선택적으로 사용할 수 있는 몇 개의 기록지를 사용한다. 이 기록지는 부록 A의 대화 파트너 단계 SCERTS 진단-관찰 기록지 뒷부분에 제시되어 있다. 의도, 가정, 대화 규칙 기록지(The Intentions, Presupposition, and Conversational Rules Worksheet)는 교수목표 JA3.1~JA3.3과 MR4.3~MR4.5로 측정되는 의사소통 의도, 교수목표 JA1.4, JA1.5, JA4.5, JA4.6에서 측정되는 가정, JA4.1~JA4.4와 JA4.6, JA5.2~JA5.6, SU4.1~SU4.4, SU6.1~SU6.4에서 측정되는 대화 규칙을 기록할 수 있다. 정서 표현 및 이해 기록지(The Expression and Understanding of Emotions Worksheet)는 교수목표 JA2.1~JA2.7, SU2.2, MR1.1~MR1.5, SR3.1~SR3.3에서 측정되는 초기 정서 단어와 상위 수준 정서 단어를 기록하기 위해 사용된다. 이 기록지에는 두 가지 다른 상황에서 세 명의 다양한 파트너와의 행동을 기록하기 위한 칸이 포함되어 있다.

두 가지 추가 기록지에는 대화 파트너 단계의 생성적인 언어 이해 및 사용을 기록할 수 있도록 개발되었다. 언어 요소 기록지(The Language Elements Worksheet)는 교수목표 SU5.1~SU5.3에서 측정되는 상위 수준 관계 의미, 대상 참조어, 동사구가 목록화되어 있다. 문장 구조 기록지(The Sentence Constructions Worksheet)는 교수목표 SU5.4에서 측정되는 문장 구조의 범주가 목록화되어 있다. 단어의 의미를 관찰할 때 체크하도록 마련된 칸의 수는 각 교수목표를 달성하기 위해 필요한 최소한의 수와 일치한다.

6. 대화 파트너 단계의 SCERTS 진단-관찰 준거

다음은 대화 파트너 단계의 각 교수목표에 대한 준거다. 준거는 각각의 교수목표에 대해서 측정해야 하는 행동을 정의한다. 준거에 따라서는 교수목표를 달성하기 위해 아동이 보여야 하는 최소한의 횟수를 명시하기도 한다. 최저 기준을 명시하지 않는 준거의 경우에는 행동이 정기적으로 나타나거나 맥락에 적절하게 나타나야 한다. 대화 파트너 단계의 모든 교수목표는 2점을 받기 위해서 특이사항이 없는 한 적어도 세 명 이상의 파트너와 두 가지 이상의 상황에서 그 행동이 관찰되어야 한다.

사회 의사소통

공동관심

1. 관심 공유하기

JA1.1 사회적 파트너의 관심 초점 따르기(=SR1.2)

준거: 진행되는 활동 중에 다른 사람이 주목하는 것을 자발적으로 쳐다본다. 이러한 행동은 다른 사람의 몸짓이 나타내는 것을 쳐다보거나, 다른 사람이 주목하고 있는 곳을 보거나, 또는 다른 사람이 하거나 말하고 있는 것에 대해 의사소통하는 등의 행동으로 나타난다.

JA1.2 의도를 나타내기 전에 자신에게로 주의 끌기

준거: 의사소통 의도(예: 요구, 언급)를 보이기 전에 비구어(예: 어깨 두드리기, 몸짓 보여 주기, 응시하기) 또는 구어(예: 파트너의 이름 말하기, 파트너의 이름 적기, 그림 들어 올리기)로 사회적 파트너의 주의를 끈다.

JA1.3 관심의 초점 변화에 대한 비구어 단서 이해하기

준거: 파트너의 몸의 방향이나 시선에 변화가 있을 때 아동은 파트너의 변화에 반응하여 관심의 초점을 적절하게 조정하는 모습을 보인다. 아동은 파트너가 참여하고 있지 않거나 관심이 새로운 곳으로 이동했다는 사실을 알고 있다는 것을 보여야 한다. 예를 들어, 파트너가 보고 있는 쪽으로 시선을 돌리거나, 파트너의 신체 방향 변화에 대해 반응하거나, 파트너의 자세나 시선이 변한 것에 대해 언급할 수 있다.

JA1.4 파트너가 보거나 들은 것을 기초로 언어 수정하기

준거: 누군가가 과거에 있었던 특정 사건에 대해 인지해야 할(예: 보고, 듣고) 필요가 있다는 것을 파악하고, 사건을 모르고 있는(예: 사건이 일어났을 때 없었던) 사람에게 배경 정보를 추가적으로 말한다. 그 사건을 목격하지 않은 파트너가 사건의 요점과 참조사항을 이해할 수 있도록 누가 일으킨 일인지 또는 무슨 일인지에 관해 적어도 두 가지 명확한 정보를 전달한다. 예를 들어, 아동이 학교에서 돌아와서 "김 선생님이 '커다란 무'라는 책을 읽어 주셨어요."라고 설명한다.

JA1.5 파트너와 내적 사고나 정신적 계획 공유하기

준거: 파트너와 내적 사고나 정신적 계획을 공유함으로써 초인지 기술(즉, 사고와 계획에 대해서 생각하고 말하는 능력)을 보인다. 예를 들어, 블록으로 어떻게 집을 만들지에 대해 말할 때 시작하기 전에 문을 어디에 만들 것인지 또는 어느 부분이 부엌이 될 것인지 등의 만드는 단계에 대해서 파트너에게 구어로 설명한다.

2. 정서 공유하기

JA2.1 초기 정서 단어 이해하고 사용하기(=MR1.1, SR3.1)

준거: 적어도 두 가지 이상의 긍정적인 정서(예: 기쁨, 재미, 익살스러움, 좋음)와 두 가지 이상의 부정적인 정서(예: 화, 분노, 슬픔, 아픔, 피로)를 표현하기 위해 언어 발달 초기에 출현하는 구어(예: 말, 수어, 그림)를 사용한다.

JA2.2 다른 사람의 정서 상태를 초기 정서 단어로 묘사하기

준거: 적어도 2개 이상의 긍정적인 초기 정서 단어(예: “엄마 기분 좋아.” “준호는 즐거워.”)와 2개 이상의 부정적인 초기 정서 단어(예: “오빠 슬퍼.” “아빠 화났어.”)를 이용해서 다른 사람의 정서 상태를 인식하고 설명한다.

JA2.3 상위 수준 정서 단어 이해하고 사용하기(=MR1.2, SR3.2)

준거: 적어도 두 가지 이상의 긍정적인 정서(예: 만족스러운, 희망적인, 신나는, 자랑스러운, 즐거운, 흥미로운)와 두 가지 이상의 부정적인 정서(예: 좌절되는, 무서운, 걱정되는, 지루한, 스트레스 받는, 공포스러운, 당황스러운, 죄책감 느끼는, 질투 나는)를 표현하기 위해 상위 수준 단어를 사용한다.

JA2.4 다른 사람의 정서 상태를 상위 수준 정서 단어로 묘사하기

준거: 적어도 2개 이상의 긍정적인 초기 정서 단어와 2개 이상의 부정적인 상위 수준 정서 단어를 이용해서 다른 사람의 정서 상태를 인식하고 설명한다(예: 학급 친구가 타협의 결과에 만족하지 못하는 것을 관찰하고 “지수가 짜증났어.”라고 말한다).

JA2.5 단계적인 정서 이해하고 사용하기(=MR1.3, SR3.3)

준거: 정서의 상대적인 강도를 이해하고 표현하는 능력을 보인다. 예를 들어, 마음에 드는 텔레비전 프로그램 시청을 좋아하지만 비디오 게임(가장 좋아하는 활동)을 더 좋아한다고 말하거나, 학교 식당에서의 활동 수준은 방해가 된다고 말하지만 화재경보가 울리는 것은 공포스럽다고 말한다.

JA2.6 정서를 표현하는 비구어 단서 이해하기(=SU2.2)

준거: (1) 몸짓, (2) 표정, (3) 억양(운율)에서 나타나는 파트너의 정서 표현 변화에 적절하게 반응한다. 예를 들어, 파트너가 아동의 행동을 멈추게 하기 위해 엄격한 표정을 보이고 손을 들면 아동은 뒤로 물러선다.

JA2.7 자신 및 다른 사람의 정서에 대한 타당한 원인 요소 설명하기

준거: 다음과 같은 정서의 원인이 되는 요소를 말한다: (1) 긍정적인 정서(예: 친구가 생일에 원했던 선물을 받았기 때문에 흥분했다는 것을 설명함), (2) 부정적인 정서

(예: 두 명의 학생이 동시에 질문을 했기 때문에 선생님이 곤란해한다고 설명함).

3. 다양한 목적을 위해 의도 공유하기(↔ JA5.2, SU4-SU5)

JA3.1 다른 사람의 행동을 조절하기 위해 의도 공유하기(=MR4.3)

준거: 다음의 모든 이유로 구어(말, 수어, 그림)를 사용한다: (1) 다른 사람으로부터 필요한 물건을 받기 위해서 또는 컴퓨터 켜기와 같은 행동을 부탁하기 위해 사물과 활동을 요구함, (2) 혼자서 할 수 없는 행동을 수행할 때 다른 사람에게 도움이나 지원을 받기 위해 도움을 청함, (3) 진행 중인 활동으로부터 휴식을 요구함, (4) 다른 사람에게 원하지 않는 물건을 치우게 하거나 원하지 않는 행동이나 활동을 못하게 하기 위해 거부하거나 거절함.

JA3.2 사회적 상호작용을 위해 의도 공유하기(=MR4.4)

준거: 다음의 모든 이유로 구어(말, 수어, 그림)를 사용한다: (1) 들어오거나 떠나는 사람을 인지하거나 상호작용의 시작과 종료를 나타내기 위해 인사하기(예: 손을 흔들면서 사람의 이름과 함께 "안녕." "잘 가."라고 말함), (2) 다른 사람의 주의를 끌기 위해 부르기, (3) 고통, 짜증, 두려움으로부터 안정을 찾기 위해 위로 구하기, (4) 차례 주고받기를 지속하기 위해 상호작용 조절하기, (5) 어떤 행동을 하기 위한 다른 사람의 동의를 구하기 위해 허락 구하기, (6) 파트너의 성공이나 성취에 대해 관심을 보이려고 파트너 칭찬하기, (7) 파트너의 긍정적인 또는 부정적인 경험에 대해 공감 표현하기, (8) 다른 사람을 신뢰하고 비밀 공유하기.

JA3.3 공동관심을 위해 의도 공유하기(=MR4.5)

준거: 다음의 모든 이유로 구어(말, 수어, 그림)를 사용한다: (1) 현재, 과거, 상상의 사건에 대해 다른 사람이 알 수 있게 언급함, (2) 무엇, 하고 있는 것, 누가, 언제, 그리고 예/아니요 질문에 반응하기 위해 현재 또는 과거 사건에 대해 요구된 정보를 제공함, (3) 현재, 과거, 미래 사건에 대한 정보를 요구함, (4) 기분이나 의견을 표현함, (5) 결과를 예상하고 계획함.

4. 상호적 상호작용에서 경험 공유하기

JA4.1 경험을 공유하기 위해 청자 및 화자의 역할을 바꾸어 가며 상호작용하기 (=SR1.3)

준거: 경험을 공유하기 위해 청자 및 화자의 역할에 참여한다. 아동과 파트너 간에 적어도 네 차례 이상의 연속적인 교환 동안 주제에 집중하는 것이 가능하다. 여기서 교환은 아동의 차례와 파트너의 차례로 구성된다.

JA4.2 다양한 대화 주제 시작하기

준거: 다양한 유형에 해당되는 적어도 4개 이상의 대화 주제로 시작한다(예: 학급 활동, 휴식시간, 식사 등의 학교생활, 운동, 영화, 비디오 게임 등의 방과 후 활동, 방학, 애완동물, 형제 등의 가족과의 생활, 우주, 과학 등의 학교 교과목).

JA4.3 파트너의 관심에 맞게 대화 시작하고 유지하기

준거: 파트너가 관심을 가지고 있는 주제로 대화를 시작하고 유지한다. 예를 들어, 또래가 좋아하는 영화에 대하여 묻고 자신은 그 영화를 보지 않았지만 그 주제로 대화를 유지한다. 대화는 적어도 네 차례 이상의 연속적인 교환으로 구성되어야 한다.

JA4.4 관련된 정보를 요구하거나 제공하여 상호작용 유지하기

준거: 주제와 관련된 정보 제공하기와 요구하기의 균형을 이루면서 상호작용을 유지한다. 관심, 흥분, 또는 공감을 표현하는 주제에 관한 언급이 가능하다(예: 파트너가 "스파이 키즈 3-D 영화 봤다."라고 말하면 아동은 "잘했네. 그거 재미있는 영화야."라고 말한다). 아동은 언급할 뿐만 아니라 질문한다(예: 파트너가 "집에 개를 키우고 있어."라고 말하면 "그거 좋네."라고 말하는 것보다는 "그 개 이름이 뭐야?"라고 말한다).

JA4.5 대화 주제에 대해 파트너가 알고 있는 지식을 기초로 필요한 정보 제공하기

준거: 정보에 덜 익숙한 파트너에게는 보다 많은 정보를 제공하고 익숙한 파트너에게는 보다 적은 정보를 제공한다. 아동은 너무 많은 정보나 불필요한 정보를

제공하지 않으며 어휘 선택과 정보의 명확성을 판단한다.

JA4.6 파트너에 따라 대화 차례의 길이 및 내용 판단하기

준거: 보다 자세한 배경 정보를 제공하기 위해 특정 파트너의 사전 경험과 지식을 고려한다(예: 누가 그곳에 있었는지, 무엇이 일어났는지, 어디서 일어났는지). 아동은 파트너에게 이미 제공한 정보와 파트너의 관심에 기초하여 제공하는 정보의 양을 점검한다.

JA4.7 파트너와 함께하기를 선호하기

준거: 구조화되지 않은 시간에 혼자 있는 것보다 파트너와 함께 있기를 더 자주 선택한다. 각 활동 시간의 절반 이상을 성인이나 또래와 보낸다.

JA4.8 관심을 공유하는 파트너와 우정 맺기

준거: 비학습 활동(예: 비디오 게임, 도서 시리즈, 미술)이나 학교 밖의 장소(예: 태권도 학원, 스케이트장, 쇼핑몰)에서 공통의 관심을 가진 적어도 2명 이상의 또래와 많은 시간을 보낸다(어울려 논다).

5. 의사소통 실패를 복구하고 지속하기

JA5.1 맥락에 적절한 비율로 의사소통하기

준거: 맥락에 적절한 비율로 다양한 파트너에게 단어를 사용한다(예: 일대일 상호작용에서 적어도 1분에 한 번 이상, 소집단 상호작용에서 3분에 한 번 이상, 대집단 상호작용에서 5~10분에 한 번 이상). 친숙하지 않은 파트너나 또래와 있을 때, 고도의 성인 주도의 맥락에서, 그리고 활동이 기회를 거의 제공하지 않을 때 낮은 비율의 의사소통이 예상된다.

JA5.2 의사소통 실패를 복구하기 위해 반복하거나 수정하기(↔ JA3)

준거: 의사소통에 실패했을 때(즉, 상대방이 아동의 말을 이해하지 못하거나 원하는 목표를 달성하지 못함) 실패를 복구하거나 바로잡기 위해서 또는 이해되지 않은 부분을 복구하기 위해서 시도했던 의사소통 신호의 전부 또는 일부를 동일하게 반

복한다. 신호는 다음과 같은 방법으로 수정된다: (1) 다른 의사소통 수단(다른 몸짓, 다른 단어, 또는 다른 몸짓과 단어 조합)으로 전환한다, (2) 신호의 질을 변화시킨다(예: 소리 크게 하기, 단어에 몸짓 더하기, 다른 단어 추가하기), (3) 똑같은 행동을 반복하되 새로운 사람에게 한다.

JA5.3 의사소통 실패를 인식하고 명료화 요구하기

준거: 활동에서 상호작용이 진행되는 중에 파트너가 적절하게 반응하지 않는 경우 자신의 의도를 명확히 하거나(예: 사과를 달라고 했는데 바나나를 주면 "사과 달라고."라고 말하기) 듣지 못했거나 이해하지 못했을 때 분명하게 표시함으로써(예: "뭐?" "응?"이라고 말하기) 의사소통이 실패했다는 것을 인식한다.

JA5.4 파트너의 의견 변화에 따라 언어 및 행동 수정하기

준거: 파트너의 의견에 변화가 있을 때(예: 대화 주제, 활동 단축, 활동 지속 욕구) 언어 및 행동의 양이나 질을 조정한다. 예를 들어, 파트너가 주제를 바꾸고 싶어 할 때 아동은 대화를 마치기 위해 간단히 말한다.

JA5.5 파트너의 정서 반응에 따라 언어 및 행동 수정하기

준거: 파트너가 정서 반응을 보일 때(예: 대화에 대한 깊은 관심, 주제에 대한 지루함, 아동이 했던 것에 대한 분노) 아동은 언어 및 행동의 양이나 질을 조정한다. 예를 들어, 파트너가 흥분하거나 관심을 보이면 아동은 최근에 다녀온 현장학습에 대해서 상세하게 추가 설명한다.

JA5.6 상호작용 중에 성취감 및 자신감 표현하기

준거: 상호적인 상호작용 중에 성취감(예: "해냈어." "봐, 내가 뭘 했는지." "나 ____ 진짜 잘해." "야! 내가 끝냈어.")과 자신감(예: "난 그거 할 수 있을 것 같아.")을 나타내는 정서를 표현한다.

상징 사용

1. 모방, 관찰, 교수 및 협력을 통해 학습하기

SU1.1 시간이 경과된 후 다른 맥락에서 다양한 행동을 자발적으로 모방하기

준거: 시간이 경과된 후 시범이 주어졌던 맥락과는 다른 맥락에서 자발적으로(즉, 하라는 지시 없이) 일련의 행동을 정확하게 모방하거나 다양한 행위나 단어를 거의 비슷하게 모방한다. 이때 적어도 5개 이상의 다양한 행동(구어 또는 비구어)을 모방한다. 여기서 시간의 경과란 시범을 보인 후 최소한 세 번의 차례 또는 1분 이상이 지났거나 훨씬 더 나중을 의미한다. 다른 맥락이란 다른 활동이나 다른 파트너와의 유사한 활동을 말한다.

SU1.2 사회적 행동을 안내하기 위해 파트너가 시범 보인 행동 사용하기(=MR3.3)

준거: 파트너가 사용한 행동을 관찰하고 그 행동을 보인다. 사회적 맥락에서 어떤 행동을 할지를 안내하며 시범을 보였던 행동을 사용한다. 예를 들어, 수업 중에 또래가 선생님의 주의를 끌기 위해 손을 드는 것을 관찰한 후 의자에 앉아서 선생님이 부르기를 기다리며 손을 들고 있다.

SU1.3 행동을 안내하기 위해 성인이 시범 보인 내재화된 규칙 사용하기(=SR4.1)

준거: 성인이 문화적 규준에 따라 시범을 보인 규칙에 부합하는 행동을 한다. 예를 들어, 허락을 받기 위해 손을 들거나, 물건을 받을 때 파트너에게 감사함을 표시하거나, 누군가와 부딪쳤을 때 "미안합니다." 또는 "실례합니다."라고 말한다.

SU1.4 행동을 안내하기 위해 자기점검이나 혼잣말 사용하기(=SR4.3)

준거: 정서 조절을 위한 도구로 언어를 사용한다. 즉, 일과에서의 변화를 준비하기 위해서, 행동을 조직화하기 위해서, 잠재적인 문제가 있고 정서적으로 조절장애를 일으키는 상황에 대해 논의하기 위해서다. 예를 들어, 다른 아동이 놀리는 것을 관찰한 후 "난 쟤를 무시하고 걸어갈 거야."라고 말하고 실제로 행동에 옮긴다.

SU1.5 문제를 해결할 때 또래와 협력하고 타협하기(=MR3.4)

준거: 해결해야 하는 문제에 직면했을 때 또래와 협력하고 타협하는 도구로 언어를 사용한다. 예를 들어, 단체 퍼즐 활동에서 자신의 퍼즐 부분을 완성하려고 또래에게 퍼즐 조각을 교환하자고 요구하거나 식당 놀이에서 맡을 역할을 타협한다(예: 누가 종업원과 손님 역할을 할 것인지를 또래와 함께 정함, 게임의 규칙을 만들 때 또래와 협력함).

2. 상호적 상호작용에서 비구어 단서와 비문자적 의미 이해하기

SU2.1 차례 주고받기 및 주제 변화에 대한 비구어 단서 이해하기

준거: 파트너의 차례가 끝나고 또는 파트너가 상호작용에 참여하지 않는 것에 대한 단서를 인식하고 적절하게 반응한다(예: 멈춤, 파트너를 보거나 멀어짐, 억양을 올리거나 내림).

SU2.2 정서를 표현하는 비구어 단서 이해하기(=JA2.6)

준거: (1) 몸짓, (2) 표정, (3) 억양(운율)에서 나타나는 파트너의 정서 표현 변화에 적절하게 반응한다. 예를 들어, 파트너가 아동의 행동을 멈추게 하기 위해 엄격한 표정을 보이고 손을 들면 아동은 뒤로 물러선다.

SU2.3 유머와 비유적 표현의 비구어 단서 및 비문자적 의미 이해하기

준거: 유머를 표현하고, 관용어를 이해하고, 주요 단어(다양하게 해석될 수 있는)를 확인하고, 비유적 표현의 의미를 이해하도록 도와주는 중요한 맥락적 단서(예: 환경, 말하는 사람의 관점)를 확인하기 위한 파트너의 (1) 표정과 (2) 억양(운율)의 변화를 이해하고 있다는 것을 알 수 있는 방식으로 반응한다.

SU2.4 놀림, 비꼬는 말, 속임수의 비구어 단서 및 비문자적 의미 이해하기

준거: 놀림, 비꼼, 속임수에 사용되는 말의 예를 파악하고 (1) 맥락적 단서, (2) 몸짓 단서, (3) 얼굴 표정, (4) 억양(운율)에 반응한다.

3. 극놀이와 여가활동에 관습적인 방식으로 참여하기

SU3.1 익숙한 사건에 관한 놀이에서 행동의 논리적 순서 사용하기

준거: 아동이 규칙적으로 경험하고 있는 사건을 포함하여 적어도 네 가지 이상의 행위를 논리적 순서로 조합한다(예: 음식을 준비하고 차리고 먹기, 동물인형을 재울 준비를 함, 인형을 버스에 태우고 운전해서 학교로 이동함).

SU3.2 모형이나 추상적 사물을 소품으로 사용하기

준거: 가상놀이에서 미니어처(예: 작은 피규어나 자동차 놀잇감)나 대체되는 소품(예: 칼로 사용되는 막대기, 전화로 사용되는 블록)을 사용한다.

SU3.3 덜 익숙한 사건에 관한 놀이에서 행동의 논리적 순서 사용하기

준거: 아동이 가끔 경험하는 사건을 포함하여 적어도 네 가지 이상의 행위를 논리적 순서로 조합한다(예: 생일 파티에 감, 병원에 감, 머리를 샴푸하고 자르러 감).

SU3.4 극놀이에서 역할을 맡아 참여하기

준거: 극놀이 중에 역할을 맡아 다양한 형태의 목소리로 이야기를 하거나 비구어로 역할을 수행한다(예: 인형에게 '샴푸하기'와 '자르기'를 함으로써 미용사인 척함, 날아다니는 척하면서 피터팬이 된 것처럼 행동함).

SU3.5 다른 아동과 공동의 놀이 활동에 참여하기

준거: 다른 아동과 함께 공동의 놀이 활동에 참여하고 같은 놀이 목표에 집중한다. 예를 들어, 블록으로 건축물을 세우는 것을 돕거나, 술래잡기를 하거나, 순서대로 마차를 타거나 끌어 준다.

SU3.6 극놀이에서 역할을 맡아 또래와 협력하기

준거: 또래와 협력하는 극놀이 중에 역할을 맡아 이야기를 하거나 비구어로 역할을 수행한다. 예를 들어, 한 아동이 의사 역할을 하고 다른 아동은 환자 역할을 하며 함께 특정 장면을 연기하거나, 한 아동이 피터팬 역할을 하고 다른 아동은 후크 선장 역할을 하며 함께 특정 장면을 연기한다.

SU3.7 규칙이 있는 집단 놀이 활동에 참여하기

준거: 규칙 기반의 여가활동에서 또래와 협력하고 활동에 참여한다. 예를 들어, 발야구에 참여해서 기본적인 규칙(순서 기다리기, 공 차기, 베이스로 달리기, 홈으로 달리기, 수비일 때 공 잡기, 다른 팀의 주자 아웃시키기)을 따른다.

4. 맥락에 적절한 몸짓이나 비구어 행동 사용하기(↔ JA3, MR1)

SU4.1 맥락과 파트너에 맞게 적절한 얼굴 표정 사용하기

준거: 파트너와 맥락을 기초로 적절한 표정(지나치게 제한되거나 과장되지 않은)을 사용한다.

SU4.2 맥락과 파트너에 맞게 적절한 몸짓 사용하기

준거: 주의를 끌기 위해(예: 다른 사람의 어깨 두드리기), 의미를 명확하게 하기 위해(예: 가리키거나 손 들기), 정서를 나누기 위해 적절한 몸짓을 사용한다. 몸짓은 파트너와 맥락을 기초로 적절해야 하며 파트너의 개인적 공간과 사생활을 존중해야 한다.

SU4.3 맥락과 파트너에 맞게 적절한 자세 및 근접성 사용하기

준거: 파트너와 맥락을 기초로 적절한 자세(예: 수업 중 앞을 보기, 대화 중 파트너 쳐다보기)와 근접성(적절한 거리에 위치함)을 사용하며, 파트너의 개인적 공간과 사생활을 존중해야 한다.

SU4.4 맥락과 파트너에 맞게 목소리 크기와 억양 사용하기

준거: 말하는 상대와 맥락의 특성에 따라 목소리의 세기(크기)와 억양(예: 높이, 음질, 비율, 강세, 유창성)을 조절한다(예: 운동장에서는 큰 목소리, 교실에서는 작은 목소리).

5. 의미를 표현하기 위해 생성적 언어 이해하고 사용하기(↔ JA3, MR1)

SU5.1 다양한 상위 수준 관계어 이해하고 사용하기

준거: 다음의 각각의 상위 수준 관계 의미에서 적어도 5개 이상의 단어를 자발적으로 사용한다.

a. 의문사(예: 무엇, 어디, 누구, 언제, 왜)
b. 시간 관계(예: 지금, 나중에, 전에, 후에, 금방)
c. 물리적 관계(예: 색깔, 형태, 딱딱한/부드러운, 큰/작은, 긴/짧은)
d. 수 관계(예: 숫자, 적은, 약간, 많은, 더/덜)
e. 장소 어휘(예: 안에, 위에, 아래에, 옆에, 뒤에, 앞에, ~보다 위에, ~보다 아래에, 왼쪽/오른쪽)
f. 친족 어휘(예: 엄마, 아빠, 동생, 형, 할머니)
g. 원인 어휘(예: 그러나, 그래서, 왜냐하면, 만일, 그렇지 않으면)

SU5.2 어떤 것을 나타내는 지시어 이해하고 사용하기

준거: 다음의 모든 유형에서 사물을 나타내는 단어 형태(말, 수어, 그림, 문자어)를 이해하고 적절하게 사용한다.

a. 적어도 5개 이상의 주격 대명사(예: 나/너, 그/그녀, 그것, 우리/그들)
b. 적어도 5개 이상의 기타 대명사(예: 나의/너의, 그의/그녀의, 너의/나의, 누군가, 아무도, 이것, 저것)
c. 관사(즉, 정관사[the], 부정관사[a])
d. 적어도 5개 이상의 복수형(예: 고양이들, 과자들, 소들, 양들)

SU5.3 다양한 동사구 이해하고 사용하기

준거: 다음의 동사구 유형 중 적어도 5개 이상의 다양한 적절한 형태를 이해하고 사용한다.

a. 본동사(예: 열다, 달리다, 되다, 생각하다)

b. 시제(예: 걷고 있다, 짖다, 떨어졌다, 할 예정이다, 해야 한다)
c. 조동사(예: has, have, had, do, does, did, am, is, are, was, were, been)
d. 법조동사(예: ~하고 싶다, ~할 것이다, ~일 것이다, ~이었을 것이다, ~할 수 있다, ~할 수 있었다)
e. 부정어(예: 아니, 아니다, 아닐 것이다, ~할 수 없다, 아니었다)

SU5.4 다양한 문장 구조 이해하고 사용하기

준거: 다음의 문장 구조 중 적어도 5개 이상의 다양하고 적절한 형태를 이해하고 사용한다.

a. 능동형 평서문(예: 나는 휴식이 필요해, 소년이 자전거를 타고 있다)
b. 명령문(예: 지금 밖으로 나가, 장난감 들어)
c. 부정문(예: 몰라요, 나 그거 못해요)
d. 의문문(예: 도와줄래?, 그 집에 누가 있니?)
e. 삽입문(예: 새가 새장 안에 있다. 나는 밖에 가고 싶어. 내가 먼저 가야 한다고 생각해. 풍선을 팔고 있는 그 남자가 나에게 하나를 주었다)
f. 복합문(예: 어린 소년이 있고, 그 소년은 집으로 뛰어가고 있다. 소년이 넘어져서 울고 있다. 내 일을 다 하고 나면 밖에 나가서 놀 거야)

SU5.5 구어나 쓰기 담화에서 연결된 문장 이해하고 사용하기

준거: 아동은 담화가 진행되는 동안 적어도 4개 이상의 일련의 연결된 문장을 이해하고 사용한다(주제를 유지하고 사람, 장소, 사물에 대한 언급을 연결하기). 구어와 쓰기 담화 모두에서 가능하다.

6. 대화 규칙 따르기

SU6.1 관습에 따라 대화 시작하고 차례 주고받기

준거: 자신의 차례에 그 주제에 맞게 대화하고, 적절한 길이를 유지하다가 차례를 넘김으로써(차례를 독차지하고 있지 않음) 주제를 시작하고 차례를 주고받는 관습을 따른다.

SU6.2 관습에 따라 대화 주제 전환하기

준거: 주제를 변경할 때 어떤 주제가 다음 주제와 어떻게 관련되어 있는지를 명확하게 나타내거나(예: "그것에 대해 나는 _____ 라고 생각해.") 다른 주제로 전환할 것을 제안하는(예: "다른 것에 대해 이야기해 보자.") 등 대화 관습을 따른다.

SU6.3 관습에 따라 대화 종료하기

준거: 언제 대화를 끝내야 하는지를 알고 적절하게 끝맺는 말과 인사를 한다(예: "나 지금 가 봐야 해." "너를 만나서 기뻤어.").

SU6.4 예의범절에 대한 관습 따르고 표현하기

준거: 파트너의 지위(예: 선생님/부모 대 또래), 친숙함(예: 친숙하지 않은 파트너 대 친숙한 파트너), 특정 파트너와의 관계(예: 편한 대 형식이 필요한)에 따라 주제 선택, 어휘 사용, 음성(억양) 적용에 있어서 적절성을 보인다.

정서 조절

상호조절

1. 다양한 정서 표현하기(↔ SU4-SU5)

MR1.1 초기 정서 단어 이해하고 사용하기(=JA2.1, SR3.1)

준거: 적어도 두 가지 이상의 긍정적인 정서(예: 기쁨, 재미, 익살스러움, 좋음)와 두 가지 이상의 부정적인 정서(예: 화, 분노, 슬픔, 아픔, 피로)를 표현하기 위해 언어 발달 초기에 출현하는 구어(예: 말, 수어, 그림)를 사용한다.

MR1.2 상위 수준 정서 단어 이해하고 사용하기(=JA2.3, SR3.2)

준거: 적어도 두 가지 이상의 긍정적인 정서(예: 만족스러운, 희망적인, 신나는, 자

랑스러운, 즐거운, 흥미로운)와 두 가지 이상의 부정적인 정서(예: 좌절되는, 무서운, 걱정되는, 지루한, 스트레스 받는, 공포스러운, 당황스러운, 죄책감 느끼는, 질투 나는)를 표현하기 위해 상위 수준 단어를 사용한다.

MR1.3 단계적인 정서 이해하고 사용하기(=JA2.5, SR3.3)

준거: 정서의 상대적인 강도를 이해하고 표현하는 능력을 보인다. 예를 들어, 마음에 드는 텔레비전 프로그램 시청을 좋아하지만 비디오 게임(가장 좋아하는 활동)을 더 좋아한다고 말하거나, 학교 식당에서의 활동 수준은 방해가 된다고 말하지만 화재경보가 울리는 것은 공포스럽다고 말한다.

MR1.4 파트너의 피드백에 따라 정서 표현 바꾸기

준거: 파트너의 구어 또는 비구어 피드백에 기초하여 정서 표현을 변경한다(예: 파트너가 이러한 맥락에서 웃는 것은 적절하지 않다고 비구어 피드백을 제공할 때 웃음을 멈춤).

MR1.5 정서를 표현하는 비구어 단서 사용하기

준거: (1) 몸짓, (2) 표정, (3) 억양(운율)을 포함한 적절한 비구어 행동으로 정서를 표현하는 능력을 보인다.

2. 파트너가 제공하는 지원에 반응하기

MR2.1 파트너의 위로에 진정하기

준거: 극심한 조절장애 상태, 공포, 또는 예상을 벗어나는 상황을 경험할 때 파트너가 구어 또는 비구어로 위로를 제공하면 빠르게(30초 이내) 달래지거나 진정된다.

MR2.2 파트너가 주의를 환기시킬 때 참여하기

준거: 파트너가 주의를 환기시키고 체계화된 자극을 제공하면 적극적으로 참여한다. 예를 들어, 파트너가 아동과 상호작용하기 위해서 활기차게 구어 또는 비구어 방식을 사용하면 아동은 참여하게 된다.

MR2.3 상호작용 시도에 반응하기

준거: 다른 사람의 상호작용 시도에 반응한다. 이러한 시도와 반응은 비구어 또는 구어로 나타난다. 반응은 반드시 즉각적이고(다른 사람의 시도 후 5초 이내에 반응함) 후속적이어야 한다(관심이나 주제의 초점을 유지함). 이때 반응은 구어 시도에 대한 이해를 동반하지 않아도 된다.

MR2.4 파트너의 정서 표현 변화에 반응하기

준거: 자신의 행동을 바꿈으로써(예: 잠시 멈추기, 빨리 움직이기, 다가가거나 멀어지기) 파트너의 정서 표현 변화에 반응한다. 예를 들어, 파트너가 고개를 끄덕이며 미소 짓는 것을 보고 활동을 계속한다.

MR2.5 파트너의 정서 표현 변화에 동조하기

준거: 파트너의 정서 상태를 반영함으로써 적어도 3명 이상의 파트너의 정서 표현 변화에 동조한다(예: 파트너의 긍정적인 감정에 미소와 웃음으로 반응하거나 부정적인 표현에 대한 반응으로 찡그리거나 움직임을 멈춤).

MR2.6 파트너가 제공한 정보나 전략에 반응하기

준거: 성인이나 또래로부터 배우고 연습하고 논의했던 정보나 전략에 반응한다. 아동은 이러한 정보를 주의력, 민첩성, 활동 수준, 정서, 참여 수준으로 나타나는 각성 수준을 조절하는 데에 사용한다. 예를 들어, 교사의 제안에 따라 학급 친구에게 자신을 놀리거나 방해하지 말라고 말하거나 다른 책상에서 다른 활동을 하겠다고 요청할 수 있으며, 또는 교사가 예측하지 않은 모임 구성에 관한 정보를 전달할 때 각성 수준을 감소시킬 수도 있다.

3. 행동에 대한 피드백 및 안내에 반응하기

MR3.1 정서 표현의 적절성에 대한 피드백에 반응하기

준거: 파트너의 피드백에 기초하여 정서 표현을 수정한다. 특정 사회적 맥락에서 표현의 적절성과 관련해서 받은 피드백에 대해 차별적으로 반응한다. 예를 들어, 화가 나서 소리를 내기 시작하지만 교사가 "무슨 일인지 말해 보렴."이라고 말

하면 "나 화났어요. 나도 그네 타고 싶어요."라고 말한다.

MR3.2 조절 전략의 적절성에 대한 피드백에 반응하기

준거: 파트너의 피드백에 기초하여 조절 전략을 수정한다. 특정 사회적 맥락에서 전략의 적절성과 관련해서 받은 피드백에 대해 차별적으로 반응한다. 예를 들어, 파트너 쪽으로 뛰어들려고 시도했지만 파트너가 그것을 막기 위해 "뭐가 필요하니?"라고 물으면 "나 안아주세요."라고 말한다.

MR3.3 사회적 행동을 안내하기 위해 파트너가 시범 보인 행동 사용하기(=SU1.2)

준거: 파트너가 사용한 행동을 관찰하고 그 행동을 보인다. 사회적 맥락에서 어떤 행동을 할지를 안내하며 시범을 보였던 행동을 사용한다. 예를 들어, 수업 중에 또래가 선생님의 주의를 끌기 위해 손을 드는 것을 관찰한 후 의자에 앉아서 선생님이 부르기를 기다리며 손을 들고 있다.

MR3.4 문제를 해결할 때 또래와 협력하고 타협하기(=SU1.5)

준거: 해결해야 하는 문제에 직면했을 때 또래와 협력하고 타협하는 도구로 언어를 사용한다. 예를 들어, 퍼즐 활동에서 자신의 퍼즐 부분을 완성하려고 또래에게 퍼즐 조각을 교환하자고 요구하거나 식당 놀이에서 맡을 역할을 타협한다(예: 누가 종업원과 손님 역할을 할 것인지를 또래와 함께 정함, 게임의 규칙을 만들 때 또래와 협력함).

MR3.5 합의점에 도달하기 위해 타협하는 동안 파트너의 의견 수용하기

준거: 합의점에 도달하기 위해 타협하는 동안 파트너가 제안한 의견을 인정하고 동의한다. 예를 들어, 휴식시간 전에 학급 친구에게 "밖에서 농구하고 싶어."라고 말하지만 친구가 "이번에는 내가 선택할 차례야. 나는 야구하고 싶어."라고 하면 "알겠어. 먼저 야구하고 다음에는 농구하자."라고 말한다.

4. 상태를 조절하기 위해 파트너에게 도움 청하기

MR4.1 위로를 구하기 위해 부정적인 정서 공유하기

준거: 위로를 구하기 위해 **부정적인 정서**(고통이나 좌절에 대한 명확한 발성이나 얼굴 표정으로 몸짓이나 자세의 변화가 동반될 수 있음) 또는 언어를 표현하며, 쳐다보기, 다가가기(예: 누군가를 향해 걸어감), 몸짓하기(예: 손을 흔듦), 만지기(예: 어깨를 두드림)를 통하여 다른 사람과 그러한 정서를 공유한다.

MR4.2 상호작용을 하기 위해 긍정적인 정서 공유하기

준거: 상호작용을 하기 위해 **긍정적인 정서**(기쁨이나 흥분을 나타내는 명확한 얼굴 표정으로 깔깔 웃기, 환호성 지르기, 언어 등의 발성을 동반하거나 동반하지 않을 수 있음)를 표현하며, 쳐다보기, 다가가기(예: 그 사람을 향해 걸어감), 몸짓하기(예: 손을 흔듦), 만지기(예: 어깨를 두드림)를 통하여 다른 사람과 그러한 정서를 공유한다.

MR4.3 다른 사람의 행동을 조절하기 위해 의도 공유하기(=JA3.1)

준거: 다음의 모든 이유로 구어(말, 수어, 그림)를 사용한다: (1) 다른 사람으로부터 필요한 물건을 받기 위해서 또는 컴퓨터 켜기와 같은 행동을 부탁하기 위해 사물과 활동을 요구함, (2) 혼자서 할 수 없는 행동을 수행할 때 다른 사람에게 도움이나 지원을 받기 위해 도움을 청함, (3) 진행 중인 활동으로부터 휴식을 요구함, (4) 다른 사람에게 원하지 않는 물건을 치우게 하거나 원하지 않는 행동이나 활동을 못하게 하기 위해 거부하거나 거절함.

MR4.4 사회적 상호작용을 위해 의도 공유하기(=JA3.2)

준거: 다음의 모든 이유로 구어(말, 수어, 그림)를 사용한다: (1) 들어오거나 떠나는 사람을 인지하거나 상호작용의 시작과 종료를 나타내기 위해 인사하기(예: 손을 흔들면서 사람의 이름과 함께 "안녕." "잘 가."라고 말함), (2) 다른 사람의 주의를 끌기 위해 부르기, (3) 고통, 짜증, 두려움으로부터 안정을 찾기 위해 위로 구하기, (4) 차례 주고받기를 지속하기 위해 상호작용 조절하기, (5) 어떤 행동을 하기 위한 다른 사람의 동의를 구하기 위해 허락 구하기, (6) 파트너의 성공이나 성취에 대해 관심을 보이려고 파트너 칭찬하기, (7) 파트너의 긍정적인 또는 부정적인 경험에

대해 공감 표현하기, (8) 다른 사람을 신뢰하고 비밀 공유하기.

MR4.5 공동관심을 위해 의도 공유하기(=JA3.3)

준거: 다음의 모든 이유로 구어(말, 수어, 그림)를 사용한다: (1) 현재, 과거, 상상의 사건에 대해 다른 사람이 알 수 있게 언급함, (2) 무엇, 하고 있는 것, 누가, 언제, 그리고 예/아니요 질문에 반응하기 위해 현재 또는 과거 사건에 대해 요구된 정보를 제공함, (3) 현재, 과거, 미래 사건에 대한 정보를 요구함, (4) 기분이나 의견을 표현함, (5) 결과를 예상하고 계획함.

MR4.6 갈등 및 문제 해결 상황에서 지원 요구하기

준거: 갈등이나 문제를 해결해야 할 상황에서 지원을 요구할 수 있다. 예를 들어, 다른 아동이 놀리는 것을 보았을 때 그러한 행동을 그만두게 하기 위한 방법을 알아내려고 교사에게 도움을 청하거나, 버스를 놓치면 어떻게 해야 할지에 대해 엄마에게 질문한다.

5. 파트너의 지원을 받아 극심한 조절장애로부터 회복하기

극심한 조절장애는 참여나 학습을 할 수 없으며 강한 정서를 경험할 수도 있는 상태를 말한다. 정의에 따르면 극심한 조절장애 상태는 아동이 생산적인 방법으로 상호작용을 하거나 활동에 참여하는 능력을 방해한다. 극심한 조절장애는 잠깐 또는 가끔씩 나타나는 것이 아니며 일정기간 내 지속적으로 또는 주기적으로 나타 날 수 있다. 극심한 조절장애는 다음과 같은 행동으로 나타난다: (1) 격렬하고 크게 낙심한 것으로 보이는 괴로움의 표현, (2) 활동이나 다른 사람에 대한 관심의 완전한 상실, (3) 격렬하고 파괴적인 발성(예: 울기, 소리 지르기, 신음하기)이나 비구어 행동(예: 휘두르기, 자신이나 다른 사람을 향한 치기, 때리기, 물기), (4) 광적인 움직임 활동, (5) 장시간에 걸친 극도의 단절과 비참여 등. 극심한 조절장애는 각성수준이 매우 높거나(즉, 극심한 괴로움이나 흥분) 매우 낮은(즉, 극단적으로 수동적인 비참여) 상태와 관련될 수 있으며, 두 가지 다 참여를 방해한다.

MR5.1 활동으로부터 떨어져 있게 하는 방법으로 회복을 지원하는 파트너의 노력에 반응하기

준거: 극심한 조절장애 상태에 이른 후, 아동에게 지나치게 자극적이거나 원하지 않는 활동으로부터 떨어져 있게 하는 것으로 아동의 관심의 초점을 바꿔 주고 회복을 지원하려는 파트너의 시도에 반응한다.

MR5.2 파트너의 행동 전략 사용에 반응하기

준거: 극심한 조절장애 상태로부터의 회복을 돕기 위한 파트너의 행동 전략(예: 안아주기, 깊게 호흡하기, 공을 꽉 쥐기와 같은 간단한 동작이나 감각운동 전략)의 사용에 반응한다.

MR5.3 파트너의 언어 전략 사용에 반응하기

준거: 극심한 조절장애 상태로부터의 회복을 돕기 위한 파트너의 언어 전략(예: 진정시키는 소리, 정보 제공하기, 10까지 천천히 세기) 사용에 반응한다.

MR5.4 상호작용이나 활동에 다시 참여하게 하기 위한 파트너의 시도에 반응하기

준거: 극심한 조절장애로부터 회복된 후에(잘 조절된 상태로 돌아감) 상호작용이나 활동에 다시 참여하게 하기 위한 파트너의 시도에 반응한다.

MR5.5 파트너의 지원을 받아 극심한 조절장애로부터 회복되는 시간 단축하기

준거: 시간이 지날수록 파트너의 지원을 받아 극심한 조절장애로부터의 회복(학습하거나 참여할 수 있는 상태로 돌아옴)에 걸리는 시간이 단축된다.*

MR5.6 파트너의 지원을 받아 극심한 조절장애 상태의 강도 줄이기

준거: 시간이 지날수록 파트너의 지원을 받아 극심한 조절장애 중에 나타나는 정서 반응의 강도나 각성 상태 또는 에너지 수준의 변화가 감소한다.*

* 대화 파트너 단계의 목표 MR5.5와 MR5.6을 위한 아동 고유의 준거를 세우기 위해서는 오랜 시간 아동을 관찰한 사람과의 면담을 통해 수집된 정보에 의존할 필요가 있다.

자기조절

1. 학습 또는 상호작용의 가능성 보이기

SR1.1 차별화된 정서로 감각 및 사회적 경험에 반응하기

준거: 다양한 감각 및 사회적 경험에 대하여 차별화된 정서로 반응한다(예: 즐거운 활동 중에는 기쁨이나 흥분을 나타내며, 스트레스를 받거나 기쁘지 않은 활동 중에는 불쾌감을 나타내고, 익숙하지 않거나 두려운 활동에 대해서는 불안이나 근심을 나타냄).

SR1.2 사회적 파트너의 관심 초점 따르기(=JA1.1)

준거: 진행되는 활동 중에 다른 사람이 주목하는 것을 자발적으로 쳐다본다. 이러한 행동은 다른 사람의 몸짓이 나타내는 것을 쳐다보거나, 다른 사람이 주목하고 있는 곳을 보거나, 또는 다른 사람이 하거나 말하고 있는 것에 대해 의사소통하는 등의 행동으로 나타난다.

SR1.3 경험을 공유하기 위해 청자 및 화자의 역할을 바꾸어 가며 상호작용하기 (=JA4.1)

준거: 경험을 공유하기 위해 청자 및 화자의 역할에 참여한다. 아동과 파트너 간에 적어도 네 차례 이상의 연속적인 교환 동안 주제에 집중하는 것이 가능하다. 여기서 교환은 아동의 차례와 파트너의 차례로 구성된다.

SR1.4 행위 및 행동 억제 능력 보이기

준거: 특정 행동이 부적절하다는 것을 알고 있는 상황에서 행위 및 행동을 억제하는 능력을 보인다. 이러한 행동은 파트너의 촉진 없이 나타난다. 예를 들어, 교사의 질문에 대답하기 위해 이름이 불릴 때까지 기다리거나, 물건을 던지거나 강하게 두드리기 시작했다가 금방 그만둔다.

SR1.5 합리적인 요구를 지닌 과제 지속하기

준거: 과제의 요구가 합리적일 때 과제를 완성하기 위한 노력을 유지한다. 합리

적인 요구란 과제가 발달상 적절한지 또는 아동이 잘 조절된 상태에 있는지 등을 고려한다. 아동은 과제를 성공적으로 완수할 필요는 없지만 그러한 노력을 보여야 한다. 예를 들어, 수학 학습지를 완수하기 힘들어하고 줄을 서서 기다리는 데 어려움을 보이더라도 그러한 과제를 포기하지 않고 지속하기 위해 노력한다.

SR1.6 맥락에 적절하게 정서 표현하기

준거: 환경 내에서 사회적 또는 감각적 변수를 고려하여 적절하고 다양한 정서(긍정적, 중립적, 부정적)를 표현한다. 표현되는 정서의 범위는 전 단계에서 나타난 것보다 확장되어 사회적 이해를 기반으로 한다(예: 자부심, 죄책감, 부끄러움). 예를 들어, 어려운 활동을 완성한 후에 선생님 앞에 당당히 서서 활짝 미소 지으며 "하이파이브"를 한다.

2. 익숙한 활동 중에 각성 수준을 조절하기 위해 행동 전략 사용하기

행동 전략은 아동이 각성 수준을 조절하기 위해 사용하는 단순한 동작이나 감각운동 전략이다. 이것은 아동의 집중하는 정도, 의식 수준, 활동 수준, 감정, 그리고 참여에 따라 달라진다.

SR2.1 혼자 하는 활동 및 사회적 활동 중에 각성 수준을 조절하기 위해 행동 전략 사용하기

준거: 혼자 하는 활동과 사회적 활동 중에 각성 수준을 높이거나(각성 수준이 낮을 때) 낮추기(각성 수준이 높을 때) 위해 행동 전략을 사용한다. 혼자 하는 활동 중에 사용될 수 있는 행동 전략의 예로는 껌 씹기, 몸을 앞뒤로 흔들기, 양손을 꼭 쥐기, 발끝으로 서기, 손 흔들기, 이 갈기, 점프하기, 제자리 돌기, 먹기, 음악 듣기 등이 있다. 사회적 상호작용 중에 사용될 수 있는 행동 전략의 예로는 편안한 물건 갖고 있기, 시선 피하기, 손을 꽉 쥐기, 점프하기, 껴안기, 먹기, 씹기, 발끝으로 걷기, 사회적 게임을 하기 위해 다른 사람에게 다가가기 등이 있다. 과다 각성은 과도한 감각 자극, 지나친 흥분, 스트레스 사건 때문에 나타날 수 있다. 과소 각성은 피로, 지루함, 조직화된 자극의 부족으로 인해 발생할 수 있으며, 결과적으로 관심 결여나 무반응으로 나타날 수도 있다.

SR2.2 각성 수준을 조절하기 위해 파트너가 시범 보인 행동 전략 사용하기

준거: 파트너가 각성 수준을 조절하기 위해 시범을 보여 준 행동 전략(단순한 동작이나 감각운동 전략)을 시범 직후나 나중에 모방하여 사용한다(예: 손을 꽉 쥐기, 점프하기, 발 구르기, 심호흡하기).

SR2.3 장시간의 활동에 생산적으로 참여하기 위해 행동 전략 사용하기

준거: 장시간(적어도 10~15분)의 활동에 생산적으로 참여하기 위해 각성 수준을 조절할 필요가 있을 때 행동 전략(단순한 동작이나 감각운동 전략)을 사용한다(예: 껌 씹기, 물건이나 스트레스 볼 꽉 쥐기, 다리 떨기, 의자에서 앞뒤로 흔들기, 작은 놀잇감 만지작거리며 놀기).

3. 익숙한 활동 중에 각성 수준을 조절하기 위해 언어 전략 사용하기

언어 전략은 아동이 각성 수준을 조절하기 위해 사용하는 단어 또는 기타 상징(예: 수어, 그림)을 말한다. 이것은 아동의 집중하는 정도, 의식 수준, 활동 수준, 감정, 그리고 참여에 따라 달라진다. 언어 전략은 창조적 발성이나 지연반향어를 포함한다.

SR3.1 초기 정서 단어 이해하고 사용하기(=JA2.1, MR1.1)

준거: 적어도 두 가지 이상의 긍정적인 정서(예: 기쁨, 재미, 익살스러움, 좋음)와 두 가지 이상의 부정적인 정서(예: 화, 분노, 슬픔, 아픔, 피로)를 표현하기 위해 언어 발달 초기에 출현하는 구어(예: 말, 수어, 그림)를 사용한다.

SR3.2 상위 수준 정서 단어 이해하고 사용하기(=JA2.3, MR1.2)

준거: 적어도 두 가지 이상의 긍정적인 정서(예: 만족스러운, 희망적인, 신나는, 자랑스러운, 즐거운, 흥미로운)와 두 가지 이상의 부정적인 정서(예: 좌절되는, 무서운, 걱정되는, 지루한, 스트레스 받는, 공포스러운, 당황스러운, 죄책감 느끼는, 질투 나는)를 표현하기 위해 상위 수준 단어를 사용한다.

SR3.3 단계적인 정서 이해하고 사용하기(=JA2.5, MR1.3)

준거: 정서의 상대적인 강도를 이해하고 표현하는 능력을 보인다. 예를 들어, 마음에 드는 텔레비전 프로그램 시청을 좋아하지만 비디오 게임(가장 좋아하는 활동)을 더 좋아한다고 말하거나, 학교 식당에서의 활동 수준은 방해가 된다고 말하지만 화재경보가 울리는 것은 공포스럽다고 말한다.

SR3.4 혼자 하는 활동 및 사회적 활동 중에 각성 수준을 조절하기 위해 언어 전략 사용하기

준거: 혼자 하는 활동과 사회적 활동 중에 각성 수준을 높이거나(각성 수준이 낮을 때) 낮추기(각성 수준이 높을 때) 위해 언어 전략을 사용한다. 혼자 하는 활동 중에 사용될 수 있는 언어 전략의 예로는 넘어진 후에 "난 괜찮아."라고 말하기, 혼자 놀고 있을 때 "화나."라고 말하기, 두려울 때 "걱정하지 마."라고 말하기 등이 있으며, 이 모든 것은 아동의 정서 상태를 정확하게 구별하고 있지만 다른 사람을 향하지는 않는다. 사회적 상호작용 중에 사용될 수 있는 언어 전략의 예로는 조직화 또는 주의집중을 돕기 위해 "깨어 있어야지."나 "나는 열심히 하고 있어."라고 말함으로써 자신의 정서 상태를 확인하거나 내적 상태나 활동을 언급하는 것을 들 수 있다. 언어가 사회적인 맥락에서 사용된다 하더라도 상호조절로서 다른 사람으로부터 지원을 유도하기 위한 시도가 아닐 수 있다. 과다 각성은 과도한 감각 자극, 지나친 흥분, 스트레스 사건 때문에 나타날 수 있다. 과소 각성은 피로, 지루함, 조직화된 자극의 부족으로 인해 발생 할 수 있으며, 결과적으로 관심 결여나 무반응으로 나타날 수도 있다.

SR3.5 각성 수준을 조절하기 위해 파트너가 시범 보인 언어 전략 사용하기

준거: 각성 수준을 조절하기 위해 파트너가 시범을 보여 준 언어 전략(단어나 기타 상징, 예: 수어, 그림)을 시범 직후나 나중에(지연반향어) 모방하여 사용한다(예: 아동이 스트레스 상황을 조절하기 위해 "화재경보 모두 끝." "엄마는 기뻐." "일을 끝내고 그다음 간식시간."이라는 언어를 사용함).

SR3.6 장시간의 활동에 생산적으로 참여하기 위해 언어 전략 사용하기

준거: 장시간(적어도 10~15분)의 활동에 생산적으로 참여하기 위해 각성 수준을

조절할 필요가 있을 때 언어 전략(단어나 기타 상징, 예: 수어, 그림)을 사용한다. 예를 들어, 주의집중을 유지하려고 아동이 자신의 정서를 구별하고 지시(예: "구슬을 놔야지." "탑을 만들자." "세 개만 더하면 끝." "먼저 빵에 땅콩버터를 바르고 그다음 젤리를 바르자.")를 반복할 수 있다.

4. 익숙한 활동 중에 각성 수준을 조절하기 위해 초인지 전략 사용하기

SR4.1 행동을 안내하기 위해 성인이 시범 보인 내재화된 규칙 사용하기(=SU1.3)

준거: 성인이 문화적 규준에 따라 시범을 보인 규칙에 부합하는 행동을 한다. 예를 들어, 허락을 받기 위해 손을 들거나, 물건을 받을 때 파트너에게 감사함을 표시하거나, 누군가와 부딪쳤을 때 "미안합니다." 또는 "실례합니다."라고 말한다.

SR4.2 활동 계획을 달성하기 위해 초인지 전략 사용하기

준거: 초인지 전략은 조직화를 지원하고 행동을 안내하는 주의집중이나 각성 수준을 조절하는 인지 과정에 대하여 성찰하고 이야기하는 능력을 말한다. 아동은 자신이 주의를 기울이고 과제에 대한 기대를 충족시키기 위해 스스로를 돕는 지원의 방법으로 초인지 전략을 사용하거나 참조한다. 예를 들어, 숙제를 기억하기 위해 목록을 만들거나 과제를 조직화하고 단계를 수행하기 위해 일정표를 만들 수도 있다.

SR4.3 행동을 안내하기 위해 자기점검이나 혼잣말 사용하기(=SU1.4)

준거: 정서 조절을 위한 도구로 언어를 사용한다. 즉, 일과에서의 변화를 준비하기 위해서, 행동을 조직화하기 위해서, 잠재적인 문제가 있고 정서적으로 조절장애를 일으키는 상황에 대해 논의하기 위해서다. 예를 들어, 다른 아동이 놀리는 것을 관찰한 후 "난 쟤를 무시하고 걸어갈 거야."라고 말하고 실제로 행동에 옮긴다.

SR4.4 정서 조절을 돕기 위해 정서 기억 사용하기

준거: 특정 사건이나 사람과 관련된 정서 경험을 반영해서 같거나 유사한 상황에서 정서 조절을 돕기 위해 전략을 적용한다. 예를 들어, 소방훈련에 대한 방송을 듣고 이전의 소방훈련에 대한 부정적인 경험을 기억해서 소음을 막기 위한 헤드

폰을 사용하거나 학교에서 과거에 자신을 놀렸던 아이를 피한다.

SR4.5 조절 지원 전략 파악하고 반영하기

준거: 효과적인 자기조절 능력을 보이고 반영한다. 예를 들어, 스트레스를 받을 때나 혼자 있을 때 무엇을 할 수 있는지 질문하면 편안한 음악을 듣거나 트램펄린에서 뛰거나 좋아하는 책을 읽는다고 설명한다.

5. 새롭고 변화하는 상황에서 정서 조절하기

SR5.1 새롭고 변화하는 상황에서 각성 수준을 조절하기 위해 행동 전략 사용하기

준거: 새롭거나(익숙하지 않은) 변화(예상되지 않는 특징)가 있는 상황에서 각성 수준과 정서 반응의 강도를 조절하기 위해 행동 전략을 사용한다. 이와 같은 행동 전략은 발가락으로 두드리기나 껌 씹기 등의 관습적인 감각운동을 포함할 수 있다. 이러한 전략은 보다 조절된 상태나 그 상태를 유지하는 데 도움이 되는 특이한 행동일 수 있다(예: 발끝으로 걷기, 손 흔들기, 몸을 앞뒤로 흔들기). **새로운 상황**은 아동에게 익숙하지 않은 활동 또는 그 활동의 특징을 말한다(예: 참여해 본 적이 없는 활동, 익숙한 활동에 합류한 새로운 사람). **변화하는 상황**은 주요 특징(예: 감각 자극, 활동 수준, 활동 순서, 과제 난이도)에 변화가 있거나 예상되지 않는 특징(예: 장소나 순서가 평소 일과와 다르거나 너무 빨리 종료되는 등 예상할 수 없는 사건)이 포함된 상황을 말한다.

SR5.2 새롭고 변화하는 상황에서 각성 수준을 조절하기 위해 언어 전략 사용하기

준거: 새롭거나(익숙하지 않은) 변화(예상되지 않는 특징)가 있는 상황에서 각성 수준과 정서 반응의 강도를 조절하기 위해 언어 전략(예: 상황과 관련된 창의적인 언어, 지연반향어)을 사용한다. 예를 들어, 처음으로 동물원에 가서 집중하거나 신경 에너지를 관리하기 위해 "나는 동물원에서 하마 보는 게 좋아."라고 반복해서 말한다.

SR5.3 새롭고 변화하는 상황에서 각성 수준을 조절하기 위해 초인지 전략 사용하기

새롭거나(익숙하지 않은) 변화(예상되지 않는 특징)가 있는 상황에서 각성 수준과 정서 반응의 강도를 조절하기 위해 초인지 전략(예: 자기 조절을 위해 전략을 생각하고 말함)을 사용한다. 예를 들어, 영화가 시작될 때 "혹시 영화가 너무 무서우면 매점에 음료수를 사러 갈 거야."라고 혼잣말을 하고 영화의 소리가 너무 크면 말한 것을 실행한다.

SR5.4 전이 중 각성 수준을 조절하기 위해 행동 전략 사용하기

준거: 활동과 활동 간 이동 중에 각성 수준과 정서 반응의 강도를 조절하기 위해 행동 전략을 사용한다. 예를 들어, 활동과 활동 간 이동 중에 조절된 상태를 유지하기 위해 양손을 꼭 쥐거나 심호흡을 하는 등 관습적인 감각운동 또는 독특한 행동(예: 점프하기, 손가락을 구부림)을 사용할 수 있다.

SR5.5 전이 중 각성 수준을 조절하기 위해 언어 전략 사용하기

준거: 활동과 활동 간 이동 중에 각성 수준과 정서 반응의 강도를 조절하기 위해 언어 전략을 사용한다. 예를 들어, 이동 중에 익숙해진 노래를 부르거나, "먼저 과학수업을 하고 그 다음에 휴식하러 나가자."라고 파트너가 말한 것을 반복하거나, 교실에서 나가서 버스를 타러 가기 위해 다른 아동으로부터 떨어져 기다리는 도중에 "먼저 기다려야 해. 그래야 바로 갈 수 있어."라고 말한다.

SR5.6 전이 중 각성 수준을 조절하기 위해 초인지 전략 사용하기

준거: 활동과 활동 간 이동 중에 각성 수준과 정서 반응의 강도를 조절하기 위해 초인지 전략을 사용한다. 예를 들어, 교실에서 카페로 이동 중에 학교 복도 벽에 있는 그림의 수 세기와 같이 잘 조절된 상태를 유지하기 위한 아이디어를 생각해내고 교사에게 그 계획을 말하고 실행에 옮길 수 있다. 이처럼 아동은 이동 중의 불확실성은 불안의 원인이 된다는 것을 알며, 따라서 이동하는 중에 반복해서 말하기 위한 의도로 파트너에게 이동과 관련된 몇 가지 주요 정보(예: 어디? 언제? 얼마나 오래?)에 대하여 질문한 후 실제로 이동 중에 실행한다.

6. 극심한 조절장애로부터 스스로 회복하기

극심한 조절장애는 참여나 학습을 할 수 없으며 강한 정서를 경험할 수도 있는 상태를 말한다. 정의에 따르면 극심한 조절장애 상태는 아동이 생산적인 방법으로 상호작용을 하거나 활동에 참여하는 능력을 방해한다. 극심한 조절장애는 잠깐 또는 가끔씩 나타나는 것이 아니며 일정기간 내 지속적으로 또는 주기적으로 나타 날 수 있다. 극심한 조절장애는 다음과 같은 행동으로 나타난다: (1) 격렬하고 크게 낙심한 것으로 보이는 괴로움의 표현, (2) 활동이나 다른 사람에 대한 관심의 완전한 상실, (3) 격렬하고 파괴적인 발성(예: 울기, 소리 지르기, 신음하기)이나 비구어 행동(예: 휘두르기, 자신이나 다른 사람을 향한 치기, 때리기, 물기), (4) 광적인 움직임 활동, (5) 장시간에 걸친 극도의 단절과 비참여 등. 극심한 조절장애는 각성 수준이 매우 높거나(즉, 극심한 괴로움이나 흥분) 매우 낮은(즉, 극단적으로 수동적인 비참여) 상태와 관련될 수 있으며, 두 가지 다 참여를 방해한다.

SR6.1 지나치게 자극적이거나 원하지 않는 활동으로부터 스스로 떠나기

준거: 극심한 조절장애 상태에 이른 후, 지나치게 자극적이거나 원하지 않는 활동으로부터 스스로 떠난다.

SR6.2 극심한 조절장애로부터 회복하기 위해 행동 전략 사용하기

준거: 극심한 조절장애 상태로부터 회복(최적의 각성 수준으로 돌아감)되기 위해 행동 전략(예: 단순한 동작이나 감각운동 전략)을 사용한다.

SR6.3 극심한 조절장애로부터 회복하기 위해 언어 전략 사용하기

준거: 극심한 조절장애 상태로부터 회복되기 위해 언어 전략(단어 또는 기타 상징, 예: 수어, 그림)을 사용한다.

SR6.4 극심한 조절장애로부터 회복된 후 상호작용이나 활동에 다시 참여하기

준거: 극심한 조절장애로부터 회복(최적의 각성 수준으로 돌아감)된 후에 상호작용이나 활동으로 되돌아오거나 다시 참여하는 것이 가능하다.

SR6.5 극심한 조절장애로부터 회복되는 시간 단축하기

준거: 시간이 지날수록 극심한 조절장애로부터의 회복(최적의 각성 수준으로 돌아감)에 걸리는 시간이 단축된다.*

SR6.6 조절장애 상태의 강도 줄이기

준거: 시간이 지날수록 극심한 조절장애 중에 나타나는 정서 반응의 강도나 각성 상태 또는 에너지 수준의 변화가 감소한다.*

* 대화 파트너의 단계의 목표 SR6.5와 SR6.6을 위한 아동 고유의 준거를 세우기 위해서는 오랜 시간 아동을 관찰한 사람과의 면담을 통해 수집된 기초선 정보에 의존할 필요가 있다.

교류 지원

대인관계 지원

1. 파트너는 아동에게 반응적이다.

IS1.1 아동의 관심 초점 따르기

준거: 파트너는 (1) 아동이 관심을 기울이고 있는 것에 대해 말하고 쳐다보며, (2) 아동에게 당장 활동으로 되돌아오라고 지시하기 전에 아동이 관심을 기울이는 것에 대하여 인식함으로써 아동의 관심 초점을 따른다. 예를 들어, (1) 집에서 놀다가 아동이 창밖을 내다본다면 어머니는 아동과 함께 창문 너머로 지나가는 자동차를 바라보거나 가리키고, 교사는 자유놀이 중에 블록놀이를 하는 아동의 놀이를 주목하고 "궁전처럼 만들었네."라고 말해 주며, (2) 수학시간에 특별한 관심 영역(예: 해리 포터)에 대해 대화를 시작하는 아동에게 "수연이가 해리 포터 영화를 좋아하는구나. 수학이 끝나고 점심시간에 그 영화에 대해 얘기해 보자."라고 말하면서 그 주제를 인정해 준 후 활동에 다시 집중할 수 있도록 지시함으로써 아동의 관심 초점을 따른다.

IS1.2 아동의 정서 및 속도에 맞추기

준거: 파트너는 아동의 정서 표현을 인지하고 그에 따라 자신의 상호작용 스타일을 조정한다. 예를 들어, 아동이 성취에 대한 기쁨을 표현할 때 미소를 짓고 적극적으로 반응하며, 아동이 좌절했을 때에는 걱정하는 눈빛으로 안심시키고, 아동이 혼란스러워하고 또래에 비해 뒤처질 때에는 상호작용의 속도를 늦춰 준다.

IS1.3 의사소통 효능감을 증진시키기 위해 아동의 신호에 적절하게 반응하기

준거: 아동이 보내는 비구어 또는 구어 신호에 반응한다. 만약 아동의 신호가 사회적으로 부적절하거나 관습적이지 않은 경우 파트너는 아동의 의사소통 노력을 인정해 주고 보다 적절한 방법을 시범 보인다. 예를 들어, 눈이 오기 시작할 때 아동이 흥분해서 "비가 엄청 쏟아지네."라고 말을 하면 "맞아. 눈이 많이 내리네."라고 반응한다.

IS1.4 각성 수준을 조절하기 위한 아동의 행동, 언어, 초인지 전략 인식하고 지원하기

준거: 파트너는 아동의 각성 수준을 조절하기 위한 행동, 언어 및 초인지 전략 사용을 인식하고 그러한 전략을 지원한다. 예를 들어, 아동이 정신을 차리고 힘을 내려는 목적으로 점프를 하거나 움직이려고 할 때 파트너는 이러한 전략을 지지하고 병합하기 위해서 상호작용을 수정하고, 만일 아동이 조직화의 한 방법으로 파트너에게 치대며 압력을 구하려고 하면 아동을 안아 줌으로써 압력을 제공한다.* 특정 상황에서 아동이 큰 목소리로 말을 하면 파트너는 소음에 대한 정보를 제공할 수도 있다. 또한 아동이 학기의 첫 주에 갖게 되는 걱정을 해소하기 위한 방법에 대해 묻는다면 잘 조절하기 위해 사용할 수 있는 전략에 대해 이야기해 볼 수 있다.

* 여기서 압력은 안아줄 때 또는 몸을 꽉 조일 때 느끼는 압박감을 말한다.

IS1.5 조절장애 신호 인식하고 지원하기

준거: 파트너는 아동의 조절장애 신호를 알아차린다. 예를 들어, 괴로움이나 극도의 흥분으로 인하여 각성 상태가 너무 높거나 또는 무관심이나 피로로 인하여

각성 상태가 너무 낮아서 학습이나 참여가 불가능하다는 행동 신호를 보일 때 지원을 제공한다. 파트너는 아동의 각성 상태에 따른 적절한 도움을 제공하여 아동이 각성 상태를 조절하게 해 준다. 도움의 방식으로는 (1) 적절한 행동, 언어, 초인지 전략의 시범, (2) 조절장애 상태에서 혼잣말하기 교수, (3) 적절한 조절 방식 결정을 위한 아동과의 협력 등이 있다.

IS1.6 상태를 조절할 수 있도록 정보와 도움 제공하기

준거: 파트너는 아동이 조절장애만을 해결하기보다 조절된 상태를 유지하거나 조절장애를 예방하도록 돕는다. 예를 들어, (1) 스트레스성 사건이 일어날 것이라는 것을 미리 알고 혼잣말이나 자기점검("화재경보기가 켜지면 귀를 막아서 소음을 줄여야지.") 방법을 시범 보이고, (2) 상호작용 중에 또래와 협력하는 아동의 의견을 인정해 준다("다른 의견이 있을 때에 친구들끼리는 타협할 수 있단다. 누구나 자신의 생각을 나눌 수 있고 생각을 바꿀 수도 있기 때문에 그렇게 하면 모두가 행복하지.").

IS1.7 필요할 때 상호작용이나 활동으로부터 휴식 제공하기

준거: 아동의 행동이 휴식을 필요로 하는 것 같아 보이거나(예: 각성 상태, 관심의 초점, 활동 수준, 정서 상태의 변화로 나타남) 한 가지 활동에 오랫동안 참여했을 경우 상호작용 또는 활동으로부터 휴식을 계획하거나 제공하거나 허용한다. 휴식은 진행 중인 활동을 잠시 멈추거나 중단하는 것일 수 있으며, 휴식을 취하는 동안에는 집중하거나 참여하도록 어떤 요구도 해서는 안 된다. 휴식은 현재 있던 곳에서 또는 다른 곳에서 취할 수 있다.

IS1.8 휴식에 이어 상호작용이나 활동에 다시 참여하도록 촉진하기

준거: 아동이 진행 중인 활동에 온전히 참여할 수 있는 적절한 각성 수준과 정서 상태를 보이면 휴식 후에 이어지는 상호작용과 활동에 다시 참여하도록 촉진한다.

2. 파트너는 시작행동을 촉진한다.

IS2.1 비구어 또는 구어로 선택의 기회 제공하기

준거: 아동의 각성 상태에 따라 구어 또는 비구어로 선택할 수 있는 기회를 제공

한다. 예를 들어, 아동이 고도의 각성 상태에 있다면 비구어를 사용하여 기회를 제공한다. 아동이 잘 조절된 상태인 경우에는 구어를 사용하여 기회를 제공한다. 선택은 무엇을 먹을지, 무엇을 입을지, 어떤 활동에 참여할지, 활동에 어떤 물건을 사용할지 등을 포함한다.

IS2.2 시작행동 기다리고 격려하기

준거: 파트너는 아동이 비구어 또는 구어 신호를 사용해서 시작행동을 하도록 기다리고 시작행동을 격려하기 위해서 기대하는 눈빛으로 바라본다. 예를 들어, 선택의 기회가 제공되거나 의사소통의 필요가 있는 활동(과제를 끝내기 위해 필요한 물품이 아동의 손이 닿지 않는 곳에 있음)에서 파트너에게 의사소통 신호를 보낼 수 있도록 충분히 기다려 준다. 파트너는 대화 중에 아동이 차례를 갖도록 기회를 제공한다. 예를 들어, 파트너는 "선생님도 해리 포터 영화 두 편 봤어."라는 말로 주도함으로써 아동이 "어떤 부분을 좋아해요?"라고 정보를 요구하는 행동을 하도록 유도할 수 있다. 파트너는 아동이 시작행동을 보이지 않고 추가 지원을 필요로 한다는 것이 확실해질 때까지 개입하지 않는다. 시작행동은 비구어인지 구어인지에 상관없이 격려되어야 하지만, 구어 시작행동을 점점 더 많이 사용하도록 촉진해야 한다.

IS2.3 시작행동과 반응행동의 균형 유지하기

준거: 파트너는 너무 많은 질문을 하거나 지나치게 많은 요구를 하지 않으며(두 가지 모두 아동이 주로 반응만 하게 만듦) 아동의 시작행동 및 반응행동과 관련해서 차례 주고받기의 균형을 유지한다.

IS2.4 아동이 활동을 시작하고 마치도록 해 주기

준거: 파트너는 적절한 때에 활동을 시작하고 끝마치도록 아동과 함께 조절한다. 예를 들어, 비구어(예: 끝나면 가버리기, 물건을 밀어 버리기) 또는 구어(예: "다 했어."라고 말하거나 수어 사용하기)로 활동이 끝났음을 알릴 수 있다. 의무적으로 해야 하는 활동(예: 옷 입기, 씻기, 숙제)을 하고 있거나 활동이 거의 성공적으로 마치는 단계에 있는 경우에는 지금 당장 그 활동을 끝마치기 어려운 상황이더라도 활동을 마치기 위한 아동의 의사소통 시도를 인정하는 말을 해 준다(그리고 완성하기

위한 나머지 단계를 알려 줄 수 있다). 의사소통을 시작하고 마치는 것은 구어인지 비구어인지에 상관없이 격려되어야 한다. 그러나 시작과 종료를 위해서 상징 전략이나 아동이 지닌 가장 정교한 수단을 점점 더 많이 사용하도록 촉진해야 한다.

3. 파트너는 아동의 독립성을 존중한다.

IS3.1 필요한 경우 활동 중간에 돌아다닐 수 있도록 휴식 허락하기

준거: 필요할 때 돌아다니는 것이 상황에 적절하다면(예: 일정 시간 참여한 후, 특히 앉아서 집중해야 하는 활동에 참여한 후) 활동으로부터 휴식을 취할 수 있도록 허락한다.

IS3.2 아동이 자신의 속도로 문제를 해결하고 활동을 완수할 수 있도록 시간 허용하기

준거: 파트너는 대부분의 활동에서 아동이 자신의 속도에 맞춰 적극적으로 문제를 해결하고 활동을 마칠 수 있도록 시간을 허용한다. 예를 들어, 활동 중에 진보를 보이고 부가적인 도움을 필요로 하지 않는다면 재촉하거나 성급한 촉진을 제공해서는 안 된다.

IS3.3 문제행동을 의사소통 또는 조절의 기능으로 이해하기

준거: 문제행동이 의사소통의 기능을 지닐 수도 있음을 인식하고 해석하고 반응한다. 예를 들어, 아동이 저항하기 위해 밀거나 때린다면 아동의 의도를 이해하고 사회적으로 좀 더 수용 가능한 방법을 보여 준다. 마찬가지로, 아동이 무질서한 환경음을 차단하기 위해 큰 소리를 낼 때 파트너는 이러한 전략을 인정해 주고 다른 조절 전략을 사용하도록 격려한다.

IS3.4 적절한 경우 저항, 거부, 거절 존중하기

준거: 상황에 적절하다면 활동이나 사물을 저항하거나, 거부하거나, 거절하는 신호를 인정해 준다. 예를 들어, 주어진 물건을 받고 싶어 하지 않거나 활동에 참여하지 않으려고 할 때 그렇게 하는 것이 적절한 상황이라면(예: 필수적인 활동이 아닌 경우, 음식이나 놀잇감 등 다른 선택이 가능한 경우) 계속 요구하지 않는다.

4. 파트너는 참여를 위한 장을 마련한다.

IS4.1 의사소통하기 전에 아동의 주의 확보하기

준거: 의사소통하기 전에 비구어 또는 구어로 아동의 주의를 확보한다. 예를 들어, 아동에게 의사소통 신호를 보내기 전에 아동의 이름을 부르거나 만진다.

IS4.2 상호작용을 촉진하기 위해 적절한 근접성과 비구어 행동 사용하기

준거: 상호작용에 초대하고 격려하기 위해 적절한 근접성(가까이 있기, 방향 향하기)과 매력적인 비구어 행동(얼굴 표정, 몸짓, 억양)을 사용한다. 예를 들어, 멀리 떨어진 채로 상호작용에 참여하기보다는(예: 교실 반대편에서 아동의 이름을 부름) 가까운 곳에서 명확한 몸짓과 생생한 얼굴 표정으로 상호작용에 참여한다. 마찬가지로, 그림책을 볼 때에는 시선 옮기기와 관심 공유를 촉진하기 위해서 면대면 방식을 취할 수 있다. 대화 중에는 의사소통 실패를 최소화하기 위해서 분명한 구어 표현과 함께 몸짓이나 얼굴 표정을 사용한다.

IS4.3 최적의 각성 상태와 참여를 지원하기 위해 적절한 단어와 억양 사용하기

준거: 최적의 각성 상태와 참여를 지원하기 위해 적절한 단어와 억양을 사용한다. 예를 들어, 각성시키기 위한 노력으로 과장되고 강렬한 말을 사용할 수도 있고 진정시키기 위해서는 좀 더 조용하고 덜 강렬한 말을 사용한다.

IS4.4 정서, 내적 상태, 정신적 계획 공유하기

준거: 파트너는 어떤 감정을 느끼는지, 무엇을 생각하는지, 그리고 어떤 계획을 하고 있는지를 말하면서 자신의 정서, 내적 상태, 정신적 계획을 아동과 공유한다.

5. 파트너는 발달을 지원한다.

IS5.1 또래와의 상호작용 성공을 위해 안내 제공하기

준거: 또래를 데려오거나, 또래의 시도에 반응하도록 도와주거나, 또래에게 상호작용을 시작하도록 도와주거나, 또래와의 성공적인 상호작용을 중재하는 등 또래와 상호작용을 하도록 격려한다. 상호작용을 격려하기 위해서는 비구어 또는

구어를 사용할 수 있다.

IS5.2 구어 또는 비구어로 의사소통 실패를 복구하려고 시도하기

준거: 구어 또는 비구어로 신호의 의미를 명확히 함으로써 의사소통 실패(파트너가 아동의 신호를 이해하지 못하거나 아동이 파트너의 메시지를 이해하지 못하는 상황)를 복구하려고 시도한다. 예를 들어, 구어 또는 비구어 신호를 반복할 수도 있고, 신호에 단어나 몸짓을 추가해서 수정할 수도 있다.

IS5.3 활동 성공을 위해 필요할 때 안내 및 피드백 제공하기

준거: 활동 중 필요할 때 지원, 안내, 피드백을 제공함으로써 아동이 최적의 각성 상태를 유지하고 성공을 경험하게 해 준다. 예를 들어, 과도하게 촉진하거나 지시하지 않는 선에서 사회적 칭찬을 제공하거나 적절한 참여 유도 전략(부가적인 단서나 촉진)을 사용한다.

IS5.4 정서를 표현하고 정서의 원인을 이해하도록 안내하기

준거: 활동 중에 필요한 지원, 안내, 피드백을 제공하여 아동이 적절한 정서를 표현하고 자신의 감정 원인을 이해하도록 지도한다. 예를 들어, 분주한 쇼핑센터에서 아동이 겁에 질린 것처럼 보일 때 파트너는 아동에게 겁이 난다고 말할 수 있음을 알려 주고 이러한 반응은 주위에 많은 사람이 있고 소음이 크기 때문에 당연하다는 것을 알려 준다.

IS5.5 다른 사람의 감정과 생각을 해석할 수 있도록 안내하기

준거: 파트너는 활동에서 필요한 만큼 지원, 안내, 피드백을 제공해서 아동이 다른 사람의 감정과 생각을 이해할 수 있도록 도와 준다. 예를 들어, 다른 아동이 보드게임에서 지고 있기 때문에 속상해한다면 그 아동의 정서를 명명하고 왜 속상한지 설명해 준다.

6. 파트너는 언어 사용을 조절한다.

IS6.1 이해를 돕기 위해 비구어 단서 사용하기

준거: 아동에게 말할 때에는 메시지를 이해할 수 있도록 확실하고 적절한 비구어 단서(몸짓, 얼굴 표정, 억양)를 사용한다. 말은 의사소통을 위한 유일한 수단으로 단독으로 사용되어서는 안 된다.

IS6.2 아동의 발달 수준에 따라 언어의 복잡성 조절하기

준거: 아동에게 말할 때에는 아동의 발달 수준에 적절하도록 언어의 복잡성을 조절해야 한다. 예를 들어, 아동이 질문형이나 의문형의 단순한 문장 형태는 이해하지만 조건절을 포함한 복잡한 문장 구조를 잘 이해하지 못한다면 그러한 복잡한 문장 구조보다는 아동의 이해 수준에 맞추어서 적절하고 간단한 문장을 사용한다("만일 우리가 점심식사를 마친다면 밖에 나가 놀 수 있어."보다는 "먼저 식사를 마치자. 식사 후에 밖에 나가서 놀 거야."를 선택함).

IS6.3 아동의 각성 수준에 따라 언어의 질 조절하기

준거: 아동에게 말할 때에는 아동의 각성 수준을 지원하기 위해 언어의 질(내용, 복잡성, 억양)을 조절한다. 예를 들어, 각성 상태가 높은 경우에는 부드러운 음성이나 덜 강조된 억양, 단순화된 언어를 사용하고, 각성 상태가 낮은 경우에는 다소 강조된 음성과 성량을 사용한다.

7. 파트너는 적절한 행동을 시범 보인다.

IS7.1 적절한 비구어 의사소통과 정서 표현 시범 보이기

준거: 비구어 의사소통(예: 몸짓)과 정서 표현(예: 기쁨을 표현하기 위해 미소를 짓거나 웃기)의 명확하고 적절한 모델을 제공한다.

IS7.2 다양한 의사소통 기능 시범 보이기

준거: 구어 또는 비구어로 일련의 의사소통의 기능을 다음과 같이 시범 보인다.

a. 행동 조절: 예를 들어, "공놀이를 더 하고 싶어."라고 말하면서 공놀이를 계속하도록 요구하는 구어 시범을 보인다. "그만 할래요."라고 말하면서 밀치는 동작을 함께 보여 물건을 거부하거나 거절하는 방법을 시범 보인다. 또는 "과자 주세요."라고 말하면서 손을 뻗는 동작을 함께 보여 원하는 물건을 요구하는 방법을 시범 보인다.

b. 사회적 상호작용: 예를 들어, "소정아, 안녕." 또는 "준우야, 잘 가."를 말하면서 도착하고 떠날 때 인사하는 방법을 시범 보이거나, "나가도 되나요?"라고 물어보면서 허락을 구하는 방법을 시범 보인다. 또한 "나는 네가 일을 끝낸 방법이 너무 마음에 들어."라고 말하면서 칭찬하는 방법을 시범 보이거나, "나는 네가 정말 슬퍼 보여. 안 좋은 일이 있었나 보구나."라고 말하면서 공감을 표현한다.

c. 공동관심: 예를 들어, 대화 중에 아동이 봤던 영화에 대해 말하거나, 아동에게 영화와 관련된 정보를 물어보며 시범을 보인다. "밖이 점점 어두워지네. 곧 비가 올 것 같아. 우산을 챙겨야지."라고 말하면서 기대하는 결과를 언급하는 시범을 보인다.

IS7.3 적절한 극놀이 및 여가활동 시범 보이기

준거: 아동의 발달 수준에 맞는 적절한 극놀이와 여가활동을 시범 보이고, 놀이와 여가활동의 다양한 경험을 제공한다. 예를 들어, 두 세트의 동일한 놀이 자료를 가지고 파트너가 청소하기나 동물병원에서 동물인형의 상처에 반창고 붙여 주기와 같은 극놀이를 시범 보일 수 있다. 극놀이와 여가활동의 기회는 정기적으로 제공되어야 한다.

IS7.4 아동이 부적절한 행동을 할 때 적절한 행동 시범 보이기

준거: 아동이 부적절한 행동을 보이지만 시범을 통해서 충분히 조절될 수 있을 때 파트너는 적절한 행동을 시범 보인다. 예를 들어, 아동이 소리를 지르면서 음식을 거부할 때 파트너는 밀쳐 내는 동작을 보이면서 "당근 싫어요."라고 말한다. 아동이 활동을 피하기 위해 단호하게 시도한다면 '그만'을 나타내는 그림 상징, 단어, 수어를 사용하는 시범을 보인다. 마찬가지로, 각성 상태를 조절하기 위해서 옷을 씹거나 다른 사람을 무는 행동을 보이는 아동에게는 적절하게 씹고 무는 활동을

시범 보이고 제공한다(예: 컵 또는 놀잇감 제공).

IS7.5 '아동 입장'에서 언어 및 혼잣말 사용 시범 보이기

준거: 아동의 입장에서 언어를 시범 보이고 아동의 의도와 발달 수준을 고려한다. 예를 들어, 손이 닿지 않는 위치에 놓인 공을 향해 손을 뻗는다면 파트너는 "지금 공놀이를 하고 싶어요."라고 말하면서 아동의 의도와 발달 수준에 맞는 시범을 보인다. 아동이 파트너를 향해서 화난 발성을 한다면 파트너는 "화났어." 또는 "준호 화났어." "나 화났어."라는 말을 시범 보인다. 만일 아동이 과제를 하던 중에 산만해지면 파트너는 "어서 우리가 할 일을 마치자. 그러면 공원에 갈 시간이 생기니까."라고 말하면서 시범을 보인다.

학습 지원

1. 파트너는 적극적인 참여를 위해 활동을 구조화한다.

LS1.1 활동의 시작과 종료를 분명하게 정하기

준거: 시작과 종료가 분명하도록 활동을 구성한다. 자연스러운 또는 계획적인 형식을 사용한다. 예를 들어, 그네를 타는 활동은 "준비, 시작."이라고 말하며 시작하고 "이제 그만."이라고 말하며 마칠 수 있다. 또는 놀잇감을 꺼내면서 활동을 시작하고 "다 했어."라는 말이나 수어로 활동의 종료를 나타낼 수 있다.

LS1.2 차례 주고받기 기회를 만들고 아동이 참여할 수 있도록 여지 남겨 두기

준거: 차례를 맡을 수 있도록 기회를 만들고 아동이 그 차례를 맡도록 여지를 둠으로써 활동을 구조화한다. 아동의 차례는 구어여야 한다. 예를 들어, 활동을 시작할 때 파트너는 "누구를 밀어줄까?"라고 말하면서 아동이 "저요!"라고 말할 수 있게 여지를 두며, 아동과 음악에 맞춰 노래를 부르다가 노래를 잠시 멈추고 아동이 노래 가사를 채울 수 있게 하고, 주고받기 식으로 책을 읽을 때에는 아동이 차례를 채우도록 여지를 두며, 아동으로부터 대화적 반응을 끌어내기 위해 유도하는 말("나는 플레이 스테이션 2가 좋더라.")을 할 수도 있다.

LS1.3 활동에 예측 가능한 순서 마련하기

준거: 반복을 통해서 순서를 익숙하게 만들거나 활동을 예측할 수 있도록 기타 지원을 사용함으로써 활동 자체의 특성으로 활동이 예측 가능한 순서를 지니게 만든다. 예를 들어, 요리 활동을 할 때에 고정된 순서로 진행하거나 그림 순서나 문서화된 요리법을 사용해서 활동을 마칠 때까지의 진행 과정을 알게 해 준다.

LS1.4 반복되는 학습 기회 제공하기

준거: 예측 가능한 학습 기회를 제공하기 위해서 하루 일과 전반에 걸쳐 다양한 상황에서 지속적이고 예측 가능하게 활동을 반복하거나(예: 간식, 이야기나누기, 점심시간 중 선택 기회) 비슷한 활동(예: 하루는 음식 세트로 가상놀이를 하고, 또 다른 날은 의복으로 가상놀이를 함)을 반복한다. 비슷한 활동으로는 규칙이 있는 그룹 여가 활동, 교실 안에서의 역할, 또래와의 놀이 등이 있다. 예측이 가능한 반복이란 정해진 시간에 너무 많은 새로운 활동을 소개하는 것과는 대조적이다.

LS1.5 다양한 학습 기회 제공하기

준거: 반복적이고 예상되는 상황에서 활동의 요소를 다양하게 바꿈으로써 학습할 수 있는 새로운 것을 제공한다. 예를 들어, 아동이 이야기나누기 활동(예: 달력 활동)에 익숙해지면 활동 중 특정 부분을 아동에게 맡기는 등 변화를 줄 수 있다. 파트너는 아동의 말을 끌어내기 위해서 예측이 가능한 활동을 다양하게 변형시킬 수 있다(예: 의도적으로 날짜를 틀리게 말하기).

2. 파트너는 발달을 촉진하기 위해 보완의사소통 지원을 사용한다.

LS2.1 의사소통과 표현언어를 강화하기 위해 보완의사소통 지원 사용하기

준거: 의사소통 능력을 강화하기 위해 한 가지 또는 다양한 비구어 양식을 사용해서 보완의사소통 지원(즉, 비구어 의사소통, 예를 들어 몸짓, 수어, 사물, 그림, 사진, 그림 상징 등)을 마련하고 사용하도록 격려한다.

LS2.2 언어 및 행동 이해를 강화하기 위해 보완의사소통 지원 사용하기

준거: 언어 및 행동 이해 능력을 강화하기 위해 보완의사소통 지원(즉, 비구어 의

사소통, 예를 들어 몸짓, 수어, 사물, 그림, 사진, 그림 상징 등)을 사용하고 적용한다. 예를 들어, 간식을 먹는 아동에게 '행위자+대상+행위'의 그림 상징 조합을 보여 주면서 "준우가 과자를 먹는다."라는 뜻을 나타낼 수 있다.

LS2.3 정서 표현 및 이해를 강화하기 위해 보완의사소통 지원 사용하기

준거: 정서를 표현하고 다른 사람의 정서를 이해하는 능력을 강화하기 위해 보완의사소통 지원(즉, 비구어 의사소통, 예를 들어 몸짓, 수어, 사물, 그림, 사진, 그림 상징 등)을 마련하고 사용하도록 격려한다.

LS2.4 정서 조절을 강화하기 위해 보완의사소통 지원 사용하기

준거: 말이 아닌 방식으로 활동 조직화, 활동 중 휴식, 활동 중 도움을 청하는 등 상호조절을 표현하는 방법을 제공함으로써 각성 수준을 조절하는 능력을 강화하기 위한 보완의사소통 지원(즉, 비구어 의사소통, 예를 들어 몸짓, 수어, 사물, 그림, 사진, 그림 상징 등)을 마련하고 사용하도록 격려한다.

3. 파트너는 시각적 지원 및 조직화 지원을 사용한다.

시각적 지원이란 아동의 적극적인 참여와 이해를 강화하기 위해 개별 또는 일련의 사물, 사진, 로고, 그림 상징, 문자 단어 등의 시각적 도움을 사용해서 정보를 제시하는 방법이다. 조직화 지원이란 아동의 조직화 능력을 강화하기 위해서 교재나 물리적인 공간을 구성하거나 시간 개념을 표시하는 방법이다.

LS3.1 과제 수행 단계를 명확히 하기 위해 지원 사용하기

준거: 과제나 활동의 목적을 명확히 하기 위해 시각적 지원과 조직화 지원을 사용한다. 예를 들어, 단계를 명확히 하기 위해 활동 내 그림 순서를 사용한다(예: 보물찾기 활동에서 아동이 찾아야 할 보물이 숨겨져 있는 지도를 제공함, 미술활동에서 종이를 자르고, 풀로 붙이고, 색칠을 하는 3단계를 그림 상징으로 제시함). 시각적 지원의 정교한 정도는 아동의 발달 수준과 잘 맞아야 한다.

LS3.2 활동 완수에 필요한 시간과 단계를 명확히 하기 위해 지원 사용하기

준거: 활동을 완수하는 데 필요한 시간과 단계를 명확히 하기 위해 시각적 지원과 조직화 지원을 사용한다. 예를 들어, 남은 시간을 알 수 있도록 타이머를 사용할 수도 있고, 활동 중 남은 단계를 알 수 있도록 탈부착이 가능한 벨크로 숫자를 사용할 수도 있다.

LS3.3 활동 간 원활한 전이를 위해 시각적 지원 사용하기

준거: 하나의 활동에서 다른 활동으로 순조롭게 이동하고 잘 조절된 상태를 유지하도록 시각적 지원을 사용한다. 예를 들어, 다음 활동을 알려 주기 위해 "지금-다음"의 순서를 나타내는 시각적 순서표나 그림 스케줄을 사용한다. 마찬가지로, 타이머를 사용해서 곧 시작될 전이를 강조할 수도 있다.

LS3.4 하루 전반에 걸쳐 시간 분할을 조직화하기 위해 지원 사용하기

준거: 하루 전체의 시간 분할을 조직화하기 위해 시각적 지원과 조직화 지원을 사용한다. 예를 들어, 일회성 전이가 아닌 오랜 시간에 걸쳐 완성되는 활동뿐만 아니라 다가올 활동을 검토하기 위해 단어 스케줄을 사용할 수 있다.

LS3.5 집단 활동에서의 주의집중을 높이기 위해 시각적 지원 사용하기

준거: 집단 활동에서의 활동과 또래에 대한 관심을 높이기 위해 시각적 지원을 사용한다. 예를 들어, 이야기나누기 시간에 교사가 사용하는 시각자료를 복사해서 사용하게 하거나 활동의 한 부분으로 또래와 그림을 교환하게 하는 등 아동이 활동에 관심을 기울이도록 사진이나 그림 상징을 단서로 사용한다.

LS3.6 집단 활동에서의 적극적인 참여를 촉진하기 위해 시각적 지원 사용하기

준거: 집단 활동에서의 시작행동과 적극적인 참여를 촉진하기 위하여 시각적 지원을 사용한다. 예를 들어, 활동 중에 노래, 교재, 놀이 짝, 놀이 순서 등을 선택할 수 있도록 시각적 지원(아동의 사진을 붙인 돌리기 선택판, 순서카드)을 사용한다.

4. 파트너는 목표, 활동, 학습 환경을 수정한다.

LS4.1 조직화와 상호작용을 지원하기 위해 사회적 복잡성 조절하기

준거: 아동의 조직화와 상호작용 성공을 위하여 필요할 때 소집단 환경이나 일대일 지원을 제공한다. 파트너는 사회적 복잡성의 수준을 높이거나 낮추어야 할 때를 적절하게 판단한다.

LS4.2 아동의 성공을 위해 과제 난이도 조절하기

준거: 아동의 성공을 촉진하고 최적의 각성 상태를 유지하도록 돕기 위하여 필요할 때 과제의 난이도를 조절한다. 예를 들어, 아동이 산만해지기 시작하면 활동의 단계 수를 줄이거나 단계를 단순화한다.

LS4.3 학습 환경의 감각적 속성 수정하기

준거: 아동이 최적의 각성 상태를 유지하도록 돕기 위하여 필요할 때 학습 환경의 감각적 속성을 수정한다. 예를 들어, 조명을 조절하고 소음 수준과 시각적 방해 자극을 통제한다.

LS4.4 주의집중을 높일 수 있도록 학습 환경 구성하기

준거: 아동이 집중할 수 있도록 학습 환경의 구성을 수정한다. 예를 들어, 의자를 반원 대형으로 배치하거나, 소집단 활동에서 작은 방석으로 아동의 앉을 자리를 표시하거나, 교실 영역이나 출입구를 구분하는 물리적인 경계를 사용할 수도 있다.

LS4.5 시작행동을 촉진하는 학습 환경 구성하기

준거: 상호작용을 시작하도록 돕기 위하여 학습 환경의 구성을 수정한다. 예를 들어, 하루 일과 내내 요구하기 시작행동이 나타나도록 정해진 활동 중에 필요한 모든 자료를 제공하기보다는 아동의 시선이나 손이 닿지 않는 곳에 자료를 정리해 둔다.

LS4.6 활동이 발달적으로 적절하도록 고안하고 수정하기

준거: 아동의 발달 수준에 적절하도록 활동을 구성한다. 예를 들어, 활동은 아동

의 언어, 운동기능, 주의력을 고려하여 의사소통, 관심, 적극적인 참여에 대한 적절한 기대에 따라 고안되어야 한다.

LS4.7 활동 내에 동기유발이 가능한 교재 및 주제 포함시키기

준거: 활동 중에 아동의 흥미나 동기를 유발할 수 있는 교재나 주제를 포함시킨다. 예를 들어, 교재와 주제는 아동의 선호도와 학습 강점(예: 이야기 속의 좋아하는 등장인물, 대근육을 사용하는 놀이)을 근거로 선택해야 한다. 파트너는 아동의 관심사와는 관계없이 성인이 계획적으로 선택한 활동이 아닌 아동의 선호도와 강점을 근거로 선택된 활동에서 의사소통을 하고자 하는 내적 동기가 조성된다는 사실을 인식해야 한다.

LS4.8 시작행동과 확장된 상호작용을 촉진하는 활동 제공하기

준거: 의사소통을 시작하고 확장된 상호작용에 참여할 수 있는 기회가 있는 활동을 제공한다. 예를 들어, 아동이 관심을 보이는 놀잇감이나 다른 사람의 도움이 필요한 활동을 포착하거나(예: 비눗방울, 태엽으로 작동하는 놀잇감, 뚜껑을 열기 힘든 물감), 아동이 선호하고 원하는 사물을 멀리 두거나(예: 놀잇감이나 흥미로운 사물이 담긴 플라스틱 상자를 높은 선반에 두기), 상호작용을 유지하고 확장하기 위해 활동의 순서를 반복하거나 변형한다.

LS4.9 필요에 따라 동적인 활동과 정적인 활동 교대하기

준거: 움직임 활동을 구성할 수 있는 기회가 있는 활동과 앉아서 또는 조용하게 하는 활동을 교차시킨다. 움직임 활동의 빈도와 유형은 아동의 각성 편향성에 따라 선택한다.

LS4.10 '요구의 정도를 높이거나' 기대감을 적절하게 높이기

준거: 아동이 성공적인 상태이고 최적의 각성 수준에 있을 때 적극적인 참여, 의사소통, 문제해결에 대한 '요구의 정도를 높이거나' 기대감을 증가시킨다. 이것은 보다 정교한 의사소통이나 문제해결을 위해 '고의적인 방해' 또는 잠시 기다리기를 통해서 가능한데, 필요하면 시범을 보이거나 촉진을 사용한다.

❍ 참고문헌

American Psychiatric Association (APA). (2000). *Diagnostic and statistical manual of mental disorders* (Text rev.). Washington, DC: Author.

Anzalone, M. E., & Williamson, G. G. (2000). Sensory processing and motor performance in autism spectrum disorders. In S. F. Warren & J. Reichle (Series Eds.) & A. M. Wetherby & B. M. Prizant (Vol. Eds.), *Communication and language intervention series: Vol. 9. Autism spectrum disorders: A transactional developmental perspective* (pp. 143-166). Baltimore: Paul H. Brooks Publishing Co.

Attwood, T. (1998). *Asperger's syndrome: A guide for parents and professionals.* London: Jessica Kingsley.

Baron-Cohen, S., Leslie, A. M., & Frith, U. (1985). Does the autistic child have a theory of mind? *Cognition, 21*, 37-46.

Bates, E. (1976). *Language and context: The acquisition of pragmatics.* San Diego: Academic Press.

Bates, E. (1979). *The emergence of symbols: Cognition and communication in infancy.* San Diego: Academic Press.

Bates, E., Bretherton, I., & Snyder, L. (1988). *From first words to grammar: Individual, differences and dissociable mechanisms.* Cambridge, England: Cambridge University Press.

Bates, E., O'Connell, B., & Shore, C. (1987). Language and communication in infancy. In J. Osofsky (Ed.), *Handbook of infant development* (pp. 149-203). New York: Wiley.

Beukelman, D. R., & Mirenda, P. (2005). *Augmentative and alternative communication: Supporting children and adults with complex communication needs* (3rd ed.). Baltimore: Paul H. Brookes Publishing Co.

Biklen, D. (1990). Communication unbound: Autism and praxis. *Harvard Educational*

Review, 60, 291-314.

Bloom, L. (1993). *The transition from infancy to language*. New York: Cambridge University Press.

Brazelton, B., & Cramer, B. (1991). *The earliest relationship*. New York: Addison Wesley.

Bristol, M., & Schopler, E. (1984). A developmental perspective on stress and coping in families of autistic children. In J. Blacher (Ed.), *Families of severely handicapped children*. San Diego: Academic Press.

Brown, F., & Bambara, L. (1999). *Intervention for young children with autism* [Special issue]. *Journal of The Association for Persons with Severe Handicaps, 24*(3).

Bruner, J. (1981). The social context of language acquisition. *Language and Communication, 1*, 155-178.

Bryson, S. (1996). Epidemiology of autism: Overview and issues outstanding. In D. Cohen & F. R. Volkmar (Eds.), *Handbook of autism and pervasive developmental disorders* (2nd ed., pp. 41-46). New York: Wiley.

Carpenter, M., & Tomasello, M. (2000). Joint attention, cultural learning, and language acquisition. In S. F. Warren & J. Reichle (Series Eds.) & A. M. Wetherby & B. M. Prizant (Vol. Eds.), *Communication and language intervention series: Vol. 9. Autism spectrum disorders: A transactional, developmental perspective* (pp. 31-54). Baltimore: Paul H. Brookes Publishing Co.

Carpenter, R., Mastergeorge, A., & Coggins, T. (1983). The acquisition of communicative intentions in infants eight to fifteen months of age. *Language and Speech, 26*, 101-116.

Cicchetti, D., Ganiban, J., & Barnett, D. (1991). Contributions from the study of high-risk populations to understanding the development of emotion regulation. In J. Garber & K. Dodge (Eds.), *The development of emotion regulation and dysregulation* (pp. 15-48). Cambridge, England: Cambridge University Press.

Cohen, S. (1999). Zeroing in on autism in young children. *Journal of The Association for Persons with Severe Handicaps, 24*, 209-212.

Crais, E. (1995). Expanding the repertoire of tools and techniques for assessing the communication skills of infants and toddlers. *American Journal of Speech-Language Pathology, 4*, 47-59.

Csikszentmihalyi, M. (1990). *Flow: The psychology of optimal experience*. New York: HarperCollins.

Damico, J. (1985). Clinical discourse analysis: A functional language assessment technique. In C. Simon (Ed.), Communication skills and classroom success: *Assessment of language-learning disabled students* (pp. 165-204). San Diego: College-Hill Press.

Dawson, G., & Adams, A. (1984). Imitation and social responsiveness in autistic children.

Journal of Abnormal Child Psychology, 12, 209-226.

Dawson, G., Hill, D., Spencer, A., Galpert, L., & Watson, L. (1990). Affective exchanges between young autistic children and their mothers. *Journal of Abnormal Child Psychology, 18*, 335-345.

Dawson, G., & Lewy, H. (1989). Arousal, attention and socio-emotional impairments of individuals with autism. In G. Dawson (Ed.), *Autism: Nature, diagnosis, and treatment* (pp. 49-74). New York: The Guilford Press.

Dawson, G., & Osterling, J. (1997). Early intervention in autism. In M. J. Guralnick (Ed.), *The effectiveness of early intervention* (pp. 307-326). Baltimore: Paul H. Brookes Publishing Co.

DeGangi, G. (2000). *Pediatric disorders of regulation in affect and behavior: A therapist's guide to assessment and treatment.* San Diego: Academic Press.

Domingue, B., Cutler, B., & McTarnaghan, J. (2000). The experience of autism in the lives of families. In S. F. Warren & J. Reichle (Series Eds.) & A. M. Wetherby & B. M. Prizant (Vol. Eds.), *Communication and language intervention series: Vol. 9. Autism spectrum disorders: A transactional developmental perspective* (pp. 369-393). Baltimore: Paul H. Brookes Publishing Co.

Early Intervention Programs for Infants and Toddlers with Disabilities, 34 C.F.R. § 300 (2004).

Education Sciences Reform Act of 2002, PL 107-279, 20. U.S.C. §§ 9501 *et seq.*

Fenson, L., Dale, P. S., Reznick, J. S., Bates, E., Thal, D., & Pethick, S. J. (1994). Variability in early communicative development. *Monographs of the Society for Research in Child Development, 59*, 1-173.

Fewell, R. R., & Kaminski, R. (1988). Play skills development and instruction for young children with handicaps. In S. L. Odom & M. B. Karnes (Eds.), *Early intervention for infants and children with handicaps* (pp. 145-158). Baltimore: Paul H. Brookes Publishing Co.

Filipek, P., Prizant, B. M., et al. (1999). The screening and diagnosis of autistic spectrum disorders. *Journal of autism and developmental disorders, 29*, 439-484.

Filipek, P., Prizant, B. M., et al. (2000). Practice parameter: Screening and diagnosis of autism. *Neurology, 55*, 468-479.

First Signs (Executive Producer). (2001). *On the spectrum: Children and autism* [Videotape]. Merrimac, MA: First Signs.

Fox, L., Dunlap, G., & Buschbacher, P. (2000). Understanding and intervening with children's problem behavior: A comprehensive approach. In S. F. Warren & J. Reichle (Series Eds.) & A. M. Wetherby & B. M. Prizant (Vol. Eds.), *Communication and language intervention series: Vol. 9. Autism spectrum disorders: A transactional developmental perspective* (pp. 307-331). Baltimore: Paul H. Brookes Publishing Co.

Frith, U. (1971). Spontaneous patterns produced by autistic, normal, and subnormal children. In M. Rutter (Ed.), *Infantile autism: Concepts, characteristics, and treatment* (pp. 113-133). London: Churchill Livingstone.

Frost, L., & Bondy, A. (1994). *PECS: The Picture Exchange Communication System training manual.* Cherry Hill, NJ: Pyramid Educational Consultants.

Garfin, D., & Lord, C. (1986). Communication as a social problem in autism. In E. Schopler & G. Mesibov (Eds.), *Social behavior in autism* (pp. 237-261). New York: Kluwer Academic/Plenum.

Grandin, T. (1995). *Thinking in pictures.* New York: Bantam Books.

Gray, C. (1994). *The new Social Story book.* Arlington, TX: Future Horizons.

Greenspan, S. I. (1992). *Infancy and early childhood: The practice of clinical assessment and intervention with emotional and developmental challenges.* Madison, CT: International Universities Press.

Greenspan, S. I., & Wieder, S. (1997). Developmental patterns and outcomes in infants and children with disorders in relating and communicating: A chart review of 200 cases of children with autistic spectrum diagnoses. *Journal of Developmental and Learning Disorders, 1*, 87-141.

Greenspan, S. I., & Wieder, S. (1998). *The child with special needs: encouraging intellectual and emotional growth.* New York: Addison-Wesley.

Greenspan, S. I., & Wieder, S. (2000). A developmental approach to difficulties in relating and communicating in autism spectrum disorders and related syndromes. In S. F. Warren & J. Reichle (Series Eds.) & A. M. Wetherby & B. M. Prizant (Vol. Eds.), *Communication and language intervention series: Vol. 9. Autism spectrum disorders: A developmental transactional perspective* (pp. 279-306). Baltimore: Paul H. Brookes Publishing Co.

Grice, H. P. (1975). Logic and conversation. In R. Cole & J. Morgan (Eds.), *Syntax and semantics: Speech acts* (pp. 85-102). San Diego: Academic Press.

Groden, J., & LeVasseur, P. (1995). Cognitive picture rehearsal: A system to teach self-control. In K. Quill (Ed.), *Teaching children with autism: Strategies to enhance communication and socialization* (pp. 286-306). Albany, NY: Delmar.

Gutstein, S. (2000). *Autism Aspergers: Solving the relationship puzzle.* Arlington, TX: Future Horizons.

Heflin, J., & Simpson, R. (1998). Interventions for children and youth with autism. *Focus on Autism and Other Developmental Disabilities, 13*, 194-221.

Hermelin, B. (1976). Coding and the sense modalities. In L. Wing (Ed.), *Early childhood autism.* London: Pergamon.

Hermelin, B., & O'Connor, N. (1970). *Psychological experiments with autistic children.*

Oxford: Pergamon Press.

Individuals with Disabilities Education Improvement Act of 2004, PL 108-446, 20 U.S.C. §§ 1400 *et seq*.

Kanner, L. (1943). Autistic disturbances of affective contact. *The Nervous Child, 2*, 217-250.

Kientz, M., & Dunn, W. (1997). A comparison of the performance of children with and without autism on the sensory profile. *The American Journal of Occupational Therapy, 51*, 530-537.

Koegel, R. L., & Koegel, L. K. (Eds.). (1995). *Teaching children with autism: Strategies for initiating positive interactions and improving learning opportunities*. Baltimore: Paul H. Brookes Publishing Co.

Koegel, L., Koegel, R., Shoshan, Y., & McNerney, E. (1999). Pivotal response intervention, II: Preliminary long-term outcome data. *Journal of The Association for Persons with Severe Handicaps, 24*, 186-198.

Koenig, K., Rubin, E., Klin, A., & Volkmar, F. (2000). Autism and the pervasive developmental disorders. In C. H. Zeanah (Ed.), *Handbook of infant mental health* (2nd ed., pp. 298-310). New York: The Guilford Press.

Leonard, L. (1991). New trends in the study of early language acquisition. *Asha, 33*, 43-44.

Lester, B. M., Freier, K., & LaGasse, L. (1995). Prenatal cocaine exposure and child outcome: What do we really know. In M. Lewis & M. Bendersky (Eds.), *Mothers, babies, and cocaine: The role of toxins in development* (pp. 19-40). Mahwah, NJ: Lawrence Erlbaum Associates.

Lifter, K., & Bloom, L. (1998). Intentionality and the role of play in the transition to language. In S. F. Warren & J. Reichle (Series Eds.) & A. M. Wetherby, S. F. Warren, & J. Reichle (Vol. Eds.), *Communication and language intervention series: Vol. 7. Transitions in prelinguistic communication* (pp. 161-195). Baltimore: Paul H. Brookes Publishing Co.

Lonigan, C., Elbert, J., & Johnson, S. (1998). Empirically supported psychosocial interventions for children: An overview. *Journal of Clinical Child Psychology, 27*, 138-145.

Lord, C., & Paul, R. (1997). Language and communication in autism. In D. Cohen & F. R. Volkmar (Eds.), *Handbook of autism and pervasive developmental disorders* (2nd ed., pp. 195-225). New York: Wiley.

Lovaas, O. I. (1981). *Teaching developmentally disabled children: The ME book*. Baltimore: University Park Press.

Lucyshyn, J. M., Dunlap, G., & Albin, R. W. (2002). *Families and positive behavior support: Addressing problem behavior in family contexts*. Baltimore: Paul H. Brookes Publishing Co.

Lynch, E. W., Hanson, M. J. (Eds.). (2004). *Developing cross-cultural competence: A guide for working with children and their families* (3rd ed.). Baltimore: Paul H. Brookes Publishing Co.

Mahoney, G., & Perales, F. (2005). Relationship-focused early intervention with children with pervasive developmental disorders and other disabilities: A comparative study. *Journal of Developmental and Behavioral Pediatrics, 26*, 77-85.

Marfo, K. (1990). Maternal directiveness in interactions with mentally handicapped children: An analytical commentary. *Journal of Child Psychology and Psychiatry and Allied Disciplines, 31*, 531-549.

McCune-Nicolich, L., & Carroll, S. (1981). Development of symbolic play: Implications for the language specialist. *Topics in Language Disorders, 2*, 1-15.

McEachin, J. J., Smith, T., & Lovaas, O. I. (1993). Long-term outcome for children with autism who received early intensive behavioral treatment. *American Journal on Mental Retardation, 97*, 359-372.

McGee, G. (2001). The Walden Preschool. In S. Harris & J. Handleman (Eds.), *Preschool education programs for children with autism* (2nd ed.). Austin, TX: PRO-ED.

McGee, G., Morrier, M., & Daly, T. (1999). An incidental teaching approach to early intervention for toddlers with autism. *Journal of The Association for Persons with Severe Handicaps, 24*, 133-146.

McLean, J., & Snyder-McLean, L. (1978). *A transactional approach to early language training: Derivation of a model system*. Columbus, OH: Charles Merrill.

McLean, L. K. S. (1990). Communication development in the first two years of life: A transactional process. *Zero to Three, 11*(1), 13-19.

Meisels, S. J. (1996). Charting the continuum of assessment and intervention. In S. J. Meisels & E. Fenichel (Eds.), *New visions for the developmental assessment of infants and young children* (pp. 27-52). Washington, DC: ZERO TO THREE: National Center for Infants, Toddlers and Families.

Miller, A., & Miller, E. (1989). *From ritual to repertoire: A cognitive-developmental systems approach with behavior disordered children*. New York: Wiley.

Mirenda, P., & Donnellan, A. (1986). Effects of adult interactional style on conversation behavior of students with severe communication problems. *Language, Speech and Hearing Services in Schools, 17*, 126-141.

Mirenda, P., & Erickson, K. (2000). Augmentative communication and literacy. In S. F. Warren & J. Reichle (Series Eds.) & A. M. Wetherby & B. M. Prizant (Vol. Eds.), *Communication and language intervention series: Vol. 9. Autism spectrum disorders: A transactional developmental perspective*. Baltimore: Paul H. Brookes Publishing Co.

Mundy, P., & Stella, J. (2000). Joint attention, social orienting, and communication in autism.

In S. F. Warren & J. Reichle (Series Eds.) & A. M. Wetherby & B. M. Prizant (Vol. Eds.), *Communication and language intervention series: Vol. 9. Autism spectrum disorders: A transactional developmental perspective* (pp. 55–77). Baltimore: Paul H. Brookes Publishing Co.

National Research Council, Division of Behavioral and Social Sciences and Education, Committee on Educational Interventions for Children with Autism (NRC). (2001). *Educating children with autism*. Washington, DC: National Academies Press.

Neisworth, J. T., & Bagnato, S. J. (2004). The mismeasure of young children: The authentic assessment alternative. *Infants and Young Children, 17*, 198–212.

Ornitz, E., & Ritvo, E. (1968). Perceptual inconstancy in early infantile autism. *Archives of General Psychiatry, 18*, 76–98.

Owens, R. (2000). *Language development*. Columbus, OH: Charles Merrill.

Peck, C. (1985). Increasing opportunities for social control by children with autism and severe handicaps: Effects on student behavior and perceived classroom climate. *Journal of The Association for Persons with Severe Handicaps, 4*, 183–193.

Pert, C. (1997). *The molecules of emotion*. New York: Basic Books.

Peters, A. (1983). *The units of language acquisition*. Cambridge, England: Cambridge University Press.

Piaget, J. (1971). *The language and thought of the child*. New York: World Publishing Co.

Prior, M. (1979). Cognitive abilities and disabilities in autism: A review. *Journal of Abnormal Child Psychology, 2*, 357–380.

Prizant, B. M. (1982). Speech-Language pathologists and autistic children: What is our role? Part I. Assessment and intervention considerations. *ASHA Journal, 24*, 463–468.

Prizant, B. M. (1983a). Echolalia in autism: Assessment and intervention. *Seminars in Speech and Language, 4*, 63–77.

Prizant, B. M. (1983b). Language acquisition and communicative behavior in autism: Toward on understanding of the "whole" of it. *Journal of Speech and Hearing Disorders, 48*, 296–307.

Prizant, B. M., & Duchan, J. F. (1981). The functions of immediate echolalia in autistic children. *Journal of Speech and Hearing Disorders, 46*, 241–249.

Prizant, B. M., & Meyer, E. C. (1993). Socioemotional aspects of communication disorders in young children and their families. *American Journal of Speech-Language Pathology, 2*, 56–71.

Prizant, B. M., & Rubin, E. (1999). Contemporary issues in interventions for autism spectrum disorders: A commentary. *Journal of The Association for Persons with Severe Handicaps, 24*, 199–217.

Prizant, B. M., & Rydell, P. J. (1984). Analysis of the functions of delayed echolalia in autistic children. *Journal of Speech and Hearing Research, 27*, 183–192.

Prizant, B. M., & Rydell, P. J. (1993). Assessment and intervention strategies for unconventional verbal behavior. In S. F. Warren & J. Reichle (Series Eds.) & J. Reichle & D. Wacker (Vol. Eds.), *Communication and language intervention series: Vol. 3. Communicative approaches to challenging behavior: Integrating functional assessment and intervention strategies* (pp. 263–297). Baltimore: Paul H. Brookes Publishing Co.

Prizant, B. M., Schuler, A. L., Wetherby, A. M., & Rydell, P. J. (1997). Enhancing language and communication: Language approaches. In D. Cohen & F. R. Volkmar (Eds.), *Handbook of autism and pervasive developmental disorders* (2nd ed., pp. 572–605). New York: Wiley.

Prizant, B. M., & Wetherby, A. M. (1987). Communicative intent: A framework for understanding social-communicative behavior in autism. *Journal of the American Academy of Child Psychiatry, 26*, 472–479.

Prizant, B., & Wetherby, A. (1989). Enhancing language and communication in autism: From theory to practice. In G. Dawson (Ed.), *Autism: Nature, diagnosis, and treatment* (pp. 282–309). New York: The Guilford Press.

Prizant, B. M., & Wetherby, A. M. (1990). Toward an integrated view of early language and communication development and socioemotional development. *Topics in Language Disorders, 10*, 1–16.

Prizant, B. M., & Wetherby, A. M. (1993). Communication in preschool autistic children. In E. Schopler, M. van Bourgondien, & M. Bristol (Eds.), *Preschool issues in autism* (pp. 95–128). New York: Kluwer Academic/Plenum.

Prizant, B. M., & Wetherby, A. M. (1998). Understanding the continuum of discrete-trial traditional behavioral to social-pragmatic developmental approaches in communication enhancement for young children with autism/PDD. *Seminars in Speech and Language, 19*(4), 329–353.

Prizant, B. M., Wetherby, A. M., & Rydell, P. J. (2000). Communication intervention issues for children with autism spectrum disorders. In S. F. Warren & J. Reichle (Series Eds.) & A. M. Wetherby & B. M. Prizant (Vol. Eds.), *Communication and language intervention series: Vol. 9. Autism spectrum disorders: A transactional developmental perspective* (pp. 193–224). Baltimore: Paul Brookes Publishing Co.

Prizant, B. M., Wetherby, A. M., Rubin, E., & Laurent, A. C. (2003). The SCERTS Model: A family-centered, transactional approach to enhancing communication and socioemotional abilities of young children with ASD. *Infants and Young Children, 16*, 296–316.

Prizant, B. M., Wetherby, A. M., Rubin, E., Rydell, P. J., & Laurent, A. C. (2003). The SCERTS

Model: Enhancing communication and socioemotional abilities of young children with ASD. *Jenison Autism Journal, 14*, 2–19.

Quill, K. (1998). Instructional considerations for young children with autism: The rationale for visually cued instruction. *Journal of Autism and Developmental Disorders, 27*, 697–714.

Quinn, J. (2003). The SCERTS Model: Our family's experience. *Jenison Autism Journal, 14*, 27–32.

Rogers, S. L., & Bennetto, L. (2000). Intersubjectivity in autism: The role of imitation and executive function. In S. F. Warren & J. Reichle (Series Eds.) & A. M. Wetherby & B. M. Prizant (Vol. Eds.), *Communication and language intervention series: Vol. 9. Autism spectrum disorders: A transactional developmental perspective* (pp. 79–107). Baltimore: Paul H. Brookes Publishing Co.

Rydell, P. J., & Mirenda, P. (1991). The effects of two levels of linguistic constraint on echolalia and generative language production in children with autism. *Journal of Autism and Developmental Disorders, 24*, 719–735.

Rydell, P. J., & Prizant, B. (1995). Assessment and intervention strategies for children who use echolalia. In K. Quill (Ed.), Teaching children with autism: Strategies to enhance communication and socialization (pp. 105–129). Albany, NY: Delmar.

Sameroff, A. (1987). The social context of development. In N. Eisenburg (Ed.), *Contemporary topics in development* (pp. 273–291). New York: Wiley.

Sameroff, A., & Fiese, B. (1990). Transactional regulation and early intervention. In S. Meisels & J. Shonkoff (Eds.), *Handbook of early childhood intervention* (pp. 119–149). Cambridge, England: Cambridge University Press.

Schopler, E., Mesibov, G., & Hearsey, K. (1995). Structured Teaching in the TEACCH curriculum. In E. Schopler & G. Mesibov (Eds.), Learning and cognition in autism (pp. 243–268). New York: Kluwer Academic/Plenum.

Schuler, A. (1995). Thinking in autism: Differences in learning and development. In K. Quill (Ed.), *Teaching children with autism: Strategies to enhance communication and socialization* (pp. 11–32). Albany, NY: Delmar.

Schuler, A. L., & Prizant, B. M. (1985). Echolalia in autism. In E. Schopler & G. Mesibov (Eds.), Communication problems in autism. New York: Kluwer Academic/Plenum.

Schuler, A. L., Wetherby, A. M., & Prizant, B. M. (1997). Enhancing language and communication: Prelanguage approaches. In D. Cohen & F. R. Volkmar (Eds.), *Handbook of autism and pervasive developmental disorders* (2nd ed., pp. 539–571).

Schuler, A. L., & Wolfberg, P. J. (2000). Promoting peer play and socialization: The art of scaffolding. In S. F. Warren & J. Reichle (Series Eds.) & A. M. Wetherby & B. M.

Prizant (Vol. Eds.), *Communication and language intervention series: Vol. 9. Autism spectrum disorders: A transactional developmental perspective* (pp. 251-277). Baltimore: Paul H. Brookes Publishing Co.

Sherrer, K. R. (1984). On the nature and function of emotion. A component process approach. In K. R. Sherrer & P. Ekman (Eds.), *Approaches to emotion* (pp. 293-317). Mahwah, NJ: Lawrence Erlbaum Associates.

Shonkoff, J. (1996, March). *Some thoughts on the effectiveness of early intervention.* Paper presented at the Emerson College Symposium on Autism and PDD, Boston.

Shonkoff, J. P., & Phillips, D. A. (Eds.). (2000). *From neurons to neighborhoods: The science of early childhood development.* Washington, DC: National Academies Press.

Shore, S. (2001). *Beyond the wall.* Shawnee, KS: Autism Asperger's Publishing Co.

Stern, D. (1985). *The interpersonal world of the infant.* New York: Basic Books.

Stone, W. L., & Caro-Martinez, L. M. (1990). Naturalistic observations of spontaneous communication in autistic children. *Journal of Autism and Developmental Disorders, 20*, 437-453.

Strain, P., & Kohler, F. (1998). Peer mediated social intervention for children with autism. *Seminars in Speech and Language, 19*, 391-405.

Strain, P. S., McGee, G. G., & Kohler, F. W. (2001). Inclusion of children with autism in early intervention environments: An examination of rationale, myths, and procedures. In M. J. Guralnick (Ed.), *Early childhood inclusion: Focus on change* (pp. 337-363). Baltimore: Paul H. Brookes Publishing Co.

Sundberg, M. L., & Partington, J. W. (1998). *Teaching language to children with autism or other developmental disabilities.* Pleasant Hill, CA: Behavior Analysts.

Tiegerman, E., & Primavera, L. (1984). Imitating the autistic child: Facilitating communicative gaze behavior. *Journal of Autism and Developmental Disorders, 14*, 27-38.

Tomasello, M. (1992). *First verbs: A case study of early grammatical development.* New York: Cambridge University Press.

Tomasello, M. (1999). *The cultural origins of human cognition.* Cambridge, MA: Harvard University Press.

Tomasello, M. (2003). *Constructing a language: A usage-based theory of language acquisition.* Cambridge, MA: Harvard University Press.

Tomasello, M., Kruger, A. C., & Ratner, H. H. (1993). Cultural learning. *Behavioral and Brain Sciences, 16*, 495-552.

Trevarthen, C., Aitken, K., Papoudi, D., & Robarts, J. (1998). *Children with autism: Diagnosis and interventions to meet their needs* (2nd ed.). Philadelphia: Jessica Kingsley Publishers.

Trevarthen, C., & Hubley, P. (1978). Secondary intersubjectivity: Confidence, confiding and acts of meaning in the first year. In A. Lock (Ed.), *Action, gesture and symbols: The emergence of language* (pp. 183–229). San Diego: Academic Press.

Tronick, E. (1989). Emotions and emotional communication in infancy. *American Psychologist, 44*, 112–119.

U.S. Department of Education, Office of Special Education and Rehabilitative Services, Office of Special Education Programs. (n.d.). *OSEP Technical Assistance Center on Positive Behavioral Interventions and Supports.* Retrieved May 12, 2005, from http://www.pbis.org/main.htm

Venter, A., Lord, C., & Schopler, E. (1992). A follow-up study of high-functioning autistic children. *Journal of Child Psychology and Psychiatry and Allied Disciplines, 33*, 489–507.

Volkmar, F., Klin, A., Schultz, R., Rubin, E., & Bronen, R. (2000). Clinical case conference: Asperger's disorder. *American Journal of Psychiatry, 157*(2), 262–267.

Vygotsky, L. (1978). *Mind in society: The development of higher psychological processes.* Cambridge, MA: Harvard University Press.

Warren, S. F. (1993). Early communication and language intervention: Challenges for the 1990s and beyond. In A. P. Kaiser & D. B. Gray (Eds.), *Enhancing children's communication: Research foundations for intervention* (pp. 375–395). Baltimore: Paul H. Brookes Publishing Co.

Westby, C. (1988). Children's play: Reflections of social competence. *Seminars in Speech and Language, 9*, 1–13.

Wetherby, A. M. (1986). The ontogeny of communicative functions in autism. *Journal of Autism and Developmental Disorders, 16*, 295–316.

Wetherby, A. M., & Prizant, B. M. (1989). The expression of communicative intent: Assessment guidelines. *Seminars in Speech and Language, 10*, 77–91.

Wetherby, A. M., & Prizant, B. M. (1992). Profiling young children's communicative competence. In S. F. Warren & J. Reichle (Series & Vol. Eds.), Communication and language intervention series: Vol. 1. *Causes and effects in communication and language intervention* (pp. 217–253). Baltimore: Paul H. Brookes Publishing Co.

Wetherby, A. M., & Prizant, B. M. (1993a). *CSBS™ manual: Communication and Symbolic Behavior Scales™* (Normed Ed.). Baltimore: Paul H. Brookes Publishing Co.

Wetherby, A., & Prizant, B. (1993b). Profiling communication and symbolic abilities in young children. *Journal of Childhood Communication Disorders, 15*, 23–32.

Wetherby, A. M., & Prizant, B. M. (1999). Enhancing language and communication development in autism: Assessment and intervention guidelines. In D. Berkell Zager (Ed.), *Autism: Identification, education, and treatment* (2nd ed., pp. 141–174). Mahwah, NJ: Lawrence Erlbaum Associates.

Wetherby, A. M., & Prizant, B. M. (2002). *Communication and Symbolic Behavior Scales Developmental Profile (CSBS DP™)* (1st normed ed.). Baltimore: Paul H. Brookes Publishing Co.

Wetherby, A. M., Prizant, B. M., & Hutchinson, T. (1998). Communicative, social/affective, and symbolic profiles of young children with autism and pervasive developmental disorders. *American Journal of Speech-Language Pathology, 7*, 79–91.

Wetherby, A. M., Prizant, B. M., & Schuler, A. L. (1997). Enhancing language and communication: Theoretical foundations. In D. Cohen & F. R. Volkmar (Eds.), *Handbook of autism and pervasive developmental disorders* (2nd ed., pp. 513–538). New York: Wiley.

Wetherby, A. M., Prizant, B. M., & Schuler, A. L. (2000). Understanding the nature of communication and language impairments. In S. F. Warren & J. Reichle (Series Eds.) & A. M. Wetherby & B. M. Prizant (Vol. Eds.), *Communication and language intervention series: Vol. 9. Autism spectrum disorders: A transactional developmental perspective* (pp. 109–141). Baltimore: Paul H. Brookes Publishing Co.

Wetherby, A., & Prutting, C. (1984). Profiles of communicative and cognitive-social abilities in autistic children. *Journal of Speech and Hearing Research, 27*, 364–377.

Wetherby, A. M., Reichle, J., & Pierce, P. L. (1998). The transition to symbolic communication. In S. F. Warren & J. Reichle (Series Eds.) & A. M. Wetherby, S. F. Warren, & J. Reichle (Vol. Eds.), *Communication and language intervention series: Vol. 7. Transitions in prelinguistic communication: Preintentional to intentional and presymbolic to symbolic* (pp. 197–230). Baltimore: Paul H. Brookes Publishing Co.

Wetherby, A., & Rodriguez, G. (1992). Measurement of communicative intentions in normal children during structured and unstructured contexts. *Journal of Speech and Hearing Research, 35*, 130–138.

Wetherby, A. M., Warren, S. F., & Reichle, J. (Vol. Eds.). (1998). *Communication and language intervention series: Vol. 7. Transitions in prelinguistic communication.* Baltimore: Paul H. Brookes Publishing Co.

Williams, D. (1992). *Nobody nowhere: The extraordinary autobiography of an autistic.* New York: Times Books.

Zeidner, M., Boekaerts, M., & Pintrich, P. (2000). Self-regulation: Directions and challenges for future research. In M. Boekaerts, P. Pintrich, & M. Zeidner (Eds.), *Handbook of self-regulation.* San Diego: Academic Press.

부록

부록 A. SCERTS 진단 양식

부록 B. 용어 사전

부록 A

❍ SCERTS 진단 양식

이 부록에서는 SCERTS 진단에 사용할 수 있도록 복사할 수 있는 양식(아래의 목록 참조)을 제공하고자 한다[학지사 홈페이지(www.hakjisa.co.kr)에서도 다운 가능함]. 1권의 7장에서는 SCERTS 진단의 단계를 개괄적으로 살펴보았다. 2권의 5~7장에 제시된 주요 사례는 사회적 파트너, 언어 파트너, 대화 파트너 각 단계의 아동에게 진단을 실행하는 과정을 설명한다. SCERTS 진단 양식 중 실제로 작성한 샘플도 제시하였다.

의사소통 단계 결정 기록지

이름: ______________________ 날짜: ______________________

1. 다음의 모든 항목에 해당되는가?

1a. 적어도 3개의 다양한 단어나 구(말, 수어, 그림, 문자 또는 기타 상징 체계)를 사용하는가? ☐

1b. 적어도 3개 이상의 단어나 구를 참조의 목적으로(즉, 구체적인 물건, 사람 또는 활동을 언급하기 위해서) 사용하는가? ☐

1c. 적어도 3개 이상의 단어나 구를 의사소통 의도로(즉, 의사소통을 할 목적으로 몸짓이나 눈맞춤을 하면서 단어나 구를 조합함으로써) 사용하는가? ☐

1d. 적어도 3개 이상의 단어나 구를 정기적으로(즉, 드물게 사용하는 것이 아니라 자주 사용함) 사용하는가? ☐

☐ 아니요 → 사회적 파트너 단계 양식을 사용할 것

☐ 예 → 질문 2로 이동할 것

2. 다음의 모든 항목에 해당되는가?

2a. 적어도 100개의 다양한 단어나 구(말, 수어, 그림, 문자 또는 기타 상징 체계)를 사용하는가? ☐

2b. 적어도 100개 이상의 단어나 구를 참조의 목적으로(즉, 구체적인 물건, 사람 또는 활동을 언급하기 위해서) 사용하는가? ☐

2c. 적어도 100개 이상의 단어나 구를 의사소통 의도로(즉, 의사소통을 할 목적으로 몸짓이나 눈맞춤을 하면서 단어나 구를 조합함으로써) 사용하는가? ☐

2d. 적어도 100개 이상의 단어나 구를 정기적으로(즉, 드물게 사용하는 것이 아니라 자주 사용함) 사용하는가? ☐

2e. 적어도 20개 이상의 창의적인 단어 조합(즉, 구를 정확하게 모방하는 것만이 아님)을 사용하는가? ☐

☐ 아니요 → 언어 파트너 단계 양식을 사용할 것

☐ 예 → 대화 파트너 단계 양식을 사용할 것

사회적 파트너	SCERTS 진단-질문지	사회적 파트너

이름: ____________ 연령: ____________ 작성일: ____________

작성자: ____________ 아동과의 관계: ____________

이 질문지는 아동과 매일 또는 정기적으로 상호작용하는 부모, 교사, 기타 주변인이 기록하도록 작성되었습니다. 아동의 사회 의사소통(사회적 상호작용에서 비구어 및 구어 의사소통 이해하고 사용하기), 정서 조절(주의집중, 각성 및 정서 상태를 조절하는 능력), 교류 지원(파트너 및 학습 활동이 발달을 지원하는 방법)에 대한 아래의 질문에 답하십시오. 아동을 관찰할 수 있을 때, 또는 아동을 관찰한 직후 아래의 행동을 확인하여 작성하십시오. 구체적인 예를 기록하십시오.

사회 의사소통

1. 다른 사람과 어떻게 상호작용하는지 기술하시오. 예를 들어, 다른 사람의 상호작용 시도에 반응하는가? 상호작용을 시작하는가? 두세 번 정도 차례를 주고받는가? 파트너와 관심을 공유하면서 여러 번 차례를 주고받는가?

2. 상호작용을 하는 동안 시선을 어떻게 사용하는지 기술하시오. 예를 들어, 사람을 전혀 또는 거의 쳐다보지 않는가, 아니면 자주 쳐다보는가? 놀잇감을 가지고 놀 때 당신이 지켜보는지를 살피기 위해 고개를 들어 쳐다본 다음 다시 물건을 향해 시선을 옮기는가?

3. 다음 중 아동이 의사소통할 때 일상적으로 사용하는 방법을 모두 골라서 표시하시오.

___ 물건 건네주기 ___ 물건 밀어내기 ___ 다른 사람의 손을 당겨 물건 위에 놓기

___ 손 뻗기/만지기 ___ 물건 보여 주기 ___ 가리키기/만지기

___ 손 흔들기 ___ 손뼉 치기 ___ 고개 젓기(거절 또는 거부하기 위해)

___ 멀리 있는 것을 향해 손 뻗기 ___ 멀리 있는 것 가리키기

___ 발성(아동이 내는 소리를 모두 적으시오): ____________

___ 단어(또는 단어 시도)(아동이 말하고자 하는 단어를 모두 적으시오): ____________

___ 문제행동(예를 적으시오): ____________

4. 아동이 의사소통을 하는 이유는 무엇인가? 다음 중 해당되는 것에 표시하고 예를 적으시오.

___ 원하는 물건 요구하기 ____________

___ 원하지 않는 것 거절하기 ____________

The SCERTS® Model: A Comprehensive Educational Approach for Children with Autism Spectrum Disorders by Barry M. Prizant, Amy M. Wetherby, Emily Rubin, Amy C. Laurent, & Patrick J. Rydell

___ 도움 청하기 ___

___ 사회적 게임 요구하기(예: 까꿍놀이, 뒤쫓아가기, 간지럼 태우기) ___

___ 위로 구하기 ___

___ 인사하기 ___

___ 다른 사람이 알아주기를 원하는 무엇인가로 그 사람의 관심 끌기 ___

5. 상호작용할 때 얼마나 자주 의사소통을 시작하는가?

	거의 또는 전혀 하지 않음	가끔	자주
• 친숙한 사람과 함께	___	___	___
• 친숙하지 않은 사람과 함께	___	___	___
• 소집단 내에서	___	___	___

6. 아동의 요구를 알아채지 못할 때 어떤 일이 발생하는가? 아동은 어떻게 행동하는가?

7. 아동이 가장 좋아하는 놀잇감은 무엇인가? 그것을 가지고 어떻게 놀이하는가?

8. 친숙한 성인이 놀이에 끼어들면 아동은 어떻게 반응하는가? 친숙한 또래나 형제가 끼어들면 어떻게 반응하는가?

9. 다른 사람이 시범을 보인 행동이나 소리에 대해 어떻게 반응하는가?

	거의 또는 전혀 하지 않음	가끔	자주
• 차례를 주고받는가?	___	___	___
• 익숙한 행동이나 소리를 모방하는가?	___	___	___
• 새로운 행동이나 소리를 모방하는가?	___	___	___

10. 다음의 교수나 단서 중 아동이 이해하는 것에 모두 표시하시오.

___ 가리키기 외의 몸짓 ___ 가리키기 ___ 사진이나 그림

___ 얼굴 표정 ___ 억양 ___ 아동의 이름

___ 사회적 게임에서의 단어(예를 적으시오): ___

___ 친숙한 사람이나 익숙한 물건의 이름(예를 적으시오): ___

___ 일상적으로 사용하는 구(예를 적으시오): ___

___ 문장(예를 적으시오): ___

사회적 파트너 단계

정서 조절

1. 아동은 자신의 환경 내에 있는 사람과 사물에 대해 어떻게 반응하는가? 예를 들어, 다양한 상황에 흥미를 보이는지, 몇 가지에 대해서만 강한 흥미를 보이는지, 다양한 감정을 나타내는지, 혼자 지내는지, 상호작용을 위한 시도에 반응하거나 상호작용을 하기 위해 노력하는지 등을 기술하시오.

2. 가장 재미있어 하거나 흥미를 보이는 활동 또는 상황은 무엇인가?

3. 가장 힘들어하거나 지루해하는 활동 또는 상황은 무엇인가?

4. 친숙한 활동을 하는 동안 집중과 흥미를 유지하기 위해서 또는 진정하거나 활동에 참여하기 위해서 전략을 사용하는가(예: 고무 젖꼭지 빨기, 담요 문지르기, 몸 흔들기, 발끝으로 걷기)? 만일 그렇다면, 그 전략을 구체적으로 기술하시오.

5. 새롭고 변화된 상황이나 그 밖의 도전적인 상황에서 집중과 흥미를 유지하기 위해서 또는 진정하거나 활동에 참여하기 위해서 전략을 사용하는가? 만일 그렇다면, 그 전략을 구체적으로 기술하시오.

6. 다음의 감정을 표현하는가? 만일 그렇다면, 어떻게 표현하는지 기술하시오.

기쁨 ______________________________

슬픔 ______________________________

분노 ______________________________

두려움 ______________________________

7. 다른 사람이 위로해 줄 때 반응하는가? 만일 그렇다면, 어떻게 반응하는가?

8. 다른 사람이 선택하라고 요구할 때 반응하는가? 만일 그렇다면, 어떻게 반응하는가?

9. 아동이 집중하고, 흥미를 갖고, 진정하고, 참여를 유지하도록 돕기 위해 어떤 전략을 사용하는가?

10. 아동이 흥분하거나 화가 났다는 것을 어떻게 알 수 있는가? 아동은 어떤 신호를 보이는가?

11. 아동이 지루해하거나 흥미가 없다는 것을 어떻게 알 수 있는가? 아동은 어떤 신호를 보이는가?

12. 아동은 매우 심하게 화가 나거나 괴로울 때
- 어떻게 스스로 회복하는가? 보통 회복되기까지 얼마나 오래 걸리는가?
- 파트너가 어떻게 도움을 줄 때 회복되는가? 보통 회복되기까지 얼마나 오래 걸리는가?

교류 지원

1. 아동이 정기적으로(매일 또는 매주) 상호작용을 하거나 일상적으로 만나는 사람은 누구인가?

2. 아동이 정기적으로(매일 또는 매주) 가는 장소는 어디인가?

3. 다음 중 쉽게 파악하거나 따르거나 반응할 수 있는 것은 모두 다음의 숫자로 표시하시오: 거의 또는 전혀 파악할 수 없거나 반응할 수 없다면 0, 가끔씩 파악하거나 반응할 수 있다면 1, 대부분의 경우 파악하거나 반응할 수 있다면 2.

___ 아동이 관심을 갖는 대상	___ 아동이 의사소통하려고 하는 것
___ 아동의 감정 상태	___ 아동이 선호하는 속도(빠름 또는 느림)
___ 아동에게 휴식이 필요할 때	___ 아동이 흥미를 보이는지 여부
___ 아동이 좌절했는지 여부	___ 아동이 흥분했는지 여부

4. 아동이 의사소통을 시작하도록 격려하는 데에 가장 도움이 되는 전략은 무엇인가(예: 선택할 기회 제공하기, 아동을 기다리며 쳐다보기, 내 차례가 지난 후 기다리기)?

5. 아동이 때리거나 소리를 지르거나 깨무는 등 문제행동을 보일 때 당신은 보통 어떻게 반응하는가? 그러한 반응이 효과적인가?

6. 아동의 주의를 끄는 데에 가장 도움이 되는 전략은 무엇인가(예: 아동의 눈높이에 맞추기, 아동에게 가까이 다가가거나 멀리 떨어지기, 아동의 감정에 맞추기, 아동을 기다리고 따르기)?

7. 아동과의 상호작용을 유지하는 데에 가장 도움이 되는 전략은 무엇인가(예: 아동이 상호작용을 시작하게 하기, 아동이 휴식을 취한 후 계속하게 하기, 아동의 흥미를 따르기)?

8. 아동에게 전달한 메시지를 이해했는지 확인하기 위해서 아동에게 주로 어떻게 의사소통을 하는가?

9. 아동이 의사소통을 하고, 언어를 이해하고, 감정을 표현하고, 순조로운 일과를 진행하도록 도와주기 위해서 시각적 지원을 사용하는가? 만일 그렇다면, 어떤 지원을 사용하는가(예: 그림으로 과제의 단계 보여 주기, 전이용 사물, 선택용 그림, 수어)?

10. 아동이 참여를 유지하는 데 도움이 되는 물리적 또는 사회적 환경 특성은 무엇인가(예: 아동이 상호작용하는 사람의 수 제한하기, 배경 소음 또는 시각적인 혼잡함 줄이기, 움직임이나 리듬을 위한 기회 더 많이 주기, 특정 활동을 위해 특정 장소를 일관성 있게 사용하기)?

11. 아동이 의사소통을 더 잘 하도록 돕는 물리적 또는 사회적 환경 특성은 무엇인가(예: 아동이 좋아해서 동기를 유발할 수 있는 놀잇감이나 활동 이용하기, 좋아할 만한 또는 좋아하는 물건을 조금 멀리 두기)?

추가 의견

1. 아동에게서 관찰되는 가장 큰 강점이나 자산을 모두 나열하시오.

2. 아동의 발달에 있어서 우선적으로 걱정되는 부분을 나열하시오.

3. 아동의 프로그램을 계획하거나 수정할 때 가장 유용하다고 생각되는 정보는 무엇인가?

4. 아동에 대해 우리가 알아야 할 기타 중요한 정보가 있다면 기술하시오.

5. 질문이 있으면 적으시오.

6. 연락이 가능한 가장 적당한 시간과 방법을 알려 주십시오.

관찰 계획을 위한 SCERTS 진단 지도

이름: ____________________ 날짜: ____________________ 페이지: ____________________

<table>
<tr><th></th><th colspan="2">관찰 #: ____________</th><th colspan="2">관찰 #: ____________</th></tr>
<tr><td>관찰 장소
※ 최소 2개 이상의 자연스러운 상황 포함(예: 가정, 학교, 지역사회)</td><td colspan="2"></td><td colspan="2"></td></tr>
<tr><td rowspan="2">관찰 시간
※ 총 관찰 시간:
• 사회적 파트너–최소 2시간
• 언어 파트너–최소 2시간
• 대화 파트너–3~4시간</td><td colspan="2">날짜/시간</td><td colspan="2">날짜/시간</td></tr>
<tr><td colspan="2">관찰 소요 시간</td><td colspan="2">관찰 소요 시간</td></tr>
<tr><td rowspan="2">팀/파트너
※ 최소 2개 이상의 집단 크기(일대일, 소집단, 대집단)
※ 언어 파트너 및 대화 파트너의 경우 친숙한 파트너와 친숙하지 않은 파트너 포함</td><td colspan="2">팀 구성원</td><td colspan="2">팀 구성원</td></tr>
<tr><td colspan="2">파트너 및 집단 크기</td><td colspan="2">파트너 및 집단 크기</td></tr>
<tr><td rowspan="2">활동/변인
※ 최소 4개 변인에 따른 4개 활동
※ 활동 변인의 주요 요소:
1a) 구조화된 1b) 비구조화된
2a) 의무적인 2b) 재미있는
3a) 성인 주도의 3b) 아동 주도의
4a) 동적인 4b) 정적인
5a) 익숙한 5b) 익숙하지 않은
6a) 선호하는 6b) 선호하지 않는
7a) 쉬운 7b) 어려운
8a) 언어 중심의 8b) 비언어적인
9a) 사회적인 9b) 혼자 하는
10a) 붐비는 10b) 차분한</td><td>활동</td><td>변인</td><td>활동</td><td>변인</td></tr>
<tr><td></td><td></td><td></td><td></td></tr>
<tr><td rowspan="3">전이
※ 활동, 환경, 장소 또는 파트너의 의미 있는 변화를 포함하는 최소 3개 이상의 전이 상황</td><td colspan="2">1.</td><td colspan="2">1.</td></tr>
<tr><td colspan="2">2.</td><td colspan="2">2.</td></tr>
<tr><td colspan="2">3.</td><td colspan="2">3.</td></tr>
</table>

사회적 파트너	SCERTS 진단-관찰 기록지	사회 의사소통

이름: ______________________ 생년월일: ______________________

배경 정보		팀 구성원	

관찰 상황

집단 크기	☐ 일대일:	☐ 소집단:	☐ 대집단:
파트너	☐ 친숙한 성인: ☐ 친숙하지 않은 성인:	☐ 친숙한 또래/형제자매: ☐ 친숙하지 않은 또래:	
자연적 상황	☐ 가정:	☐ 학교:	☐ 지역사회:
활동 변인	1. 구조화된/비구조화된 4. 동적인/정적인 7. 쉬운/어려운 10. 붐비는/차분한	2. 의무적인/재미있는 5. 익숙한/익숙하지 않은 8. 언어 중심의/비언어적인	3. 성인 주도의/아동 주도의 6. 선호하는/선호하지 않는 9. 사회적인/혼자 하는
전이	1.	2.	3.

관찰일	관찰 소요 시간
1/4 분기 시작일:	총 관찰 길이:
2/4 분기 시작일:	총 관찰 길이:
3/4 분기 시작일:	총 관찰 길이:
4/4 분기 시작일:	총 관찰 길이:

SCERTS 프로파일 요약	1/4 분기	2/4 분기	3/4 분기	4/4 분기
사회 의사소통				
공동관심	/54	/54	/54	/54
상징 사용	/62	/62	/62	/62
정서 조절				
상호조절	/38	/38	/38	/38
자기조절	/40	/40	/40	/40
교류 지원				
대인관계 지원	/66	/66	/66	/66
학습 지원	/50	/50	/50	/50

사회-정서 성장 지표 프로파일	1/4	2/4	3/4	4/4
행복감	/10	/10	/10	/10
자아의식	/10	/10	/10	/10
타인의식	/10	/10	/10	/10
적극적인 학습 및 조직화	/10	/10	/10	/10
융통성 및 회복력	/10	/10	/10	/10
협력 및 행동의 적절성	/10	/10	/10	/10
독립성	/10	/10	/10	/10
사회적 소속감 및 우정	/10	/10	/10	/10

채점 기준:

2 = 최소 두 가지 상황에서 두 명의 파트너에 걸쳐 준거에 도달하는 행동을 일관성 있게 보임

1 = 일관성 없이 또는 하나의 활동에서 또는 보조를 받아서 준거에 도달하는 행동을 보임

0 = 관찰 또는 보고된 정보에 근거해 볼 때 준거에 도달하지 않았거나 도달할 것이라고 기대되지 않음

사회적 파트너	SCERTS 진단-관찰 기록지	사회 의사소통

이름: ____________________

1/4	2/4	3/4	4/4	공동관심
1. 상호적 상호작용에 참여하기				
				JA1.1 상호작용 시도에 반응하기(=MR2.3)
				JA1.2 상호작용 시도 시작하기(=SR1.4)
				JA1.3 간단한 상호적 상호작용에 참여하기(=SR1.5)
				JA1.4 확장된 상호적 상호작용에 참여하기(=SR1.6)
2. 관심 공유하기				
				JA2.1 사람 쳐다보기
				JA2.2 사람과 사물 간에 시선 옮기기
				JA2.3 짚어서 가리키는 것을 쳐다보기(=SU2.4)
				JA2.4 멀리 있는 것을 가리킬 때 쳐다보기(=SU2.5)
3. 정서 공유하기				
				JA3.1 얼굴 표정이나 발성을 이용하여 부정적인 정서 공유하기(≈MR3.1)
				JA3.2 얼굴 표정이나 발성을 이용하여 긍정적인 정서 공유하기(≈MR3.2)
				JA3.3 파트너의 정서 표현 변화에 반응하기(=MR2.4, SU2.7)
				JA3.4 파트너의 정서 표현 변화에 동조하기(=MR2.5)
4. 다른 사람의 행동을 조절하기 위해 의도 공유하기(↔JA7.2, JA7.3, SU4-SU5)				
				JA4.1 원하는 음식이나 사물 요구하기(≈MR2.6)
				JA4.2 원하지 않는 음식이나 사물 거부/거절하기(≈MR3.4)
				JA4.3 도움 또는 기타 행동 요구하기(≈MR3.3)
				JA4.4 원하지 않는 행동이나 활동 거부하기(≈MR3.4)
5. 사회적 상호작용을 위해 의도 공유하기(↔JA7.2, JA7.3, SU4-SU5)				
				JA5.1 위로 구하기(≈MR3.1)
				JA5.2 사회적 게임 요구하기
				JA5.3 차례 주고받기
				JA5.4 인사하기
				JA5.5 부르기
				JA5.6 자랑하기
6. 공동관심을 위해 의도 공유하기(↔JA7.2, JA7.3, SU4-SU5)				
				JA6.1 사물에 대해 언급하기
				JA6.2 행동이나 사건에 대해 언급하기
7. 의사소통 실패를 복구하고 지속하기				
				JA7.1 맥락에 적절한 비율로 의사소통하기
				JA7.2 의사소통 실패를 복구하기 위해 반복하기(↔JA4-JA6)
				JA7.3 의사소통 실패를 복구하기 위해 수정하기(↔JA4-JA6)

채점 기준: 2=일관성 있게 준거에 도달함(두 가지 상황에서 두 명의 파트너에 걸쳐), 1=일관성 없이 준거에 도달하거나 보조를 받아서 도달함, 0=준거에 도달하지 못함

사회적 파트너 단계

사회적 파트너	SCERTS 진단-관찰 기록지	사회 의사소통

이름: ____________________

1/4	2/4	3/4	4/4	상징 사용
1. 익숙한 행동과 소리 모방을 통해 학습하기				
				SU1.1 자신의 행동이나 소리를 반복하면서 차례 주고받기
				SU1.2 시범 후 즉시 유도하면 익숙한 행동이나 소리 모방하기
				SU1.3 시범 후 즉시 자발적으로 익숙한 행동이나 소리 모방하기
				SU1.4 시간이 경과된 후 자발적으로 익숙한 행동이나 소리 모방하기
2. 익숙한 활동에서 비구어 단서 이해하기				
				SU2.1 익숙한 일과에서 다른 사람의 행동 예상하기(=SR3.1)
				SU2.2 익숙한 일과에서 상황 단서 따르기
				SU2.3 가리키기 이외의 몸짓 단서 따르기
				SU2.4 짚어서 가리키는 것을 쳐다보기(=JA2.3)
				SU2.5 멀리 있는 것을 가리킬 때 쳐다보기(=JA2.4)
				SU2.6 시각적 단서(사진이나 그림)에 반응하기
				SU2.7 얼굴 표정과 억양 단서에 반응하기(≈JA3.3)
3. 놀이 중에 익숙한 사물을 관습적인 방식으로 사용하기				
				SU3.1 사물에 대한 탐색 행동 보이기(↔SR2.1)
				SU3.2 구성놀이에서 익숙한 사물 사용하기
				SU3.3 익숙한 사물을 관습적인 방식으로 자신에게 사용하기
				SU3.4 익숙한 사물을 관습적인 방식으로 다른 사람에게 사용하기
4. 의도 공유를 위해 몸짓이나 비구어 수단 사용하기(↔ JA4-JA6, MR1, MR3.3, MR3.4)				
				SU4.1 근접성 사용하기
				SU4.2 얼굴 표정 사용하기
				SU4.3 간단한 동작 사용하기
				SU4.4 관습적인 접촉 몸짓 사용하기 □주기 □밀어내기 □보여 주기 □손 뻗기/만지기 □가리키기/만지기
				SU4.5 먼 곳을 향한 관습적인 몸짓 사용하기 □손 흔들기 □ 멀리 손 뻗기 □ 멀리 있는 것 가리키기 □ 손뼉 치기 □ 고개 젓기 □ 고개 끄덕이기
				SU4.6 재연 또는 먼 곳을 향한 상징적 몸짓 사용하기
				SU4.7 일련의 몸짓이나 비구어 수단 사용하기
				SU4.8 몸짓과 시선 일치시키기
5. 의도 공유를 위해 발성 사용하기(↔JA4-JA6, MR1, MR3.3, MR3.4)				
				SU5.1 차별화된 발성 사용하기(↔MR1)
				SU5.2 다양한 자음+모음 조합 사용하기
				SU5.3 일과와 밀접하게 관련된 단어 사용하기
				SU5.4 발성을 시선과 몸짓에 일치시키기
6. 2~3개의 익숙한 단어 이해하기				
				SU6.1 자신의 이름에 반응하기
				SU6.2 익숙한 사회적 게임에서 2~3개의 단어에 반응하기
				SU6.3 2~3개의 친숙한 사람, 신체부위, 사물 이름에 반응하기
				SU6.4 익숙한 일과에서 자주 사용되는 2~3개의 구절에 반응하기

채점 기준: 2=일관성 있게 준거에 도달함(두 가지 상황에서 두 명의 파트너에 걸쳐), 1=일관성 없이 준거에 도달하거나 보조를 받아서 도달함, 0=준거에 도달하지 못함

사회적 파트너	SCERTS 진단-관찰 기록지	정서 조절

이름: ____________________

1/4	2/4	3/4	4/4	상호조절
1. 다양한 정서 표현하기(↔SU4-SU5)				
				MR1.1 기쁨 표현하기
				MR1.2 슬픔 표현하기
				MR1.3 분노 표현하기
				MR1.4 두려움 표현하기
2. 파트너가 제공하는 지원에 반응하기				
				MR2.1 파트너의 위로에 진정하기
				MR2.2 파트너가 주의를 환기시킬 때 참여하기
				MR2.3 상호작용 시도에 반응하기(=JA1.1)
				MR2.4 파트너의 정서 표현 변화에 반응하기(=JA3.3)
				MR2.5 파트너의 정서 표현 변화에 동조하기(=JA3.4)
				MR2.6 파트너의 제안에 따라 선택하기(≈JA4.1)
3. 상태를 조절하기 위해 파트너에게 도움 청하기				
				MR3.1 위로를 구하기 위해 부정적인 정서 공유하기(≈JA3.1; ↔ JA5.1)
				MR3.2 상호작용을 하기 위해 긍정적인 정서 공유하기(≈JA3.2)
				MR3.3 좌절했을 때 도움 청하기(≈JA4.3; ↔ SU4-SU5)
				MR3.4 괴로울 때 거부하기(≈JA4.2, JA4.4; ↔ SU4-SU5)
4. 파트너의 지원을 받아 극심한 조절장애로부터 회복하기				
				MR4.1 활동으로부터 떨어져 있게 하는 방법으로 회복을 지원하는 파트너의 노력에 반응하기
				MR4.2 파트너의 행동 전략 사용에 반응하기
				MR4.3 상호작용이나 활동에 다시 참여하게 하기 위한 파트너의 시도에 반응하기
				MR4.4 파트너의 지원을 받아 극심한 조절장애로부터 회복되는 시간 단축하기
				MR4.5 파트너의 지원을 받아 극심한 조절장애 상태의 강도 줄이기

채점 기준: 2=일관성 있게 준거에 도달함(두 가지 상황에서 두 명의 파트너에 걸쳐), 1=일관성 없이 준거에 도달하거나 보조를 받아서 도달함, 0=준거에 도달하지 못함

사회적 파트너 단계

사회적 파트너	SCERTS 진단-관찰 기록지	정서 조절

이름: ____________________

1/4	2/4	3/4	4/4	자기조절
1. 학습 또는 상호작용의 가능성 보이기				
				SR1.1 환경 내 사람과 사물 인식하기
				SR1.2 다양한 감각 및 사회적 경험에 흥미 보이기
				SR1.3 다양한 감각 체험을 추구하고 참아내기
				SR1.4 상호작용 시도 시작하기(=JA1.2)
				SR1.5 간단한 상호적 상호작용에 참여하기(=JA1.3)
				SR1.6 확장된 상호직 상호작용에 참여하기(=JA1.4)
				SR1.7 차별화된 정서로 감각 및 사회적 경험에 반응하기
2. 익숙한 활동 중에 각성 수준을 조절하기 위해 행동 전략 사용하기				
				SR2.1 혼자 하는 활동 중에 각성 수준을 조절하기 위해 행동 전략 사용하기(↔SU3.1)
				SR2.2 사회적 상호작용 중에 각성 수준을 조절하기 위해 행동 전략 사용하기
				SR2.3 각성 수준을 조절하기 위해 파트너가 시범 보인 행동 전략 사용하기
				SR2.4 장시간의 활동에 생산적으로 참여하기 위해 행동 전략 사용하기
3. 새롭고 변화하는 상황에서 정서 조절하기				
				SR3.1 익숙한 일과에서 다른 사람의 행동 예상하기(=SU2.1)
				SR3.2 새롭고 변화하는 상황에 참여하기
				SR3.3 새롭고 변화하는 상황에서 각성 수준을 조절하기 위해 행동 전략 사용하기
				SR3.4 전이 중 각성 수준을 조절하기 위해 행동 전략 사용하기
4. 극심한 조절장애로부터 스스로 회복하기				
				SR4.1 지나치게 자극적이거나 원하지 않는 활동으로부터 스스로 떠나기
				SR4.2 극심한 조절장애로부터 회복하기 위해 행동 전략 사용하기
				SR4.3 극심한 조절장애로부터 회복된 후 상호작용이나 활동에 다시 참여하기
				SR4.4 극심한 조절장애로부터 회복되는 시간 단축하기
				SR4.5 조절장애 상태의 강도 줄이기

채점 기준: 2=일관성 있게 준거에 도달함(두 가지 상황에서 두 명의 파트너에 걸쳐), 1=일관성 없이 준거에 도달하거나 보조를 받아서 도달함, 0=준거에 도달하지 못함

사회적 파트너	SCERTS 진단-관찰 기록지	교류 지원

이름: ____________

1/4	2/4	3/4	4/4	대인관계 지원
1. 파트너는 아동에게 반응적이다.				
				IS1.1 아동의 관심 초점 따르기
				IS1.2 아동의 정서 및 속도에 맞추기
				IS1.3 의사소통 효능감을 증진시키기 위해 아동의 신호에 적절하게 반응하기
				IS1.4 각성 수준을 조절하기 위한 아동의 행동 전략 인식하고 지원하기
				IS1.5 조절장애 신호 인식하고 지원하기
				IS1.6 아동을 모방하기
				IS1.7 필요할 때 상호작용이나 활동으로부터 휴식 제공하기
				IS1.8 휴식에 이어 상호작용이나 활동에 다시 참여하도록 촉진하기
2. 파트너는 시작행동을 촉진한다.				
				IS2.1 비구어 또는 구어로 선택의 기회 제공하기
				IS2.2 시작행동 기다리고 격려하기
				IS2.3 시작행동과 반응행동의 균형 유지하기
				IS2.4 아동이 활동을 시작하고 마치도록 해 주기
3. 파트너는 아동의 독립성을 존중한다.				
				IS3.1 필요한 경우 활동 중간에 돌아다닐 수 있도록 휴식 허락하기
				IS3.2 아동이 자신의 속도로 문제를 해결하고 활동을 완수할 수 있도록 시간 허용하기
				IS3.3 문제행동을 의사소통 또는 조절의 기능으로 이해하기
				IS3.4 적절한 경우 저항, 거부, 거절 존중하기
4. 파트너는 참여를 위한 장을 마련한다.				
				IS4.1 의사소통할 때 아동의 눈높이에 맞추기
				IS4.2 의사소통하기 전에 아동의 주의 확보하기
				IS4.3 상호작용을 촉진하기 위해 적절한 근접성과 비구어 행동 사용하기
				IS4.4 최적의 각성 상태와 참여를 지원하기 위해 적절한 단어와 억양 사용하기
5. 파트너는 발달을 지원한다.				
				IS5.1 모방 격려하기
				IS5.2 또래와의 상호작용 격려하기
				IS5.3 구어 또는 비구어로 의사소통 실패를 복구하려고 시도하기
				IS5.4 활동 성공을 위해 필요할 때 안내 및 피드백 제공하기
				IS5.5 아동의 놀이와 비구어 의사소통 확장하기
6. 파트너는 언어 사용을 조절한다.				
				IS6.1 이해를 돕기 위해 비구어 단서 사용하기
				IS6.2 아동의 발달 수준에 따라 언어의 복잡성 조절하기
				IS6.3 아동의 각성 수준에 따라 언어의 질 조절하기
7. 파트너는 적절한 행동을 시범 보인다.				
				IS7.1 적절한 비구어 의사소통과 정서 표현 시범 보이기
				IS7.2 다양한 의사소통 기능 시범 보이기 □a. 행동 조절 □b. 사회적 상호작용 □c. 공동관심
				IS7.3 적절한 놀이 시범 보이기
				IS7.4 아동이 부적절한 행동을 할 때 적절한 행동 시범 보이기
				IS7.5 '아동 입장'에서 언어 시범 보이기

채점 기준: 2=일관성 있게 준거에 도달함(두 가지 상황에서 두 명의 파트너에 걸쳐), 1=일관성 없이 준거에 도달하거나 보조를 받아서 도달함, 0=준거에 도달하지 못함

사회적 파트너	SCERTS 진단-관찰 기록지	교류 지원

이름: ____________________

1/4	2/4	3/4	4/4	학습 지원
1. 파트너는 적극적인 참여를 위해 활동을 구조화한다.				
				LS1.1 활동의 시작과 종료를 분명하게 정하기
				LS1.2 차례 주고받기 기회를 만들고 아동이 참여할 수 있도록 여지 남겨 두기
				LS1.3 활동에 예측 가능한 순서 마련하기
				LS1.4 반복되는 학습 기회 제공하기
				LS1.5 다양한 학습 기회 제공하기
2. 파트너는 발달을 촉진하기 위해 보완의사소통 지원을 사용한다.				
				LS2.1 의사소통과 표현언어를 강화하기 위해 보완의사소통 지원 사용하기
				LS2.2 언어 및 행동 이해를 강화하기 위해 보완의사소통 지원 사용하기
				LS2.3 정서 표현 및 이해 능력을 강화하기 위해 보완의사소통 지원 사용하기
				LS2.4 정서 조절을 강화하기 위해 보완의사소통 지원 사용하기
3. 파트너는 시각적 지원 및 조직화 지원을 사용한다.				
				LS3.1 과제 수행 단계를 명확히 하기 위해 지원 사용하기
				LS3.2 활동 완수에 필요한 시간과 단계를 명확히 하기 위해 지원 사용하기
				LS3.3 활동 간 원활한 전이를 위해 시각적 지원 사용하기
				LS3.4 하루 전반에 걸쳐 시간 분할을 조직화하기 위해 지원 사용하기
				LS3.5 집단 활동에서의 주의집중을 높이기 위해 시각적 지원 사용하기
				LS3.6 집단 활동에서의 적극적인 참여를 촉진하기 위해 시각적 지원 사용하기
4. 파트너는 목표, 활동, 학습 환경을 수정한다.				
				LS4.1 조직화와 상호작용을 지원하기 위해 사회적 복잡성 조절하기
				LS4.2 아동의 성공을 위해 과제 난이도 조절하기
				LS4.3 학습 환경의 감각적 속성 수정하기
				LS4.4 주의집중을 높일 수 있도록 학습 환경 구성하기
				LS4.5 시작행동을 촉진하는 학습 환경 구성하기
				LS4.6 활동이 발달적으로 적절하도록 고안하고 수정하기
				LS4.7 활동 내에 동기유발이 가능한 교재 및 주제 포함시키기
				LS4.8 시작행동과 확장된 상호작용을 촉진하는 활동 제공하기
				LS4.9 필요에 따라 동적인 활동과 정적인 활동 교대하기
				LS4.10 '요구의 정도를 높이거나' 기대감을 적절하게 높이기

채점 기준: 2=일관성 있게 준거에 도달함(두 가지 상황에서 두 명의 파트너에 걸쳐), 1=일관성 없이 준거에 도달하거나 보조를 받아서 도달함, 0=준거에 도달하지 못함

사회적 파트너	SCERTS 진단-관찰 기록지	의도 및 정서 표현 기록지

이름: ____________________ 날짜: ____________________

상황/활동: ____________________ 파트너: ____________________

	의사소통 수단																										
	상징전 수단																				상징 수단						
	근접성	응시(시선옮기기)	얼굴 표정	간단한 동작	울기/징징거리기	탠트럼	공격행동	자해행동	물건 건네주기	손 뻗기	밀어내기	가리키기	보여주기	손 흔들기	고개 젓기	고개 끄덕이기	재연	차별화된 발성	다양한 자음과 모음 사용	기타	즉각반향어	지연반향어	한단어(구어)	창의적인 단어 조합	수어	그림체계	기타
의사소통 의도																											
행동조절																											
JA4.1 원하는 음식이나 물건 요구하기																											
JA4.2 원하지 않는 음식이나 물건 거부/거절하기																											
JA4.3 도움 또는 기타 행동 요구하기																											
JA4.4 원하지 않는 행동이나 활동 거부하기																											
사회적 상호작용																											
JA5.1 위로 구하기																											
JA5.2 사회적 게임 요구하기																											
JA5.3 차례 주고받기																											
JA5.4 인사하기																											
JA5.5 부르기																											
JA5.6 자랑하기																											
공동관심																											
JA6.1 사물에 대해 언급하기																											
JA6.2 행동이나 사건에 대해 언급하기																											
정서 표현																											
MR1.1 기쁨 표현하기																											
MR1.2 슬픔 표현하기																											
MR1.3 분노 표현하기																											
MR1.4 두려움 표현하기																											

사회적 파트너 | SCERTS 진단 요약지 | 사회적 파트너

이름: ______________________

관찰분기 시작일: ______________ 나이: ______________

SCERTS 프로파일

〈사회 의사소통〉

공동관심

JA1 상호적 상호작용에 참여하기

JA2 관심 공유하기

JA3 정서 공유하기

JA4 다른 사람의 행동을 조절하기 위해 의도 공유하기

JA5 사회적 상호작용을 위해 의도 공유하기

JA6 공동관심을 위해 의도 공유하기

JA7 의사소통 실패를 복구하고 지속하기

상징 사용

SU1 익숙한 행동과 소리 모방을 통해 학습하기

SU2 익숙한 활동에서 비구어 단서 이해하기

SU3 놀이 중에 익숙한 사물을 관습적인 방식으로 사용하기

SU4 의도 공유를 위해 몸짓이나 비구어 수단 사용하기

SU5 의도 공유를 위해 발성 사용하기

SU6 2~3개의 익숙한 단어 이해하기

〈정서 조절〉

상호조절

MR1 다양한 정서 표현하기

MR2 파트너가 제공하는 지원에 반응하기

MR3 상태를 조절하기 위해 파트너에게 도움 청하기

MR4 파트너의 지원을 받아 극심한 조절장애로부터 회복하기

사회적 파트너 SCERTS 진단 요약지 사회적 파트너

자기조절

SR1 학습 또는 상호작용의 가능성 보이기

SR2 익숙한 활동 중에 각성 수준을 조절하기 위해 행동 전략 사용하기

SR3 새롭고 변화하는 상황에서 정서 조절하기

SR4 극심한 조절장애로부터 스스로 회복하기

〈교류 지원〉

대인관계 지원

IS1 파트너는 아동에게 반응적이다.

IS2 파트너는 시작행동을 촉진한다.

IS3 파트너는 아동의 독립성을 존중한다.

IS4 파트너는 참여를 위한 장을 마련한다.

IS5 파트너는 발달을 지원한다.

IS6 파트너는 언어 사용을 조절한다.

IS7 파트너는 적절한 행동을 시범 보인다.

학습 지원

LS1 파트너는 적극적인 참여를 위해 활동을 구조화한다.

LS2 파트너는 발달을 촉진하기 위해 보완의사소통 지원을 사용한다.

LS3 파트너는 시각적 지원 및 조직화 지원을 사용한다.

LS4 파트너는 목표, 활동, 학습 환경을 수정한다.

사회적 파트너	SCERTS 진단 요약지	사회적 파트너

사회-정서 성장 지표 프로파일

										1. 행복감
										2. 자아의식
										3. 타인의식
										4. 적극적인 학습 및 조직화
										5. 융통성 및 회복력
										6. 협력 및 행동의 적절성
										7. 독립성
										8. 사회적 소속감 및 우정

가족의 견해 및 우선순위

이 프로파일은 자녀에 대해 정확하게 묘사하고 있습니까? 만일 그렇지 않다면, 어떤 점에서 그러한지 설명해 주십시오.

자녀를 위한 교육을 계획하는 데 필요하다고 생각되는 추가 정보가 있습니까?

만일 자녀를 위해 한 가지 일에 집중해야 한다면 어떤 것에 집중하겠습니까?

앞으로 3개월 내에 자녀가 배우기를 바라는 기술은 무엇입니까?

SCERTS 주간 교수목표의 우선순위

아동: 사회 의사소통 및 정서 조절 목표	파트너: 교류 지원 목표
1.	1.
2.	2.
3.	3.
4.	4.
5.	5.
6.	6.
7.	7.
8.	8.

사회적 파트너	SCERTS 진단 요약지	사회적 파트너

후속 진단-주요 결과 또는 기타 권고사항

활동 계획

SCERTS 활동 계획서를 사용할 핵심 활동

☐ 오전 일정 ☐ 오후 일정

가족 지원 계획

교육 지원		정서 지원	
활동	얼마나 자주 (제공 빈도)	활동	얼마나 자주 (제공 빈도)

전문가와 서비스 제공자를 위한 지원 계획

교육 지원		정서 지원	
활동	얼마나 자주 (제공 빈도)	활동	얼마나 자주 (제공 빈도)

언어 파트너	SCERTS 진단-질문지	언어 파트너

이름: ____________________ 연령: ____________________ 작성일: ____________________

작성자: ____________________ 아동과의 관계: ____

이 질문지는 아동과 매일 또는 정기적으로 상호작용하는 부모, 교사, 기타 주변인이 기록하도록 작성되었습니다. 아동의 사회 의사소통(사회적 상호작용에서 비구어 및 구어 의사소통 이해하고 사용하기), 정서 조절(주의집중, 각성 및 정서 상태를 조절하는 능력), 교류 지원(파트너 및 학습 활동이 발달을 지원하는 방법)에 대한 아래의 질문에 답하십시오. 아동을 관찰할 수 있을 때, 또는 아동을 관찰한 직후 아래의 행동을 확인하여 작성하십시오. 구체적인 예를 기록하십시오.

사회 의사소통

1. 다른 사람과 어떻게 상호작용하는지 기술하시오. 예를 들어, 다른 사람의 상호작용 시도에 반응하는가? 상호작용을 시작하는가? 두세 번 정도 차례를 주고받는가? 파트너와 관심을 공유하면서 여러 번 차례를 주고받는가?

2. 상호작용을 하는 동안 시선을 어떻게 사용하는지 기술하시오. 예를 들어, 사람을 전혀 또는 거의 쳐다보지 않는가, 아니면 자주 쳐다보는가? 놀잇감을 가지고 놀 때 당신이 지켜보는지를 살피기 위해 고개를 들어 쳐다본 다음 다시 물건을 향해 시선을 옮기는가?

3. 다음 중 아동이 의사소통할 때 일상적으로 사용하는 방법을 모두 골라서 표시하시오.

___ 물건 보여 주기 ___ 손 흔들기 ___ 멀리 있는 것 가리키기

___ 손뼉 치기 ___ 고개 젓기(거절 또는 거부하기 위해)

___ 고개 끄덕이기(수용하거나 '예'라고 표현하기 위해)

4. 아동이 의사소통할 때 일상적으로 사용하는 단어 형태(구어, 수어, 그림, 글자, 또는 기타 상징 체계)는 무엇인가? 다음 중 해당하는 것을 모두 표시하고 구체적인 예를 적으시오.

___ 사물의 이름(예: 놀잇감, 음식, 신체부위) ____________________

___ 사람이나 애완동물의 이름 ____________________

___ "더" 또는 "또"의 의미를 나타내는 방법 ____________________

___ "아니" 또는 "없네(gone)"의 의미를 나타내는 방법 ____________________

___ 인사말(예: "안녕" "바이바이" "또 만나") ____________________

___ 행위 단어(예: "먹는다" "달린다" "간다") ____________________

언어 파트너 단계

___ 사물을 설명하는 수식어나 단어(예: "뜨거운" "큰" "냄새 나는") ______________________

___ 자발적인 단어 조합(예: "밖에 나가" "과자 없어") ______________________

5. 아동이 의사소통을 하는 이유는 무엇인가? 다음 중 해당되는 것에 표시하고 예를 적으시오.

___ 원하는 물건을 요구하거나 도움 청하기 ______________________

___ 원하지 않는 것 거절하기 ______________________

___ 인사하기 ______________________

___ 허락 구하기 ______________________

___ 다른 사람이 알아주기를 원하는 무엇인가로 그 사람의 관심 끌기 ______________________

___ 흥미로운 것에 대해 정보 요구하기 ______________________

6. 상호작용할 때 얼마나 자주 의사소통을 시작하는가?

	거의 또는 전혀 하지 않음	가끔	자주
• 친숙한 사람과 함께	______	___	___
• 친숙하지 않은 사람과 함께	______	___	___
• 소집단 내에서	______	___	___

7. 아동의 요구를 알아채지 못할 때 어떤 일이 발생하는가? 아동은 어떻게 행동하는가?

8. 아동이 가장 좋아하는 놀잇감은 무엇인가? 그것을 가지고 어떻게 놀이하는가?

9. 친숙한 성인이 놀이에 끼어들면 아동은 어떻게 반응하는가? 친숙한 또래나 형제가 끼어들면 어떻게 반응하는가?

10. 다른 사람이 시범을 보인 행동이나 소리에 대해 어떻게 반응하는가?

	거의 또는 전혀 하지 않음	가끔	자주
• 익숙한 행동이나 소리를 모방하는가?	______	___	___
• 새로운 행동이나 소리를 모방하는가?	______	___	___
• 새로운 상황에서 행동을 모방하는가?	______	___	___

11. 다음의 교수나 단서 중 아동이 이해하는 것에 모두 표시하시오.

___ 가리키기 외의 몸짓　___ 가리키기　___ 사진이나 그림　___ 글자

___ 얼굴 표정　___ 억양　___ 아동의 이름

___ 익숙한 상황에서의 단어 또는 구(예를 적으시오): ______________________

___ 상황 단서가 없을 때 사람이나 물건의 이름(예를 적으시오): ______________________

___ 상황 단서가 없을 때 동사나 수식어(예를 적으시오): ______________________________

___ 상황 단서가 없을 때 구나 문장(예를 적으시오): ______________________________

정서 조절

1. 아동은 자신의 환경 내에 있는 사람과 사물에 대해 어떻게 반응하는가? 예를 들어, 다양한 상황에 흥미를 보이는지, 몇 가지에 대해서만 강한 흥미를 보이는지, 다양한 감정을 나타내는지, 혼자 지내는지, 상호작용을 위한 시도에 반응하거나 상호작용을 하기 위해 노력하는지 등을 기술하시오.

2. 가장 재미있어 하거나 흥미를 보이는 활동 또는 상황은 무엇인가?

3. 가장 힘들어하거나 지루해하는 활동 또는 상황은 무엇인가?

4. 친숙한 활동을 하는 동안 집중과 흥미를 유지하기 위해서 또는 진정하거나 활동에 참여하기 위해서 전략을 사용하는가(예: 양손을 꽉 쥐기, 담요 문지르기, 몸 흔들기, "끝나면 밖에 나가요?"라고 말하기)? 만일 그렇다면, 그 전략을 구체적으로 기술하시오.

5. 새롭고 변화된 상황이나 그 밖의 도전적인 상황에서 집중과 흥미를 유지하기 위해서 또는 진정하거나 활동에 참여하기 위해서 전략을 사용하는가(예: 활동이 바뀔 때 친숙한 노래 부르기, 두려움을 느낄 때 "걱정하지 마"라고 말하기)? 만일 그렇다면, 그 전략을 구체적으로 기술하시오.

6. 다음의 긍정적인 감정과 부정적인 감정을 표현하는가? 만일 그렇다면, 어떻게 표현하는가?

〈긍정적인 감정〉	〈부정적인 감정〉
기쁨 ______________	슬픔 ______________
만족감 ______________	분노 또는 좌절 ______________
익살스러움 ______________	두려움 ______________

7. 다른 사람이 위로해 줄 때 반응하는가? 만일 그렇다면, 어떻게 반응하는가?

8. 다른 사람이 선택하라고 요구할 때 반응하는가? 만일 그렇다면, 어떻게 반응하는가?

9. 아동이 집중하고, 흥미를 갖고, 진정하고, 참여를 유지하도록 돕기 위해 어떤 전략을 사용하는가?

10. 아동이 흥분하거나 화가 났다는 것을 어떻게 알 수 있는가? 아동은 어떤 신호를 보이는가?

11. 아동이 지루해하거나 흥미가 없다는 것을 어떻게 알 수 있는가? 아동은 어떤 신호를 보이는가?

12. 아동은 매우 심하게 화가 나거나 괴로울 때
- 어떻게 스스로 회복하는가? 보통 회복되기까지 얼마나 오래 걸리는가?
- 파트너가 어떻게 도와줄 때 회복되는가? 보통 회복되기까지 얼마나 오래 걸리는가?

교류 지원

1. 아동이 정기적으로(매일 또는 매주) 상호작용을 하거나 일상적으로 만나는 사람은 누구인가?

2. 아동이 정기적으로(매일 또는 매주) 가는 장소는 어디인가?

3. 다음 중 쉽게 파악하거나 따르거나 반응할 수 있는 것은 모두 다음의 숫자로 표시하시오: 거의 또는 전혀 파악할 수 없거나 반응할 수 없다면 0, 가끔씩 파악하거나 반응할 수 있다면 1, 대부분의 경우 파악하거나 반응할 수 있다면 2.

___ 아동이 관심을 갖는 대상
___ 아동의 감정 상태
___ 아동에게 휴식이 필요할 때
___ 아동이 좌절했는지 여부
___ 아동이 의사소통하려고 하는 것
___ 아동이 선호하는 속도(빠름 또는 느림)
___ 아동이 흥미를 보이는지 여부
___ 아동이 흥분했는지 여부

4. 아동이 의사소통을 시작하도록 격려하는 데에 가장 도움이 되는 전략은 무엇인가(예: 선택할 기회 제공하기, 아동을 기다리며 쳐다보기, 내 차례가 지난 후 기다리기)?

5. 아동이 때리거나 소리를 지르거나 깨무는 등 문제행동을 보일 때 당신은 보통 어떻게 반응하는가? 그러한 반응이 효과적인가?

6. 아동의 주의를 끄는 데에 가장 도움이 되는 전략은 무엇인가(예: 아동의 수준에 맞추기, 아동에게 가까이 다가가거나 멀리 떨어지기, 아동의 감정에 맞추기, 아동을 기다리고 따르기)?

7. 아동과의 상호작용을 유지하는 데에 가장 도움이 되는 전략은 무엇인가(예: 아동이 상호작용을 시작하게 하기, 아동이 휴식을 취한 후 계속하게 하기, 아동의 흥미를 따르기)?

8. 아동에게 전달한 메시지를 이해했는지 확인하기 위해서 아동에게 주로 어떻게 의사소통을 하는가?

9. 아동이 의사소통을 하고, 언어를 이해하고, 감정을 표현하고, 순조로운 일과를 진행하도록 도와주기 위해서 시각적 지원을 사용하는가? 만일 그렇다면, 어떤 지원을 사용하는가(예: 그림으로 과제의 단계 보여 주기, 전이용 사물, 선택용 그림, 수어)?

10. 아동이 참여를 유지하는 데 도움이 되는 물리적 또는 사회적 환경 특성은 무엇인가(예: 아동이 상호작용하는 사람의 수 제한하기, 배경 소음 또는 시각적인 혼잡함 줄이기, 움직임이나 리듬을 위한 기회 더 많이 주기, 특정 활동을 위해 특정 장소를 일관성 있게 사용하기)?

11. 아동이 의사소통을 더 잘 하도록 돕는 물리적 또는 사회적 환경 특성은 무엇인가(예: 아동이 좋아해서 동기를 유발할 수 있는 놀잇감이나 활동 이용하기, 좋아할 만한 또는 좋아하는 물건을 조금 멀리 두기)?

추가 의견

1. 아동에게서 관찰되는 가장 큰 강점이나 자산을 모두 나열하시오.

2. 아동의 발달에 있어서 우선적으로 걱정되는 부분을 나열하시오.

3. 아동의 프로그램을 계획하거나 수정할 때 가장 유용하다고 생각되는 정보는 무엇인가?

4. 아동에 대해 알아야 할 기타 중요한 정보가 있다면 기술하시오.

5. 질문이 있으면 적으시오.

6. 연락이 가능한 가장 적당한 시간과 방법을 알려 주십시오.

관찰 계획을 위한 SCERTS 진단 지도

이름: ______________________ 날짜: ______________________ 페이지: ______________________

	관찰 #: ______________		관찰 #: ______________	
관찰 장소 ※ 최소 2개 이상의 자연스러운 상황 포함(예: 가정, 학교, 지역사회)				
관찰 시간 ※ 총 관찰 시간: • 사회적 파트너-최소 2시간 • 언어 파트너-최소 2시간 • 대화 파트너-3~4시간	날짜/시간		날짜/시간	
	관찰 소요 시간		관찰 소요 시간	
팀/피트너 ※ 최소 2개 이상의 집단 크기(일대일, 소집단, 대집단) ※ 언어 파트너 및 대화 파트너의 경우 친숙한 파트너와 친숙하지 않은 파트너 포함	팀 구성원		팀 구성원	
	파트너 및 집단 크기		파트너 및 집단 크기	
활동/변인 ※ 최소 4개 변인에 따른 4개 활동 ※ 활동 변인의 주요 요소: 1a) 구조화된 1b) 비구조화된 2a) 의무적인 2b) 재미있는 3a) 성인 주도의 3b) 아동 주도의 4a) 동적인 4b) 정적인 5a) 익숙한 5b) 익숙하지 않은 6a) 선호하는 6b) 선호하지 않는 7a) 쉬운 7b) 어려운 8a) 언어 중심의 8b) 비언어적인 9a) 사회적인 9b) 혼자 하는 10a) 붐비는 10b) 차분한	활동	변인	활동	변인
전이 ※ 활동, 환경, 장소 또는 파트너의 의미 있는 변화를 포함하는 최소 3개 이상의 전이 상황	1.		1.	
	2.		2.	
	3.		3.	

The SCERTS® Model: A Comprehensive Educational Approach for Children with Autism Spectrum Disorders by Barry M. Prizant, Amy M. Wetherby, Emily Rubin, Amy C. Laurent, & Patrick J. Rydell

(1)

언어 파트너	SCERTS 진단-관찰 기록지	사회 의사소통

이름: ________________________ 생년월일: ________________________

배경 정보		팀 구성원	

관찰 상황			
집단 크기	□ 일대일:	□ 소집단:	□ 대집단:
파트너	□ 친숙한 성인: □ 친숙하지 않은 성인:	□ 친숙한 또래/형제자매: □ 친숙하지 않은 또래:	
자연적 상황	□ 가정:	□ 학교:	□ 지역사회:
활동 변인	1. 구조화된/비구조화된 4. 동적인/정적인 7. 쉬운/어려운 10. 붐비는/차분한	2. 의무적인/재미있는 5. 익숙한/익숙하지 않은 8. 언어 중심의/비언어적인	3. 성인 주도의/아동 주도의 6. 선호하는/선호하지 않는 9. 사회적인/혼자 하는
전이	1.	2.	3.

관찰일	관찰 소요 시간
1/4 분기 시작일:	총 관찰 길이:
2/4 분기 시작일:	총 관찰 길이:
3/4 분기 시작일:	총 관찰 길이:
4/4 분기 시작일:	총 관찰 길이:

SCERTS 프로파일 요약	1/4 분기	2/4 분기	3/4 분기	4/4 분기
사회 의사소통				
공동관심	/62	/62	/62	/62
상징 사용	/50	/50	/50	/50
정서 조절				
상호조절	/46	/46	/46	/46
자기조절	/56	/56	/56	/56
교류 지원				
대인관계 지원	/66	/66	/66	/66
학습 지원	/50	/50	/50	/50

사회-정서 성장 지표 프로파일	1/4	2/4	3/4	4/4
행복감	/10	/10	/10	/10
자아의식	/10	/10	/10	/10
타인의식	/10	/10	/10	/10
적극적인 학습 및 조직화	/10	/10	/10	/10
융통성 및 회복력	/10	/10	/10	/10
협력 및 행동의 적절성	/10	/10	/10	/10
독립성	/10	/10	/10	/10
사회적 소속감 및 우정	/10	/10	/10	/10

채점 기준:

2 = 최소 두 가지 상황에서 두 명의 파트너에 걸쳐 준거에 도달하는 행동을 일관성 있게 보임

1 = 일관성 없이 또는 하나의 활동에서 또는 보조를 받아서 준거에 도달하는 행동을 보임

0 = 관찰 또는 보고된 정보에 근거해 볼 때 준거에 도달하지 않았거나 도달할 것이라고 기대되지 않음

언어 파트너 단계

언어 파트너	SCERTS 진단-관찰 기록지	사회 의사소통

이름: ____________

1/4	2/4	3/4	4/4	공동관심
1. 상호적 상호작용에 참여하기				
				JA1.1 상호작용 시도 시작하기(=SR1.1)
				JA1.2 간단한 상호적 상호작용에 참여하기(=SR1.2)
				JA1.3 확장된 상호적 상호작용에 참여하기(=SR1.3)
2. 관심 공유하기				
				JA2.1 사람과 사물 간에 시선 옮기기
				JA2.2 짚어서 가리키거나 멀리 있는 것을 가리킬 때 쳐다보기(=SU2.2)
				JA2.3 사회적 파트너의 관심 초점 따르기
				JA2.4 의도를 나타내기 전에 자신에게로 주의 끌기(≈JA5.5)
3. 정서 공유하기				
				JA3.1 부정적인 정시와 긍정적인 정서 공유하기(=MR1.1; ≈MR3.1, MR3.2)
				JA3.2 다양한 정서를 표현하기 위해 상징 이해하고 사용하기(≈MR1.2, SR3.5)
				JA3.3 파트너의 정서 표현 변화에 동조하기(≈SU2.4; =MR2.5)
				JA3.4 다른 사람의 정서 상태 설명하기(↔SU5.6)
4. 다른 사람의 행동을 조절하기 위해 의도 공유하기(↔JA7.2, JA8.2, SU4-SU5, MR3.7)				
				JA4.1 원하는 음식이나 사물 요구하기(≈MR2.6)
				JA4.2 원하지 않는 음식이나 사물 거부/거절하기(≈MR3.4)
				JA4.3 도움 또는 기타 행동 요구하기(≈MR3.3)
				JA4.4 원하지 않는 행동이나 활동 거부하기(≈MR3.4)
5. 사회적 상호작용을 위해 의도 공유하기(↔JA7.2, JA8.2, SU4-SU5)				
				JA5.1 위로 구하기(≈MR3.1)
				JA5.2 사회적 게임 요구하기
				JA5.3 차례 주고받기
				JA5.4 인사하기
				JA5.5 부르기(≈JA2.4)
				JA5.6 자랑하기
				JA5.7 허락 구하기
6. 공동관심을 위해 의도 공유하기(↔ JA7.2, JA8.2, SU4-SU5)				
				JA6.1 사물에 대해 언급하기
				JA6.2 행동이나 사건에 대해 언급하기
				JA6.3 관심 있는 것에 대해 정보 요구하기
7. 의사소통 실패를 복구하고 지속하기				
				JA7.1 맥락에 적절한 비율로 의사소통하기
				JA7.2 의사소통 실패를 복구하기 위해 반복하거나 수정하기(↔JA4-JA6)
				JA7.3 의사소통 실패 인식하기
8. 상호적 상호작용에서 경험 공유하기				
				JA8.1 경험을 공유하기 위해 관심, 정서, 의도 조절하기
				JA8.2 경험을 공유하기 위해 청자 및 화자의 역할을 바꾸어 가며 상호작용하기(↔ JA4-JA6)
				JA8.3 친구와 상호작용 시작하고 경험 공유하기

채점 기준: 2=일관성 있게 준거에 도달함(두 가지 상황에서 두 명의 파트너에 걸쳐), 1=일관성 없이 준거에 도달하거나 보조를 받아서 도달함, 0=준거에 도달하지 못함

언어 파트너	SCERTS 진단-관찰 기록지	사회 의사소통

이름: ____________________

1/4	2/4	3/4	4/4	상징 사용
1. 익숙하거나 익숙하지 않은 행동이나 단어를 관찰하고 모방하여 학습하기				
				SU1.1 시범 후 즉시 자발적으로 익숙한 행동이나 단어 모방하기
				SU1.2 시범 후 즉시 자발적으로 익숙하지 않은 행동이나 단어 모방하기
				SU1.3 동작이나 단어를 자발적으로 모방하고 다른 행동을 더하기
				SU1.4 시간이 경과된 후 다른 맥락에서 다양한 행동을 자발적으로 모방하기
2. 익숙하거나 익숙하지 않은 활동에서 비구어 단서 이해하기				
				SU2.1 익숙하거나 익숙하지 않은 활동에서 상황 및 몸짓 단서 따르기(=SR4.2)
				SU2.2 짚어서 가리키거나 멀리 있는 것을 가리킬 때 쳐다보기(=JA2.2)
				SU2.3 시각적 단서(사진이나 그림)를 동반한 지시 따르기
				SU2.4 얼굴 표정과 억양 단서에 반응하기(≈JA3.3)
3. 놀이 중에 익숙한 사물을 관습적인 방식으로 사용하기				
				SU3.1 구성놀이에서 다양한 사물 사용하기
				SU3.2 여러 가지 익숙한 사물을 관습적인 방식으로 자신에게 사용하기
				SU3.3 여러 가지 익숙한 사물을 관습적인 방식으로 다른 사람에게 사용하기
				SU3.4 놀이 중 사물을 사용하여 다양한 행동 조합하기
4. 의도 공유를 위해 몸짓이나 비구어 수단 사용하기(↔JA4-JA6, MR3.3, MR3.4)				
				SU4.1 다양한 관습적 또는 상징적 몸짓 사용하기 ☐a. 보여 주기 ☐b. 손 흔들기 ☐c. 멀리 손 뻗기/가리키기 ☐d. 손뼉 치기 ☐e. 고개 젓기 ☐f. 고개 끄덕이기 ☐g. 기타________
				SU4.2 일련의 몸짓이나 비구어 수단을 시선과 함께 사용하기
5. 의미를 표현하기 위해 단어와 단어 조합 사용하기(↔JA4-JA6, MR3.3, MR3.4)				
				SU5.1 소리/단어를 시선 및 몸짓과 함께 조합하여 사용하기
				SU5.2 상징으로 적어도 5~10개의 단어나 반향어 구 사용하기
				SU5.3 초기 관계어 사용하기 ☐a. 존재 ☐b. 부재/사라짐 ☐c. 재출현 ☐d. 거부
				SU5.4 사물, 신체부위, 행위자에 대해 다양한 이름 사용하기
				SU5.5 상위 수준의 관계어를 다양하게 사용하기 ☐a. 개인적-사회적 ☐b. 행위 ☐c. 수식어 ☐d. 의문사
				SU5.6 단어조합에 있어서 다양한 관계 의미 사용하기(↔JA3.4) ☐a. 수식어+대상 ☐b. 부정어+대상 ☐c. 행위자+행위+대상
6. 맥락적 단서 없이 다양한 단어와 단어 조합 이해하기				
				SU6.1 자신의 이름에 반응하기
				SU6.2 여러 가지 익숙한 단어 및 구절에 반응하기(=SR1.6)
				SU6.3 맥락적 단서 없이 다양한 이름 이해하기
				SU6.4 맥락적 단서 없이 다양한 관계어 이해하기 ☐a. 행위 ☐b. 수식어 ☐c. 의문사
				SU6.5 맥락적 단서 없이 단어 조합에서 다양한 관계 의미 이해하기 ☐a. 수식어+대상 ☐b. 부정어+대상 ☐c. 행위자+행위+대상

채점 기준: 2=일관성 있게 준거에 도달함(두 가지 상황에서 두 명의 파트너에 걸쳐), 1=일관성 없이 준거에 도달하거나 보조를 받아서 도달함, 0=준거에 도달하지 못함

언어 파트너	SCERTS 진단-관찰 기록지	정서 조절

이름: ____________________

1/4	2/4	3/4	4/4	상호조절
1. 다양한 정서 표현하기(↔SU4-SU5)				
				MR1.1 부정적인 정서와 긍정적인 정서 공유하기(=JA3.1)
				MR1.2 다양한 정서를 표현하기 위해 상징 이해하고 사용하기(≈JA3.2; =SR3.5)
				MR1.3 익숙한 활동에서 파트너의 피드백에 따라 정서 표현 바꾸기
2. 파트너가 제공하는 지원에 반응하기				
				MR2.1 파트너의 위로에 진정하기
				MR2.2 파트너가 주의를 환기시킬 때 참여하기
				MR2.3 상호작용 시도에 반응하기
				MR2.4 파트너의 정서 표현 변화에 반응하기
				MR2.5 파트너의 정서 표현 변화에 동조하기(=JA3.3)
				MR2.6 파트너의 제안에 따라 선택하기 (≈JA4.1)
				MR2.7 익숙한 활동에서 파트너의 피드백에 따라 조절 전략 바꾸기
3. 상태를 조절하기 위해 파트너에게 도움 청하기				
				MR3.1 위로를 구하기 위해 부정적인 정서 공유하기(≈JA3.1; ↔JA5.1)
				MR3.2 상호작용을 하기 위해 긍정적인 정서 공유하기(≈JA3.1)
				MR3.3 좌절했을 때 도움 청하기(≈JA4.3; ↔SU4-SU5)
				MR3.4 괴로울 때 거부하기(≈JA4.2, JA4.4; ↔SU4-SU5)
				MR3.5 휴식을 요구하기 위해 언어 전략 사용하기
				MR3.6 활동이나 자극 조절을 요구하기 위해 언어 전략 사용하기
				MR3.7 사회적 조절 수행을 위해 언어 전략 사용하기(↔JA4)
4. 파트너의 지원을 받아 극심한 조절장애로부터 회복하기				
				MR4.1 활동으로부터 떨어져 있게 하는 방법으로 회복을 지원하는 파트너의 노력에 반응하기
				MR4.2 파트너의 행동 전략 사용에 반응하기
				MR4.3 파트너의 언어 전략 사용에 반응하기
				MR4.4 상호작용이나 활동에 다시 참여하게 하기 위한 파트너의 시도에 반응하기
				MR4.5 파트너의 지원을 받아 극심한 조절장애로부터 회복되는 시간 단축하기
				MR4.6 파트너의 지원을 받아 극심한 조절장애 상태의 강도 줄이기

채점 기준: 2=일관성 있게 준거에 도달함(두 가지 상황에서 두 명의 파트너에 걸쳐), 1=일관성 없이 준거에 도달하거나 보조를 받아서 도달함, 0=준거에 도달하지 못함

언어 파트너	SCERTS 진단-관찰 기록지	정서 조절

이름: ____________________

1/4	2/4	3/4	4/4	자기조절
1. 학습 또는 상호작용의 가능성 보이기				
				SR1.1 상호작용 시도 시작하기(=JA1.1)
				SR1.2 간단한 상호적 상호작용에 참여하기(=JA1.2)
				SR1.3 확장된 상호적 상호작용에 참여하기(=JA1.3)
				SR1.4 차별화된 정서로 감각 및 사회적 경험에 반응하기
				SR1.5 행위 및 행동 억제 능력 보이기
				SR1.6 여러 가지 익숙한 단어 및 구절에 반응하기(=SU6.2)
				SR1.7 합리적인 요구를 지닌 과제 지속하기
				SR1.8 맥락에 적절하게 정서 표현하기
2. 익숙한 활동 중에 각성 수준을 조절하기 위해 행동 전략 사용하기				
				SR2.1 혼자 하는 활동과 사회적 활동 중에 각성 수준을 조절하기 위해 행동 전략 사용하기
				SR2.2 각성 수준을 조절하기 위해 파트너가 시범 보인 행동 전략 사용하기
				SR2.3 장시간의 활동에 생산적으로 참여하기 위해 행동 전략 사용하기
3. 익숙한 활동 중에 각성 수준을 조절하기 위해 언어 전략 사용하기				
				SR3.1 혼자 하는 활동 중에 각성 수준을 조절하기 위해 언어 전략 사용하기
				SR3.2 사회적 상호작용 중에 각성 수준을 조절하기 위해 언어 전략 사용하기
				SR3.3 각성 수준을 조절하기 위해 파트너가 시범 보인 언어 전략 사용하기
				SR3.4 장시간의 활동에 생산적으로 참여하기 위해 언어 전략 사용하기
				SR3.5 다양한 정서를 표현하는 상징 사용하기(≈JA3.2;=MR1.2)
4. 새롭고 변화하는 상황에서 정서 조절하기				
				SR4.1 새롭고 변화하는 상황에 참여하기
				SR4.2 익숙하지 않은 활동에서 상황 및 몸짓 단서 따르기(=SU2.1)
				SR4.3 새롭고 변화하는 상황에서 각성 수준을 조절하기 위해 행동 전략 사용하기
				SR4.4 새롭고 변화하는 상황에서 각성 수준을 조절하기 위해 언어 전략 사용하기
				SR4.5 전이 중 각성 수준을 조절하기 위해 행동 전략 사용하기
				SR4.6 전이 중 각성 수준을 조절하기 위해 언어 전략 사용하기
5. 극심한 조절장애로부터 스스로 회복하기				
				SR5.1 지나치게 자극적이거나 원하지 않는 활동으로부터 스스로 떠나기
				SR5.2 극심한 조절장애로부터 회복하기 위해 행동 전략 사용하기
				SR5.3 극심한 조절장애로부터 회복하기 위해 언어 전략 사용하기
				SR5.4 극심한 조절장애로부터 회복된 후 상호작용이나 활동에 다시 참여하기
				SR5.5 극심한 조절장애로부터 회복되는 시간 단축하기
				SR5.6 조절장애 상태의 강도 줄이기

채점 기준: 2=일관성 있게 준거에 도달함(두 가지 상황에서 두 명의 파트너에 걸쳐), 1=일관성 없이 준거에 도달하거나 보조를 받아서 도달함, 0=준거에 도달하지 못함

언어 파트너 단계

언어 파트너	SCERTS 진단-관찰 기록지	교류 지원

이름: ____________________

1/4	2/4	3/4	4/4	대인관계 지원
1. 파트너는 아동에게 반응적이다.				
				IS1.1 아동의 관심 초점 따르기
				IS1.2 아동의 정서 및 속도에 맞추기
				IS1.3 의사소통 효능감을 증진시키기 위해 아동의 신호에 적절하게 반응하기
				IS1.4 각성 수준을 조절하기 위한 아동의 행동 및 언어 전략 인식하고 지원하기
				IS1.5 조절장애 신호 인식하고 지원하기
				IS1.6 아동을 모방하기
				IS1.7 필요할 때 상호작용이나 활동으로부터 휴식 제공하기
				IS1.8 휴식에 이어 상호작용이나 활동에 다시 참여하도록 촉진하기
2. 파트너는 시작행동을 촉진한다.				
				IS2.1 비구어 또는 구어로 선택의 기회 제공하기
				IS2.2 시작행동 기다리고 격려하기
				IS2.3 시작행동과 반응행동의 균형 유지하기
				IS2.4 아동이 활동을 시작하고 마치도록 해 주기
3. 파트너는 아동의 독립성을 존중한다.				
				IS3.1 필요한 경우 활동 중간에 돌아다닐 수 있도록 휴식 허락하기
				IS3.2 아동이 자신의 속도로 문제를 해결하고 활동을 완수할 수 있도록 시간 허용하기
				IS3.3 문제행동을 의사소통 또는 조절의 기능으로 이해하기
				IS3.4 적절한 경우 저항, 거부, 거절 존중하기
4. 파트너는 참여를 위한 장을 마련한다.				
				IS4.1 의사소통할 때 아동의 눈높이에 맞추기
				IS4.2 의사소통하기 전에 아동의 주의 확보하기
				IS4.3 상호작용을 촉진하기 위해 적절한 근접성과 비구어 행동 사용하기
				IS4.4 최적의 각성 상태와 참여를 지원하기 위해 적절한 단어와 억양 사용하기
5. 파트너는 발달을 지원한다.				
				IS5.1 모방 격려하기
				IS5.2 또래와의 상호작용 격려하기
				IS5.3 구어 또는 비구어로 의사소통 실패를 복구하려고 시도하기
				IS5.4 활동 성공을 위해 필요할 때 안내 및 피드백 제공하기
				IS5.5 정서를 표현하고 정서의 원인을 이해하도록 안내하기
6. 파트너는 언어 사용을 조절한다.				
				IS6.1 이해를 돕기 위해 비구어 단서 사용하기
				IS6.2 아동의 발달 수준에 따라 언어의 복잡성 조절하기
				IS6.3 아동의 각성 수준에 따라 언어의 질 조절하기
7. 파트너는 적절한 행동을 시범 보인다.				
				IS7.1 적절한 비구어 의사소통과 정서 표현 시범 보이기
				IS7.2 다양한 의사소통 기능 시범 보이기 □a. 행동 조절 □ b. 사회적 상호작용 □c. 공동관심
				IS7.3 적절한 구성놀이 및 상징놀이 시범 보이기
				IS7.4 아동이 부적절한 행동을 할 때 적절한 행동 시범 보이기
				IS7.5 '아동 입장'에서 언어 시범 보이기

채점 기준: 2=일관성 있게 준거에 도달함(두 가지 상황에서 두 명의 파트너에 걸쳐), 1=일관성 없이 준거에 도달하거나 보조를 받아서 도달함, 0=준거에 도달하지 못함

언어 파트너	SCERTS 진단-관찰 기록지	교류 지원

이름: ____________________

1/4	2/4	3/4	4/4	학습 지원
1. 파트너는 적극적인 참여를 위해 활동을 구조화한다.				
				LS1.1 활동의 시작과 종료를 분명하게 정하기
				LS1.2 차례 주고받기 기회를 만들고 아동이 참여할 수 있도록 여지 남겨 두기
				LS1.3 활동에 예측 가능한 순서 마련하기
				LS1.4 반복되는 학습 기회 제공하기
				LS1.5 다양한 학습 기회 제공하기
2. 파트너는 발달을 촉진하기 위해 보완의사소통 지원을 사용한다.				
				LS2.1 의사소통과 표현언어를 강화하기 위해 보완의사소통 지원 사용하기
				LS2.2 언어 및 행동 이해를 강화하기 위해 보완의사소통 지원 사용하기
				LS2.3 정서 표현 및 이해 능력을 강화하기 위해 보완의사소통 지원 사용하기
				LS2.4 정서 조절을 강화하기 위해 보완의사소통 지원 사용하기
3. 파트너는 시각적 지원 및 조직화 지원을 사용한다.				
				LS3.1 과제 수행 단계를 명확히 하기 위해 지원 사용하기
				LS3.2 활동 완수에 필요한 시간과 단계를 명확히 하기 위해 지원 사용하기
				LS3.3 활동 간 원활한 전이를 위해 시각적 지원 사용하기
				LS3.4 하루 전반에 걸쳐 시간 분할을 조직화하기 위해 지원 사용하기
				LS3.5 집단 활동에서의 주의집중을 높이기 위해 시각적 지원 사용하기
				LS3.6 집단 활동에서의 적극적인 참여를 촉진하기 위해 시각적 지원 사용하기
4. 파트너는 목표, 활동, 학습 환경을 수정한다.				
				LS4.1 조직화와 상호작용을 지원하기 위해 사회적 복잡성 조절하기
				LS4.2 아동의 성공을 위해 과제 난이도 조절하기
				LS4.3 학습 환경의 감각적 속성 수정하기
				LS4.4 주의집중을 높일 수 있도록 학습 환경 구성하기
				LS4.5 시작행동을 촉진하는 학습 환경 구성하기
				LS4.6 활동이 발달적으로 적절하도록 고안하고 수정하기
				LS4.7 활동 내에 동기유발이 가능한 교재 및 주제 포함시키기
				LS4.8 시작행동과 확장된 상호작용을 촉진하는 활동 제공하기
				LS4.9 필요에 따라 동적인 활동과 정적인 활동 교대하기
				LS4.10 '요구의 정도를 높이거나' 기대감을 적절하게 높이기

채점 기준: 2=일관성 있게 준거에 도달함(두 가지 상황에서 두 명의 파트너에 걸쳐), 1=일관성 없이 준거에 도달하거나 보조를 받아서 도달함, 0=준거에 도달하지 못함

언어 파트너	SCERTS 진단–관찰 기록지	의도 및 정서 표현 기록지

이름: ______________________ 날짜: ______________________

상황/활동: ______________________ 파트너: ______________________

	의사소통 수단																										
	상징전 수단																				상징 수단						
	근접성	응시(시선옮기기)	얼굴 표정	간단한 동작	울기/징징거리기	탠트럼	공격행동	자해행동	물건 건네주기	손 뻗기	밀어내기	가리키기	보여주기	손 흔들기	고개 젓기	고개 끄덕이기	재연	차별화된 발성	다양한 자음과 모음 사용	기타	즉각반향어	지연반향어	한단어(구어)	창의적인 단어 조합	수어	그림체계	기타
의사소통 의도																											
행동조절																											
JA4.1 원하는 음식이나 물건 요구하기																											
JA4.2 원하지 않는 음식이나 물건 거부/거절하기																											
JA4.3 도움 또는 기타 행동 요구하기																											
JA4.4 원하지 않는 행동이나 활동 거부하기																											
사회적 상호작용																											
JA5.1 위로 구하기																											
JA5.2 사회적 게임 요구하기																											
JA5.3 차례 주고받기																											
JA5.4 인사하기																											
JA5.5 부르기																											
JA5.6 자랑하기																											
공동관심																											
JA6.1 사물에 대해 언급하기																											
JA6.2 행동이나 사건에 대해 언급하기																											
정서 표현																											
기쁨 표현하기																											
슬픔 표현하기																											
분노 표현하기																											
두려움 표현하기																											

언어 파트너	SCERTS 진단-관찰 기록지	단어 의미 기록지

이름: ____________ 날짜: ____________

상황/활동: ____________ 파트너: ____________

관찰내용 (사용)	형태	정의 및 예	관찰내용 (이해)
		초기 관계어	
☐	존재	어떤 것의 존재를 인식하거나 그것으로 주의를 돌리게 함(예: 이거, 저거, 여기, 그거 뭐야?)	☐
☐	부재/사라짐	기대하는 무엇인가가 거기에 없거나 거기에 있었던 무엇인가가 사라진 것을 인식함(예: 없다, 사라졌다, 하나도 없다, 바이바이)	☐
☐	재출현	사라진 대상 또는 대체할 대상을 요구하거나 대상이 사라진 후에 다시 나타났다는 것을 인식함(예: 더, 다시, 또)	☐
☐	거부	제공된 무엇인가를 거절함(예: 아니, 바이바이, 그만)	☐
		사물이나 사람에 대한 이름	
☐☐☐☐☐ ☐☐☐☐☐	사물	행위의 대상이 되는 개체 또는 물건(예: 우유, 주스, 물, 과자, 컵, 병, 공, 차, 모자, 신발)	☐☐☐☐☐ ☐☐☐☐☐
☐☐☐	신체부위	신체부위(예: 눈, 코, 손, 배)	☐☐☐
☐☐☐	행위자	행위의 주체인 사람이나 동물(예: 엄마, 아빠, 아기, 멍멍이, 야옹이)	☐☐☐
		상위 수준 관계어	
☐☐	개인적-사회적	누군가를 인지하는 단어(예: 안녕, 바이바이, 제발, 고마워)	☐☐
☐☐☐☐☐	행위	대상을 포함하거나 포함하지 않은 일반적인 또는 특정 행위를 설명하는 단어 • 특정 행위를 의미하는 것이 아닌 일반적인 목적의 행위 단어(예: 하다, 두다, 만들다, 얻다, 원하다, 주다, 가버리다) • 청자의 주의를 끌기 위해 지시하는 행위 단어(예: 이거 봐, 보다) • 특정 행위를 언급하는 대상 관련 행위 단어(예: 밀다, 열다, 먹다, 마시다, 던지다, 뽀뽀하다, 점프하다) • 대상을 포함하지 않은 자동사적인 행위 단어(예: 걷다, 뛰다, 자다, 웃다)	☐☐☐☐☐

□□□□□	수식어	어떤 것의 상태, 특성, 관계를 기술하는 단어 • 속성: 어떤 것의 특성이나 둘 간의 차이를 설명함(예: 뜨거운, 큰, 냄새나는, 더러운) • 소유: 행위자가 무엇인가를 가지고 있다는 것을 인식함(예: 내 거, 엄마 거) • 장소: 방향을 나타내거나 둘 간의 공간 관계를 나타냄(초기 장소 단어는 위로, 밖에, 밖으로 등과 같이 행위 단어로 기능하며 장소를 나타내는 처소격으로 사용됨)(예: 위로, 위에, 밖으로, 안에, 밖에, 밑에) • 부인: 어떤 것의 존재를 부인함(예: 아니, 안)	□□□□□
□□	의문사	어떤 것의 이름이나 장소에 대한 질문을 나타내는 단어(초기 질문은 상승 억양을 함께 사용하기도 함)(예: 무엇, 어디)	□□

언어 파트너	SCERTS 진단-관찰 기록지	단어 조합 내 관계적 의미 기록지

이름: ______________________ 날짜: ______________________

상황/활동: ______________________ 파트너: ______________________

관찰내용 (사용)	관계적 의미	예	관찰내용 (이해)
		초기 관계어	
□□□□□	수식어+대상		□□□□□
	재출현+대상	과자 더, 또 뛰어	
	속성+대상	큰 신발, 더러운 기저귀, 한 아기, 귀여운 고양이	
	소유자+소유물	엄마 신발, 아빠 머리, 내 컵	
	지시+대상	이 컵, 이 공	
	장소+대상	책상 위에, 상자 안에	
□□□□□	부정어+대상		□□□□□
	부재	주스 없어, 물 없어	
	사라짐	비눗방울 안녕, 우유 다 먹었어	
	거부	안 잘래	
	부인	아기 아니야, 신발 아니야	
□□□□□	행위자+행위+대상		□□□□□
	행위 + 대상	과자 먹어, 공 던져, 주스 마셔, 저거 봐, 나 안아줘, 탁자에 놔, 옷 벗어	
	행위자 + 행위	엄마 바이바이 가, 아기 자, 아빠 던져, 강아지 앉아	
	행위자 + 대상	아빠 과자, 엄마 병, 강아지 공, 인형 의자	
	행위자+행위+대상	아빠 공 던져, 아빠 차 밀어, 엄마 아기 뽀뽀, 엄마 병 들어	

언어 파트너	SCERTS 진단 요약지	언어 파트너

이름: ____________________

관찰분기 시작일: ____________________ 나이: ____________________

SCERTS 프로파일

〈사회 의사소통〉

공동관심

JA1 상호적 상호작용 참여하기

JA2 관심 공유하기

JA3 정서 공유하기

JA4 다른 사람의 행동을 조절하기 위해 의도 공유하기

JA5 사회적 상호작용을 위해 의도 공유하기

JA6 공동관심을 위해 의도 공유하기

JA7 의사소통 실패를 복구하고 지속하기

JA8 상호적 상호작용에서 경험 공유하기

상징 사용

SU1 익숙하거나 익숙하지 않은 행동과 단어를 관찰하고 모방하여 학습하기

SU2 익숙하거나 익숙하지 않은 활동에서 비구어 단서 이해하기

SU3 놀이 중에 익숙한 사물을 관습적인 방식으로 사용하기

SU4 의도 공유를 위해 몸짓이나 비구어 수단 사용하기

SU5 의미를 표현하기 위해 단어와 단어 조합 사용하기

SU6 맥락적 단서 없이 다양한 단어와 단어 조합 이해하기

〈정서 조절〉

상호조절

MR1 다양한 정서 표현하기

MR2 파트너가 제공하는 지원에 반응하기

MR3 상태를 조절하기 위해 파트너에게 도움 청하기

MR4 파트너의 지원을 받아 극심한 조절장애로부터 회복하기

The SCERTS® Model: A Comprehensive Educational Approach for Children with Autism Spectrum Disorders

자기조절

SR1 학습 또는 상호작용의 가능성 보이기

SR2 익숙한 활동 중에 각성 수준을 조절하기 위해 행동 전략 사용하기

SR3 익숙한 활동 중에 각성 수준을 조절하기 위해 언어 전략 사용하기

SR4 새롭고 변화하는 상황에서 정서 조절하기

SR5 극심한 조절장애로부터 스스로 회복하기

〈교류 지원〉

대인관계 지원

IS1 파트너는 아동에게 반응적이다.

IS2 파트너는 시작행동을 촉진한다.

IS3 파트너는 아동의 독립성을 존중한다.

IS4 파트너는 참여를 위한 장을 마련한다.

IS5 파트너는 발달을 지원한다.

IS6 파트너는 언어 사용을 조절한다.

IS7 파트너는 적절한 행동을 시범 보인다.

학습 지원

LS1 파트너는 적극적인 참여를 위해 활동을 구조화한다.

LS2 파트너는 발달을 촉진하기 위해 보완의사소통 지원을 사용한다.

LS3 파트너는 시각적 지원 및 조직화 지원을 사용한다.

LS4 파트너는 목표, 활동, 학습 환경을 수정한다.

언어 파트너	SCERTS 진단 요약지	언어 파트너

사회-정서 성장 지표 프로파일

										1. 행복감
										2. 자아의식
										3. 타인의식
										4. 적극적인 학습 및 조직화
										5. 융통성 및 회복력
										6. 협력 및 행동의 적절성
										7. 독립성
										8. 사회적 소속감 및 우정

가족의 견해 및 우선순위

이 프로파일은 자녀에 대해 정확하게 묘사하고 있습니까? 만일 그렇지 않다면, 어떤 점에서 그러한지 설명해 주십시오.

자녀를 위한 교육을 계획하는 데 필요하다고 생각되는 추가 정보가 있습니까?

만일 자녀를 위해 한 가지 일에 집중해야 한다면 어떤 것에 집중하겠습니까?

앞으로 3개월 내에 자녀가 배우기를 바라는 기술은 무엇입니까?

SCERTS 주간 교수목표의 우선순위

아동: 사회 의사소통 및 정서 조절 목표	파트너: 교류 지원 목표
1.	1.
2.	2.
3.	3.
4.	4.
5.	5.
6.	6.
7.	7.
8.	8.

언어 파트너	SCERTS 진단 요약지	언어 파트너

후속 진단-주요 결과 또는 기타 권고사항

활동 계획

SCERTS 활동 계획서를 사용할 핵심 활동

☐ 오전 일정　　☐ 오후 일정

가족 지원 계획

교육 지원			정서 지원	
활동	얼마나 자주 (제공 빈도)		활동	얼마나 자주 (제공 빈도)

전문가와 서비스 제공자를 위한 지원 계획

교육 지원			정서 지원	
활동	얼마나 자주 (제공 빈도)		활동	얼마나 자주 (제공 빈도)

대화 파트너	SCERTS 진단-질문지	대화 파트너

이름: ________________ 연령: ________________ 작성일: ________________

작성자: ________________ 아동과의 관계: ________________

이 질문지는 아동과 매일 또는 정기적으로 상호작용하는 부모, 교사, 기타 주변인이 기록하도록 작성되었습니다. 아동의 사회 의사소통(사회적 상호작용에서 비구어 및 구어 의사소통 이해하고 사용하기), 정서 조절(주의집중, 각성 및 정서 상태를 조절하는 능력), 교류 지원(파트너 및 학습 활동이 발달을 지원하는 방법)에 대한 아래의 질문에 답하십시오. 아동을 관찰할 수 있을 때, 또는 아동을 관찰한 직후 아래의 행동을 확인하여 작성하십시오. 구체적인 예를 기록하십시오.

사회 의사소통

1. 다른 사람과 어떻게 상호작용하는지 기술하시오. 예를 들어, 파트너가 하고 있는 일을 주시하는가? 말하기 전에 상대방의 주의를 끌기 위한 행동을 하는가? 파트너와 관심을 공유하면서 여러 번 차례를 주고받는가?

2. 아동이 대화 중 의사소통을 하는 이유는 무엇인가? 다음 중 해당되는 것에 표시하고 예를 적으시오.
   ___ 원하는 물건을 요구하거나 도움 청하기 ________________
   ___ 휴식 요구하기 ________________
   ___ 원하지 않는 활동을 거절/거부하기 ________________
   ___ 인사하기 ________________
   ___ 허락 구하기 ________________
   ___ 공감 표현하기 ________________
   ___ 현재와 과거의 사건에 대해 이야기하기 ________________
   ___ 현재와 과거의 사건에 대해 정보 요구하기 ________________
   ___ 감정과 의견 표현하기 ________________
   ___ 앞으로의 계획을 세우고 일어날 일에 대해 의논하기 ________________

3. 아동의 요구를 알아채지 못할 때 어떤 일이 발생하는가? 아동은 어떻게 행동하는가?

4. 다음 중 아동이 문장에서 일상적으로 사용하는 단어 형태에 해당하는 것을 모두 표시하고 구체적인 예를 적으시오.
   ___ 의문사(예: 무엇, 어디, 누구) ________________

대화 파트너 단계

___ 시간을 나타내는 단어(예: 전에, 지금, 나중에, 언제) ___

___ 크기나 수를 나타내는 단어(예: 작은, 많이) ___

___ 장소를 나타내는 단어(예: 옆에, 사이에, 아래에) ___

___ 대명사(예: 나/너, 그/그녀, 우리/그들) ___

___ 동사(예: 과거형, 현재형, 미래형 시제[먹었다, 달렸다, 갈 거야]) ___

___ 등위접속사(예: 그리고, 또는) ___

___ 종속접속사(예: 그러나, 그래서, 왜냐하면, 만일) ___

5. 다음 중 아동이 일상적으로 따르는 대화의 '규칙'에 해당하는 것을 모두 표시하고 예를 적으시오.

___ 다양한 주제로 대화를 시작한다 ___

___ 자주 주제를 시작한다 ___

___ 다른 사람에게 관심 있는 것에 대해 이야기한다 ___

___ 청자와 화자로서 적절히 차례를 지키며 대화한다 ___

___ 다른 사람이 알고 있는 것에 따라 필요한 정보를 제공한다 ___

___ 관련된 정보를 요구한다 ___

___ 상대방의 행동에 따라 자기 차례의 길이를 조절한다 ___

___ 자연스럽게 주제를 바꾼다 ___

___ 정중하게 대화를 끝낸다 ___

6. 다음 중 아동이 대화를 하는 동안 적절하게 사용하는 비구어 행동에 해당하는 것을 모두 표시하시오.

___ 얼굴 표정	___ 몸짓	___ 자세
___ 상대방과의 근접성이나 물리적 거리	___ 목소리의 성량 또는 세기	___ 억양 또는 운율

7. 가장 좋아하는 놀잇감, 게임, 놀이 활동은 무엇인가? 어떻게 놀이를 하고 즐기는가?

8. 가장 좋아하는 친구는 누구인가? 그 친구와 함께 하기를 원하거나 이야기하고 싶어 하는 것은 무엇인가?

9. 집단 상황에서 어떻게 학습하는가?

	거의 또는 전혀 하지 않음	가끔	자주
• 새로운 상황에서 행동을 모방하는가?	___	___	___
• 성인이 시범을 보이면 규칙을 학습하는가?	___	___	___
• 또래와 협력하거나 협상하는가?	___	___	___

10. 다음 중 일관성 있게 이해하는 의미나 비구어 단서에 모두 표시하시오.

___ 차례를 바꾸기 위한 비구어 단서 ___ 감정에 대한 비구어 단서 ___ 유머

___ 비유적인 표현 ___ 놀리기 ___ 비꼬는 말 ___ 속이는 말

정서 조절

1. 아동은 자신의 환경 내에 있는 사람과 사물에 대해 어떻게 반응하는가? 예를 들어, 다양한 상황에 흥미를 보이는지, 몇 가지에 대해서만 강한 흥미를 보이는지, 다양한 감정을 나타내는지, 혼자 지내는지, 상호작용을 위한 시도에 반응하거나 상호작용을 하기 위해 노력하는지, 활동이나 행동을 억제하는지, 자신의 능력에 맞는 과제를 지속해서 수행하는지 등을 기술하시오.

2. 가장 재미있어 하거나 흥미를 보이는 활동 또는 상황은 무엇인가?

3. 가장 힘들어하거나 지루해하는 활동 또는 상황은 무엇인가?

4. 친숙한 활동을 하는 동안 집중과 흥미를 유지하기 위해서 또는 진정하거나 활동에 참여하기 위해서 전략을 사용하는가(예: 천이나 다른 물건을 입에 넣거나 깨물기, 만지작거리기, 몸 흔들기, 일과 순서를 반복적으로 말하기, 과제 진행을 점검하기 위해 체크리스트 활용하기)? 만일 그렇다면, 그 전략을 구체적으로 기술하시오.

5. 새롭고 변화된 상황이나 그 밖의 도전적인 상황에서 집중과 흥미를 유지하기 위해서 또는 진정하거나 활동에 참여하기 위해서 전략을 사용하는가(예: "다 썼어"라고 말한 후 다음에 무엇을 해야 하는지 보기 위해 시간표 확인하기, 기다려야 하는 상황에서 스트레스를 낮추기 위해 감정을 표현하거나 정보를 요구하기)? 만일 그렇다면, 그 전략을 구체적으로 기술하시오.

6. 구어 또는 비구어 수단으로 긍정적인 감정과 부정적인 감정을 표현하는가? 만일 그렇다면, 어떻게 표현하는가?

〈긍정적인 감정〉	〈부정적인 감정〉
기쁨 ______	슬픔 ______
만족감 ______	분노 또는 좌절 ______
익살스러움 ______	두려움 ______
흥분 ______	질병 또는 피로 ______
흥미 ______	불안, 스트레스 또는 걱정 ______
자랑스러움 ______	지루함 ______
희망 ______	난처함 ______

7. 다른 사람이 정서 조절과 관련해서 제공하는 피드백과 안내에 반응하는가? 만일 그렇다면, 어떻게 반응하는가?

8. 아동이 집중하고, 흥미를 갖고, 진정하고, 참여를 유지하도록 돕기 위해 어떤 전략을 사용하는가?

9. 아동이 흥분하거나 화가 났다는 것을 어떻게 알 수 있는가? 아동은 어떤 신호를 보이는가?

10. 아동이 지루해하거나 흥미가 없다는 것을 어떻게 알 수 있는가? 아동은 어떤 신호를 보이는가?

11. 아동은 매우 심하게 화가 나거나 괴로울 때
- 어떻게 스스로 회복하는가? 보통 회복되기까지 얼마나 오래 걸리는가?
- 파트너가 어떻게 도와 줄 때 회복되는가? 보통 회복되기까지 얼마나 오래 걸리는가?

교류 지원

1. 아동이 정기적으로(매일 또는 매주) 상호작용을 하거나 일상적으로 만나는 사람은 누구인가?

2. 아동이 정기적으로(매일 또는 매주) 가는 장소는 어디인가?

3. 다음 중 쉽게 파악하거나 따르거나 반응할 수 있는 것은 모두 다음의 숫자로 표시하시오: 거의 또는 전혀 파악할 수 없거나 반응할 수 없다면 0, 가끔씩 파악하거나 반응할 수 있다면 1, 대부분의 경우 파악하거나 반응할 수 있다면 2.

___ 아동이 관심을 갖는 대상
___ 아동의 감정 상태
___ 아동에게 휴식이 필요할 때
___ 아동이 좌절했는지 여부
___ 아동이 의사소통하려고 하는 것
___ 아동이 선호하는 속도(빠름 또는 느림)
___ 아동이 흥미를 보이는지 여부
___ 아동이 흥분했는지 여부

4. 아동이 대화를 시작하고 대화 중에 주제를 유지할 수 있도록 격려하는 데에 가장 도움이 되는 전략은 무엇인가(예: 선택할 기회 제공하기, 대화를 시작하도록 기다리고 격려하기, 아동의 주제 따르기, 정보 요구하기)?

5. 아동이 스트레스가 매우 높은 상황에서 소리를 지르거나 달아나거나 쉴 새 없이 어떤 구절을 암송하는 등 문제행동을 보일 때 당신은 보통 어떻게 반응하는가? 그러한 반응이 효과적인가?

6. 아동의 주의를 끄는 데에 가장 도움이 되는 전략은 무엇인가(예: 아동에게 가까이 다가가거나 멀리 떨어지기, 아동의 이름 부르기, 대화 중에 아동에게 동기 부여가 될 만한 주제 삽입하기)?

7. 아동과의 상호작용을 유지하는 데에 가장 도움이 되는 전략은 무엇인가(예: 아동이 상호작용을 시작하게 하기, 아동이 휴식을 취한 후 계속하게 하기, 아동의 흥미를 따르기)?

8. 아동에게 전달한 메시지를 이해했는지 확인하기 위해서 아동에게 주로 어떻게 의사소통을 하는가?

9. 아동이 의사소통을 하고, 언어를 이해하고, 감정을 표현하고, 순조로운 일과를 진행하도록 도와주기 위해서 시각적 지원을 사용하는가? 만일 그렇다면, 어떤 지원을 사용하는가(예: 언어와 문자 단서를 함께 사용하기, 그림, 문자, 시간표, 달력 등을 이용하여 과제의 단계 보여 주기, 비디오 모델링 사용하기, 감정 일기 활용하기)?

10. 아동이 참여를 유지하는 데 도움이 되는 물리적 또는 사회적 환경 특성은 무엇인가(예: 아동이 상호작용하는 사람의 수 제한하기, 배경 소음 또는 시각적인 혼잡함 줄이기, 움직임이나 리듬을 위한 기회 더 많이 주기, 특정 활동을 위해 특정 장소를 일관성 있게 사용하기)?

11. 아동이 의사소통을 더 잘 하도록 돕는 물리적 또는 사회적 환경의 특성은 무엇인가(예: 집단 크기 줄이기, 아동이 좋아하는 주제나 활동으로 동기 부여하기, 사전에 사회적 활동 연습하기)?

추가 의견

1. 아동에게서 관찰되는 가장 큰 강점이나 자산을 모두 나열하시오.

2. 아동의 발달에 있어서 우선적으로 걱정되는 부분을 나열하시오.

3. 아동의 프로그램을 계획하거나 수정할 때 가장 유용하다고 생각되는 정보는 무엇인가?

4. 아동에 대해 알아야 할 기타 중요한 정보가 있다면 기술하시오.

5. 질문이 있으면 적으시오.

6. 연락이 가능한 가장 적당한 시간과 방법을 알려 주십시오.

관찰 계획을 위한 SCERTS 진단 지도

이름: ____________________ 날짜: ____________________ 페이지: ____________________

	관찰 #: ____________		관찰 #: ____________	
관찰 장소 ※ 최소 2개 이상의 자연스러운 상황 포함(예: 가정, 학교, 지역사회)				
관찰 시간 ※ 총 관찰 시간: • 사회적 파트너-최소 2시간 • 언어 파트너-최소 2시간 • 대화 파트너-3~4시간	날짜/시간 관찰 소요 시간		날짜/시간 관찰 소요 시간	
팀/파트너 ※ 최소 2개 이상의 집단 크기(일대일, 소집단, 대집단) ※ 언어 파트너 및 대화 파트너의 경우 친숙한 파트너와 친숙하지 않은 파트너 포함	팀 구성원 파트너 및 집단 크기		팀 구성원 파트너 및 집단 크기	
활동/변인 ※ 최소 4개 변인에 따른 4개 활동 ※ 활동 변인의 주요 요소: 1a) 구조화된 1b) 비구조화된 2a) 의무적인 2b) 재미있는 3a) 성인 주도의 3b) 아동 주도의 4a) 동적인 4b) 정적인 5a) 익숙한 5b) 익숙하지 않은 6a) 선호하는 6b) 선호하지 않는 7a) 쉬운 7b) 어려운 8a) 언어 중심의 8b) 비언어적인 9a) 사회적인 9b) 혼자 하는 10a) 붐비는 10b) 차분한	활동	변인	활동	변인
전이 ※ 활동, 환경, 장소 또는 파트너의 의미 있는 변화를 포함하는 최소 3개 이상의 전이 상황	1. 2. 3.		1. 2. 3.	

대화 파트너	SCERTS 진단-관찰 기록지	사회 의사소통

이름: ______________________ 생년월일: ______________________

배경 정보			팀 구성원
관찰 상황			
집단 크기	☐ 일대일:	☐ 소집단:	☐ 대집단:
파트너	☐ 친숙한 성인: ☐ 친숙하지 않은 성인:	☐ 친숙한 또래/형제자매: ☐ 친숙하지 않은 또래:	
자연적 상황	☐ 가정:	☐ 학교:	☐ 지역사회:
활동 변인	1. 구조화된/비구조화된 4. 동적인/정적인 7. 쉬운/어려운 10. 붐비는/차분한	2. 의무적인/재미있는 5. 익숙한/익숙하지 않은 8. 언어 중심의/비언어적인	3. 성인 주도의/아동 주도의 6. 선호하는/선호하지 않는 9. 사회적인/혼자 하는
전이	1.	2.	3.

관찰일	관찰 소요 시간
1/4 분기 시작일:	총 관찰 길이:
2/4 분기 시작일:	총 관찰 길이:
3/4 분기 시작일:	총 관찰 길이:
4/4 분기 시작일:	총 관찰 길이:

SCERTS 프로파일 요약	1/4 분기	2/4 분기	3/4 분기	4/4 분기
사회 의사소통				
공동관심	/58	/58	/58	/58
상징 사용	/58	/58	/58	/58
정서 조절				
상호조절	/56	/56	/56	/56
자기조절	/64	/64	/64	/64
교류 지원				
대인관계 지원	/66	/66	/66	/66
학습 지원	/50	/50	/50	/50

사회-정서 성장 지표 프로파일	1/4	2/4	3/4	4/4
행복감	/10	/10	/10	/10
자아의식	/10	/10	/10	/10
타인의식	/10	/10	/10	/10
적극적인 학습 및 조직화	/10	/10	/10	/10
융통성 및 회복력	/10	/10	/10	/10
협력 및 행동의 적절성	/10	/10	/10	/10
독립성	/10	/10	/10	/10
사회적 소속감 및 우정	/10	/10	/10	/10

채점 기준:

2 = 최소 두 가지 상황에서 두 명의 파트너에 걸쳐 준거에 도달하는 행동을 일관성 있게 보임

1 = 일관성 없이 또는 하나의 활동에서 또는 보조를 받아서 준거에 도달하는 행동을 보임

0 = 관찰 또는 보고된 정보에 근거해 볼 때 준거에 도달하지 않았거나 도달할 것이라고 기대되지 않음

대화 파트너	SCERTS 진단-관찰 기록지	사회 의사소통

이름: ____________________

1/4	2/4	3/4	4/4	공동관심
1. 관심 공유하기				
				JA1.1 사회적 파트너의 관심 초점 따르기(=SR1.2)
				JA1.2 의도를 나타내기 전에 자신에게로 주의 끌기
				JA1.3 관심의 초점 변화에 대한 비구어 단서 이해하기
				JA1.4 파트너가 보거나 들은 것을 기초로 언어 수정하기
				JA1.5 파트너와 내적 사고나 정신적 계획 공유하기
2. 정서 공유하기				
				JA2.1 초기 정서 단어 이해하고 사용하기(=MR1.1, SR3.1)
				JA2.2 다른 사람의 정서 상태를 초기 정서 단어로 묘사하기
				JA2.3 상위 수준 정서 단어 이해하고 사용하기(=MR1.2, SR3.2)
				JA2.4 다른 사람의 정서 상태를 상위 수준 정서 단어로 묘사하기
				JA2.5 단계적인 정서 이해하고 사용하기(=MR1.3, SR3.3)
				JA2.6 정서를 표현하는 비구어 단서 이해하기(=SU2.2)
				JA2.7 자신 및 다른 사람의 정서에 대한 타당한 원인 요소 설명하기
3. 다양한 목적을 위해 의도 공유하기(↔JA5.2, SU4-SU5)				
				JA3.1 다른 사람의 행동을 조절하기 위해 의도 공유하기(=MR4.3) □a. 원하는 사물이나 활동 요구하기 □b. 도움 청하기 □c. 휴식 요구하기 □d. 원하지 않는 사물이나 활동 거절/거부하기
				JA3.2 사회적 상호작용을 위해 의도 공유하기(=MR4.4) □a. 인사하기 □b. 부르기 □c. 위로 구하기 □d. 차례 조절하기 □e. 허락 구하기 □f. 파트너 칭찬하기 □g. 공감 표현하기 □h. 비밀 공유하기
				JA3.3 공동관심을 위해 의도 공유하기(=MR4.5) □a. 현재, 과거, 상상의 사건 언급하기 □b. 현재 또는 과거 사건에 대해 요구된 정보 제공하기 □c. 현재, 과거, 미래 사건에 대한 정보 요구하기 □d. 기분이나 의견 표현하기 □e. 결과 예상하고 계획하기
4. 상호적 상호작용에서 경험 공유하기				
				JA4.1 경험을 공유하기 위해 청자 및 화자의 역할을 바꾸어 가며 상호작용하기(=SR1.3)
				JA4.2 다양한 대화 주제 시작하기
				JA4.3 파트너의 관심에 맞게 대화 시작하고 유지하기
				JA4.4 관련된 정보를 요구하거나 제공하여 상호작용 유지하기
				JA4.5 대화 주제에 대해 파트너가 알고 있는 지식을 기초로 필요한 정보 제공하기
				JA4.6 파트너에 따라 대화 차례의 길이 및 내용 판단하기
				JA4.7 파트너와 함께하기를 선호하기
				JA4.8 관심을 공유하는 파트너와 우정 맺기
5. 의사소통 실패를 복구하고 지속하기				
				JA5.1 맥락에 적절한 비율로 의사소통하기
				JA5.2 의사소통 실패를 복구하기 위해 반복하거나 수정하기(↔JA3)
				JA5.3 의사소통 실패를 인식하고 명료화 요구하기
				JA5.4 파트너의 의견 변화에 따라 언어 및 행동 수정하기
				JA5.5 파트너의 정서 반응에 따라 언어 및 행동 수정하기
				JA5.6 상호작용 중에 성취감 및 자신감 표현하기

채점 기준: 2=일관성 있게 준거에 도달함(두 가지 상황에서 두 명의 파트너에 걸쳐), 1=일관성 없이 준거에 도달하거나 보조를 받아서 도달함, 0=준거에 도달하지 못함

대화 파트너	SCERTS 진단-관찰 기록지	사회 의사소통

이름: ____________________

1/4	2/4	3/4	4/4	상징 사용
1. 모방, 관찰, 교수 및 협력을 통해 학습하기				
				SU1.1 시간이 경과된 후 다른 맥락에서 다양한 행동을 자발적으로 모방하기
				SU1.2 사회적 행동을 안내하기 위해 파트너가 시범 보인 행동 사용하기(=MR3.3)
				SU1.3 행동을 안내하기 위해 성인이 시범 보인 내재화된 규칙 사용하기(=SR4.1)
				SU1.4 행동을 안내하기 위해 자기점검이나 혼잣말 사용하기(=SR4.3)
				SU1.5 문제를 해결할 때 또래와 협력하고 타협하기(=MR3.4)
2. 상호적 상호작용에서 비구어 단서와 비문자적 의미 이해하기				
				SU2.1 차례 주고받기 및 주제 변화에 대한 비구어 단서 이해하기
				SU2.2 정서를 표현하는 비구어 단서 이해하기(=JA2.6)
				SU2.3 유머와 비유적 표현의 비구어 단서 및 비문자적 의미 이해하기
				SU2.4 놀림, 비꼬는 말, 속임수의 비구어 단서 및 비문자적 의미 이해하기
3. 극놀이와 여가활동에 관습적인 방식으로 참여하기				
				SU3.1 익숙한 사건에 관한 놀이에서 행동의 논리적 순서 사용하기
				SU3.2 모형이나 추상적 사물을 소품으로 사용하기
				SU3.3 덜 익숙한 사건에 관한 놀이에서 행동의 논리적 순서 사용하기
				SU3.4 극놀이에서 역할을 맡아 참여하기
				SU3.5 다른 아동과 공동의 놀이 활동에 참여하기
				SU3.6 극놀이에서 역할을 맡아 또래와 협력하기
				SU3.7 규칙이 있는 집단 놀이 활동에 참여하기
4. 맥락에 적절한 몸짓이나 비구어 행동 사용하기(↔ JA3, MR1)				
				SU4.1 맥락과 파트너에 맞게 적절한 얼굴 표정 사용하기
				SU4.2 맥락과 파트너에 맞게 적절한 몸짓 사용하기
				SU4.3 맥락과 파트너에 맞게 적절한 자세 및 근접성 사용하기
				SU4.4 맥락과 파트너에 맞게 목소리 크기와 억양 사용하기
5. 의미를 표현하기 위해 생성적 언어 이해하고 사용하기(↔ JA3, MR1)				
				SU5.1 다양한 상위 수준 관계어 이해하고 사용하기 ☐a. 의문사 ☐b. 시간 관계 ☐c. 물리적 관계 ☐d. 수 관계 ☐e. 장소 어휘 ☐f. 친족 어휘 ☐g. 원인 어휘
				SU5.2 어떤 것을 나타내는 지시어 이해하고 사용하기 ☐a. 주격 대명사 ☐b. 기타 대명사 ☐c. 관사 ☐d. 복수
				SU5.3 다양한 동사구 이해하고 사용하기 ☐a. 본동사 ☐b. 시제 ☐c. 조동사 ☐d. 법조동사 ☐e. 부정어
				SU5.4 다양한 문장 구조 이해하고 사용하기 ☐a. 능동형 평서문 ☐b. 명령문 ☐c. 부정문 ☐d. 의문문 ☐e. 삽입문 ☐f. 복합문
				SU5.5 구어나 쓰기 담화에서 연결된 문장 이해하고 사용하기
6. 대화 규칙 따르기				
				SU6.1 관습에 따라 대화 시작하고 차례 주고받기
				SU6.2 관습에 따라 대화 주제 전환하기
				SU6.3 관습에 따라 대화 종료하기
				SU6.4 예의범절에 대한 관습 따르고 표현하기

채점 기준: 2=일관성 있게 준거에 도달함(두 가지 상황에서 두 명의 파트너에 걸쳐), 1=일관성 없이 준거에 도달하거나 보조를 받아서 도달함, 0=준거에 도달하지 못함

이름: ____________________

1/4	2/4	3/4	4/4	상호조절
1. 다양한 정서 표현하기(↔SU4-SU5)				
				MR1.1 초기 정서 단어 이해하고 사용하기(=JA2.1, SR3.1)
				MR1.2 상위 수준 정서 단어 이해하고 사용하기(=JA2.3, SR3.2)
				MR1.3 단계적인 정서 이해하고 사용하기(=JA2.5, SR3.3)
				MR1.4 파트너의 피드백에 따라 정서 표현 바꾸기
				MR1.5 정서를 표현하는 비구어 단서 사용하기
2. 파트너가 제공하는 지원에 반응하기				
				MR2.1 파트너의 위로에 진정하기
				MR2.2 파트너가 주의를 환기시킬 때 참여하기
				MR2.3 상호작용 시도에 반응하기
				MR2.4 파트너의 정서 표현 변화에 반응하기
				MR2.5 파트너의 정서 표현 변화에 동조하기
				MR2.6 파트너가 제공한 정보나 전략에 반응하기
3. 행동에 대한 피드백 및 안내에 반응하기				
				MR3.1 정서 표현의 적절성에 대한 피드백에 반응하기
				MR3.2 조절 전략의 적절성에 대한 피드백에 반응하기
				MR3.3 사회적 행동을 안내하기 위해 파트너가 시범 보인 행동 사용하기(=SU1.2)
				MR3.4 문제를 해결할 때 또래와 협력하고 타협하기(=SU1.5)
				MR3.5 합의점에 도달하기 위해 타협하는 동안 파트너의 의견 수용하기
4. 상태를 조절하기 위해 파트너에게 도움 청하기				
				MR4.1 위로를 구하기 위해 부정적인 정서 공유하기
				MR4.2 상호작용을 하기 위해 긍정적인 정서 공유하기
				MR4.3 다른 사람의 행동을 조절하기 위해 의도 공유하기(=JA3.1) □a. 원하는 사물이나 활동 요구하기 □b. 도움 청하기 □c. 휴식 요구하기 □d. 원하지 않는 사물이나 활동을 거절/거부하기
				MR4.4 사회적 상호작용을 위해 의도 공유하기(=JA3.2) □a. 인사하기 □b. 부르기 □c. 위로 구하기 □d. 차례 조절하기 □e. 허락 구하기 □f. 파트너 칭찬하기 □g. 공감 표현하기 □h. 비밀 공유하기
				MR4.5 공동관심을 위해 의도 공유하기(=JA3.3) □a. 현재, 과거, 상상의 사건 언급하기 □b. 현재 또는 과거 사건에 대해 요구된 정보 제공하기 □c. 현재, 과거, 미래 사건에 대한 정보 요구하기 □d. 기분이나 의견 표현하기 □e. 결과 예상하고 계획하기
				MR 4.6 갈등 및 문제 해결 상황에서 지원 요구하기
5. 파트너의 지원을 받아 극심한 조절장애로부터 회복하기				
				MR5.1 활동으로부터 떨어져 있게 하는 방법으로 회복을 지원하는 파트너의 노력에 반응하기
				MR5.2 파트너의 행동 전략 사용에 반응하기
				MR5.3 파트너의 언어 전략 사용에 반응하기
				MR5.4 상호작용이나 활동에 다시 참여하게 하기 위한 파트너의 시도에 반응하기
				MR5.5 파트너의 지원을 받아 극심한 조절장애로부터 회복되는 시간 단축하기
				MR5.6 파트너의 지원을 받아 극심한 조절장애 상태의 강도 줄이기

채점 기준: 2=일관성 있게 준거에 도달함(두 가지 상황에서 두 명의 파트너에 걸쳐), 1=일관성 없이 준거에 도달하거나 보조를 받아서 도달함, 0=준거에 도달하지 못함

대화 파트너	SCERTS 진단-관찰 기록지	정서 조절

이름: ____________________

1/4	2/4	3/4	4/4	자기조절
1. 학습 또는 상호작용의 가능성 보이기				
				SR1.1 차별화된 정서로 감각 및 사회적 경험에 반응하기
				SR1.2 사회적 파트너의 관심 초점 따르기(=JA1.1)
				SR1.3 경험을 공유하기 위해 청자 및 화자의 역할을 바꾸어 가며 상호작용하기(=JA4.1)
				SR1.4 행위 및 행동 억제 능력 보이기
				SR1.5 합리적인 요구를 지닌 과제 지속하기
				SR1.6 맥락에 적절하게 정서 표현하기
2. 익숙한 활동 중에 각성 수준을 조절하기 위해 행동 전략 사용하기				
				SR2.1 혼자 하는 활동 및 사회적 활동 중에 각성 수준을 조절하기 위해 행동 전략 사용하기
				SR2.2 각성 수준을 조절하기 위해 파트너가 시범 보인 행동 전략 사용하기
				SR2.3 장시간의 활동에 생신적으로 참여하기 위해 행동 전략 사용하기
3. 익숙한 활동 중에 각성 수준을 조절하기 위해 언어 전략 사용하기				
				SR3.1 초기 정서 단어 이해하고 사용하기(=JA2.1, MR1.1)
				SR3.2 상위 수준 정서 단어 이해하고 사용하기(=JA2.3, MR1.2)
				SR3.3 단계적인 정서 이해하고 사용하기(=JA2.5, MR1.3)
				SR3.4 혼자 하는 활동 및 사회적 활동 중에 각성 수준을 조절하기 위해 언어 전략 사용하기
				SR3.5 각성 수준을 조절하기 위해 파트너가 시범 보인 언어 전략 사용하기
				SR3.6 장시간의 활동에 생산적으로 참여하기 위해 언어 전략 사용하기
4. 익숙한 활동 중에 각성 수준을 조절하기 위해 초인지 전략 사용하기				
				SR4.1 행동을 안내하기 위해 성인이 시범 보인 내재화된 규칙 사용하기(=SU1.3)
				SR4.2 활동 계획을 달성하기 위해 초인지 전략 사용하기
				SR4.3 행동을 안내하기 위해 자기점검이나 혼잣말 사용하기(=SU1.4)
				SR4.4 정서 조절을 돕기 위해 정서 기억 사용하기
				SR4.5 조절 지원 전략 파악하고 반영하기
5. 새롭고 변화하는 상황에서 정서 조절하기				
				SR5.1 새롭고 변화하는 상황에서 각성 수준을 조절하기 위해 행동 전략 사용하기
				SR5.2 새롭고 변화하는 상황에서 각성 수준을 조절하기 위해 언어 전략 사용하기
				SR5.3 새롭고 변화하는 상황에서 각성 수준을 조절하기 위해 초인지 전략 사용하기
				SR5.4 전이 중 각성 수준을 조절하기 위해 행동 전략 사용하기
				SR5.5 전이 중 각성 수준을 조절하기 위해 언어 전략 사용하기
				SR5.6 전이 중 각성 수준을 조절하기 위해 초인지 전략 사용하기
6. 극심한 조절장애로부터 스스로 회복하기				
				SR6.1 지나치게 자극적이거나 원하지 않는 활동으로부터 스스로 떠나기
				SR6.2 극심한 조절장애로부터 회복하기 위해 행동 전략 사용하기
				SR6.3 극심한 조절장애로부터 회복하기 위해 언어 전략 사용하기
				SR6.4 극심한 조절장애로부터 회복된 후 상호작용이나 활동에 다시 참여하기
				SR6.5 극심한 조절장애로부터 회복되는 시간 단축하기
				SR6.6 조절장애 상태의 강도 줄이기

채점 기준: 2=일관성 있게 준거에 도달함(두 가지 상황에서 두 명의 파트너에 걸쳐), 1=일관성 없이 준거에 도달하거나 보조를 받아서 도달함, 0=준거에 도달하지 못함

대화 파트너	SCERTS 진단-관찰 기록지	교류 지원

이름: ____________________

1/4	2/4	3/4	4/4	대인관계 지원
1. 파트너는 아동에게 반응적이다.				
				IS1.1 아동의 관심 초점 따르기
				IS1.2 아동의 정서 및 속도에 맞추기
				IS1.3 의사소통 효능감을 증진시키기 위해 아동의 신호에 적절하게 반응하기
				IS1.4 각성 수준을 조절하기 위한 아동의 행동, 언어, 초인지 전략 인식하고 지원하기
				IS1.5 조절장애 신호 인식하고 지원하기
				IS1.6 상태를 조절할 수 있도록 정보와 도움 제공하기
				IS1.7 필요할 때 상호작용이나 활동으로부터 휴식 제공하기
				IS1.8 휴식에 이어 상호작용이나 활동에 다시 참여하도록 촉진하기
2. 파트너는 시작행동을 촉진한다.				
				IS2.1 비구어 또는 구어로 선택의 기회 제공하기
				IS2.2 시작행동 기다리고 격려하기
				IS2.3 시작행동과 반응행동의 균형 유지하기
				IS2.4 아동이 활동을 시작하고 마치도록 해 주기
3. 파트너는 아동의 독립성을 존중한다.				
				IS3.1 필요한 경우 활동 중간에 돌아다닐 수 있도록 휴식 허락하기
				IS3.2 아동이 자신의 속도로 문제를 해결하고 활동을 완수할 수 있도록 시간 허용하기
				IS3.3 문제행동을 의사소통 또는 조절의 기능으로 이해하기
				IS3.4 적절한 경우 저항, 거부, 거절 존중하기
4. 파트너는 참여를 위한 장을 마련한다.				
				IS4.1 의사소통하기 전에 아동의 주의 확보하기
				IS4.2 상호작용을 촉진하기 위해 적절한 근접성과 비구어 행동 사용하기
				IS4.3 최적의 각성 상태와 참여를 지원하기 위해 적절한 단어와 억양 사용하기
				IS4.4 정서, 내적 상태, 정신적 계획 공유하기
5. 파트너는 발달을 지원한다.				
				IS5.1 또래와의 상호작용 성공을 위해 안내 제공하기
				IS5.2 구어 또는 비구어로 의사소통 실패를 복구하려고 시도하기
				IS5.3 활동 성공을 위해 필요할 때 안내 및 피드백 제공하기
				IS5.4 정서를 표현하고 정서의 원인을 이해하도록 안내하기
				IS5.5 다른 사람의 감정과 생각을 해석할 수 있도록 안내하기
6. 파트너는 언어 사용을 조절한다.				
				IS6.1 이해를 돕기 위해 비구어 단서 사용하기
				IS6.2 아동의 발달 수준에 따라 언어의 복잡성 조절하기
				IS6.3 아동의 각성 수준에 따라 언어의 질 조절하기
7. 파트너는 적절한 행동을 시범 보인다.				
				IS7.1 적절한 비구어 의사소통과 정서 표현 시범 보이기
				IS7.2 다양한 의사소통 기능 시범 보이기 □a. 행동 조절 □b. 사회적 상호작용 □c. 공동관심
				IS7.3 적절한 극놀이 및 여가활동 시범 보이기
				IS7.4 아동이 부적절한 행동을 할 때 적절한 행동 시범 보이기
				IS7.5 '아동 입장'에서 언어 및 혼잣말 사용 시범 보이기

채점 기준: 2=일관성 있게 준거에 도달함(두 가지 상황에서 두 명의 파트너에 걸쳐), 1=일관성 없이 준거에 도달하거나 보조를 받아서 도달함, 0=준거에 도달하지 못함

대화 파트너	SCERTS 진단-관찰 기록지	교류 지원

이름: ____________________

1/4	2/4	3/4	4/4	학습 지원
1. 파트너는 적극적인 참여를 위해 활동을 구조화한다.				
				LS1.1 활동의 시작과 종료를 분명하게 정하기
				LS1.2 차례 주고받기 기회를 만들고 아동이 참여할 수 있도록 여지 남겨 두기
				LS1.3 활동에 예측 가능한 순서 마련하기
				LS1.4 반복되는 학습 기회 제공하기
				LS1.5 다양한 학습 기회 제공하기
2. 파트너는 발달을 촉진하기 위해 보완의사소통 지원을 사용한다.				
				LS2.1 의사소통과 표현언어를 강화하기 위해 보완의사소통 지원 사용하기
				LS2.2 언어 및 행동 이해를 강화하기 위해 보완의사소통 지원 사용하기
				LS2.3 정서 표현 및 이해를 강화하기 위해 보완의사소통 지원 사용하기
				LS2.4 정서 조절을 강화하기 위해 보완의사소통 지원 사용하기
3. 파트너는 시각적 지원 및 조직화 지원을 사용한다.				
				LS3.1 과제 수행 단계를 명확히 하기 위해 지원 사용하기
				LS3.2 활동 완수에 필요한 시간과 단계를 명확히 하기 위해 지원 사용하기
				LS3.3 활동 간 원활한 전이를 위해 시각적 지원 사용하기
				LS3.4 하루 전반에 걸쳐 시간 분할을 조직화하기 위해 지원 사용하기
				LS3.5 집단 활동에서의 주의집중을 높이기 위해 시각적 지원 사용하기
				LS3.6 집단 활동에서의 적극적인 참여를 촉진하기 위해 시각적 지원 사용하기
4. 파트너는 목표, 활동, 학습 환경을 수정한다.				
				LS4.1 조직화와 상호작용을 지원하기 위해 사회적 복잡성 조절하기
				LS4.2 아동의 성공을 위해 과제 난이도 조절하기
				LS4.3 학습 환경의 감각적 속성 수정하기
				LS4.4 주의집중을 높일 수 있도록 학습 환경 구성하기
				LS4.5 시작행동을 촉진하는 학습 환경 구성하기
				LS4.6 활동이 발달적으로 적절하도록 고안하고 수정하기
				LS4.7 활동 내에 동기유발이 가능한 교재 및 주제 포함시키기
				LS4.8 시작행동과 확장된 상호작용을 촉진하는 활동 제공하기
				LS4.9 필요에 따라 동적인 활동과 정적인 활동 교대하기
				LS4.10 '요구의 정도를 높이거나' 기대감을 적절하게 높이기

채점 기준: 2=일관성 있게 준거에 도달함(두 가지 상황에서 두 명의 파트너에 걸쳐), 1=일관성 없이 준거에 도달하거나 보조를 받아서 도달함, 0=준거에 도달하지 못함

대화 파트너	SCERTS 진단-관찰 기록지	의도, 가정, 대화 규칙 기록지

이름: ______________________ 날짜: ______________________

상황/활동: ______________________ 파트너: ______________________

상황		파트너			
1	2	1	2	3	**대화 의도: 생각을 표현하는 방법 알기**
					다른 사람의 행동을 조절하기 위해 의도 공유하기
					JA3.1a 원하는 사물이나 활동 요구하기
					JA3.1b 도움 청하기
					JA3.1c 휴식 요구하기
					JA3.1d 원하지 않는 사물이나 활동 거절/거부하기
					사회적 상호작용을 위해 의도 공유하기
					JA3.2a 인사하기
					JA3.2b 부르기
					JA3.2c 위로 구하기
					JA3.2d 차례 조절하기
					JA3.2e 허락 구하기
					JA3.2f 파트너 칭찬하기
					JA3.2g 공감 표현하기
					JA3.2h 비밀 공유하기
					공동관심을 위해 의도 공유하기
					JA3.3a 현재, 과거, 상상의 사건에 대해 언급하기
					JA3.3b 현재 또는 과거 사건에 대해 요구된 정보 제공하기
					JA3.3c 현재, 과거, 미래 사건에 대한 정보 요구하기
					JA3.3d 기분이나 의견 표현하기
					JA3.3e 결과 예상하고 계획하기
					가정: 어떤 지식이 공유되는지 알기
					JA1.4 파트너가 보거나 들은 것을 기초로 언어 수정하기
					JA1.5 파트너와 내적 사고나 정신적 계획 공유하기
					JA4.5 대화 주제에 대해 파트너가 알고 있는 지식을 기초로 필요한 정보 제공하기
					JA4.6a 파트너에 따라 대화 차례의 길이 판단하기
					대화 규칙: 게임하는 방법 알기
					상호성: 정보의 흐름 및 관련성
					JA4.1 경험을 공유하기 위해 청자 및 화자의 역할을 바꾸어 가며 상호작용하기
					JA4.2 다양한 대화 주제 시작하기
					JA4.3 파트너의 관심에 맞게 대화를 시작하고 유지하기
					JA4.4 관련된 정보를 요구하거나 제공하여 상호작용 유지하기
					파트너에 따라 대화 차례의 길이 판단하기

					전략 수정하기: 지속하기
					JA5.2 의사소통 실패를 복구하기 위해 반복하거나 수정하기
					JA5.3 의사소통 실패를 인식하고 명료화 요구하기
					JA5.4 파트너의 의견 변화에 따라 언어 및 행동 수정하기
					JA5.5 파트너의 정서 반응에 따라 언어 및 행동 수정하기
					JA5.6 상호작용 중에 성취감 및 자신감 표현하기
					관습: 전달 방법
					SU4.1 맥락과 파트너에 맞게 적절한 얼굴 표정 사용하기
					SU4.2 맥락과 파트너에 맞게 적절한 몸짓 사용하기
					SU4.3 맥락과 파트너에 맞게 적절한 자세 및 근접성 사용하기
					SU4.4 맥락과 파트너에 맞는 목소리 크기와 억양 사용하기
					SU6.1 관습에 따라 대화 시작하고 차례 주고받기
					SU6.2 관습에 따라 대화 주제 전환하기
					SU6.3 관습에 따라 대화 종료하기
					SU6.4 예의범절에 대한 관습 따르고 표현하기

대화 파트너	SCERTS 진단–관찰 기록지	정서표현 및 이해 기록지

이름: ____________________ 날짜: ____________________

상황/활동: ____________________ 파트너: ____________________

상황		파트너				정서 단어 이해하기	정서 단어 사용하기	다른 사람의 정서 상태 묘사하기	정서를 표현하는 비구어 단서 사용하기	단계적인 정서 이해하고 사용하기	정서를 표현하는 비구어 단서 이해하기	자신 및 다른 사람의 정서에 대한 타당한 원인 요소 설명하기
1	2	1	2	3	**초기 정서 단어**							
					긍정적 정서							
					기쁜							
					익살스러운							
					재미있는							
					좋은							
					부정적 정서							
					화난							
					분노한							
					슬픈							
					아픈							
					피곤한							
					상위 수준 정서 단어							
					긍정적 정서							
					만족스러운							
					희망적인							
					신나는							
					자랑스러운							
					즐거운							
					흥미로운							
					부정적 정서							
					좌절스러운							
					무서운							
					걱정되는							
					지루한							
					스트레스 받는							
					공포스러운							
					당황스러운							
					죄책감 느끼는							
					질투 나는							

대화 파트너 단계

대화 파트너	SCERTS 진단-관찰 기록지	언어 요소 기록지

이름: ______________________ 날짜: ______________________

상황/활동: ______________________ 파트너: ______________________

관찰내용 (사용)	문장 형태	예
상위 수준 관계 의미		
□□□□□	의문사	무엇, 어디, 누구, 누구의, 어느 것, 언제, 어떻게, 왜
□□□□□	시간 관계	지금, 나중에, 전에, 후에, 그때부터, 그때, 그때까지, 금방, 하루 사이, 1주일 뒤, 한동안
□□□□□	물리적 관계	색깔, 형태, 딱딱한/부드러운, 큰/작은, 무거운/가벼운, 긴/짧은, 두꺼운/얇은
□□□□□	수 관계	숫자, 적은, 약간, 많은, 더/덜
□□□□□	장소 어휘	안에, 위에, 아래에, 옆에, 뒤에, 앞에, ~보다 위에, ~보다 아래에, 왼쪽/오른쪽
□□□□□	친족 어휘	엄마, 아빠, 동생, 형, 아들, 딸, 할머니, 할아버지, 이(고)모, 삼촌, 사촌, 조카
□□□□□	원인 어휘	그러나, 그래서, 왜냐하면, 만일, 그렇지 않으면
참조: 의도된 참조를 찾도록 도와주기		
□□□□□	주격 대명사	나/너, 그/그녀, 그것, 우리/그들
□□□□□	기타 대명사	
	• 목적어	나를/너를, 그를/그녀를, 그것을, 우리를, 그들을
	• 소유격	너의/나의, 너의 것/나의 것, 그의/그녀의, 우리의, 그들의
	• 부정사	누군가, 어떤, 아무도, 모든, 모두, 많은, 매우, 어떤 것, 아무것도, 어느 것, 모든 것
	• 지시대명사	이것, 저것, 이것들, 저것들
□□□□□	관사	정관사(the), 부정관사(a)
□□□□□	복수	고양이들, 과자들, 소들, 양들
동사구: 사건의 시간과 태도를 명확히 하는 데 도움주기		
□□□□□	본동사	
	• 상태 변경	열다, 부수다, 멈추다, 찾다, 떨어뜨리다, 죽다
	• 활동	달리다, 미소짓다, 점프하다, 핥다, 그리다, 보다, 잡다
	• 지속적 상태	되다, 갖다, 사랑하다
	• 정신적 상태	생각하다, 알다, 추측하다, 기억하다, 바라다, 내기하다, 바라다, 느끼다

□□□□□ 시제		
	• 현재 진행형	걷고 있다, 가고 있다, 달리고 있다
	• 3인칭	짖다, 치다, 달리다, 가다, 하다, 갖다
	• 과거 시제	떨어졌다, 쏟았다, 부서졌다, 왔다, 가져왔다, ~였다, 가졌다, 했다
	• 미래 시제	~할 것이다, 할 수 있다, 아마도, 반드시, ~하고 싶다, ~할 것이다, ~해야 한다
□□□□□ 조동사		has, have, had, do, does, did, am, is, are, was, were, been
□□□□□ 법조동사		
	• 초기	~하고 싶다, ~할 것이다, ~해야 한다
	• 상위수준	~일 것이다, ~이었을 것이다, ~할 수 있다, ~할 수 있었다, ~할 것이다, 했을 것이다, ~해야 한다
□□□□□ 부정어		아니, 아니다, 아닐 것이다, ~할 수 없다, ~하지 않는다, 아니었다, 아니었을 것이다.

출처: Owens (2000); Tomasello (2003).

대화 파트너 단계

대화 파트너	SCERTS 진단-관찰 기록지	문장 구조 기록지

이름: ______________________ 날짜: ______________________

상황/활동: ______________________ 파트너: ______________________

관찰내용 (사용)	문장 형태	예
□□□□□	능동형 평서문	나는 휴식이 필요해. 소년이 자전거를 타고 있다. 그는 새 차를 갖고 있다.
□□□□□	명령문	지금 밖으로 나가. 장난감 들어. 이거 집에 가져가서 엄마께 드려.
□□□□□	부정문	놀라요. 나는 완두콩을 원하지 않아요. 나 그거 못해요.
□□□□□	의문문	
	• 예/아니요 질문	도와줄래? 이 병을 열어 줄래? 준수가 공을 찼니?
	• wh-질문	그 집에 누가 있니? 너는 뭘 생각하니? 어떤 게 맞아? 우리가 언제 다 했지? 왜 집에 가니?
□□□□□	삽입문	
	• 전치사구	새가 새장 안에 있다. 개가 침대 위에 있다.
	• 부정사구	나는 밖에 가고 싶어. 나는 화장실에 가야 해.
	• 목적격 명사구	내가 먼저 가야 한다고 생각해. 너도 조금 갖고 있다고 생각해. 여기 빙글빙글 도는 놀잇감이 있어.
	• 주격 명사구	옆집에 사는 아이가 저녁 먹으러 온다. 풍선 파는 사람이 아이에게 풍선 한 개를 팔았다.
□□□□□	복합문	어린 소년이 있고, 그 소년은 집으로 뛰어가고 있다. 소년이 넘어져서 울고 있다. 저녁을 다 먹으면 디저트를 먹을 것이다. 하지만 네가 괜찮다고 했으니까 내가 좀 가져야겠어. 내 일을 다 하고 나면 밖에 나가서 놀 거야.

출처: Owens (2000).

대화 파트너 | SCERTS 진단 요약지 | 대화 파트너

이름: ______________________________

관찰분기 시작일: ______________ 나이: ______________

SCERTS 프로파일

〈사회 의사소통〉

공동관심

JA1 관심 공유하기

JA2 정서 공유하기

JA3 다양한 목적을 위해 의도 공유하기

JA4 상호적 상호작용에서 경험 공유하기

JA5 의사소통 실패를 복구하고 지속하기

상징 사용

SU1 모방, 관찰, 교수 및 협력을 통해 학습하기

SU2 상호적 상호작용에서 비구어 단서와 비문자적 의미 이해하기

SU3 극놀이와 여가활동에 관습적인 방식으로 참여하기

SU4 맥락에 적절한 몸짓이나 비구어 행동 사용하기

SU5 의미를 표현하기 위해 생성적 언어 이해하고 사용하기

SU6 대화 규칙 따르기

〈정서 조절〉

상호조절

MR1 다양한 정서 표현하기

MR2 파트너가 제공하는 지원에 반응하기

MR3 행동에 대한 피드백 및 안내에 반응하기

MR4 상태를 조절하기 위해 파트너에게 도움 청하기

MR5 파트너의 지원을 받아 극심한 조절장애로부터 회복하기

대화 파트너	SCERTS 진단 요약지	대화 파트너

자기조절

SR1 학습 또는 상호작용의 가능성 보이기

SR2 익숙한 활동 중에 각성 수준을 조절하기 위해 행동 전략 사용하기

SR3 익숙한 활동 중에 각성 수준을 조절하기 위해 언어 전략 사용하기

SR4 익숙한 활동 중에 각성 수준을 조절하기 위해 초인지 전략 사용하기

SR5 새롭고 변화하는 상황에서 정서 조절하기

SR6 극심한 조절장애로부터 스스로 회복하기

〈교류 지원〉

대인관계 지원

IS1 파트너는 아동에게 반응적이다.

IS2 파트너는 시작행동을 촉진한다.

IS3 파트너는 아동의 독립성을 존중한다.

IS4 파트너는 참여를 위한 장을 마련한다.

IS5 파트너는 발달을 지원한다.

IS6 파트너는 언어 사용을 조절한다.

IS7 파트너는 적절한 행동을 시범 보인다.

학습 지원

LS1 파트너는 적극적인 참여를 위해 활동을 구조화한다.

LS2 파트너는 발달을 촉진하기 위해 보완의사소통 지원을 사용한다.

LS3 파트너는 시각적 지원 및 조직화 지원을 사용한다.

LS4 파트너는 목표, 활동, 학습 환경을 수정한다.

사회-정서 성장 지표 프로파일

										1. 행복감
										2. 자아의식
										3. 타인의식
										4. 적극적인 학습 및 조직화
										5. 융통성 및 회복력
										6. 협력 및 행동의 적절성
										7. 독립성
										8. 사회적 소속감 및 우정

가족의 견해 및 우선순위

이 프로파일은 자녀에 대해 정확하게 묘사하고 있습니까? 만일 그렇지 않다면, 어떤 점에서 그러한지 설명해 주십시오.

자녀를 위한 교육을 계획하는 데 필요하다고 생각되는 추가 정보가 있습니까?

만일 자녀를 위해 한 가지 일에 집중해야 한다면 어떤 것에 집중하겠습니까?

앞으로 3개월 내에 자녀가 배우기를 바라는 기술은 무엇입니까?

대화 파트너	SCERTS 진단 요약지	대화 파트너

SCERTS 주간 교수목표의 우선순위

아동: 사회 의사소통 및 정서 조절 목표	파트너: 교류 지원 목표
1.	1.
2.	2.
3.	3.
4.	4.
5.	5.
6.	6.
7.	7.
8.	8.

대화 파트너	SCERTS 진단 요약지	대화 파트너

후속 진단-주요 결과 또는 기타 권고사항

활동 계획

SCERTS 활동 계획서를 사용할 핵심 활동

☐ 오전 일정 ☐ 오후 일정

가족 지원 계획

교육 지원		정서 지원	
활동	얼마나 자주 (제공 빈도)	활동	얼마나 자주 (제공 빈도)

전문가와 서비스 제공자를 위한 지원 계획

교육 지원		정서 지원	
활동	얼마나 자주 (제공 빈도)	활동	얼마나 자주 (제공 빈도)

SCERTS 활동 일지 I

이름: ______________________ 의사소통 단계: ______________________ 날짜: ______________

아동: 사회 의사소통 및 정서 조절 목표

	활동: 유의점:
	활동: 유의점:
	활동: 유의점:
	활동: 유의점:
	활동: 유의점:

파트너: 교류 지원 목표

	활동: 유의점:
	활동: 유의점:
	활동: 유의점:
	활동: 유의점:
	활동: 유의점:

활동: 집단 크기, 파트너, 맥락, 활동 변인의 특징이 잘 나타나도록 묘사할 것

유의점: 아동 또는 파트너의 수행을 기록하거나(예: 시작행동의 수, 올바른 시도의 수) 활동 중 아동이나 파트너가 보인 최상의 행동을 묘사할 것

SCERTS 활동 일지 II

이름: ______________ 의사소통 단계: ______________ 날짜: ______________

아동: 사회 의사소통 및 정서 조절 목표

	활동: 유의점:	활동: 유의점:
	활동: 유의점:	활동: 유의점:
	활동: 유의점:	활동: 유의점:
	활동: 유의점:	활동: 유의점:
	활동: 유의점:	활동: 유의점:

파트너: 교류 지원 목표

	활동: 유의점:	활동: 유의점:
	활동: 유의점:	활동: 유의점:
	활동: 유의점:	활동: 유의점:
	활동: 유의점:	활동: 유의점:
	활동: 유의점:	활동: 유의점:

활동: 집단 크기, 파트너, 맥락, 활동 변인의 특징이 잘 나타나도록 묘사할 것

유의점: 아동 또는 파트너의 수행을 기록하거나(예: 시작행동의 수, 올바른 시도의 수) 활동 중 아동이나 파트너가 보인 최상의 행동을 묘사할 것

SCERTS 주간 기록지

이름: ______________________ 의사소통 단계: ____________________ 날짜: _______________

아동: 사회 의사소통 및 정서 조절 목표	주											
	1	2	3	4	5	6	7	8	9	10	11	12

파트너: 교류 지원 목표

사회적 파트너 단계 점수 산출 기준: 2, 준거에 일관성 있게 도달(두 가지 상황에서 두 명의 파트너에 걸쳐 나타남); 1, 준거에 일관성 없이 도달하거나 보조를 받아서 수행함; 0, 준거에 도달하지 못함

언어 파트너 및 대화 파트너 단계 점수 산출 기준: 2, 준거에 일관성 있게 도달(두 가지 상황에서 세 명의 파트너에 걸쳐 나타남); 1, 준거에 일관성 없이 도달하거나 보조를 받아서 수행함; 0, 준거에 도달하지 못함

SCERTS 활동 계획서

이름: ______________ 의사소통 단계: ______________ 날짜: ______________ 페이지: __________

팀 구성원 및 파트너	활동					
	시간					
	사회적 복잡성					
	집단 크기					
	팀 구성원 및 파트너					
주간 아동 목표						
주간 파트너 목표						
교류 지원 샘플						

지침: 왼쪽 상단의 팀 구성원 및 파트너 칸에 각 구성원이나 파트너의 수 또는 이름 약자를 기록한다. 그 아래 주간 아동 목표 및 주간 파트너 목표 옆의 빈 칸에 아동의 주간 사회 의사소통 및 정서 조절 목표와 파트너의 교류 지원 목표를 기록한다. 활동 계획 하단에 각 제목에 따라 칸마다 활동과 시간, 사회적 복잡성 측면에서의 비율, 집단 크기, 활동에 참여하는 팀 구성원이나 파트너의 수 또는 이름 약자를 간단히 기록한다. 다음으로, 각 활동에서 초점을 둘 목표를 모두 표시한다. 마지막으로 각 활동에서 사용할 교류 지원 샘플에 대해 간략하게 기록한다.

부록 B

❍ 용어사전

3단계 시선 옮기기(three-point gaze shift): 시선 옮기기 참조.

4단계 시선 옮기기(four-point gaze shift): 시선 옮기기 참조.

AAC: 보완대체 의사소통 참조.

ABI: 활동 중심 학습 접근 참조.

MA & PA 접근(MA & PA approach): SCERTS 모델에서 아동이 활동 중심 접근 내에서 기능적인 기술을 학습하도록 우선적으로 강조하기 위해서 의미 있고 목표 지향적인 활동을 사용하는 것.

PBS: 긍정적 행동 지원 참조.

SAP: SCERTS 진단 참조.

SAP-O: SCERTS 진단-관찰 참조.

SAP-Q: SCERTS 진단-질적 지표 참조.

SAP-R: SCERTS 진단-질문지 참조.

SCERTS 모델(SCERTS Model): 자폐 범주성 장애 및 관련 장애 아동의 의사소통과 사회-정서 능력을 강화하기 위한 종합적이고도 다학문적인 접근법. 이 모델은 종합적인 교육 프로그램 내에서 다루어져야 하는 가장 우선적인 발달 영역으로 사회 의사소통, 정서 조절, 교류 지원을 강조함.

SCERTS 진단(SCERTS Assessment Process: SAP): 아동의 강점 및 요구에 대해서뿐만 아니라 아동이 발달하도록 지원하는 가족의 능력과 아동을 위한 종합적인 SCERTS 교육 계획 수립을 위한 정보를 수집하는 종합적인 시스템.

SCERTS 진단-관찰(SCERTS Assessment Process-Observation: SAP-O): SCERTS 진단의

관찰 요소로 사회 의사소통 및 정서 조절에 있어서의 아동 능력에 대해서뿐만 아니라 파트너의 교류 지원을 제공하는 능력에 대한 결정적인 정보를 제공함. 이러한 능력은 SCERTS 교육과정 중심 진단에서 기록됨.

SCERTS 진단-질문지(SCERTS Assessment Process-Report: SAP-R): SCERTS 진단의 한 부분으로 아동의 능력에 대한 가장 정확한 그림을 그리기 위해서 사용되는 아동의 부모와 기타 양육자가 작성하는 질문지.

SCERTS 진단-질적 지표(SCERTS Assessment Process-Quality Indicators: SAP-Q): SCERTS 모델의 중요한 특성과 관련해서 외부 또는 자가 진단이 가능한 질적 지표 점검표.

가족 지원(support to families): 가족의 어려움(교육 및 정서)에 대한 직접적이고도 분명한 인식과 이러한 어려움을 조정하여 전문가가 아동 및 가족을 지원하는 데 가능한 한 효과적일 수 있게 해 주는 계획을 포함하는 SCERTS 모델의 교류 지원 요소.

각성 상태(arousal state): 자율신경계에 의해서 조절되는 생리학적인 상태로, 숙면으로부터 비각성 상태지만 의식이 있는 상태, 조용하고 활동적으로 깨어 있는 상태, 극도의 과다 각성(격정적) 상태에 이르는 연속적인 정도에 의해 측정됨. 생리학적인 각성은 정서적 경험과 관련됨. 높은 각성 상태와 낮은 각성 상태 참조.

각성 조절(modulation of arousal): 내적 감각 및 외부 자극에 대한 지각을 기초로 자율신경계에 의해서 조절되는 각성 상태를 높이거나 낮추려고 하는 무의식적인 과정.

각성 편향성(arousal bias): 특정 각성 상태, 즉 낮거나 높은 각성을 경험하는 개인의 편견이나 경향. 사람은 낮은 각성부터 높은 각성에 이르기까지 다양한 각성 상태를 보임. 각성은 깊은 수면으로부터 잠에서 깨어 정신이 맑거나 지나치게 격정적인 상태에 이르기까지의 범위를 포함하는 일련의 생리학적 또는 생물행동학적 상태로 정의됨(Lester, Freier, & LaGasse, 1995).

감각 처리 장애(sensory processing disturbances): 환경으로부터의 중다감각 자극에 저항하거나 통합하려는 능력, 또는 매일의 활동에서 잘 조절된 상태를 유지하고 적응적으로 반응하기 위하여 자신의 신체를 조절하는 능력에 있어서의 손상.

감각운동 전략(sensory-motor strategies): 행동 전략 참조.

개인차(individual differences): 아동마다 관찰되는 사회 의사소통, 정서 조절, 학습에 있어서의 능력의 독특한 프로파일. 진단의 노력과 교육 프로그램은 SCERTS 모델 내에서 그러한 차이를 다룸.

계획된 활동 일과(planned activity routines): 하나의 또는 일련의 기술 학습을 위한 다양한 학습 기회를 통하여 특정 기술의 교수를 목표로 하는 학습 일과.

공동관심(joint attention): 자신의 환경 내 사건에 대해서 또는 언어를 통한 주제에 대해서 다른 사람과 공동의 초점을 유지하는 능력. 공동관심 의사소통(joint attention communication)은 관찰이나 경험을 나누기 위한 목적으로(예: 사물이나 사건에 대하여 언급하기, 정보 요청하기) 다른 사람의 관심을 사물이나 사건으로 이끌기 위하여 신호를 사용할 때 발생함.

공동관심(Joint Attention): 공동관심을 위한 아동의 능력을 다루는 SCERTS 모델의 사회적 의사소통 영역의 요소.

공동의 통제(shared control): 두 명 이상의 파트너가 차례를 주고받거나 선택할 기회를 갖게 되는 장면으로, 각 파트너의 궁극적인 목표는 융통성 있는 태도로 다른 파트너의 관심을 따르는 능력을 개발하는 것임.

공식적 지원(formal supports): 가족과 아동의 요구에 반응하도록 훈련받은 전문가에 의해서 제공되는 정서적 지원. 정서 지원(emotional support)과 비공식적 지원(informalsupports) 참조.

과다 각성(overarousal): 정서적 각성(emotional arousal), 높은 각성 상태(high state of arousal) 참조.

관습적인 의사소통 수단(conventional communicative means): 파트너 간의 공유된 의미 체계에 의해서 쉽게 이해되는 구어 또는 비구어 신호.

교류 지원(transactional support): 아동이 적절하게 기능하고 발달하도록 도와주는 아동과 그 가족 및 전문가 간에 제공되는 지원.

교류 지원(Transactional Support): 가족 및 전문가 간에 제공되는 지원뿐만 아니라 대인관계 지원 및 학습 지원에서의 아동의 필요를 묘사하는 SCERTS 모델의 세 번째 영역. 교류 지원의 개념은 사회적 교환에서 두 명 이상의 파트너 간에 지속적인 상호 영향을 미치며 모든 파트너는 그러한 사회적 교환을 성공시키기 위해서 각자 어느 정도의 책임을 진다고 가정한다.

교수 가능한 순간(teachable moments): 의미 있고 목표 지향적이며 내적인 동기를 유발하는 활동 내에서의 기술 교수를 위한 자연적인 사건으로, 자연적으로 발생하는 단서와 기회의 장점을 지님.

교육과정 수정 및 조정(curriculum modification and adaptation): 아동이 내용을 더 잘 이해하도록 도와주고 학습에 있어서의 성취를 지원하기 위한 교육과정, 교수전략, 학습 자료 및 자료 제시 방법에 대한 변경.

교육과정 중심 진단(curriculum-based assessment): 교육과정과 연계된 준거 참조 진단. 예를 들어, SCERTS 진단-관찰은 교육과정 중심 진단으로 많은 항목들이 장애가 있거나 없는 아동의 발달과 관련된 연구에서 입증된 발달 순서를 근거로 개발됨.

교육 지원(educational support): 교류 지원의 가족 지원 요소 중 하나로 유용한 정보 및 자원 또는 아동의 사회 의사소통, 정서 조절, 매일의 일상생활 기술을 촉진하고 학습 지원을 실행하기 위한 직접교수를 포함함.

교환(사회적 또는 의사소통적)[exchange(social or communicative)]: 아동으로부터의 차례 및 파트너로부터의 차례.

구조화(structure): 환경, 교수, 대인관계 특성 및 지원을 통해서 이루어지는 활동 및 일과 내의 일관성, 예측 가능성, 친숙함.

극심한 조절장애(extreme dysregulation): 조직화, 주의집중, 정보처리에 있어서 지나친 어려움을 초래하는 매우 높거나 낮은 정서적 각성 상태.

긍정적 정서 표현(positive emotional display): 기쁨 또는 흥분의 명확한 얼굴 표정으로, 웃음, 소리 지르기와 같은 발성이나, 긍정적인 정서 경험을 나타내는 신체 언어에서 관찰되는 신호를 동반하기도 함.

긍정적 행동지원(positive behavior support: PBS): 의사소통 대안, 기능적 동등성, 관련 전략 교수와 같은 기능적 행동 진단을 기초로 문제행동을 다루기 위한 현대적 응용행동분석(ABA) 접근법.

기능적 기술(functional skills): 독립성과 자기결정력을 촉진하기 위해서 자연적인 상황과 매일의 활동 중에 직접적으로 적용될 수 있는 실제적이고 유용한 기술.

기능적인 자발적 의사소통(functional spontaneous communication): 독립성과 자기결정력을 촉진하기 위해서 자연적인 맥락에서 스스로 시작하고 직접적으로 적용하는 실제적이고 유용한 구어 또는 비구어 의사소통 기술.

기술 중심 접근법(skill-based approaches): 기술 교수에 초점을 맞춘, 때로는 의미 있는 활동의 맥락에서 벗어난 고도의 반복적인 연습 형태를 사용하는 교육적 접근법. 활동 중심 학습 접근법 참조.

끊임없이 질문하기(incessant questioning): 의사소통 대상자를 향하여 반응에 대한 기대를 가지고 의사소통 의도를 보이는 반복적인 구어 질문. 질문하기는 반응이 주어지는 경우에도 즉각적으로 또는 짧은 시간 후에 반복될 수 있음. 반복적 질문하기(repetitive questioning)라고도 함. 비관습적인 구어 행동 참조.

낮은 각성 상태(low state of arousal): 아동이 환경의 주요 특성에 집중하고 사회적 상호작용이나 교육 활동에 주의를 기울이는 데 어려움을 보이는 각성 상태. 낮은 각성 상태에 있는 아동은 수동적이고, 비참여적이고, 주의를 기울이지 않는 특성을 보이곤 함. 각성 상태, 높은 각성 상태 참조.

높은 각성 상태(high state of arousal): 아동이 불안, 두려움, 고통, 또는 기쁨이나 들뜸과 같은 긍정적인 정서 상태도 조절하지 못하는 등 격한 반응에 휘둘리는 각성 상태. 높은 각성 상태에 있는 아동은 혼란스럽거나 지나치게 자극적인 경험에 대처하고자 하는 시도를 하지 않으려고 하거나 중단하기도 함.

대인관계 지원(interpersonal supports): 성인 및 또래 의사소통 파트너에 의해서 이루어지는 언어 사용, 정서 표현, 상호작용 스타일에 대한 수정으로, 아동으로 하여금 언어를 처리하고, 사회적 상호작용에 참여하고, 정서적으로 만족하면서 사회적 활동을 경험하고, 잘 조절된 상태를 유지하도록 도와줌.

대인관계 지원(Interpersonal Support): 파트너의 대인관계 지원 사용을 다루는 SCERTS 모델의 교류 지원 영역의 한 요소.

대화 파트너 단계(Conversational Partner stage): SCERTS 모델에서 가장 복잡한 단계인 세 번째 단계로 사회적 파트너 및 언어 파트너 단계 다음에 옴. 일반적으로 대화 파트너 단계의 아동은 구어, 수어, 그림이나 그림 상징의 좀 더 복잡한 문법적 조합을 통해서 의사소통하며, 전형적으로 의사소통 교환에 있어서 최소한 한 차례의 주고받기를 넘어서는 참여 능력이 나타나기 시작함.

대화적 담화(conversational discourse): (1) 의미 전달에 있어서 효율적이고 의미의 차이를 명확히 하기 위한 상위 수준의 문법 및 구문론을 이해하고 사용하기, (2) 사회적 대화 및 의미의 설명과 관련될 때 비구어 정보(예: 시선, 얼굴 표정, 신체 방향, 근접성, 운율 패턴)와 비문자적 의미(예: 숙어, 말장난)를 해석하고 사용하기, (3) 상호작용 시작하기, 상호작용 내에서 차례 주고받기, 주제 전환 구별하기, 상호작용 종료하기에 대한 대화적 관습 따르기를 포함하는 사회적 대화 능력.

도전적 행동(challenging behavior): 문제행동 참조.

또래 지원(peer support): SCERTS 모델 내 대인관계 지원의 한 범주로 또래 관련 능력을 촉진하도록 역할 하는 활동 중에 비슷한 연령의 아동에 의해서 제공되는 지원. 이러한 능력은 궁극적으로 우정의 발달과 장기적인 긍정적 관계에 기여하는 파트너, 장소, 환경에 따른 성공적인 사회 의사소통적 상호작용을 시작하고 유지하는 능력을 포함함.

또래와의 학습 및 놀이(learning and playing with peers: LAPP): SCERTS 모델에서 대인관계 지원 목표(또래 지원)를 다루는 또래와의 학습 및 놀이를 포함하는 활동.

목표 지향적 활동(goal-directed activities): 확실하게 인지된 목표와 함께 정확한 순서와 단계가 정해져 있는 활동.

문장 문법(sentence grammar): 형태론 및 구문론의 기초(단어 및 문장 구성) 습득에 관한 규칙이 있는 언어 체계.

문제행동(problem behavior): 사회적으로 바람직하지 않거나 다른 사람에게 해가 되거나 학습 또는 사회적 참여를 방해하는 이유로 문제라고 여겨지는 행동. 행동이 문제행동으로 여겨지는 것은 아동의 연령, 문화적 규준 및 가치, 행동에 대한 속성을 근거로 함. 따라서 이러한 판단은 때로는 주관적임. 예를 들어, 손 흔들기와 같은 반복적인 움직임은 전문가에 의해서는 문제행동으로 여겨지지만 파트너에 의해서는 그렇지 않을 수 있음. 도전적 행동 참조.

반복적인 말(perseverative speech): 의사소통의 의도나 파트너의 반응에 대한 기대가 있거나 없는 상태에서 주기적으로 발생하는 형태로 나타나는 말의 지속적인 반복. 비관습적인 구어 행동 참조.

반응성 상호조절(respondent mutual regulation): 파트너가 아동의 조절장애 신호를 인지하고 아동으로 하여금 잘 조절된 상태를 성취하게 하거나 더 이상의 조절장애를 방지하도록 도와주기 위하여 반응할 때 발생하는 정서 조절.

반향어(echolalia): 다른 사람이 한 말에 대한 아동의 반복. 모델이 한 말을 즉각적으로 반복할 때 즉각반향어(immediate echolalia)라고 하고 반복이 나중에 일어나면 지연반향어(delayed echolalia)라고 함. 즉각 또는 지연 반향어는 의사소통 의도의 유무 및 따라 하는 말에 대한 이해와 상관없이 발생할 수 있음. 수정반향어(mitigated echolalia)는 단어나 억양에 변화가 있는 즉각 또는 지연 반향어로 따라 하는 발성에 대한 이해의 정도가 더 높은 것으로 보임. 비관습적인 구어 행동 참조.

발달의 교류 모델(transactional model of development): 아동 발달 연구에서 가장 영향력 있는 모델 중 하나로 1970년대 심리학자인 Arnold Sameroff(1987)에 의해서 처음 소개된 이래 지금까지 확장되어 옴. SCERTS 모델을 정의하는 수많은 특성의 근거가 됨: (1) 아동은 적극적인 학습자로 간주됨, (2) 발달의 모든 측면은 분리되었기보다는 상호 연관된 것으로 간주됨, (3) 우수한 사회성 및 언어 모델을 제공하는 아동과의 상호작용은 의사소통 및 정서 지원을 제공하기 위한 필수적인 부분임, (4) 전문가 및 준전문가가 아동과 일을 시작하는 것은 그 가족과의 역동적인 관계를 시작하는 것임.

배경 사건(setting events): 긍정적 행동지원 접근법 중에서 배경 사건은 문제행동을 직접적으로 일으키지는 않지만 아동이 문제행동을 일으키게 될 가능성을 높이는 요소로 정의됨. 예를 들어, 어려운 과제 요구가 문제행동의 배경 사건이 될 수 있음.

변화하는 상황(changing situations): 주요 특성(예: 감각 자극, 활동 수준, 활동 순서, 과제 난이도)이나 예상하지 못한 특성(예: 일상적인 일과의 장소나 순서 변경이나 활동의 조기 종료와 같은 예측하지 못한 사건)에서의 변화가 있는 상황.

보완대체 의사소통(augmentative and alternative communication: AAC): 의사소통을 위한 말 발달 및 사용에 추가하거나 대체하는 비구어 전략 및 의사소통 보조. AAC 방법은 사진이나 그림 상징과 같은 특정 도구를 사용하기도 하고 의사소통 수단으로서의 수화나 자연적 몸짓과 같이 도구를 사용하지 않기도 함.

복구 전략(repair strategies): 의사소통 단절 후에 좀 더 성공적으로 의사소통을 하려고 하는 파트너의 비구어 또는 구어적 시도로, 신호를 반복하거나 수정하는 것을 포함함. 의사소통 실패 참조.

부정적 정서 표현(negative emotional display): 몸짓이나 자세의 변화를 수반하는 고통이나 좌절을 나타내는 명확하게 관찰되는 음성이나 얼굴 표현.

비각성(underarousal): 정서적 각성과 낮은 각성 상태 참조.

비공식적 지원(informal supports): 자폐 범주성 장애 아동 양육의 스트레스와 일상의 어려움을 완화시키도록 도와주는 친척, 이웃, 종교단체 회원과 같은 비전문가에 의해서 우발적으로 제공되는 사회적 및 정서적 지원.

비관습적인 구어 행동(unconventional verbal behavior): 인지할 수 있는 말로 구성되었지만 어느 정도는 사회적으로 수용할 수 있는 언어적 의사소통의 관습을 위반한 음성 산출. 이러한 행동 범주에는 반향어(즉각 또는 지연)로 언급되는 말, 끊임없이 질문하기, 반복적인 말 등의 행동군이 포함됨.

비구어 의사소통(nonverbal communication): 말 또는 기타 언어 기반의 수단을 사용하지 않는 의사소통의 형태(예: 몸짓, 신체 근접성, 의사소통적 응시, 말이 아닌 발성).

사회 의사소통(social communication): 사회적 사건을 이해하고, 유능하고 자신감 있고 적극적인 참여자로서 구어나 비구어 기술을 사용하여 사회적 활동에 참여하고 의사소통 하는 능력.

사회 의사소통(Social Communication): SCERTS 모델의 첫 번째 주요 영역으로 아동의 사회 의사소통 능력을 포함함. 이 영역은 공동관심과 상징 사용의 두 가지 요소로 나누어짐.

사회적 교환(social exchange): 교환(사회적 또는 의사소통적) 참조.

사회적 동기(social motivation): 가족 구성원, 다른 아동, 파트너와 함께 있고 관계를 맺고 이들로부터 배우기를 원하는 욕구 및 바람.

사회적 상호작용(social interaction): 다른 사람의 자기 자신에 대한 관심을 유도하고 유지하는데 사용하는 신호를 포함한 의사소통적 기능(예: 사회적 게임 또는 게임 계속하기 요청, 위로 구하기, 인사하기, 이름 부르기, 보여 주기).

사회적 이해(social understanding): 대인 간 행위, 단서, 맥락 변인이 사회적 활동에 참여하고 있는 사람에게 어떻게 영향을 미치는지를 처리하는 능력.

사회적 통제(social control): 자기결정을 위한 자신의 필요를 가장 잘 충족시키기 위한 형태로 자신의 의견을 표현하고 다른 사람을 지시하는 능력. 사회적으로 덜 바람직한 의사소통 수단을 사용하는 사회적 통제를 행사할 때 문제행동으로 나타나곤 함.

사회적 파트너 단계(Social Partner stage): SCERTS 모델의 첫 번째 단계로 언어 파트너 및 대화 파트너 단계가 뒤따름.

사회-정서 성장 지표(Social-Emotional Growth Indicators): 사회성 및 정서 발달에 있어서의 아동의 성장 구성요소로, 환경 또는 사람과의 참여 및 학습 능력에 영향을 미침. 지표는

(1) 행복감, (2) 자아의식, (3) 타인의식, (4) 적극적인 학습 및 조직화, (5) 융통성 및 회복력, (6) 협동 및 행동의 적절성, (7) 독립성, (8) 사회적 소속감 및 우정 영역의 진보를 측정하기 위하여 조합된 SCERTS 진단-관찰의 선택된 교수목표의 점수를 기반으로 함.

사회화(socialization): 아동의 사회적 행동을 형성하는 과정으로, 다른 사람이 아동의 정서 표현에 어떻게 반응하는지와 그러한 표현이 문화적으로 정해져 있는 행동과 관련해서 사회적으로 수용 가능한 것으로 여겨지는지 여부에 의해서 결정됨.

상징 사용(symbol use): 어떤 것을 다른 것을 나타내는 것으로 만들고 자신의 생각 속에 있는 그 상징을 조작하는 능력. 이러한 능력은 언어 및 상상놀이 능력을 기초로 함.

상징 사용(Symbol Use): 아동의 상징 사용을 다루는 SCERTS 모델의 사회 의사소통 요소.

상호성(reciprocity): 두 사람 이상의 파트너 간의 상호적이고, 반응적이고, 파트너의 행동에 후속적으로 나타나는 지속적인 사회-정서적 교환.

상호조절(mutual regulation): 아동이 부담스럽고 지나치게 자극적이고 정서적으로 조절이 안 되는 상황에 직면했을 때 도움을 구하거나 정서 조절을 위한 지원을 제공하려는 다른 사람의 시도에 반응하는 것과 같은 사회적 상호작용 맥락에서 발생하는 정서 조절. 상호조절 시작하기와 반응성 상호조절 참조.

상호조절(Mutual Regulation): 아동의 상호조절 기술을 다루는 SCERTS 모델의 정서 조절 영역의 요소.

상호조절 시작하기(initiated mutual regulation): 아동이 양육자에게 구어 또는 비구어 수단을 통하여 좀 더 잘 의도적으로 자신의 요구(예: 도움, 위로)를 의사소통할 수 있게 될 때 나타나는 조절 지원 요청을 시작하는 능력.

상황에 제한된 학습(situation-specific learning): 구체적인 학습 맥락, 교사 또는 파트너, 교재에 초점을 맞춘 기술 습득. 이러한 방법으로 학습된 기술은 일반화 부족으로 인하여 촉진에 의존적이고 융통성이 없고 기능적이지 않을 수 있음.

상황이야기(Social Stories): 사회적 이해의 발달을 지원하기 위하여 Carol Gray(1994)에 의해서 개발된 전략. 상황이야기는 파트너의 관점을 설명해 줌으로써 매일의 활동을 이해하고 성공적으로 참여하게 하는 사회 의사소통 규칙 및 관습을 제공하는 시각적 또는 문자 스크립트의 연습을 포함함.

새로운 상황(new situations): 아동에게 친숙하지 않은 활동이나 활동의 특징(예: 아동이 참여해 본 적이 없는 활동, 친숙한 활동에 합류한 새로운 사람). 이러한 상황은 자폐 범주성 장애 아동에게 조절장애를 경험하게 하는 위험 요소가 되기도 함.

생리적 각성(physiological arousal): 각성 상태 참조.

생태학적으로 타당한 측정(ecologically valid measures): 자연적인 환경에서 다양한 대상자에 걸쳐 나타나는 아동의 발달 능력 및 적응 기능에 대한 기초선 정보나 측정된 변화를 포함하는 측정으로, 아동의 행동을 실제로 대표하는 것으로 여겨짐.

설계된 활동 및 상황(engineered activities and settings): 아동의 삶 속에서 자연적으로 발생하지는 않지만 학습을 위한 일관성 있는 친숙하고 예측 가능한 형태를 제공하기 위하여 고안된 활동 및 상황.

수정반향어(mitigated echolalia): 반향어 참조.

수정된 자연적 활동 및 상황(modified natural activities and settings): 사회 의사소통 및 정서 조절 지원을 추가함으로써 최적의 참여를 지원하도록 수정되고 이미 아동의 일상적인 생활의 한 부분이 된 자연적인 활동 및 상황.

시각적 지원(visual supports): 한 아동의 적극적인 참여 및 이해를 강화하기 위하여 개별 또는 일련의 사물, 사진, 로고, 그림 상징, 문자 등의 시각적 보조를 이용하여 정보를 제시하는 방법.

시선 옮기기(gaze shift): 아동이 사람을 쳐다보는 중에 시선을 사물로 옮겼다가 즉시 그 사람한테 다시 옮기거나(3단계 시선 옮기기) 사물을 쳐다본 후 사람한테 시선을 옮겼다가 또 다른 사람에게 시선을 옮긴 후 즉시 시선을 다시 사물로 옮길 때(4단계 시선 옮기기) 발생하는 사회적 참조. 이러한 패턴은 아동의 사회적 의식과 공동관심 능력을 알게 해 줌.

실행기능(executive functioning): 목표를 설정하고 계획을 세우고 순서를 정하고 조직화하고 목표 지향적인 행동을 실행하는 능력, 관련 없는 자극에 대한 반응 중단, 융통성 있고 적응적으로 반응함으로써 조직적인 상태를 유지하고 목표를 더 잘 성취하게 하는 능력 등 일련의 인지기술에 의존하는 대뇌피질의 상위 기능.

언어 전략(language strategies): 상징에 기초를 둔(언어적 및 개념적), 그래서 행동 전략보다 복잡하고 다양하고 융통적인 정서 조절 전략. 예를 들어, 지나치게 각성될 때 자신의 행동을 조절하거나 스스로 진정시키기 위해서 자기가 들을 수 있게 혼잣말하기, 혼잣말하기와 유사한 목적으로 말(내적 언어)로 생각하기, 정서 상태에 대한 자기조절하기(자신이 어떻게 느끼는지에 대해 반추하기) 등을 포함함.

언어 파트너 단계(Language Partner stage): SCERTS 모델의 두 번째 발달 단계로 사회적 파트너 단계 다음이고 대화 파트너 단계 이전임. 일반적으로 언어 파트너 단계에서 아동은 단일 또는 간단하게 조합된 말, 수어, 그림 또는 그림 상징을 포함하는 상징적 수단을 통해서 의사소통을 함. 대화 파트너 단계와 사회적 파트너 단계 참조.

운동 계획 어려움(motor plan difficulties): 알아들을 수 없는 말과 함께 좀 더 일반적인 숙련되고 목표 지향적인 움직임에 있어서의 문제 등을 포함하는 운동 기술 협응 및 실행 제한.

의도적 의사소통(intentional communication): 구체적인 목적이나 기능을 위해서 다른 사람을 향하여 음성, 몸짓, 비구어, 또는 구어 행동을 사용함. 의사소통에 사용되는 수단은 관습적이거나 비관습적일 수 있으며, 저항을 위해서 "아니요"라고 말하기와 소리 지르기 등 사회적 수용도 측면에서 다양할 수 있음.

의미 있는 활동(meaningful activities): 학습과 파트너 간의 자연적인 상호작용을 촉진하는 데 가장 좋은 내적 동기를 유발하는 활동.

의사소통 기능(communicative function): 아동의 의사소통 행위가 청자에게 미치는 영향으로 대부분의 경우에 쉽게 관찰됨.

의사소통 능력(communicative competence): 효과적으로 의사소통을 하는 방법에 대한 지식과 파트너 및 상황에 따라 사회적으로 적절한 방법으로 다양한 목적을 의사소통하는 능력.

의사소통 수단(communicative means): 의사소통을 위해서 사용되는 행동(아동이 어떻게 의사소통을 하는가)으로 (1) 몸짓이나 사물 사용 등의 상징전 수단과 (2) 수어, 그림 상징 체계, 말 등의 상징 수단을 모두 포함함.

의사소통 복구(communicative repair): 의사소통 실패가 있은 후 아동이나 파트너가 실패를 회복하기 위해서 의사소통 신호의 일부나 전부를 반복하거나 수정하는 전환.

의사소통 실패(communication breakdown): 아동이나 파트너의 의사소통 시도를 이해하지 못하는 문제로 인한 파트너 간의 의사소통 성취 결여. 실패에 기여하는 요소로는 불분명하거나 알아들을 수 없는 말이나 비구어 신호, 비전형적인 말이나 몸짓의 사용, 청각적 또는 시각적 방해와 같은 환경적 요소를 포함함. 따라서 바람직한 목표가 성취되지 않음. 실패의 경우 가장 바람직한 것은 아동이나 파트너가 신호를 반복하거나 수정함으로써 실패를 복구하려고 노력하는 것임.

의사소통 의도(communicative intention): 아동이나 파트너의 의사소통 목표를 의미하며, 직접적으로 관찰되지 않고 사회적 맥락 내에서의 행동을 통하여 추측할 수 있음.

의사소통 행동 시작하기(initiated communicative behavior): 다른 사람의 행동에 대한 반응이 아닌 의도적인 의사소통 행위.

의사소통적 교환(communicative exchange): 교환(사회적 또는 의사소통적) 참조.

이완 기법(relaxation techniques): 신체 시스템을 안정 상태로 조절하기 위해서 고안된 방법.

인지적 평가(cognitive appraisal): 사회적 이해와 정서 조절을 지원하기 위하여 얼굴 표정, 신체 자세, 억양과 같은 다른 사람으로부터 오는 사회-정서적 단서를 읽고 이해하는 능력과 더불어 자신의 정서적 경험을 반영하는 능력.

자기결정(self-determination): 외적인 영향력으로부터 독립된, 자신의 선택과 선호도와 관련되어 적극적인 의사결정의 정기적이고 빈번한 기회를 허용하는 개인의 삶을 살아가는 능력.

자기조절(self-regulation): 잠재적인 스트레스 상황에서 잘 조절된 상태를 유지하기 위한 정서 조절 능력 및 기술의 독립적인 사용.

자기조절(Self-Regulation): 아동의 자기조절 능력을 다루는 SCERTS 모델의 정서 조절 요소.

자연적으로 발생하는 활동 및 상황(naturally occurring activities and settings): 아동과 그 가족의 삶 속에 이미 존재하는 상황과 활동 중에 발생하는 학습 기회.

적극적인 학습(active learning): 학습에 다른 사람을 끌어들이고, 문제를 해결하고, 새로운 경험을 이전의 경험에 연계시키고, 학습에 도움이 되는 방법으로 활동을 조직하고 참여하고자 하는 노력을 시작하는 아동의 능력. 적극적인 학습은 또한 목표 지향적인 활동에 참여하고, 주의를 기울이고, 다양한 상황에 걸쳐 계획되고 수행되는 활동 중에 정서적으로 잘 조절된 상태로 집중할 수 있는 능력을 포함함.

전문가 지원(support among professionals): 전문가의 어려움(교육 및 정서)에 대한 직접적이고도 분명한 인식과 이러한 어려움을 조정하여 전문가가 아동 및 가족을 지원하는 데 가능한 한 효과적이 될 수 있게 해 주는 계획을 포함하는 SCERTS 모델의 교류 지원 요소.

정서 및 기분 상태의 조절(regulation of emotional and mood states): 정서적 반응을 조절하고 자신의 정서적 반응을 적응시키거나 수정하는 능력.

정서 조절(emotional regulation): 주의집중, 각성, 사회적 관계 형성의 기본이 되는 핵심 발달 과정.

정서 조절(Emotional Regulation): 아동의 정서 조절 능력을 다루는 SCERTS 모델의 영역. 이 영역은 상호조절과 자기조절의 두 가지 요소로 분류됨. 과도한 조절장애로부터의 회복은 이 요소들 각각에서 설명됨.

정서 지원(emotional support): 교류 지원의 가족 지원 요소 중 하나로 자폐 범주성 장애 아동 양육의 문제를 다루고 적응하기 위한 가족의 기술을 강화하도록 고안된 지원을 포함함.

정서 표현(expression of emotion): 정서 조절의 의사소통 요소로 내적 감정 상태의 관찰 가능한 표현을 포함하며, 파트너의 구체적인 정서 및 그러한 정서의 의도에 대한 정보를 제공함.

정서의 생리적 측면(physiological aspects of emotion): 사람이 몸으로 정서를 느낄 수 있게 해주는 정서적 경험과 관련해서 발생하는 각성 상태 변화.

정서적 각성(emotional arousal): 불안, 두려움, 고통, 또는 심지어 조절이 안 되는 기쁨이나 들뜸과 같은 긍정적인 정서 상태에 의해서 고조되거나 감소된 정서적 반응의 가벼운 정도부터 극심한 정도까지의 상태. 과다 각성은 과도한 감각 자극, 지나친 흥분, 또는 부담스러운 사건으로 인한 것일 수 있음. 과소 각성은 피로, 지루함, 또는 조직화된 자극의 부족 때문일 수 있으며, 주의집중이나 무반응을 초래함.

정서적 기억(emotional memory): 기억의 정서적 요소로 사람(예: 기쁨, 스트레스), 장소(예: 친숙함과 안정, 생소함과 위협), 또는 활동(예: 즐거움과 관심, 따분함과 지루함)을 통해서 경험하는 감정의 측면을 포함함.

조절장애(dysregulation): 조직화, 사회적 참여, 주의집중, 정보처리에 있어서 어려움을 증가시키는 비정상적으로 높거나 낮은 정서적 각성 상태.

조절장애로부터의 회복(recovery from dysregulation): 극심한 조절장애 후에 잘 조절된 상태를 다시 취하는 능력.

조절장애의 신호(signals of dysregulation): 아동의 조절장애를 알게 해 주는 관찰 가능한 신체적 신호 또는 행동으로 높거나 낮은 정서적 각성 상태를 보일 수 있으며, 이러한 신호나 행동은 관습적이지 않거나 쉽게 알아차릴 수 없을 수도 있음. 예를 들어, 관습적인 신호는 다양한 파트너가 쉽게 이해할 수 있는 고통이나 불안을 분명하게 나타내는 얼굴 표정이나 발성을 포함함. 비관습적인 신호는 좀 더 미세하고 알아차리기 어려운 신호로 아동의 파트너나 아동을 잘 아는 사람들만 이해할 수 있는 신체 자세나 독특한 발성과 같은 것을 포함함.

조직화 지원(organizational support): SCERTS 모델의 교류 지원 중 학습 지원 요소의 한 부분으로, 아동의 조직화를 강화시키기 위한 교재 구성하기, 물리적 공간, 시간 개념 표시하기 등의 방법.

주제 중심 활동(theme-oriented activities): 매일의 일과 또는 상상의 사건 속에서 기능적인 기술을 중심으로 구성되고 기술과 관련된 다양한 삽입 요소를 지닌 활동.

준거 참조 진단(criterion-referenced assessment): 아동의 성취 수준, 특정 과제 또는 발달 영역 내에서 기대되는 기술에 대한 습득 정도를 측정하는 진단. 발달상의 진보는 진단되는 영역의 규준을 위한 지침으로 사용되곤 함.

중다감각 교수법(multisensory teaching): 아동의 학습을 보조하기 위하여 여러 가지 감각 통로, 전략, 기술을 조합하여 사용하는 접근법(예: 시각, 청각, 촉각, 운동 감각).

중다양식 의사소통(multimodal communication): 음성, 구어, 몸짓, 수화, 시각적 시스템 등 의사소통을 하기 위하여 여러 가지 수단을 조합하여 사용하는 것.

즉각반향어(immediate echolalia): 반향어 참조.

지시적 교수 접근법(directive teaching approaches): 성인이 선택하고 주도하는 매우 반복적인 교수(연습을 포함하곤 함)로 아동이 요구에 순응하게 하고 미리 정해진 프로그램과 관련된 '정반응'을 산출하게 하는 데 초점을 맞춤. 촉진적 교수 접근법 참조.

지연반향어(delayed echolalia): 반향어 참조.

차단(shutdown): 극심한 정서 조절장애 상태로 비참여 및 비가동성으로 특징지어지며, 이러한 특징은 일반적으로 감각 또는 사회적 투입의 수준에 대처하지 못함으로써 초래됨.

처방적 접근법(prescriptive approaches): 교사나 아동의 입장에서 다양성, 융통성, 자발성을 거의 인정하지 않은 채 교수 단계의 특정 순서를 따르는 구조화되고 체계적인 교수적 실제.

초인지 기술(metacognitive skills): 자신의 생각과 계획을 파트너와 공유함으로써 생각과 계획에 대해서 반영하고 이야기하는 능력.

촉진적 교수 접근법(facilitative teaching approaches): 아동의 선호도와 동기를 우선적으로 따르고 모방이나 긍정적인 정서적 반응을 통하여 아동의 행동 반응을 수용하는 교수의 실제. 성인 파트너는 최소한의 구조화 또는 지시를 제공함. 지시적 교수 접근법 참조.

최적의 각성(optimal arousal): 활동이나 상황의 요구와 관련해서 학습 및 참여에 가장 적합한 각성 상태. 이러한 상태에서 아동은 사회적 및 물리적 요구와 관련된 너무 높거나 너무 낮은 두드러진 상태를 경험하지 않음.

투쟁 도주 반응(fight-or-flight reactions): 위협적인 환경에 대한 원시적 반사반응. 아동이 이러한 반응을 보일 때에는 공격적이거나 불순응적이거나 의도적으로 조정하려고 하는 것 같아 보일 수 있으나 실제로는 대처하기나 생존반응일 수 있음. 예를 들어, 시각 및 청각 자극에 과도한 행동을 보이는 아동은 지나치게 자극적인 환경이나 활동으로부터 도피하려는 시도를 하게 됨. 상황에 의해서 혼란스럽거나 접촉에 대해서 과도한 행동을 보이는 아동은 활동 중에 마구 움직이거나 다른 사람들을 잡으려고 시도하면서 주먹을 휘두를 수도 있음. 이와 같은 행동은 잘못 해석되어 문제행동으로 여겨질 수도 있음.

파트너(partners): 사회적 교환에 아동과 함께 참여하는 사람으로, 파트너들 간에는 상호 영향을 미침.

학급 구조화(classroom structure): 불명확한 영향을 최소화하기 위해서 적용되는 학급 내 고도의 예측 가능성 및 일관성. 구조화는 활동 영역의 사용과 같은 물리적인 환경의 측면이나 일과표와 같은 시간적 측면을 포함할 수 있음.

학습 스타일(learning style): 아동이 정보를 처리하고 사용하기 위하여 자신의 인지, 사회성, 의사소통, 감각적 강점을 사용하는 개인적인 방법.

학습 가능성(availability for learning): 학습에 대하여 가장 유효한 상태로 관련성이 가장 높은 정보에 주의를 기울이고, 다른 사람과 사회적으로 함께하고, 구어 및 비구어 정보를 처리하고, 언어를 포함하는 더 높은 수준의 의사소통 능력을 이용하여 상호작용을 시작하고, 상호작용 중 다른 사람에게 반응하고, 매일의 활동에 적극적으로 참여하기를 가장 잘할 수 있는 상태.

학습 지원(learning supports): 기대를 명확하게 하고, 활동 이해를 지원하고(활동의 단계별 순서와 목표), 정서 조절을 지원하고, 자연적이고 동기유발적인 참여 및 의사소통의 기회를 만드는 데 사용되는 교류 지원.

학습 지원(Learning Support): 파트너의 학습 지원을 사용하는 SCERTS 모델의 교류 지원 요소.

항상성(homeostasis): 변함없는 내적 상태(정서적 및 생리적 안정성)를 이루고 유지하고자 하는 내적 동기로 적응기능, 학습, 적극적인 사회적 참여를 촉진함.

행동 전략(behavioral strategies): 감각운동 전략으로도 불림. 감각 또는 운동 수단은 정서 조절을 지원하기 위해서(즉, 아동이 민첩하거나 잘 조절된 상태를 유지하도록 정서적 각성을 감소시키거나 증가시키기 위해서) 사용됨. 예를 들어 스스로 진정시키기 위해 발성하거나 자신에게 몰두하기, 자신의 손을 쳐다보기, 구강감각 자극 추구하기, 몸을 앞뒤로 흔들거나 손가락 두드리기와 같은 반복적인 동작하기 등이 포함됨. 이러한 활동의 목적은 조절장애를 일으키는 사건으로부터 중립적이거나 좀 더 구조화된 사건으로 관심을 이동하거나 자체적으로 조절의 효과가 있는 감각 또는 운동 자극을 제공하는 것임.

행동 조절(behavior regulation): 자폐 범주성 장애 아동에게서 비교적 초기에 나타나는 의사소통 기능 또는 의도 중 한 종류. 의사소통 행위는 다른 사람의 행동을 조절하거나 환경적인 요구를 취하거나 제한하는 데 사용됨(예: 요구하기 또는 저항하기, 물건이나 행위를 거부하기 또는 거절하기). 동기는 즉각적인 요구를 충족시키기 위한 것이며, 사회적 상호작용이나 공동관심의 좀 더 사회적인 기능과 비교할 때 비교적 비사회적임.

협동적 차례 주고받기 게임(cooperative turn-taking games): 사회적 상호성, 차례 주고받기, 참여자 간의 상호적 즐거움의 성취가 주요 목표인 활동.

환경 구성(environmental arrangement): 사회 의사소통 및 정서 조절을 촉진하기 위하여 전형적인 활동 및 상황을 만들거나 수정하는 방법.

활동 중심 학습 접근(activity-based learning approaches): 기술과 사회적인 이해를 가르치고 기술의 일반화를 지원하기 위한 논리적이고 의미 있는 활동 사용에 초점을 맞추는 교수 접근. 의미 있는 활동의 맥락 밖에서 기술 훈련에 우선적인 초점을 맞추는 기술 중심의 접근과는 상반됨.

후속반응(contingent response): 관심이나 주제에 초점을 맞춘 파트너의 즉각적인 반응.

〈참고문헌〉

Lester, B. M., Freier, K., & LaGasse, L. (1995). Parental cocaine exposure and child outcome: What do we really know. In M. Lewis & M. Bendersky (Eds.), *Mothers, babies, and cocaine: The role of toxins in development* (pp. 19–40). Mahwah, NJ: Lawrence Erlbaum Associates.

❍ 찾아보기

[인명]

N

O

P

Q

R

S

[내용]

ㄴ

ㄷ

ㄹ

ㅁ

ㅂ

ㅅ

ㅇ

ㅈ

저자 소개

Barry M. Prizant, Ph.D., CCC-SLP, Childhood Communication Services 원장, 브라운대학 인간발달연구소 겸임교수

Barry M. Prizant는 자폐 범주성 장애와 관련 의사소통 및 발달 장애를 지닌 어린 아동과 그 가족들에 대한 임상학자, 연구자, 상담가로서 30년 이상의 경력을 지니고 있다. Prizant 박사는 자폐 범주성 장애 및 아동기 의사소통 장애와 관련된 90편 이상의 논문과 책의 장을 출간하였으며, 6개 전문 학술지의 편집위원으로 일하고 있고, 미국 내에서와 국제적으로 500회 이상의 세미나 발표 및 학회 기조강연을 한 바 있다. 또한 국립보건원에서 자폐 범주성 장애의 선별 및 진단 위원회에서 일하였으며, 위원회가 출간한 치료권고안 집필에 공동저자로 참여하였다. 그리고 (Amy M. Wetherby와 함께) '의사소통 및 언어 중재 시리즈' 중『자폐 범주성 장애: 발달적 교류적 견해(Autism Spectrum Disorders: A Developmental, Transactional Perspective)』(Paul H. Brookes Publishing Co., 2000)의 공동편저자이기도 하다. Prizant 박사는 미국 말언어청각학회의 회원이며 수많은 상을 받았고 임상과 학문적 성과를 통해서 잘 알려진 바 있다.

Amy M. Wetherby, Ph.D., CCC-SLP, 플로리다 주립대학 의사소통장애학과 Laurel Schendel 석좌교수이자 자폐 및 관련 장애 연구소 소장

Amy M. Wetherby는 미국 말언어청각학회의 회원으로 20년 이상의 임상경력을 지니고 있다. Wetherby 박사는 자폐 범주성 장애 아동의 사회성 및 의사소통 프로파일과 영아기 의사소통 장애의 조기발견에 대한 전국규모 학회에서 정기적으로 활발하게 발표를 해 왔으며, 미국 과학 아카데미의 자폐교육중재위원회에서 일하였다. 자폐 범주성 장애의 위험을 보이는 어린 아동의 조기발견을 위해서 미국 교육부의 현장 주도 연구비 지원으로 이루어진 첫 단어 프로젝트(FIRST WORDS Project, http://firstwards.fsu.edu), 자폐 범주성 장애 영아와 그 가족을 위한 조기개입 관련 모델 개발 연구, 자폐 특화 박사과정 훈련 프로그램 등의 책임연구자로 일하였다.

Emily Rubin, M.S., CCC-SLP, 예일의과대학 강사, Communication Crossroads 소장

Emily Rubin은 캘리포니아 주 카멜에 있는 사설교육기관인 Communication Crossroads의 소장이다. 그녀는 자폐, 아스퍼거 증후군, 관련 사회적 학습장애로 특화된 언어치료사이며, 예일대학의 겸임 교원과 강사로 자폐 및 발달장애 클리닉에서 일한다. 매사추세츠 주의 보스턴

에 있는 에머슨대학의 의사소통 과학 및 장애학과에서 강사로 일하고 있으며, 그곳에서 자폐 범주성 장애 아동과 그 가족의 필요를 다루는 대학원 수준의 학생을 준비시키는 과목들을 개발하였다. 저술활동은 자폐의 조기발견, 최신의 중재 모델, 고기능 자폐 및 아스퍼거 증후군을 위한 프로그램 지침에 집중되어 있다. 미국의 말언어청각학회의 자폐 범주성 장애 특별위원회의 회원으로 참여하면서 자폐 범주성 장애 진단과 치료에 있어서의 언어치료사 역할에 대한 지침을 개발하였다. 국제적으로 강의를 하고 자폐 및 관련 발달장애 아동과 청소년을 위한 교육 프로그램을 자문하고 있다.

Amy C. Laurent, Ed.M., OTR/L, 사설치료실의 작업치료사

Amy C. Laurent는 특수교육학 석사학위를 소지한 소아작업치료사다. 현재는 사설치료실에서 일하는데, 바로 Communication Crossroads와 Childhood Communication Services의 뉴잉글랜드 제휴기관이다. Laurent는 자폐 범주성 장애 및 관련 발달장애 아동의 교육 전문가다. 자폐 범주성 장애 아동을 위한 종합적인 평가, 직접적인 치료 서비스, 교육 프로그램 자문을 제공하며, 자폐 범주성 장애 아동의 가족에게 광범위한 교육 및 정서적 지원을 제공한다. Laurent는 다수의 논문의 공동저자로 전 미국에서 자폐 범주성 장애 아동의 치료와 교육 중재 관련 강의를 한다. 임상 관심 영역은 상황(예: 학교, 가정, 지역사회 환경)에 따른 자기조절 및 사회적 적응기능의 발달과 관련된 치료 중재를 포함한다.

Patrick J. Rydell, Ed.D., CCC-SLP, 록키 마운틴 자폐 센터 소장

Patrick J. Rydell은 공립학교, 병원, 대학, 행정부처, 사설 센터 등에서 24년 이상 자폐 및 의사소통 장애 전문가로 일해 왔다. Rydell 박사는 자폐 범주성 장애 아동과 그 가족을 위해서 헌신하는 사설기관인 록키 마운틴 자폐 센터의 소유자이자 소장이다. 이 센터는 자폐인과 그 가족 및 전문가들을 위한 종합적인 기관 중심, 지역사회 중심, 가정 중심의 진단, 프로그램, 중재, 훈련을 제공한다. Rydell 박사는 자폐와 조기교육에 전문성을 두고 의사소통 장애 및 특수교육 전공으로 석사 및 박사 학위를 취득하였다. 풀브라이트 최고전문가 연구비(2005)를 수혜하였으며, 자폐 및 비전형적인 구어 행동과 관련된 다섯 편의 책의 장과 많은 논문을 집필하였다. 또한 국제적으로, 미국 전역 또는 주 단위로 열리는 많은 강연회에서 자폐 관련 강의를 한다.

역자 소개

이소현(Lee SoHyun) 이화여자대학교 특수교육과 교수

윤선아(Yoon Sun Ah) 서울대학병원 소아청소년정신과 특수교사

박현옥(Park Hyun Ok) 백석대학교 유아특수교육과 교수

이수정(Lee Soo Jeong) 위덕대학교 특수교육학부 교수

이은정(Lee Eun Jung) 서울서강초등학교 특수교사

박혜성(Park Hye Sung) 이화여자대학교 특수교육과 연구원

서민경(Suh MinKyung) 이화여자대학교 특수교육과 연구원

정민영(Jung MinYoung) 오사카대학교 연합소아발달연구과 연구원

SCERTS® 모델(수정판)

자폐 범주성 장애 아동을 위한 종합적 교육 접근(1권: 진단)

THE SCERTS® MODEL: A Comprehensive Educational Approach for children with Autism Spectrum Disorders

2014년 9월 19일 1판 1쇄 발행
2025년 8월 25일 1판 5쇄 발행

지은이 • Barry M. Prizant · Amy M. Wetherby · Emily Rubin
지은이 Amy C. Laurent · Patrick J. Rydell
옮긴이 • 이소현 · 윤선아 · 박현옥 · 이수정 · 이은정 · 박혜성 · 서민경 · 정민영
펴낸이 • 김 진 환
펴낸곳 • (주) 학지사
04031 서울특별시 마포구 양화로 15길 20 마인드월드빌딩 5층
대표전화 • 02) 330-5114 팩스 • 02) 324-2345
등록번호 • 제313-2006-000265호
홈페이지 • http://www.hakjisa.co.kr
인스타그램 • https://www.instagram.com/hakjisabook

ISBN 978-89-997-0486-4 94370
978-89-997-0485-7 (set)

정가 24,000원

역자와의 협약으로 인지는 생략합니다.
파본은 구입처에서 교환하여 드립니다.